Bruno Bettelheim:
Kinder brauchen Märchen

Deutsch von Liselotte Mickel
und Brigitte Weitbrecht

Deutscher
Taschenbuch
Verlag

dtv

Ungekürzte Ausgabe
Januar 1980
Deutscher Taschenbuch Verlag GmbH & Co. KG, München
Lizenzausgabe mit freundlicher Genehmigung der Deutschen Verlags-Anstalt GmbH, Stuttgart

Titel der amerikanischen Originalausgabe:
›The Uses of Enchantment‹ (Alfred A. Knopf, Inc., New York)
 · ISBN 3-421-01786-7
Umschlaggestaltung: Celestino Piatti
Satz: Alfred Utesch GmbH, Hamburg
Druck und Bindung: C. H. Beck'sche Buchdruckerei, Nördlingen
Printed in Germany · ISBN 3-423-01481-4

Lisa Jan. 1980

Das Buch

»›Kinder brauchen Märchen‹ ist ein Plädoyer, Kinder so zu akzeptieren, wie sie sind, und ihnen zu geben, was sie brauchen. Das Problem, den Sinn im eigenen Leben immer neu zu finden, ein Problem von Erwachsenen und Kindern, durchzieht wie ein roter Faden das ganze Buch. Darum ist es nicht nur ein Appell, Kindern Märchen zu erzählen . . ., sondern zugleich ein ›Märchenbuch‹ für Erwachsene geworden. Es ist in zwei Teile gegliedert. Im ersten Teil steht das Kind im Mittelpunkt, und es wird in vielfältiger Weise dargestellt, wie Märchenbilder und -symbole der unbewußten beziehungsweise unterbewußten inneren Realität des Kindes entsprechen können; daß sie ihm darum Hilfe, Anregung, Trost und Mut in einer Weise vermitteln, die es unmittelbar versteht. Im zweiten Teil werden die wesentlichen Aussagen einzelner Märchen und Märchengruppen analysiert. In beiden Teilen grenzt Bettelheim das Volksmärchen ab vom Kunstmärchen, von ›Heile-Welt‹-Kindergeschichten, Fabeln und Sagen: ›Soll eine Geschichte ein Kind fesseln‹, schreibt er, ›so muß sie es unterhalten und seine Neugier wecken. Um aber sein Leben zu bereichern, muß sie seine Phantasie anregen und ihm helfen, seine Verstandeskräfte zu entwickeln und seine Emotionen zu klären. Sie muß auf seine Ängste und Sehnsüchte abgestimmt sein, seine Schwierigkeiten aufgreifen und zugleich Lösungen für seine Probleme anbieten. Kurz: sie muß sich auf alle Persönlichkeitsaspekte beziehen. Dabei darf sie die kindlichen Nöte nicht verniedlichen; sie muß sie in ihrer Schwere ernst nehmen und gleichzeitig das Vertrauen des Kindes in sich selbst und in seine Zukunft stärken.‹ Alle diese Voraussetzungen erfüllen, wie Bettelheim nachweist, die Märchen.« (Deutsches Allgemeines Sonntagsblatt)

Der Autor

Bruno Bettelheim wurde 1903 in Wien geboren, emigrierte 1939 in die USA, ist Professor für Erziehungswissenschaften, Psychologie und Psychiatrie an der Universität Chicago und einer der bekanntesten Kinderpsychologen, der zahlreiche Werke über Probleme der Kindererziehung veröffentlicht hat, u. a.: ›Der Weg aus dem Labyrinth‹ (1975), ›Die Geburt des Selbst‹ (1977).

Inhalt

Dank

Viele Menschen waren am Entstehen der Märchen beteiligt. Viele Menschen trugen auch dazu bei, daß das vorliegende Buch geschrieben wurde, vor allem die Kinder, deren Reaktionen mich auf die Bedeutung des Märchens in ihrem Leben aufmerksam machten. Die Psychoanalyse eröffnete mir den Zugang zum tieferen Sinn der Märchen. Meine Mutter erschloß mir die Zauberwelt des Märchens; ohne ihren Einfluß wäre dieses Buch nicht geschrieben worden. Wertvolle Anregungen erhielt ich von Freunden, die sich für meine Arbeit interessierten; mein Dank gebührt Marjorie und Al Flarsheim, Frances Gitelson, Elizabeth Goldner, Robert Gottlieb, Joyce Jack, Paul Kramer, Ruth Marquis, Jacqui Sanders, Linnea Vacca und vielen anderen.

Joyce Jack bearbeitete das Manuskript; ihrer Geduld und ihrem großen Einfühlungsvermögen ist es zu verdanken, daß es seine jetzige Gestalt angenommen hat. In Robert Gottlieb fand ich einen der seltenen Verleger, die genaue Auffassungsgabe und deshalb sehr ermutigendes Verständnis mit einer gesunden kritischen Haltung verbinden. Er war somit für die Schlußredaktion der beste Lektor, den sich ein Autor nur wünschen kann.

Schließlich möchte ich nicht versäumen, mit Dank die großzügige Unterstützung der Spencer Foundation zu erwähnen, die es mir ermöglicht hat, das Buch zu schreiben. Die Ermutigung, die mir bei meinem Vorhaben durch die Sympathie, das Verständnis und die Freundschaft ihres Präsidenten, H. Thomas James, zuteil wurde, weiß ich sehr zu schätzen.

Einführung
Das Ringen um den Sinn des Lebens

Wenn wir nicht einfach in den Tag hinein leben, sondern uns unserer Existenz voll bewußt sein wollen, ist es unsere größte und zugleich schwerste Aufgabe, in unserem Leben einen Sinn zu finden. Man weiß, daß viele Menschen den Lebenswillen verloren und den Kampf aufgegeben haben, weil dieser Sinn sich ihnen entzogen hat. Die Einsicht in den Sinn des eigenen Lebens erringt man nicht plötzlich in einem bestimmten Alter, auch nicht, wenn man den Lebensjahren nach ein reifer Mensch sein müßte. Im Gegenteil: das Wissen um das, was der Sinn des Lebens sein könnte oder sein sollte, ist das Zeichen seelischer Reife und das Ergebnis einer langen Entwicklung. In jedem Lebensalter suchen und brauchen wir einen Sinn, und sei es nur ein Teilsinn, der der Entwicklung unserer Seele und unseres Begriffsvermögens entspricht.

Im Gegensatz zu Athene, die aus dem Haupt des Zeus entsprang, bricht Weisheit nicht als fertiges Ganzes hervor; sie erwächst vielmehr erst Schritt für Schritt aus irrationalen Anfängen. Erst der Erwachsene kann aus seiner Lebenserfahrung ein verstandesmäßiges Wissen vom Sinn seines Lebens auf dieser Welt gewinnen. Leider verlangen nur zu viele Eltern, daß der Verstand ihrer Kinder funktioniert wie ihr eigener – als müßten das Verständnis für uns selbst und die Welt genauso wie unsere Vorstellungen vom Sinn des Lebens nicht gleich langsam heranreifen wie unsere Seele und unser Körper.

Heute liegt wie in früheren Zeiten die wichtigste und schwierigste Aufgabe der Erziehung darin, dem Kind dabei zu helfen, einen Sinn im Leben zu finden. Dazu sind viele Wachstumserfahrungen nötig. Das Kind muß in seiner Entwicklung lernen, sich selbst immer besser zu verstehen; dann vermag es auch andere zu verstehen und schließlich befriedigende und sinnvolle Beziehungen mit ihnen herzustellen.

Um einen tieferen Sinn zu finden, muß man fähig werden, die engen Grenzen einer egozentrischen Existenz zu überschreiten und darauf zu vertrauen, daß man einen bedeutsamen Beitrag zum Leben leisten wird – wenn auch nicht gleich, so doch in der Zukunft. Diese Überzeugung ist notwendig, wenn jemand mit sich selbst und mit dem, was er tut, zufrieden sein soll. Um den Wechselfällen des Lebens nicht hilflos ausgeliefert zu sein, muß man seine inneren Kraftquellen erschließen, so daß Gefühle, Phantasie und Intellekt einander unterstützen und bereichern. Unsere positiven Gefühle verleihen uns die Kraft, unseren Verstand zu entwickeln; nur die Hoffnung auf die Zukunft läßt uns den Widrigkeiten standhalten, denen jeder von uns unvermeidlich ausgeliefert ist.

Als Erzieher und Therapeut von schwer gestörten Kindern betrachte ich es als meine Hauptaufgabe, ihrem Leben wieder einen Sinn zu geben. Dabei wurde mir klar, daß Kinder keine besondere Hilfe bräuchten, wenn sie so erzogen würden, daß das Leben sinnvoll für sie ist. Ich mußte feststellen, welche Erfahrungen die Fähigkeit des Kindes, einen Sinn in seinem Leben zu finden, am meisten fördern, und welche Erlebnisse dem Leben ganz allgemein mehr Sinn verleihen. Nichts ist dabei so wichtig wie der Einfluß der Eltern und anderer Personen, die für ein Kind sorgen; fast ebenso bedeutsam ist unser kulturelles Erbe, wenn es dem Kind auf die richtige Weise vermittelt wird. Für kleine Kinder erfüllt die Literatur diese Funktion am besten.

Unter diesem Gesichtspunkt ist ein großer Teil der Literatur, die dazu bestimmt ist, Geist und Persönlichkeit des Kindes zu entwickeln, freilich sehr unzulänglich, weil gerade jene Fähigkeiten, die es am meisten braucht, um mit seinen schwierigen inneren Problemen fertig zu werden, nicht geweckt und angeregt werden. Die Vorschulbücher und Fibeln zum Lesenlernen verfolgen den Zweck, eine notwendige Fertigkeit zu lehren, und lassen die Sinnfrage beiseite; die allermeisten sogenannten »Kinderbücher« wollen unterhalten oder informieren – oder auch beides. Sie sind größtenteils inhaltlich so schal, daß sie kaum etwas vermitteln, was für das Kind von Bedeutung wäre. Die Aneignung von Fertigkeiten wie z. B. das Lesenlernen wird entwertet, wenn das, was man dann lesen kann, nichts enthält, was für das eigene Leben wichtig wäre. Wir alle neigen dazu, die künftigen Vorteile einer Tätigkeit danach einzuschätzen, was sie uns heute bietet. Besonders gilt dies für das Kind, das viel stärker als der Erwachsene in der Gegenwart lebt. Trotz seiner Angst vor der Zukunft hat es nur eine ganz verschwommene Vorstellung davon, wie diese Zukunft sein und was sie erfordern könnte. Die Erwartung, das Lesenlernen werde später einmal das Leben bereichern, entpuppt sich als leeres Versprechen, wenn die Geschichten, die dem Kind vorgelesen werden oder die es selbst liest, nichtssagend sind. Das Schlimmste an solchen Kinderbüchern ist, daß sie das Kind um den Gewinn betrügen, den ihm der Umgang mit der Literatur bringen sollte: den Zugang zu dem, was seinem Leben auf der jeweiligen Entwicklungsstufe einen tieferen Sinn gibt.

Soll eine Geschichte ein Kind fesseln, so muß sie es unterhalten und seine Neugier wecken. Um aber sein Leben zu bereichern, muß sie seine Phantasie anregen und ihm helfen, seine Verstandeskräfte zu entwickeln und seine Emotionen zu klären. Sie muß auf seine Ängste und Sehnsüchte abgestimmt sein, seine Schwierigkeiten aufgreifen und zugleich Lösungen für seine Probleme anbieten. Kurz: sie muß sich auf alle Persönlichkeitsaspekte beziehen. Dabei darf sie die kindlichen Nöte nicht verniedlichen; sie muß sie in ihrer Schwere ernst nehmen und gleichzeitig das Vertrauen des Kindes in sich selbst und in seine Zukunft stärken.
In dieser und in manch anderer Hinsicht ist sowohl für Kinder als auch für Erwachsene – von wenigen Ausnahmen abgesehen – in der gesamten »Kinderliteratur« nichts so fruchtbar und befriedigend wie das Volksmärchen. Oberflächlich betrachtet, lehren Märchen zwar wenig über die Verhältnisse des modernen Lebens in der Massengesellschaft, denn sie wurden erfunden, ehe diese entstand. Über die inneren Probleme des Menschen jedoch und über die richtigen Lösungen für seine Schwierigkeiten in jeder Gesellschaft erfährt man mehr aus ihnen als aus jeder anderen Art von Geschichten im Verständnisbereich des Kindes. Da das Kind der Gesellschaft, in der es lebt, andauernd ausgesetzt ist, lernt es natürlich, sich in ihren Verhältnissen zurechtzufinden, wenn seine inneren Kräfte es dazu befähigen.
Gerade weil ihm sein Leben oft verwirrend erscheint, muß man dem Kind Möglichkeiten geben, sich selbst in dieser komplizierten Welt zu verstehen und dem Chaos seiner Gefühle einen Sinn abzugewinnen. Es braucht Anregungen, wie es in seinem Inneren und danach auch in seinem Leben Ordnung schaffen kann. Es braucht – und dies zu betonen ist in unserer Zeit kaum notwendig – eine moralische Erziehung, die ihm unterschwellig die Vorteile eines moralischen Verhaltens nahebringt, nicht aufgrund abstrakter ethischer Vorstellungen, sondern dadurch, daß ihm das Richtige greifbar vor Augen tritt und deshalb sinnvoll erscheint.
Diesen Sinn findet das Kind im Märchen. Wie so viele moderne psychologische Erkenntnisse haben die Dichter dies schon vor langer Zeit gewußt. Friedrich Schiller schrieb: »Tiefere Bedeutung liegt in dem Märchen meiner Kinderjahre als in der Wahrheit, die das Leben lehrt.« (Die Piccolomini, III, 4) Im Laufe der Jahrhunderte, wenn nicht gar Jahrtausende, in denen die Märchen immer wieder neu erzählt und schließlich immer stärker durchgeformt wurden, nahmen sie allmählich einen offenen und einen versteckten Sinn an. In ihrer jetzigen Gestalt sprechen sie alle Ebenen der menschlichen

Persönlichkeit gleichzeitig an. Sie erreichen den noch unentwickelten Geist des Kindes genauso wie den differenzierten Erwachsenen. Mit den Begriffen des psychoanalytischen Persönlichkeitsmodells ausgedrückt: Die Märchen vermitteln wichtige Botschaften auf bewußter, vorbewußter und unbewußter Ebene entsprechend ihrer jeweiligen Entwicklungsstufe. Da es in ihnen um universelle menschliche Probleme geht und ganz besonders um solche, die das kindliche Gemüt beschäftigen, fördern sie die Entfaltung des aufkeimenden Ichs; zugleich lösen sie vorbewußte und unbewußte Spannungen. Sie verleihen den Es-Spannungen Gestalt und Glaubwürdigkeit und zeigen Möglichkeiten auf, diese in Übereinstimmung mit den Erfordernissen des Ichs und des Über-Ichs zu lösen.

Mein Interesse am Märchen gründet aber nicht auf einer solchen fachlichen Analyse seiner Vorzüge, sondern ist das Ergebnis einer Frage, die sich mir bei meinen Erfahrungen mit Kindern aufdrängte: Warum finden normale wie abnormale Kinder aller intellektuellen Entwicklungsstufen mehr Gefallen an Volksmärchen als an jeder anderen Art von Kindergeschichten?

Je mehr ich mich bemühte zu verstehen, warum das Märchen so bezeichnend für das innere Leben des Kindes ist, um so klarer wurde mir, daß das Märchen in einem viel tieferen Sinn als jede andere Lektüre dort einsetzt, wo sich das Kind in seiner seelischen und emotionalen Existenz befindet. In den Märchen kommen die schweren inneren Spannungen des Kindes so zum Ausdruck, daß es diese unbewußt versteht; und ohne die heftigen inneren Kämpfe des Heranwachsens herunterzuspielen, bieten sie Beispiele dafür, wie bedrückende Schwierigkeiten vorübergehend oder dauerhaft gelöst werden können.

Als ich durch die Spencer Foundation die Möglichkeit erhielt zu untersuchen, welchen Beitrag die Psychoanalyse zur Kindererziehung leisten kann – und Lesen und Vorlesen sind wesentliche Erziehungsmittel –, nahm ich die Gelegenheit wahr, genauer zu erforschen, warum Volksmärchen für die Erziehung der Kinder so wertvoll sind. Ich hoffe, daß das Verständnis für die einzigartigen Vorzüge der Märchen Eltern und Lehrer anregen wird, ihnen wieder die zentrale Rolle im Leben des Kindes einzuräumen, die sie jahrhundertelang innehatten.

Die psychologischen Probleme des Heranwachsens sind vielfältig. Das Kind muß narzißtische Enttäuschungen, das ödipale Dilemma und Geschwisterrivalitäten überwinden, es muß sich aus kindlichen Abhängigkeiten lösen und Selbstbewußtsein, Selbstwertgefühl und moralisches Pflichtbewußtsein erwerben. Um diese Probleme zu meistern, muß es verstehen, was in seinem Bewußten vorgeht, damit es auch mit dem zurechtkommt, was sich in seinem Unbewußten abspielt. Dieses Verständnis und diese Fähigkeit erringt es nicht durch rationales Erfassen seines Unbewußten, sondern nur, indem es mit ihm vertraut wird: indem es als Reaktion auf unbewußte Spannungen über entsprechende Elemente aus Geschichten nachgrübelt, sie neu zusammensetzt und darüber phantasiert. Dabei formt das Kind unbewußte Inhalte zu bewußten Phantasien, die es ihm dann ermöglichen, sich mit diesem Inhalt auseinanderzusetzen. In dieser Hinsicht haben die Märchen einen unschätzbaren Wert, weil sie der Phantasie des Kindes neue Dimensionen eröffnen, die es selbst nicht erschließen könnte. Was noch wichtiger ist: Form und Gestalt der Märchen bieten dem Kinde Bilder an, nach denen es seine Tagträume ausbilden und seinem Leben eine bessere Orientierung geben kann.

Das Unbewußte ist eine mächtige Determinante des Verhaltens beim Kind wie beim Erwachsenen. Wenn das Unbewußte unterdrückt wird und sein Inhalt nicht ins Bewußtsein treten darf, wird entweder das Bewußtsein im Lauf der Zeit teilweise mit Derivaten dieser unbewußten Elemente überschwemmt, oder diese müssen unter so starrer, zwanghafter Kontrolle gehalten werden, daß die Persönlichkeit dabei ernsthaften Schaden erleiden kann. Wenn das unbewußte Material jedoch bis zu einem gewissen Grad ins Bewußtsein treten und in der Phantasie durchgearbeitet werden kann, verringert sich die Gefahr, daß es uns selbst oder anderen Schaden zufügt. Dann kann ein Teil seiner Kräfte positiven Zwecken dienen. Bei den meisten Eltern herrscht jedoch die Meinung vor, man müsse ein Kind von dem, was es am meisten bedrückt, ablenken, also von seinen gestaltlosen, namenlosen Ängsten und von seinen chaotischen, zornigen oder auch gewalttätigen Phantasien. Viele Eltern glauben, man sollte das Kind nur mit bewußter Wirklichkeit oder angenehmen, wunscherfüllenden Bildern konfrontieren, ihm also nur die Schokoladenseite der Dinge zeigen. Aber eine solche einseitige Wegzehrung nährt die Persönlichkeit auch nur einseitig, und das wirkliche Leben hat Schattenseiten.

Sehr viele Eltern sind nicht bereit, ihren Kindern zu sagen, daß vieles, was im Leben nicht richtig ist, seine Ursache in unserer Natur hat, in der Neigung aller Menschen, aus Zorn und Angst aggressiv, unsozial, egoistisch zu handeln. Unsere Kinder sollen vielmehr glauben, alle Menschen seien von Natur aus gut. Kinder wissen aber, daß *sie* nicht immer gut sind; und oft, wenn sie es sind, wären sie es lieber nicht. Dies widerspricht dem, was sie von den Eltern hören, und auf diese Weise kann ein Kind in seinen eigenen Augen zum Ungeheuer werden.

In unserer Kultur besteht die Neigung, besonders wenn es um Kinder geht, so zu tun, als existiere die dunkle Seite des Menschen nicht. Sie verkündet einen optimistischen Fortschrittsglauben. Von der Psychoanalyse erwartet man, daß sie das Leben leicht machen solle, aber dies war nicht die Absicht ihres Begründers. Ziel der Psychoanalyse ist es, dem Menschen zu helfen, das Problematische des Lebens zu akzeptieren, ohne sich davon besiegen zu lassen oder in eine eskapistische Haltung auszuweichen. Freuds Rezept lautet: Nur durch mutiges Kämpfen gegen scheinbar überwältigende Widrigkeiten kann es dem Menschen gelingen, seinem Leben einen Sinn abzugewinnen.

Genau diese Botschaft vermittelt das Märchen dem Kind in vielfältiger Weise: Der Kampf gegen die heftigen Schwierigkeiten des Lebens ist unvermeidlich und gehört untrennbar zur menschlichen Existenz, wenn man aber nicht davor zurückschreckt, sondern den unerwarteten und oft ungerechten Bedrängnissen standhaft gegenübertritt, überwindet man alle Hindernisse und geht schließlich als Sieger aus dem Kampf hervor.

Die modernen Geschichten, die für kleine Kinder geschrieben werden, vermeiden meist diese existentiellen Probleme, die doch für uns alle entscheidend sind. Insbesondere das Kind braucht in Symbolform gekleidete Anregungen, wie es mit diesen Fragen umgehen und sicher zur Reife heranwachsen kann. »Heile« Geschichten erwähnen weder den Tod noch das Altern als Grenzen unserer Existenz; sie sprechen auch nicht von der Sehnsucht nach ewigem Leben. Das Märchen dagegen konfrontiert das Kind mit den grundlegenden menschlichen Nöten.

So beginnen viele Märchen mit dem Tod der Mutter oder des Vaters; in diesen Märchen – wie auch im wirklichen Leben – wirft der Tod eines Elternteils (oder die Angst davor) quälende Probleme auf. In anderen wird von einem alternden Vater erzählt, der beschlossen hat, die junge Generation ans Steuer zu lassen. Zuvor aber muß sich der Nachfolger als fähig und würdig erweisen. Das Märchen ›Die drei Federn‹ beginnt mit den Worten: »Es war einmal ein König, der schickte seine drei Söhne in die Welt.« Der König war alt und schwach und wußte nicht, welchen der Söhne er zum Erben einsetzen sollte. Deshalb stellte er den drei Prinzen eine schwierige Aufgabe, und der, der sie am besten erfüllte, »sollte nach seinem Tode das Reich haben«.

Es ist charakteristisch für das Märchen, daß es ein existentielles Dilemma kurz und pointiert feststellt. Das Kind befaßt sich also mit dem Problem in seiner wesentlichen Gestalt; eine komplizierte Handlung wäre nur verwirrend. Das Märchen vereinfacht alle Situationen. Seine Gestalten sind klar gezeichnet; Einzelheiten werden nur erzählt, wenn sie sehr wichtig sind. Die Charaktere sind nicht einmalig, sondern typisch.

Im Gegensatz zum Inhalt vieler moderner Kindergeschichten ist im Märchen das Böse so gegenwärtig wie das Gute. In fast allen Märchen sind Gut und Böse in bestimmten Figuren und ihren Handlungen verkörpert – so wie Gut und Böse auch im Leben jederzeit gegenwärtig sind und wie der Hang zu beidem in jedem Menschen liegt. Gerade diese Zweiheit verursacht das moralische Problem und erfordert den Kampf um seine Lösung.

Das Böse ist nicht ohne Faszination – es wird zum Beispiel durch die Kraft des Riesen oder Drachen, die Zauberkunst der Hexe oder die Allwissenheit der Königin in ›Schneewittchen‹ symbolisiert –, und oft gewinnt es vorübergehend die Oberhand. In vielen Märchen nimmt zeitweilig ein Usurpator den Platz ein, der rechtmäßig dem Helden zukommt. Nicht weil der Bösewicht am Ende bestraft wird, trägt die Lektüre von Märchen zur moralischen Erziehung bei – obgleich das auch dazugehört. Im Märchen wie im Leben wirkt Bestrafung oder Angst davor in begrenztem Maße abschreckend. Die Überzeugung, daß sich das Verbrechen nicht auszahlt, ist ein wirksameres Abschreckungsmittel, und aus diesem Grund unterliegt der Böse im Märchen am Ende immer. Nicht die Tatsache, daß die Tugend am Ende siegt, fördert die Moral, sondern daß der Held für das Kind am attraktivsten ist. Das Kind identifiziert sich mit dem Helden; es durchleidet mit ihm alle Mühen und Wirrsale und triumphiert mit ihm, wenn die Tugend schließlich belohnt wird. Diese Identifikation vollzieht das Kind von sich aus; die inneren und äußeren Kämpfe des Helden bilden seine Moral.

Die Gestalten im Märchen sind nicht ambivalent, also nicht gut und böse zugleich, wie wir alle es in Wirklichkeit sind. Da aber Polarisierung den kindlichen Geist beherrscht, hat sie auch im Märchen Vorrang. Eine Person ist entweder gut oder böse, aber nichts dazwischen. Der eine Bruder ist dumm, der andere klug. Eine Schwester ist tugendhaft und fleißig, die anderen Schwestern sind verdorben und faul. Eine ist schön, die anderen sind häßlich. Ein Elternteil ist gut, der andere böse. Das Nebeneinander entgegengesetzter Charaktere soll nicht wie bei den Geschichten, die den warnenden Zeigefinger erheben, das richtige Verhalten hervorheben (es gibt einige Märchen ohne Moral, in denen Gutsein oder Bösesein, Schönheit oder Häßlichkeit keine Rolle spielen). Die Darstellung der charakterlichen Polaritäten erleichtert es dem Kind, den Unterschied zu erfassen, was nicht so einfach wäre, wenn die Figuren lebensechter und so komplex wie wirkliche Menschen wären. Mit Doppeldeutigkeiten muß man warten, bis aufgrund positiver Identifikationen eine relativ feste Persönlichkeit entstanden ist. Erst auf dieser Grundlage kann das Kind erkennen, daß große Unterschiede zwischen den Menschen bestehen und daß man sich deshalb entscheiden muß, wem man gleichen möchte. Diese grundlegende Entscheidung, die für die gesamte spätere Persönlichkeitsentwicklung entscheidend ist, wird durch die Polarisierung im Märchen leichter gemacht.

Zudem gründet sich die Wahl des Kindes nicht so sehr auf den Gegensatz zwischen richtig und falsch, sondern darauf, wer seine Sympathie und wer seine Antipathie weckt. Je einfacher und gerader eine gute Gestalt ist, um so leichter fällt es dem Kind, sich mit ihr zu identifizieren und die böse andere Gestalt abzulehnen. Das Kind identifiziert sich mit dem guten Helden nicht, weil er gut ist, sondern weil sein Wesen es zutiefst positiv anspricht. Das Kind fragt nicht: »Möchte ich gut sein?«, sondern: »Wem möchte ich gleichen?« Darüber entscheidet das Kind, indem es sich voll und ganz mit einer Gestalt identifiziert. Ist eine Märchengestalt gut, so beschließt das Kind, auch gut zu sein.

In Geschichten ohne Moral gibt es kein Gegeneinander oder Nebeneinander von guten und schlechten Personen, denn sie dienen einem ganz anderen Zweck. Geschichten oder Charaktere wie der gestiefelte Kater, der mit List Erfolg erringt, oder Hans der Riesentöter, der den Schatz des Riesen stiehlt, bilden den Charakter nicht durch die Wahl zwischen Gut und Böse, sondern durch die Hoffnung, daß auch der Schwächste es im Leben zu etwas bringen kann. Was nützt es denn, ein guter Mensch werden zu wollen, wenn man sich so bedeutungslos fühlt, daß man befürchtet, man werde es nie zu etwas bringen? Der Kern dieser Geschichten ist nicht die Moral, sondern vielmehr die Versicherung, daß man Erfolg haben kann. Ob man dem Leben mit dem Vertrauen darauf, daß man

Schwierigkeiten überwinden kann, oder in der Erwartung einer Niederlage entgegentritt, ist ebenfalls eine sehr wichtige existentielle Frage.

Die tiefen inneren Konflikte, die aus unseren primitiven Trieben und unseren heftigen Emotionen entstehen, werden in den meisten modernen Kinderbüchern verschwiegen, so daß die Kinder von dort keine Hilfe zu ihrer Bewältigung erhalten. Das Kind ist aber verzweifelten Gefühlen der Einsamkeit und Absonderung ausgesetzt, und oft steht es Todesängste aus. Meist kann es diese Empfindungen nicht in Worten ausdrücken oder doch nur indirekt: Angst vor dem Dunkeln, vor einem Tiger, Angst um seinen Körper. Eltern ist es unbehaglich, wenn sie solche Emotionen bei ihrem Kind entdecken; sie neigen dazu, darüber hinwegzugehen oder sie aus ihrer eigenen Angst heraus herunterzuspielen in dem Glauben, dies werde die Angst des Kindes überdecken.

Das Märchen dagegen nimmt diese existentiellen Ängste sehr ernst und spricht sie unmittelbar aus: das Bedürfnis, geliebt zu werden, und die Furcht, als nutzlos zu gelten; die Liebe zum Leben und die Furcht vor dem Tode. Zudem bietet das Märchen seine Lösungen so, daß das Kind sie verstehen kann. Manche Märchen zum Beispiel rühren an das Dilemma der Sehnsucht nach ewigem Leben mit dem Schluß: »Und wenn sie nicht gestorben sind, so leben sie noch heut.« Der andere Schluß: »Und sie lebten vergnügt miteinander immerdar« spiegelt dem Kind keinen Augenblick vor, ewiges Leben sei möglich. Er weist aber auf das hin, was allein den Stachel aus der engen Begrenzung unserer Lebenszeit zu nehmen vermag: eine echte Bindung an einen anderen Menschen. Die Märchen lehren, daß man aufgrund einer solchen Bindung die höchste dem Menschen mögliche emotionale Lebenssicherheit und eine dauerhafte Beziehung erreicht; dies allein kann die Angst vor dem Tod zerstreuen. Wenn man – wie das Märchen ebenfalls lehrt – als Erwachsener wahre Liebe gefunden hat, braucht man sich ewiges Leben nicht mehr zu wünschen. Dies deutet ein weiterer Märchenschluß an: »Sie lebten noch lange glücklich und in Freuden.«

Derjenige, dem bei oberflächlicher Betrachtung solche Schlüsse als unrealistische Wunscherfüllung erscheinen, geht gänzlich an der wichtigen Botschaft, die sie dem Kind vermitteln, vorbei.

Diese Märchen zeigen ihm, daß man durch echte zwischenmenschliche Beziehungen der Trennungsangst entgeht, die es immer wieder bedrängt und die den Ausgangspunkt vieler Märchen abgibt, am Ende aber stets aufgehoben wird. Darüber hinaus machen solche Märchen deutlich, daß dieser Ausgang nicht, wie es sich das Kind wünscht und glaubt, dadurch möglich wird, daß es sich ewig an seiner Mutter festklammert. Wenn wir versuchen, unserer Trennungs- und Todesangst dadurch zu entrinnen, daß wir uns verzweifelt an unseren Eltern festhalten, werden wir nur grausam hinausgestoßen, wie Hänsel und Gretel.

Nur wenn er in die Welt hinauszieht, kann sich der Märchenheld (das Kind) dort finden; und dabei findet er auch den anderen Menschen, mit dem er vergnügt bis an sein Ende leben kann, das heißt, ohne jemals wieder unter Trennungsangst zu leiden. Das Märchen ist auf die Zukunft gerichtet und leitet das Kind bewußt und unbewußt dazu an, seine infantilen Abhängigkeitswünsche zu überwinden und ein befriedigenderes, unabhängiges Leben zu erringen.

Heute wachsen die Kinder nicht mehr in der Sicherheit einer Großfamilie oder einer festgefügten Gemeinschaft auf. Deshalb ist es heute noch wichtiger als zu der Zeit, da die Märchen entstanden, das Kind mit Helden zu konfrontieren, die ganz allein in die Welt hinausziehen müssen und die, obwohl sie ursprünglich nichts von den letzten Dingen wissen, einen sicheren Platz in der Welt finden, wenn sie mit tiefem innerem Vertrauen ihren Weg gehen.

Der Märchenheld ist eine Zeitlang ganz auf sich gestellt, genau wie sich auch das heutige Kind oft isoliert fühlt. Der Held erfährt Hilfe durch die Berührung mit einfachen Dingen – einem Baum, einem Tier, der Natur –, genau so wie das Kind sich diesen Dingen näher fühlt als die meisten Erwachsenen. Das Schicksal dieser Helden verleiht dem Kind die Überzeugung: auch wenn es sich wie sie ausgestoßen und verlassen fühlen mag und sich wie sie im Dunkeln weitertasten muß, wird es wie sie im Lauf seines Lebens Schritt für Schritt geleitet und Hilfe erfahren, wenn es sie braucht. Heute mehr noch als früher bedarf das Kind der tröstenden Gewißheit, die von der Imago des von aller Welt verlassenen Menschen ausgeht, der trotzdem fähig ist, sinnvolle und lohnende Beziehungen mit seiner Umgebung einzugehen.

Das Märchen, eine einzigartige Kunstform

Das Märchen unterhält das Kind, klärt es über sein Inneres auf und fördert seine Persönlichkeitsentwicklung. Es vermittelt Sinn auf so vielen verschiedenen Ebenen und bereichert das Leben des Kindes auf so vielfache Weise, daß ein einzelnes Buch dieser Vielfalt nicht gerecht werden kann.

Das vorliegende Buch versucht aufzuzeigen, wie das Märchen in Phantasiegestalt darstellt, woraus der gesunde menschliche Wachstumsprozeß besteht und wie die Geschichten eine solche Entwicklung für das Kind erstrebenswert werden lassen. Der Wachstumsprozeß beginnt mit dem Widerstand gegen die Eltern und der Furcht vor dem Erwachsenwerden und endet dann, wenn der jugendliche Mensch sich selbst gefunden und psychologische Unabhängigkeit und moralische Reife erlangt hat und das andere Geschlecht nicht mehr als bedrohlich oder dämonisch empfindet, sondern fähig ist, in eine positive Beziehung zu ihm zu treten. Hier soll also dargelegt werden, warum das Märchen einen so großen, positiven psychologischen Beitrag zum inneren Wachstum des Kindes leistet.

Die Verzauberung, die wir erleben, wenn wir es uns gestatten, auf ein Märchen zu reagieren, entstammt nicht seiner psychologischen Bedeutung (obwohl diese auch dazu beiträgt), sondern seinen literarischen Qualitäten – wir erleben das Märchen als Kunstwerk. Seine psychologische Wirkung auf das Kind könnte es nicht ausüben, wenn es nicht in erster Linie ein Kunstwerk wäre.

Märchen sind einzigartig, nicht nur als Literaturgattung, sondern als Kunstwerke, die das Kind gänzlich erfassen kann wie keine andere Kunstform. Wie bei jedem großen Kunstwerk ist auch der tiefste Sinn des Märchens für jeden Menschen und für den gleichen Menschen zu verschiedenen Zeiten seines Lebens anders. Je nach den augenblicklichen Interessen und Bedürfnissen entnimmt das Kind dem gleichen Märchen unterschiedlichen Sinn. Wenn es die Möglichkeit dazu hat, kehrt es zu dem gleichen Märchen zurück, sobald es bereit ist, alte Bedeutungen zu erweitern oder durch neue zu ersetzen.

Als Kunstwerk hat das Märchen viele Aspekte, die ebenso der Erforschung wert wären wie die psychologische Bedeutung und Wirkung, mit der sich dieses Buch befaßt. So findet zum Beispiel unser kulturelles Erbe Ausdruck im Märchen und wird über das Märchen dem Kind nahegebracht.* Ein ganzes Buch könnte

* Ein Beispiel: In dem Märchen der Brüder Grimm ›Die sieben Raben‹ werden sieben Brüder, als ihre Schwester ins Leben tritt, in Raben verwandelt und fliegen davon. Sie sollten Wasser für die Taufe des Mädchens vom Brunnen holen; der Verlust des Kruges ist das schicksalhafte Ereignis, von dem die Geschichte ausgeht. Die Taufe selbst kündet vom Anfang eines christlichen Lebens. Man kann die sieben Brüder als Vertreter dessen sehen, was verschwinden mußte, als das Christentum entstand. In dieser Sicht stellen sie die vorchristliche, heidnische Welt dar, in der die sieben Planeten Symbole für die Himmelsgötter des Altertums waren. Das neugeborene Mädchen ist dann die neue Religion, die sich nur entwickeln kann, wenn der alte Glaube ihre Entfaltung nicht behindert. Mit dem Einzug des Christentums werden die sieben Brüder als Vertreter des Heidentums ins Dunkel verbannt. Als Raben wohnen sie aber in einem Berg am Ende

geschrieben werden, wollte man dem einzigartigen Beitrag des Märchens zur moralischen Erziehung des Kindes, der hier nur gestreift wird, nachgehen.

Volkskundler betrachten das Märchen unter dem Blickwinkel ihres Fachgebiets, Linguisten und Literaturkritiker erforschen seine Bedeutung aus anderen Gründen. Interessant ist zum Beispiel, daß manche in der Geschichte von Rotkäppchen, das vom Wolf gefressen wird, das Motiv der Nacht erkennen, die den Tag verschlingt, oder auch des Mondes, der die Sonne verfinstert, des Winters, der die warme Jahreszeit verdrängt, oder des Gottes, der das Opfer verzehrt. So interessant diese Deutungen sind, helfen sie doch den Eltern oder Erziehern, die die Frage nach der Bedeutung des Märchens für das Kind stellen, kaum weiter, denn die Erfahrung des Kindes liegt Weltdeutungen auf der Grundlage von Naturphänomenen oder Himmelsgottheiten sehr fern.

Auch religiöse Motive treten in Märchen häufig auf; viele biblische Geschichten gleichen Märchen. Die bewußten und unbewußten Assoziationen, die das Märchen im Hörer weckt, hängen von seinem allgemeinen Bezugsrahmen und seinen persönlichen Anliegen ab. Religiöse Menschen finden daher im Märchen sehr viel Bedeutsames, das hier nicht behandelt wird.

Die meisten Märchen entstanden in Zeiten, in denen die Religion ein wichtiger Teil des Lebens war; deshalb behandeln sie religiöse Themen direkt oder indirekt. Die Geschichten aus ›Tausendundeiner Nacht‹ stecken voller Bezüge zur islamischen Religion. Sehr viele westliche Märchen haben religiöse Inhalte; meist sind sie aber heute in den Hintergrund getreten und sind der breiten Leserschaft unbekannt, eben weil diese religiösen Themen bei vielen keine universellen und persönlich bedeutsamen Assoziationen mehr wecken. Ein Beispiel dafür ist ›Marienkind‹, eines der schönsten Märchen der Brüder Grimm. Es fängt gleich an wie ›Hänsel und Gretel‹: »Vor einem großen Walde lebte ein Holzhacker mit seiner Frau.« Wie bei ›Hänsel und Gretel‹ sind die Eltern so arm, daß sie für sich und ihr dreijähriges Töchterchen nichts mehr zu essen haben. Da sie Mitleid mit ihrer Verzweiflung hat, erscheint ihnen die Jungfrau Maria und verspricht, für das Mädchen zu sorgen. Sie nimmt es mit sich in den Himmel, wo es 14 Jahre lang ein schönes,

der Welt, und dies deutet auf ihre Fortdauer in einer unterirdischen, unterbewußten Welt hin. Sie kehren nur deshalb zur Menschheit zurück, weil ihre Schwester einen ihrer Finger opfert. Dies entspricht der christlichen Vorstellung, daß nur diejenigen ins Himmelreich eingehen, die notfalls bereit sind, den Teil ihres Körpers, der sie nicht zur Vollkommenheit gelangen läßt, zu opfern. Die neue Religion, das Christentum, vermag sogar die zu befreien, die zuerst dem Heidentum verhaftet blieben.

sorgenloses Leben führt. Dann übergibt ihm – ähnlich wie in der ganz anderen Geschichte vom ›Blaubart‹ – die Jungfrau Maria die Schlüssel zu 13 Türen. Zwölf Türen darf das Mädchen öffnen, die dreizehnte aber nicht. Sie kann der Versuchung nicht widerstehen, leugnet aber die Tat und muß deshalb stumm zur Erde zurückkehren. Nun erlebt sie schwere Prüfungen und soll schließlich auf dem Scheiterhaufen sterben. Da in diesem Augenblick ihr einziger Wunsch ist, ihre Missetat zu gestehen, erhält sie ihre Sprache wieder, und die Jungfrau verleiht ihr »Glück auf ihr Lebtag«. Die Lehre dieses Märchens: Eine Stimme, mit der wir lügen, führt uns nur ins Verhängnis; es ist besser, sie wird uns genommen – wie der Heldin der Geschichte. Eine Stimme aber, mit der wir bereuen, unser Vergehen eingestehen und die Wahrheit sagen, erlöst uns.
Nicht wenige weitere Märchen der Brüder Grimm enthalten religiöse Anspielungen oder fangen mit ihnen an. ›Das junggeglühte Männlein‹ beginnt: »Zur Zeit, da unser Herr noch auf Erden ging, kehrte er eines Abends, samt Peter, bei einem Schmied ein ...« In dem Märchen ›Der Arme und der Reiche‹ ist Gott – wie jeder Märchenheld sonst auch – müde vom Wandern. Es beginnt: »Vor alten Zeiten, als der liebe Gott selber auf Erden unter den Menschen wandelte, trug es sich zu, daß er eines Abends müd' war und ihn die Nacht überfiel, eh' er zu einer Herberge kommen konnte. Da standen aber auf dem Weg vor ihm zwei Häuser einander gegenüber ...« So wichtig und faszinierend diese religiösen Aspekte der Märchen auch sind, gehen sie doch über das Thema dieses Buches hinaus und werden daher nicht näher untersucht.
Obwohl der Zweck dieses Buches schon relativ begrenzt ist – Antwort auf die Frage, warum Märchen für Kinder so voller Bedeutung sind und warum sie ihnen helfen, mit den psychologischen Problemen des Wachsens und der Persönlichkeitsintegration fertig zu werden –, mußten einige schwerwiegende, aber notwendige Einschränkungen hingenommen werden.
So mußte berücksichtigt werden, daß heute nur noch wenige Märchen allgemein bekannt sind. Die meisten Thesen hätten lebendiger illustriert werden können, wenn ich mich auf eine größere Anzahl von Märchen hätte beziehen können. Da sie aber, obwohl sie früher bekannt waren, heute nicht mehr geläufig sind, hätten sie abgedruckt werden müssen, wobei ein Buch in unhandlichem Umfang entstanden wäre. Deshalb wurden einige wenige, heute noch gängige Märchen ausgewählt, an deren tieferem Sinn ihre Beziehung zu den Wachstumsproblemen des Kindes und zu unserem Verständnis unserer selbst und unserer Welt aufgezeigt

wird. Der zweite Teil des Buches strebt nicht nach einer doch nicht erreichbaren erschöpfenden Vollständigkeit, sondern prüft einige bekannte Lieblingsmärchen auf die Bedeutung und Freude, die wir aus ihnen ziehen.

Hätte sich die Untersuchung auf eines oder zwei Märchen beschränkt, so wäre es möglich gewesen, ihren Facettenreichtum darzustellen, obgleich selbst dann ihre Tiefen nicht ausgelotet worden wären; dazu ist jedes einzelne Märchen auf zu vielen Ebenen bedeutungsvoll. Welche Geschichte für ein bestimmtes Kind in einem bestimmten Alter am wichtigsten ist, hängt völlig von seiner psychologischen Entwicklungsstufe und von seinen augenblicklich drängendsten Problemen ab. Beim Schreiben des Buches erschien es vernünftig, die zentrale Bedeutung eines Märchens herauszustellen; dies hat jedoch den Nachteil, daß andere Aspekte, die für ein Kind wegen seiner derzeitigen Probleme viel bedeutsamer sein können, vernachlässigt werden. Dies war also eine weitere notwendige Eingrenzung.

So betont zum Beispiel die Besprechung von ›Hänsel und Gretel‹ das Streben des Kindes, sich an den Eltern festzuklammern, obwohl die Zeit gekommen ist, der Welt selbständig gegenüberzutreten. Ebenso wird auch die Notwendigkeit hervorgehoben, eine primitive Oralität zu überwinden, die in dem Entzücken der Kinder am Lebkuchenhäuschen symbolisiert ist. Es entsteht der Eindruck, als habe dieses Märchen dem kleinen Kind, das sich bereitet, seine ersten Schritte in die Welt hinaus zu tun, am meisten zu bieten. Es verleiht seinen Ängsten Gestalt und vermittelt zugleich Beruhigung, denn diese Ängste erweisen sich sogar in ihrer übersteigerten Form – Angst, gefressen zu werden – als unbegründet. Die Kinder tragen am Ende den Sieg davon, ein höchst bedrohlicher Feind, die Hexe, erleidet eine völlige Niederlage. So könnte man zu Recht versichern, dieses Märchen habe seinen größten Reiz und Wert für Kinder in dem Alter, in dem Märchen ihren wohltätigen Einfluß auszuüben beginnen, also im Alter von vier oder fünf Jahren.

Trennungsängste, die Furcht, verlassen zu werden, die Angst vor dem Verhungern und die orale Gier sind aber nicht auf eine bestimmte Entwicklungsstufe beschränkt. Sie sind in jedem Alter unbewußt vorhanden, und deshalb hat dieses Märchen auch eine Bedeutung und eine ermutigende Botschaft für viel ältere Kinder. Das ältere Kind könnte es sogar erheblich schwieriger finden, seine Furcht, von den Eltern verlassen zu werden, oder auch seine orale Gier sich bewußt einzugestehen; deshalb hat man um so mehr Grund, das Märchen zu seinem Unbewußten sprechen zu lassen, da

es ja seinen unbewußten Ängsten Gestalt verleiht und sie erleichtert, ohne daß dies je ins Bewußtsein treten würde.
Andere Züge des gleichen Märchens vermögen auch einem älteren Kind dringend benötigte Beruhigung und Führung zu vermitteln. Ich weiß von einem Mädchen, das noch in der frühen Pubertät von ›Hänsel und Gretel‹ fasziniert war. Sie las das Märchen immer wieder und schmückte es in ihrer Phantasie aus. Sie zog daraus großen Trost. Als Kind war sie von ihrem ein wenig älteren Bruder beherrscht worden. Er hatte ihr in gewisser Beziehung den Weg gezeigt wie Hänsel, der die Kieselsteine fallenließ und mit seiner Schwester nach Hause fand. Als Heranwachsende verließ sich dieses Mädchen weiterhin auf ihren Bruder; dieser Teil des Märchens wirkte beruhigend. Gleichzeitig lehnte sie sich aber gegen die Beherrschung durch den Bruder auf. Ohne daß es ihr damals bewußt geworden wäre, setzte sie sich bei ihrem Kampf um Unabhängigkeit mit der Hänselfigur auseinander. Das Märchen sagte ihrem Unbewußten, daß es sie zurückwerfe und nicht vorwärtsbringe, Hänsels Führung zu folgen. Außerdem war bedeutsam, daß Hänsel zwar anfänglich der Anführer war, daß aber Gretel schließlich für beide Freiheit und Unabhängigkeit errang, weil sie die Hexe besiegte. Als Erwachsene verstand diese Frau, daß das Märchen ihr beim Abschütteln der Abhängigkeit von ihrem Bruder sehr viel geholfen hatte; denn es hatte sie überzeugt, daß eine frühe Abhängigkeit von ihm nicht mit ihrer späteren Überlegenheit kollidieren mußte. Ein Märchen, das für sie aus einem bestimmten Grund in der Kindheit bedeutsam gewesen war, diente ihr aus einem ganz anderen Grund in der Jugend als Wegweiser.
Das zentrale Motiv in ›Schneewittchen‹ ist, wie das heranwachsende Mädchen in jeder Beziehung die böse Stiefmutter übertrifft, die ihr aus Eifersucht kein unabhängiges Leben zugestehen will – symbolisch drückt sich dies in dem Versuch der Stiefmutter aus, Schneewittchen zu zerstören und dies im Spiegel bestätigt zu finden. Der tiefste Sinn, den dieses Märchen für eine bestimmte Fünfjährige hatte, war jedoch von diesen pubertären Problemen weit entfernt. Ihre Mutter war so kühl und distanziert, daß sie sich verloren fühlte. Das Märchen vermittelte ihr die Gewißheit, daß sie nicht zu verzweifeln brauchte, denn das von der Stiefmutter verratene Schneewittchen wurde von männlichen Wesen gerettet, zuerst von den Zwergen, dann vom Prinzen. Auch dieses Mädchen verzweifelte nicht, weil sie von ihrer Mutter im Stich gelassen wurde, sondern hoffte auf Hilfe von männlicher Seite. Mit der Zuversicht, Schneewittchen zeige ihr den Weg, wandte sie sich ihrem Vater zu, der

positiv reagierte. Der glückliche Ausgang des Märchens ermöglichte es diesem Mädchen, einen Ausweg aus der Sackgasse zu finden, in die sie durch das mangelnde Interesse ihrer Mutter geraten war. So kann ein Märchen für eine Fünfjährige eine ebenso wichtige Bedeutung haben wie für eine Dreizehnjährige, wenn es auch für jede von ihnen einen ganz anderen Sinn hat.

In ›Rapunzel‹ erfahren wir, daß die böse Fee das Mädchen in einen Turm sperrte, als sie zwölf Jahre alt geworden war. Es ist also gleichfalls die Geschichte eines Mädchens im Pubertätsalter und einer eifersüchtigen Mutter, die sie nicht zur Unabhängigkeit gelangen lassen will – ein typisches Adoleszenzproblem, das durch die Vereinigung Rapunzels mit ihrem Königssohn eine glückliche Lösung findet. Ein fünfjähriger Junge gewann aber einen völlig anderen Trost aus diesem Märchen. Als er erfuhr, daß seine Großmutter, die tagsüber für ihn sorgte, wegen einer schweren Krankheit ins Krankenhaus gehen mußte – seine Mutter arbeitete ganztags, der Vater lebte nicht bei ihnen –, bat er, man möge ihm die Geschichte von Rapunzel vorlesen. In dieser kritischen Zeit seines Lebens waren zwei Elemente des Märchens für ihn wichtig. Das eine war der Schutz vor allen Gefahren, mit dem die Ersatzmutter das Kind umgab – eine Vorstellung, die ihm in jenem Augenblick sehr verlockend erschien. So hatte ein Verhalten, das normalerweise als negativ und selbstsüchtig angesehen wird, unter besonderen Umständen eine außerordentlich tröstliche Bedeutung. Noch wichtiger war für den Jungen ein weiteres zentrales Element: Rapunzel fand das Mittel, um ihrer Notlage zu entrinnen, an sich selbst – es war ihr langes Haar, an dem der Königssohn in ihr Turmzimmer hinaufkletterte. Daß der eigene Körper zur Rettung dienen kann, verlieh ihm die Überzeugung, daß auch er im Notfall Sicherheit in sich selbst finden würde. Wir sehen, daß das Märchen, das sich in höchst phantasiereicher Form und auf indirekte Weise auf wesentliche menschliche Probleme bezieht, einem kleinen Jungen sehr viel bieten kann, selbst wenn die Heldin der Geschichte ein heranwachsendes Mädchen ist.

Wenn ich mich hier auf die Hauptmotive eines Märchens beschränken muß, soll dies nicht zu dem Schluß verleiten, nur diese seien wichtig. Märchen haben unabhängig vom Alter und Geschlecht ihres Helden sehr große psychologische Bedeutung für Kinder jeden Alters, Jungen und Mädchen, weil sie den Identifikationswechsel erleichtern, der eintritt, wenn sich das Kind nacheinander mit verschiedenen Problemen befaßt. Im Licht ihrer früheren Identifikation mit einer Gretel, die sich gern von Hänsel führen ließ, wurde durch die spätere Identifikation des heranwachsenden Mädchens mit einer Gretel, die die Hexe besiegte, ihr Wachstum zur Unabhängigkeit hin lohnender und sicherer. Das anfängliche Geborgenheitsgefühl des kleinen Jungen bei dem Gedanken, in einem schützenden Turm zu leben, führte ihn zu der triumphierenden Erkenntnis, daß er in sich selbst eine viel zuverlässigere Sicherheit, eine Rettungsleine, finden würde.

Wir können nicht wissen, in welchem Alter ein bestimmtes Märchen für ein bestimmtes Kind am wichtigsten ist, deshalb können wir nicht von uns aus bestimmen, wann und aus welchen Gründen ihm eines der vielen Märchen erzählt werden sollte. Dies kann nur das Kind selbst entscheiden und offenbaren mit der Stärke seiner emotionalen Reaktion auf das, was ein Märchen in seinem Bewußten und Unbewußten wachruft. Eltern werden normalerweise damit anfangen, daß sie ihrem Kind ein Märchen, das ihnen als Kindern gefallen hat oder jetzt gefällt, erzählen oder vorlesen. Wenn das Kind keinen Geschmack an der Geschichte findet, bedeutet dies, daß deren Motive oder Themen in diesem gegebenen Augenblick seines Lebens keine sinnvolle Reaktion weckt. Dann ist es am besten, ihm am nächsten Abend ein anderes Märchen zu erzählen. Bald wird das Kind zu erkennen geben, daß eine bestimmte Geschichte wichtig geworden ist; es reagiert unmittelbar darauf oder bittet immer wieder um dieses Märchen. Geht alles gut, so wirkt die Begeisterung des Kindes ansteckend; das Märchen wird für die Eltern ebenfalls wichtig, wenn auch vielleicht nur deshalb, weil es für das Kind soviel bedeutet. Schließlich hat das Kind dem Lieblingsmärchen alles, was es kann, entnommen, oder die Probleme, die es darauf reagieren ließ, sind durch andere ersetzt worden, die in einem anderen Märchen besseren Ausdruck finden. Dann verliert es zeitweilig das Interesse an diesem Märchen und zieht ein anderes vor. Beim Märchenerzählen ist es immer am besten, der Führung des Kindes zu folgen.

Selbst wenn Eltern erraten, warum ihr Kind ein bestimmtes Märchen gefühlsmäßig bevorzugt, ist dies ein Wissen, das man am besten für sich behält. Die wichtigsten Erfahrungen und Reaktionen des kleinen Kindes sind weitgehend unbewußt und sollten es bleiben, bis es ein viel reiferes Alter und Verständnis erreicht. Es wird von jedem Menschen und besonders vom Kind als zudringlich empfunden, wenn man versucht, seine unbewußten Gedanken zu deuten und ihm bewußt zu machen, was es im Vorbewußten halten will. Ebenso wichtig für das Wohlbefinden des Kindes wie das Gefühl, daß seine Eltern seine Emotionen teilen, wenn sie sich am gleichen Märchen freuen, ist das Gefühl, daß die Eltern seine inneren

Gedanken nicht kennen, bis es beschließt, sie ihnen zu enthüllen. Wenn die Eltern durchblicken lassen, daß sie schon darum wissen, wird das Kind daran gehindert, den Eltern eines der kostbarsten Geschenke zu machen: mit ihnen zu teilen, was bis dahin geheim war und nur dem Kind gehörte. Da außerdem die Eltern soviel mächtiger sind als das Kind, kann es den Eindruck bekommen, daß ihre Herrschaft grenzenlos – und deshalb zerstörerisch übermächtig – ist, wenn sie die Fähigkeit zu haben scheinen, die geheimen Gedanken des Kindes und seine verborgenen Gefühle zu erkennen, ehe sich das Kind selbst ihrer bewußt geworden ist.

Wer einem Kind erklärt, warum ein Märchen es so sehr fesselt, zerstört zudem den Zauber der Geschichte, der in großem Maß darauf beruht, daß das Kind nicht ganz genau weiß, woher er rührt. Und mit dem Verlust des Verzauberungsvermögens verringert sich auch die potentielle Fähigkeit des Märchens, dem Kind zu helfen, daß es selbständig kämpft und ganz allein das Problem meistert, das ihm die Geschichte zuerst sinnvoll werden ließ. So richtig die Deutungen der Erwachsenen auch sein mögen, rauben sie doch dem Kind das Gefühl, daß es selbständig durch wiederholtes Hören und Bedenken der Geschichte mit einer schwierigen Situation fertig geworden ist. Wir wachsen, wir finden Sinn im Leben und Sicherheit in uns selbst, wenn wir persönliche Probleme selbständig erfaßt und gelöst haben und nicht, wenn andere sie uns erläutert haben.

Märchenmotive sind keine neurotischen Symptome, die man besser verstandesmäßig aufschlüsselt, damit man sich von ihnen befreien kann. Diese Motive werden vielmehr als wunderbar empfunden, weil sich das Kind in seinen Gefühlen, Hoffnungen und Ängsten zutiefst verstanden und gewürdigt fühlt, ohne daß diese ans Licht gezerrt und in der Kälte einer Rationalität, die noch außerhalb seiner Reichweite liegt, erforscht würden. Die Märchen bereichern das Leben des Kindes und verzaubern es, gerade weil das Kind nicht weiß, wie die Geschichten ihren Reiz ausüben.

Das vorliegende Buch wurde geschrieben, um Erwachsenen und besonders denjenigen, die mit Kindern umgehen, zu helfen, sich der Bedeutung der Märchen klarer bewußt zu werden. Wie schon gesagt, können zahllose weitere Deutungen neben den hier angeführten zutreffend sein; Märchen besitzen wie alle echten Kunstwerke einen vielschichtigen Reichtum und eine Tiefe, die sich auch bei der gründlichsten Untersuchung nicht ausschöpfen läßt. Was in diesem Buch gesagt wird, sollte lediglich als Illustration und Hinweis angesehen werden. Wenn dies den Leser anregt, für sich selbst tiefer einzudringen, so wird er um so vielfältigeren persönli-

chen Sinn aus diesen Märchen gewinnen, die dann auch für die Kinder, denen er sie erzählt, größere Bedeutung erlangen.
Hier muß jedoch eine besonders wichtige Eingrenzung erwähnt werden: Die wahre Bedeutung und Wirkung eines Märchens und seinen Zauber erkennt und empfindet man nur an der Geschichte selbst. Beschreibt man die wesentlichen Züge eines Märchens, so vermittelt man so wenig das Gefühl dafür, was es damit auf sich hat, wie wenn man die Handlungselemente eines Gedichts aufzählt. Eine solche Darstellung der Hauptmerkmale ist aber alles, was ein Buch wie das vorliegende geben kann, wenn die Märchen selbst nicht abgedruckt werden können. Die meisten behandelten Märchen sind jedoch leicht zugänglich, und so hoffe ich, daß parallel zu diesem Buch die Märchen selbst wieder gelesen werden.* Sei es nun ›Rotkäppchen‹, ›Aschenputtel‹ oder sonst ein Märchen – nur die Geschichte selbst ermöglicht eine Würdigung ihrer poetischen Qualitäten und läßt erkennen, welchen Reichtum sie einem empfänglichen Inneren schenkt.

* Quellenhinweise in den Anmerkungen am Schluß des Buches.

Erster Teil
Die Kraft der Verzauberung

»Rotkäppchen war meine erste Liebe. Ich wußte: Hätte ich Rotkäppchen heiraten können, so wäre mir vollkommene Glückseligkeit zuteil geworden.« Diese Worte von Charles Dickens lassen erkennen, daß er sich von Märchen bezaubern ließ, wie Millionen Kinder auf der ganzen Welt zu allen Zeiten. Auch als er schon weltberühmt war, betonte Dickens, wie tief die wunderbaren Gestalten und Ereignisse der Märchen seine Persönlichkeit und seine Kreativität prägten. Wiederholt äußerte er sich voller Zorn über diejenigen, die aus unwissender, engstirniger Rationalität darauf bestehen, die Märchen vernünftelnd zu deuten, das angeblich Anstößige aus ihnen zu entfernen oder sie ganz zu verdammen, und die damit die Kinder dieser wichtigen Bereicherung ihres Lebens berauben. Dickens erkannte, daß die Bilderwelt der Märchen den Kindern besser als alles andere in ihrer schwierigsten, aber wichtigsten und befriedigendsten Aufgabe hilft: sich ein reiferes Bewußtsein zu erringen, um die chaotischen Spannungen ihres Unbewußten zu bewältigen.(1)

Heute wie einst vermag das Märchen den Geist phantasiebegabter wie auch durchschnittlicher Kinder für die höheren Dinge des Lebens zu öffnen. Vom Märchen finden sie leicht den Übergang zum Verständnis der größten Werke der Kunst und Literatur. So sagt der Dichter Louis MacNeice: »Echte Märchen haben mir immer viel bedeutet, auch als ich das Gymnasium besuchte, wo man das Gesicht verlor, wenn man dies eingestand. Im Gegensatz zu dem, was viele auch heute noch behaupten, ist das Märchen, zumindest das klassische Volksmärchen, etwas viel Solideres als der naturalistische Durchschnittsroman, der kaum tiefer geht als eine Klatschspalte. Von Volkserzählungen und Kunstmärchen wie denen von Hans Andersen, von nordischen Mythen und den Geschichten von ›Alice in Wonderland‹ und den ›Water Babies‹ rückte ich etwa mit zwölf Jahren zu ›Faerie Queene‹ vor.«(2)

Literaturkritiker wie G. K. Chesterton und C. S. Lewis waren überzeugt, Märchen seien »geistige Forschungsreisen« und deshalb »am lebenswahrsten«, weil sie »das menschliche Leben so offenbaren, wie es von innen her gesehen, empfunden oder erkannt wird«.(3)

Anders als jede sonstige Literatur führen die Märchen das Kind zur Entdeckung seiner Identität und seines Lebenssinns; sie geben auch zu erkennen, welche Erfahrungen notwendig sind, den eigenen

Charakter weiterzuentwickeln. Sie vermitteln die Gewißheit, daß ein lohnendes, gutes Leben in Reichweite des Menschen liegt, auch wenn viele Hindernisse dazwischenzutreten scheinen – aber nur, wenn man nicht vor den gefahrvollen Kämpfen zurückschreckt, ohne die man niemals wahre Identität erlangen kann. Die Märchen versprechen dem Kind, das den Mut hat, sich auf diese furchterregende, mühevolle Suche zu machen, daß wohlwollende Mächte ihm zu Hilfe kommen werden und daß ihm der Erfolg sicher ist. Sie warnen aber diejenigen, die zu ängstlich und zu engherzig sind, um sich selbst einzusetzen, damit sie sich selbst finden, daß sie sich mit einer eintönigen Existenz zufriedengeben müssen, wenn ihnen nicht ein noch schlimmeres Los zufällt.

Frühere Generationen von Kindern, die Märchen liebten und ihre Bedeutung spürten, waren nur der Verachtung von Pedanten ausgesetzt, wie es MacNeice geschah. Heute werden viele unserer Kinder noch viel schlimmer beraubt, wird ihnen doch die Möglichkeit, Märchen überhaupt kennenzulernen, vorenthalten. Die meisten Kinder begegnen dem Märchen lediglich in verniedlichten, vereinfachten Versionen, die den Sinn entstellen und eine tiefere Wirkung unmöglich machen – in Film- und Fernsehbearbeitungen, in denen die Märchen zu bedeutungsloser Unterhaltung herabsinken.

Während des größten Teils der Menschheitsgeschichte stützte sich das intellektuelle Leben des Kindes – abgesehen von unmittelbaren Erfahrungen innerhalb der Familie – auf Mythen, Legenden und Märchen. Diese traditionelle Literatur speiste die Vorstellungskraft des Kindes und regte es zum Fabulieren an. Da diese Geschichten die wichtigsten Fragen des Kindes beantworteten, waren sie gleichzeitig eine bedeutende Wirkkraft zu seiner Sozialisation. Die Mythen und nahe verwandten Legenden boten Material, aus dem die Kinder ihre Auffassung von Ursprung und Zweck der Welt und von den erstrebenswerten gesellschaftlichen Idealen bildeten. Vorbilder waren der unbezwingliche Held Achilles und der listenreiche Odysseus, Herakles, dessen Lebensgeschichte zeigt, daß es nicht unter der Würde des stärksten Mannes liegt, den schmutzigsten Stall auszumisten, der heilige Martin, der seinen Mantel zerschnitt, um einen armen Bettler zu kleiden. Nicht erst seit Freud ist der Mythos von Ödipus der Spiegel, in dem wir die stets neuen und doch uralten Probleme unserer vielschichtigen, ambivalenten Gefühle für unsere Eltern erkennen. Freud verwies auf diesen Mythos, um uns die zwangsläufig auftretenden, brodelnden Emotionen bewußt zu machen, mit denen sich jedes Kind auf seine eigene Weise in einem bestimmten Alter auseinandersetzen muß.

In der Hindukultur ist die Geschichte von Rama und Sita (Teil des ›Ramajana‹), die von ihrem friedfertigen Mut und ihrer leidenschaftlichen Hingabe erzählt, der Prototyp für Liebes- und Ehebeziehungen. Jedermann wird aufgerufen, diesen Mythos im eigenen Leben nachzuvollziehen; jede Hindubraut wird Sita genannt, und bei ihrer Hochzeit spielt sie gewisse Episoden des Mythos.
Im Märchen werden innere Vorgänge zum Ausdruck gebracht; in der Darstellung der Märchengestalten und Ereignisse werden sie verständlich. Aus diesem Grund wurde in der traditionellen Hindumedizin dem psychisch Kranken ein Märchen, das sein besonderes Problem verkörperte, zur Meditation empfohlen. Man erwartete, daß der Patient, wenn er über die Geschichte nachsann, sowohl die Beschaffenheit des bedrückenden Engpasses in seinem Leben als auch die Möglichkeit eines Auswegs erkennen werde. Aus dem, was die Geschichte von menschlicher Verzweiflung, Hoffnung und Überwindung der Notlagen erzählte, konnte er nicht nur die Lösung seines Problems, sondern auch den Weg zur Selbstfindung entdecken – gleich wie der Held der Geschichte.
Die überragende Bedeutung des Märchens für das Wachstum des Menschen liegt aber nicht in der Belehrung über richtige Verhaltensweisen in dieser Welt – diese Weisheit halten Religion, Mythen und Fabeln in reichem Maß bereit. Märchen erheben nicht den Anspruch, die Welt so zu beschreiben, wie sie ist; sie raten auch nicht, was man unternehmen sollte. Wenn es so wäre, würde der Hindupatient veranlaßt, einem aufgezwungenen Verhaltensmuster zu folgen, und das wäre nicht einfach schlechte Therapie, sondern das Gegenteil von Therapie. Das Märchen ist deshalb therapeutisch, weil der Patient zu *eigenen* Lösungen kommt, wenn er darüber nachdenkt, was die Geschichte über ihn und seine inneren Konflikte zu diesem bestimmten Zeitpunkt in seinem Leben enthält. Der Inhalt des ausgewählten Märchens hat gewöhnlich nichts mit dem äußeren Leben des Patienten zu tun, aber sehr viel mit seinen inneren Problemen, die unverständlich und deshalb unlösbar scheinen. Das Märchen bezieht sich offenkundig nicht auf die äußere Welt, wenngleich es durchaus realistisch anfangen und mit alltäglichen Ereignissen durchsetzt sein kann. Sein unrealistischer Charakter (den engstirnige Rationalisten anprangern) ist wichtig, gibt er doch zu erkennen, daß sein Anliegen nicht die Vermittlung nützlicher Informationen über die äußere Welt ist, sondern daß es um die inneren Vorgänge im Menschen geht.

In den meisten Kulturen sind Mythen und Volkserzählungen oder

Märchen nicht scharf getrennt; zusammen bilden sie die Literatur der Gesellschaften ohne schriftliche Überlieferung. Die nordischen Sprachen haben für beides nur das Wort *saga*. Im Deutschen hat sich das Wort *Sage* für Mythos erhalten. Es ist bedauerlich, daß der Ausdruck für Märchen im Englischen *(fairy tale)* und im Französischen *(conte de fée)* die Rolle der Feen betont; in den meisten Märchen tritt nämlich gar keine Fee auf. Mythen und Märchen erlangen erst dann endgültige Form, wenn sie schriftlich niedergelegt werden und nicht mehr einem ständigen Wandel unterworfen sind. Vorher wurden die Märchen beim wiederholten Erzählen im Lauf der Jahrhunderte entweder verdichtet oder ausgeschmückt; manche verschmolzen auch miteinander. Alle wurden verändert je nachdem, was nach Ansicht des Erzählers für die Zuhörer am wichtigsten war, welche Anliegen ihn im Augenblick beschäftigten oder welche besonderen Probleme seine Zeit aufwarf.

Manche Märchen und Volkserzählungen entwickelten sich aus Mythen, manche wurden auch in Mythen einbezogen. In beiden Formen schlug sich die kumulative Erfahrung einer Gesellschaft nieder; die Menschen wollten die Weisheit vergangener Zeiten sich selbst ins Gedächtnis rufen und künftigen Generationen weitergeben. Diese Märchen und Mythen übermitteln tiefe Einsichten, die der Menschheit in den vielen Wechselfällen ihrer langen Geschichte Ausdauer verliehen, und dieses Erbe ist in keiner anderen Form für Kinder so einfach und unmittelbar zugänglich.

Mythen und Märchen haben vieles gemeinsam. Weit mehr als im Märchen wird aber im Mythos der Held dem Hörer als eine Gestalt vorgeführt, der er in seinem eigenen Leben nacheifern sollte.

Ein Mythos kann wie ein Märchen einen inneren Konflikt symbolisch zum Ausdruck bringen und Wege zu seiner Lösung anbieten, aber dies ist nicht unbedingt sein Hauptanliegen. Der Mythos entwickelt sein Thema in majestätischer Weise, er ist von geistiger Kraft erfüllt, das Göttliche ist präsent und zeigt sich in übermenschlichen Helden, die an gewöhnliche Sterbliche große Anforderungen stellen. So sehr wir, die Sterblichen, uns bemühen mögen, diesen Helden zu gleichen, werden wir ihnen doch stets und nur zu offensichtlich unterlegen bleiben.

Auch die Gestalten und Ereignisse im Märchen personifizieren und schildern innere Konflikte, aber sie sind äußerst behutsam, wenn sie andeuten, wie diese Konflikte gelöst werden könnten und welches der nächste Schritt in der Entwicklung zu einem höheren Menschentum sein könnte. Das Märchen bietet sich einfach und heimelig dar; es stellt keine Anforderungen an den Zuhörer. Deshalb braucht sich selbst das kleinste Kind nicht gezwungen zu fühlen, in bestimmter Weise zu handeln, und niemals flößt ihm das Märchen ein Unterlegenheitsgefühl ein. Das Märchen vermittelt vielmehr Zuversicht, Hoffnung auf die Zukunft und das Vertrauen auf einen glücklichen Ausgang. Lewis Carroll sagt deshalb vom Märchen, es errege Gefallen, weil es mit Liebe erzählt werde – diese Begründung würde auf den Mythos kaum zutreffen.*

Selbstverständlich erfüllt nicht jede Geschichte in Märchensammlungen diese Kriterien. Viele davon sind lediglich Unterhaltung, Belehrungen oder Fabeln. Fabeln drücken mit Worten, Handlungen und Ereignissen – so wundersam diese sein mögen – nur aus, was man tun sollte. Sie fordern, drohen und heben den moralischen Zeigefinger, oder sie sind nur zur Unterhaltung gedacht. Um zu entscheiden, ob eine Geschichte ein Märchen oder etwas ganz anderes ist, könnte man fragen, ob es dem Kind gefalle, weil es mit Liebe erzählt wird. Dies wäre kein schlechter Weg zu einer Klassifikation.

Um zu verstehen, wie das Kind Märchen ansieht, seien als Beispiel die vielen Märchen herangezogen, in denen ein Kind einen Riesen, der es bedroht oder ihm sogar nach dem Leben trachtet, mit List überwindet. Daß Kinder intuitiv erfassen, wofür diese »Riesen« stehen, zeigt sich aus der spontanen Reaktion eines Fünfjährigen.

Aus dem Gespräch über die Bedeutung der Märchen für Kinder schöpfte eine Mutter den Mut, ihre Abneigung dagegen, ihrem kleinen Jungen »so blutrünstige und grausame Geschichten« zu erzählen, zu überwinden. Sie wußte, daß er sich in seiner Phantasie schon mit Menschenfressern beschäftigte. So erzählte sie ihm von ›Hans dem Riesentöter‹.(4) Seine Reaktion am Ende der Geschichte war: »Riesen gibt es nicht, oder?« Ehe die Mutter die tröstliche Antwort geben konnte, die ihr auf der Zunge lag – und die den Wert der Geschichte für den Jungen zerstört hätte –, fuhr er fort: »Aber Erwachsene gibt es, und die sind wie Riesen.« Im reifen Alter von fünf Jahren hatte er die ermutigende Botschaft der Geschichte

* Kind mit der klaren Stirne du,
Dem Aug', wo Träume weben!
Die Zeit enteilt uns ohne Ruh,
Uns trennt ein halbes Leben –
Gleichviel! Solang es dir gefällt,
Was ich mit Lieb' dir hier erzählt.

Aus: Lewis Carroll: Alice im Wunderland. Alice hinter den Spiegeln. Zwei Romane, übersetzt und herausgegeben von Christian Enzensberger, Insel-Verlag, Frankfurt/M. 1963.

begriffen: Obgleich Erwachsene manchmal wie furchteinflößende Riesen wirken, kann ein schlauer kleiner Junge sie überlisten.
Diese Bemerkung fördert eine Ursache des Widerwillens der Erwachsenen gegen das Märchenerzählen zutage: Der Gedanke, daß wir unseren Kindern gelegentlich wie furchteinflößende Riesen erscheinen, ist uns unbehaglich – obgleich es so ist. Wir möchten es auch lieber nicht wahrhaben, daß sie es für so einfach halten, uns zu hintergehen oder zum Narren zu halten, und welches Vergnügen ihnen diese Vorstellung bereitet. Aber ob wir ihnen Märchen erzählen oder nicht, wir erscheinen ihnen – wie das Beispiel dieses kleinen Jungen beweist – tatsächlich als selbstsüchtige Riesen, die all die herrlichen Dinge, die ihnen Macht verleihen, für sich behalten wollen. Märchen vermitteln dem Kind die Gewißheit, daß es am Ende den Riesen überwinden wird, das heißt, daß es erwachsen werden kann, um dem Riesen gleich zu werden und dessen Macht zu erringen. Dies sind »die starken Hoffnungen, die uns zu Menschen machen«.(5)
Wenn wir Eltern unseren Kindern solche Märchen erzählen, ist es am bedeutsamsten, daß wir ihnen damit die wichtigste Gewißheit vermitteln, die Sicherheit nämlich, daß wir damit einverstanden sind, wenn sie mit dem Gedanken spielen, diese Riesen zu überwinden. Hier ist das Lesen nicht das gleiche wie das Erzählen; denn wenn das Kind für sich liest, könnte es glauben, nur irgendein Fremder – der Mann, der die Geschichte schrieb oder das Buch zusammenstellte – billige das Überlisten und Töten des Riesen. Wenn die Eltern ihm die Geschichte aber *erzählen,* kann es sicher sein, daß sie es gutheißen, wenn es sich in seiner Phantasie für die Bedrohung durch die überlegene Herrschaft der Erwachsenen rächt.

›Der Fischer und der Dämon‹
Das Märchen im Vergleich zur Fabel

Eine der Erzählungen aus ›Tausendundeiner Nacht‹, ›Der Fischer und der Dämon‹, enthält eine fast vollständige Wiedergabe des Märchenmotivs vom Riesen im Konflikt mit einem gewöhnlichen Menschen.(6) Dieses Thema taucht in irgendeiner Form in allen Kulturen auf, denn überall fürchten Kinder die Macht der Erwachsenen und leiden darunter. (Im Westen ist das Thema am besten bekannt in der Form, wie es in dem Märchen ›Der Geist im Glas‹ der

Brüder Grimm exemplifiziert ist.) Die Kinder wissen: Wenn sie den Willen der Erwachsenen nicht erfüllen, haben sie nur eine Möglichkeit, ihrem Zorn zu entgehen, nämlich durch Überlistung.

In ›Der Fischer und der Dämon‹ wird erzählt, wie ein armer Fischer viermal sein Netz ins Meer wirft. Zuerst findet er ein Eselsgerippe, dann einen großen irdenen Krug voll Sand und Schlamm im Netz. Der dritte Versuch bringt ihm noch weniger ein: Scherben, zerbrochenes Glas und Knochen. Beim viertenmal zieht er eine Flasche aus Messing heraus. Er öffnet sie – eine ungeheure Rauchwolke quillt heraus und verdichtet sich zu einem riesigen Dschin (Geist), der ihn trotz seiner flehentlichen Bitten töten will. Der Fischer rettet sich mit einer List: Er äußert laut seine Zweifel, ob der ungeheure Dämon je in der kleinen Flasche Platz gefunden habe. Um es zu beweisen, schlüpft der Dämon in die Flasche zurück. Rasch verschließt und versiegelt der Fischer die Flasche und will sie wieder ins Meer werfen.

Andere Kulturen kennen eine Version desselben Motivs, bei der der böse Geist die Gestalt eines großen wilden Tieres annimmt und den Helden zu verschlingen droht. Der Held ist dem Gegner in keiner Weise gewachsen; er ist ihm lediglich an Schlauheit überlegen. So sagt er, es müsse für einen derart mächtigen Geist einfach sein, die Gestalt eines riesigen Geschöpfes anzunehmen, aber in ein kleines Tier wie Maus oder Vogel könne er sich doch sicher nicht verwandeln. Dieser Angriff auf seine Eitelkeit ist der Untergang des Geistes. Um zu beweisen, daß ihm nichts unmöglich ist, verwandelt er sich in das winzige Tier, das der Held dann leicht überwinden kann.(7)

Die Geschichte vom Fischer und dem Dämon ist reicher an verborgenen Inhalten als andere Versionen dieses Märchenmotivs, denn sie enthält bedeutsame Einzelheiten, die sich in anderen Wiedergaben nicht immer finden. Ein Merkmal ist der Bericht darüber, wie es kam, daß der Geist so grausam wurde und seinen Befreier umbringen will; ein anderes Merkmal ist, daß drei erfolglose Bemühungen schließlich beim vierten Versuch belohnt werden.

Nach den Moralvorstellungen der Erwachsenen müßte der Gefangene dem Befreier um so dankbarer sein, je länger die Gefangenschaft dauert. Der Dämon beschreibt es aber ganz anders: »Dort im Meer lag ich hundert Jahre, während ich in meinem Herzen sagte: ›Wer immer mich befreit, den will ich auf ewig reich machen.‹ Aber das ganze Jahrhundert verstrich, ohne daß mich einer befreite. Und als das zweite Jahrhundert begann, sagte ich: ›Wer immer mich erlöst, dem will ich die Schätze der Erde öffnen.‹ Aber wieder befreite mich niemand, und so verstrichen vierhundert Jahre. Da sprach ich: ›Wer immer mich erlöst, dem will ich drei Wünsche erfüllen.‹ Aber niemand befreite mich. Da geriet ich in große Wut und sprach zu mir selber: ›Wer mich hinfort noch erlöst, den will ich töten ...‹«

Genauso empfindet ein kleines Kind, wenn es sich »verlassen« fühlt. Zuerst stellt es sich vor, wie glücklich es sein wird, wenn die Mutter zurückkommt und wenn es sein Zimmer, in das es verbannt wurde, wieder verlassen darf, und wie es die Mutter dann belohnen wird. Im Lauf der Zeit wird das Kind aber immer zorniger und brütet über der schrecklichen Rache, die es an denen, die es bestraft haben, nehmen wird. Daß es in Wirklichkeit wahrscheinlich sehr froh ist, wenn es erlöst wird, ändert nichts an seinem Gedankengang von der Belohnung bis zur Bestrafung derer, die es in die mißliche Lage gebracht haben. So verleiht die Erzählung des Dämons der Geschichte in den Augen des Kindes psychologische Wahrheit.

Ein Beispiel dieses Gefühlsumschlags gab ein Dreijähriger, dessen Eltern einige Wochen ins Ausland reisten. Vor der Abreise der Eltern hatte der Junge schon ganz gut gesprochen und behielt dies auch gegenüber der Frau, die ihn in Obhut nahm, und gegenüber anderen bei. Bei der Rückkehr der Eltern sprach er aber zwei Wochen lang weder mit ihnen noch mit sonst jemandem. Aus dem, was er zu seiner Ersatzmutter gesagt hatte, ergab sich eindeutig, daß er in den ersten paar Tagen der Abwesenheit seiner Eltern sehnsüchtig ihre Rückkehr erwartet hatte. Gegen Ende der ersten Woche begann er aber davon zu sprechen, wie sehr er sich ärgerte, daß sie ihn verlassen hatten, und wie er sie es büßen lassen werde, wenn sie wiederkämen. Eine Woche später weigerte er sich, über seine Eltern zu sprechen, und wurde zornig auf jeden, der sie erwähnte. Als dann die Eltern wirklich zurückkamen, wandte er sich schweigend von ihnen ab. Trotz aller Bemühungen blieb der Junge in seiner Ablehnung starr. Es dauerte einige Zeit, in der seine Eltern einfühlendes Verständnis für seine Not zeigten, ehe er wieder er selbst wurde. Wie sich daraus ergibt, war der Zorn des Kindes im Lauf der Zeit so heftig und überwältigend geworden, daß der Junge fürchtete, wenn er sich gehenließe, würde er seine Eltern vernichten oder selbst aus Strafe vernichtet werden. Sein Schweigen war seine Verteidigung; damit schützte er sich und seine Eltern vor den Folgen seiner besinnungslosen Wut.

Das Bild des Eingeschlossenseins in einer Flasche, wie es in der Geschichte vom Fischer und dem Dämon vorgestellt wird, war damals so zutreffend wie heute. In irgendeiner Weise macht jedes Kind die Erfahrung dieses Dreijährigen, wenn auch gewöhnlich weniger extrem ausgeprägt und ohne diese offenen Reaktionen. Das Kind selbst weiß nicht, was ihm geschehen ist – es weiß nur, daß es so handeln *muß*. Bemühungen, einem solchen Kind zu rationalem Verständnis zu verhelfen, erreichen das Kind nicht; sie verstärken vielmehr seine Niedergeschlagenheit, denn es denkt noch nicht rational.

Wenn man einem kleinen Kind erzählt, ein Junge sei so zornig auf seine Eltern gewesen, daß er zwei Wochen lang nicht mit ihnen sprach, wird es sagen: »Das ist doch dumm!« Wenn man dann zu erklären versucht, warum der Junge zwei Wochen lang nichts redete, wird das zuhörende Kind um so mehr überzeugt sein, daß dies dumm sei – und jetzt nicht nur, weil es diese Handlungsweise für töricht hält, sondern auch, weil es die Erklärung nicht versteht.

Ein Kind kann sich nicht bewußt werden, daß sein Zorn es zum Verstummen bringen könnte oder daß es wünschen würde, diejenigen zu vernichten, von denen sein Leben abhängt; denn dies würde bedeuten, die Tatsache zu akzeptieren, daß es sich von den eigenen Emotionen hinreißen lassen und sie nicht mehr in der Gewalt haben könnte – ein furchterregender Gedanke. Die Vorstellung, daß Kräfte in uns wohnen, die sich unserer Kontrolle entziehen, ist – nicht nur für das Kind – zu bedrohlich, als daß sie bewußt genährt würde.*

Für das Kind tritt die Tat an die Stelle des Begreifens, und dies um so mehr, je stärker es empfindet. Unter der Anleitung der Erwachsenen kann es gelernt haben, etwas anderes zu *sagen*, aber so, wie es die Dinge sieht, weinen die Menschen nicht, weil sie traurig sind, sondern sie weinen einfach. Sie schlagen nicht um sich oder verstummen, weil sie zornig sind, sondern sie tun es einfach. Das Kind kann gelernt haben, daß es Erwachsene besänftigen kann, wenn es zur Erklärung seiner Handlungsweise sagt: »Ich habe es getan, weil ich wütend bin« – aber das ändert nichts daran, daß das Kind Wut nicht als Wut erlebt, sondern nur als den Impuls zum Schlagen, zum Zerstören, zum Verstummen. Erst in der Pubertät beginnen wir, unsere Emotionen als das zu erkennen, was sie sind, ohne sofort danach zu handeln oder dies zu wünschen.

* Wie störend für ein Kind der Gedanke ist, daß ohne sein Wissen gewaltige Vorgänge in ihm stattfinden, sei an dem Erlebnis eines Siebenjährigen erläutert. Seine Eltern wollten ihm erklären, seine Gefühle hätten ihn überwältigt und ihn zu Taten hingerissen, die sie – und er – streng verurteilten. Seine Reaktion: »Meint ihr, in mir steckt eine Bombe, die die ganze Zeit weitertickt und mich jeden Augenblick zerreißen kann?« Von da an lebte der Junge eine Zeitlang in echter Sterbensangst vor drohender Selbstvernichtung.

Die unbewußten Vorgänge können für das Kind nur durch Bilder geklärt werden, die direkt sein Unbewußtes ansprechen. Die vom Märchen heraufbeschworenen Bilder tun dies. Wie das Kind nicht denkt: »Wenn Mutter zurückkommt, bin ich glücklich«, sondern: »dann schenke ich ihr etwas«, so sagte der Dämon zu sich selbst: »Wer immer mich befreit, den will ich auf ewig reich machen.« Wie das Kind nicht denkt: »Ich bin so zornig, daß ich ihn (oder sie) umbringen könnte«, sondern: »Wenn ich ihn sehe, bringe ich ihn um«, so sagte der Dämon: »Wer mich erlöst, den will ich töten.« Wenn es von einem *wirklichen* Menschen heißt, er denke oder handle so, erregt diese Vorstellung zu große Angst, als daß sie begrifflich erfaßt würde. Das Kind weiß aber, daß der Dämon eine Phantasiegestalt ist, und so kann es unbesorgt erkennen, was den Dämon motiviert, ohne zu einer direkten Anwendung auf sich selbst gezwungen zu sein.

Wenn sich das Kind in seiner Phantasie weiter mit der Geschichte beschäftigt – und wenn es das nicht tut, büßt das Märchen den größten Teil seiner Wirkung ein –, wird es allmählich vertraut damit, wie der Dämon auf Frustration und Einkerkerung reagiert – auf diese Weise wird es auch mit parallelen Reaktionen bei sich selbst vertraut. Da es ja eine Geschichte aus dem Märchenland ist, die dem Kind diese Verhaltensvorbilder zeigt, kann es in seinen Gedanken hin- und herschwingen zwischen »stimmt, so handelt und reagiert man« und »es stimmt nicht, es ist ja nur ein Märchen«, je nachdem, wie weit es bereit ist, diese Vorgänge in sich selbst zu erkennen.

Was am wichtigsten ist: Da das Märchen einen guten Ausgang verbürgt, braucht sich das Kind nicht zu fürchten, wenn es sein Unbewußtes dem Inhalt der Geschichte entsprechend die Oberhand gewinnen läßt, denn es weiß, was immer dabei auch zum Vorschein kommen mag – es wird »von nun an glücklich und in Freuden leben«.

Durch die phantastischen Übertreibungen der Geschichte (wie das jahrhundertelange Eingesperrtsein in der Flasche) werden Reaktionen begreiflich und annehmbar, die durch realistischere Darstellungen (zum Beispiel die Schilderung der Abwesenheit der Mutter) nicht verständlich würden. Dem Kind erscheint die Abwesenheit der Mutter wie eine Ewigkeit – und dies ändert sich nicht, wenn die Mutter wahrheitsgemäß beteuert, sie sei nur eine halbe Stunde weg gewesen. So verleihen die Übertreibungen dem Märchen den Klang der psychologischen Wahrheit, während realistische Erläuterungen psychologisch unwahr erscheinen, auch wenn sie den Fakten entsprechen.

An der Geschichte vom Fischer und vom Dämon wird deutlich, warum das vereinfachte, zurechtgestutzte Märchen allen Wert verliert. Von außen besehen erscheint es unnötig, zu berichten, wie sich die Gedanken des Dämons wandelten von dem Wunsch, den Befreier zu belohnen, bis zu dem Entschluß, ihn zu bestrafen. Man könnte einfach erzählen, daß ein böser Geist seinen Befreier umbringen wollte und daß dieser, obwohl er nur ein schwacher Mensch war, den mächtigen Dämon überlistete. In dieser vereinfachten Form wäre es aber nichts anderes als eine Gruselgeschichte mit glücklichem Ausgang, doch ohne psychologische Wahrheit. Der Umschlag von dem Wunsch, zu belohnen, zu dem Wunsch, zu bestrafen, ermöglicht dem Kind die Einfühlung in die Geschichte. Da das Märchen so wahrheitsgetreu berichtet, was im Kopf des Dämons vorging, wird die Vorstellung, daß der Fischer imstande sein kann, den Geist durch Schlauheit zu besiegen, ebenfalls glaubwürdig. Wenn solche scheinbar unbedeutenden Elemente ausgemerzt werden, verlieren die Märchen ihren tieferen Sinn und sprechen Kinder nicht an.

Ohne daß es ihm bewußt wäre, freut sich das Kind über die im Märchen enthaltene Warnung an alle, die die Macht haben, es »in die Flasche zu sperren«. Viele moderne Kindergeschichten erzählen, wie ein Kind einen Erwachsenen überlistet. Da sie aber zu direkt sind, bringen sie keine Erleichterung von dem Druck, stets unter der Gewalt der Erwachsenen leben zu müssen; oft jagen sie dem Kind auch Angst ein, weil seine Sicherheit davon abhängt, daß der Erwachsene fähiger ist als es selbst und ihm deshalb zuverlässigen Schutz bietet.

Hier zeigt sich der Wert des Überlistens eines Dämons oder Riesen im Gegensatz zum Überlisten eines Erwachsenen. Wenn man einem Kind erzählt, daß es jemanden wie die Eltern überlisten kann, ist dieser Gedanke ihm zwar angenehm, versetzt es aber zugleich in Angst, denn Menschen, die sich so leicht täuschen lassen, gewähren nur unzulänglichen Schutz. Da aber der Dämon oder der Riese eine Phantasiegestalt ist, kann sich das Kind ausmalen, wie es ihn übertölpelt und ihn sogar aus der Welt schafft, ohne die Erwachsenen als Beschützer zu verlieren.

Das Märchen ›Der Fischer und der Dämon‹ weist mehrere Vorzüge gegenüber den Hans-Geschichten (›Hans der Riesentöter‹, ›Hans und die Bohnenranke‹) auf. Da der Fischer nicht nur ein Erwachsener, sondern auch Vater von Kindern ist, erfährt das Kind implizit, daß sein Vater sich zwar von stärkeren Mächten bedroht fühlen kann, aber so klug ist, daß er sie überwindet. Angeleitet von diesem

Märchen kann sich das Kind in die Rolle des Fischers versetzen und sich vorstellen, wie es den Dämon besiegt; es kann aber auch seinen Vater die Rolle des Fischers übernehmen lassen und sich selbst als Geist sehen, der den Vater bedroht, wobei es doch sicher ist, daß der Vater am Ende gewinnen wird.

Ein ähnlich zurücktretender, aber wichtiger Zug des Märchens vom Fischer und vom Dämon ist die dreimalige Enttäuschung des Fischers, ehe er die Flasche mit dem Geist darin heraufzieht. Es wäre zwar einfacher, die Geschichte mit dem Fang der verhängnisvollen Flasche beginnen zu lassen, aber dieses Element zeigt dem Kind ohne Moralisieren, daß man den Erfolg noch nicht beim ersten und auch nicht beim zweiten oder dritten Versuch erwarten darf. Die Dinge lassen sich nicht so leicht vollbringen, wie man es sich vorstellt oder wünscht. Ein nicht so ausdauernder Mensch hätte aufgegeben, nachdem er dreimal das Netz ausgeworfen und jeweils ein schlechteres Ergebnis erzielt hatte. Daß man trotz anfänglichen Rückschlägen *nicht* aufgeben darf, ist eine für Kinder so wichtige Erkenntnis, daß sie in vielen Fabeln und Märchen enthalten ist. Sie wirkt nur, wenn sie nicht als Moral oder Forderung vorgetragen wird, sondern auf beiläufige Weise, die darauf hinweist, daß das Leben nun einmal so ist. Außerdem gelingt das magische Geschehen des Siegs über den riesigen Dämon nicht ohne Mühe und List, und dies ist ein guter Grund dafür, den Verstand zu schärfen und in seinen Bemühungen nicht nachzulassen, um welche Aufgabe es sich auch handelt.

Eine weitere Einzelheit, die ebenso unbedeutend erscheint, deren Entfernung aber gleichfalls die Wirkung des Märchens mindern würde, ist die Parallele zwischen dem viermaligen, schließlich vom Erfolg gekrönten Auswerfen des Netzes und den vier Stufen im anwachsenden Zorn des Dämons. Damit wird die Reife des Vater-Fischers neben die Unreife des Dämons gestellt und das zentrale Problem angesprochen, das uns allen vom Leben sehr früh gestellt wird: ob wir uns von unseren Emotionen oder von unserer Rationalität beherrschen lassen wollen.

Psychoanalytisch gesehen geht es um die schwierige Auseinandersetzung, die keinem von uns erspart bleibt: Sollen wir dem Lustprinzip nachgeben, das uns zu sofortiger Erfüllung unserer Wünsche und zu gewaltsamer Rache für unsere Frustrationen auch an denen, die nichts damit zu tun haben, treibt – oder sollen wir es ablehnen, solchen Impulsen nachzugeben, und unser Leben nach dem Realitätsprinzip ausrichten, das von uns verlangt, daß wir bereit sind, viele Frustrationen auf uns zu nehmen, um bleibende

Belohnungen zu erringen? Der Fischer, der sich durch seine enttäuschenden Fänge nicht entmutigen ließ und seine Bemühungen fortsetzte, entschied sich für das Realitätsprinzip, das ihn schließlich zum Erfolg führte.

Die Entscheidung für oder gegen das Lustprinzip ist so wichtig, daß viele Märchen und Mythen davon handeln. Um die direkte, didaktische Weise, in der der Mythos diese wichtige Wahl behandelt, mit der unaufdringlichen, indirekten, keine Forderungen aufstellenden und deshalb psychologisch größere Wirkung erzielenden Vermittlung dieser Botschaft im Märchen zu vergleichen, sei die Sage von Herakles herangezogen.(8)

Dort heißt es: »Als er achtzehn Jahre alt geworden, war er der schönste und stärkste Mann Griechenlands, und es sollte sich jetzt entscheiden, ob er diese Kraft zum Guten oder zum Schlimmen anwenden werde. Herakles selbst begab sich um diese Zeit von Hirten und Herden weg in eine einsame Gegend und überlegte bei sich, welche Lebensbahn er einschlagen sollte. Als er so sinnend dasaß, sah er auf einmal zwei Frauen von hoher Gestalt auf sich zukommen. Die eine zeigte in ihrem ganzen Wesen Anstand und Adel, ... ihr Blick war bescheiden, ihre Haltung sittsam ... Die andere war wohlgenährt und von schwellender Fülle, ... ihre Haltung so, daß sie aufrechter schien als von Natur, ... ihr Anzug so gewählt, daß ihre Reize soviel als möglich durchschimmerten ... « Die erste Frau, so erzählt die Sage weiter, ist die Tugend, die zweite die Lust. Jede gibt Herakles Versprechungen für die Zukunft, wenn er den Pfad wählt, den sie ihm als Lebensbahn vorschlägt.

Herakles am Scheideweg ist ein paradigmatisches Bild, weil wir alle wie er angelockt werden von dem Trugbild ewiger Glückseligkeit, wie sie von der Lust verheißen wird: »... du wirst nur die Früchte fremden Fleißes zu genießen und nichts auszuschlagen haben, was dir Gewinn bringen kann.« Gleichzeitig winkt uns aber die Tugend auf ihren »langen und mühseligen Weg zur Zufriedenheit«, auf dem wir wissen müssen, daß die »Götter den Menschen nichts ohne Arbeit und Mühe gewähren. ... strebst du, von deinem Staate geehrt zu werden, so mußt du ihm Dienste leisten; ... willst du ernten, so mußt du säen ... «

Der Unterschied zwischen Sage und Märchen zeigt sich darin, daß die Sage uns unverblümt berichtet, die zwei Frauen, die mit Herakles sprachen, seien »Lust« und »Tugend« gewesen. Ähnlich wie Märchengestalten sind diese beiden Frauen Verkörperungen der widerstreitenden Neigungen und Gedanken des Helden. Die Sage stellt die beiden als Alternativen dar, obgleich unmißverständlich klar wird, daß sie das nicht sind – vor die Wahl zwischen Lust und Tugend gestellt, müssen wir uns für die Tugend entscheiden. Das Märchen stellt uns niemals so direkt vor die Wahl oder sagt uns, wie wir uns entscheiden müssen. Durch alles, was es impliziert, steigert es vielmehr im Kind das Verlangen nach umfassenderem Bewußtwerden. Das Märchen überzeugt mit der Anregung unserer Phantasie und mit dem verlockenden, günstigen Ausgang der Ereignisse.

Märchen versus Mythos
Optimismus versus Pessimismus

Plato hatte zweifellos richtiger erkannt, was zur Persönlichkeitsbildung des Menschen dient, als manche unserer Zeitgenossen, die ihren Kindern nur »wirkliche« Menschen und alltägliche Ereignisse vor Augen führen wollen. Er wußte, was intellektuelle Erfahrungen zum wahren Menschsein beitragen, und empfahl den künftigen Bürgern seines Idealstaates, ihre literarische Erziehung mit der Erzählung von Mythen und nicht mit bloßen Tatsachen oder sogenannten rationalen Lehren zu beginnen. Selbst Aristoteles, der Meister der reinen Vernunft, sagte: »Der Freund der Weisheit ist auch der Freund des Mythos.«
Unabhängig von ihrem Ausgangspunkt kommen moderne Denker, die Mythen und Märchen aus philosophischem oder psychologischem Blickwinkel untersuchen, zum gleichen Schluß. Mircea Eliade nennt sie »Vorbilder des menschlichen Verhaltens, die gerade in dieser Eigenschaft dem Leben Sinn und Wert geben«. Anthropologische Parallelen legen ihm und anderen die Vermutung nahe, daß Mythen und Märchen von Initiations- oder Übergangsriten abgeleitet wurden oder diesen symbolischen Ausdruck geben – gemeint ist zum Beispiel der metaphorische Tod eines alten, unzulänglichen Selbst, das auf einer höheren Daseinsebene wiedergeboren wird. Eliade ist überzeugt, daß Mythen und Märchen aus diesem Grund einem starken Bedürfnis entgegenkommen und Träger so tiefen Sinnes sind.(9)*

* Eliade, der in diesen Ansichten von Saintyves beeinflußt ist, schreibt: »Es ist nicht zu leugnen, daß die Prüfungen und Abenteuer der Helden und Heldinnen im Märchen fast immer in Initiationsbegriffe umgesetzt sind. Dies erscheint mir nun äußerst wichtig: Von der so schwer zu bestimmenden Zeit an, in der die Märchen als solche Gestalt

Tiefenpsychologisch orientierte Forscher betonen die Ähnlichkeiten zwischen den phantastischen Ereignissen in Sagen und Märchen und den Träumen und Wachträumen von Erwachsenen – Erfüllung von Wünschen, Sieg über alle Konkurrenten, Vernichtung der Feinde – und schließen daraus, diese Literatur sei deshalb so attraktiv, weil sie zum Ausdruck bringe, was normalerweise nicht ins Bewußtsein gehoben werde.(10)

Selbstverständlich bestehen bedeutsame Unterschiede zwischen Märchen und Träumen. So ist die Wunscherfüllung im Traum meist verhüllt, während sie im Märchen offen dargestellt wird. Träume sind in erheblichem Maß die Folge von inneren, nicht gelösten Spannungen, von bedrückenden Schwierigkeiten, aus denen der Träumer keinen Ausweg weiß und der Traum keinen Ausweg findet. Das Märchen vollbringt das Gegenteil: Es projiziert die Entlastung von allen Spannungen und bietet nicht nur Wege der Problemlösung, sondern verspricht sogar einen »glücklichen« Ausgang.

Was in unseren Träumen vorgeht, entzieht sich unserer Kontrolle. Wenn auch unsere innere Zensur den Inhalt unserer Träume beeinflußt, geschieht dies doch auf unbewußter Ebene. Das Märchen dagegen ist in großem Maß das Ergebnis allgemeiner bewußter und unbewußter Inhalte, geformt vom Bewußtsein nicht eines bestimmten Menschen, sondern vieler Menschen, die darin übereinstimmen, was sie als universelle menschliche Probleme und als wünschenswerte Lösungen sehen. Wären diese Elemente in einem Märchen nicht vorhanden, so würde es nicht von einer Generation nach der anderen weitererzählt. Nur wenn ein Märchen das bewußte und unbewußte Verlangen vieler Menschen enthielt, wurde es immer wieder erzählt und mit großem Interesse aufgenommen. Kein Traum eines einzelnen könnte ein so beständiges Interesse wecken, es sei denn, er würde zum Mythos umgestaltet wie die in der Bibel geschilderten Träume Pharaos, die Joseph deutete.

Allgemein herrscht Übereinstimmung darin, daß Sagen und Märchen in der Sprache von Symbolen, die für unbewußte Inhalte stehen, zu uns reden. Sie sprechen gleichzeitig unser Bewußtes und unser Unbewußtes in seinen drei Aspekten – Es, Ich und Über-Ich –

annahmen, haben die Menschen – primitive und zivilisierte gleichermaßen – ihnen mit unendlichem Vergnügen immer und immer wieder gelauscht. Dies bedeutet, daß Initiationsszenerien – auch wenn sie, wie im Märchen, getarnt sind – Ausdruck eines Seelendramas sind, das einem tiefen Bedürfnis des Menschen entgegenkommt. Jeder Mensch möchte gewisse gefährliche Situationen erleben, außergewöhnliche Prüfungen bestehen, den Weg in die andere Welt finden – das alles erfährt er auf der Ebene seines imaginativen Lebens beim Hören oder Lesen von Märchen.«

wie auch unser Verlangen nach Ich-Idealen an. Aus diesem Grund sind sie sehr wirkungsvoll; im Inhalt des Märchens nehmen psychologische Phänomene Symbolgestalt an.
Die Freudianer befassen sich vor allem mit dem Nachweis des verdrängten und sonstigen unbewußten Materials, das Mythen und Märchen zugrunde liegt, und mit deren Beziehung zu Träumen und Wachträumen.(11)
Die Jungianer betonen darüber hinaus, daß die Gestalten und Ereignisse dieser Geschichten archetypischen psychologischen Phänomenen entsprechen und sie deshalb repräsentieren, daß sie symbolisch das Streben nach einer höheren Persönlichkeitsstufe andeuten – nach einer inneren Erneuerung also, die vollzogen wird, wenn persönliche und rassegemäße unbewußte Kräfte für die Persönlichkeit verfügbar werden.(12)
Nicht nur wesentliche Ähnlichkeiten, sondern auch inhärente Unterschiede lassen sich zwischen Sagen und Märchen feststellen. Obwohl sich in beiden die gleichen beispielhaften Gestalten und Situationen wie die gleichen wunderbaren Begebenheiten finden, werden sie doch auf ganz unterschiedliche Weise vermittelt. Vereinfacht ausgedrückt, weckt die Sage den vorherrschenden Eindruck: Das ist völlig einmalig; es könnte keinem anderen Menschen zugestoßen und in keinem anderen Rahmen geschehen sein; diese Begebenheiten sind grandios und staunenerregend; ein gewöhnlicher Sterblicher könnte sie nicht erleben. Dieser Eindruck entsteht nicht so sehr deswegen, weil das, was geschieht, wunderbar ist, sondern weil es als wunderbar beschrieben wird. Die Ereignisse im Märchen dagegen, die häufig ungewöhnlich und höchst unwahrscheinlich sind, werden stets als etwas dargestellt, das jeder bei einem Spaziergang draußen im Wald erleben könnte. Selbst die bemerkenswertesten Begegnungen werden im Märchen auf fast beiläufige, alltägliche Weise geschildert.
Noch bedeutsamer ist der Unterschied zwischen den Schlüssen. Die Sage endet fast immer tragisch, das Märchen geht stets gut aus. Einige der bekanntesten Geschichten in Sammelbänden gehören aus diesem Grund eigentlich nicht zur Kategorie des Märchens. ›Das kleine Mädchen mit den Schwefelhölzern‹ und ›Der standhafte Zinnsoldat‹ von Hans Christian Andersen sind sehr schöne, aber furchtbar traurige Geschichten; sie vermitteln nicht den für den Märchenschluß bezeichnenden Trost. ›Die Schneekönigin‹, ebenfalls von Andersen, kommt dagegen einem echten Märchen sehr nahe.
Der Mythos ist pessimistisch, während das Märchen optimistisch

ist, wie tödlich ernst auch einzelne Züge sein mögen. Diese entscheidende Andersartigkeit stellt das Märchen in Gegensatz zu anderen Geschichten, in denen ebenso phantastische Dinge geschehen, ob der glückliche Ausgang nun den Tugenden des Helden, dem Zufall oder dem Eingreifen übernatürlicher Mächte zu verdanken ist.

Der typische Mythos behandelt Über-Ich-Forderungen im Konflikt mit Es-motivierter Handlung und mit dem Selbsterhaltungstrieb des Ich. Ein bloßer Sterblicher ist zu gebrechlich, als daß er der Herausforderung der Götter gewachsen wäre. Paris, der den von Hermes überbrachten Befehl des Zeus befolgt und der Forderung der drei Göttinnen mit der Entscheidung, welcher der Apfel gebührt, nachkommt, wird wegen seines Gehorsams vernichtet – wie zahllose weitere Sterbliche im Gefolge dieser schicksalhaften Wahl.

So sehr wir uns auch bemühen, niemals können wir den Forderungen des Über-Ich, wie es in den Mythen von den Göttern dargestellt wird, völlig entsprechen. Je mehr wir ihm zu gefallen suchen, um so unerbittlicher stellt es seine Ansprüche. Selbst wenn der Held nicht weiß, daß er den Impulsen seines Es nachgegeben hat, muß er entsetzlich dafür leiden. Wenn ein Sterblicher den Unwillen eines Gottes auf sich zieht, ohne etwas Böses getan zu haben, wird er von diesen höchsten Über-Ich-Darstellungen vernichtet. Beispielhaft geschildert ist der Pessimismus des Mythos in jener paradigmatischen Sage der Psychoanalyse: Ödipus.

Die Ödipus-Tragödie löst – besonders in einer guten Bühnenaufführung – beim Erwachsenen starke intellektuelle und emotionale Reaktionen aus, die bis zu einem kathartischen Erlebnis reichen können, wie es Aristoteles jeder Tragödie zuschrieb. Nach einer Ödipus-Aufführung mag sich der Zuschauer fragen, warum er so tief bewegt sei; er mag seine emotionale Reaktion beobachten, über die mythischen Ereignisse und ihre Bedeutung für ihn selbst nachdenken und dabei zu einer Klärung seiner Gedanken und Gefühle gelangen. Dabei können sich gewisse innere Spannungen, Folgen längst vergangener Geschehnisse, lösen; vorher unbewußtes Material kann ins Bewußtsein treten und der bewußten Aufarbeitung zugänglich werden. Dies tritt ein, wenn die betreffende Persönlichkeit vom Mythos emotional tief berührt wird und zugleich intellektuell stark zum Verständnis motiviert ist.

Wenn der Erwachsene stellvertretend erlebt, was Ödipus zustieß, was er tat und litt, kann er mit gereiftem Verständnis das erfassen, was bis dahin kindliche Angst, in infantiler Form im Unbewußten intakt bewahrt, gewesen war. Diese Möglichkeit besteht aber nur, weil sich der Mythos auf Ereignisse bezieht, die in sehr fernen Zeiten stattfanden, wie auch die ödipalen Sehnsüchte und Ängste des Erwachsenen seiner frühesten Lebenszeit angehören. Würde der tiefe Sinn eines Mythos als Begebenheit dargestellt und ausgebreitet, die sich im bewußten Erwachsenenleben ereignen könnte, so würden dadurch alte Ängste verstärkt und tiefer verdrängt.

Der Mythos ist keine zur Warnung erfundene Geschichte wie die Fabel, die uns Angst macht und uns dadurch von Handlungsweisen abschreckt, die als verderblich bezeichnet werden. Der Mythos von Ödipus kann nicht als Warnung, sich nicht in einer ödipalen Konstellation zu verstricken, aufgefaßt werden. Wenn man als Kind zweier Elternteile geboren und aufgewachsen ist, sind ödipale Konflikte unvermeidlich.

Der Ödipuskomplex ist das zentrale Problem der Kindheit (es sei denn, ein Kind bleibe auf einer noch früheren Entwicklungsstufe, zum Beispiel der oralen Phase, fixiert). Das kleine Kind ist ganz in ödipalen Konflikten als der unausweichlichen Realität seines Lebens gefangen. Das ältere Kind – etwa von fünf Jahren an – kämpft, um sich daraus zu befreien; teilweise verdrängt es den Konflikt, teilweise löst es ihn durch emotionale Bindungen an andere außer den Eltern, teilweise sublimiert es ihn. Was ein Kind in diesem Alter am allerwenigsten brauchen kann, ist eine Aktivierung seiner ödipalen Konflikte durch einen solchen Mythos. Angenommen, das Kind wünsche noch aktiv oder habe kaum den Wunsch unterdrückt, den einen Elternteil loszuwerden, um den anderen ganz für sich zu haben, und ihm werde nun, wenn auch nur in symbolischer Form, die Vorstellung nahegebracht, daß man aus Zufall und ohne es zu wissen den einen Elternteil ermorden und den anderen heiraten könnte – dann wird das, womit das Kind nur in der Phantasie gespielt hat, plötzlich grauenerregende Wirklichkeit. Die Folge dieser Konfrontation kann nur größere Angst vor sich selbst und der Welt sein.

Das Kind träumt nicht nur davon, den andersgeschlechtlichen Elternteil zu heiraten, sondern phantasiert aktiv um diese Vorstellung. Der Mythos von Ödipus erzählt, was geschieht, wenn dieser Traum Wirklichkeit wird – und doch kann das Kind den Wunsch, den Elternteil irgendwann einmal zu heiraten, noch nicht aufgeben. Wenn es die Geschichte von Ödipus gehört hat, kann sich in seinem Geist nur die Schlußfolgerung herausbilden, daß ebenso entsetzliche Dinge – Tod eines Elternteils und Selbstverstümmelung – ihm selbst zustoßen werden.

Im Alter von vier Jahren bis zur Pubertät braucht das Kind nichts so dringend wie symbolische Bilder, die ihm zusichern, daß es eine positive Lösung für seine ödipalen Probleme gibt – auch wenn es das nur schwer glauben kann –, falls es sich langsam selbst daraus befreit. Die Versicherung des glücklichen Ausgangs muß aber zuerst kommen; nur dann wird das Kind den Mut haben, sich zuversichtlich abzumühen, um sich aus seiner ödipalen Notlage zu lösen.

In der Kindheit ist mehr als auf anderen Altersstufen alles im Werden. Solange wir noch keine zuverlässige Sicherheit in uns selbst erlangt haben, können wir uns nur dann in schwierige psychologische Auseinandersetzungen einlassen, wenn uns ein positiver Ausgang gewiß erscheint – welche Aussichten dafür in Wirklichkeit auch bestehen mögen. Das Märchen bietet der Phantasie den Stoff, der dem Kind in symbolischer Form zu erkennen gibt, worum es bei dem Kampf um die Selbstverwirklichung geht, und zugleich bürgt es für einen guten Ausgang.

Mythische Helden geben hervorragende Bilder für die Entwicklung des Über-Ich ab, doch die Forderungen, die sie verkörpern, sind so streng, daß das Kind in seinem unerfahrenen Streben nach Persönlichkeitsintegration entmutigt wird. Während der Held des Mythos eine Verwandlung zum ewigen Leben im Himmel erfährt, lebt die Zentralfigur des Märchens von nun an glücklich und in Freuden auf der Erde, mitten unter uns. Manche Märchen schließen sogar mit der Aussage, daß der Held möglicherweise noch heute lebt, wenn er nicht gestorben ist. So wird ein glückliches, wenn auch ganz normales Leben vom Märchen als Krönung der Prüfungen und Nöte des Erwachsenwerdens projiziert.

Die psychosozialen Krisen des Heranwachsens sind zwar im Märchen phantasievoll ausgeschmückt und symbolisch dargestellt als Begegnungen mit Feen, Hexen, wilden Tieren oder Wesen von übermenschlicher Klugheit und Schlauheit, aber daß der Held trotz seiner seltsamen Erlebnisse ein Mensch ist und bleibt, wird durch den Hinweis darauf, daß er sterben muß wie wir alle, unterstrichen. Was ihm auch zustößt – es macht ihn nicht zum Übermenschen wie den mythischen Helden. Dieses reale Menschsein vermittelt dem Kind die Überzeugung, daß das Märchen, welches auch sein Inhalt sei, nichts anderes als die phantasievolle Ausschmückung und Übertreibung der vor ihm stehenden Aufgaben wie auch seiner Hoffnungen und Befürchtungen ist.

Obwohl das Märchen phantastische Symbolbilder für die Lösung von Problemen bringt, sind die dargestellten Probleme selbst doch ganz gewöhnlich: Ein Kind leidet unter der Eifersucht und

Mißgunst seiner Geschwister wie Aschenputtel; ein Kind wird von seinen Eltern als unfähig angesehen wie in so vielen Märchen, zum Beispiel auch in ›Der Geist im Glas‹ der Brüder Grimm. Der Märchenheld erringt den Sieg über diese Probleme hier auf der Erde und erhält nicht erst im Himmel irgendeine Belohnung.

Die psychologische Weisheit der Zeitalter ist der Grund dafür, daß jeder Mythos die Geschichte eines bestimmten Helden ist: Theseus, Herakles, Beowulf, Brunhilde. Nicht nur die mythischen Gestalten selbst haben Namen, sondern auch die Namen ihrer Eltern und der anderen Hauptfiguren des Mythos werden genannt. Es wäre nicht angängig, dem Mythos von Theseus den Titel ›Der Mann, der den Stier bezwang‹ oder dem Mythos von Niobe den Titel ›Die Mutter, die sieben Töchter und sieben Söhne hatte‹ zu geben.

Das Märchen dagegen stellt klar, daß es von jedermann erzählt, von Menschen, die uns ganz ähnlich sind. Typische Titel sind ›Brüderchen und Schwesterchen‹, ›Die drei Männlein im Walde‹, ›Das Märchen von einem, der auszog, das Fürchten zu lernen‹. Auch Märchen aus jüngerer Zeit folgen diesem Muster, so ›Der kleine Prinz‹, ›Das häßliche junge Entlein‹, ›Der standhafte Zinnsoldat‹. Die Protagonisten im Märchen werden als »Mädchen«, als »der jüngste Bruder« oder ähnlich bezeichnet. Wenn Namen auftauchen, ist deutlich, daß es nicht Eigennamen, sondern allgemeine oder beschreibende Namen sind. Wir erfahren: »Und weil es da immer in Asche und Staub herumwühlte und schmutzig aussah, gaben sie ihm den Namen Aschenputtel.« Oder: »Einmal schenkte sie (die Großmutter) ihm ein Käppchen von rotem Samt, und weil ihm das so wohl stand und es nichts anderes mehr tragen wollte, hieß es nur das Rotkäppchen.« Selbst wenn der Held einen Namen trägt wie in den Hans-Geschichten oder in ›Hänsel und Gretel‹, sind so gebräuchliche Namen gewählt, daß sie für jeden Jungen und jedes Mädchen stehen.

Dies wird weiter dadurch betont, daß im Märchen auch sonst niemand einen Namen hat; die Namen der Eltern der Hauptfiguren werden nicht berichtet. Die Eltern werden mit »Vater«, »Mutter«, »Stiefmutter« bezeichnet, wenn sie auch näher beschrieben werden als »armer Fischer« oder »armer Holzhacker«. Die Bezeichnungen »König« und »Königin« sind durchsichtige Tarnungen für Vater und Mutter, ebenso »Prinz« und »Prinzessin« für Junge und Mädchen. Auch Feen und Hexen, Riesen und Stiefmütter erhalten keinen Namen; dadurch werden Projektionen und Identifikationen erleichtert.

Mythische Helden sind mit offenkundig übermenschlichen Eigenschaften ausgestattet. Dieser Aspekt läßt die Erzählung für das Kind annehmbar werden; es wäre sonst überwältigt von der impliziten Forderung, dem Helden in seinem eigenen Leben nachzueifern. Die Mythen dienen nicht zur Bildung der Gesamtpersönlichkeit, sondern nur zur Formung des Über-Ich. Das Kind weiß, daß es ihm unmöglich ist, die Tugend des Helden zu erlangen oder dessen Taten zu vollbringen; man kann nichts anderes von ihm erwarten, als daß es dem Helden in geringem Maß nachlebt. So wird das Kind nicht von der Diskrepanz zwischen dem Ideal und seiner eigenen Kleinheit bedrückt.

Die wirklichen Helden der Geschichte jedoch, die Menschen wie wir alle gewesen sind, bringen dem Kind seine Bedeutungslosigkeit zum Bewußtsein, wenn es sich mit ihnen vergleicht. Sich von einem Ideal, das kein Mensch erreichen kann, anleiten und anregen zu lassen, ist wenigstens nicht bedrückend, aber die Taten von großen Menschen, die wirklich gelebt haben, nachzuahmen, erscheint dem Kind ein hoffnungsloses Bemühen und weckt Minderwertigkeitsgefühle, zum einen, weil es weiß, daß es selbst dazu nicht fähig ist, zum anderen, weil es befürchtet, andere könnten es doch vollbringen.

Die Mythen projizieren eine Idealpersönlichkeit, die auf der Grundlage der Forderungen des Über-Ich handelt, während Märchen eine Ich-Integration schildern, die Spielraum für die angemessene Befriedigung von Es-Wünschen läßt. Dieser Unterschied erklärt den Kontrast zwischen dem durchgängigen Pessimismus der Mythen und dem wesensgemäßen Optimismus der Märchen.

›Die Geschichte von den drei kleinen Schweinchen‹
Lustprinzip versus Realitätsprinzip

Wie der Mythos von Herakles behandelt auch ›Die Geschichte von den drei kleinen Schweinchen‹ die Entscheidung, ob man im Leben dem Lustprinzip oder dem Realitätsprinzip folgen will.(13) Kinder hören Geschichten wie die von den drei kleinen Schweinchen viel lieber als alle »realistischen« Erzählungen, besonders wenn sie lebendig vorgetragen werden. Sie sind begeistert, wenn man ihnen vorspielt, wie der Wolf vor der Tür des Schweinchens hustet und prustet. Die Geschichte lehrt das kleine Kind auf höchst vergnügliche und dramatische Weise, daß wir nicht faul und nachlässig sein dürfen, weil wir sonst in Lebensgefahr geraten. Kluge Planung und

Voraussicht zusammen mit harter Arbeit lassen uns selbst über unseren schlimmsten Feind, den Wolf, den Sieg davontragen. Die Geschichte weist auch auf die Vorteile des Heranwachsens hin, denn das dritte und klügste Schweinchen wird meist als das größte und älteste geschildert.

Die Häuser der drei Schweinchen sind symbolisch für das Fortschreiten des Menschen in der Geschichte: Strohhütte – Holzhaus – Steinhaus. Die Handlungsweise der Schweinchen zeigt das innere Fortschreiten von der Es-beherrschten Persönlichkeit zu der vom Über-Ich beeinflußten, aber Ich-gesteuerten Persönlichkeit.

Das kleinste Schweinchen baut sein Haus ohne Sorgfalt aus Stroh, das zweite verwendet Ginsterbüsche. Beide errichten ihren Unterschlupf so schnell wie möglich, damit sie den Rest des Tages spielen können. Übereinstimmend mit dem Lustprinzip strebt das jüngste Schweinchen nach sofortiger Befriedigung, ohne an die Zukunft oder an die Gefahren der Wirklichkeit zu denken; das mittlere Schweinchen zeigt fortgeschritteneres Wachstum in seinem Bemühen, ein etwas festeres Haus zu bauen.

Nur das dritte und älteste Schweinchen hat es gelernt, sich dem Realitätsprinzip entsprechend zu verhalten; es ist imstande, den Spielwunsch hinauszuschieben, mögliche Geschehnisse der Zukunft vorherzusehen und demgemäß zu handeln. Sogar das Verhalten des Wolfs – des Feindes oder Fremden in uns, der uns verführen und in die Falle locken will – vermag es richtig vorauszusagen, und deshalb ist es imstande, selbst Mächte, die stärker und unbändiger sind als es selbst, zu besiegen. Der wilde, reißende Wolf steht für alle asozialen, unbewußten, verzehrenden Mächte, vor denen sich zu schützen man lernen muß und die man mit der Stärke des eigenen Ich besiegen kann.

Die ›Geschichte von den drei kleinen Schweinchen‹ beeindruckt Kinder weitaus stärker als Äsops inhaltlich ähnliche, aber unverhüllt moralistische Fabel ›Die Ameise und die Heuschrecke‹. In dieser Fabel bittet die Heuschrecke, die im Winter fast verhungert, die Ameise um etwas von dem Futter, das diese den ganzen Sommer über fleißig eingeheimst hat. Die Ameise fragt, was die Heuschrecke im Sommer getan habe. Als sie erfährt, daß die Heuschrecke gesungen und nicht gearbeitet hat, weist sie die Bitte ab mit der Bemerkung: »Da du den ganzen Sommer singen konntest, magst du jetzt den ganzen Winter tanzen.«

Dieser Schluß ist typisch für die Fabeln, die ebenfalls Volkserzählungen sind und von einer Generation der nächsten weitergegeben wurden. »Eine Fabel ist in ihrem authentischen Zustand eine

Erzählung, in der irrationale Wesen, manchmal auch leblose Dinge, zum Zweck der moralischen Belehrung angeblich mit menschlichen Interessen und Leidenschaften handeln und sprechen« (Samuel Johnson). Die Fabeln enthalten oft geheucheltes Wohlwollen, gelegentlich sind sie auch erheiternd, und immer sprechen sie eine moralische Wahrheit aus; sie haben keinen versteckten Sinn, und unserer Phantasie bleibt nichts zu tun.

Das Märchen dagegen überläßt uns alle Entscheidungen, auch die Entscheidung, ob wir überhaupt einen Schluß daraus ziehen wollen. Es ist uns freigestellt, die Nutzanwendung für unser Leben daraus zu entnehmen oder uns einfach an den phantastischen Begebenheiten zu erfreuen. Unsere Freude am Märchen ist es, die uns dazu bringt, zu gegebener Zeit auf seinen versteckten Sinn zu reagieren, wenn er zu unserer Lebenserfahrung und zum derzeitigen Stand unserer Persönlichkeitsentwicklung paßt.

Der Vergleich zwischen der ›Geschichte von den drei kleinen Schweinchen‹ und der ›Ameise und der Heuschrecke‹ macht den Unterschied zwischen Märchen und Fabel deutlich. Ähnlich wie die kleinen Schweinchen und auch das Kind zieht die Heuschrecke das Spiel allem anderen vor und kümmert sich kaum um die Zukunft. Bei beiden Geschichten identifiziert sich das Kind mit den Tieren (allerdings könnte sich nur ein eingebildeter Heuchler mit der häßlichen Ameise und nur ein geistig krankes Kind mit dem Wolf identifizieren). Wenn es sich aber mit der Heuschrecke identifiziert, bleibt ihm, wie die Fabel sagt, keine Hoffnung. Die dem Lustprinzip verhaftete Heuschrecke geht ihrem Verderben entgegen; es ist eine Entweder-Oder-Situation, und wenn man einmal seine Wahl getroffen hat, sind die Dinge für immer entschieden.

Die Identifizierung mit den kleinen Schweinchen des Märchens lehrt dagegen, daß es Entwicklungen gibt – Möglichkeiten des Fortschreitens vom Lustprinzip zum Realitätsprinzip, wobei das letztere nichts anderes als eine Modifikation des ersteren ist. Das Märchen deutet eine Wandlung an, bei der ein Großteil des Vergnügens gewahrt wird, da jetzt die Befriedigung mit richtiger Einschätzung dessen, was die Wirklichkeit fordert, erstrebt wird. Das kluge, wendige dritte Schweinchen überlistet den Wolf mehrmals: Der Wolf versucht dreimal, das Schweinchen von der Sicherheit seines Hauses wegzulocken, und spricht dabei seine orale Gier an; er schlägt ihm vor, gemeinsam auszuziehen und Rüben zu stehlen, dann Äpfel zu holen und schließlich einen Jahrmarkt zu besuchen.

Erst nachdem diese Bemühungen fehlgeschlagen sind, will der Wolf in seinem Zorn das Schweinchen wirklich auffressen. Um es zu fangen, muß er aber in sein Haus eindringen, und wieder ist das Schweinchen schlauer, denn der Wolf rutscht durch den Kamin herunter und fällt in den Kessel mit siedendem Wasser, den das Schweinchen aufgehängt hat; es kocht ihn gar und ißt ihn auf. Die Vergeltung wird vollzogen: Der Wolf, der die beiden anderen Schweinchen gefressen hat und auch das dritte verschlingen wollte, wird nun selbst gekocht und gegessen.

Das Kind, das in der ganzen Geschichte aufgefordert wird, sich mit einem der Protagonisten zu identifizieren, wird nicht nur mit Hoffnung erfüllt, sondern erfährt auch, daß es, wenn es seine Intelligenz entwickelt, sogar einen viel stärkeren Gegner überwinden kann.

Da nach dem Gerechtigkeitsgefühl des Primitiven (und des Kindes) nur derjenige vernichtet wird, der etwas wirklich Böses getan hat, erteilt die Fabel die Lehre, daß es falsch ist, das Leben zu genießen, wenn es – wie im Sommer – glücklich ist. Die Ameise wird als abscheuliches Tier ohne Mitleid für die ins Elend geratene Heuschrecke dargestellt – und eine dieser Gestalten soll sich nun das Kind zum Vorbild nehmen.

Der Wolf dagegen ist offenkundig ein böses Tier, weil er auf Zerstörung aus ist. Seine Schlechtigkeit ist etwas, was das kleine Kind in sich selbst bemerkt: den Wunsch, zu verschlingen – und dessen Folge, die Angst, dieses Schicksal selbst zu erleiden. Der Wolf ist also eine Projizierung der Schlechtigkeit des Kindes nach außen – und das Märchen berichtet, wie dies konstruktiv aufgearbeitet werden kann.

Die verschiedenen Streifzüge des ältesten Schweinchens, bei denen es sich auf kluge und richtige Weise Nahrung verschafft, sind ein leicht zu übersehender, aber bedeutsamer Teil der Geschichte, zeigen sie doch den großen Unterschied zwischen essen und verschlingen. Unterbewußt erfaßt ihn das Kind als den Unterschied zwischen der Zügellosigkeit des Lustprinzips, das dazu drängt, alles auf einmal ohne Rücksicht auf die Folgen zu verschlingen, und dem Realitätsprinzip, das dazu anleitet, besonnen für den eigenen Lebensunterhalt zu sorgen. Das gereifte Schweinchen steht zeitig auf, um die guten Dinge nach Hause zu tragen, ehe der Wolf auf der Szene erscheint. Läßt sich eine bessere Demonstration des Realitätsprinzips und der aus ihm erwachsenden Handlungsweisen denken als die Schilderung des Schweinchens, das frühmorgens aufsteht, um sich die Köstlichkeiten zu sichern und zugleich die bösen Absichten des Wolfs zu vereiteln?

Im Märchen ist es gewöhnlich das jüngste Kind, das zuerst gering geachtet und gescholten wird, schließlich aber Sieger bleibt. ›Die Geschichte von den drei kleinen Schweinchen‹ weicht von diesem Muster ab; das älteste Schweinchen ist den beiden anderen von Anfang an überlegen. Eine Erklärung liegt darin, daß alle drei Schweinchen »klein«, also noch nicht erwachsen sind – wie das Kind auch. Das Kind identifiziert sich mit einem nach dem andern und erkennt das Fortschreiten der Identität. ›Die Geschichte von den drei kleinen Schweinchen‹ ist ein Märchen, weil sie gut ausgeht und weil der Wolf das bekommt, was er verdient.

Das Gerechtigkeitsgefühl des Kindes wird verletzt, wenn es erfährt, daß die arme Heuschrecke verhungern muß, obwohl sie nichts Böses getan hat; die Bestrafung des Wolfs dagegen findet es ganz richtig. Da die drei kleinen Schweinchen Entwicklungsstufen des Menschen darstellen, wirkt das Verschwinden der ersten beiden nicht traumatisch; das Kind versteht unterbewußt, daß wir frühe Seinsformen abstreifen müssen, wenn wir auf höhere gelangen wollen. Spricht man mit kleinen Kindern über die drei kleinen Schweinchen, so stößt man nur auf Freude über die verdiente Strafe, die den Wolf ereilt, und über den klugen Sieg des ältesten Schweinchens, nicht aber auf Kummer wegen des Schicksals der beiden jüngeren Schweinchen. Selbst ein kleines Kind scheint zu erfassen, daß die drei in Wirklichkeit eines und dasselbe auf verschiedenen Entwicklungsstufen sind – wie es auch daraus hervorgeht, daß sie den Wolf mit genau den gleichen Worten abwehren: »Beim Haar an meinem Schnäuzchen, o nein, nein, nein!« Wenn wir nur in der höheren Form unserer Identität überleben, ist dies völlig richtig.

›Die Geschichte von den drei kleinen Schweinchen‹ lenkt das Nachdenken des Kindes über die eigene Entwicklung, ohne ihm je vorzuschreiben, was es sein sollte. Sie läßt das Kind selbst zu Schlüssen kommen. Nur dieses Vorgehen gewährleistet echtes Reifen; wenn man dem Kind sagt, was es tun soll, wird lediglich die Fessel seiner Unreife durch die Fessel des sklavischen Unterworfenseins unter das Diktum der Erwachsenen ersetzt.

Die Notwendigkeit des Zauberhaften für das Kind

Sowohl Mythen als auch Märchen beantworten die ewigen Fragen: Wie ist die Welt wirklich? Wie soll ich darin leben? Wie kann ich ich selbst sein? Die Antworten des Mythos sind definitiv, das Märchen

ist suggestiv; seine Botschaften können Lösungen mit einschließen, aber es spricht sie nicht aus. Das Märchen überläßt es der Phantasie des Kindes, ob und wie es das, was die Geschichte vom Leben und vom Wesen des Menschen erzählt, auf sich selbst beziehen will.
Das Märchen entwickelt sich in einer Weise, die der Art, wie das Kind denkt und die Welt erlebt, nicht widerspricht; deshalb ist das Märchen für das Kind so überzeugend. Aus dem Märchen schöpft es viel größere Zuversicht als aus einem Tröstungsversuch auf der Grundlage der Argumente und Gesichtspunkte der Erwachsenen. Das Kind traut dem, was das Märchen erzählt, weil dessen Weltsicht mit der seinen übereinstimmt.
Wie alt wir auch sind – überzeugend ist für uns nur eine Geschichte, die zu den unseren Gedankengängen zugrunde liegenden Prinzipien paßt. Wenn dies schon für den Erwachsenen gilt, der aus Erfahrung weiß, daß es mehr als einen Bezugsrahmen für das Weltverständnis gibt – obgleich es für uns schwierig, wenn nicht gar unmöglich ist, in einem anderen als unserem eigenen zu denken –, so ist es allein zutreffend für das Kind. Sein Denken ist animistisch.
Wie die primitiven und viele kultivierte Menschen »setzt das Kind voraus, daß seine Beziehungen zur unbelebten Welt gleichgeartet sind wie die zur belebten Menschenwelt; wie es seine Mutter streicheln würde, streichelt es den hübschen Gegenstand, der ihm gefällt; es prügelt die Tür, die vor ihm zuschlägt«.(14) Man sollte hinzusetzen, daß es das erstere tut, weil es überzeugt ist, daß der hübsche Gegenstand ebenso gern wie es selbst gestreichelt werden möchte; es bestraft die Tür, weil es sicher ist, daß diese aus böser Absicht heraus zugeschlagen ist.
Wie Piaget darlegte, bleibt das Denken des Kindes bis zum Pubertätsalter animistisch. Eltern und Lehrer sagen ihm, daß die Dinge nicht fühlen und handeln können; und wenn das Kind auch vorgibt, dies zu glauben, um den Erwachsenen zu gefallen oder um nicht lächerlich gemacht zu werden, hegt es doch tief im Herzen eine andere Überzeugung. Unter dem Einfluß der rationalen Lehren anderer vergräbt das Kind sein »wahres Wissen« nur um so tiefer in sich; es bleibt von der Rationalität unangetastet, kann aber von dem, was die Märchen zu sagen haben, geformt und erweitert werden.
Für das achtjährige Kind (um Piagets Beispiele zu zitieren) lebt die Sonne, weil sie Licht ausstrahlt (und man könnte hinzufügen: weil sie dies willentlich tut). Für die animistische Auffassung des Kindes lebt der Stein, weil er sich bewegen kann, zum Beispiel wenn er einen Abhang hinunterkullert. Sogar ein zwölfeinhalbjähriges Kind ist überzeugt, daß der Fluß lebt und einen eigenen Willen hat, weil sein

Wasser fließt. Die Kinder glauben, Sonne, Stein und Wasser seien von menschenähnlichen Geistern bewohnt und fühlten und handelten deshalb wie Menschen.(15)

Für das Kind gibt es keine scharfe Trennungslinie zwischen leblosen Gegenständen und lebendigen Wesen; und was lebendig ist, hat ein unserem eigenen sehr ähnliches Leben. Wenn wir nicht verstehen, was Felsen und Bäume und Tiere uns zu sagen haben, so nur, weil wir nicht genügend auf sie abgestimmt sind. Für das Kind, das die Welt zu begreifen sucht, ist es durchaus vernünftig, Antworten von den Dingen, die seine Neugier wecken, zu erwarten. Und da das Kind ichbezogen ist, erwartet es vom Tier, daß es über die ihm wirklich wichtigen Anliegen spricht – so wie die Tiere im Märchen und wie das Kind selbst sich mit seinen lebendigen Tieren oder seinen Spieltieren unterhält. Das Kind ist überzeugt, daß das Tier es versteht und mit ihm fühlt, auch wenn es das nicht offen zeigen kann.

Da die Tiere frei in der Welt umherstreifen, ist es nur natürlich, daß die Tiere im Märchen imstande sind, den Helden auf seiner Suche, die ihn an ferne Orte führt, zu leiten. Alles, was sich bewegt, ist für das Kind lebendig; deshalb vermag es zu glauben, daß der Wind sprechen und den Helden an seinen Bestimmungsort tragen kann – wie in ›Östlich von der Sonne und westlich vom Mond‹.(16)

Im animistischen Denken fühlen und denken nicht nur die Tiere wie wir, sondern sind selbst die Steine lebendig; wenn also jemand in Stein verwandelt wird, bedeutet dies nur, daß er eine Zeitlang still und reglos bleiben muß. Dem gleichen Gedankengang zufolge ist es völlig glaubhaft, wenn vorher stumme Dinge zu sprechen beginnen, Ratschläge erteilen und den Helden auf seinen Wanderungen begleiten. Und weil inhärente Gleichheit zwischen dem Geist, der ein Ding bewohnt, und allen anderen Geistern besteht (gemeint ist der Geist des Kindes, den es in die Dinge projiziert), ist es glaubhaft, daß sich der Mensch in ein Tier oder das Tier in einen Menschen verwandelt – so in ›La Belle et la Bête‹ oder im ›Froschkönig‹.(17) Da lebendige Wesen und leblose Gegenstände nicht streng getrennt sind, können auch die letzteren lebendig werden.

Wie die großen Philosophen ringen auch die Kinder – allerdings auf der Grundlage ihres animistischen Denkens – um die Antwort auf die ersten und letzten Fragen: Wer bin ich? Wie soll ich die Probleme des Lebens anpacken? Was wird aus mir werden? Da das Kind aber so unsicher ist, woraus sein Leben besteht, kommt als erstes die Frage: Wer bin ich?

Sobald sich das Kind umherbewegen und seine Umwelt erforschen kann, befaßt es sich auch mit dem Problem seiner Identität. Wenn es sein Spiegelbild erspäht, fragt es sich, ob das, was es sieht, wirklich es selbst ist oder ein Kind, das hinter der gläsernen Mauer steht. Es bemüht sich, auf experimentelle Weise herauszufinden, ob dieses andere Kind ihm wirklich völlig gleicht. Es zieht Grimassen, dreht und wendet sich, entfernt sich vom Spiegel und hüpft zurück, um festzustellen, ob der andere fortgegangen oder dageblieben ist. Obwohl es erst drei Jahre alt ist, kämpft das Kind schon mit dem schwierigen Problem der Persönlichkeitsidentität.
Das Kind fragt sich: Wer bin ich? Wo komme ich her? Wie ist die Welt entstanden? Wer hat den Menschen und die Tiere erschaffen? Was ist der Sinn des Lebens? Freilich überlegt es sich diese Lebensfragen nicht abstrakt, sondern so, wie sie es selbst betreffen. Es macht sich keine Sorgen, ob dem Einzelmenschen Gerechtigkeit widerfährt, sondern ob *es* gerecht behandelt wird. Es denkt darüber nach, wer oder was es in eine mißliche Lage gebracht hat und was es davor schützt, daß ihm so etwas zustößt. Gibt es außer den Eltern gütige Mächte? Sind die Eltern gütige Mächte? Wie und warum soll es sich selbst formen? Gibt es Hoffnung, auch wenn es etwas Böses getan hat? Warum ist ihm das alles geschehen? Was bedeutet es für die Zukunft? Die Märchen geben Antwort auf diese drängenden Fragen, die weitgehend dem Kind erst im Lauf der Geschichte bewußt werden.
Vom Erwachsenenstandpunkt und auch von der modernen Wissenschaftlichkeit aus gesehen sind die Antworten der Märchen eher phantastisch als wahr. Viele Erwachsene, denen die Weise, in der Kinder die Welt erleben, fremd geworden ist, halten die Lösungen des Märchens für so unrichtig, daß sie Kinder keiner derart »falschen« Information aussetzen wollen. Realistische Erläuterungen sind für Kinder jedoch meist unverständlich, weil Kinder das abstrakte Begriffsvermögen, das notwendig ist, um sie zu erfassen, noch nicht besitzen. Wenn solche Erwachsene eine wissenschaftlich korrekte Antwort gegeben haben, sind sie überzeugt, die Dinge für das Kind geklärt zu haben – dabei ist das kleine Kind nach solchen Erläuterungen nur verwirrt, überwältigt und intellektuell frustriert. Das Kind erlangt Sicherheit nur aus der Überzeugung, jetzt zu verstehen, was ihm vorher unbegreiflich war – aber niemals aus Tatsachen, die man ihm vorsetzt und die *neue* Ungewißheiten schaffen. Wenn das Kind eine derartige Antwort hinnimmt, kommen ihm Zweifel, ob es wohl die richtige Frage gestellt habe. Da die Erläuterung keinen Sinn ergibt, muß sie sich auf irgendein

anderes, unbekanntes Problem beziehen, nicht auf das, nach dessen Lösung das Kind gefragt hat.

Deshalb ist es wichtig, sich stets vor Augen zu halten, daß für das Kind nur solche Aussagen überzeugend sind, die es im Rahmen seines Wissens und seines emotionalen Zustands begreifen kann. Erzählt man einem Kind, daß die Erde im Weltraum schwebt und durch Gravitationskräfte auf einer Kreisbahn um die Sonne gehalten wird, aber nicht auf die Sonne fällt, wie das Kind auf den Boden fällt, so erscheint ihm das alles sehr verwirrend. Es weiß aus Erfahrung, daß alles auf irgend etwas ruhen oder von etwas gehalten werden muß. Nur eine auf diesem Wissen begründete Erklärung kann ihm das Gefühl verleihen, es verstehe jetzt die Sache mit der Erde im Weltraum besser. Was noch wichtiger ist: Um sich auf der Erde sicher zu fühlen, muß das Kind glauben, daß die Welt fest an ihrem Ort gehalten wird. Deshalb findet es eine bessere Erklärung in einem Mythos, der ihm erzählt, daß die Erde auf einer Schildkröte ruht oder von einem Riesen getragen wird.

Wenn das Kind als wahr anerkennt, was ihm die Eltern erzählen – daß die Erde ein Planet ist, der durch Gravitationskräfte sicher auf seiner Bahn gehalten wird –, kann es sich die Gravitation nur als Seil vorstellen. So führt die Erläuterung der Eltern nicht zu besserem Verständnis oder zu dem Gefühl der Sicherheit. Es erfordert erhebliche intellektuelle Reife, überzeugt zu sein, daß das Leben Stabilität hat, wenn die Erde, auf der man geht (das Festeste weit und breit, auf dem alles andere ruht), sich mit unglaublicher Geschwindigkeit um eine unsichtbare Achse dreht, außerdem um die Sonne kreist und zudem mit dem ganzen Sonnensystem durch den Weltraum rast. Ich habe noch nie ein Kind kennengelernt, das all diese kombinierten Bewegungen begreifen konnte, dagegen schon viele, die diesen Lernstoff wiederzugeben vermochten. Wie Papageien plappern sie Erklärungen nach, die nach ihrer eigenen Welterfahrung Lügen sind, die sie aber glauben müssen, weil irgendein Erwachsener es gesagt hat. Die Folge ist, daß Kinder ihrer eigenen Erfahrung, sich selbst und dem, was ihr Verstand für sie tun kann, nicht mehr trauen.

Im Herbst 1973 stand der Komet Kohoutek in der Zeitung. Ein sehr fähiger Naturkundelehrer erklärte damals das Phänomen vor einer kleinen Gruppe hochintelligenter Zweit- und Drittkläßler. Jedes Kind hatte sorgsam aus Papier eine kreisrunde Scheibe ausgeschnitten und darauf die Bahn der Planeten um die Sonne eingezeichnet; eine Ellipse aus Papier, die mit einem Schlitz an der Scheibe befestigt wurde, stellte die Bahn des Kometen dar. Die Kinder führten mir vor, wie der Komet in einem Winkel zu den Planeten dahinzieht. Auf meine Frage sagten sie, sie hielten den Kometen in der Hand, und deuteten dabei auf die Ellipse. Als ich sie fragte, wie der Komet, den sie in der Hand hielten, auch am Himmel sein könne, wußte keines eine Antwort.

In ihrer Verwirrung wandten sie sich an den Lehrer, der ihnen vorsichtig erklärte, das, was sie in der Hand hielten und mit so großem Fleiß gebastelt hatten, sei nur ein Modell der Planeten und des Kometen. Alle Kinder versicherten, sie hätten es verstanden; sie hätten es auf Aufforderung auch wiederholt. Doch während sie vorher diesen Kreis mit der Ellipse in ihrer Hand stolz bewundert hatten, verloren sie jetzt alles Interesse. Einige zerknüllten das Papier, andere warfen das Modell in den Abfallkorb. Als die Papierfetzen für sie noch der Komet gewesen waren, hatten sie alle vorgehabt, ihn nach Hause zu nehmen und ihren Eltern zu zeigen, aber jetzt hatte das Machwerk keine Bedeutung mehr für sie.

Bei dem Versuch, einem Kind wissenschaftlich korrekte Erklärungen nahezubringen, lassen Eltern nur zu oft die wissenschaftlichen Erkenntnisse über die Arbeitsweise des kindlichen Geistes außer acht. Die Erforschung der geistigen Vorgänge beim Kind, insbesondere Piagets Arbeit, hat überzeugend erbracht, daß das kleine Kind nicht fähig ist, die zwei wichtigen abstrakten Begriffe von der Permanenz der Quantität und von der Reversibilität zu verstehen – zum Beispiel also, daß die gleiche Menge Wasser in einem schmalen Gefäß hoch und in einem breiten Gefäß niedrig bleibt oder daß die Subtraktion die Umkehrung der Addition ist. Ehe das Kind diese und andere abstrakte Begriffe erfassen kann, vermag es die Welt nur subjektiv zu erfahren.(18)

Wissenschaftliche Erklärungen verlangen objektives Denkvermögen. Nicht nur die theoretische, sondern auch die experimentelle Forschung hat ergeben, daß kein Kind vor dem Schulalter wirklich imstande ist, die beiden genannten Begriffe, ohne die ein abstraktes Verständnis unmöglich ist, zu durchdringen. Bis zum Alter von acht oder zehn Jahren kann das Kind nur stark personalisierte Begriffe dessen, was es erlebt, entwickeln. So geht es beispielsweise davon aus, daß die Pflanzen, die auf der Erde wachsen, es ernähren, wie seine Mutter es einst an ihrer Brust genährt hat, und es erscheint ihm ganz natürlich, die Erde als Mutter oder als Göttin oder doch zumindest als deren Aufenthaltsort zu betrachten.

Selbst das kleine Kind hat ein noch unklares Wissen davon, daß es von seinen Eltern geschaffen wurde; so ist es ihm völlig begreiflich, daß die Menschen und die Erde, auf der sie leben, von einem übermenschlichen Wesen geschaffen wurden, das sich nicht sehr von den Eltern unterscheidet – irgendein Gott oder eine Göttin. Da die Eltern über das Kind wachen und es im gemeinsamen Heim mit allem versorgen, was es braucht, glaubt es auch auf völlig natürliche Weise, daß ein ihnen ähnliches, nur sehr viel mächtigeres, intelligenteres und zuverlässigeres Wesen – ein Schutzengel – draußen in der Welt am Werk ist.

Das Kind erlebt die Weltordnung im Bild der Eltern und der Vorgänge in der Familie. Wie ein Kind sahen die alten Ägypter den Himmel und das Firmament als Muttergestalt (Nut), die sich schützend über die Erde beugt und sie mit den auf ihr lebenden Menschen in heiterer Ruhe einhüllt.(19) Eine solche Sicht ist weit davon entfernt, den Menschen daran zu hindern, später eine rationalere Welterklärung zu finden; sie bietet vielmehr Sicherheit zu der Zeit, da diese am meisten benötigt wird. Eben diese Sicherheit läßt zur richtigen Zeit dann eine wahrhaft rationale Weltsicht erwachsen. Das Leben auf einem kleinen Planeten, umgeben vom grenzenlosen Raum, erscheint dem Kind entsetzlich einsam und kalt – gerade als das Gegenteil dessen, wie das Leben seiner Erfahrung gemäß sein sollte. Deshalb hatten die Alten das Bedürfnis, sich von einer umhüllenden Mutterfigur beschützt und erwärmt zu fühlen. Wer solche bildlichen Schutzvorstellungen als bloße kindische Projektionen eines unreifen Geistes abwertet, entzieht dem kleinen Kind einen Teil der langdauernden Sicherheit und Fürsorge, deren es bedarf.

Selbstverständlich kann die Vorstellung von einer beschützenden Himmelsmutter die geistige Entwicklung hemmen, wenn man ihr zu lange anhängt. Weder kindliche Projektionen noch die in der Phantasie lebendigen beschützenden Gestalten – zum Beispiel der Schutzengel, der einen behütet, wenn man schläft oder wenn die Mutter fort ist – vermögen wahre Sicherheit zu bieten; doch solange man sich selbst noch keine völlige Sicherheit schaffen kann, sind Vorstellungen und Projektionen bei weitem der Unsicherheit vorzuziehen. Wenn diese (teilweise eingebildete) Sicherheit genügend lange erlebt wird, befähigt sie das Kind, die Zuversicht zum Leben zu entwickeln, die es braucht, um sich selbst zu trauen. Dieses Selbstvertrauen ist notwendig, wenn es lernen soll, die Probleme des Lebens mit Hilfe seiner zunehmenden Geisteskräfte zu lösen. Schließlich erkennt das Kind, daß das, was es sich als buchstäblich wahr vorgestellt hat – die Erde als Mutter –, nur ein Symbol ist.

Ein Kind, das aus Märchen zu glauben gelernt hat, daß eine Gestalt,

die anfänglich abstoßend und bedrohlich erschien, auf zauberische Weise zum besten Freund werden kann, ist bereit zu glauben, daß ein fremdes Kind, das es kennenlernt und fürchtet, sich ebenfalls in einen freundlichen Kameraden verwandeln kann. Der Glaube an die »Wahrheit« des Märchens verleiht ihm den Mut, sich nicht auf den ersten Eindruck hin von dem Fremden zurückzuziehen. Das Kind erinnert sich, wie der Held vieler Märchen das Leben meistert, weil er es wagte, sich mit einem scheinbar widerwärtigen Wesen zu befreunden, und es glaubt, es könne den gleichen Zauber bewirken. Ich habe oftmals, vor allem bei jungen Menschen in der späten Reifezeit, erlebt, daß Jahre des Glaubens an das Zauberhafte erforderlich waren, um einen Ausgleich dafür zu schaffen, daß der Mensch diesem Bereich in seiner Kindheit vorzeitig entrissen und gewaltsam mit der harten Realität konfrontiert wurde. Es ist, als empfänden diese jungen Leute, daß sie jetzt die letzte Gelegenheit haben, einen spürbaren Mangel in ihrer Lebenserfahrung nachzuholen, oder daß sie ohne eine Zeit des Glaubens an das Zauberhafte nicht imstande sind, den Härten des Erwachsenenlebens zu begegnen. Viele junge Menschen, die heute plötzlich in Drogenträumen der Welt zu entfliehen suchen, irgendeinem Guru nachfolgen, an Astrologie glauben, sich der Schwarzen Magie verschreiben oder auf andere Weise aus der Realität in Wachträume von magischen, ihr Leben zum Bessern verändernden Erlebnisse flüchten, wurden vorzeitig gezwungen, die Wirklichkeit in der Art der Erwachsenen zu sehen. Das Bemühen, der Realität auf solche Weise zu entrinnen, hat seine tiefere Ursache in frühen formativen Erlebnissen, die es verhinderten, daß sich die Überzeugung, das Leben könne auf realistische Weise gemeistert werden, herausbildete.
Wünschenswert erscheint es für den Menschen, daß er in seiner Lebenszeit den historischen Entwicklungsprozeß des wissenschaftlichen Denkens nachvollzieht. Lange Zeit bediente sich der Mensch in seiner Geschichte der aus seinen nicht ausgereiften Hoffnungen und Ängsten erwachsenen emotionalen Projektionen – zum Beispiel der Götter –, um den Menschen, seine Gesellschaft und das Weltall zu deuten; diese Erklärungen verliehen ihm das Gefühl der Sicherheit. Dann befreite sich der Mensch im Laufe seines gesellschaftlichen, wissenschaftlichen und technologischen Fortschreitens langsam von der beständigen Furcht um sein Leben. Da er sich nun in der Welt und auch in sich selbst sicherer fühlte, konnte er die Gültigkeit der Bilder, die er früher als Werkzeuge der Erklärung verwendet hatte, in Frage stellen. Die »kindischen« Projektionen lösten sich auf, rationalere Erklärungen traten an ihre Stelle. Dies

vollzog sich jedoch nicht ohne Zwischenfälle; in Zeiten der Bedrückung und Not sucht der Mensch wiederum Trost in der »kindischen« Vorstellung, er und seine Wohnstätte seien der Mittelpunkt des Weltalls.

In Begriffen des menschlichen Verhaltens ausgedrückt: Je sicherer sich der Mensch in der Welt fühlt, um so weniger hat er es nötig, an »infantilen« Projektionen – mythischen Erklärungen oder Märchenlösungen für die ewigen Probleme des Lebens – festzuhalten, und um so freier kann er rationale Erklärungen suchen. Je sicherer der Mensch in sich selbst ist, um so besser kann er eine Erklärung übernehmen, die besagt, seine Welt sei im Kosmos nur von geringer Bedeutung. Sobald sich der Mensch in seiner menschlichen Umwelt wirklich bedeutsam fühlt, kümmert er sich wenig um die Bedeutung seines Planeten im Universum. Je unsicherer aber der Mensch seiner selbst und seines Standorts in der unmittelbar umgebenden Welt ist, um so mehr zieht er sich aus Furcht in sich selbst zurück oder dringt hinaus, um zu erobern, lediglich um des Eroberns willen. Dies ist das Gegenteil des Forschens aus einer Sicherheit heraus, die unsere Neugier freisetzt.

Aus denselben Gründen braucht das Kind, solange es des Schutzes seiner unmittelbaren menschlichen Umgebung nicht gewiß ist, den Glauben, daß es von höheren Mächten, zum Beispiel vom Schutzengel, behütet wird und daß die Welt und sein Standort darin von überragender Bedeutung sind. Hier findet sich ein Bindeglied zwischen der Fähigkeit der Familie, grundlegende Sicherheit zu bieten, und der Bereitschaft des Kindes, rationale Forschungen zu betreiben, wenn es älter wird.

Solange die Eltern noch fest daran glaubten, daß die biblischen Geschichten das Rätsel des Lebens und seines Sinnes lösten, war es einfach, einem Kind das Gefühl der Sicherheit zu vermitteln. In der Bibel standen die Antworten auf alle bedrängenden Fragen; die Bibel sagte dem Menschen alles, was er wissen mußte, um die Welt, ihr Entstehen und sein Verhalten in ihr zu begreifen. In der westlichen Welt fand man auch die Prototypen der Phantasie in der Bibel. So reich die Bibel aber an Geschichten ist, reichten diese nicht einmal in sehr religiösen Zeiten aus, um allen seelischen Nöten des Menschen zu begegnen.

Ein Grund dafür liegt darin, daß das Alte und das Neue Testament wie auch die Heiligenlegenden zwar Antwort auf die Frage, wie ein gutes Leben zu führen sei, gaben, aber keine Lösung für die Probleme, die sich aus den Schattenseiten unserer Persönlichkeit ergeben, bereithielten. Die biblischen Geschichten erteilen im wesentlichen nur einen Ratschlag im Blick auf die asozialen Aspekte des Unbewußten: Unterdrückung dieser Strebungen (die nicht bewußt werden dürfen). Kinder aber, die ihr Es nicht unter bewußter Kontrolle haben, brauchen Geschichten, die wenigstens in der Phantasie ein Ausleben dieser »schlechten« Neigungen gestatten und spezifische Modelle für deren Sublimierung anbieten.

Explizit und implizit spricht die Bibel von den Forderungen Gottes an den Menschen. Wir hören zwar, daß über einen reuigen Sünder mehr Freude herrscht als über einen Menschen, der niemals vom rechten Weg abgewichen ist, aber die Botschaft besagt nach wie vor, daß wir ein gutes Leben führen sollen und uns zum Beispiel nicht grausam rächen dürfen an denen, die wir hassen. Wie aus der Geschichte von Kain und Abel hervorgeht, kennt die Bibel kein Mitgefühl für die Qualen der Geschwisterrivalität – sie warnt nur vor den verheerenden Folgen, die eintreten, wenn man danach handelt.

Was aber ein von Eifersucht auf Geschwister verzehrtes Kind am meisten braucht, ist das Gefühl, daß das, was es erlebt, von seiner Situation gerechtfertigt wird. Um dem Ansturm des Neides standzuhalten, muß das Kind ermutigt werden, sich in seiner Phantasie auszumalen, daß eines Tages der Ausgleich kommen wird. Wenn es überzeugt ist, daß die Zukunft die Dinge zurechtrücken wird, kann es in der Gegenwart ausharren. Am meisten sehnt sich das Kind nach Bestätigung seines noch sehr zähen Glaubens, daß es eines Tages Sieger sein wird, wenn es heranwächst, hart arbeitet und reift. Wenn die jetzigen Leiden in der Zukunft belohnt werden, braucht es dem Impuls seiner augenblicklichen Eifersucht nicht zu folgen, wie Kain es tat.

Biblische Geschichten, Mythen und Märchen waren die Literatur, die während annähernd der ganzen Menschheitsgeschichte jedermann – Kindern und Erwachsenen – zur Erbauung diente. Abgesehen davon, daß Gott im Mittelpunkt steht, sind viele biblische Geschichten dem Märchen sehr ähnlich. In der Geschichte von Jona und dem Walfisch zum Beispiel flieht Jona vor der Forderung seines Über-Ichs (seines Gewissens), gegen die Bosheit der Leute von Ninive zu kämpfen. Die Prüfung seiner moralischen Standfestigkeit ist wie in so vielen Märchen eine gefährliche Reise, auf der er sich bewähren muß.

Bei der Fahrt übers Meer landet er im Bauch des Walfisches. Dort – in großer Gefahr – entdeckt Jona seine höhere Moralität, sein höheres Ich, und wird auf wunderbare Weise neu geboren. Jetzt ist er bereit, die strengen Forderungen seines Über-Ichs zu erfüllen.

Aber die Neugeburt allein bringt ihm keine wahre Menschlichkeit; echte Freiheit und eine höhere Persönlichkeitsstufe bedeuten, daß er weder dem Es und dem Lustprinzip (Flucht vor mühevollen Aufgaben) noch dem Über-Ich (Fluch der Zerstörung auf die verderbte Stadt) sklavisch unterworfen ist. Erst als Jona von beiden Institutionen seines Inneren nicht mehr abhängig ist, sondern sowohl dem Es als auch dem Über-Ich den blinden Gehorsam verweigert, gelangt er zu authentischem Menschsein und erkennt die Weisheit Gottes, der die Bewohner von Ninive nicht nach den starren Strukturen von Jonas Über-Ich, sondern nach ihrer menschlichen Unvollkommenheit beurteilt.

Stellvertretende Befriedigung versus bewußte Erkenntnis

Wie alle großen Kunstwerke vollbringen auch die Märchen zweierlei zugleich: sie erfreuen und belehren. Ihr besonderes Kennzeichen ist, daß sie Worte gebrauchen, die Kinder unmittelbar ansprechen. In dem Alter, in dem die Märchen für das Kind die größte Bedeutung haben, ist sein Hauptproblem, etwas Ordnung in das innere Chaos seines Empfindens zu bringen, damit es sich selbst besser versteht – eine notwendige Vorstufe für das Bemühen, seine Wahrnehmungen einigermaßen mit der Außenwelt in Übereinstimmung zu setzen.
»Wahre« Geschichten über die »wirkliche« Welt mögen interessante und oft auch nützliche Informationen vermitteln. Der Ablauf dieser Geschichten ist aber der Arbeitsweise des kindlichen Geistes ebenso fremd, wie die übernatürlichen Ereignisse des Märchens dem Weltverständnis des gereiften Intellekts unbegreiflich erscheinen.
Rein realistische Geschichten laufen den inneren Erfahrungen des Kindes zuwider; es hört sie an und lernt vielleicht aus ihnen etwas Neues, aber sie haben nicht viel persönliche Bedeutung, die über den offensichtlichen Inhalt hinausginge. Diese Geschichten informieren, ohne zu bereichern, wie es leider auch für viel Lernstoff in der Schule zutrifft. Faktisches Wissen dient der Gesamtpersönlichkeit nur, wenn es in »persönliches Wissen« umgewandelt wird.* Realistische

* »Wissen umfaßt Wertung, einen persönlichen Koeffizienten, der alles faktische Wissen formt«, schreibt Michael Polanyi. Wenn sich selbst der größte Wissenschaftler in erheblichem Maß auf »persönliches Wissen« stützen muß, ist klar, daß Kinder kein für sie bedeutsames Wissen erwerben können, wenn sie nicht zuerst ihre persönlichen Koeffizienten eingebracht und es damit geformt haben.(20)

Geschichten für Kinder abzulehnen wäre so töricht, wie wenn man die Märchen verbannen würde; beide haben einen wichtigen Platz im Leben des Kindes. Realistische Geschichten allein bleiben aber unfruchtbar; nur wenn man sie mit psychologisch richtigen, zahlreichen Märchen kombiniert, wird das Kind in beiden Teilen seiner sich entfaltenden Persönlichkeit – im Rationalen und Emotionalen – angesprochen.

Märchen enthalten auch traumartige Züge in der Art der Geschehnisse in den Träumen Heranwachsender und Erwachsener. So überraschend und unbegreiflich die Träume des Erwachsenen auch scheinen mögen, ergeben ihre Einzelheiten doch in der Analyse einen Sinn und lassen den Träumer verstehen, was sein Unbewußtes beschäftigt. Mit Hilfe der Traumanalyse kann der Erwachsene viel größeres Selbstverständnis gewinnen, da er Aspekte seines geistigen Lebens erfaßt, die ihm vorher entgangen waren oder die verzerrt und geleugnet wurden. Angesichts der wichtigen Rolle der unbewußten Sehnsüchte, Bedürfnisse, Spannungen und Ängste für das Verhalten ist die aus Träumen erwachsende neue Selbsterkenntnis geeignet, dem Menschen zu weitaus erfolgreicherer Lebensführung zu verhelfen.

Die Träume der Kinder sind sehr einfach: Wünsche werden erfüllt, Ängste erhalten greifbare Gestalt. Im Traum eines Kindes kommt es zum Beispiel vor, daß ein Tier zuschlägt oder jemanden verschlingt. Der unbewußte Inhalt in den Träumen des Kindes wird von seinem Ich praktisch nicht geformt; die höheren geistigen Funktionen haben kaum Anteil am Entstehen der Träume. Deshalb können und sollen Kinder ihre Träume nicht analysieren. Das Ich des Kindes ist noch schwach und im Aufbau begriffen. Insbesondere im Vorschulalter muß das Kind ständig darum kämpfen, daß die Spannungen seiner Wünsche die Gesamtpersönlichkeit nicht überwältigen – ein Kampf gegen die Mächte des Unbewußten, den es häufig verliert.

Diese Auseinandersetzung, die nie ganz aus unserem Leben weicht, bleibt bis weit in die Adoleszenz hinein eine Schlacht mit ungewissem Ausgang. Wenn wir älter werden, müssen wir auch mit den irrationalen Tendenzen des Über-Ich ringen. Mit zunehmender Reife prägen sich alle drei Institutionen des Geistes – Es, Ich und Über-Ich – immer stärker aus und heben sich voneinander ab, wobei jede mit den beiden anderen eine Wechselbeziehung eingehen kann, ohne daß das Unbewußte das Bewußte überwältigen würde. Das Ich eignet sich vielfältigere Umgangsweisen mit dem Es und dem Über-Ich an, und wenn alles normal verläuft, vermag der geistig gesunde Mensch ihre Wechselwirkungen positiv zu steuern.

Beim Kind jedoch überwältigt das Unbewußte, wann immer es zum Vorschein kommt, sofort die Gesamtpersönlichkeit. Das Ich des Kindes wird durch die Erkenntnis des chaotischen Inhalts seines Unbewußten keineswegs gestärkt, sondern vielmehr geschwächt, weil es überwältigt wird. Deshalb muß das Kind die Vorgänge in seinem Inneren objektivieren, um sie einigermaßen in den Griff zu bekommen – von einer Steuerung ganz zu schweigen. Das Kind muß sich vom Inhalt seines Unbewußten auf irgendeine Weise distanzieren und ihn als etwas Äußeres sehen, wenn es die Herrschaft darüber erringen soll.

Im normalen Spiel dienen Gegenstände wie Puppen und Stofftiere als Verkörperung verschiedener Aspekte seiner Persönlichkeit, die zu kompliziert, unannehmbar und widersprüchlich sind, als daß das Kind mit ihnen umgehen könnte. So gewinnt das Ich des Kindes Gewalt über diese Elemente, was ihm nicht möglich wäre, wenn es aufgefordert oder durch die Umstände gezwungen würde, sie als Projektionen der Vorgänge in seinem Inneren zu erkennen.

Manche unbewußten Spannungen können im Spiel abgetragen werden. Bei vielen ist dies aber nicht möglich, weil sie zu kompliziert und widersprüchlich oder zu gefährlich und verabscheuenswürdig sind. So sind die Gefühle des in der Flasche eingeschlossenen Dämons derart ambivalent, gewaltsam und potentiell zerstörerisch, daß das Kind sie nicht aus eigenem Antrieb im Spiel ausleben könnte; es begreift diese Gefühle nicht genügend, um sie im Spiel zu objektivieren, und zudem erscheinen die Folgen als zu gefährlich. Hier ist es eine große Hilfe für das Kind, wenn es Märchen kennt. Dies geht schon daraus hervor, daß Kinder viele Märchen aufführen, aber erst, wenn sie mit der Geschichte, die sie nicht selbst erfinden könnten, völlig vertraut sind.

Die meisten Kinder finden beispielsweise großen Gefallen daran, Aschenputtel zu spielen – aber erst dann, wenn das Märchen, und insbesondere die glückliche Lösung der bitteren geschwisterlichen Rivalität, Teil ihrer Phantasiewelt geworden ist. Ein Kind kann nicht von selbst den Gedanken ausspinnen, daß es gerettet werden wird und daß diejenigen, die es seiner Überzeugung nach verachten und in der Gewalt haben, eines Tages seine Überlegenheit anerkennen werden. Viele Mädchen sind zeitweise so davon durchdrungen, ihre böse (Stief-)Mutter sei die Ursache allen Unheils, daß sie nicht von selbst auf den Gedanken kommen, die Dinge könnten sich plötzlich ändern. Wenn diese Vorstellung aber durch ›Aschenputtel‹ einmal in ihnen verwurzelt ist, können sie glauben, daß jederzeit eine gute

Mutter (Fee) zu Hilfe kommen kann, wie es das Märchen überzeugend versichert.

Tiefen Sehnsüchten, zum Beispiel dem ödipalen Wunsch nach einem Kind mit Vater oder Mutter, vermag das Kind indirekt Gestalt zu verleihen, wenn es ein lebendiges Tier oder ein Spieltier so versorgt, als sei es ein Baby. Mit der Objektivierung des Wunsches befriedigt das Kind ein tiefes Bedürfnis. Würde man dem Kind bewußt machen, was Puppe oder Tier für es darstellen und was es im Spiel mit ihnen auslebt – wie es bei der Psychoanalyse seines Traummaterials von seiten eines Erwachsenen geschehen würde –, so würde es durch diese seinem Alter nicht gemäße Behandlung in tiefe Verwirrung gestürzt. Das Kind hat noch kein sicheres Identitätsbewußtsein. Solange die männliche oder weibliche Identität noch nicht fest begründet ist, wird sie durch die Erkenntnis komplizierter, destruktiver oder ödipaler Wünsche, die einer ausgeprägten Identität zuwiderlaufen, nur zu leicht erschüttert oder vernichtet.

Im Spiel mit Puppe oder Tier kann das Kind den Wunsch, ein Baby zu haben und zu versorgen, stellvertretend befriedigen, und zwar der Junge so gut wie das Mädchen. Im Gegensatz zum Mädchen zieht aber der Junge aus dem Puppenspiel nur so lange psychologische Erleichterung, als er nicht zu der Erkenntnis der unbewußten Wünsche, die er damit befriedigt, geführt wird.

Man könnte auch die Ansicht vertreten, es sei gut für Jungen, wenn sie den Wunsch, Kinder zu haben, bewußt erkennen. Ich bin der Meinung, es sei gut für den Jungen, wenn er mit dem Puppenspiel seinem unbewußten Wunsch nachgibt. Man sollte dies positiv aufnehmen, denn eine Objektivierung unbewußter Spannungen in dieser Form ist wertvoll, während es gefährlich ist, wenn die Erkenntnis der unbewußten Bedeutung des Verhaltens ins Bewußtsein tritt, ehe die Reife so weit fortgeschritten ist, daß Wünsche, die in der Realität nicht befriedigt werden können, sublimiert werden.

Viele etwas ältere Mädchen begeistern sich für Pferde; sie beschäftigen sich mit Spielpferden und errichten kunstvolle Phantasiegebäude um sie herum. Wenn sie größer werden und die Möglichkeit dazu haben, wenden sie sich lebendigen Pferden zu; sie pflegen sie sehr zuverlässig und sind unzertrennlich von ihnen; ihr Leben scheint um diesen Mittelpunkt zu kreisen. Die psychoanalytische Forschung hat ergeben, daß die übermäßige Begeisterung für Pferde viele verschiedene emotionelle Bedürfnisse, die das Mädchen zu befriedigen sucht, umfassen kann. So kann das Mädchen durch die Herrschaft über das starke Tier das Gefühl gewinnen, es beherrsche das Männliche oder das sexuell Tierhafte in sich selbst. Man stelle sich vor, was mit der Freude am Reiten und mit der Selbstachtung eines Mädchens geschähe, wenn man ihm diesen Wunsch, dem es beim Reiten nachkommt, bewußt machte! Es wäre zutiefst erschüttert und stünde in den eigenen Augen als schlechter Mensch da. Eine harmlose, frohmachende Sublimierungsmöglichkeit wäre ihm verschlossen; es würde auch kaum ein ebenso wirksames Ventil für diese inneren Spannungen finden und sie deshalb möglicherweise nicht meistern.

Man könnte ein Kind, dem keine Märchen erzählt werden, mit dem Mädchen vergleichen, das den inneren Druck beim Reiten oder im Umgang mit Pferden erleichtern möchte, dem aber dieses unschuldige Vergnügen verwehrt wird. Das Kind, dem bewußt gemacht wird, für welche Inhalte seines Inneren die Märchengestalten stehen, büßt ein notwendiges Ventil ein und erlebt eine verheerende Erschütterung, wenn es die Sehnsüchte, Ängste und Rachegelüste, die in ihm toben, erkennen muß. Wie die Liebe zu Pferden kann auch das Märchen dem Kind äußerst hilfreich sein und sogar ein unerträgliches Leben lebenswert erscheinen lassen, solange das Kind die psychologische Bedeutung nicht kennt.

Märchen weisen zwar viele traumartige Züge auf, sind aber dem Traum gegenüber insofern im Vorteil, als sie einen logischen Aufbau haben und ihre Handlung von einem festgesetzten Anfang aus der befriedigenden Lösung am Ende zustrebt. Zu den weiteren Vorzügen des Märchens gegenüber der individuellen Gedankenwelt gehört auch, daß man offen darüber reden kann, selbst wenn sein Inhalt ödipalen, rachsüchtig sadistischen oder herabsetzenden Vorstellungen bezüglich eines Elternteils parallel verläuft. Das Kind braucht seine Gefühle zu dem, was im Märchen geschieht, nicht geheimzuhalten und sich auch nicht schuldig zu fühlen, wenn ihm solche Gedanken Freude bereiten.

Der Märchenheld besitzt einen Körper, der wunderbare Taten vollbringt. Auf dem Wege der Identifikation mit dem Helden kann das Kind in seiner Vorstellung die wirklichen oder eingebildeten Schwächen des eigenen Körpers kompensieren. Es kann sich ausmalen, daß es wie der Held imstande sei, zum Himmel zu klettern, Riesen zu besiegen, sein Aussehen zu ändern, der Stärkste oder die Schönste zu werden – kurz: seinen Körper zu veranlassen, daß er alles ist oder tut, was man sich nur wünschen kann. Sind diese grandiosen Sehnsüchte in der Phantasie erfüllt, so kann sich das Kind eher mit seinem Körper, wie er in Wirklichkeit ist, zufriedengeben. Das Märchen projiziert sogar dieses Hinnehmen der Wirklichkeit, denn der Held erlebt zwar im Lauf der Geschichte außerordentliche körperliche Verwandlungen, wird aber wieder zum gewöhnlichen Sterblichen, sobald der Kampf ausgestanden ist. Am Ende des Märchens hören wir nichts mehr von der unirdischen Schönheit oder Kraft des Helden, ganz im Gegensatz zum mythischen Helden, der seine übermenschlichen Merkmale auf ewig behält. Sobald der Märchenheld am Schluß der Geschichte seine wahre Identität (und damit innere Sicherheit im Blick auf sich selbst, seinen Körper, sein Leben und seine Stellung in der Gesellschaft) errungen hat, ist er in keiner Beziehung mehr ungewöhnlich, sondern mit dem zufrieden, was er ist und hat.

Soll das Märchen die wohltätigen Wirkungen der Objektivierung zeitigen, so darf sich das Kind der unbewußten Spannungen, auf die es reagiert, wenn es sich die Märchenlösungen zu eigen macht, nicht bewußt werden.

Das Märchen setzt dort ein, wo sich das Kind in seiner Entwicklung augenblicklich befindet und wo es ohne Hilfe des Märchens steckenbleiben würde: in dem Gefühl, vernachlässigt, abgelehnt und geringgeschätzt zu werden. Mit Gedankengängen, die denen des Kindes entsprechen, der Rationalität des Erwachsenen aber durchaus zuwiderlaufen können, eröffnet dann das Märchen beglückende Ausblicke, die dem Kind dabei helfen, seine völlige Hoffnungslosigkeit zu überwinden. Um die Geschichte zu glauben und um deren optimistische Sicht Teil seiner Welterfahrung werden zu lassen, muß ein Kind das Märchen viele Male hören. Wenn es die Geschichte außerdem spielt, wird sie um so »wahrer« und »wirklicher«.

Das Kind *fühlt*, welches von den vielen Märchen seiner innerlichen Augenblickssituation (mit der es von sich aus nicht fertig wird) entspricht und an welcher Stelle ihm die Geschichte eine Handhabe für die Lösung eines schwierigen Problems gibt. Selten ist dies aber eine sofortige Erkenntnis, die es gewinnt, wenn es ein Märchen zum ersten Mal hört. Dafür sind manche Elemente des Märchens zu fremd – und sie müssen es sein, wenn sie tief verborgene Emotionen ansprechen sollen.

Nur wenn das Kind ein Märchen immer wieder hört und viel Zeit und Gelegenheit hat, um darüber nachzudenken, kann es das, was ihm die Geschichte an Selbsterkenntnis und Welterfahrung zu vermitteln vermag, voll ausschöpfen. Nur dann erschließen die freien Assoziationen des Kindes die ganz persönliche Bedeutung des Märchens, die zur Bewältigung drückender Probleme verhilft. Beim ersten Hören eines Märchens kann sich ein Kind beispielsweise nicht in eine andersgeschlechtliche Gestalt versetzen. Längere Beschäftigung mit der Geschichte und ein gewisser Abstand sind erforderlich, daß sich ein Mädchen mit Hans in ›Hans und die Bohnenranke‹ oder ein Junge mit Rapunzel identifizieren kann.*

Ich kenne Eltern, deren Kind auf ein Märchen mit den Worten »das gefällt mir« reagiert und die daraufhin gleich das nächste Märchen erzählen, weil sie meinen, es werde das Vergnügen des Kindes erhöhen. Meist drückt aber eine solche Bemerkung das noch unbestimmte Gefühl aus, daß dieses Märchen dem Kind etwas Wichtiges zu sagen hat, das verlorengeht, wenn die Geschichte nicht wiederholt wird und keine Zeit bleibt, sie zu erfassen. Wenn man die Gedanken des Kindes verfrüht auf eine zweite Erzählung hinlenkt, kann dies die Wirkung der ersten aufheben, während diese Wirkung noch tiefer werden kann, wenn man die zweite Geschichte etwas später folgen läßt.

Kinder sind fasziniert, wenn man ihnen in der Schule oder in der Erzählstunde einer Bücherei Märchen vorliest. Oft erhalten sie aber keine Gelegenheit, über das Gelesene nachzudenken oder sonstwie zu reagieren; entweder fordert die nächste Schulstunde die Aufmerksamkeit der Klasse, oder man erzählt ihnen eine andere Geschichte, die den Eindruck des Märchens verwässert oder auslöscht. Im anschließenden Gespräch mit den Kindern zeigt sich, daß man das Märchen ebensogut hätte weglassen können, weil es kaum eine Wirkung hinterließ. Wenn aber der Erzähler den Kindern reichlich Zeit läßt, das Märchen auszuspinnen, in die beim Hören entstandene Atmosphäre einzutauchen und darüber zu reden, ergibt

* Hier lassen sich die Märchen ebenfalls mit den Träumen vergleichen, wenn auch nur mit großer Vorsicht und vielen Einschränkungen, denn der Traum ist der persönlichste Ausdruck des Unbewußten und der Erfahrung eines Individuums, während das Märchen den Niederschlag meist allgemeiner menschlicher Probleme enthält und seine Form im Lauf der Tradition gefunden hat. Kaum jemals erschließt ein Traum, der über unmittelbare Wunscherfüllung hinausgeht, seine Bedeutung beim ersten Erinnern. Als Ergebnis vielfältiger innerer Vorgänge müssen Träume wiederholt überdacht werden, ehe man ihren latenten Sinn erfaßt. Die Züge des Traums müssen in aller Ruhe häufig betrachtet und anders als beim ersten Erinnern geordnet werden, man muß ihren Stellenwert ändern und vieles andere mehr, um den tieferen Sinn dessen, was anfänglich sinnlos oder ganz einfach erschien, zu entdecken. Nur wenn man das Material immer wieder durchgeht, erkennt man in Einzelheiten, die eine Zeitlang als lediglich ablenkend, nicht zur Sache gehörig, unmöglich oder sonst abwegig erscheinen, wichtige Hinweise auf den eigentlichen Inhalt des Traums. Häufig muß man zum besseren Verständnis weiteres Phantasiematerial hinzuziehen. So bediente sich Freud der Märchen, um die Träume vom Wolf-Menschen zu erhellen.(21)

In der Psychoanalyse gelten freie Assoziationen als Methode zur Ermittlung zusätzlicher Hinweise auf die Bedeutung der einen oder anderen Einzelheit. Auch beim Märchen sind die Assoziationen des Kindes notwendig, wenn die Geschichte ihre volle persönliche Bedeutung gewinnen soll. Zusätzliches Phantasiematerial sind andere Märchen, die das Kind kennt und die ebenfalls bedeutungsreicher werden können.

das anschließende Gespräch, daß das Märchen – wenigstens einigen Kindern – emotional und intellektuell vieles erschlossen hat.
Wie die Patienten der Hindu-Medizinmänner, denen empfohlen wurde, ein Märchen zu überdenken, um den Weg aus der inneren, ihren Geist umwölkenden Finsternis zu finden, sollte auch das Kind Gelegenheit haben, ein Märchen mit seinen Assoziationen auszuschmücken und es sich auf diese Weise langsam zu eigen zu machen.
Dies ist auch der Grund dafür, daß illustrierte Geschichtenbücher, die von modernen Erwachsenen und Kindern so sehr geschätzt werden, für das Kind nicht das Beste sind. Die Illustrationen sind eher Ablenkungen als hilfreiche Ergänzungen. Untersuchungen mit illustrierten Fibeln haben ergeben, daß die Bilder vom Lernprozeß wegführen und ihn nicht fördern, weil sie die Phantasie des Kindes davon ablenken, wie es selbst von sich aus die Geschichte erleben würde. Der illustrierten Geschichte geht viel von der persönlichen Bedeutung verloren, die sie dem Kind, das nur die eigenen optischen Assoziationen und nicht die des Illustrators einbringt, schenken könnte.(22)
Auch Tolkien dachte, daß »Illustrationen, so gut sie an sich sein mögen, den Märchen wenig nützlich sind. ... Wenn es in einer Geschichte heißt: ›Er stieg auf einen Berg und sah einen Fluß unten im Tal‹, kann der Illustrator vielleicht seine Vorstellung von dieser Szene einfangen oder annähernd wiedergeben, aber jeder, der die Worte hört, hat sein eigenes Bild davon, und es besteht aus allen Bergen, Flüssen und Tälern, die er je gesehen hat, besonders aber aus dem Berg, dem Fluß und dem Tal, die für ihn die erstmalige Verkörperung des Begriffs waren.«(23) Deshalb büßt ein Märchen viel von seiner persönlichen Bedeutung ein, wenn seine Figuren und Ereignisse nicht aus der Phantasie des Kindes, sondern aus der des Illustrators Gestalt gewinnen. Die einmaligen, aus dem eigenen, besonderen Ich stammenden Einzelheiten, mit denen man sich eine Geschichte, die man liest oder hört, bildlich vorstellt, lassen diese zu einem viel tieferen persönlichen Erlebnis werden. Erwachsene und Kinder ziehen häufig den einfachen Weg vor und überlassen einem anderen die Mühe, die Szenerie der Geschichte bildlich zu schildern. Wenn wir aber einen Illustrator über unsere Phantasie bestimmen lassen, ist sie uns nicht mehr ganz zu eigen; die Geschichte verliert dann einen großen Teil ihrer Bedeutung für die Persönlichkeit.
Wenn man Kinder fragt, wie zum Beispiel das Ungeheuer in einer Geschichte aussehe, kommen die verschiedenartigsten Verkörperungen zutage: menschen- oder tierähnliche Riesen, Gestalten mit menschlichen und tierischen Zügen – und jede dieser Einzelheiten

hat für denjenigen, der diese bestimmte bildliche Verwirklichung vor Augen sieht, große Bedeutung. Dieser Bedeutung gehen wir verlustig, wenn wir das Ungeheuer so abgebildet sehen, wie es der Künstler dargestellt hat, und zwar *seiner* Vorstellung entsprechend, die ja im Vergleich zu unserem eigenen verschwommenen Bild so viel vollkommener ist. Der Gedanke an das Ungeheuer berührt uns dann gar nicht, weil er uns nichts Wichtiges zu sagen hat, oder er erschreckt uns, ohne über die Furcht hinaus tieferen Sinn zu erschließen.

Die Wichtigkeit der Objektivierung
Gestalten und Ereignisse der Phantasie

Das kleine Kind verfügt über eine rasch anwachsende Sammlung oft ungeordneter und nur teilweise integrierter Eindrücke: einige richtig gesehene Aspekte der Realität, aber noch viel mehr völlig von der Phantasie beherrschte Elemente. Die Phantasie füllt die großen Lücken im Verständnis des Kindes aus, die auf der Unreife seines Denkens und seinem Mangel an Sachinformation beruhen. Andere Verzerrungen sind Folgen der inneren Spannungen, die dazu führen, daß das Kind seine Wahrnehmungen mißdeutet.

Die Phantasie des normalen Kindes entzündet sich an einem mehr oder weniger richtig beobachteten Ausschnitt aus der Wirklichkeit, der so starke Sehnsüchte oder Ängste auslösen kann, daß sich das Kind davon überfluten läßt. Die Dinge verwickeln sich in seinem Gemüt oft so sehr, daß es sie nicht mehr entwirren kann. Ordnung ist aber notwendig, wenn das Kind von seinem Ausflug in die Phantasie nicht geschwächt oder niedergeschlagen, sondern gestärkt zur Realität zurückkehren soll.

Die Märchen, deren Fortschreiten dem kindlichen Denken gleicht, helfen dem Kind dadurch, daß sie aufzeigen, daß und wie eine größere Klarheit aus all diesen Phantastereien erwächst. Gewöhnlich beginnen die Märchen – wie das Kind in seinen Phantasien auch – ganz realistisch: Eine Mutter schickt ihre Tochter ganz allein zu einem Besuch bei der Großmutter (›Rotkäppchen‹), Eltern können ihren Kindern nicht mehr genug zu essen geben (›Hänsel und Gretel‹), ein Fischer wirft das Netz aus und fängt keine Fische (›Der Fischer und der Dämon‹). Die Geschichte beginnt also mit einer realen, aber einigermaßen problematischen Situation.

Ein Kind, das den verwirrenden Alltagsproblemen und -ereignissen gegenübersteht, wird geschult, das Wie und Warum solcher Situationen zu begreifen und nach Lösungen zu suchen. Da seine Rationalität sein Unbewußtes aber noch kaum beherrscht, läuft seine Phantasie unter dem Druck seiner Emotionen und ungelösten Konflikte mit ihm davon. Die noch kaum entwickelte Fähigkeit, vernünftig zu überlegen, wird bald von Ängsten, Hoffnungen, Befürchtungen, Sehnsüchten, Liebe und Haß erstickt, und diese Emotionen verweben sich mit allem, was das Kind bedenkt.

Das Märchen kann zwar vom psychologischen Zustand des Kindes – zum Beispiel dem Gefühl der Benachteiligung gegenüber Geschwistern wie bei ›Aschenputtel‹ – ausgehen, setzt aber nie die Lebensumwelt des Kindes an den Anfang. Kein Kind muß wie Aschenputtel in der Asche sitzen oder wird wie Hänsel und Gretel im tiefen Wald alleingelassen; einer der Zwecke des Märchens ist es, Trost zu spenden, und eine solche Ähnlichkeit würde dem Kind nur Angst einjagen.

Ein Kind, das mit Märchen vertraut ist, weiß genau, daß sie sich in der Sprache der Symbole und nicht in der Sprache der alltäglichen Wirklichkeit ausdrücken. Das Märchen vermittelt mit seinem Beginn, seiner Handlung und seinem Schluß die Überzeugung, daß das, was wir erfahren, weder harte Tatsachen noch wirkliche Personen und Orte sind. Für das Kind werden wirkliche Ereignisse wichtig durch die symbolische Bedeutung, die es ihnen beilegt oder in ihnen findet.

»Es war einmal«, »In einem andern Land«, »Vor tausend und mehr Jahren«, »Zu der Zeit, als die Tiere noch redeten«, »In einem alten Schloß mitten in einem großen, tiefen Wald« – solche Anfänge deuten darauf hin, daß das Folgende nicht dem Hier und Jetzt, das wir kennen, angehört. Diese absichtliche Verschwommenheit der Märchenanfänge symbolisiert, daß wir die konkrete Welt der gewöhnlichen Wirklichkeit verlassen. Die alten Schlösser, die dunklen Höhlen, die verschlossenen Zimmer, die man nicht betreten darf, die undurchdringlichen Wälder weisen darauf hin, daß etwas, das normalerweise verborgen bleibt, enthüllt werden wird. Aus dem »Vor alten Zeiten« geht hervor, daß wir von archaischen Geschehnissen hören werden.

Die Brüder Grimm hätten ihre Märchensammlung mit keinem anderen Satz beginnen lassen können, der so vielsagend wäre wie der erste Satz des ersten Märchens, ›Der Froschkönig‹: »In den alten Zeiten, wo das Wünschen noch geholfen hat, lebte ein König, dessen Töchter waren alle schön, aber die jüngste war so schön, daß die

Sonne selbst, die doch so vieles gesehen hat, sich verwunderte, sooft sie ihr ins Gesicht schien.« Dieser Anfang verlegt die Geschichte in eine einmalige Märchen-Zeit, die archaische Periode nämlich, in der wir glaubten, unsere Wünsche könnten unser Schicksal ändern, und in der wir in unserer animistischen Weltsicht sicher waren, die Sonne nehme Kenntnis von uns und reagiere auf Ereignisse. Die überirdische Schönheit der Königstochter, die Macht des Wünschens und das Verwundern der Sonne bezeichnen die absolute Einmaligkeit dieses Geschehnisses. Diese Koordinaten versetzen die Geschichte nicht in Raum und Zeit der äußerlichen Wirklichkeit, sondern in den Gemütszustand der geistig Jungen. Dort vermag das Märchen diesen Geist besser zu fördern als jede andere Literaturgattung.

Bald geschehen Dinge, aus denen hervorgeht, daß die normale Logik und das Gesetz von Ursache und Wirkung aufgehoben sind, wie es auch für die Vorgänge in unserem Unbewußten zutrifft, wo uralte, einmalige und überraschende Begebenheiten stattfinden. Der Inhalt des Unbewußten ist sowohl zutiefst verborgen als auch zutiefst vertraut, er ist dunkel und zwingend, er bewirkt nicht nur die quälendsten Ängste, sondern auch die größten Hoffnungen. Er ist nicht an eine bestimmte Zeit, einen bestimmten Ort oder eine logische Folge der Ereignisse gebunden, wie sie von unserer Rationalität definiert werden. Ohne daß wir es merken, versetzt uns das Unbewußte in unsere früheste Lebenszeit zurück. Die seltsamen, uralten, weit entfernten und doch höchst vertrauten Orte, von denen das Märchen spricht, lassen auf eine Reise in die Tiefe unseres Gemüts, in das Reich des Unbewußten schließen.

Von seinem schlichten, fast beiläufigen Anfang schreitet das Märchen zu phantastischen Begebenheiten fort. So groß aber die Umwege – im Gegensatz zum ungeschulten Geist des Kindes oder zum Traum – auch sein mögen, bricht doch der rote Faden nicht ab. Nachdem die Geschichte das Kind in eine wundersame Welt geführt hat, bringt sie es auf höchst tröstliche Weise in die Wirklichkeit zurück. Daraus lernt das Kind, was es auf dieser Entwicklungsstufe unbedingt erfahren muß: Es ist nicht schädlich, wenn man der Phantasie erlaubt, daß sie einen eine Zeitlang gefangennimmt, wenn man nur nicht für immer in ihr verstrickt bleibt. Am Ende der Geschichte kehrt der Held in die Wirklichkeit zurück – in eine Wirklichkeit voller Glück, aber ohne Zauber.

Wie wir von unseren Träumen erfrischt erwachen und besser imstande sind, den Aufgaben der Realität zu begegnen, so ist auch der Märchenheld, der am Schluß der Geschichte in die reale Welt zurückkehrt oder ihr zurückgegeben wird, viel eher fähig, das Leben zu meistern. Die neuere Traumforschung hat ergeben, daß ein Mensch, der zwar schläft, aber nicht träumt, trotzdem in seinem Vermögen, die Realität zu bewältigen, beeinträchtigt wird; er wird emotional gestört, weil ihm versagt wird, seine unbewußten Probleme in Träumen durchzuarbeiten.(24) Vielleicht wird in Zukunft einmal auf experimentellem Wege das gleiche für das Märchen bewiesen: daß Kinder beeinträchtigt werden, wenn man ihnen vorenthält, was das Märchen zu bieten hat, nämlich Hilfe zur Aufarbeitung unbewußter Spannungen in der Phantasie.

Wenn die Träume des Kindes so kompliziert wie die des normalen, intelligenten Erwachsenen wären und einen ebenso vielschichtigen latenten Inhalt hätten, wäre das Märchen für das Kind nicht so notwendig. Wenn andererseits ein Erwachsener als Kind nicht mit Märchen vertraut gemacht wurde, sind seine Träume möglicherweise weniger inhaltsreich und bedeutungsvoll und tragen daher nicht so viel zur Regeneration seiner Fähigkeit, das Leben zu meistern, bei.

Das Kind, das soviel unsicherer ist als der Erwachsene, braucht die Bestätigung, daß es kein Mangel und kein Versagen ist, wenn es danach verlangt, sich in Phantasien zu ergehen, oder damit nicht aufhören kann. Wenn Eltern ihrem Kind ein Märchen erzählen, geben sie ihm einen wichtigen Beweis dafür, daß sie die inneren Erfahrungen des Kindes, wie sie im Märchen verkörpert sind, für lohnend, legitim und in gewisser Weise sogar für »real« halten. Daraus zieht das Kind die stillschweigende Folgerung, selbst real und bedeutsam zu sein. Ein solches Kind empfindet später im Leben wohl wie Chesterton, der schrieb: »Meine erste und letzte Philosophie, auf die ich mich mit ungebrochener Sicherheit verlasse, habe ich in der Kinderstube gelernt . . . Woran ich damals am unbedingtesten glaubte, woran ich jetzt noch am unbedingtesten glaube, das sind die Märchen.« Die Philosophie, die jedes Kind wie Chesterton aus den Märchen ableiten kann, lautet: »Das Leben ist nicht nur ein Vergnügen, sondern eine Art ausgefallenes Privilegium.« Diese Lebensauffassung unterscheidet sich von der, die durch »wirklichkeitsgetreue« Geschichten vermittelt wird; sie ist eher geeignet, im Zusammenprall mit den Härten des Lebens vor Mutlosigkeit zu schützen.

Das Kapitel in Chestertons Werk ›Das Abenteuer des Glaubens – Orthodoxie‹, aus dem die Zitate stammen, ist überschrieben: ›Die Ethik des Märchenlandes‹. Darin betont er die dem Märchen eigene Moral: »Da ist etwa die ritterliche Lehre vom ›Riesentöter‹; daß Riesen um ihrer Riesenhaftigkeit willen umgebracht werden sollten.

Das ist eine männliche Auflehnung gegen den Stolz an sich. ... Da ist die Lehre vom Aschenbrödel, dieselbe wie die des Magnificat – exaltavit humiles (er erhebt die Niedrigen). Da ist die bedeutende Lehre aus dem ›Nußzweiglein‹, daß man etwas lieben muß, bevor es liebenswert ist. ... Ich befasse mich mit einer bestimmten Art der Lebensauffassung, die mir durch die Märchen entstanden ist ... «
Wenn er sagt, Märchen seien völlig vernünftige Dinge, spricht Chesterton von ihnen als von Erlebnissen, von Spiegeln der inneren Erfahrung, nicht der Realität, und als solche faßt sie auch das Kind auf.(25)
Mit ungefähr fünf Jahren – also in dem Alter, in dem die Märchen große Bedeutung gewinnen – glaubt kein normales Kind, diese Geschichten entsprächen der äußerlichen Wirklichkeit. Das kleine Mädchen stellt sich vor, es sei eine Königstochter und lebe in einem Schloß, es malt diese Vorstellung in seiner Phantasie aus, aber wenn die Mutter zum Essen ruft, weiß es, daß es keine Königstochter ist. Wenn auch ein Gebüsch im Garten zu Zeiten als tiefer, dunkler Wald voll verborgener Geheimnisse erlebt werden kann, weiß doch das Kind, was es in Wirklichkeit ist, ebenso wie das kleine Mädchen weiß, daß seine Puppe nicht wirklich sein Kind ist, wenn es sie auch so nennt und als solches behandelt.
Geschichten, die sich eng an die Realität halten und nicht in der Hütte eines armen Holzhackers vor einem großen Walde, sondern im Wohnzimmer oder Hinterhof des Kindes beginnen, deren Gestalten nicht halbverhungerte Holzhacker, Könige und Königinnen, sondern den Eltern sehr ähnliche Personen sind, und die realistische mit wunscherfüllenden und phantastischen Elementen vermengen, vermögen beim Kind Verwirrung zu stiften hinsichtlich dessen, was real ist und was nicht. Solche Geschichten stimmen nicht mit der inneren Realität des Kindes überein, wenn sie die äußere Realität auch noch so getreu schildern; sie verbreitern deshalb die Kluft zwischen der inneren und der äußeren Erfahrung des Kindes. Sie trennen das Kind auch von den Eltern, gewinnt es doch den Eindruck, daß es nicht in der gleichen geistigen Welt lebt wie sie. So nahe sie auch im »wirklichen« Raum beieinanderwohnen mögen, scheinen sie doch zeitweilig im Emotionalen auf verschiedenen Kontinenten zu hausen. Daraus entsteht ein für Eltern und Kind schmerzhafter Bruch zwischen den Generationen.
Wenn einem Kind nur »wirklichkeitsgetreue« Geschichten (die also wichtige Teile seiner inneren Realität nicht getreu schildern) erzählt werden, kann es zu dem Schluß kommen, seine innere Wirklichkeit sei für seine Eltern weithin unannehmbar. Viele Kinder entfremden

sich deshalb von ihrem inneren Leben und werden dadurch ärmer. Die Spätfolge beim Heranwachsenden, der nicht mehr unter dem emotionalen Einfluß seiner Eltern steht, kann sich darin zeigen, daß er die rationale Welt haßt und ganz in eine Phantasiewelt flüchtet, wie um nachzuholen, was in der Kindheit versäumt wurde. Gelegentlich ergibt sich auch ein schwerer Bruch mit der Realität – mit allen gefährlichen Folgen für den einzelnen und die Gesellschaft. Ein solcher Mensch kann aber auch die Verkapselung seines Ich sein ganzes Leben beibehalten und sich nie völlig befriedigt fühlen, weil ihm die Vorgänge seines Unbewußten fremd geworden sind, so daß sie sein reales Leben nicht zu bereichern vermögen. Das Leben ist dann weder »ein Vergnügen« noch »eine Art ausgefallenes Privilegium«. Unter der Wirkung einer solchen Entfremdung ist kein Geschehnis der Wirklichkeit imstande, unbewußte Bedürfnisse angemessen zu befriedigen. Die Folge ist, daß der Mensch das Leben immer als unvollkommen empfindet.

Wenn ein Kind von seinen inneren geistigen Vorgängen nicht überwältigt wird und wenn es in allen wichtigen Beziehungen gute Fürsorge genießt, ist es fähig, das Leben in der seinem Alter entsprechenden Weise zu meistern. In solchen Zeiten kann es aufkommende Probleme lösen. Man braucht aber nur Kinder auf einem Spielplatz zu beobachten, um zu erkennen, wie begrenzt diese Zeitspannen sind.

Wenn – was häufig geschieht – die inneren Spannungen überhandnehmen, besteht für das Kind die einzige Möglichkeit der Bewältigung darin, daß es sie nach außen projiziert. Das Problem ist aber, dies zu bewerkstelligen, ohne sich darin zu verstricken. Die verschiedenartigen Facetten der äußeren Erfahrung zu ordnen ist für das Kind eine sehr schwere Arbeit, und wenn es keine Hilfe erfährt, ist das Bemühen aussichtslos, sobald sich die äußeren mit den inneren Erfahrungen verwickeln. Von sich aus ist das Kind noch unfähig, die Vorgänge in seinem Innern zu ordnen und zu deuten. Die Märchen stellen ihm Gestalten vor, auf die es das, was in ihm vorgeht, auf überschaubare Weise projizieren kann. Sie ermöglichen dem Kind, seine destruktiven Wünsche in einer Gestalt zu verkörpern, die ersehnte Befriedigung mit einer anderen Gestalt zu erleben, sich mit einer dritten Gestalt zu identifizieren, eine ideale Bindung an eine vierte Gestalt aufzubauen – wie es die augenblicklichen Erfordernisse verlangen.

Wenn sich das Wunschdenken des Kindes in einer guten Fee verkörpert, wenn es seine destruktiven Wünsche einer bösen Hexe beilegt, wenn es seine Ängste in Gestalt eines gefräßigen Wolfes sieht, wenn die Forderungen seines Gewissens in einem Weisen, der ein Abenteuer besteht, konzentriert sind, wenn sein Zorn und seine Eifersucht von einem Tier, das dem Rivalen die Augen aushackt, übernommen werden – dann kann das Kind endlich anfangen, seine widersprüchlichen Neigungen zu ordnen. Sobald dieser Prozeß beginnt, verringert sich die Gefahr, daß das Kind im unkontrollierbaren Chaos versinkt.

Verwandlungen
Die Phantasiegestalt der bösen Stiefmutter

Alle Wachstumserfahrungen haben ihre Zeit, und die Kindheit ist die Zeit, in der der Mensch lernen muß, den ungeheuren Abgrund zwischen den inneren Erfahrungen und der realen Welt zu überbrücken. Märchen mögen sinnlos, phantastisch, furchterregend und völlig unglaubhaft erscheinen in den Augen des Erwachsenen, der in seiner Kindheit keine Märchenphantasie entwickeln durfte oder die Erinnerung daran verdrängt hat. Der Erwachsene, der nicht zu einer befriedigenden Integration der Realität und der Phantasie gelangt ist, fühlt sich von solchen Geschichten abgestoßen. Der Erwachsene aber, der in seinem Leben die rationale Ordnung mit der Unlogik seines Unbewußten zu integrieren vermag, besitzt ein Gespür für die Art und Weise, in der das Märchen dem Kind zu dieser Integration verhilft. Dem Kind und dem Erwachsenen, der wie Sokrates weiß, daß auch im Klügsten von uns noch ein Kind steckt, enthüllt das Märchen Wahrheiten über den Menschen und über das eigene Ich.
In ›Rotkäppchen‹ tritt an die Stelle der guten Großmutter plötzlich der gefräßige Wolf, der das Kind verschlingen will. Objektiv gesehen ist diese Verwandlung absurd und läuft jeder denkbaren Realität zuwider; man könnte sie für unnötig furchterregend halten. Ist sie aber, von der Erlebnisweise des Kindes aus betrachtet, tatsächlich schrecklicher als die plötzliche Verwandlung der eigenen lieben Großmutter in eine Gestalt, die das Selbstgefühl des Kindes erschüttert, wenn sie es beispielsweise wegen einer nassen Hose demütigt? Für das Kind ist die Großmutter dann nicht mehr die gleiche Person, die sie eben noch war; sie ist ein Ungeheuer. Wie kann jemand, der so freundlich war, der Geschenke mitbrachte und sogar mehr Verständnis, Toleranz und Wohlwollen zeigte als die eigene Mutter, plötzlich so völlig anders handeln?

Das Kind erkennt keine Übereinstimmung zwischen den verschiedenen Manifestationen und erlebt die Großmutter als zwei Wesen, das liebende und das drohende, die Großmutter *und* den Wolf. Wenn es sie sozusagen aufspaltet, kann das Kind sein Bild von der guten Großmutter behalten. Daß sie sich in einen Wolf verwandelt, ist zweifellos beängstigend, aber dadurch wird das Bild der lieben Großmutter nicht zerstört. Auf jeden Fall ist ja, wie die Geschichte beweist, der Wolf eine vorübergehende Manifestation; die Großmutter wird siegreich zurückkommen.

In ähnlicher Weise kann die Mutter, die meist die alles spendende Beschützerin ist, zur bösen Stiefmutter werden, wenn sie so grausam ist, dem Kind etwas abzuschlagen.

Das Aufsplittern einer Persönlichkeit in zwei, damit das gute Bild unangetastet bleibt, findet sich keineswegs nur im Märchen; viele Kinder ergreifen diese Möglichkeit, um eine Beziehung zu bewältigen, mit der sie nicht fertig werden und die sie nicht verstehen. Alle Widersprüche lösen sich plötzlich auf. Eine Studentin erinnerte sich, daß sie als knapp fünfjähriges Kind diese Erfahrung machte.

Eines Tages im Supermarkt wurde die Mutter dieser Studentin plötzlich sehr zornig, und das Mädchen entsetzte sich über diese Handlungsweise der Mutter. Auf dem Heimweg schalt die Mutter immer weiter und sagte, das Kind sei zu nichts nütze. Das Mädchen gewann die Überzeugung, daß diese böse Frau nur wie seine Mutter *aussah,* in Wirklichkeit aber ein Marsmensch war, der das Aussehen der Mutter angenommen hatte. Von da an hatte das Mädchen bei vielen Anlässen das Gefühl, der Marsmensch habe die Mutter entführt und ihre Stelle eingenommen, um das Kind zu quälen, wie die wirkliche Mutter es nie getan hätte.

Diese Phantasievorstellung hielt sich mehr als zwei Jahre, bis das Mädchen mit sieben mutig genug geworden war, dem Marsmenschen Fallen zu stellen. Wenn der Marsmensch wieder einmal die Mutter verdrängte und das Mädchen boshaft folterte, fragte es ihn geschickt nach irgend etwas, das sich zwischen der richtigen Mutter und ihm ereignet hatte. Zu seinem Erstaunen war der Marsmensch im Bilde; dies bestätigte für das Mädchen anfänglich nur, daß der Marsmensch eben besonders schlau war. Nach zwei oder drei solchen Experimenten kamen dem Mädchen jedoch Zweifel; dann fragte es die Mutter nach Dingen, die zwischen dem Mädchen und dem Marsmenschen vorgefallen waren. Als sich herausstellte, daß die Mutter darüber Bescheid wußte, brach die Phantasie vom Marsmenschen zusammen.

Zu der Zeit, als es die Sicherheit des Mädchens erforderte, daß die

Mutter nur gut sei – also niemals ärgerlich oder ablehnend –, hatte das Mädchen die Wirklichkeit abgewandelt, um sich das zu verschaffen, was es brauchte. Als es älter und sicherer wurde, wirkten Zorn und Vorwürfe der Mutter nicht mehr so völlig niederschmetternd. Da sich die eigene Integration gefestigt hatte, konnte das Mädchen die Sicherheit gewährende Phantasie vom Marsmenschen aufgeben, die Realität des Phantasiebildes prüfen und dadurch das Doppelbild der Mutter wieder auf ein Bild zurückführen.

Alle kleinen Kinder müssen gelegentlich das Bild der Eltern in Güte und Bedrohlichkeit zerlegen, um sich vom ersteren beschützt zu fühlen, doch die meisten bewerkstelligen dies nicht so geschickt und bewußt wie dieses Mädchen. Die meisten Kinder finden von sich aus keinen Ausweg aus der Not, wenn die Mutter sich plötzlich in einen bösen Doppelgänger verwandelt. Märchen, in denen gute Feen erscheinen und dem Kind trotz des »Doppelgängers« oder der »Stiefmutter« zu Glück verhelfen, geben dem Kind die Kraft, diesem »Doppelgänger« standzuhalten. Sie weisen darauf hin, daß die gute Fee im Verborgenen über dem Schicksal des Kindes wacht und bereit ist, im kritischen Augenblick ihre Macht zu beweisen. Das Märchen sagt dem Kind, daß es zwar Hexen gibt, aber auch gute Feen, die viel mächtiger sind. Es bestätigt auch, daß der gewaltige Riese von dem schlauen kleinen Menschen jederzeit überlistet werden kann – also von jemandem, der scheinbar so machtlos ist, wie sich das Kind fühlt. Wahrscheinlich war es die Geschichte von einem Kind, das einen bösen Geist mit Klugheit überlistet, was diesem Mädchen den Mut verlieh, den Marsmenschen auf die Probe zu stellen und zu überwinden.

Die Universalität solcher Phantasien geht auch aus dem hervor, was in der Psychoanalyse der »Familienroman« des Kindes in der Pubertätszeit genannt wird.(26) Es handelt sich um Phantasien oder Wachträume, die das normale Kind teilweise als solche erkennt, trotzdem aber teilweise glaubt. Sie kreisen um die Vorstellung, die Eltern seien nicht die richtigen Eltern, sondern man sei das Kind irgendeiner hochstehenden Persönlichkeit und durch unglückliche Umstände gezwungen, bei diesen Leuten zu leben, die *behaupten,* die Eltern zu sein. Derartige Phantasien treten in verschiedener Gestalt auf; oft wird nur ein Elternteil als unterschoben angesehen. Dies entspricht einer im Märchen häufig vorkommenden Situation: Der Vater ist der richtige Vater, die Mutter ist eine Stiefmutter (oder umgekehrt). Das Kind hegt die hoffnungsvolle Erwartung, eines Tages werde zufällig oder willentlich die leibliche Mutter erscheinen und das Kind in seinen rechtmäßigen Stand erheben, so daß es »fortan allezeit glücklich leben« würde.

Diese Phantasien sind hilfreich, erlauben sie doch dem Kind, auf den Marsmenschen, den Doppelgänger, die »falsche Mutter« zornig zu sein, ohne ein schlechtes Gewissen zu haben. Um die Zeit, in der solche Phantasien aufzutreten beginnen, sind Schuldgefühle schon Teil der kindlichen Persönlichkeitsstruktur. Zorn oder – noch schlimmer – Verachtung gegenüber einem Elternteil würde unerträgliche Schuldgefühle wecken. So ist die dem Märchen eigene Aufteilung der Mutter in eine gute (meist gestorbene) Mutter und eine böse Stiefmutter dem Kind sehr dienlich. Sie ist nicht nur ein Mittel, das Bild der ganz und gar guten Mutter zu bewahren, wenn die wirkliche Mutter nicht ganz und gar gut ist, sondern auch ein Ventil für den Ärger auf die böse »Stiefmutter«, ohne daß man das Wohlwollen der echten Mutter, die ja als andere Persönlichkeit gesehen wird, verscherzen würde. Das Märchen zeigt also dem Kind einen Weg zum Umgang mit widersprüchlichen Gefühlen, die es sonst überwältigen würden, da auf dieser Stufe seine Fähigkeit, gegenläufige Emotionen zu integrieren, noch kaum entwickelt ist. Die Phantasie von der bösen Stiefmutter läßt nicht nur das Bild der guten Mutter unangetastet, sondern verhindert auch Schuldgefühle wegen zorniger Gedanken und Wünsche – solche Schuldgefühle würden das gute Verhältnis zur Mutter trüben.

Das Märchen schützt also das Kind vor Verzweiflung, wenn es die Mutter als böse erlebt. Ganz ähnlich wie der Marsmensch in der Phantasie des kleinen Mädchens verschwand, sobald die Mutter mit ihrem Töchterchen wieder zufrieden war, kann ein guter Geist in einem Augenblick alle Untaten eines bösen Geistes zunichte machen. Bei der rettenden Fee des Märchens sind die guten Eigenschaften der Mutter so übersteigert wie die schlechten Eigenschaften bei der Hexe, aber so erlebt das kleine Kind die Welt: entweder als absolut segensreich oder als hoffnungslose Hölle.

Unter dem Zwang der Emotionen spaltet das Kind nicht nur einen Elternteil, sondern auch sich selbst in zwei Personen, von denen es glauben möchte, sie hätten nichts miteinander gemein. Ich kenne kleine Kinder, die tagsüber trocken sind, aber nachts das Bett nässen, beim Aufwachen mit Abscheu in die Ecke rücken und mit Überzeugung sagen: »Jemand hat mein Bett naß gemacht!« Das sagt das Kind nicht, wie Eltern vielleicht annehmen, um jemand anderen verantwortlich zu machen, obwohl es genau weiß, daß es selbst der Schuldige ist. Der »Jemand«, der es getan hat, ist vielmehr jener Teil seines Ich, von dem es sich distanziert; dieser Teil seiner Persönlichkeit ist ihm wirklich fremd geworden. Wenn man in einem solchen Fall darauf besteht, daß das Kind zugibt, *es selbst* habe das Bett naß gemacht, zwingt man ihm verfrüht das Bewußtsein von der Integrität der menschlichen Persönlichkeit auf und hemmt damit die Entwicklung dieses Bewußtseins. Um ein gefestigtes Selbstgefühl zu gewinnen, muß das Kind es eine Zeitlang auf das beschränken, was es selbst billigt und wünscht. Wenn es dann ein Ich aufgebaut hat, auf das es uneingeschränkt stolz sein kann, vermag es sich langsam an den Gedanken zu gewöhnen, daß dieses Ich auch zweifelhafte Aspekte umfassen könnte.

Wie der Elternteil im Märchen in zwei Wesen zerfällt, die für die entgegengesetzten Gefühle des Geliebtwerdens und des Abgelehntwerdens stehen, so projiziert das Kind auf einen »Jemand« all die schlechten Züge, die zu schreckenerregend sind, als daß es sie als Teil seines Ich erkennen könnte.

In der Märchenliteratur wird allerdings auch hervorgehoben, wie problematisch es ist, die Mutter zeitweise als böse Stiefmutter zu sehen; auf ihre eigene Weise warnen die Märchen davor, sich vom Zorn zu weit und zu rasch hinreißen zu lassen. Das Kind verfällt leicht dem Ärger mit einem sonst geliebten Menschen oder der Ungeduld, wenn man es warten läßt; es neigt zum Zorn und zu sehnsüchtigen Wünschen, ohne die Folgen zu bedenken, die eintreten würden, wenn diese erfüllt würden. Viele Märchen schildern das tragische Ergebnis solch unüberlegter Wünsche, die man ausspricht, weil man etwas zu sehr ersehnt oder nicht warten kann, bis die Dinge zur richtigen Zeit geschehen. Beide Gemütszustände sind für das Kind typisch. Zwei Märchen der Brüder Grimm seien als Beispiele herangezogen.

In ›Hans mein Igel‹ wird ein reicher Bauer verspottet, weil er mit seiner Frau keine Kinder hat. Schließlich wird er so zornig, daß er schreit: »Ich will ein Kind haben, und sollt's ein Igel sein!« Sein Wunsch wird erfüllt: Seine Frau bekommt ein Kind, das oben ein Igel und unten ein Junge ist.*

* Es ist ein sehr altes, weit verbreitetes Motiv, daß Eltern, die sich zu ungeduldig Kinder wünschen, damit bestraft werden, daß ihr Kind teils wie ein Mensch, teils wie ein Tier gestaltet ist. Es ist beispielsweise auch Gegenstand einer türkischen Erzählung, in der König Salomo die Verwandlung des Kindes zu einem ganzen Menschen bewirkt. Wenn die Eltern in diesen Geschichten das mißgestaltete Kind gut und mit großer Geduld behandeln, wird es am Ende zu einem anziehenden menschlichen Wesen.
Die psychologische Weisheit dieser Erzählungen ist bemerkenswert: Ungenügende Herrschaft über die Emotionen von seiten der Eltern läßt eine Mißgeburt entstehen. In Märchen und Träumen steht körperliche Mißbildung oft für psychologische Fehlentwicklung. Solche Geschichten schildern gewöhnlich, daß der obere Teil des Körpers mit

In ›Die sieben Raben‹ beschäftigt ein neugeborenes Kind die Emotionen eines Vaters so sehr, daß er sich im Zorn gegen seine älteren Kinder wendet. Er schickt einen seiner sieben Söhne aus, um Taufwasser für die Nottaufe des schmächtigen Töchterchens zu holen, und die sechs anderen Jungen begleiten den Bruder. In seinem Ärger über das lange Ausbleiben der Kinder ruft der Vater: »Ich wollte, die Jungen würden alle zu Raben!« – was sogleich geschieht. Wenn die Märchen, in denen zornige Wünsche erfüllt werden, damit endeten, wären sie lediglich lehrhafte Erzählungen, die uns ermahnen, uns nicht von unseren negativen Emotionen hinreißen zu lassen – etwas, was das Kind nicht vermeiden kann. Das Märchen verfolgt aber nicht die Absicht, vom Kind Unmögliches zu verlangen und ihm Angst einzujagen wegen zorniger Wünsche, die es nicht abwehren kann. Das Märchen warnt zwar in realistischer Weise, daß man sich Ungelegenheiten zuzieht, wenn man sich von Zorn oder Ungeduld überwältigen läßt; es versichert aber zugleich, daß die Folgen nur vorübergehend sind und daß durch guten Willen oder gute Taten aller Schaden, der durch böse Wünsche entstanden ist, wiedergutgemacht werden kann. Hans mein Igel führt einen König, der sich im Wald verirrt hat, sicher in sein Schloß zurück. Der König verspricht Hans als Belohnung das erste, was ihm bei der Heimkehr begegnet. Zufällig ist es die einzige Tochter des Königs. Die Prinzessin erschrickt zwar über sein Aussehen, hält aber das Versprechen ihres Vaters und heiratet Hans. Nachts im Ehebett nimmt Hans menschliche Gestalt an, und schließlich bekommt er das Königreich vom alten König.* In ›Die sieben Raben‹ zieht die Schwester, die schuldlose Ursache der Verwandlung ihrer Brüder in Raben, bis ans Ende der Welt und bringt ein großes Opfer, um den Zauber aufzuheben. Die Raben erhalten ihre menschliche Gestalt zurück, das Glück ist wiederhergestellt.

dem Kopf tierähnlich ist, während der untere Teil normale menschliche Gestalt hat. Dies deutet darauf hin, daß mit dem Kopf – also dem Gemüt – des Kindes und nicht mit seinem Körper etwas nicht in Ordnung ist. Die Märchen berichten zudem, daß der Schaden, der dem Kind durch negative Gefühle zugefügt wurde, durch die Wirkung positiver Emotionen behoben werden kann, wenn die Eltern geduldig und ausdauernd genug sind. Kinder zorniger Eltern scheinen in ihrem Verhalten oft wie Igel oder Stachelschweine nur aus Stacheln zu bestehen; das Bild von dem Jungen, der oben wie ein Igel aussieht, ist deshalb höchst treffend.

Die Geschichten enthalten auch Warnungen: Man soll Kinder nicht im Zorn empfangen; man soll sie bei ihrer Ankunft nicht mit Zorn und Ungeduld aufnehmen. Doch wie alle guten Märchen nennen auch diese das richtige Heilmittel für den geschehenen Schaden, und das Rezept stimmt mit den modernen psychologischen Erkenntnissen überein.

* Dieser Schluß ist typisch für die Geschichten mit dem Motiv des Tierbräutigams und wird im Zusammenhang mit diesen auf S. 324 ff. behandelt.

Diese Geschichten sagen aus, daß die Dinge trotz der schlimmen Folgen böser Wünsche mit gutem Willen und ernstlicher Bemühung wieder zurechtgerückt werden können. Andere Erzählungen gehen noch einen Schritt weiter und vermitteln dem Kind die Überzeugung, es brauche sich nicht vor solchen Wünschen zu fürchten, denn trotz der zeitweiligen Folgen ändere sich auf die Dauer doch nichts; sind alle Wünsche erfüllt, so sind die Dinge wieder genau so, wie sie vorher waren. Solche Geschichten findet man in vielen Abwandlungen auf der ganzen Welt.

In der einfachsten Form dieses Motivs erhält ein Mann oder eine Frau von einem Fremden oder einem Tier aus Dank für eine Guttat die Zusicherung, daß drei Wünsche erfüllt werden sollen. So geschieht es auch dem Holzfäller in ›Die drei Wünsche‹. Bei der Rückkehr aus dem Wald hat er die Zusage schon vergessen. Er ist hungrig und sagt: »Ich wollte, ich hätte einen ordentlichen Kranz Blutwürste vor mir!« Sofort fallen die Blutwürste durch den Kamin herunter. Da erinnert sich der Mann, was sich im Wald zugetragen hat, und erzählt es seiner Frau, die aber aus Zorn, weil er schon einen Wunsch vertan hat, auf ihn losfährt und schreit: »Ich wollte, die Blutwürste wären an deiner Nase!« Dieser Wunsch wird ebenfalls sogleich erfüllt. Dem Mann bleibt nichts anderes übrig, als mit dem dritten Wunsch die Blutwürste wieder loszuwerden.(27)

Diese Geschichten warnen also das Kind vor den unangenehmen Folgen überstürzten Wünschens, versichern aber zugleich, daß der Schaden wieder behoben werden kann, wenn man sich aufrichtig darum bemüht. Was vielleicht noch wichtiger ist: Ich kenne kein einziges Märchen, in dem die zornigen Wünsche eines Kindes schlimme Folgen nach sich ziehen; diese treten immer nur bei den Wünschen der Erwachsenen ein. Daraus geht hervor, daß Erwachsene verantwortlich sind für das, was sie aus Ärger oder Dummheit tun, Kinder aber nicht. Wenn Kinder im Märchen einen Wunsch äußern, dann nur nach etwas Gutem; der Zufall oder ein guter Geist erfüllt ihre Wünsche oft weit über alle Hoffnung hinaus.

Das Märchen gibt zwar zu, daß es menschlich ist, in Zorn zu geraten, aber Selbstbeherrschung erwartet es nur vom Erwachsenen, da dessen verstiegene Wünsche in Erfüllung gehen. Es betont andererseits die wunderbaren Folgen, die sich für das Kind ergeben, wenn es *positive* Wünsche und Gedanken hegt. Das Kind im Märchen läßt sich von seiner Verlassenheit nicht zu rachsüchtigen Wünschen verleiten; es wünscht nur Gutes, obwohl es Grund genug hätte, seinen Verfolgern Böses zu wünschen. Schneewittchen rächt sich nicht an der bösen Königin; Aschenputtel sehnt sich nicht danach, daß die Stiefschwestern für ihre Untaten bestraft werden, sondern wünscht ihnen, daß sie zum Ball ins Schloß gehen dürfen.

Ein Kind, das ein paar Stunden alleinbleiben muß, kann sich so grausam verlassen fühlen, als sei es sein Leben lang vernachlässigt und abgelehnt worden. Wenn dann plötzlich die Mutter unter der Tür steht, lächelt und vielleicht sogar ein kleines Geschenk mitbringt, verwandelt sich sein Leben in vollkommene Glückseligkeit. Das Kind empfindet dies als zauberisch; denn wie könnte etwas so Einfaches sein Leben ändern, wenn nicht ein Zauber wirkte?
Radikale Veränderungen im Wesen der Dinge erlebt das Kind ständig, wenn auch der Erwachsene seine Wahrnehmungen nicht teilt. Beobachtet man aber einmal, wie das Kind mit Gegenständen – zum Beispiel mit einem Schnürsenkel oder einem Spielzeug – umgeht, so sieht man, daß es verzweifelt und sich für einen Dummkopf hält, wenn es nicht damit fertig wird. Wenn ihm dann wie durch einen Zauber der Gegenstand plötzlich gehorcht, wird das Kind vom niedergeschlagensten zum glücklichsten aller Menschen. Ist dies nicht der Beweis für das zauberische Wesen des Gegenstandes? Nicht wenige Märchen erzählen, wie sich das Leben des Helden, der einen Zaubergegenstand findet, verändert. Mit Hilfe dieses Gegenstands zeigt sich der Dummling am Ende klüger als seine vorher bevorzugten Geschwister. Das Kind, das sich als häßliches Entlein fühlt, braucht nicht zu verzweifeln, wird es sich doch in einen herrlichen Schwan verwandeln.
Ein kleines Kind kann von sich aus wenig tun und fühlt sich deswegen manchmal so enttäuscht, daß es aufgibt. Das Märchen verhütet dies dadurch, daß es der kleinsten Leistung außerordentlichen Wert beimißt und die wunderbarsten Folgen verheißt. Alltägliche Begebenheiten führen zu großen Dingen, zum Beispiel wenn man eine Flasche oder ein Glas findet (wie in dem Grimmschen Märchen ›Der Geist im Glas‹), mit einem Tier Freundschaft schließt (›Der gestiefelte Kater‹) oder einem Fremden ein Stück Kuchen schenkt (›Die goldene Gans‹, ebenfalls ein Märchen der Brüder Grimm). So fördert das Märchen im Kind die Zuversicht, daß sich seine tatsächlichen Leistungen als bedeutsam erweisen werden, wenn es auch vorläufig noch nichts davon sieht.
Der Glaube an solche Möglichkeiten muß gestärkt werden, damit das Kind seine Enttäuschungen ertragen kann, ohne sich völlig niederdrücken zu lassen; zudem kann er dazu anregen, zuversichtlich an ein Leben jenseits des elterlichen Heims zu denken. Das Beispiel des Märchens versichert, daß das Kind bei seinem Streben in

der äußeren Welt Hilfe erfahren und daß der Erfolg seine standhaften Bemühungen krönen wird. Zugleich betont das Märchen, daß die geschilderten Ereignisse vor langer Zeit in einem fernen Land stattfanden; dadurch wird klar, daß es die Hoffnung nährt und nicht etwa die Welt, wie sie hier und jetzt ist, realistisch darstellt.

Das Kind erfaßt intuitiv, daß Märchen zwar *unrealistisch,* aber nicht *unwahr* sind, daß ihre Ereignisse zwar nicht in der Wirklichkeit geschehen, sich aber als innere Erfahrung und persönliche Entwicklung zutragen müssen, daß sie sinnbildlich die wesentlichen Stufen des Wachstums zu einem unabhängigen Leben schildern.

Die Märchen weisen stets den Weg in eine bessere Zukunft, aber sie konzentrieren sich auf den Vorgang der Veränderung und beschreiben die zu erwartende Glückseligkeit nicht in allen Einzelheiten. Sie setzen dort ein, wo sich das Kind derzeit befindet, und lassen durchblicken, wo es hingelangen muß – mit Betonung auf die dazwischenliegende Strecke. Sie vermögen das Kind sogar durch das dornenreichste Dickicht, die ödipale Phase, zu leiten.

Das Chaos ordnen

Vor der ödipalen Phase und weit in diese Zeit hinein (ungefähr vom dritten bis zum sechsten oder siebten Lebensjahr) ist die Welterfahrung des Kindes chaotisch – aber nur vom Erwachsenenstandpunkt aus gesehen, denn das Kind ist sich dieses Zustands nicht bewußt. Es kennt keine andere Erlebensweise und nimmt deshalb die Welt so hin, wie es sie sieht: chaotisch.

In der Sprache der Bibel, die ja die tiefsten Gefühle und Einsichten des Menschen zum Ausdruck bringt, war die Welt am Anfang »wüst«. Wie das Chaos überwunden wird, steht ebenfalls in der Bibel: »Da schied Gott das Licht von der Finsternis.« Während und wegen der ödipalen Kämpfe gewinnt die äußere Welt für das Kind mehr Sinn, und es bemüht sich, die Welt zu verstehen. Es setzt nun nicht mehr voraus, daß seine verworrene Weltsicht die einzig mögliche und richtige sei. Eine Möglichkeit, etwas Ordnung in seine Weltsicht zu bringen, besteht für das Kind darin, daß es die Dinge in Gegensätze einteilt.

In der späteren ödipalen Phase und danach greift diese Aufsplitterung auf das Kind selbst über. Wie wir alle steckt auch das Kind ständig in einem Hexenkessel widersprüchlicher Gefühle. Während aber der Erwachsene gelernt hat, diese Empfindungen zu integrieren, wird das Kind mit diesen Ambivalenzen in sich selbst nicht fertig. Es erlebt den Aufruhr von Liebe und Haß, Wunsch und Furcht als unbegreifliches Chaos. Es kann sich nicht gut und böse, gehorsam und aufrührerisch zugleich fühlen, obwohl es das ist. Da es Zwischenstadien des Grades und der Intensität nicht erfaßt, sind die Dinge entweder ganz hell oder ganz dunkel. Das Kind ist entweder vollkommen heldenmütig oder ganz und gar ängstlich, der glücklichste oder der unglücklichste Mensch, der schönste oder der häßlichste, der klügste oder der dümmste; es liebt oder haßt und kennt keine Zwischenstufen.

So schildert auch das Märchen die Welt; seine Gestalten sind entweder abgrundtief böse oder von selbstloser Güte. Ein Tier ist entweder reißend und gefährlich oder der beste Freund und Helfer. Jede Gestalt ist im Grunde eindimensional, so daß das Kind ihre Handlungen und Reaktionen leicht begreifen kann. Mit einfachen, direkten Bildern hilft das Märchen dem Kind, seine vielschichtigen, ambivalenten Gefühle zu entwirren, so daß sie nicht mehr ein großes Durcheinander bilden, sondern einzeln ihren Platz bekommen.

Das Märchen vermittelt dem Kind eine Vorstellung davon, wie es das Chaos in seinem Inneren ordnen kann. Es empfiehlt nicht nur, die verworrenen und verwirrenden Aspekte der Erfahrung des Kindes einzeln auszusondern und voneinander zu trennen, sondern auch, sie dann auf verschiedene Gestalten zu projizieren. Selbst Freud fand keine bessere Möglichkeit, dem unglaublichen Wirrwarr von Widersprüchen in unserem Geist und unserem inneren Leben beizukommen, als die Anwendung von Symbolen für einzelne Persönlichkeitsaspekte. Er nannte sie Es, Ich und Über-Ich. Wenn schon wir als Erwachsene das Hilfsmittel künstlicher Begriffseinteilungen brauchen, um in das Chaos unserer inneren Erfahrungen eine vernünftige Ordnung zu bringen, wieviel mehr bedarf dann das Kind einer solchen Stütze! Heute verwenden die Erwachsenen Begriffe wie Es, Ich, Über-Ich oder Ich-Ideal, um ihre inneren Erfahrungen getrennt betrachten und besser begreifen zu können. Dabei vergessen wir aber leider etwas, was dem Märchen nicht verlorenging: daß diese Objektivierungen Fiktionen sind und zu nichts anderem nützen, als geistige Vorgänge einzeln zu erkennen und zu verstehen.*

* Durch die Benennung – Es, Ich, Über-Ich – wurden die inneren Vorgänge zu Entitäten mit eigenen Neigungen. Wenn wir die emotionalen Konnotationen dieser

Ist der Held eines Märchens das jüngste Kind oder wird er am Anfang sogar »Dummling« genannt, so schildert die Geschichte damit den ursprünglichen kraftlosen Zustand des Ich am Beginn seines Kampfes mit der inneren Welt der Triebe und mit den schwierigen Problemen der Außenwelt.

Das Es wird, ganz ähnlich wie die Psychoanalyse es sieht, häufig in Gestalt irgendeines Tieres gezeigt, das für unsere animalische Natur steht. Im Märchen treten die Tiere in zweierlei Art auf: gefährliche, zerstörerische Tiere wie der Wolf in ›Rotkäppchen‹ oder der Drache, der das ganze Land verwüstet, wenn ihm nicht jedes Jahr eine Jungfrau geopfert wird, wie in dem Grimmschen Märchen ›Die zwei Brüder‹; auf der anderen Seite kluge und hilfsbereite Tiere, die den Helden führen und retten, wie ebenfalls in dem Märchen ›Die zwei Brüder‹, in dem eine Schar anhänglicher Tiere den toten Helden wiederbelebt und ihm zu seiner gerechten Belohnung, der Königstochter und dem Königreich, verhilft. Sowohl die gefährlichen als auch die hilfsbereiten Tiere verkörpern unsere animalische Natur, unsere instinktiven Triebe. Die gefährlichen symbolisieren das unbezähmte Es, das sich noch der Steuerung durch das Ich und das Über-Ich entzieht, in all seiner bedrohlichen Energie. Die hilfreichen Tiere symbolisieren unsere natürliche Energie gegen das Es, die zum Wohl der Gesamtpersönlichkeit eingesetzt wird. Einige Tiere – gewöhnlich weiße Vögel, zum Beispiel Tauben – symbolisieren auch das Über-Ich.

abstrakten psychoanalytischen Begriffe für die meisten Menschen, die sie anwenden, untersuchen, stellen wir fest, daß sich diese Abstraktionen nicht sehr stark von den Personifizierungen des Märchens unterscheiden. Wenn wir sagen, das asoziale und unvernünftige Es stoße das schwache Ich herum oder das Ich gehorche dem Befehl des Über-Ich, sind diese wissenschaftlichen Vergleiche kaum anders als die Allegorien des Märchens. Im Märchen wird das arme, schwache Kind mit der mächtigen Hexe konfrontiert, die nur ihr eigenes Verlangen kennt und danach handelt, ohne Rücksicht auf die Folgen. Der schmächtige Schneider in dem Grimmschen Märchen ›Das tapfere Schneiderlein‹ bringt es zuwege, daß zwei Riesen einander bekämpfen und totschlagen; handelt das Schneiderlein nicht wie das schwache Ich, das das Es gegen das Über-Ich ausspielt und damit die entgegengesetzten Energien dieser irrationalen Kräfte neutralisiert und rationale Gewalt über sie gewinnt?

Viele Fehldeutungen der Funktionsweise unseres Geistes könnten vermieden werden, wenn sich der moderne Mensch stets vor Augen hielte, daß diese abstrakten Begriffe lediglich praktische Hilfsmittel zum Umgang mit Vorstellungen sind, die ohne eine solche Objektivierung kaum verständlich wären. Zwischen ihnen gibt es natürlich keine reale Trennung, ebensowenig wie zwischen Körper und Geist.

›Die Bienenkönigin‹
Integration erringen

Ein einzelnes Märchen kann nicht den ganzen Schatz an Bildern enthalten, die den kompliziertesten inneren Vorgängen äußere Gestalt verleihen. ›Die Bienenkönigin‹, ein weniger bekanntes Märchen der Brüder Grimm, sei herangezogen, um den symbolischen Kampf der Persönlichkeitsintegration gegen chaotischen Verfall zu veranschaulichen. Die Biene eignet sich besonders gut als Bild für die beiden entgegengesetzten Aspekte unserer Natur, denn das Kind weiß, daß die Biene süßen Honig erzeugt, aber auch schmerzhaft stechen kann. Es weiß außerdem, daß die Biene schwer arbeitet, um ihre positiven Neigungen zu verwirklichen: Blütenstaub zu sammeln und daraus Honig zu machen.

In ›Die Bienenkönigin‹ gehen die beiden älteren Söhne eines Königs auf Abenteuer aus und führen ein so wildes, zügelloses Leben, daß sie nicht mehr nach Hause zurückkehren. Ihr Leben wird vom Es beherrscht und kennt kein Eingehen auf die Erfordernisse der Wirklichkeit oder den berechtigten Anspruch und Tadel des Über-Ich. Der jüngste Sohn, der Dummling genannt wird, zieht in die Welt hinaus, um die Brüder zu suchen – dies gelingt ihm durch Ausdauer. Die Brüder verspotten ihn aber, weil er meint, in seiner Einfalt besser durchs Leben zu kommen als sie, die doch soviel klüger sind. Oberflächlich besehen haben sie recht. Im Lauf der Geschichte wäre der Dummling so wenig wie sie imstande, das Leben zu meistern, das heißt die ihnen allen gestellten schweren Aufgaben zu lösen – wenn er nicht seine inneren Kräfte in Gestalt der wohlgesonnenen Tiere zu Hilfe rufen könnte.

Wie die drei Brüder durch die Welt ziehen, kommen sie an einen Ameisenhaufen. Die zwei älteren Brüder wollen ihn aufwühlen, um sich an der Angst der Ameisen zu weiden. Der Dummling läßt dies nicht zu; er sagt: »Laßt die Tiere in Frieden, ich leid's nicht, daß ihr sie stört.« Nun kommen sie an einen See, auf dem viele Enten schwimmen. Die älteren Brüder haben nichts als ihr Vergnügen und ihre orale Gier im Sinn und wollen einige Enten fangen und braten. Der Dummling verhindert dies ebenfalls. Schließlich kommen sie an ein Bienennest, und die zwei Brüder wollen Feuer an den Baum legen, damit die Bienen ersticken und sie den Honig wegnehmen können. Wieder greift der Dummling ein und betont nachdrücklich, die Tiere dürften weder gestört noch getötet werden.

Darauf gelangen die drei Brüder an ein Schloß, in dem alles zu Stein

verwandelt wurde oder in totenähnlichem Schlaf liegt mit Ausnahme eines grauen Männchens, das sie einläßt, an einen gedeckten Tisch führt und danach jedem ein eigenes Schlafgemach anweist. Am nächsten Morgen stellt das Männchen dem ältesten Bruder drei Aufgaben, die aber jeweils bis Sonnenuntergang gelöst sein müssen, wenn das Schloß und seine Bewohner erlöst werden sollen. Die erste Aufgabe ist, die tausend Perlen der Königstochter im Wald unter dem Moos aufzusammeln. Der älteste Bruder wird gewarnt, daß er zu Stein verwandelt wird, wenn auch nur eine einzige Perle fehlt. Der Prinz sucht den ganzen Tag, kann aber nur hundert Perlen finden und wird zu Stein verwandelt. Dasselbe Schicksal ereilt den zweiten Bruder, der zweihundert Perlen gefunden hat.
Als der Dummling an die Reihe kommt, merkt er, daß auch er dieser Aufgabe nicht gewachsen ist. Er verliert den Mut, setzt sich auf einen Stein und weint. Nun kommt aber der Ameisenkönig, den er gerettet hat, mit fünftausend Ameisen, die die Perlen in kurzer Zeit zusammentragen. Die zweite Aufgabe besteht darin, den Schlüssel zur Schlafkammer der Königstochter aus dem See zu holen. Dieses Mal schwimmen die Enten, die der Dummling beschützt hat, heran, tauchen unter und holen ihm den Schlüssel. Die dritte und schwerste Aufgabe ist, unter den drei schlafenden, einander völlig gleichen Töchtern des Königs die jüngste und liebenswerteste herauszusuchen. Jetzt kommt die Bienenkönigin, die der Dummling vor dem Feuer bewahrt hat, und setzt sich auf die Lippen der Prinzessin, die er wählen muß. Als die drei Aufgaben gelöst sind, ist der Zauber vorbei, und alle, die im Schlaf erstarrt oder zu Stein verwandelt waren – auch die beiden älteren Brüder –, werden wieder lebendig. Der Dummling heiratet die jüngste Königstochter und wird nach ihres Vaters Tod König.
Die zwei Brüder, die den Forderungen der Persönlichkeitsintegration gegenüber taub waren, konnten die Aufgaben der Realität nicht lösen. Sie wurden in Stein verwandelt, da sie sich durch nichts anderes als die Befehle des Es leiten ließen. Wie in vielen anderen Märchen bedeutet dies nicht etwa den Tod, sondern einen Mangel an wahrem Menschsein, eine Unfähigkeit, auf höhere Werte anzusprechen, so daß der Mensch, der für den Sinn des Lebens unempfänglich ist, genausogut aus Stein sein könnte. Der Dummling (das Symbol des Ich) besitzt zwar offenkundige Tugenden und gehorcht dem Befehl seines Über-Ich, das ihm sagt, es sei böse, mutwillig zu stören oder zu töten; er ist aber von sich aus ebensowenig wie seine Brüder den Forderungen der Realität (symbolisiert durch die drei Aufgaben) gewachsen. Erst wenn man mit der animalischen Natur

Freundschaft geschlossen, sie als bedeutsam anerkannt und mit dem Ich und dem Über-Ich in Einklang gebracht hat, verleiht sie der Gesamtpersönlichkeit ihre Macht. Wenn wir auf diese Weise eine integrierte Persönlichkeit errungen haben, können wir Dinge vollbringen, die einem Wunder gleichen.

Das Märchen empfiehlt keineswegs, wir sollten unsere animalische Natur dem Ich oder Über-Ich unterordnen; es zeigt vielmehr, daß wir jedem Element den gebührenden Platz einräumen müssen. Hätte der Dummling seiner inneren Güte (seinem Über-Ich) nicht entsprochen und die Tiere nicht geschützt, so wären ihm diese Es-Repräsentanten nicht zu Hilfe gekommen. Die drei Tierarten vertreten übrigens verschiedene Elemente: Die Ameisen stehen für die Erde, die Enten für das Wasser, in dem sie schwimmen, und die Bienen für die Luft, in der sie fliegen. Wiederum führt nur das Zusammenwirken aller drei Elemente oder Aspekte unserer Natur zum Erfolg. Erst nachdem der Dummling die volle Persönlichkeitsintegration – symbolisch ausgedrückt durch die Erfüllung der drei Aufgaben – errungen hat, wird er Meister seines Geschicks. Dies zeigt sich nach Märchenart darin, daß er König wird.

›Brüderchen und Schwesterchen‹
Die dualistischen Züge unserer Natur miteinander vereinbaren

In diesem Märchen der Brüder Grimm wie in vielen anderen Märchen um die Abenteuer von Geschwistern vertreten die Protagonisten die Ungleichheiten des Es, Ich und Über-Ich; ihre Hauptbotschaft ist, daß diese integriert werden müssen, um menschliches Glück zu erlangen. Dieser Märchentypus stellt die Notwendigkeit der Persönlichkeitsintegration anders dar als ›Die Bienenkönigin‹: Hier verwandeln die unheilvollen Machenschaften eines »bösen Geistes« das eine Geschwisterchen in ein Tier, während das andere Mensch bleibt. Man kann sich kaum ein lebendigeres, knapperes und unmittelbarer überzeugendes Bild unserer widersprüchlichen Neigungen vorstellen. Schon die frühesten Philosophen sahen sowohl eine animalische als auch eine menschliche Natur im Menschen.

Lange Zeit in unserem Leben – solange es uns nicht gelingt, die innere Integration zu erringen oder beizubehalten – bekriegen diese beiden Aspekte unserer Seele einander. Im Kindesalter füllt das, was wir momentan empfinden, unser ganzes Leben aus. Das Kind wird verwirrt, wenn es sich bewußt wird, daß es in einer und derselben Sache auf zweierlei Weise zugleich empfindet, zum Beispiel wenn es eine Leckerei nehmen und doch dem Verbot der Mutter nicht zuwiderhandeln möchte. Um diese Dualität zu begreifen, ist eine Erkenntnis innerer Vorgänge vonnöten, die durch die Schilderung unserer dualistischen Natur im Märchen erheblich gefördert wird.

In solchen Märchen unterscheiden sich die beiden Geschwisterchen anfänglich nicht; sie leben zusammen, empfinden gleich und sind unzertrennlich. Dann aber, zu einem gewissen Zeitpunkt des Heranwachsens, tritt das eine in ein animalisches Leben ein und das andere nicht. Am Ende des Märchens erhält das Tier seine menschliche Gestalt zurück, die Geschwister kommen wieder zusammen und trennen sich nie mehr. Auf diese Weise gibt das Märchen symbolisch die Grundzüge der menschlichen Persönlichkeitsentwicklung wieder: Die Persönlichkeit des Kindes ist zuerst undifferenziert; dann entwickeln sich das Es, das Ich und das Über-Ich aus dem undifferenzierten Zustand heraus. Im Reifungsprozeß müssen sie integriert werden, wenn auch vieles in die entgegengesetzte Richtung lockt.

In ›Brüderchen und Schwesterchen‹ heißt es: »Brüderchen nahm sein Schwesterchen an der Hand und sprach: › . . . Komm, wir wollen miteinander in die weite Welt gehen‹«, um einem Heim zu entfliehen, in dem sie seit dem Tode der Mutter keine gute Stunde mehr hatten. »Sie gingen den ganzen Tag über Wiesen, Felder und Steine, und wenn es regnete, sprach das Schwesterchen: ›Gott und unsere Herzen, die weinen zusammen!‹«

Aus dem Haus getrieben zu werden steht hier wie in vielen Märchen für die Notwendigkeit, das eigene Ich zu finden. Die Selbstverwirklichung verlangt es, daß man den Umkreis des Heims verläßt – eine notvolle, schmerzhafte Erfahrung mit vielen psychologischen Bedrohungen. Dieser Entwicklungsprozeß ist unausweichlich; der Schmerz, den er verursacht, drückt sich darin aus, daß die Kinder unglücklich sind, weil sie gezwungenermaßen von zu Hause weggehen müssen. Die psychologischen Gefahren werden wie immer im Märchen durch die Gefahren, die der Held auf seinen Reisen bestehen muß, symbolisiert. In dieser Geschichte stellt das Brüderchen den gefährdeten Teil einer im Grunde untrennbaren Einheit dar, während das Schwesterchen als Symbol der mütterlichen Fürsorge für den, der sich von zu Hause entfernt hat, die Retterin ist.

Das Märchen läßt im Gemüt des Kindes keinen Zweifel daran, daß die Schmerzen erduldet und die gefährlichen Möglichkeiten ergriffen werden müssen, da es darum geht, die Persönlichkeitsidentität zu erringen; doch trotz aller Ängste steht der glückliche Ausgang außer Frage. Nicht jedes Kind kann oder will ein Königreich erben, aber das Kind, das die Botschaft des Märchens versteht und sich zu eigen macht, findet die wahre Heimat seines Inneren; es wird Herr über dieses große Reich, das ihm zu Diensten steht, weil es sich selbst begreift.

Weiter mit ›Brüderchen und Schwesterchen‹: Am nächsten Tag kommen sie an eine Quelle, aus der Brüderchen trinken möchte, aber Schwesterchen, das sich nicht von seinem Es (dem Trieb des Instinkts) mitreißen läßt, hört das Wasser murmeln: »Wer aus mir trinkt, wird ein Tiger.« Auf seine flehentliche Bitte hin trinkt Brüderchen nicht aus der Quelle, obwohl es großen Durst hat.

Schwesterchen, das die höheren geistigen Funktionen (Ich und Über-Ich) vertritt, warnt Brüderchen, das unter der Herrschaft seines Es bereit ist, sich von seinem Wunsch nach sofortiger Befriedigung (von seinem Durst) überwältigen zu lassen, was es auch koste. Hätte aber Brüderchen dem Drängen des Es nachgegeben, so wäre es asozial und so gewalttätig wie ein Tiger geworden.

Nun kommen sie an einen zweiten Brunnen, und Schwesterchen hört, wie er sagt: »Wer aus mir trinkt, wird ein Wolf.« Wieder erkennt Schwesterchen als Vertreterin des Ich und Über-Ich die Gefahr der sofortigen Wunschbefriedigung und überredet Brüderchen, seinem Durst zu widerstehen. Die dritte Quelle schließlich murmelt, daß ihre Strafe für den, der den Wünschen des Es erliegt, die Verwandlung in ein Reh, also in ein viel zahmeres Tier sei. Soviel vermag die Verzögerung zu erreichen – ein partieller Gehorsam gegenüber den zurückhaltenden Aspekten unseres Wesens. Als aber die Spannung des Es (Brüderchens Durst) zunimmt, vermögen es die Zügel des Ich und des Über-Ich nicht mehr zu halten: Schwesterchens Ermahnungen verfangen nicht mehr, Brüderchen trinkt von dem Wasser und wird in ein Rehkälbchen verwandelt.*(28)

* Aus dem Vergleich zwischen ›Brüderchen und Schwesterchen‹ und ›Der Fischer und der Dämon‹ ersieht man, daß sich dem Kind der ganze Reichtum der Märchen nur erschließen kann, wenn es viele Märchen kennenlernt und in sich aufnimmt. Der Dämon, der sich vom Drängen seines Es überwältigen läßt, beabsichtigt, seinen Retter zu vernichten; die Folge davon ist, daß er in die Flasche zurückkehren muß und für immer eingekerkert werden soll. ›Brüderchen und Schwesterchen‹ betont dagegen, wie heilsam es ist, das Drängen des Es beherrschen zu können. Selbst wenn diese Fähigkeit keineswegs bis zur Vollkommenheit entwickelt ist – wie sie es bei einem Kind auch gar nicht sein kann –, gewährleistet schon ein begrenztes Maß von Herrschaft über das Es einen hohen Grad der Vermenschlichung, wie der Rückgang der tierhaften Wildheit vom Tiger über den Wolf zum Reh symbolisiert.

Schwesterchen verspricht, daß es das Rehchen nie verlassen werde. Es symbolisiert die Herrschaft des Ich, denn es vermochte sich trotz seines Durstes das Trinken zu versagen. Es nimmt sein goldenes Strumpfband ab und legt es dem Rehchen um den Hals; dann reißt es Binsen aus, flicht ein weiches Seil daraus und bindet das Tierchen daran fest. Nur ein sehr positives persönliches Band – das goldene Strumpfband – kann uns zum Verzicht auf unsere asozialen Wünsche bringen und zu höherem Menschsein führen.
Schwesterchen wandert nun mit dem Rehchen tief in den Wald hinein, bis sie an ein kleines Häuschen – wie es in so vielen Märchen vorkommt – gelangen und dort Schutz finden. Sie wohnen darin. Schwesterchen bereitet dem Rehchen aus Blättern und Moos ein weiches Lager; jeden Morgen sammelt es Wurzeln, Beeren und Nüsse für sich selbst und zartes Gras für das Rehchen: Das Ich beschafft, was der Mensch braucht. Alles geht gut, solange das Es tut, was das Ich befiehlt. »Und hätte das Brüderchen nur seine menschliche Gestalt gehabt, es wäre ein herrliches Leben gewesen.« Solange wir aber die volle Persönlichkeitsintegration noch nicht erreicht haben, lebt unser Es (unsere Instinkttriebe, unsere animalische Natur) in trügerischem Frieden mit unserem Ich (unserer Rationalität). Das Märchen erzählt, daß die rationale Steuerung ihre zügelnde Kraft verliert, wenn die tierischen Instinkte stark angeregt werden. Nachdem Schwesterchen mit dem Rehchen eine Zeitlang glücklich in der Wildnis gelebt hat, veranstaltet der König des Landes eine große Jagd. Als das Rehlein das Hörnerblasen, das Hundegebell und das lustige Geschrei der Jäger hört, sagt es zu Schwesterchen: »Laß mich hinaus in die Jagd, ich kann's nicht länger mehr aushalten« und bittet so lange, bis es schließlich einwilligt.
Der erste Jagdtag vergeht ohne Zwischenfälle; abends kehrt das Rehchen zu seiner Schwester und zur Sicherheit ihres Häuschens zurück. Am nächsten Morgen hört es wieder den verlockenden Jagdlärm, wird ruhelos und bittet, Schwesterchen möge es hinauslassen. Gegen Abend wird es am Fuß ein wenig verwundet und gelangt hinkend nach Hause, aber dieses Mal schleicht ihm ein Jäger nach und berichtet dem König, wohin das Rehchen mit dem goldenen Halsband gegangen ist. Der König erkennt die Bedeutung des Bandes und befiehlt, am dritten Tag das Reh zu verfolgen und zu fangen, aber nicht zu verletzen.
Zu Hause kümmert sich Schwesterchen um das verletzte Rehkälbchen. Trotz seiner Bitten und Tränen will aber am folgenden Tag das Rehchen wieder hinausgelassen werden. Abends kommt nicht nur das Reh, sondern auch der König zur Hütte. Der König ist von der

Schönheit des Mädchens gefesselt; er bittet es, seine Frau zu werden, und es willigt ein unter der Bedingung, daß das Rehchen mitgeht. Lange Zeit leben sie nun vergnügt zusammen. Doch wie so oft im Märchen genügt die dreimalige Wiederholung der gleichen Prüfung – die drei Tage, an denen das Reh gejagt wurde – nicht, um den Knoten endgültig zu lösen. Brüderchen hat sich seiner Prüfung, die seine Initiation zu einer höheren Lebensform werden konnte, unterzogen. Schwesterchen aber nicht.

Eines Tages, als der König zur Jagd fort ist*, bringt die Königin einen Knaben zur Welt.

Die Abwesenheit des Königs bei diesem Ereignis deutet darauf hin, daß es sich um einen weiteren Übergang handelt – das größte Wunder im Leben –, bei dem andere, sogar der Gatte, nur begrenzt Hilfe leisten können. Die Geburt symbolisiert eine innere Umwandlung, die das Mädchen zur Mutter werden läßt. Wie alle wichtigen Umwandlungen ist auch diese mit großen Gefahren verbunden, die heute hauptsächlich psychologischer Art sind, in früheren Zeiten aber das Leben selbst bedrohten, da viele Mütter im Kindbett oder danach starben. Diese Gefahren werden hier von der Stiefmutter verkörpert, einer Hexe, die sich nach der Geburt des Kindes in Gestalt der Kammerfrau ins Leben der Königin einschleicht. Sie überredet die kranke Königin, ein Bad zu nehmen, und läßt sie dort ersticken. Dann läßt sie ihre eigene, häßliche Tochter den Platz der Königin im Bett einnehmen.

Um Mitternacht taucht die Königin in der Kinderstube auf, nimmt ihr Kind in die Arme und gibt ihm zu trinken. Auch das Rehchen vergißt sie nicht: Sie streichelt ihm über den Rücken. Die Kinderfrau, die alles beobachtet, traut sich nicht, jemandem etwas davon zu sagen. Nach einiger Zeit beginnt die Königin bei ihrem mitternächtlichen Besuch zu sprechen:

> »Was macht mein Kind? Was macht mein Reh?
> Nun komm' ich noch zweimal und dann nimmermehr.«

Jetzt erzählt die Kinderfrau dem König ihre Beobachtungen. Der König wacht in der nächsten Nacht und sieht das gleiche geschehen, nur mit dem Unterschied, daß die Königin sagt, sie komme noch

* Nach den Begriffen des Märchens darf die Jagd nicht als unnötiges Töten von Tieren verstanden werden; sie symbolisiert vielmehr ein Leben in der Natur in Übereinstimmung mit unserem primitiveren Sein. In vielen Märchen sind Jäger freundliche, hilfsbereite Gestalten, so zum Beispiel in ›Rotkäppchen‹. Daß der König zur Jagd gegangen ist, läßt hier trotzdem darauf schließen, daß er seinen primitiveren Neigungen nachgegeben hat.

einmal und dann nimmermehr. Als sie in der dritten Nacht sagt, sie komme nie wieder, kann sich der König nicht mehr zurückhalten und redet sie als seine liebe Frau an. In diesem Augenblick erhält sie das Leben wieder.

Wie das Brüderchen dreimal aus einer Quelle trinken wollte und das Rehchen dreimal zur Jagd hinauslief, so sprach die Königin dreimal, als sie ihr Kind besuchte. Ihre Rückkehr ins Leben und ihre Wiedervereinigung mit dem König beläßt aber ihren Bruder noch in seiner Tiergestalt. Erst nachdem die Hexe verurteilt und zu Asche verbrannt ist, erhält das Rehkälbchen seine menschliche Gestalt wieder; »Schwesterchen und Brüderchen aber lebten glücklich zusammen bis an ihr Ende.«

Wir hören kein abschließendes Wort über das Zusammenleben der Königin mit dem König und ihrem Kind, denn diese beiden sind weniger bedeutsam. In ›Brüderchen und Schwesterchen‹ geht es darum, daß die vom Reh verkörperten animalischen Tendenzen und die von der Hexe symbolisierten asozialen Tendenzen des Menschen beseitigt werden; nur dann können sich die menschlichen Qualitäten entfalten. Die Diskrepanz in der menschlichen Natur, die durch das Leben von Schwesterchen und Rehkälbchen im Walde angedeutet wird, wird durch menschliche Integration überwunden, als Brüderchen und Schwesterchen in ihrer menschlichen Gestalt wiedervereinigt sind.

Der Schluß der Geschichte verbindet zwei Gedankengänge: Die Integration der ungleichen Aspekte unserer Persönlichkeit kann nur errungen werden, wenn die asozialen, destruktiven und ungerechten Aspekte verbannt sind; und dies ereignet sich erst, wenn wir volle Reife erlangt haben, wie es symbolisch dadurch geschildert ist, daß Schwesterchen ein Kind auf die Welt bringt und mütterliche Haltungen entwickelt. Die Geschichte weist auch auf die zwei großen Umwälzungen im Leben hin: das Verlassen des elterlichen Hauses und die Gründung einer eigenen Familie. In diesen zwei Spannen des Lebens sind wir für die Desintegration besonders anfällig, denn eine alte Lebensweise muß aufgegeben und eine neue geschaffen werden. Beim ersten dieser Wendepunkte wird Brüderchen, beim zweiten Schwesterchen vorübergehend dem Leben entzogen.

Eine innere Entwicklung wird zwar nicht ausgesprochen, ist aber implizit erkennbar: Was uns als Menschen erlöst und uns wieder ins Menschsein versetzt, ist Fürsorge für die, die wir lieben. Bei ihren nächtlichen Besuchen will die Königin keine eigenen Wünsche befriedigen, sondern kümmert sich um die, die von ihr abhängen: ihr

Kind und ihr Reh. Daraus geht hervor, daß sie den Übergang von der Frau zur Mutter vollzogen und eine höhere Lebensstufe betreten hat. Der Gegensatz zwischen Brüderchens Nachgiebigkeit gegenüber der Lockung seiner instinktiven Sehnsüchte und Schwesterchens vom Ich und Über-Ich motivierter Erfüllung seiner Pflichten an anderen zeigt deutlich, worum es bei dem Bemühen um Integration und bei dem Sieg in diesem Kampf geht.

›Sindbad der Seefahrer und Sindbad der Lastträger‹
Phantasie versus Realität

In vielen Märchen werden die ungleichen Aspekte einer Persönlichkeit auf verschiedene Gestalten projiziert, so auch in ›Sindbad der Seefahrer und Sindbad der Lastträger‹, einem Märchen aus ›Tausendundeiner Nacht‹.(29) Oft wird die Geschichte lediglich mit ›Sindbad der Seefahrer‹ und gelegentlich mit ›Sindbads wunderbare Reisen‹ überschrieben; daraus geht hervor, wie wenig diejenigen, die eine solche Verkürzung vornehmen, das Wesen der Geschichte begriffen haben. Die abgeänderten Titel betonen den phantastischen Inhalt auf Kosten der psychologischen Bedeutung. Der volle Titel läßt sofort deutlich werden, daß es in diesem Märchen um die entgegengesetzten Aspekte einer und derselben Persönlichkeit geht: um das, was den Menschen antreibt, in eine ferne Welt des Abenteuers und der Phantasie zu entfliehen, und um das, was ihn an die Möglichkeiten des Alltags bindet – sein Es und sein Ich, Manifestationen des Lustprinzips und des Realitätsprinzips.
Am Anfang der Geschichte sitzt Sindbad, ein armer Lastträger, auf einer Bank vor einem prächtigen Haus. Er überdenkt seine Lage und sagt: ». . . Und so lebt der Herr dieses Hauses herrlich und in Freuden, er kann sich an lieblichen Düften, an köstlichen Speisen und edlen Weinen aller Art ergötzen. . . . andere, wie ich, sind von Mühsal und Elend geplagt.« Er stellt also ein Leben vergnüglicher Befriedigungen neben eine dem Broterwerb gewidmete Existenz. Damit wir verstehen, daß diese Betrachtungen zwei Aspekte einer und derselben Person betreffen, bemerkt Sindbad über sich und den noch unbekannten Besitzer des Palasts: »Und ich bin wie der da, und er ist wie ich.«
Nachdem also ganz klar ist, daß die beiden eine Person in verschiedenen Gestalten sind, wird der Lastträger in den Palast

geladen, wo der Seefahrer an sieben aufeinanderfolgenden Tagen die wundersamen Geschichten seiner sieben Reisen erzählt. Auf allen Reisen ist er in höchste Gefahr geraten, doch wurde er jedesmal wie durch ein Wunder gerettet und kehrte mit großen Reichtümern nach Hause zurück. Um die Identität des armen Lastträgers mit dem ungeheuer reichen Seefahrer zu betonen, sagt dieser: »Wisse, du Lastträger, ich habe denselben Namen wie du« und »du bist ja jetzt mein Bruder geworden«. Die Kraft, die ihn immer wieder zu Abenteuern verlockt, nennt er seine Seele: »Dennoch riet mir meine Seele von neuem, zu reisen und die Welt zu schauen; und sie sehnte sich danach, Handel zu treiben, Geld zu verdienen und Gewinn zu haben. Ja, des Menschen Seele treibt ihn zum Bösen!« Und an anderer Stelle: ». . . von neuem versuchte mich meine Seele zum Bösen und flüsterte mir ein, in die weite Welt hinauszueilen . . . « Anschaulich sind hier die Impulse des Es geschildert.
Warum besteht das Märchen aus sieben Teilen, und warum trennen sich die zwei Protagonisten jeden Abend, um sich am nächsten Morgen wieder zu treffen? Sieben ist die Zahl der Wochentage; im Märchen steht die Zahl sieben oft für die einzelnen Tage der Woche und des Lebens. So könnte die Geschichte besagen, daß wir, solange wir leben, zwei verschiedene Aspekte unserer Existenz kennen, so wie die beiden Sindbad gleich und doch verschieden sind: Der eine hat in Wirklichkeit ein hartes Leben, der andere erlebt phantastische Abenteuer. Eine andere Deutung sieht diese entgegengesetzten Existenzen als Tag- und Nachtschau des Lebens, als Wachen und Träumen, als Realität und Phantasie oder als das Bewußte und das Unbewußte unseres Wesens. Die Geschichte drückt aus, wie unterschiedlich das Leben ist, wenn es von den zwei verschiedenen Perspektiven des Ich und des Es aus betrachtet wird.
Von Sindbad, dem Lastträger, erfahren wir gleich zu Beginn: »Eines Tages nun, als er eine schwere Last zu tragen hatte, begab es sich, daß er unter dem Gewicht fast zusammenbrach, denn es war ein sehr heißer Tag. Und er begann zu schwitzen, und die Hitze bedrückte ihn sehr.« Betrübt über die Härte seines Daseins spekuliert er über das Leben eines Reichen. Die Geschichten Sindbads des Seefahrers können als Phantasien betrachtet werden, die sich der arme Lastträger ausdenkt, um seinem beschwerlichen Leben zu entfliehen. Das Ich, das von seinen Aufgaben erschöpft ist, läßt sich dann vom Es überwältigen. Im Gegensatz zu dem realitätsorientierten Ich ist das Es der Sitz unserer verstiegensten Wünsche, die entweder zur Befriedigung oder in äußerste Gefahr führen können. Dies verkörpern die sieben Erzählungen von den Reisen Sindbads des Seefah-

rers. Unter dem Einfluß dessen, was er als innere Versuchung zum Bösen erkennt, ersehnt Sindbad der Seefahrer phantastische Abenteuer und gerät in fürchterliche Gefahren, die einem Alptraum gleichen: Riesen, die seine Gefährten am Spieß braten und fressen; böse Wesen, die ihn reiten wie ein Pferd; Schlangen, die ihn lebend verschlingen wollen; riesige Vögel, die ihn hoch in die Lüfte entführen. Am Ende siegen die Wunscherfüllungsphantasien über die Angstvorstellungen: Er wird gerettet und kehrt mit Schätzen beladen zu einem Leben des Wohlseins und der Freude in die Heimat zurück. Doch jeden Tag müssen auch die Forderungen der Realität erfüllt werden. Wenn das Es eine Zeitlang die Oberhand hat, macht sich das Ich wieder bemerkbar, und Sindbad der Lastträger nimmt erneut seine alltägliche, schwere Arbeit auf.

Das Märchen hilft uns, daß wir uns selbst besser verstehen, denn die zwei Seiten unserer Ambivalenzen werden gesondert dargestellt und jeweils auf eine andere Gestalt projiziert. Wir können diese Ambivalenzen weitaus besser erfassen, wenn die instinktiven Es-Spannungen auf den kühnen, unsagbar reichen Reisenden projiziert werden, der als einziger überlebt, wenn alle anderen verderben, und der unvorstellbare Reichtümer nach Hause bringt, während die entgegengesetzten, realitätsorientierten Ich-Tendenzen in dem schwer arbeitenden, armen Lastträger verkörpert sind. Was Sindbad der Lastträger zu wenig hat – Vorstellungsvermögen, die Fähigkeit, über die unmittelbare Umgebung hinauszublicken –, hat Sindbad der Seefahrer zu viel; mit einem normalen Leben »in Ruhe und Freuden, in Heiterkeit, Fröhlichkeit und Behaglichkeit« kann er sich nicht zufriedengeben.

Mit dem deutlichen Hinweis darauf, daß diese zwei ganz verschiedenen Personen in Wirklichkeit Brüder sind, führt die Geschichte das Kind zu der vorbewußten Erkenntnis, daß die beiden Gestalten zwei Seiten einer und derselben Person sind, daß also das Es ebenso ein integrierender Bestandteil unserer Persönlichkeit ist wie das Ich. Einer der großen Vorzüge dieses Märchens ist, daß Sindbad der Seefahrer und Sindbad der Lastträger gleich attraktive Gestalten sind; keiner der beiden Seiten unserer Natur wird ihr Reiz, ihre Bedeutung und ihre Gültigkeit abgesprochen.

Wenn wir unsere komplexen inneren Tendenzen nicht bis zu einem gewissen Grad getrennt betrachten können, vermögen wir die Ursachen unserer Verwirrung im Blick auf uns selbst, unser Schwanken zwischen entgegengesetzten Gefühlen und die Notwendigkeit, diese zu integrieren, nicht zu begreifen. Diese Integration setzt voraus, daß wir die widersprüchlichen Aspekte in unserer

Persönlichkeit erkennen. ›Sindbad der Seefahrer und Sindbad der Lastträger‹ stellt die ungleichen Aspekte unserer Psyche dar und betont zugleich, daß diese zusammengehören und integriert werden müssen – die beiden Sindbad scheiden täglich voneinander und kommen nach jeder Trennung wieder zusammen.

Eine gewisse Schwäche des Märchens liegt darin, daß es am Schluß die Notwendigkeit, die zwei ungleichen, auf die zwei Sindbad projizierten Persönlichkeitsaspekte zu integrieren, nicht symbolisch zum Ausdruck bringt. Wäre es ein Märchen der westlichen Welt, so würde es damit enden, daß die beiden künftighin vereint und glücklich lebten. So fühlt sich der Leser etwas enttäuscht und fragt sich, warum sich die beiden Brüder täglich trennen und wieder treffen. Oberflächlich betrachtet wäre es viel vernünftiger, sie würden in völliger Harmonie für immer zusammenbleiben. Dieser Schluß würde symbolisch zum Ausdruck bringen, daß der Held die psychische Integration erfolgreich vollzogen hat.*

Wäre dies aber das Ende der Geschichte, so wäre die Notwendigkeit, in der nächsten Nacht mit dem Märchenerzählen fortzufahren, nicht mehr gegeben. ›Sindbad der Seefahrer und Sindbad der Lastträger‹ ist ein Teil der Erzählungen aus ›Tausendundeiner Nacht‹.** Dem Aufbau dieses Werkes entsprechend umfassen die Erzählungen von den sieben Reisen Sindbads des Seefahrers einen Zeitraum von 31 Nächten.

Die Rahmenerzählung von ›Tausendundeiner Nacht‹

Da die Erlebnisse der beiden Sindbad Teil eines so langen Märchenzyklus sind, ist die Lösung – oder Integration – ganz ans Ende von ›Tausendundeine Nacht‹ gestellt. Deshalb sei nun die Rahmenerzählung, die den Zyklus einleitet und abschließt, herange-

* In der Übersetzung nach dem arabischen Urtext der Kalkuttaer Ausgabe aus dem Jahre 1830 endet die Geschichte wie folgt: »Und hinfort lebten sie als treue Freunde und Gefährten in lauter Fröhlichkeit, Freude und Seligkeit, bis Der zu ihnen kam, ... der da ist der Becher des Todes ...« (A.d.Ü.)

** Die Märchensammlung, die als ›Tausendundeine Nacht‹ bekannt wurde, ist indischen und persischen Ursprungs und läßt sich bis ins 10. Jahrhundert zurückverfolgen. Die Zahl 1001 darf nicht wörtlich aufgefaßt werden. »Tausend« bedeutet im Arabischen »zahllos«, mit 1001 ist also eine unendliche Zahl gemeint. Spätere Herausgeber und Übersetzer nahmen die Zahl wörtlich und kamen durch Unterteilung und Beifügung von Märchen zu Sammlungen mit genau 1001 Geschichten.(30)

zogen.(31) König Schehriyār ist zutiefst enttäuscht von den Frauen und verzehrt sich in Haß- und Rachegefühlen, weil er herausgefunden hat, daß ihn seine Frau mit seinen schwarzen Sklaven betrügt, daß dasselbe seinem Bruder, König Schāhzamān, geschieht und daß sogar ein sehr mächtiger, listiger Dämon ständig von einer Frau, die er sicher eingesperrt wähnt, hintergangen wird.
Den Betrug seiner Frau erfährt König Schehriyār durch seinen Bruder, König Schāhzamān. Von diesem hören wir: »König Schāhzamān dachte an das, was ihm von seiner Gemahlin widerfahren war; tiefer Gram kam über ihn, seine Farbe ward bleich, und sein Leib ward krank.« Auf die Frage seines Bruders nach der Ursache seines Kummers entgegnet er: »Bruder, ich habe eine Wunde in meinem Inneren.« Da der Bruder als König Schehriyārs Doppelgänger anzusehen ist, dürfen wir annehmen, daß auch er an einer schrecklichen Wunde in seinem Inneren litt: der Überzeugung, niemand könne ihn aufrichtig lieben.
König Schehriyār hat alles Vertrauen zur Menschheit verloren und beschließt, von nun an keiner Frau mehr die Möglichkeit zu geben, ihn jemals wieder zu betrügen, und will nur noch ein Leben der Lust führen. Jede Nacht schläft er mit einer Jungfrau und läßt sie am andern Morgen töten. Schließlich ist keine mannbare Jungfrau mehr in der Stadt außer Schehrezāde, der Tochter des königlichen Wesirs. Der Wesir will seine Tochter nicht opfern, aber sie besteht darauf, das »Werkzeug der Befreiung« zu werden. Die Erlösung führt sie dadurch herbei, daß sie tausend Nächte lang jede Nacht eine Geschichte erzählt, die den König derart fesselt, daß er sie nicht töten läßt, weil er in der nächsten Nacht die Fortsetzung hören will.
Das Motiv der Errettung vom Tode durch Geschichtenerzählen leitet also den Zyklus ein; es taucht immer wieder darin auf und beschließt ihn auch. Schon in der Geschichte der ersten Nacht, der ›Erzählung von dem Kaufmann und dem Dämon‹, droht der Dämon dem Kaufmann den Tod an, ist aber von dessen Geschichte so eingenommen, daß er ihn verschont. Am Ende des Zyklus spricht der König sein Vertrauen und seine Liebe zu Schehrezāde aus; durch ihre Liebe ist er für immer vom Frauenhaß geheilt, und sie leben, wie man den Worten entnehmen kann, von nun an glücklich und in Freuden bis an ihr Ende.
In der Rahmenerzählung treffen sich die beiden Protagonisten, ein männlicher und ein weiblicher, in der großen Krise ihres Lebens: Der König ist von Lebensüberdruß und Haß auf die Frauen erfüllt, Schehrezāde bangt um ihr Leben, ist aber entschlossen, seine und ihre Erlösung zu erringen. Sie erreicht ihr Ziel, indem sie sehr viele

Märchen erzählt; eine einzige Geschichte würde nicht genügen, dafür sind unsere seelischen Probleme zu vielschichtig und schwierig. Nur eine große Vielfalt von Märchen kann den Anstoß zur Katharsis geben. Es erfordert fast drei Jahre ununterbrochenen Märchenerzählens, um den König von seiner tiefen Depression zu befreien und seine Heilung herbeizuführen. Er muß tausend Nächte lang aufmerksam auf Märchen hören, um seine völlig zerfallene Persönlichkeit wieder zu integrieren. (Hier sei darauf verwiesen, daß man in der Hindumedizin – und die Erzählungen aus ›Tausendundeiner Nacht‹ sind indisch-persischen Ursprungs – dem Geistesgestörten ein Märchen erzählt im Vertrauen darauf, daß er bei dessen Betrachtung seine emotionellen Wirren überwinden wird.)
Die Bedeutung der Märchen erstreckt sich auf viele verschiedene Ebenen. Auf einer solchen Ebene stehen die zwei Protagonisten der Rahmenerzählung für die streitenden Tendenzen in uns, die uns vernichten, wenn wir sie nicht integrieren. Der König symbolisiert einen Menschen, der völlig von seinem Es beherrscht wird, weil sein Ich auf Grund schwerer Enttäuschungen im Leben die Kraft, das Es zu zügeln, verloren hat. Aufgabe des Ich ist es, uns vor niederdrükkenden Versagungen, wie sie in der Geschichte durch den Betrug der Gemahlin dargestellt sind, zu schützen; wenn das Ich dies nicht vollbringt, verliert es seine Macht, unser Leben zu leiten.
Schehrezâde, die andere Gestalt der Rahmenerzählung, repräsentiert das Ich. Dies geht deutlich aus dem hervor, was uns über sie berichtet wird: »Sie hatte alle Bücher gelesen, die Annalen und die Lebensbeschreibungen der früheren Könige und die Erzählungen von den vergangenen Völkern; ja, es wird erzählt, sie habe tausend Bücher gesammelt, Geschichtsbücher, die von den entschwundenen Völkern und von den einstigen Königen handelten, und auch Dichterwerke.« Es ist eine Aufzählung von Ich-Attributen. So wird das ungezügelte Es (der König) in einem sehr lang dauernden Prozeß schließlich durch die Kraft eines ausgeprägten Ich gebändigt. Dieses Ich wird freilich sehr stark vom Über-Ich bestimmt, so stark sogar, daß Schehrezâde ihr Leben einsetzt. Sie sagt: »Dann werde ich entweder am Leben bleiben oder ich werde ein Opfer sein für die Töchter der Muslime und ein Werkzeug zu ihrer Befreiung aus seinen Händen.« Ihr Vater versucht, sie von ihrem Entschluß abzubringen, und beschwört sie: ». . . begib dich niemals in solche Gefahr!« Sie bleibt aber fest und entgegnet: »Es muß also geschehen!«
In Schehrezâde sehen wir also ein vom Über-Ich beherrschtes Ich, das sich vom selbstsüchtigen Es so völlig gelöst hat, daß es bereit ist,

das Leben aufs Spiel zu setzen, um eine moralische Pflicht zu erfüllen; im König sehen wir ein Es, das sich vom Ich und Über-Ich getrennt hat. Mit ihrem starken Ich geht Schehrezāde nicht ohne Plan an ihre moralische Mission: Sie nimmt sich vor, dem König eine so spannende Geschichte zu erzählen, daß er die Fortsetzung hören will und deshalb ihr Leben schont. Und tatsächlich: Als der Morgen graut und Schehrezāde ihre Geschichte unterbricht, spricht der König zu sich selber: ». . . ich will sie nicht töten lassen, bis ich den Schluß ihrer Geschichte höre.« Die fesselnden Geschichten, deren Fortsetzung der König zu hören wünscht, verschieben ihren Tod aber nur von einem Tag auf den andern. Für die »Befreiung«, die sie sich zum Ziel gesetzt hat, genügt dies nicht.

Nur ein Mensch, dessen Ich es gelernt hat, die positiven Energien des Es zu konstruktiven Zwecken zu nutzen, kann dann dieses Ich zur Steuerung und Bändigung der mörderischen Neigungen des Es einsetzen. Schehrezāde ist erst dann eine vollkommen integrierte Persönlichkeit, als ihre Liebe zum König den Impuls zum Weitererzählen gibt – das heißt dann, als das Über-Ich (der Wunsch, die »Töchter der Muslime« zu erretten) und das Es (ihre Liebe zum König, den sie jetzt auch von seinem Haß und seiner Depression erlösen möchte) dem Ich ihre Kräfte zur Verfügung stellen. Wie die Rahmenerzählung sagt, ist eine solche Persönlichkeit fähig, Böses aus der Welt zu schaffen und Glück zu erringen, nicht nur für sich selbst, sondern auch für den düsteren anderen, der befürchtete, für ihn gebe es kein Glück. Als sie dem König ihre Liebe gesteht, bekennt er auch seine Liebe zu ihr. Gibt es einen kräftigeren Beweis für die persönlichkeitsverändernde Macht des Märchens als den Schluß der Rahmenerzählung von ›Tausendundeiner Nacht‹: Mörderischer Haß wurde in tragfähige Liebe umgewandelt?

Ein weiteres Element dieser Rahmenerzählung ist erwähnenswert. Von Anfang an hofft Schehrezāde mit Märchenerzählen den König von seiner Gewohnheit abzubringen; dazu braucht sie aber die Hilfe ihrer jüngeren Schwester Dinazāde, der sie die Anweisung gibt: »Wenn ich mich zum Könige begeben habe, so werde ich nach dir senden. Und wenn du dann zu mir gekommen bist und siehst, daß der König mit mir die Hochzeit vollzogen hat, so sprich: ›O Schwester, erzähle mir eine Geschichte zur Unterhaltung, daß wir durch sie uns die wachen Stunden der Nacht verkürzen.‹« So sind der König und Schehrezāde in gewisser Weise wie Mann und Frau, während Dinazāde ihr Kind darstellt. Ihr offener Wunsch, Märchen zu hören, ist das erste Band zwischen dem König und Schehrezāde. Am Ende des Zyklus treten an Dinazādes Stelle die drei Söhne, die

Schehrezâde dem König geboren hat und die sie ihm bringt, als sie ihm ihre Liebe erklärt. Die Persönlichkeitsintegration des Königs wird dadurch besiegelt, daß er Familienvater geworden ist.
Ehe wir aber die Integration unserer Persönlichkeit, wie sie mit der Gestalt des Königs am Ende von ›Tausendundeiner Nacht‹ dargestellt ist, erreichen können, müssen wir uns durch viele Entwicklungskrisen hindurchkämpfen. Zwei dieser Krisen, die eng zusammengehören, sind wohl am schwierigsten zu bewältigen.
Die eine betrifft die Frage der Persönlichkeitsintegration: Wer bin ich wirklich? Welcher der widersprüchlichen Neigungen in mir soll ich folgen? Das Märchen gibt die gleiche Antwort wie die Psychoanalyse: Wir müssen unsere Ambivalenzen integrieren, wenn wir von ihnen nicht herumgestoßen und in extremen Fällen zerrissen werden sollen. Nur auf diese Weise erlangen wir eine einheitliche Persönlichkeit, die mit innerer Sicherheit die Schwierigkeiten des Lebens zu überwinden vermag. Die innere Integration läßt sich aber nicht ein für allemal vollziehen; sie ist uns das ganze Leben lang als Aufgabe gestellt, wenn auch in verschiedener Form und unterschiedlichem Grad. Die Märchen stellen aber diese Integration nicht als lebenslanges Bemühen dar; das wäre zu entmutigend für das Kind, dem es schwerfällt, auch nur eine zeitweilige Integration seiner Ambivalenzen zu erreichen. Jede Geschichte projiziert aber mit ihrem »glücklichen Ausgang« die Integration eines inneren Konflikts. Da es zahllose Märchen gibt, in denen es jeweils um eine andere Form eines grundlegenden Konflikts geht, demonstrieren sie in ihrer Gesamtheit, daß wir im Leben viele Konflikte meistern müssen, jeden zu seiner Zeit.
Die zweite sehr schwierige Entwicklungskrise ist der Ödipuskonflikt. Er besteht aus einer Reihe schmerzhafter, verwirrender Erfahrungen, bei denen das Kind sein Selbst findet, wenn es ihm gelingt, sich von seinen Eltern zu trennen. Dazu muß es sich von der Macht der Eltern befreien und, was viel schwieriger ist, zugleich von der Macht, die es ihnen aus seiner Angst und Abhängigkeit heraus eingeräumt hat. Es muß sich lösen von dem Wunsch, sie sollten auf immer ihm gehören, so wie es sich ihnen angehörig fühlte.
Die meisten Märchen, die im ersten Teil des vorliegenden Buches behandelt werden, sprechen von der Notwendigkeit der inneren Integration, während die Märchen im zweiten Teil auch ödipale Probleme aufgreifen. Wenn wir uns mit diesen beschäftigen, wenden wir uns vom berühmtesten Märchenzyklus der östlichen Welt der Tragödie zu, die dem westlichen Drama und – nach Freud – unser aller Leben zugrunde liegt.

In vielen Märchen, in denen zwei Protagonisten – meist Brüder – für scheinbar unvereinbare Aspekte der menschlichen Persönlichkeit stehen, trennen sich die beiden (im Gegensatz zu ›Brüderchen und Schwesterchen‹) gewöhnlich nach einer Anfangsphase der Gemeinsamkeit und erleben dann verschiedene Schicksale. In diesen Märchen, die heute zwar weniger beachtet werden, aber zu den ältesten und am weitesten verbreiteten gehören, bleiben der auf Abenteuer ziehende und der zu Hause weiterlebende Bruder durch Zauber in Verbindung. Wenn der abenteuerlustige Bruder ins Unglück gerät, weil er seinen Wünschen nachgab oder Gefahren mißachtete, zieht der andere Bruder aus, um ihn zu retten. Dies gelingt ihm, und fortan leben die beiden glücklich wiedervereint. Die Einzelheiten schwanken; gelegentlich – wenn auch selten – sind es zwei Schwestern oder ein Geschwisterpaar. All diesen Geschichten sind gewisse Züge gemeinsam, die auf Identität der beiden Helden schließen lassen. Einer von ihnen ist vorsichtig und vernünftig, aber bereit, sein Leben einzusetzen, um den Bruder zu retten, der sich aus Torheit in schreckliche Gefahren begeben hat. Außerdem berichten diese Geschichten von einem magischen Gegenstand, einem Unterpfand des Lebens, das sich verändert, wenn einer der Brüder stirbt, und somit dem anderen das Zeichen zum Aufbruch gibt.

Das Motiv der zwei Brüder ist auch das Thema des ältesten Märchens, das auf einem ägyptischen Papyrus aus der Zeit um 1250 v. Chr. gefunden wurde.(32) In den mehr als dreitausend Jahren, die seither verstrichen sind, hat es viele Formen angenommen. Eine Untersuchung zählt 770 verschiedene Versionen auf; wahrscheinlich gibt es aber noch viel mehr.(33) Manche Versionen stellen eine Bedeutung besonders heraus, die in anderen Versionen vielleicht eher zurücktritt. Der ganze Reichtum eines Märchens erschließt sich nicht nur, wenn man es immer wieder erzählt oder viele Male hört – Einzelheiten, die man zuerst übersehen hat, zeigen sich dann schärfer oder in einem neuen Licht –, sondern auch wenn man mit dem gleichen Motiv in verschiedenen Abwandlungen vertraut wird.

In allen Formen dieses Märchens symbolisieren die beiden Gestalten entgegengesetzte Aspekte unserer Natur, die uns zu widersprüchlichem Handeln zwingen. In ›Brüderchen und Schwesterchen‹ stellt sich die Wahl, ob wir den Impulsen unserer animalischen Natur folgen oder um unseres Menschseins willen unser körperliches

Verlangen bezähmen. Die Gestalten sind also konkrete Verkörperungen eines inneren Dialogs, den wir führen, wenn wir uns überlegen, welche Richtung wir einschlagen sollen.

Die Geschichten zu dem Thema der zwei Brüder fügen diesem inneren Dialog zwischen Es, Ich und Über-Ich eine weitere Dichotomie hinzu: das Streben nach Unabhängigkeit und Selbstbestätigung und die entgegengesetzte Tendenz, in Sicherheit und in der Bindung an die Eltern zu Hause zu bleiben. Von den frühesten Versionen an betonen die Märchen, daß beide Wünsche in uns wohnen und daß sie beide notwendig sind: der Wunsch, an die Vergangenheit gebunden zu bleiben, und der Drang, in eine neue Zukunft hinauszuziehen. Mit ihren Ereignissen lehren die Geschichten meist, daß eine vollständige Lösung von der Vergangenheit ins Unheil führt, daß aber eine ganz der Vergangenheit verhaftete Existenz die Entwicklung hemmt; sie ist zwar sicher, gestattet jedoch kein Eigenleben. Nur aus der tiefgreifenden Integration dieser entgegengesetzten Tendenzen erwächst ein ausgewogenes Leben.

In den meisten Märchen über das Thema der zwei Brüder gerät der Bruder, der in die Fremde zieht, in Schwierigkeiten und wird von dem Bruder, der zu Hause bleibt, gerettet. Manche Märchen jedoch, darunter auch die älteste ägyptische Version, betonen das Gegenteil: das Unheil, das dem Bruder widerfährt, der den häuslichen Umkreis nicht verläßt. Sie besagen, daß eine zerstörerische ödipale Bindung daran schuld ist, wenn wir unsere Flügel nicht ausbreiten und nicht aus dem Nest fliegen. Ausgangspunkt des alten ägyptischen Märchens ist offenbar das zentrale Motiv der Destruktivität ödipaler Bindungen und geschwisterlicher Rivalitäten – der Mensch muß sich von seiner Kinderheimat trennen und sich ein unabhängiges Leben schaffen. Eine glückliche Lösung erfordert, daß sich die Brüder von ödipaler und geschwisterlicher Eifersucht freimachen und einander zur Seite stehen.

In der ägyptischen Erzählung widersteht der jüngere, unverheiratete Bruder den Bemühungen der Frau seines Bruders, ihn zu verführen. Sie befürchtet, er werde sie verraten, und schwärzt ihn deshalb bei ihrem Gatten an, wobei sie behauptet, er habe sie verführen wollen.* In Zorn und Eifersucht will der verheiratete Bruder den jüngeren umbringen. Nur durch das Eingreifen der Götter wird die Wahrheit ans Licht gebracht und der Ruf des jüngeren Bruders wiederhergestellt; doch dieser hat inzwischen Rettung in der Flucht gesucht. Er

* Die biblische Erzählung von Joseph und Potiphars Weib, die in einem ägyptischen Rahmen spielt, geht wahrscheinlich auf diesen Teil des alten Märchens zurück.

stirbt; dies erkennt der ältere Bruder daraus, daß seine Getränke sauer werden. Er zieht zur Rettung seines jüngeren Bruders aus, und es gelingt ihm, ihn wieder ins Leben zu rufen.
In diesem alten ägyptischen Märchen wird eine Person dessen beschuldigt, was der Ankläger selbst tun möchte: Die Frau beschuldigt den jüngeren Bruder, den sie verführen wollte, er habe sie verführt. Damit wird die Projektion einer unannehmbaren Tendenz im eigenen Wesen auf eine andere Person beschrieben; es läßt sich daraus schließen, daß solche Projektionen so alt wie die Menschheit sind. Da die Geschichte von der Seite der Brüder aus erzählt wird, ist es auch denkbar, daß der jüngere Bruder seine Wünsche auf die Frau seines älteren Bruders projizierte und sie dessen beschuldigte, was er tun wollte, aber nicht zu tun wagte.
Der verheiratete Bruder in der Geschichte ist Herr eines großen Haushalts, in dem auch der jüngere Bruder lebt. Die Gattin des Herrn ist in gewissem Sinn die »Mutter« aller jungen Leute in der Familie, also auch des jüngeren Bruders. Man kann die Geschichte deshalb auch so deuten, daß entweder eine Mutterfigur ihren auf einen jungen Mann – in der Rolle eines Sohnes – zielenden ödipalen Wünschen nachgibt oder ein Sohn eine Muttergestalt seiner auf sie gerichteten ödipalen Wünsche bezichtigt.
Wie dem auch sei – das Märchen läßt unmißverständlich erkennen, daß der junge Mensch gut daran tut, um diese Zeit sein Heim zu verlassen, um sich vor ödipalen Problemen zu schützen, seien es die eigenen oder die des andersgeschlechtlichen Elternteils.
In dieser alten Fassung des Themas der zwei Brüder kommt die Geschichte nur kurz auf die zur glücklichen Lösung notwendige innere Umwandlung zu sprechen. Sie erwähnt die Reue des älteren Bruders, der bei der Verfolgung des jüngeren Bruders erfährt, daß seine Gemahlin diesen ungerecht beschuldigt hat. In dieser Form ist es im Grunde eine lehrhafte Erzählung, die uns empfiehlt, uns aus unseren ödipalen Bindungen zu lösen, und die uns lehrt, daß dies am besten gelingt, wenn wir fern vom Elternhaus eine unabhängige Existenz gründen. Auch geschwisterliche Rivalität tritt in diesem Märchen als starkes Motiv hervor; der erste Impuls des älteren Bruders ist es, den jüngeren aus Eifersucht zu töten. Seine bessere Natur kämpft gegen seine niederen Impulse und trägt schließlich den Sieg davon.
In den Geschichten von den zwei Brüdern werden die Helden in dem Alter geschildert, das wir heute Adoleszenz nennen – die Zeit im Leben, in der die relative emotionale Ruhe des vorpubertären Kindes den aus neuen seelischen Entwicklungen entstehenden

Spannungen und Wirren weicht. Das Kind, das eine solche Geschichte hört, begreift (wenigstens unterbewußt), daß es zwar um Adoleszenzkonflikte geht, daß aber die Probleme typisch für das Dilemma sind, in das wir stets geraten, wenn wir von einer Entwicklungsstufe zur andern fortschreiten müssen. Dieser Konflikt ist für das ödipale Kind so bezeichnend wie für das heranwachsende. Er stellt sich dann ein, wenn wir uns entschließen müssen, von einem einfacheren in einen differenzierteren Zustand des Verstandes und der Persönlichkeit zu treten – dies setzt voraus, daß wir alte Bande lockern, ehe wir noch neue Bindungen hergestellt haben.

In moderneren Versionen, so auch in dem Grimmschen Märchen ›Die zwei Brüder‹, sind die beiden Protagonisten zuerst undifferenziert. »Darauf gingen die zwei Brüder zusammen in den Wald, ratschlagten miteinander und verabredeten etwas. Und als sie sich abends zum Essen niedergesetzt hatten, sagten sie zu ihrem Pflegevater: ›Wir rühren die Speise nicht an und nehmen keinen Bissen, bevor Ihr uns eine Bitte gewährt habt.‹« Ihre Bitte lautet: ». . . wir müssen uns auch in der Welt versuchen, so erlaubt, daß wir fortziehen und wandern.« Der Wald, in den sie zusammen gehen, um sich darüber einig zu werden, daß sie ein eigenes Leben führen wollen, steht symbolisch für den Ort, an dem man sich dem inneren Dunkel stellt und es durchdringt, an dem die Unsicherheit im Blick darauf, wer man ist, vergeht und an dem man zu verstehen beginnt, wer man sein möchte.

In den meisten Geschichten von zwei Brüdern stürmt der eine wie Sindbad der Seefahrer in die Welt hinaus und sucht die Gefahr, während der andere wie Sindbad der Lastträger einfach zu Hause bleibt. In vielen europäischen Märchen gerät der auf Abenteuer ziehende Bruder bald in einen tiefen, finsteren Wald, in dem er sich verloren fühlt, weil er die Lebensordnung, die das Elternhaus gewährte, verlassen und noch nicht die inneren Strukturen aufgebaut hat, die wir nur unter der Wirkung mehr oder weniger selbständig gemeisterter Lebenserfahrungen entwickeln können. Seit uralten Zeiten symbolisiert der fast undurchdringliche Wald, in dem wir uns verirren, die dunkle, verborgene, fast undurchdringliche Welt unseres Unbewußten. Wir haben das Gerüst verloren, das unserem früheren Leben Halt gegeben hat, wir müssen aus eigener Kraft den Weg zu uns selbst finden, und wir betreten diese Wildnis mit einer noch unentwickelten Persönlichkeit; wenn es uns aber gelingt, das Dickicht zu durchdringen, gelangen wir auf eine viel höhere Stufe des Menschseins.*

* Dieses alte Bild beschwört Dante am Anfang der ›Göttlichen Komödie‹ herauf: »Ich

In diesem dunklen Wald begegnet der Märchenheld häufig der Schöpfung unserer Wünsche und Ängste: der Hexe. So geschieht es auch einem der Brüder in dem Märchen ›Die zwei Brüder‹. Wer sehnt sich nicht nach der Macht der Hexe – oder einer Fee oder eines Zauberers –, um sich alle Wünsche zu erfüllen, um sich alles erdenkliche Gute zu verschaffen und um seine Feinde zu bestrafen? Und wer fürchtet nicht diese Gewalten, wenn ein anderer darüber verfügt und sie möglicherweise gegen ihn einsetzt? Mehr als die Fee und der Zauberer, die ebenfalls Gebilde unserer Phantasie sind und von uns mit Zauberkräften ausgestattet werden, ist die Hexe in ihren entgegengesetzten Aspekten eine Wiederverkörperung der vollkommen guten Mutter der Kindheit und der vollkommen bösen Mutter der ödipalen Krise. Sie wird aber nicht mehr halb realistisch als die Mutter, die in Liebe alles gewährt, und als die Stiefmutter, die in Ablehnung Forderungen stellt, gesehen, sondern völlig unrealistisch, entweder als übermenschlichen Lohn spendend oder als unmenschlich zerstörerisch.

Diese beiden Aspekte der Hexe zeigen sich deutlich in Märchen, in denen der Held, der sich im Wald verirrt hat, auf eine unwiderstehlich reizvolle Hexe trifft, die zuerst alle seine Wünsche erfüllt. Sie ist die stets zum Schenken bereite Mutter unserer Kindheit, der wir alle im Leben wiederzubegegnen hoffen. Vorbewußt oder unbewußt ist es die Hoffnung, sie irgendwo zu finden, die uns die Kraft verleiht, das Elternhaus zu verlassen. So gibt uns das Märchen auf seine Art zu verstehen, daß uns oft falsche Hoffnungen weiterlocken, wenn wir irrigerweise meinen, wir suchten nichts als ein unabhängiges Leben.

Wenn die Hexe die Wünsche des Helden erfüllt hat, wendet sie sich irgend einmal – gewöhnlich dann, wenn er sich ihrem Befehl widersetzt – gegen ihn und verwandelt ihn in ein Tier oder in einen Stein. Damit raubt sie ihm das Menschsein. In diesen Geschichten gleicht die Hexe der Mutter, wie das Kind vor der ödipalen Phase sie sieht: alles schenkend, alles gewährend, solange es symbiotisch mit ihr verbunden bleibt und nicht auf eigenem Willen besteht. Je mehr das Kind aber die eigene Persönlichkeit entwickelt und je selbständiger es wird, um so mehr häufen sich natürlich die Verbote der Mutter. Das Kind, das sein ganzes Vertrauen auf diese Frau gesetzt und sein Schicksal an sie gebunden hat – oder sich an sie gebunden

stand auf meines Lebens Mittagshöhen, da fand ich mich in einem Wald verirrt, ... verfehlt war meines Lebens rechte Bahn.« Dort findet auch er einen »magischen« Helfer, Virgil, der ihm auf seiner berühmten Pilgerfahrt durch die Hölle, auf den Läuterungsberg und bis hin zum Himmel als Führer dient.

fühlt –, erlebt nun abgrundtiefe Enttäuschung. Die Mutter, die ihm früher Brot gegeben hat, ist in Stein verwandelt – so erscheint es ihm jedenfalls.

Die Einzelheiten mögen voneinander abweichen, aber in allen Geschichten der zwei Brüder kommt der Augenblick, in dem sich die Brüder differenzieren, so wie jedes Kind den undifferenzierten Zustand verlassen muß. Was dann geschieht, symbolisiert ebensosehr unseren inneren Konflikt – dargestellt an den verschiedenen Unternehmungen der zwei Brüder – als die Notwendigkeit, eine Lebensform aufzugeben, um eine höhere zu erringen. Wenn der Mensch – in welchem Alter auch immer – vor die Frage gestellt wird, ob er sich von den Eltern lösen soll – was wir alle in verschiedenem Maß und zu unterschiedlicher Zeit in unserem Leben tun –, empfindet er stets den Wunsch nach einem von ihnen und dem, was sie in unserer Seele vertreten, völlig unabhängigen Leben und zugleich das entgegengesetzte Verlangen, eng mit ihnen verbunden zu bleiben. Besonders akut zeigt sich dies in der Zeit unmittelbar vor und nach dem Schulalter. Die erste Schwelle trennt das Kleinkind vom Kind, die zweite das Kind vom jungen Erwachsenen.

Das Grimmsche Märchen ›Die zwei Brüder‹ bringt dem Hörer zuerst den Gedanken nahe, daß sich Tragödien ereignen, wenn die beiden Brüder – das heißt die zwei divergenten Aspekte unserer Persönlichkeit – nicht integriert werden. Der Anfang lautet: »Es waren einmal zwei Brüder, ein reicher und ein armer. Der reiche war ein Goldschmied und bös von Herzen; der arme nährte sich davon, daß er Besen band, und war gut und redlich. Der arme hatte zwei Kinder, das waren Zwillingsbrüder und sich so ähnlich wie ein Tropfen Wasser dem andern.« Der gute Bruder fängt einen Goldvogel, den er dem bösen Bruder aushändigt, doch durch Zufall essen die Zwillinge Herz und Leber des Vogels und finden von da an jeden Morgen ein Goldstück unter ihrem Kopfkissen. Der neidische Goldschmied redet seinem Bruder vor, die Kinder seien mit dem Bösen im Bunde und müßten aus dem Haus gewiesen werden, um Schlimmeres zu verhüten. Der Vater läßt sich von seinem bösen Bruder überzeugen und verstößt die Kinder. Ein Jäger findet sie und nimmt sie als seine Pflegekinder zu sich. Als sie herangewachsen sind, beschließen sie, in die Welt hinauszuziehen. Der Pflegevater stimmt zu und gibt ihnen beim Abschied ein blankes Messer. Dieses Messer ist das magische Objekt der Geschichte.

Wie schon erwähnt, ist ein typisches Element der Geschichten von den zwei Brüdern irgendein zauberisches Unterpfand des Lebens, das die Identität der Brüder symbolisiert und dem einen anzeigt, wenn der andere in großer Gefahr schwebt, so daß er sich zur Rettung aufmachen kann. Wenn die zwei Brüder für innerseelische Vorgänge stehen, die alle zusammenwirken müssen, um Leben zu gewährleisten, dann weist das Absterben oder Verrotten des Zaubergegenstandes – also sein Zerfall – auf den Zerfall unserer Persönlichkeit hin, der dann eintritt, wenn ihre Aspekte sich nicht mehr gegenseitig fördern. In dem Märchen ›Die zwei Brüder‹ ist der Gegenstand das blanke Messer, das der Pflegevater den Brüdern zum Abschied überreicht. Er sagt dazu: »Wenn ihr euch einmal trennt, so stoßt dieses Messer am Scheideweg in einen Baum. Daran kann einer, wenn er zurückkommt, sehen, wie es seinem abwesenden Bruder ergangen ist, denn die Seite, nach der dieser ausgezogen ist, rostet, wenn er stirbt; solang er aber lebt, bleibt sie blank.«

Die Zwillingsbrüder trennen sich (nachdem sie das Messer in einen Baum gestoßen haben) und führen jeder sein eigenes Leben. Nach vielen Abenteuern wird der eine Bruder von einer Hexe in Stein verwandelt. Der andere kehrt nach langer Zeit zu dem Messer zurück und sieht, daß die Seite seines Bruders halb verrostet ist. Daraus erkennt er, daß sein Bruder zwar nicht gestorben, aber doch in einen todähnlichen Zustand geraten ist. Er zieht aus und rettet ihn. Die Wiedervereinigung der Brüder ist ein Symbol für die Integration der gegenläufigen Tendenzen in uns.

Die Geschichte stellt nebeneinander, was zwischen dem guten und dem bösen Bruder geschieht und was die Zwillingssöhne des guten Bruders erleben. Implizit ist damit gesagt, daß nur Elend die Folge ist, wenn die widersprüchlichen Aspekte unserer Persönlichkeit voneinander getrennt bleiben: auch der gute Bruder wird vom Leben unterworfen. Er verliert seine Söhne, weil er die bösen Neigungen unserer Natur – wie sie in seinem Bruder verkörpert sind – nicht versteht und sich deshalb nicht vor ihren Konsequenzen schützen kann. Die Zwillingsbrüder dagegen kommen einander zu Hilfe, nachdem sie völlig verschiedene Abenteuer erlebt haben; dies symbolisiert die innere Integration, die ihnen ein »glückliches« Leben verbürgt.*

* Die Identität der Zwillinge wird wiederholt betont, wenn auch auf symbolische Weise. So treffen sie beispielsweise auf einen Hasen, einen Fuchs, einen Wolf, einen Bären und einen Löwen. Sie verschonen diese Tiere, die ihnen zum Dank je zwei ihrer Jungen schenken. Bei der Trennung nimmt jeder Bruder von jeder Tierart eines mit sich. Die Tiere folgen ihren Herren als treue Gefährten; wiederholt stehen sie zusammen und tragen mit ihren jeweiligen Gaben dazu bei, die Brüder aus großen Gefahren zu erretten. Damit zeigt das Märchen wiederum in seiner Art, daß ein erfolgreiches Leben das Zusammenwirken, die Integration der ganz verschiedenen Aspekte unserer Persönlichkeit erfordert, wie sie hier in den Unterschieden zwischen den Tieren dargestellt sind.

›Die drei Sprachen‹ Integration Schritt für Schritt

Wenn wir unser wahres Wesen verstehen wollen, müssen wir mit der Wirkungsweise unseres Gemüts vertraut werden. Wenn wir innerlich gesund und richtig leben wollen, müssen wir die uns innewohnenden, widerstreitenden Neigungen miteinander vereinbaren. Eine Hilfe des Märchens zum Erkennen und zum besseren Verständnis dessen, was in uns vorgeht, besteht darin, daß es wie bei ›Brüderchen und Schwesterchen‹ oder in ›Die zwei Brüder‹ diese Tendenzen voneinander scheidet und auf getrennte Gestalten projiziert.

Auch auf andere Weise deutet das Märchen auf die Notwendigkeit dieser Integration hin: am Beispiel des Helden, der die verschiedenen Tendenzen nacheinander in seine Persönlichkeit einbaut, bis sie sich in ihm verbinden, wie es nötig ist, wenn man volle Unabhängigkeit und Menschlichkeit erringen will. Das Grimmsche Märchen ›Die drei Sprachen‹ ist ein Märchen dieser Art. Seine Geschichte reicht weit zurück, Abwandlungen finden sich in vielen europäischen und manchen asiatischen Ländern. Obwohl es so alt ist, liest sich dieses zeitlose Märchen, als sei es für den Heranwachsenden von heute geschrieben, über seine Konflikte mit seinen Eltern und über die Verständnislosigkeit der Eltern gegenüber dem, was ihre heranwachsenden Kinder bewegt.

Die Geschichte beginnt wie folgt: »In der Schweiz lebte einmal ein alter Graf, der hatte nur einen einzigen Sohn, aber er war dumm und konnte nichts lernen. Da sprach der Vater: ›Höre, mein Sohn, ich bringe nichts in deinen Kopf, ich mag es anfangen, wie ich will. Du mußt fort von hier, ich will dich einem berühmten Meister übergeben, der soll es mit dir versuchen.‹ «(34) Der Sohn blieb ein ganzes Jahr bei dem Meister. Bei seiner Rückkehr entsetzte sich der Vater, als er erfuhr, der Sohn habe nichts anderes gelernt als »was die Hunde bellen«. Er schickte ihn zu einem anderen Meister, und nach einem Jahr kam der Sohn zurück und berichtete, er habe gelernt, »was die Vögli sprechen«. Der Vater wurde zornig, weil der Sohn wieder die Zeit vertan hatte, und drohte: »Ich will dich zu einem dritten Meister schicken, aber lernst du auch diesmal nichts, so will ich dein Vater nicht mehr sein.« Als das Jahr vorüber war, antwortete der Sohn auf die Frage des Vaters, was er gelernt habe: »Was die Frösche quaken.« In großer Wut wies der Vater den Sohn hinaus. Er befahl seinen Leuten, den Sohn in den Wald zu führen

und zu töten. Aus Mitleid mit dem Sohn schonten sie aber sein Leben und ließen ihn gehen.
Viele Märchen beginnen damit, daß Kinder verstoßen werden; es sind zum einen vorpubertäre Kinder, die unter dem Zwang der Verhältnisse von selbst fortgehen (›Brüderchen und Schwesterchen‹) oder an einem Ort, von dem sie den Heimweg nicht finden, ausgesetzt werden (›Hänsel und Gretel‹), zum anderen pubertierende Kinder oder Heranwachsende, die von Knechten umgebracht werden sollen, aber mit dem Leben davonkommen, weil sich die Knechte erbarmen und den zornigen Eltern gegenüber nur vorgeben, sie hätten sie ermordet (›Die drei Sprachen‹, ›Schneewittchen‹). In der ersten Form kommt die Furcht des Kindes vor dem Verlassenwerden, in der zweiten Form seine Angst vor Vergeltung zum Ausdruck.
Die Vorstellung der »Verstoßung« beruht unbewußt entweder auf dem Wunsch des Kindes, einen Elternteil loszuwerden, oder auf seiner Überzeugung, dieser Elternteil wolle es los sein. Daß das Kind in die Welt hinausgeschickt oder in einem Wald alleingelassen wird, steht sowohl für den Wunsch der Eltern, daß das Kind unabhängig wird, als auch für das Verlangen des Kindes nach Unabhängigkeit und für seine Angst davor.
Das kleine Kind in solchen Märchen wird lediglich alleingelassen – wie Hänsel und Gretel; denn die Angst des vorpubertären Alters lautet: »Wenn ich kein gutes, gehorsames Kind bin, wenn ich meinen Eltern Kummer bereite, sorgen sie nicht mehr für mich und lassen mich vielleicht sogar ganz im Stich.« Das pubertäre Kind traut sich eher zu, für sich selbst sorgen zu können; es hat weniger Angst, verlassen zu werden, und deshalb mehr Mut, den Eltern Widerpart zu leisten. In den Geschichten, in denen das Kind einem Knecht übergeben wird, der es töten soll, hat es die Überlegenheit oder die Selbstachtung eines Elternteils bedroht, so wie Schneewittchen, weil es schöner ist als die Königin. In ›Die drei Sprachen‹ wird die väterliche Autorität des Grafen in Frage gestellt, weil der Sohn nicht das lernt, was er nach Ansicht des Vaters lernen sollte.
Daß aber der Vater sein Kind nicht ermordet, sondern einen Knecht mit der Untat beauftragt, und daß der Knecht das Leben des Kindes schont, läßt darauf schließen, daß der Konflikt auf einer bestimmten Ebene nicht mit den Erwachsenen im allgemeinen, sondern nur mit den Eltern besteht. Die anderen Erwachsenen sind so hilfsbereit, wie es ihnen möglich ist, ohne direkt gegen die Autorität der Eltern zu verstoßen. Auf einer anderen Ebene erkennt man, daß die Eltern trotz der Angst des Heranwachsenden vor ihrer Macht keine Gewalt

über sein Leben haben, denn so wütend sie auch sind, lassen sie doch ihren Zorn nicht direkt an dem Kind aus, sondern brauchen eine Mittelsperson wie den Knecht. Der böse Plan wird nicht ausgeführt, und darin zeigt sich, wie schwach die Position der Eltern ist, wenn sie ihre Autorität mißbrauchen.

Wenn mehr unserer Jugendlichen in ihrer Kindheit mit Märchen vertraut geworden wären, wüßten sie (unbewußt) vielleicht eher, daß sie nicht mit der Welt der Erwachsenen oder der Gesellschaft zusammenstoßen, sondern in Wirklichkeit nur mit ihren Eltern. Sie wären sich dann auch darüber im klaren, daß auf die Dauer stets das Kind Sieger bleibt und die Eltern, so bedrohlich sie auch manchmal erscheinen mögen, unterliegen müssen, wie es der Ausgang all dieser Märchen hinreichend deutlich macht. Das Kind überlebt nicht nur die Eltern, es überflügelt sie sogar. Ist diese Überzeugung im Unbewußten verwurzelt, so kann sich der Heranwachsende trotz aller Entwicklungsschwierigkeiten sicher fühlen, ist er doch seines künftigen Sieges gewiß.

Wenn mehr Erwachsene als Kinder die Botschaften der Märchen in sich verarbeitet hätten, wäre ihnen vielleicht eher bewußt, wie töricht Eltern sind, wenn sie meinen, sie wüßten, welcher Lernstoff ihr Kind interessieren müsse, und sich bedroht fühlen, wenn sich der Heranwachsende in dieser Beziehung ihrem Willen widersetzt. Eine besondere Ironie des Märchens ›Die drei Sprachen‹ liegt darin, daß der Vater selbst den Sohn zum Lernen wegschickt und die Lehrmeister für ihn aussucht, nur um sich dann darüber zu entsetzen, was sie seinen Sohn lehren. Der moderne Vater, der sein Kind auf die Universität schickt und dann in Zorn gerät über das, was es dort lernt und wie es sich dadurch verändert, ist also keineswegs eine neue Gestalt auf der geschichtlichen Bühne.

Das Kind wünscht und befürchtet zugleich, daß die Eltern sein Streben nach Unabhängigkeit nicht anerkennen und sich dafür rächen werden. Es wünscht dies, weil damit bewiesen wäre, daß die Eltern es nicht loslassen können, was seinen Wert bestätigt. Mann oder Frau zu werden bedeutet, daß man aufhört, Kind zu sein. Diesen Gedanken kennt das vorpubertäre Kind nicht, dem Heranwachsenden ist er jedoch bewußt. Wenn das Kind wünscht, die Eltern möchten keine elterliche Gewalt mehr über es haben, empfindet es gleichzeitig im Unbewußten, daß es die Eltern (mit diesem Wunsch, die elterliche Gewalt aufzuheben) vernichtet oder im Begriff steht, dies zu tun. Der Gedanke, die Eltern wollten Vergeltung üben, ist deshalb ganz natürlich.

In ›Die drei Sprachen‹ handelt der Sohn wiederholt dem Wunsch des

Vaters zuwider. Dabei bestätigt er sich selbst; er besiegt aber gleichzeitig auch die elterliche Gewalt des Vaters und fürchtet dessen Rache.

So zieht der Held in ›Die drei Sprachen‹ in die Welt hinaus. Zuerst kommt er in ein Land, in dem wilde Hunde mit ihrem Bellen und Heulen niemanden zur Ruhe kommen lassen. Zu gewissen Stunden muß ihnen sogar ein Mensch ausgeliefert werden, den sie sogleich verschlingen. Da der Held die Sprache der Hunde versteht, erfährt er, warum sie so wild sind und was getan werden muß, um sie zu besänftigen. Er vollbringt es, die Hunde verlassen das Land, und der Held bleibt eine Zeitlang dort.

Nach einigen Jahren beschließt der Held, der älter geworden ist, nach Rom zu reisen. Unterwegs offenbaren ihm quakende Frösche die Zukunft, und er wird sehr nachdenklich. In Rom ist soeben der Papst gestorben, und die Kardinäle wissen nicht, wen sie zu seinem Nachfolger bestimmen sollen. Gerade als sie beschlossen haben, sich auf ein göttliches Wunderzeichen zu verlassen, fliegen zwei schneeweiße Tauben herbei und setzen sich auf die Schultern des Helden. Gefragt, ob er Papst werden wolle, ist er unschlüssig und weiß nicht, ob er dessen würdig ist, aber die Tauben reden ihm zu. So wird er gesalbt und geweiht, wie die Frösche prophezeit hatten. Danach muß er eine Messe singen und weiß die Worte nicht, aber die Tauben, die nicht von seinen Schultern weichen, sagen ihm alles ins Ohr.

Es ist die Geschichte eines Jugendlichen, dessen Vater ihn für dumm hält und seine Befürfnisse nicht verstehen kann. Der Sohn will sich nicht so entwickeln, wie der Vater es wünscht; er beharrt darauf, nur das zu lernen, was *er* für wertvoll hält. Um sich selbst zu verwirklichen, muß der junge Mann zuerst mit seinem inneren Wesen vertraut werden. Diesen Prozeß kann kein Vater vorschreiben, selbst wenn er – im Gegensatz zu dem Vater im Märchen – dessen Wert erkennt.

Der Sohn im Märchen verkörpert die Jugend auf der Suche nach sich selbst. Die drei Meister an fernen Orten, zu denen der Sohn geht, um etwas über sich und die Welt zu lernen, stehen für die bisher unbekannten Aspekte der Welt und des eigenen Ich, die er erforschen muß. Dies war ihm nicht möglich, solange er zu eng ans Vaterhaus gebunden war.

Warum lernte der Held zuerst die Sprache der Hunde, dann die der Vögel und schließlich die der Frösche? Hier zeigt sich ein weiterer Bedeutungsaspekt der Zahl Drei. Wasser, Erde und Luft sind die drei Elemente, in denen sich unser Leben entfaltet. Der Mensch lebt auf dem Land, der Hund ebenfalls. Hunde sind die Tiere, die in größter Nähe zum Menschen leben und dem Kind am menschenähnlichsten erscheinen. Sie repräsentieren aber auch Freiheit der Instinkte – sie beißen, sie erleichtern sich, wo sie wollen, sie stillen öffentlich ihren Sexualtrieb –, und sie verkörpern zugleich höhere Werte wie Treue und Freundschaft. Hunde kann man dressieren, so daß sie nicht mehr wahllos beißen; man kann ihnen beibringen, für ihre Ausscheidungen einen bestimmten Ort zu benutzen. So ist es natürlich, daß das Erlernen der Hundesprache zuerst kommt und am leichtesten ist. Hunde vertreten gewissermaßen das Ich des Menschen, jenen Aspekt seiner Persönlichkeit, der der Oberfläche des Bewußtseins am nächsten steht, da es seine Aufgabe ist, die Beziehungen des Menschen zu anderen und zur Umwelt zu regeln. Seit prähistorischen Zeiten erfüllen die Hunde in gewisser Weise diese Funktion: Sie helfen dem Menschen, Feinde abzuwehren, und sie zeigen ihm neue Wege zum Umgang mit wilden und anderen Tieren.

Die Vögel, die hoch in die Lüfte fliegen, symbolisieren eine ganz andere Freiheit: die Freiheit der Seele, sich aufzuschwingen, scheinbar frei von allem, was uns an die irdische Existenz bindet und was in diesem Märchen in Gestalt der Hunde und Frösche so anschaulich dargestellt ist. Die Vögel verkörpern das Über-Ich mit seinem Streben nach hohen Zielen und Idealen, mit seiner hochfliegenden Phantasie und seinen in der Vorstellung vorhandenen Vollkommenheiten.

Wenn die Vögel für das Über-Ich und die Hunde für das Ich stehen, symbolisieren die Frösche den ältesten Teil des menschlichen Wesens, das Es. Daß die Frösche den Evolutionsprozeß versinnbildlichen, in dessen Verlauf die Landlebewesen einschließlich des Menschen einst das Wasser verließen, mag ein weit hergeholter Gedanke scheinen; aber wir alle beginnen unser Leben im flüssigen Element, das wir erst verlassen, wenn wir geboren werden. Die Frösche leben als Kaulquappen zuerst im Wasser; sie wechseln ihre Gestalt und sind dann in beiden Elementen heimisch. In der Evolution des tierischen Lebens treten sie früher auf als Hunde und Vögel, und das Es ist jener Teil der Persönlichkeit, der vor dem Ich und dem Über-Ich existiert.

Auf der tiefsten Ebene symbolisieren die Frösche daher unser frühestes Leben; auf einer etwas zugänglicheren Ebene repräsentieren sie unsere Fähigkeit, von einer niedrigeren auf eine höhere Lebensstufe zu gelangen. Mit etwas Phantasie könnte man sagen, das Erlernen der Hunde- und der Vogelsprache sei die Vorbedingung zum Erwerb dieser wichtigen Fähigkeit zur Entwicklung von einem tieferen in einen höheren Existenzzustand. Die Frösche symbolisieren sowohl die tiefste, primitivste und früheste Seinsweise als auch die Entwicklung, die aus dieser Seinsweise hinausführt. Hier zeigt sich eine Ähnlichkeit zur Entwicklung von den archaischen Trieben, die nach elementarer Befriedigung drängen, zu einem herangereiften Ich, das zu seiner Befriedigung die ungeheuren Schätze unseres Planeten heranzuziehen vermag.

In dem Märchen ›Die drei Sprachen‹ steckt auch die Erkenntnis, daß es uns wenig nützt, wenn wir die Aspekte der Welt und unseres Lebens in ihr (Erde, Luft, Wasser) und die Züge unseres inneren Lebens (Es, Ich, Über-Ich) zu verstehen lernen. Dieses Verständnis wird für uns nur sinnvoll, wenn wir es auf unseren Umgang mit der Welt anwenden. Es genügt nicht, die Sprache der Hunde zu kennen; wir müssen auch imstande sein, mit dem umzugehen, was die Hunde darstellen. Die wilden Hunde, deren Sprache der Held lernen muß, ehe ihm ein höheres Menschsein zugänglich wird, stehen für die gewalttätigen, aggressiven und destruktiven Triebe im Menschen. Wenn wir von diesen Trieben entfremdet bleiben, können sie uns zerstören, so wie die Hunde immer wieder einen Menschen verschlingen.

Die Hunde sind eng verbunden mit Analbesitzgier, denn sie hüten einen großen Schatz. Daher rührt auch ihre Wildheit. Wenn der Held diese heftigen Spannungen versteht, wenn er sich mit ihnen auseinandersetzen kann (wie es ihm möglich ist, weil er die Hundesprache erlernt hat), vermag er sie zu bändigen. Sofort zeigt sich der Nutzen: Der Schatz, den die Hunde so eifersüchtig bewachten, wird gehoben. Wenn das Unbewußte versöhnt wird und sein Teil erhält – der Held bringt den Hunden etwas zu essen –, wird das, was so unerbittlich versteckt gehalten und verdrängt wurde, zugänglich. Es richtet keinen Schaden mehr an, sondern erweist sich als Wohltat.

Das Erlernen der Vogelsprache folgt ganz natürlich aus der Kenntnis der Hundesprache. Die Vögel symbolisieren die höheren Strebungen des Über-Ich und des Ich-Ideals. Nachdem nun die Wildheit des Es und die anale Besitzgier überwunden sind und nachdem das Über-Ich herausgebildet ist (Verstehen der Vogelsprache), ist der Held bereit, sich mit der alten, primitiven Amphibie zu befassen. Dabei meistert er auch das Sexuelle; in der Sprache des Märchens drückt sich dies darin aus, daß er zu verstehen lernt, was die Frösche quaken. (Warum Frösche, Kröten usw. im Märchen die Sexualität verkörpern, wird im folgenden bei der Behandlung des Märchens

›Der Froschkönig‹ erläutert.) Deshalb ist es auch einsichtig, daß die Frösche, die sich in ihrem eigenen Lebenszyklus von einer niedrigeren zu einer höheren Stufe entwickeln, dem Helden den bevorstehenden Schritt zu einer höheren Existenz – dem Erlangen der Papstwürde – ankündigen.
Weiße Tauben, die in der religiösen Symbolik den Heiligen Geist verkörpern, ermutigen und befähigen den Helden zur höchsten Würde auf Erden; er erringt sie, weil er gelernt hat, auf die Tauben zu hören und ihre Anweisungen zu befolgen. Der Held hat die Persönlichkeitsintegration erreicht, nachdem er es gelernt hat, sein Es (die wilden Hunde) zu verstehen und zu bändigen, auf sein Über-Ich (die Vögel) zu hören, ohne sich ihm völlig zu unterwerfen, und auf die wertvollen Informationen der Frösche (Sexualität) zu achten.
Ich kenne kein anderes Märchen, in dem so knapp beschrieben würde, wie ein Heranwachsender zu voller Selbstverwirklichung in seinem Innern und in der Welt gelangt. Nachdem ihm diese Integration gelungen ist, eignet sich der Held für das höchste Amt auf Erden.

›Die drei Federn‹
Das jüngste Kind als Dummling

Die Zahl Drei im Märchen bezieht sich oft auf das, was die Psychoanalyse als die drei Aspekte der Persönlichkeit ansieht: Es, Ich und Über-Ich. Dies bestätigt ein weiteres Grimmsches Märchen, ›Die drei Federn‹.
In diesem Märchen geht es nicht so sehr um die Dreiteilung der menschlichen Persönlichkeit als vielmehr um die Notwendigkeit, uns mit dem Unbewußten vertraut zu machen, seine Macht einschätzen zu lernen und uns seiner Kräfte zu bedienen. Weil er dies tut, trägt der Held des Märchens ›Die drei Federn‹ den Sieg davon, obwohl er für dumm gehalten wird. Seine Konkurrenten dagegen, die sich auf ihre Klugheit verlassen und an die Oberfläche der Dinge fixiert bleiben, sind am Ende die Dummen. Aus ihrem Spott auf den »einfältigen« Bruder, der sich nicht weit von seinem natürlichen Seinsgrund entfernt und sie dann doch übertrifft, läßt sich schließen, daß ein von seinen unbewußten Quellen abgeschnittenes Bewußtsein uns in die Irre führt.

Das Märchenmotiv des Kindes, das von älteren Geschwistern herumgestoßen und abgelehnt wird, findet sich zu allen Zeiten, besonders in der Form von ›Aschenputtel‹. Die Märchen, in denen es um ein dummes Kind geht – Beispiele sind ›Die drei Sprachen‹ und ›Die drei Federn‹ –, erzählen eine andere Geschichte. Daß das »dumme« Kind, das von den übrigen Familienmitgliedern mißachtet wird, sich unglücklich fühlen würde, wird nicht berichtet. Die Tatsache, daß es als dumm gilt, wird einfach festgestellt und scheint es kaum zu berühren. Manchmal hat man das Gefühl, daß dem »Dummling« dieser Zustand nicht unlieb ist, weil die anderen nichts von ihm erwarten. Diese Geschichten beginnen sich dann zu entfalten, wenn das ereignislose Leben des Dummlings durch irgendeine Forderung unterbrochen wird – so wie bei dem Grafensohn, den sein Vater zum Lernen hinausschickte. In zahllosen Märchen wird der Held zuerst als Dummling geschildert, und unsere Neigung, uns mit ihm zu identifizieren, noch lange ehe er sich als seinen Verächtern überlegen erweist, bedarf einer Erklärung.
So aufgeweckt ein kleines Kind auch sein mag, fühlt es sich doch dumm und überfordert, wenn es mit der Komplexität seiner Umwelt konfrontiert wird. Alle anderen scheinen so sehr viel mehr zu wissen und allen Anforderungen viel besser gewachsen zu sein. Deshalb beginnen viele Märchen damit, daß der Held geringgeschätzt und für dumm gehalten wird. Diese Gefühle hegt das Kind sich selbst gegenüber, und es projiziert sie nicht so sehr auf die Welt im allgemeinen als auf seine Eltern und älteren Geschwister.
Selbst wenn in einigen Märchen wie in ›Aschenputtel‹ das Kind in Glückseligkeit lebt, ehe es ins Unglück gerät, ist dies doch niemals als eine Zeit beschrieben, in der es aus eigener Kraft sein Leben gestaltete. Das Kind war glücklich, weil nichts von ihm erwartet wurde; es wurde mit allem versorgt. Die Unfähigkeit des kleinen Kindes, die es befürchten läßt, es sei dumm, ist nicht seine Schuld – deshalb ist das Märchen, das niemals erläutert, warum das Kind für dumm gehalten wird, psychologisch richtig.
Im Bewußtsein des Kindes hat sich in seinen ersten Lebensjahren nichts ereignet, denn im normalen Verlauf der Ereignisse erinnert sich das Kind nicht an innere Konflikte, ehe die Eltern Forderungen stellen, die seinen Wünschen zuwiderlaufen. Teilweise wegen dieser Forderungen gerät das Kind in Konflikt mit der Welt, und die Internalisierung dieser Forderungen trägt zur Ausbildung des Über-Ich und zum Bewußtwerden innerer Konflikte bei. Die ersten paar Jahre stehen also in der Erinnerung als konfliktfrei und glücklich, aber leer. Im Märchen wird dies damit dargestellt, daß im

Leben des Kindes nichts geschehen ist, bis es sich der Konflikte zwischen sich und den Eltern und auch der Widersprüche in sich selbst bewußt wird. »Dumm« sein bedeutet einen undifferenzierten Existenzzustand, der den Kämpfen zwischen Es, Ich und Über-Ich in der vielschichtig gewordenen Persönlichkeit vorangeht.

Auf der einfachsten, am unmittelbarsten zugänglichen Ebene bringen die Märchen, in denen der Held das jüngste und unfähigste der Geschwister ist, dem Kind den Trost und die Zukunftshoffnung, die es am meisten braucht. Obgleich das Kind von sich selbst nicht viel hält – eine Meinung, die es auf die Ansicht anderer projiziert – und befürchtet, niemals etwas leisten zu können, zeigt doch die Geschichte, daß es schon begonnen hat, die in ihm schlummernden Fähigkeiten zu wecken. Als der Sohn in ›Die drei Sprachen‹ die Sprache der Hunde, der Vögel und der Frösche erlernt, sieht der Vater darin nur den Beweis für die Dummheit seines Sohnes, während der Sohn in Wirklichkeit sehr wichtige Schritte zur Entwicklung der Eigenpersönlichkeit getan hat. Der Ausgang dieser Märchen sagt dem Kind, daß derjenige, der in seinen eigenen Augen und in der Meinung anderer als der Unfähigste galt, trotzdem alle übertreffen wird.

Eine solche Botschaft gewinnt erst bei wiederholtem Erzählen Überzeugungskraft. Wenn ein Kind zum ersten Mal eine Geschichte mit einem »dummen« Helden hört, wehrt es sich möglicherweise dagegen, sich mit ihm zu identifizieren, weil dies seiner Selbstachtung zu gefährlich, zu gegenläufig wäre, so sehr es sich selbst auch als dumm empfindet. Erst wenn das Kind durch mehrmaliges Hören der Geschichte ganz sicher ist, daß der Held seine Überlegenheit erweist, kann es sich von Anfang an mit ihm identifizieren. Und nur auf der Grundlage dieser Identifizierung kann das Märchen dem Kind die Überzeugung vermitteln, daß seine abschätzige Meinung von sich selbst irrig ist. Ehe die Identifizierung eintritt, bedeutet das Märchen dem Kind als Persönlichkeit sehr wenig. Doch wenn es sich mit dem dummen oder mißachteten Helden identifiziert, der, wie es weiß, am Ende seine Überlegenheit beweisen wird, beginnt in ihm selbst die Verwirklichung seiner Fähigkeiten.

Das Märchen ›Das häßliche junge Entlein‹ von Hans Christian Andersen ist die Geschichte eines Vogels, der zuerst wenig gilt, aber schließlich all denen, die ihn verhöhnt und verspottet haben, seine Überlegenheit beweist. Auch das Element des Helden, der der jüngste und zuletzt geborene ist, tritt auf, denn alle anderen Entchen picken sich früher durch ihre Eierschalen in die Welt hinaus. Doch wie alle Andersen-Märchen ist auch dieses, so reizvoll es ist, eher

eine Geschichte für Erwachsene. Kinder finden natürlich Gefallen daran, aber es hilft ihnen nicht; es lenkt sogar ihre Phantasie in eine falsche Richtung. Das Kind, das sich mißverstanden und nicht geachtet fühlt, wünscht sich vielleicht, ein anderes Lebewesen zu sein, aber es weiß, daß es das nicht ist. Seine Aussicht auf Erfolg im Leben liegt nicht darin, daß es sich zu einem Wesen anderer Natur auswächst, wie das Entlein zum Schwan wird, sondern darin, daß es bessere Eigenschaften entwickelt und Höheres vollbringt, als andere erwarten, und dabei doch gleicher Natur wie seine Eltern und Geschwister bleibt. In echten Märchen ist der Held am Anfang wie auch am Ende stets ein menschliches Wesen, selbst wenn er im Lauf der Geschichte in ein Tier oder sogar in Stein verwandelt wird.
Wenn man ein Kind ermutigt, sich für ein Wesen anderer Art zu halten, führt man es, so sehr ihm der Gedanke auch zusagen mag, in die entgegengesetzte Richtung dessen, was das Märchen zum Ausdruck bringt: daß es etwas tun muß, um Überlegenheit zu erringen. In ›Das häßliche junge Entlein‹ ist nicht davon die Rede, daß etwas geleistet werden muß; die Dinge sind vom Schicksal bestimmt und ereignen sich entsprechend, ob der Held etwas unternimmt oder nicht. Im Märchen dagegen ist es die Aktivität des Helden, die sein Leben ändert.
Daß man seinem Schicksal nicht entrinnen kann – eine niederdrükkende Weltsicht –, ist in ›Das häßliche junge Entlein‹ mit seinem guten Ausgang so deutlich wie in dem traurigen Ende von Andersens Märchen ›Das kleine Mädchen mit den Schwefelhölzern‹, einer zutiefst bewegenden Geschichte, die sich aber kaum für die Identifizierung eignet. Ein Kind in seinem Elend mag sich zwar mit der Heldin identifizieren, doch führt dies nur zu völligem Pessimismus und Defätismus. ›Das kleine Mädchen mit den Schwefelhölzern‹ ist eine moralistische Geschichte über die Grausamkeit der Welt; sie weckt Mitleid für die Zertretenen. Ein Kind, das sich zertreten fühlt, braucht aber nicht Mitleid für andere, die in der gleichen Notlage sind, sondern die Zusicherung, daß es diesem Schicksal entgehen kann.
Wenn der Held eines Märchens nicht ein einziges Kind, sondern eines von mehreren ist, und wenn er am Anfang das unfähigste ist und am meisten geplagt wird (obwohl er am Schluß diejenigen, die ihm anfänglich überlegen waren, weit übertrifft), ist er fast immer das dritte Kind. Dies bedeutet nicht unbedingt die geschwisterliche Rivalität des jüngsten Kindes; dafür würde eine beliebige Zahl genügen, und Eifersucht ist bei einem älteren Kind ebenso brennend. Da aber jedes Kind sich selbst zuzeiten als Letzten in der

Familie sieht, wird dies im Märchen dadurch ausgedrückt, daß es entweder das jüngste oder das verachtetste Kind ist oder beides. Warum ist es aber so oft das dritte?
Um den Grund zu verstehen, müssen wir noch eine weitere Bedeutung der Zahl Drei im Märchen untersuchen. Aschenputtel wird von seinen zwei Stiefschwestern ausgenützt; sie weisen ihm nicht nur die niedrigste, sondern auch die dritte Stellung in der Rangordnung zu. Dasselbe gilt für den Helden in dem Märchen ›Die drei Federn‹ und für zahllose weitere Märchen, in denen der Held anfänglich ganz unten am Totempfahl steht. Ein weiteres Merkmal dieser Märchen: Die beiden anderen Geschwister unterscheiden sich kaum, sie handeln gleich und sehen gleich aus.
Sowohl im Unbewußten als auch im Bewußten stehen Zahlen für Menschen, für Familiensituationen und -beziehungen. Wir sind uns darüber im klaren, daß »eins« uns selbst im Verhältnis zur Welt bedeutet, wie es zum Ausdruck kommt, wenn wir jemanden als »Nummer Eins« bezeichnen. Bei »zwei« denken wir an eine Zweiheit, ein Paar, zum Beispiel in einer Liebesbeziehung oder Ehe. »Zwei gegen einen« heißt, in einem Wettstreit auf ungerechte, ja hoffnungslose Weise einer Übermacht ausgesetzt zu sein. Im Unbewußten und in Träumen steht »eins« entweder, wie im Bewußten, für einen selbst oder – besonders bei Kindern – für den beherrschenden Elternteil. Bei Erwachsenen bezieht sich »eins« auch auf die Person, die Macht über uns hat (zum Beispiel der Vorgesetzte). Im Denken des Kindes bedeutet »zwei« gewöhnlich die beiden Eltern und »drei« das Kind selbst in Beziehung zu seinen Eltern, aber nicht zu seinen Geschwistern. Deshalb bedeutet die Zahl Drei immer das Kind selbst, an welcher Stelle unter den Geschwistern es auch stehe. Wenn in einem Märchen ein Kind das dritte ist, identifiziert sich der Hörer leicht mit ihm, denn in der grundlegenden Familienkonstellation steht das Kind an dritter Stelle, ob es nun das älteste, mittlere oder jüngste unter den Geschwistern ist.
Die Zwei zu übertreffen, bedeutet im Unbewußten, daß die beiden Eltern überflügelt werden. Im Verhältnis zu seinen Eltern fühlt sich das Kind ausgenutzt, unbedeutend und vernachlässigt; sie zu überragen heißt also, den ihm zustehenden Platz einzunehmen, und zwar weit mehr, als der Triumph über eines der Geschwister dies bedeuten würde. Für das Kind ist es aber schwierig, sich selbst einzugestehen, wie sehr es sich wünscht, die Eltern zu übertreffen; im Märchen tarnt sich dieses Verlangen deshalb als Überflügeln der beiden Geschwister, die so wenig von ihm halten.

Nur im Vergleich zu den Eltern ergibt es einen Sinn, daß »der Dritte«, also das Kind, am Anfang so unfähig oder faul und dumm ist, und nur an ihnen gemessen holt das Kind beim Heranwachsen so überraschend auf. Dazu braucht es die Hilfe, Unterweisung und Förderung eines älteren Menschen – so wie es mit Hilfe eines erwachsenen Lehrers den Stand der Eltern erreicht oder übertrifft. In ›Die drei Sprachen‹ erfüllen die drei Meister in fremden Städten diese Funktion; in ›Die drei Federn‹ ist es eine alte Kröte, die einer Großmutter ganz ähnlich ist und dem jüngsten Sohn hilft.

Das Märchen beginnt: »Es war einmal ein König, der hatte drei Söhne. Davon waren zwei klug und gescheit; aber der dritte sprach nicht viel, war einfältig und hieß nur der Dummling. Als der König alt und schwach ward und an sein Ende dachte, wußte er nicht, welcher von seinen Söhnen nach ihm das Reich erben sollte. Da sprach er zu ihnen: ›Zieht aus, und wer mir den feinsten Teppich bringt, der soll nach meinem Tod König sein!‹ Und damit es keinen Streit unter ihnen gab, führte er sie vor sein Schloß, blies drei Federn in die Luft und sprach: ›Wie die fliegen, so sollt ihr ziehen.‹ Die eine Feder flog nach Osten, die andere nach Westen, die dritte aber flog geradeaus und fiel bald zur Erde. Nun ging der eine Bruder rechts, der andere links, und sie lachten den Dummling aus, der bei der dritten Feder, da, wo sie niedergefallen war, bleiben mußte. Der Dummling setzte sich traurig nieder. Da bemerkte er auf einmal, daß neben der Feder eine Falltür lag. Er hob sie in die Höhe, fand eine Treppe und stieg hinab.«

Eine Feder in die Luft zu blasen und ihr zu folgen, wenn man nicht sicher ist, in welche Richtung man gehen soll, ist eine alte deutsche Sitte. Viele andere Versionen dieser Geschichte, so die griechische, slawische, finnische und indische, berichten von drei Pfeilen, die in die Luft geschossen werden, um die Richtungen, in denen die Brüder ausziehen sollen, zu bestimmen.(35)

Heute ist es nicht mehr verständlich, daß der König die Thronfolge danach bestimmen wollte, welcher der Söhne den feinsten Teppich nach Hause brachte, aber in vergangener Zeit wurden auch kunstvolle Webearbeiten »Teppich« genannt, und die Nornen woben den Stoff, der über das Schicksal des Menschen entschied. Der König sagte also gewissermaßen, die Nornen sollten den Ausschlag geben.

In die Dunkelheit der Erde hinabzugehen ist ein Abstieg in die Unterwelt. Der Dummling unternimmt diese Reise ins Erdinnere, während seine beiden Brüder auf der Erdoberfläche umherstreifen. Es ist wohl nicht abwegig, dies so zu deuten, daß der Dummling sein

Unbewußtes zu erforschen begann. Diese Möglichkeit zeichnet sich schon ganz am Anfang der Geschichte ab, wo die Klugheit der Brüder der Einfalt und Schweigsamkeit des Dummlings gegenübergestellt wird. Das Unbewußte spricht nicht in Worten, sondern in Bildern zu uns, und es ist einfältig im Vergleich zu den Errungenschaften des Intellekts. Und wie der Dummling gilt es im Verhältnis zum Ich und Über-Ich als niedrigster Aspekt unserer Persönlichkeit, doch wenn es richtig eingesetzt wird, gewinnen wir aus ihm unsere größte Stärke.

Unten an der Treppe kommt der Dummling vor eine andere Tür, die sich von selbst öffnet. Er betritt einen Raum, in dem eine große, dicke Itsche, das heißt eine Kröte sitzt, umgeben von vielen kleinen Itschen. Die dicke Itsche fragt ihn, was er wolle, und der Dummling entgegnet, er hätte gern den schönsten Teppich. Die Kröte gibt ihm den Teppich. In abweichenden Versionen ist es ein anderes Tier, das dem Dummling gibt, was er braucht. Es ist aber stets ein Tier; daraus läßt sich schließen, daß der Dummling den Anforderungen gerecht wird, weil er sich auf seine animalische Natur, auf die einfachen und ursprünglichen Kräfte im Menschen stützt. Die Kröte zählt zu den ungeschlachten Tieren, von denen wir normalerweise nichts Verfeinertes erwarten. Dieses erdverbundene Wesen ist aber, wenn es für höhere Zwecke nutzbar gemacht wird, der oberflächlichen Klugheit der Brüder weitaus überlegen.

Wie gewöhnlich bei Geschichten dieser Art sind die beiden Brüder nicht unterschieden. Sie handeln gleich, und man fragt sich, warum mehr als einer notwendig ist, um den Unterschied zum Dummling hervorzuheben. Ihre Undifferenziertheit ist aber wesentlich, weil daraus hervorgeht, daß auch ihre Persönlichkeiten undifferenziert sind. Um dies dem Hörer einzuprägen, muß mehr als ein Bruder auftreten. Die Brüder handeln nur unter dem Impuls eines sehr verarmten Ich, das vom Es, der potentiellen Quelle der Stärke und Vielfalt, abgeschnitten ist. Sie haben aber auch kein Über-Ich; sie haben kein Gefühl für die höheren Dinge und geben sich mit dem einfacheren Weg zufrieden. Das Märchen berichtet: »Die beiden andern aber hatten ihren jüngsten Bruder für so albern gehalten, daß sie glaubten, er würde gar nichts finden und bringen. ›Was sollen wir uns mit dem Suchen große Mühe geben!‹ sprachen sie, nahmen dem ersten besten Schäferweib, das ihnen begegnete, die groben Tücher vom Leib und brachten sie dem König heim.«

Als der jüngste Bruder zur selben Zeit mit seinem schönen Teppich zurückkommt, staunt der König und sagt, das Königreich gehöre rechtens dem Dummling. Die beiden andern raten ab und bitten um eine neue Bedingung. Dieses Mal geht es darum, dem König den schönsten Ring zu bringen. Wieder werden die drei Federn in die Luft geblasen und fliegen in die gleichen Richtungen wie vorher. Der Dummling erhält von der Kröte einen schönen Ring und ist Sieger, denn »die zwei ältesten lachten über den Dummling, der einen goldenen Ring suchen wollte, gaben sich gar keine Mühe, sondern schlugen einem alten Wagenring die Nägel aus und brachten ihn dem König«.

Die zwei älteren Brüder liegen dem König in den Ohren, bis er eine dritte Bedingung stellt; wer die schönste Frau heimbringt, soll das Reich haben. Die Ereignisse verlaufen wie zuvor, nur für den Dummling ergibt sich ein Unterschied. Er steigt wieder zu der dicken Kröte hinunter und sagt, er habe die Aufgabe, die schönste Frau heimzubringen. Dieses Mal erhält er aber das Gewünschte nicht ohne weiteres. Die dicke Itsche gibt ihm eine ausgehöhlte gelbe Rübe, die mit sechs Mäusen bespannt ist. Traurig fragt der Dummling, was er damit anfangen solle, doch die Kröte entgegnet: »Setze nur eine von meinen kleinen Itschen hinein!« Er nimmt eine aus dem Kreis und setzt sie in die gelbe Rübe. Sobald sie darinsitzt, verwandelt sie sich in ein wunderschönes Fräulein, während die Rübe zur Kutsche wird und die Mäuse plötzlich Pferde sind. Der Dummling küßt das Mädchen und bringt es in der Kutsche zum König. »Seine Brüder kamen nach. Die hatten sich gar keine Mühe gegeben, eine schöne Frau zu suchen, sondern die ersten besten Weiber mitgenommen. Als der König sie erblickte, sprach er: ›Dem jüngsten gehört das Reich nach meinem Tod.‹«

Die beiden älteren Brüder erheben noch einmal Einspruch und verlangen, daß die drei Frauen, die sie mitgebracht haben, durch einen mitten im Saal hängenden Ring springen. Dabei denken sie, das zarte Fräulein, das der Dummling nach Hause gebracht hat, werde sich zu Tode fallen. Ihre beiden Frauen springen aber so ungeschickt, daß sie sich Arme und Beine brechen, während das schöne Fräulein, das der Dummling von der Kröte erhalten hat, leicht wie ein Reh durch den Ring springt. Nun muß aller Widerspruch verstummen. »Und so erhielt der Dummling die Krone und hat lange in Weisheit geherrscht.«

Die beiden Brüder, die an der Oberfläche blieben, fanden nur grobe Dinge, obwohl sie angeblich so klug waren; daraus erkennt man die Grenzen eines Intellekts, der sich nicht auf die Kräfte des Unbewußten, des Es wie des Über-Ich, gründet und stützt.

Von der außerordentlichen Häufigkeit der Zahl Drei im Märchen und von ihrer möglichen Bedeutung wurde schon gesprochen. In diesem Märchen tritt sie noch stärker hervor als in anderen. Es sind drei Federn, drei Brüder, drei Bedingungen, denen eine vierte hinzugefügt ist. Die Bedeutungen des schönen Teppichs wurden ebenfalls erwogen. Der Teppich, den der Dummling heimbringt, war, wie das Märchen berichtet, »so schön und so fein, wie oben auf der Erde keiner gewebt werden konnte«, und der Ring »war so schön, wie ihn kein Goldschmied auf der Erde hätte machen können«. Was der Dummling von der Kröte erhält, sind also keine gewöhnlichen Gegenstände, sondern Kunstwerke.

Den Erkenntnissen der Psychoanalyse folgend läßt sich sagen, daß das Unbewußte der Ursprung der Kunst ist, daß sie von den Vorstellungen des Über-Ich geformt wird und daß die Ich-Kräfte die unbewußten und bewußten Gedanken bei der Schöpfung eines Kunstwerkes ausführen. So symbolisieren diese Kunstgegenstände in gewisser Weise die Persönlichkeitsintegration. Die Grobheit dessen, was die Brüder nach Hause bringen, hebt die kunstvolle Gestaltung der Dinge hervor, die der Dummling erringt bei dem Bemühen, die gestellten Forderungen zu erfüllen.

Ein Kind, das über die Geschichte nachdenkt, fragt sich unwillkürlich, warum sich die Brüder bei der zweiten und dritten Prüfung nicht mehr anstrengten, nachdem sie doch bei der ersten schon gesehen hatten, daß sie den Dummling nicht unterschätzen durften. Bald erkennt aber das Kind, daß die Brüder zwar schlau waren, aber nicht aus der Erfahrung zu lernen vermochten. Ohne Verbindung zu ihrem Unbewußten konnten sie nicht wachsen, die feineren Dinge im Leben nicht würdigen und keine qualitätsmäßigen Unterschiede treffen. Ihre Wahl war jeweils so undifferenziert wie sie selbst. Daß sie sich für klug und gescheit hielten und doch beim zweiten und dritten Mal nichts Besseres leisteten, deutet darauf hin, daß sie an der Oberfläche bleiben, wo nichts sehr Wertvolles zu finden ist.

Zweimal gibt die große, dicke Itsche dem Dummling das, was er braucht. In das Unbewußte hinabzusteigen und das, was man dort ausgegraben hat, hinaufzubringen ist viel besser als – wie die Brüder – an der Oberfläche zu bleiben, aber es genügt nicht. Deshalb ist eine weitere Prüfung notwendig. Mit dem Unbewußten, den dunklen Kräften unter der Oberfläche, vertraut zu werden ist nötig, aber nicht ausreichend. Diese Erkenntnisse müssen sich in Handlungen niederschlagen; wir müssen den Inhalt des Unbewußten verfeinern und sublimieren. Deshalb muß der Dummling beim dritten und letzten Mal selbst eine der kleinen Itschen auswählen. Unter seiner Hand wird die Rübe zur Kutsche und verwandeln sich die Mäuse in Pferde. Und wie in so vielen anderen Märchen wird die Kröte, wenn

der Held sie küßt, ein wunderschönes Mädchen. Letzten Endes ist es die Liebe, die selbst häßliche Dinge in etwas Schönes zu verwandeln vermag. Nur wir selbst können den urtümlichen, plumpen und gewöhnlichen Inhalt unseres Unbewußten – Rüben, Mäuse, Kröten – in höchst verfeinerte Geisteserzeugnisse verwandeln.
Schließlich läßt das Märchen durchblicken, daß es nicht genügt, lediglich das gleiche mit Abwandlungen zu wiederholen. Deshalb ist nach drei ähnlichen Prüfungen, bei denen die drei Federn in verschiedene Richtungen fliegen und damit die Rolle des Zufalls in unserem Leben versinnbildlichen, eine weitere, nicht vom Zufall abhängige Leistung notwendig. Durch den Ring zu springen ist eine Aufgabe, die von Geschicklichkeit abhängt, also von dem, was man selbst tun kann, und nicht von dem, was man beim Suchen findet. Die eigene Persönlichkeit in all ihrem Reichtum zu entwickeln oder dem Ich die Lebensquellen des Unbewußten zugänglich zu machen genügt noch nicht; man muß imstande sein, die eigenen Fähigkeiten geschickt, anmutig und sinnvoll einzusetzen. Das schöne Fräulein, das so leichtfüßig durch den Ring springt, ist ein Aspekt des Dummlings, ebenso wie die plumpen, ungelenken Frauen Aspekte der Brüder sind. Dies schließen wir daraus, daß sonst nichts über das Fräulein gesagt wird. Der Dummling heiratet es nicht; wenigstens berichtet das Märchen nichts davon. Die letzten Worte der Geschichte heben die Weisheit, mit der der Dummling herrscht, gegenüber der eingangs erwähnten Klugheit der Brüder hervor. Klugheit kann eine Gabe der Natur sein; sie ist Intellekt, der vom Charakter unabhängig ist. Weisheit ist die Konsequenz innerer Tiefe und bedeutsamer Erfahrungen, die das Leben bereichern; sie ist der Widerschein einer vielseitigen, gut integrierten Persönlichkeit.
Die ersten Schritte zu dieser Persönlichkeitsintegration unternimmt das Kind, wenn es in die Auseinandersetzung mit seiner tiefen, ambivalenten Bindung an die Eltern eintritt. Auch bei diesen ödipalen Konflikten hilft das Märchen dem Kind zu besserem Verständnis seiner Notlage. Es vermittelt ihm Vorstellungen, die ihm Mut zum Kampf gegen seine Schwierigkeiten einflößen, und stärkt seine Hoffnung, sie erfolgreich zu überwinden.

Ödipale Konflikte und ihre Lösungen
Der Ritter in glänzender Rüstung und die ins Elend geratene Jungfrau

In den Verwicklungen der ödipalen Krise grollt der Junge dem Vater, weil er ihm die ausschließliche Zuwendung der Mutter streitig macht. Der Junge will, die Mutter solle *ihn* als den größten Helden bewundern; dies bedeutet, daß er den Vater irgendwie aus dem Weg schaffen muß. Allerdings ist diese Vorstellung beängstigend; denn was würde mit der Familie geschehen, wenn der Vater nicht mehr da wäre, um sie zu beschützen und zu versorgen? Und wenn der Vater jemals merken würde, daß sein kleiner Junge ihn beseitigen möchte – würde er sich dann nicht furchtbar rächen?

Man kann einem kleinen Jungen noch so oft sagen, er werde eines Tages erwachsen sein, heiraten und seinem Vater gleichen – es nützt alles nichts. Ein solcher realistischer Rat hebt die Spannungen nicht auf, die das Kind im Augenblick empfindet. Das Märchen aber sagt dem Kind, wie es mit seinen Konflikten leben kann; es stellt ihm Phantasien vor Augen, die es nicht selbst ersinnen könnte.

So erzählt das Märchen die Geschichte von dem unscheinbaren Jungen, der in die Welt hinauszieht und große Erfolge im Leben erringt. Die Einzelheiten schwanken, aber der Kern ist immer gleich: Er, dem es niemand zugetraut hätte, erweist sich als Held, erschlägt Drachen, löst Rätsel und läßt sich von seinem Verstand und seiner Güte leiten, bis er schließlich die schöne Prinzessin befreit, sich mit ihr verheiratet und fortan glücklich und in Freuden lebt. Jeder Junge sieht sich einmal in dieser Starrolle. Das Märchen sagt ihm: Es ist nicht der Vater, dessen Eifersucht dir den Alleinbesitz der Mutter verwehrt, sondern es ist ein böser Drache, und was du wirklich im Sinn hast, ist, einen bösen Drachen zu erschlagen. Dazu untermauert das Märchen die Vorstellung des Jungen, daß das erstrebenswerteste Mädchen von einer bösen Gestalt gefangengehalten wird; es ist nicht die Mutter, die der Junge für sich haben will, sondern eine wunderbare Frau, die er zwar noch nicht kennt, aber ohne jeden Zweifel treffen wird. Die Geschichte erzählt noch mehr von dem, was der Junge hören und glauben möchte: Nicht aus eigenem Willen lebt diese wunderbare Frau (das heißt die Mutter) bei dieser bösen männlichen Gestalt. Im Gegenteil: Wenn sie nur könnte, wäre sie viel lieber bei einem jungen Helden (wie dem Jungen). Der Drachentöter muß immer jung und unschuldig sein wie das Kind. Die Unschuld des Helden, mit dem

sich das Kind identifiziert, beweist stellvertretend die Unschuld des Kindes, so daß es sich wegen dieser Phantasien keineswegs schuldig fühlen muß, sondern sich selbst als stolzen Helden sehen kann.
Bezeichnend für diese Märchen ist folgendes: Ist der Drache erschlagen – oder die Tat vollbracht, durch die die schöne Prinzessin aus der Gefangenschaft befreit wird –, und ist der Held mit seiner Geliebten vereint, so hören wir nichts mehr über ihr weiteres Leben, nur daß sie »noch lange glücklich und vergnügt lebten«. Wenn ihre Kinder erwähnt werden, handelt es sich gewöhnlich um eine spätere Hinzufügung eines Bearbeiters, der die Ansicht vertritt, die Geschichte werde dadurch vergnüglicher oder realistischer. Dies zeugt aber von geringem Verständnis für die Vorstellungen eines kleinen Jungen von einem glückseligen Leben. Ein Kind kann und will sich nicht ausmalen, was in Wirklichkeit dazugehört, Ehemann und Vater zu sein. Es würde beispielsweise bedeuten, daß der Junge die Mutter den größten Teil des Tages alleinlassen müßte, um zur Arbeit zu gehen; die ödipale Phantasie schildert jedoch eine Situation, in der sich der Junge und die Mutter keinen Augenblick trennen. Der kleine Junge will nicht, daß sich die Mutter im Haushalt beschäftigt oder für andere Kinder sorgt. Er sehnt sich auch nicht nach sexuellen Beziehungen mit ihr, denn dies ist für ihn noch ein Bereich voller Konflikte, wenn er sich überhaupt gedanklich damit befaßt. Wie in den meisten Märchen ist es das Ideal des kleinen Jungen, daß er und seine Prinzessin (die Mutter) beisammen sind, daß ihre Bedürfnisse befriedigt und ihre Wünsche erfüllt werden und daß sie für immer miteinander und füreinander leben.
Die ödipalen Probleme des Mädchens unterscheiden sich von denen des Jungen; deshalb sind es andere Märchen, die dem Mädchen in seiner ödipalen Situation helfen. Was das ununterbrochene glückselige Zusammenleben des Mädchens mit dem Vater verhindert, ist eine ältere Frau mit bösen Absichten (die Mutter). Da sich aber das kleine Mädchen zugleich die liebende Fürsorge der Mutter wünscht, steht in der Vergangenheit oder im Hintergrund des Märchens eine gütige weibliche Gestalt, die nicht aus dem Gedächtnis entschwunden ist, obwohl sie keinen sichtbaren Einfluß mehr hat. Das kleine Mädchen möchte sich selbst als junge, schöne Prinzessin sehen, die von der selbstsüchtigen, bösen Frauengestalt eingesperrt wird und daher für den Liebhaber nicht erreichbar ist. Der Vater der gefangenen Prinzessin wird als wohlwollend geschildert, doch steht es nicht in seiner Macht, seiner Tochter zu Hilfe zu eilen. In ›Rapunzel‹ ist es ein Versprechen, das ihm die Hände bindet, in

›Aschenputtel‹ und ›Schneewittchen‹ scheint er sich gegenüber der mächtigen Stiefmutter nicht durchsetzen zu können.

Der Junge in der ödipalen Krise, der sich von seinem Vater bedroht fühlt, weil er ihn aus der Aufmerksamkeit der Mutter zu verdrängen sucht, weist dem Vater die Rolle des schrecklichen Ungeheuers zu. Damit ist für den Jungen auch bewiesen, daß er selbst für den Vater ein gefährlicher Rivale ist; denn warum wäre sonst die Vaterfigur so bedrohlich? Da die erstrebenswerte Frau von dem alten Drachen gefangengehalten wird, kann der kleine Junge annehmen, daß lediglich brutale Gewalt das reizende Mädchen (die Mutter) daran hindert, zu ihm, dem bei weitem bevorzugten jungen Helden, zu kommen und bei ihm zu bleiben. In Märchen, die dem Mädchen in der ödipalen Krise helfen, seine Gefühle zu verstehen und stellvertretende Befriedigung zu finden, ist es die Eifersucht der (Stief-)Mutter oder der Zauberin, die es dem Liebhaber unmöglich macht, die Prinzessin zu finden. Wie diese Eifersucht beweist, ist sich die ältere Frau darüber im klaren, daß das junge Mädchen begehrenswerter, liebreizender und liebenswerter ist.

Der Junge im Ödipalkonflikt wünscht nicht, daß andere Kinder der völligen Zuwendung der Mutter zu ihm im Wege stehen. Beim Mädchen in der ödipalen Zeit ist es anders: Es möchte dem Vater die Gabe der Liebe schenken und Mutter seiner Kinder sein. Ob sich hierin sein Verlangen, in dieser Beziehung mit der Mutter zu konkurrieren, oder eine schwache Vorahnung künftiger Mutterschaft ausdrückt, ist schwer zu entscheiden. Der Wunsch, dem Vater ein Kind zu schenken, bedeutet nicht, sexuelle Beziehungen mit ihm zu haben – wie der kleine Junge denkt auch das kleine Mädchen nicht derart konkret. Das Mädchen weiß, daß Kinder den Mann noch stärker an die Frau binden. Deshalb werden in Märchen, die symbolisch von den ödipalen Wünschen, Problemen und Nöten eines Mädchens handeln, gelegentlich beim glücklichen Ausgang der Geschichte Kinder erwähnt.

In ›Rapunzel‹ erfahren wir, daß der Königssohn einige Jahre im Elend umherirrte und endlich in die Wüstenei geriet, »wo Rapunzel mit den Zwillingen, die sie geboren hatte, einem Knaben und Mädchen, kümmerlich lebte« – obwohl vorher nicht von Kindern die Rede war. Als Rapunzel ihn umarmte, fielen zwei ihrer Tränen auf seine Augen, die von Dornen zerstochen und erblindet waren, und »er konnte damit sehen wie sonst. Er führte sie in sein Reich, wo er mit Freude empfangen ward, und sie lebten noch lange glücklich und vergnügt«. Sobald sie vereinigt sind, wird nichts mehr über die Kinder gesagt. Sie sind nur ein Symbol für die Bindung zwischen

Rapunzel und dem Königssohn während ihrer Trennung. Von einer Heirat wird nicht berichtet, und sexuelle Beziehungen werden nicht angedeutet; die Erwähnung der Kinder nährt daher die Vorstellung, daß man Kinder als Frucht der Liebe, ohne Sexualität, bekommen kann.

Im üblichen Verlauf des Familienlebens ist der Vater oft außer Haus, während die Mutter, die das Kind geboren und genährt hat, es auch weiterhin pflegt und versorgt. Der Junge kann infolgedessen leicht vorgeben, der Vater sei in seinem Leben nicht so sehr wichtig. (Das Mädchen dagegen kann sich nicht so einfach vorstellen, auf die Fürsorge der Mutter zu verzichten.) Aus diesem Grund ist die Ablösung eines ursprünglich »guten« Vaters durch einen bösen Stiefvater im Märchen ebenso selten, wie die böse Stiefmutter häufig ist. Da die Väter normalerweise dem Kind weniger Aufmerksamkeit schenken, ist es keine so bittere Enttäuschung, wenn der Vater sich dem Kind in den Weg stellt oder Forderungen ausspricht. So wird der Vater, der die ödipalen Wünsche des Jungen vereitelt, nicht als Bösewicht im Heim gesehen oder, wie es mit der Mutter oft geschieht, in zwei Gestalten, eine gute und eine böse, aufgespalten. Der Junge projiziert seine Zurücksetzungen und Ängste statt dessen auf einen Riesen, ein Ungeheuer oder einen Drachen.

In der ödipalen Phantasie des Mädchens wird die Mutter in zwei Gestalten zerteilt, in die gute Mutter der vor-ödipalen Zeit und die böse Stiefmutter der ödipalen Zeit. (Manchmal treten böse Stiefmütter von Jungen in Märchen auf, so in ›Hänsel und Gretel‹, doch diese Geschichten behandeln andere Probleme, nicht ödipale Konflikte.) In der Phantasie ist das Mädchen überzeugt, daß die gute Mutter niemals auf ihre Tochter eifersüchtig geworden wäre oder den Prinzen (den Vater) und das Mädchen daran gehindert hätte, glücklich zusammenzuleben. Beim Mädchen in der ödipalen Krise bewirkt daher das Vertrauen zur Güte der vor-ödipalen Mutter und die Treue zu ihr eine Verringerung des Schuldgefühls wegen der Verwünschung der (Stief-)Mutter, die dem Mädchen im Weg steht.

So ziehen Jungen und Mädchen in der ödipalen Krise großen Gewinn aus dem Märchen: Sie erleben in der Phantasie ödipale Befriedigungen ohne Schuldgefühle und behalten in der Realität ihre guten Beziehungen zu beiden Eltern.

Für den ödipalen Jungen steht, wenn die Mutter ihn enttäuscht, die Märchenprinzessin im Hintergrund, jene wunderbare Frau der Zukunft, die ihn für alle derzeitigen Kümmernisse entschädigen wird. Schon der bloße Gedanke an sie macht es ihm leichter, seine Leiden zu ertragen. Wenn der Vater seinem kleinen Mädchen gegenüber nicht so aufmerksam ist, wie es wünscht, kann es diese Vernachlässigung hinnehmen, weil ja ein Prinz kommen wird, der es allen anderen vorzieht. Da alles im Märchenland stattfindet, braucht sich das Kind nicht schuldig oder verängstigt zu fühlen, wenn es den Vater in der Rolle des Drachen und bösen Riesen oder die Mutter in der Rolle der heimtückischen Stiefmutter und Hexe sieht. Das Mädchen kann seinen wirklichen Vater um so mehr liebhaben, als der Grund dafür, daß er es der Mutter nicht vorzieht, in seiner unglückseligen Machtlosigkeit liegt (wie bei den Vätern im Märchen), die ihm niemand zum Vorwurf machen kann, weil sie von höheren Mächten verursacht ist; zudem wird dies das Mädchen nicht daran hindern, daß es seinen Prinzen bekommt. Es kann die Mutter um so mehr liebhaben, als es seinen Zorn auf die Ersatzmutter entlädt, die ihre gerechte Strafe erhält – so wie Schneewittchens Stiefmutter, von der es heißt: »Da mußte sie in die rotglühenden Schuhe treten und so lange tanzen, bis sie tot zur Erde fiel.« Schneewittchen und mit ihm das Mädchen braucht sich nicht schuldig zu fühlen, denn seine Liebe zur echten Mutter (die der Stiefmutter voranging) ist nie erloschen. Der Junge kann seinen wirklichen Vater unbeschwert liebhaben, wenn er seinen Zorn auf ihn in der Phantasie durch das Töten des Drachen oder des bösen Riesen ausgelebt hat.

Solche Märchenphantasien, die die meisten Kinder wohl kaum von sich aus so vollständig und so zufriedenstellend ersinnen könnten, vermögen einem Kind bei der Überwindung seiner ödipalen Ängste sehr viel zu helfen.

Auf andere Weisen ist das Märchen ebenfalls sehr wertvoll für das Kind im ödipalen Konflikt. Mütter können mit dem Wunsch ihrer kleinen Jungen, den Vater zu beseitigen und die Mutter zu heiraten, nicht einverstanden sein; eine Mutter kann aber mit Freude teilnehmen, wenn ihr Sohn sich ausmalt, er sei der Drachentöter, der die schöne Prinzessin erringt. Die Mutter kann auch die Phantasien der Tochter um den hübschen Prinzen, der eines Tages kommen wird, voll und ganz unterstützen und damit ihre Hoffnung auf einen glücklichen Ausgang trotz der augenblicklichen Enttäuschung stärken. Die Tochter verliert also die Mutter nicht wegen der ödipalen Zuneigung zum Vater, sondern sie erkennt, daß die Mutter ihre heimlichen Wünsche billigt und sogar deren Erfüllung erhofft. Mit dem Märchen können die Eltern das Kind auf allen Streifzügen der Phantasie begleiten und dabei doch in der Realität ihre überaus wichtige Funktion beibehalten und ihre elterlichen Aufgaben erfüllen.

Auf diese Weise erfährt das Kind von allen Seiten die Ermutigung, die es braucht, um zu einem in sich gefestigten Erwachsenen heranzuwachsen. In der Phantasie überwindet das Mädchen die (Stief-)Mutter, deren Bemühungen, sein Glück mit dem Prinzen zu verhindern, fehlschlagen müssen; der Junge erschlägt das Ungeheuer und erringt in einem fernen Land das, was er sich wünscht. Zugleich behalten Jungen und Mädchen zu Hause den wirklichen Vater als Beschützer und die wirkliche Mutter, die ihnen die notwendige Fürsorge und Befriedigung zuteil werden läßt. Da bei alledem stets klar ist, daß ferne Zeiten und Länder die Schauplätze sind, auf denen man den Drachen tötet und die befreite Prinzessin heiratet oder vom Märchenprinzen entdeckt wird und die böse Hexe bestraft, verwechselt das normale Kind diese Geschehnisse niemals mit der Realität.

Ödipale Konflikte finden sich in einer großen Zahl von Märchen, die das Interesse des Kindes über den Rahmen der engeren Familie hinausführen. Um die ersten Schritte des Reifens zu unternehmen, muß das Kind den Blick auf die weite Welt richten. Wird das Kind bei seiner wirklichen und gedanklichen Erforschung der Welt außerhalb des Heims nicht von den Eltern unterstützt, so besteht die Gefahr, daß die Persönlichkeitsentwicklung verarmt.

Es ist nicht klug, ein Kind mit vielen Worten zu bedrängen, es solle seinen Horizont erweitern, oder ihm vorzuschreiben, wie weit es seine Erforschung der Welt treiben darf und wie es seine Gefühle den Eltern gegenüber analysieren soll. Wenn die Eltern ein Kind mit Worten ermutigen, zu »reifen« und psychologisch oder geographisch in die Welt zu ziehen, folgert das Kind daraus: »Sie wollen mich loswerden.« Die Folge ist das Gegenteil dessen, was beabsichtigt war, denn das Kind fühlt sich dann unerwünscht und unbedeutend, und solche Gefühle sind für die Entwicklung seiner Fähigkeit, mit dieser weiteren Welt umzugehen, höchst schädlich.

Die Lernaufgabe des Kindes besteht eben darin, daß es selbst beschließt, in die Welt hinauszuziehen, und zwar zu seiner Zeit und in die Lebensbereiche, die es selbst auswählt. Das Märchen hilft ihm dabei, weil es nur winkt und niemals fordert oder befiehlt. Im Märchen wird alles implizit und symbolisch gesagt: welche altersgemäßen Aufgaben das Kind erwarten, wie es seine ambivalenten Gefühle gegenüber den Eltern ordnen kann, wie sich dieser Aufruhr der Emotionen schlichten läßt. Außerdem warnt das Märchen vor den Fallen, die das Kind auf seinem Wege antrifft und vielleicht umgehen kann, und stets verheißt es einen glücklichen Ausgang.

Furcht vor der Phantasie
Warum wurden die Märchen verpönt?

Warum verachten so viele intelligente, wohlmeinende, moderne Eltern, denen nichts so sehr am Herzen liegt wie die ungestörte Entwicklung ihrer Kinder, den Wert des Märchens und warum enthalten sie ihren Kindern das vor, was das Märchen zu bieten hat? Trotz ihrer Moraldisziplin und ihrer nüchternen Lebensweise erlaubten sogar unsere viktorianischen Voreltern ihren Kindern, sich der Phantasie und Spannung des Märchens hinzugeben; ja, sie ermutigten sie dazu. Es wäre zu einfach, und es ist unrichtig, die Verbannung des Märchens auf engstirnigen, unwissenden Rationalismus zurückzuführen.

Manche Leute behaupten, Märchen schilderten kein »wahrhaftiges« Bild des Lebens und seien deshalb ungesund. Daß »Wahrheit« im Leben des Kindes etwas anderes ist als im Leben des Erwachsenen, kommt ihnen nicht in den Sinn. Sie erkennen nicht, daß das Märchen nicht die äußere Welt und »Realität« beschreibt. Es ist ihnen auch nicht klar, daß kein gesundes Kind jemals annimmt, das Märchen schildere die Welt realistisch.

Manche Eltern befürchten, ihre Kinder »anzulügen«, wenn sie ihnen von den phantastischen Ereignissen im Märchen erzählen. Ihre Sorge stützt sich auf die Frage des Kindes: »Ist das wahr?« Viele Märchen geben die Antwort, ehe diese Frage überhaupt gestellt werden kann: gleich zu Beginn der Geschichte. ›Ali Baba und die vierzig Räuber‹ fängt an: »Es wird berichtet . . . in den Erzählungen aus alter Zeit und aus der Völker Vergangenheit und von Nationen, die längst dem Untergange geweiht, daß in früheren Tagen, die weit in entschwundene Zeitalter ragen . . . « ›Der Froschkönig oder der eiserne Heinrich‹ (Brüder Grimm) wird wie folgt eingeleitet: »In den alten Zeiten, wo das Wünschen noch geholfen hat . . .« Solche Anfänge machen hinreichend deutlich, daß die Geschichten auf einer ganz anderen Ebene als der alltäglichen »Realität« stattfinden. Manche Märchen beginnen allerdings ganz realistisch: »Es war einmal ein Mann und eine Frau, die hatten sich schon lange ein Kind gewünscht, und nie eins bekommen.« (›Rapunzel‹) Das Kind, das mit Märchen vertraut ist, erweitert aber die Zeitangabe »es war einmal« stets zur gleichen Bedeutung wie »im Märchenland«. Dies erklärt auch, warum sich der Wert des Märchens für das Kind nicht voll auswirken kann, wenn man nur eine und dieselbe Geschichte erzählt; dann entstehen Probleme, die erst durch die Bekanntschaft mit mehreren Märchen gelöst werden.

Die »Wahrheit« des Märchens ist die Wahrheit unserer Phantasie, nicht die der normalen Kausalität. Zu der Frage »Ist das wahr?« schreibt Tolkien: »Sie darf nicht überstürzt oder beiläufig beantwortet werden.« Er fährt fort, viel wichtiger sei dem Kind die Frage: »›War er gut? War er böse?‹ Das heißt, es liegt ihm (dem Kind) mehr daran, sich über die richtige Seite und die falsche Seite klar zu werden.«

Ehe sich das Kind mit der Realität auseinandersetzen kann, muß es einen Bezugsrahmen haben, um sie einzuschätzen. Wenn es fragt, ob eine Geschichte wahr sei, will es wissen, ob die Geschichte seinem Verständnis etwas Wichtiges hinzufügt und ob sie ihm etwas zu sagen hat, das für *seine* größten Anliegen bedeutsam ist.

Noch einmal Tolkien: »Wenn Kinder fragen: ›Ist das wahr?‹ meinen sie oft genug: ›Es gefällt mir, aber ist das heute auch noch so? Bin ich in meinem Bettchen sicher?‹ Die Antwort: ›Heute gibt es ganz gewiß keinen Drachen in England‹ ist alles, was sie hören wollen.« »In den Märchen«, so fährt er fort, »geht es ganz offenkundig nicht primär um das, was möglich ist, sondern um das, was wünschenswert ist.« Dies erkennt das Kind; ist doch für das Kind nichts »wahrer« als das, was es sich wünscht.

In der Erinnerung an seine Kindheit sagt Tolkien: »Ich wünschte mir weder Träume noch Abenteuer wie *Alice*, und die Schilderung davon amüsierte mich nur. Es lockte mich wenig, nach vergrabenen Schätzen zu suchen oder Seeräuber zu bekämpfen, und ›Treasure Island‹ ließ mich kalt. Aber das Land von Merlin und Arthur war besser, und am allerbesten war das ungenannte Nordland von Siegfried aus dem Geschlecht der Wälsungen und der oberste aller Drachen. Solche Länder waren in erster Linie erstrebenswert. Ich stellte mir niemals vor, der Drache sei von gleicher Art wie das Pferd. Auf dem Drachen stand das Zeichen ›Aus dem Märchenland‹ sichtbar geschrieben. In welcher Welt er auch lebte – es war die andere Welt ... Ich sehnte mich mit tiefer Sehnsucht nach Drachen. Natürlich wünschte ich mir in meinem schüchternen Körper nicht, sie in der Nachbarschaft zu haben und sie in meine relativ sichere Welt eindringen zu lassen.«(36)

Auf die Frage, ob das Märchen die Wahrheit sage, sollte die Antwort nicht die faktische Wahrheit betreffen, sondern die augenblicklichen Sorgen des Kindes, sei es seine Furcht, verhext zu werden, oder seien es seine ödipalen Rivalitätsgefühle. Die Versicherung, daß die Märchen nicht hier und jetzt, sondern in einem fernen Feenland stattfinden, genügt im übrigen fast immer. Eltern, die aus eigener Kindheitserfahrung vom Wert des Märchens überzeugt sind, werden keine Schwierigkeiten haben, die Fragen ihres Kindes zu beantworten; ein Erwachsener dagegen, der die Märchen für einen Sack voll Lügen hält, sollte die Finger davon lassen, denn er ist nicht imstande, sie so zu erzählen, daß sie das Leben des Kindes bereichern.

Manche Eltern befürchten auch, ihre Kinder ließen sich von ihren Phantasievorstellungen mitreißen und würden, angeregt vom Märchen, an Zauberei glauben. Jedes Kind glaubt aber an Zauberei und legt diesen Glauben ab, wenn es erwachsen wird (mit Ausnahme derjenigen, die von der Realität zu sehr enttäuscht werden, als daß sie ihren Belohnungen trauen könnten). Ich habe gestörte Kinder gekannt, denen niemals Märchen erzählt wurden, die aber einem Ventilator oder Elektromotor ebensoviel Zauber und Zerstörungskraft beimaßen, wie irgendein Märchen jemals seiner mächtigsten und gefährlichsten Gestalt verlieh.(37)

Andere Eltern wiederum sind in Sorge, der kindliche Geist könnte mit Märchenphantasien so überfüttert werden, daß er nicht lernt, mit der Realität umzugehen. In Wirklichkeit ist genau das Gegenteil zutreffend. So komplex wir alle sind – mit Konflikten, Ambivalenzen und Widersprüchen belastet –, ist doch die menschliche Persönlichkeit unteilbar. Jede Erfahrung berührt alle Persönlichkeitsaspekte zugleich. Um die Aufgaben des Lebens zu bewältigen, braucht die Gesamtpersönlichkeit die Unterstützung einer reichen Phantasie zusammen mit einem gefestigten Bewußtsein und einer klaren Sicht der Realität.

Eine Fehlentwicklung setzt ein, wenn ein Bestandteil der Persönlichkeit – das Es, das Ich oder das Über-Ich; das Bewußte oder das Unbewußte – einen der anderen überwältigt und der Gesamtpersönlichkeit den Zugang zu den ihr eigenen Kraftquellen verschließt. Aus der Tatsache, daß manche Menschen sich von der Welt zurückziehen und den größten Teil ihrer Zeit im Reich ihrer Vorstellungen zubringen, hat man den irrigen Schluß gezogen, ein überreiches Phantasieleben mache es unmöglich, erfolgreich die Realität zu bewältigen. Das Gegenteil ist jedoch richtig: Diejenigen, die völlig in ihren Phantasien leben, werden von zwanghaften Gedankengängen befallen, die sich ewig um einige wenige engbegrenzte, stereotype Gegenstände drehen. Diese Menschen haben keineswegs ein reiches Phantasieleben; sie sind vielmehr in einen angsterfüllten oder sehnsüchtigen Wunschtraum eingeschlossen und können nicht ausbrechen. Die frei schweifende Phantasie dagegen, die in der

Vorstellung eine breite Vielfalt von Gegenständen auch aus der Realität umfaßt, gibt dem Ich eine Überfülle an Material zu verarbeiten. Dieses mannigfaltige, abwechslungsreiche Phantasieleben erhält das Kind vom Märchen. Es verhindert, daß die Phantasie in den engen Grenzen weniger Wachträume steckenbleibt, deren Ängste und Wünsche um eine kleine Anzahl geringfügiger Anliegen kreisen.

Freud sagte, das Denken sei eine Art der Erforschung von Möglichkeiten, bei der die Gefahren, die dem tatsächlichen Experimentieren eigen sind, vermieden werden. Das Denken erfordert einen geringen Energieaufwand, so daß wir für das Handeln Energie frei haben, sobald wir auf dem Wege des Nachdenkens über die Erfolgsaussichten und die beste Durchführung zu Entscheidungen gekommen sind. Dies gilt für Erwachsene; der Wissenschaftler beispielsweise »spielt mit Gedanken«, ehe er sie systematisch zu bearbeiten beginnt. Die Gedanken des kleinen Kindes verlaufen aber nicht geordnet wie die des Erwachsenen; die Phantasien des Kindes sind seine Gedanken. Wenn sich ein Kind bemüht, sich selbst und andere zu verstehen oder sich vorzustellen, welche Folgen eine Handlung haben könnte, spinnt es Phantasien um diese Fragen. Dies ist seine Weise, mit »Gedanken zu spielen«. Wenn man dem Kind das rationale Denken als Hauptinstrument zur Klärung seiner Gefühle und zum Verständnis der Welt anbietet, fühlt es sich nur verwirrt und eingeengt.

Dies trifft auch zu, wenn das Kind scheinbar nach faktischer Information fragt. Piaget erzählt, wie ihn ein knapp vierjähriges Mädchen wegen der Flügel eines Elefanten um Auskunft bat. Er antwortete, daß Elefanten nicht fliegen. Das Mädchen beharrte aber darauf: »Doch, sie fliegen, ich habe sie gesehen.« Darauf entgegnete er, die Kleine mache wohl einen Scherz.(38) Dieses Beispiel zeigt die Grenzen der Phantasien des Kindes. Das kleine Mädchen schlug sich offensichtlich mit irgendeinem Problem herum, und faktische Erläuterungen boten überhaupt keine Hilfe, weil sie sich nicht auf dieses Problem bezogen. Hätte Piaget das Gespräch fortgesetzt und gefragt, wohin denn der Elefant so eilig fliegen müsse oder welchen Gefahren er entrinnen wolle, so wären wahrscheinlich die Fragen, die das Kind bedrängten, zutage getreten, denn Piaget hätte damit seine Bereitschaft bewiesen, sich der Methode des Kindes, das Problem zu erforschen, anzuschließen. Piaget wollte aber auf der Grundlage seines eigenen rationalen Bezugsrahmens verstehen, wie die Gedankenarbeit dieses Kindes vor sich ging, während das Mädchen sich bemühte, die Welt auf der Grundlage seines Verständnisses zu erfassen: durch die Verarbeitung der Realität, wie *es* sie sah, in seiner Phantasie.

Darin liegt die Tragödie eines großen Teils der »Kinderpsychologie«: Ihre Erkenntnisse sind richtig und wichtig, aber sie kommen dem Kind nicht zugute. Psychologische Entdeckungen helfen dem Erwachsenen, das Kind vom Bezugsrahmen eines Erwachsenen aus zu verstehen. Doch dieses Verständnis des Erwachsenen für den Verlauf der Gedanken eines Kindes erweitert häufig die Kluft zwischen ihnen; sie beide scheinen das gleiche Phänomen unter so verschiedenen Blickwinkeln zu betrachten, daß jeder etwas anderes sieht. Wenn der Erwachsene darauf besteht, daß seine Sicht der Dinge richtig ist – wie sie es objektiv gesehen und mit dem Wissen des Erwachsenen durchaus sein kann –, versinkt das Kind in dem hoffnungslosen Gefühl, daß es gar nichts nützt, sich um ein gemeinsames Verständnis zu bemühen. Das Kind weiß, wer die Macht in Händen hat, und um Schwierigkeiten zu vermeiden und seinen Frieden zu haben, sagt es, es stimme dem Erwachsenen zu. Daraufhin ist es gezwungen, seinen Problemen allein gegenüberzutreten.

Schwere Kritik am Märchen wurde laut, als die neuen Entdeckungen der Psychoanalyse und der Kinderpsychologie erkennen ließen, wie gewalttätig, angstbesessen, destruktiv und sogar sadistisch die Phantasie des Kindes ist. Ein kleines Kind zum Beispiel liebt seine Eltern mit unglaublicher Gefühlsintensität, aber bisweilen haßt es sie auch. Im Besitz dieses Wissens hätte es ein leichtes sein müssen, zu der Erkenntnis zu gelangen, daß die Märchen das innere Gemütsleben des Kindes ansprechen. Statt dessen behaupteten die Zweifler, das Märchen verursache oder fördere doch weitgehend diese bestürzenden Gefühle.

Die Verächter des traditionellen Volksmärchens beschlossen, wenn schon Ungeheuer in einer Geschichte für Kinder auftreten müßten, sollten sie alle gutmütig sein – dabei übersahen sie das Ungeheuer, das dem Kind am besten bekannt ist und das ihm am meisten Sorge bereitet: das Ungeheuer, als das es sich selbst fühlt und das es auch manchmal verfolgt. Wenn die Erwachsenen von diesem Ungeheuer im Kind nicht sprechen, wenn sie es im Unbewußten versteckt halten wollen und dem Kind nicht erlauben, es mit Hilfe der Bilderwelt des Märchens in seiner Phantasie zu bedenken, lernt das Kind das eigene Ungeheuer nicht besser kennen und erhält auch keinen Hinweis, wie es gebändigt werden kann. Die Folge davon ist, daß das Kind seinen schlimmsten Ängsten hilflos gegenübersteht – viel mehr, als wenn man ihm Märchen erzählt hätte, die diesen

Ängsten Gestalt verleihen und Wege aufzeigen, wie das Ungeheuer überwunden werden kann. Wenn unsere Furcht, gefressen zu werden, die greifbare Gestalt einer Hexe annimmt, können wir uns von ihr befreien, indem wir die Hexe im Backofen verbrennen! Doch diese Überlegungen kamen denen, die das Märchen in Acht und Bann taten, nicht in den Sinn.

Es ist ein merkwürdig begrenztes, einseitiges Bild der Erwachsenen und des Lebens, das die Kinder als das einzig richtige übernehmen sollen. Mit dem Aushungern der Phantasie des Kindes wollte man die Riesen und Menschenfresser des Märchens – also die finsteren Gewalten im Unbewußten – ausrotten, damit sie die Entwicklung des rationalen Verstandes nicht hemmten. Das rationale Ich sollte vom Säuglingsalter an die Oberherrschaft ausüben! Um dies zu bewerkstelligen, mußte nicht etwa das Ich die dunklen Kräfte des Es besiegen, sondern man wollte das Kind daran hindern, daß es seinem Unbewußten Aufmerksamkeit schenkte oder Geschichten hörte, die das Unbewußte ansprechen. Man gab vor, das Kind werde dann seine unschönen Phantasien verdrängen und nur erfreuliche Phantasien hegen.*

Solche Es-Verdrängungstheorien halten jedoch nicht stand. Was geschehen kann, wenn ein Kind gezwungen ist, den Inhalt seines Unbewußten zu verdrängen, sei an einem extremen Beispiel geschildert. Ein Junge, der am Ende seiner Latenzperiode plötzlich stumm geworden war, erläuterte nach langer therapeutischer Arbeit die Ursache seiner Stummheit, wie er sie sah: »Meine Mutter wusch mir den Mund mit Seife aus wegen all der schlimmen Wörter, die ich gebrauchte, und sie waren auch ziemlich schlimm, das gebe ich zu. Sie wußte aber nicht, daß sie beim Auswaschen all der schlimmen Wörter auch alle guten Wörter mit auswusch.« In der Therapie wurden diese schlimmen Wörter freigesetzt, und dabei tauchten auch die guten Wörter wieder auf. Vieles andere war in den frühen Lebensjahren dieses Jungen ebenfalls schiefgelaufen; das Auswaschen des Mundes mit Seife war nicht die Hauptursache seiner Stummheit, hatte aber dazu beigetragen.

* Es ist, als sei Freuds Ausspruch über das Wesen der Entwicklung zu höherem Menschentum, »wo das Es war, sollte das Ich sein«, in sein Gegenteil verkehrt: »Wo das Es war, sollte nichts davon mehr sein.« Freud meinte aber unzweifelhaft, daß nur das Es das Ich mit der Energie versorgen kann, die notwendig ist, um unbewußte Tendenzen zu formen und konstruktiv zu nutzen. Obgleich die neuere psychoanalytische Theorie postuliert, daß das Ich ebenso von Geburt an mit eigener Energie ausgestattet ist, ist doch ein Ich, das die viel größeren Energiequellen des Es nicht zusätzlich heranziehen kann, sehr schwach. Doppelt geschwächt ist ein Ich, das seinen begrenzten Energievorrat dazu verwenden muß, die Energie des Es unterdrückt zu halten.

Das Unbewußte ist die Quelle des Rohmaterials und die Grundlage, auf der das Ich unser Persönlichkeitsgefüge aufbaut. Bei diesem Bild sind unsere Phantasien die natürlichen Hilfsmittel, die das Rohmaterial schürfen, verarbeiten und für die persönlichkeitsbildenden Aufgaben des Ich nutzbar machen. Fehlen uns diese natürlichen Hilfsmittel, so bleibt unser Leben eingeschränkt; ohne Phantasien, die uns Hoffnung einflößen, haben wir nicht die Kraft, den Widrigkeiten des Lebens zu begegnen. Die Kindheit ist die Zeit, in der diese Phantasien genährt werden müssen. Wir selbst ermuntern unsere Kinder, ihre Phantasie zu entwickeln; wir lassen sie malen, was sie wollen, oder wir regen sie an, sich Geschichten auszudenken. Wenn dem Kind aber unser gemeinsames Erbe an Phantasie, das Volksmärchen, vorenthalten wird, kann es nicht von sich aus Geschichten erfinden, die ihm helfen, mit den Problemen des Lebens fertig zu werden. Die Geschichten, die es zu ersinnen vermag, sind lediglich Ausdruck seiner Wünsche und Ängste. Wenn es auf seine eigenen Hilfsmittel angewiesen ist, können seine Phantasien nur um seinen derzeitigen Zustand kreisen, denn es kann nicht wissen, wohin es gehen muß und wie es dorthin gelangt. Hier leistet das Märchen das, was das Kind am meisten braucht: Es beginnt genau dort, wo sich das Kind emotional befindet, es zeigt ihm, wo es hingehen muß und wie es das angreifen kann. Das Märchen gibt diese Hinweise aber implizit in Form von Phantasiematerial, das das Kind nach Belieben aufgreifen kann, und mit Hilfe von Bildern, die es dem Kind leicht machen, das Wesentliche zu erfassen.

Mit vielerlei Begründungen wurde das Märchen trotz der Erkenntnisse der Psychoanalyse vom Unbewußten, besonders vom Unbewußten der Kinder, weiterhin mit dem Bann belegt. Als man nicht mehr leugnen konnte, daß das Kind von tiefen Konflikten, Ängsten und Sehnsüchten erfüllt ist und von allen möglichen irrationalen Vorgängen hilflos gebeutelt wird, zog man den Schluß, man müsse das Kind, das sich schon vor so vielem fürchtet, von allem fernhalten, das furchterregend aussieht. Eine Geschichte kann tatsächlich manchen Kindern Angst einflößen; sobald sie aber mit Märchen besser vertraut werden, verschwinden die furchterregenden Aspekte, während die tröstlichen Züge immer stärker vorherrschen. *Das ursprüngliche Mißvergnügen des Angstgefühls verwandelt sich dann in die große Freude, die man empfindet, wenn die Angst mit Erfolg angegriffen und gemeistert wird.*

Eltern, die sich der Einsicht verschließen wollen, daß ihr Kind mörderische Wünsche hegt und Dinge und sogar Menschen in

Stücke reißen möchte, vertreten die Ansicht, ihr Kind müsse daran gehindert werden, sich solchen Gedanken hinzugeben (wie wenn das überhaupt möglich wäre!). Wenn dem Kind der Zugang zu Geschichten verwehrt wird, die ihm implizit sagen, daß andere die gleichen Phantasien haben, kommt es zu der Überzeugung, nur es allein denke sich solche Dinge aus, und dann werden seine Phantasien wirklich furchterregend. Wenn wir aber erfahren, daß andere die gleichen oder ähnliche Phantasien hegen, fühlen wir uns als Teil der Menschheit und befürchten nicht mehr, wir hätten uns mit solchen destruktiven Vorstellungen außerhalb der menschlichen Gemeinschaft gestellt.

Ein merkwürdiger Widerspruch liegt darin, daß gebildete Eltern das Märchen gerade dann aus dem Leben ihrer Kinder verbannten, als ihnen auf Grund der Erkenntnisse der Psychoanalyse bewußt wurde, daß das Gemüt des kleinen Kindes keineswegs unschuldig, sondern von ängstlichen, zornigen und zerstörerischen Vorstellungen erfüllt ist.* Ebenso bemerkenswert ist, daß diese Eltern, die so sehr besorgt sind, die Ängste ihres Kindes nicht zu steigern, die tröstlichen Botschaften des Märchens völlig übersehen.

Des Rätsels Lösung liegt vielleicht in den ambivalenten Gefühlen des Kindes für seine Eltern, die gleichfalls von der Psychoanalyse erforscht wurden. Eltern sind erschüttert von der Erkenntnis, daß ihr Kind ihnen gegenüber nicht nur tiefe Liebe, sondern auch bitteren Haß empfindet. Sie möchten aber von ihrem Kind geliebt werden und schrecken davor zurück, ihm Geschichten zu erzählen, die es ermutigen könnten, seine Eltern für schlecht oder ablehnend zu halten.

Die Eltern möchten nur zu gern glauben, wenn ihr Kind sie als

* Märchen regen – ebenso wie viele andere Erlebnisse – die Phantasie des Kindes an. Da die Ablehnung der Eltern oft mit den gewalttätigen oder furchterregenden Ereignissen des Märchens begründet wird, sei eine experimentelle Untersuchung von Fünftkläßlern erwähnt, aus der hervorgeht, daß ein Kind mit einem reichen Phantasieleben (wie es vom Märchen angeregt wird) auf die Konfrontation mit aggressivem Phantasiematerial (in der Art dessen, was im Märchen enthalten ist – im Experiment ein Film aggressiven Inhalts) mit einem deutlichen *Rückgang* des aggressiven Verhaltens reagiert. Bei Kindern, die nicht zu aggressiven Phantasien ermuntert wurden, konnte kein Rückgang des aggressiven Verhaltens beobachtet werden (Ephraim Biblow: ›Imaginative Play and the Control of Aggressive Behavior‹, in: Jerome L. Singer: *The Child's World of Make-Believe,* New York, Academic Press, 1973).

Da die Märchen das Phantasieleben des Kindes stark stimulieren, seien die beiden Schlußsätze der Untersuchung angeführt: »Das Kind mit geringer Phantasie zeigte sich in der Beobachtung beim Spiel als eher motorisch orientiert; seine Spiele waren von viel Aktion und wenig Denken gekennzeichnet. Das Kind mit viel Phantasie dagegen war stärker strukturiert und schöpferisch; es tendierte eher zu verbaler als zu physischer Aggressivität.«

Stiefmutter, Hexe oder Riesen sehe, habe dies nichts mit ihnen selbst zu tun und damit, wie sie gelegentlich auf das Kind wirken, sondern sei nur die Folge von Geschichten, die man ihm erzählt hat. Diese Eltern hoffen, ihr Kind werde die Eltern nicht in diesem Bild sehen, wenn es überhaupt nichts von solchen Gestalten erfährt. In einer völligen Umkehrung der Tatsachen, die ihnen weitgehend unbewußt bleibt, hängen solche Eltern der irrigen Auffassung an, Märchen und Geschichten seien schuld, wenn ihr Kind sie in dieser Gestalt sieht, während doch in Wirklichkeit das Gegenteil zutrifft: Kinder lieben Märchen nicht deshalb, weil deren Bilderwelt ihren inneren Vorgängen entspricht, sondern trotz all ihrer zornigen, angsterfüllten Gedanken, denen das Märchen Form und Inhalt verleiht, einzig und allein deshalb, weil sie stets zu einem guten Ende führen, wie es sich das Kind nicht von sich aus vorstellen könnte.

Transzendenz der Kindheit mit Hilfe der Phantasie

Wer an einen großen Plan im menschlichen Leben glaubt, muß die Weisheit bewundern, mit der es so eingerichtet ist, daß vielfältige psychologische Ereignisse genau zur richtigen Zeit zusammentreffen und einander verstärken. Unter ihrem Einfluß tritt der kleine Mensch aus dem Säuglingsalter in die Kindheit ein. Gerade dann, wenn das Kind die Lockung der Welt verspürt, aus dem engen Kreis, den es mit seinen Eltern bildet, auszubrechen, wird es von seinen ödipalen Enttäuschungen veranlaßt, sich ein wenig von den Eltern zu lösen, die bis dahin die einzige Quelle seines körperlichen und seelischen Unterhalts waren.

Nun vermag das Kind auch von Menschen, die nicht der engeren Familie angehören, emotionale Befriedigung zu erfahren, und dies ist bis zu einem gewissen Maß ein Ausgleich für seine Ernüchterung im Blick auf die Eltern. Man könnte es als Teil dieses gleichen Plans ansehen, daß das Kind zur selben Zeit, in der es sich von seinen Eltern tief und schmerzlich enttäuscht fühlt, weil sie seine kindlichen Erwartungen nicht erfüllen, körperlich und geistig fähig wird, manche Bedürfnisse selbst zu befriedigen. Alle diese und viele andere wichtigen Entwicklungen finden gleichzeitig oder in kurzen Abständen statt; sie stehen untereinander in Beziehung, und jede ist eine Funktion aller anderen.

Die zunehmende Fähigkeit des Kindes, selbst fertig zu werden, bringt ihm mehr Kontakte zu anderen Menschen und zu breiteren Aspekten der Welt. Da es jetzt mehr selbst tun kann, halten die Eltern die Zeit für gekommen, mehr von ihrem Kind zu erwarten, und zeigen sich weniger bereit, alles für es zu tun. Mit dieser Änderung ihrer Beziehungen wird die Hoffnung des Kindes, immer und ewig nur zu empfangen, völlig zerschlagen; es ist die tiefste Enttäuschung seines jungen Lebens, die sich unendlich verschlimmert, weil sie ihm von denen bereitet wird, die ihm seiner Ansicht nach unbegrenzte Fürsorge schulden. Dieses Ereignis rührt aber auch davon her, daß das Kind wichtigere Kontakte mit der Außenwelt unterhält und daraus wenigstens eine gewisse emotionale Unterstützung gewinnt und daß es immer besser imstande ist, für sich selbst zu sorgen, wenn auch nur in geringem Umfang. Die neuen Erfahrungen mit der Außenwelt gestatten es dem Kind, sich der »Grenzen« seiner Eltern bewußt zu werden, das heißt ihrer Versäumnisse, wie es sie vom Standpunkt seiner unrealistischen Erwartungen aus sieht. Das Kind fühlt einen solchen Widerwillen gegen die Eltern, daß es Mut faßt, anderswo Befriedigung zu suchen. Wenn dies eintritt, sind die neuen Herausforderungen seiner erweiterten Erfahrung so überwältigend und seine Fähigkeiten, diese neuen Dinge zu leisten und die Probleme auf dem Wege zur Unabhängigkeit zu lösen, so gering, daß es in der Phantasie Befriedigungen braucht, um nicht verzweifelt aufzugeben. So beträchtlich die wirklichen Leistungen des Kindes auch sein mögen, scheinen sie doch im Vergleich zu seinen Mißerfolgen zur Bedeutungslosigkeit abzusinken, wenn auch nur, weil es nicht erfassen kann, was tatsächlich möglich ist. Wenn die Phantasie ihm nicht zu Hilfe kommt, kann diese Ernüchterung zu so schwerer Enttäuschung führen, daß es von jeder weiteren Bemühung abläßt, sich völlig von der Welt abwendet und sich in sich selbst zurückzieht.

Wenn einer dieser Wachstumsschritte für sich betrachtet werden könnte, müßte man feststellen, daß die Fähigkeit, die Phantasie über den gegenwärtigen Zustand hinaus schweifen zu lassen, die neue Leistung ist, die alle anderen möglich macht, denn sie macht die in der Realität erlebten Frustrierungen erträglich. Wenn wir uns noch erinnern könnten, wie wir uns fühlten, als wir klein waren, oder wenn wir uns noch vorstellen könnten, wie niedergeschlagen sich ein kleines Kind fühlt, wenn seine Spielkameraden oder ältere Geschwister es zeitweilig ablehnen oder alles viel besser machen können oder wenn die Erwachsenen – und am schlimmsten: die Eltern – sich über es lustig machen oder es verspotten, dann wüßten wir, warum sich das Kind oft ausgestoßen und als »Dummling« fühlt. Nur übertriebene Hoffnungen und phantastische Vorstellungen von künftigen Leistungen vermögen die Waage ins Gleichgewicht zu bringen, so daß das Kind weiterleben und weiterkämpfen kann.

Wie groß die Zurücksetzung, Enttäuschung und Verzweiflung des Kindes in Augenblicken völlig hoffnungsloser Niederlage ist, erkennt man aus seinen Wutausbrüchen; sie sind der sichtbare Ausdruck seiner Überzeugung, es könne nichts unternehmen, um seine »unerträglichen« Lebensverhältnisse zu verbessern. Sobald ein Kind aber in der Lage ist, einen Ausweg aus seinem derzeitigen Dilemma zu ersinnen (das heißt: in der Phantasie auszudenken), verschwinden die Zornanfälle, denn wenn Hoffnung auf die Zukunft vorhanden ist, sind die gegenwärtigen Schwierigkeiten nicht mehr unerträglich. An die Stelle ungezügelten körperlichen Austobens mit Boxen und Schreien tritt Nachdenken oder Tätigkeit, darauf gerichtet, ein gewünschtes Ziel zu erreichen, entweder jetzt oder irgendwann später. So kann das Kind mit den Problemen, die es nicht augenblicklich lösen kann, trotzdem leben, weil die Enttäuschung in der Gegenwart von Visionen künftiger Siege gemildert wird.

Wenn ein Kind aus irgendeinem Grunde außerstande ist, seine Zukunft optimistisch zu sehen, kommt es zu einem Entwicklungsstillstand, wie man ihn in extremer Form im Verhalten eines Kindes erkennt, das unter infantilem Autismus leidet. Es ist entweder untätig oder hat intermittierende Wutanfälle, besteht aber stets darauf, daß an seiner Umgebung und seinen Lebensumständen nichts geändert werden darf. Dies rührt daher, daß es völlig unfähig ist, sich einen Wandel zum Guten überhaupt vorzustellen. Als ein junges Mädchen nach langer Therapie endlich aus seiner totalen autistischen Abgeschlossenheit heraustrat und sich überlegte, wodurch sich gute Eltern auszeichnen, sagte es: »Sie hoffen für einen.« Damit meinte das Mädchen, seine Eltern seien schlechte Eltern gewesen, weil sie weder an seiner Stelle gehofft noch ihm Hoffnung für es selbst und sein künftiges Leben in dieser Welt eingeflößt hatten.

Wir wissen, daß wir, je unglücklicher und verzweifelter wir sind, um so dringender fähig sein müssen, optimistische Phantasien zu hegen. In solchen Zeiten sind sie aber für uns nicht erreichbar. Dann brauchen wir mehr denn je andere Menschen, die uns mit ihrer Hoffnung für uns und unsere Zukunft stärken. Kein Märchen kann dies für das Kind leisten; wie uns das autistische Mädchen erinnert, brauchen wir zuerst unsere Eltern, die die Hoffnung in uns einpflanzen. Auf dieser festen, realen Grundlage – der positiven Weise, in der unsere Eltern uns und unsere Zukunft sehen – können wir dann Luftschlösser bauen. Wir sind uns dabei halb und halb bewußt, daß sie nichts anderes als Luftschlösser sind, ziehen aber trotzdem tiefe Beruhigung daraus. Die Phantasiegebilde sind zwar *unreal*, aber die Zuversicht, die sie uns im Blick auf uns selbst und unsere Zukunft einflößen, ist *real*, und diese reale Zuversicht brauchen wir, um nicht zu verzweifeln.

Wenn Eltern merken, daß ihr Kind niedergeschlagen ist, sagen sie ihm, es werde bestimmt bald alles wieder gut. Die Verzweiflung des Kindes ist jedoch allumfassend, denn das Kind kennt keine Abstufungen, es fühlt sich entweder wie in der finstersten Hölle oder wie im strahlendsten Himmel. Nichts anderes als vollkommene, ewige Glückseligkeit kann deshalb seine augenblickliche Furcht vor vollständiger Vernichtung beheben. Verantwortungsbewußte Eltern können aber ihrem Kind nicht versprechen, daß es in der Realität vollkommene Glückseligkeit erlangen wird. Wenn sie ihm dagegen Märchen erzählen, ermutigen sie es, daraus phantastische Zukunftshoffnungen für sich selbst zu entnehmen, ohne ihm vorzugaukeln, solche Vorstellungen könnten sich in der Wirklichkeit erfüllen.*

* Einem Kind die Geschichte von Aschenputtel zu erzählen, damit es sich in Aschenputtels Rolle hineindenkt und sich anhand der Geschichte ausmalt, wie seine eigene Befreiung aussehen wird, ist etwas ganz anderes, als wenn man das Kind die Phantasie in allem Ernst in die Wirklichkeit umsetzen läßt. Mit dem ersteren stärkt man die Hoffnung, mit dem letzteren schafft man Enttäuschungen.

Ein Vater ließ es nicht dabei bewenden, seinem kleinen Mädchen Märchen zu erzählen, sondern beschloß, das Märchen noch zu übertreffen. (Grund dafür waren seine eigenen emotionalen Nöte und der Wunsch, durch die Phantasie seinen Eheschwierigkeiten zu entrinnen.) Abend für Abend spann er für sein Töchterchen eine Aschenputtelphantasie aus, in der er selbst der Prinz war, der trotz Lumpen und Asche erkannte, daß sie das herrlichste Mädchen auf der Welt war, und der ihr deshalb das Leben einer Feenprinzessin bereitete. Der Vater erzählte dies nicht wie ein Märchen, sondern wie etwas, das zwischen ihm und seinem Kind in Wirklichkeit geschah, und wie eine sichere Zusage künftiger Ereignisse. Dabei wurde ihm nicht klar, daß er mit der Gleichsetzung der wirklichen Lebensumstände seiner Tochter mit Aschenputtels Lage die Mutter – seine Frau – zur böswilligen Verräterin der eigenen Tochter stempelte. Da er kein Märchenprinz im Feenland war, sondern er selbst, der Aschenputtel zur Braut erwählte, blieb das Mädchen durch diese abendlichen Erzählungen in der ödipalen Bindung an den Vater fixiert.

Zweifellos »hoffte« dieser Vater für seine Tochter, aber auf drastisch unrealistische Weise. Als das Mädchen älter wurde, zog es infolgedessen so große Befriedigung aus dem abendlichen Phantasieren mit dem Vater, daß es den Einbruch der Realität nicht wünschte und es ablehnte, sich mit ihr auseinanderzusetzen. Aus diesem Grund und wegen anderer, damit zusammenhängender Ursachen entwickelte es sich nicht seinem

Brennend empfindet das Kind die Unzufriedenheit, die aus der Beherrschung durch die Erwachsenen entsteht, und die Vertreibung aus dem Reich des Kleinkindes, in dem keine Ansprüche gestellt und all seine Wünsche von den Eltern erfüllt wurden. Kein Kind kann sich deshalb des Wunsches nach einem eigenen Reich erwehren. Realistische Erläuterungen dessen,was das Kind im Heranwachsen erlangen kann, vermögen diese hochfliegenden Wünsche nicht zu befriedigen; sie bleiben weit dahinter zurück.

Welches Reich gewinnen nun viele Märchenhelden am Ende der Geschichte? Es ist in erster Linie dadurch gekennzeichnet, daß wir nie etwas darüber erfahren, nicht einmal etwas über die Taten des Königs oder der Königin. König oder Königin dieses Reiches zu sein hat keine andere Bedeutung, als nicht mehr beherrscht zu werden, sondern Herrscher zu sein. Am Schluß des Märchens König oder Königin geworden zu sein, symbolisiert einen Zustand echter *Unabhängigkeit*, in dem sich der Held ebenso sicher, zufrieden und glücklich fühlt wie der Säugling in seinem *abhängigsten* Zustand, in dem er wirklich gut versorgt wurde: im Königreich seiner Wiege.

Am Anfang des Märchens ist der Held denjenigen ausgeliefert, die wenig von ihm und seinen Fähigkeiten halten, die ihn mißhandeln und ihm sogar – wie die böse Königin in ›Schneewittchen‹ – nach dem Leben trachten. Im Lauf der Geschichte ist der Held oft gezwungen, sich auf freundliche Helfer zu stützen, Wesen aus der Unterwelt wie die Zwerge in ›Schneewittchen‹ oder magische Tiere wie die Tauben in ›Aschenputtel‹. Am Schluß hat der Held alle Prüfungen bestanden, er ist sich selbst treu geblieben oder hat im Bestehen aller Gefahren seine Eigenpersönlichkeit errungen. Er ist Autokrat im besten Sinne des Wortes geworden: ein wahrhaft

Alter entsprechend. Die psychiatrische Untersuchung ergab, daß es den Kontakt zur Realität verloren habe. In Wirklichkeit hatte es den Kontakt zur Realität nicht »verloren«, sondern ihn überhaupt nicht hergestellt, damit seine imaginäre Welt nicht angetastet wurde. Das Mädchen wollte keine Berührung mit der Alltagswelt haben, denn das Verhalten des Vaters zeigte ihm, daß er diesen Kontakt nicht wünschte und daß es ihn nicht brauchte. So lebte es den ganzen Tag in seinen Phantasien und wurde schizophren.

An der Geschichte dieses Mädchens erkennt man den Unterschied zwischen der Phantasie, die im Märchenland spielt, und falsch begründeten Voraussagen dessen, was in der Alltagswirklichkeit geschehen wird. Die Versprechungen des Märchens sind eines; unsere Hoffnungen für unsere Kinder sind etwas anderes – sie müssen in der Realität verwurzelt bleiben. Wir sollten uns vor Augen halten, daß die Zurücksetzungen, unter denen die Kinder leiden, und die Schwierigkeiten, die sie zu meistern haben, nicht mehr sind als das, was wir alle unter normalen Umständen erleben. Da aber für das Kind diese Schwierigkeiten die denkbar größten sind, braucht es die Ermutigung der Phantasien, in denen der Held, mit dem es sich identifizieren kann, mit Erfolg seinen Weg aus unglaublich verwickelten Situationen findet.

autonomer Mensch, der sich selbst, nicht andere, beherrscht. Im Gegensatz zum Mythos geht es im Märchen nicht um den Sieg über andere, sondern nur um den Sieg über sich selbst und über das Böse (vor allem über das Böse im eigenen Innern, das auf den Gegenspieler des Helden projiziert wird). Wenn wir etwas über das spätere Leben dieser Könige und Königinnen erfahren, so nur, daß sie in Weisheit und Frieden regierten und glücklich lebten. Eben dies sollte Reife sein: daß man sich selbst weise regiert und infolgedessen glücklich lebt.

Das Kind versteht dies sehr gut. Kein Kind vermutet, es werde eines Tages über ein anderes Reich herrschen als das Reich seines eigenen Lebens. Das Märchen versichert ihm, daß dieses Reich eines Tages sein werden kann, aber nicht ohne Kampf. Wie sich ein Kind das »Königreich« vorstellt, hängt von seinem Alter und seinem Entwicklungsstand ab; doch nie faßt es den Begriff wörtlich auf. Für das kleinere Kind kann es einfach bedeuten, daß niemand mehr es herumkommandieren wird und daß all seine Wünsche erfüllt werden. Für das ältere Kind tritt die Verpflichtung des Regierens hinzu – das heißt, weise zu leben und zu handeln. In jedem Alter aber deutet das Kind die Aussage, eine Figur des Märchens sei König oder Königin geworden, als Besitz der Reife des Erwachsenen.

Da die Reife eine positive Lösung der ödipalen Konflikte des Kindes voraussetzt, sei nun untersucht, wie der Held im Märchen dieses Reich erwirbt. Im griechischen Mythos wird Ödipus König, als er seinen Vater erschlagen und seine Mutter geheiratet hat. Zuvor hat er das Rätsel der Sphinx gelöst, die sich daraufhin selbst das Leben nimmt. Um dieses Rätsel zu lösen, mußte er die drei Entwicklungsstufen des Menschen kennen. Für das Kind ist alles, was mit der Sexualität zusammenhängt, das größte Rätsel; dieses Geheimnis der Erwachsenen möchte es ergründen. Da Ödipus das Rätsel der Sphinx lösen mußte, um dann durch die Heirat mit seiner Mutter die Herrschaft anzutreten, dürfen wir annehmen, daß dieses Rätsel etwas mit sexuellem Wissen, wenigstens auf unbewußter Ebene, zu tun hatte.

Auch in vielen Märchen führt die Lösung »des Rätsels« zu Heirat und Königreich. So kann in dem Grimmschen Märchen ›Vom klugen Schneiderlein‹ nur der Held die zwei Haarfarben der Prinzessin erraten und erhält daraufhin die Prinzessin zur Frau. Ähnlich verläuft die Geschichte von Prinzessin Turandot: Nur der Mann kann sie gewinnen, der ihre drei Rätsel zu lösen vermag. Das Rätsel, das eine bestimmte Frau stellt, steht für das Rätsel des Weiblichen allgemein, und da die Heirat gewöhnlich auf die richtige

Lösung folgt, ist zu vermuten, daß es sich um ein sexuelles Rätsel handelt; wer das Geheimnis des anderen Geschlechts versteht, ist zur Reife gelangt. Während aber im Mythos von Ödipus die Gestalt, deren Rätsel gelöst wurde, sich selbst vernichtet und eine Ehetragödie nachfolgt, ist die Enthüllung des Geheimnisses im Märchen für beide glückbringend, für den, der das Rätsel stellt, wie für den, der es löst.

Ödipus heiratet eine Frau, die seine Mutter ist; sie ist also viel älter als er. Der Märchenheld – junger Mann oder junges Mädchen – heiratet einen Partner etwa gleichen Alters. Welche ödipale Bindung er auch hatte – es ist ihm gelungen, mit einem passenden nicht-ödipalen Partner eine Beziehung zu schließen. Immer wieder tritt im Märchen an die Stelle eines unbefriedigenden Verhältnisses zu einem Elternteil, wie es eine ödipale Bindung unweigerlich ist, die glückliche Beziehung zu dem Retter und Ehepartner.

Der Elternteil in solchen Märchen ist weit davon entfernt, Groll zu empfinden, wenn das Kind die ödipale Bindung löst; er freut sich vielmehr darüber und trägt oft dazu bei. In ›Hans mein Igel‹ und ›La Belle et la Bête‹ beispielsweise veranlaßt der Vater (unwissentlich oder bewußt) seine Tochter zur Heirat; wenn er auf seine ödipale Bindung an die Tochter verzichtet und sie dazu ermutigt, ihre Bindung an ihn aufzugeben, ist beiden ein glücklicher Ausgang gewiß.

Niemals raubt im Märchen der Sohn dem Vater das Königreich. Wenn der Vater das Zepter niederlegen will, so stets, weil er sich alt fühlt. Selbst dann muß aber der Sohn das Reich verdienen, in ›Die drei Federn‹ zum Beispiel damit, daß er die schönste Frau für sich findet. Aus diesem Märchen geht ganz deutlich hervor, daß das Königreich gewinnen das gleiche bedeutet wie moralische und sexuelle Reife erreichen. Zuerst wird dem Helden eine Aufgabe gestellt, die er erfüllen muß, um das Reich zu erben. Als es ihm gelingt, stellt sich heraus, daß dies nicht genügt. Bei der zweiten Aufgabe geschieht dasselbe. Die dritte Aufgabe besteht darin, die richtige Braut zu finden und heimzubringen; als der Held auch dieses Problem gelöst hat, fällt ihm endlich das Reich zu. Das Märchen schildert also keineswegs Eifersucht des Sohnes auf den Vater oder Einwände des Vaters gegen die sexuellen Bestrebungen des Sohnes, sondern gerade das Gegenteil: Sobald das Kind die richtige Altersstufe und Reife erreicht hat, ist es der Wunsch des Vaters, daß der Sohn auch auf sexuellem Gebiet seine Eigenpersönlichkeit entwickelt, ja, er nimmt ihn nur dann als würdigen Nachfolger an, wenn er den Beweis dafür erbringt.

In vielen Märchen gibt der König dem Helden seine Tochter zur Frau und teilt das Königreich mit ihm oder bestimmt ihn zum Thronfolger. Dies ist selbstverständlich eine Wunschphantasie des Kindes. Die Geschichte verspricht, daß dies tatsächlich geschehen wird, und da im Unbewußten der »König« für den Vater steht, verheißt das Märchen die höchstmögliche Belohnung – ein glückliches Leben und das Königreich – dem Sohn, der durch seine Kämpfe die richtige Lösung seiner ödipalen Konflikte gefunden hat: die Liebe zur Mutter auf eine geeignete Partnerin passenden Alters zu übertragen und zu erkennen, daß der Vater nicht etwa ein bedrohlicher Konkurrent, sondern in Wirklichkeit der wohlwollende Beschützer ist, der es billigt, wenn sein Sohn die Erfüllung des Erwachsenen findet.
Wenn der Held das Königreich dadurch gewinnt, daß er in Liebe und Ehe mit dem geeignetsten und wünschenswertesten Partner eine Verbindung eingeht, der die Eltern voll und ganz zustimmen und die außer dem Bösewicht allen Beteiligten Glück bringt, ist dies ein Symbol dafür, daß die ödipalen Schwierigkeiten völlig überwunden sind und daß der Held wahre Unabhängigkeit und vollkommene Persönlichkeitsintegration erreicht hat. Ist es tatsächlich so unrealistisch, diese große Leistung als Antritt der Herrschaft im eigenen Reich zu bezeichnen?
Hier liegt auch der Grund dafür, daß die Leistungen der Helden in »realistischen« Kindergeschichten oft vergleichsweise gewöhnlich und banal erscheinen. Auch diese Geschichten sichern dem Kind zu, daß es wichtige Probleme seines »wirklichen« Lebens lösen wird – Probleme, die sich den Erwachsenen als solche darstellen. Damit haben solche Geschichten zweifellos ihr Verdienst, das aber beschränkt ist. Welche Probleme könnten für das Kind schwieriger zu lösen und dabei »realer« sein als die ödipalen Konflikte, die Persönlichkeitsintegration, das Reifen, auch auf sexuellem Gebiet? Wollte man dem Kind im einzelnen aufzählen, was diese Fragen mit sich bringen, so würde es sich überwältigt und verwirrt fühlen. Das Märchen verwendet universelle Symbole, die das Kind je nach dem Stand seiner intellektuellen und seelischen Entwicklung auswählen, sich aneignen oder verwerfen kann. In welcher Entwicklungsphase das Kind sich auch befindet – das Märchen macht implizit klar, wie es über diese Stufe hinausgelangen kann und welches der nächste Schritt auf dem Wege zur Persönlichkeitsintegration sein könnte. Ein Vergleich zweier Kindergeschichten mit einem Märchen mag die relativen Mängel der modernen realistischen Kindergeschichte verdeutlichen.

Es gibt viele moderne Kindergeschichten in der Art von ›The Little Engine That Could‹, die das Kind ermutigen, darauf zu vertrauen, daß es schließlich Erfolg haben wird, wenn es sich nur genügend bemüht und nicht aufgibt.(39) Eine junge Erwachsene erinnerte sich, wie stark sie von dieser Geschichte beeindruckt war, als ihre Mutter sie ihr vorlas. Sie gelangte zu der Überzeugung, daß die innere Einstellung die Leistungen beeinflußt und daß sie von nun an Erfolg haben werde, wenn sie an eine Aufgabe mit der Sicherheit, sie bewältigen zu können, heranginge. Wenige Tage später geriet sie in eine schwierige Situation. Sie war in der ersten Klasse und bemühte sich, aus Papierbogen ein Haus zusammenzukleben, das aber immer wieder einstürzte. Enttäuscht begann sie daran zu zweifeln, ob sich ihr Gedanke, ein solches Papierhaus zu bauen, überhaupt verwirklichen ließe. Da fiel ihr die Geschichte ein; noch zwanzig Jahre später erinnerte sie sich, wie sie in diesem Augenblick anfing, die Zauberformel »ich glaube, ich kann es« vor sich hinzusingen. Sie klebte also weiter an ihrem Papierhaus, und es fiel dauernd zusammen. Das Ganze endete mit einer vollständigen Niederlage; das kleine Mädchen war überzeugt, es habe versagt, wo alle anderen so wie die kleine Lokomotive imstande gewesen wären, das Werk zu vollbringen.

Da die Geschichte in der Gegenwart spielt und so bekannte Dinge wie Lokomotiven, die Züge ziehen, enthält, hatte das Mädchen die Lektion direkt auf sein tägliches Leben angewandt, ohne sie in der Phantasie zu verarbeiten, und dabei eine Niederlage erlitten, die noch nach zwanzig Jahren schmerzte.

Ganz unterschiedlich wirkte die Geschichte ›The Swiss Family Robinson‹ auf ein anderes Kind. Sie erzählt, wie es einer Familie nach einem Schiffbruch gelingt, ein abenteuerreiches, idyllisches, konstruktives und angenehmes Leben zu führen, ein Leben, das sich von dem des Mädchens völlig unterschied. Sein Vater mußte häufig außer Haus sein, seine Mutter war geisteskrank und lebte oft über längere Zeiträume hinweg in Heimen. Das Mädchen wurde deshalb zu einer Tante, dann zu einer Großmutter und wieder nach Hause gebracht, wie es sich gerade ergab. In diesen Jahren las das Kind immer wieder die Geschichte von der glücklichen Familie, die auf einer fernen Insel lebte, so daß kein Familienmitglied jemals von den anderen getrennt werden konnte. Viele Jahre später erinnerte sie sich als Erwachsene an das warme Gefühl der Geborgenheit, das sie empfand, wenn sie, in große Kissen vergraben, beim Lesen dieser Geschichte alle Nöte ihres Lebens vergaß. Sobald das Buch aus war, fing sie wieder von vorne an zu lesen. Die glücklichen Stunden, die sie mit der Familie Robinson in jenem Phantasieland verbrachte, bewahrten sie davor, sich von den Schwierigkeiten der Realität überwältigen zu lassen. Sie vermochte mit imaginären Befriedigungen der harten Wirklichkeit den Stachel zu nehmen. Da die Geschichte aber kein Märchen war, enthielt sie auch keine Verheißung auf eine Wendung zum Besseren im Leben des Mädchens – eine Hoffnung, die ihm das Leben sehr viel erträglicher gemacht hätte.

Eine weitere Studentin erinnert sich: »Als Kind lebte ich von Märchen, von überlieferten wie von selbsterfundenen. Aber ›Rapunzel‹ beherrschte meine Gedanken.« Als sie noch ziemlich klein war, starb ihre Mutter bei einem Autounfall. Ihr Vater, der den Wagen gefahren hatte, war zutiefst verstört und zog sich ganz in sich selbst zurück. Er überließ seine Tochter der Fürsorge eines Kindermädchens, das wenig Interesse für das Kind aufbrachte. Als das Mädchen sieben war, heiratete der Vater wieder. Um diese Zeit wurde, wie sich die junge Frau erinnert, ›Rapunzel‹ besonders wichtig für sie. Ihre Stiefmutter war eindeutig die böse Fee, und sie war das im Turm eingeschlossene Mädchen. Sie fühlte sich Rapunzel ähnlich, denn die böse Fee hatte Rapunzel mit Gewalt zu sich genommen, ebenso wie die Stiefmutter mit Gewalt in ihr Leben eingedrungen war. Sie fühlte sich in ihrem neuen Heim wie im Gefängnis, denn das Kindermädchen hatte sich wenig um sie gekümmert und ihr völlige Freiheit gelassen. Sie fühlte sich genauso wie Rapunzel als Opfer, denn auch Rapunzel hatte in ihrem Turm keine Möglichkeit, ihr Leben selbst zu gestalten. Rapunzels langes Haar war für sie der Schlüssel der Geschichte. Sie wollte ihr Haar wachsen lassen, aber die Stiefmutter schnitt es ab. So wurde langes Haar für sie zum Symbol für Freiheit und Glück. Als Erwachsene erkannte sie, daß der Prinz, nach dem sie sich gesehnt hatte, ihr Vater war. Die Geschichte überzeugte sie davon, daß er eines Tages kommen und sie retten werde, und diese Hoffnung hielt sie aufrecht. Wenn das Leben zu schwierig wurde, brauchte sie sich nur auszumalen, sie sei Rapunzel mit langem Haar, und der Prinz liebe und erlöse sie. Sie vertraute auf den guten Ausgang der Geschichte. Im Märchen ist der Prinz eine Zeitlang blind – dies bedeutete für sie, daß ihr Vater von der »bösen Fee«, mit der er zusammenlebte, geblendet worden war und nicht mehr sehen konnte, daß seine Tochter viel begehrenswerter war. Doch im Lauf der Zeit wuchs ihr Haar, das die Fee abgeschnitten hatte, wieder nach, und der Prinz fand sie, wurde sehend und lebte mit ihr noch lange glücklich und vergnügt.

Aus dem Vergleich zwischen ›Rapunzel‹ und ›The Swiss Family Robinson‹ erkennt man, warum das Märchen dem Kind mehr zu bieten hat als eine Kindergeschichte, und sei sie so hübsch wie diese. Im Kinderbuch kommt keine Hexe vor, an der das Kind in der Phantasie seinen Zorn auslassen und der es das mangelnde Interesse des Vaters zur Last legen kann. Es enthält Fluchtphantasien, und damit war es eine echte Hilfe für das Mädchen, das es immer wieder las, um zeitweilig zu vergessen, wie schwer sein Leben war. Es vermittelte jedoch keine bestimmte Zukunftshoffnung. In ›Rapunzel‹ dagegen erweist sich die Fee als so böse, daß die echte Stiefmutter dem Mädchen vergleichsweise weniger schlimm erschien. Das Märchen versprach dem Mädchen außerdem, daß die Rettung vom eigenen Körper bewerkstelligt würde – durch das lange Haar. Am wichtigsten war die Zusicherung, daß der »Prinz« nur vorübergehend erblindet sei, daß er sein Augenlicht wiedergewinnen und seine Prinzessin befreien würde. Diese Phantasie war noch dem heranwachsenden Mädchen – wenn auch in geringerem Maß – eine Stütze, bis es sich verliebte und heiratete und die Phantasie nicht mehr brauchte.
Hätte die Stiefmutter gewußt, welche Bedeutung ›Rapunzel‹ für ihre Stieftochter hatte, so hätte sie verständlicherweise gemeint, Märchen seien schlecht für Kinder. Dabei wäre ihr aber nicht bewußt geworden, daß die Stieftochter ohne die Phantasiebefriedigung durch ›Rapunzel‹ zweifellos versucht hätte, die Ehe ihres Vaters zu zerstören, und daß ihre Entwicklung ohne die Zukunftshoffnung aus dem Märchen sehr gefährdet gewesen wäre.
Manche Gegner des Märchens erhoben den Einwand, wenn eine Geschichte unrealistische Hoffnungen erwecke, werde das Kind zwangsläufig Enttäuschungen erleben und um so mehr darunter leiden. Wenn man einem Kind aber vernünftige – das heißt begrenzte und unsichere – Hoffnungen auf die Zukunft vor Augen führt, werden seine grenzenlosen Ängste im Blick auf das, was ihm und seinen Bestrebungen geschehen wird, nicht gelindert. Seine unrealistischen Befürchtungen erfordern unrealistische Hoffnungen. Im Vergleich zu den Wünschen des Kindes werden realistische, begrenzte Verheißungen als tiefe Enttäuschung, nicht als Trost empfunden. Mehr als solche Versprechungen hat aber eine relativ realistische Geschichte nicht zu bieten. Die alles Maß übersteigende Zusage eines glücklichen Ausgangs im Märchen würde im wirklichen Leben des Kindes ebenfalls zu Enttäuschungen führen, wenn sie Teil einer realistischen Geschichte wäre oder als Geschehnis im realen Lebensumkreis des Kindes dargestellt würde. Der gute

Schluß des Märchens ereignet sich aber im Feenland, das wir nur im Geist besuchen können.

Das Märchen flößt dem Kind die Hoffnung ein, daß es eines Tages die Herrschaft in seinem Reich antreten werde. Mit weniger kann sich das Kind nicht begnügen; andererseits nimmt es aber nicht an, dieses Reich aus eigener Kraft erringen zu können. Das Märchen sichert ihm deshalb die Hilfe magischer Kräfte zu. Damit wird die Hoffnung, die ohne solche Phantasien von der harten Realität zertreten würde, neu angefacht. Da das Märchen genau jene Art von Triumph verheißt, die das Kind ersehnt, überzeugt es psychologisch mehr als jede »realistische« Erzählung. Und da es das Königreich in Aussicht stellt, ist das Kind bereit, auch alles andere zu glauben, was das Märchen lehrt: daß man von zu Hause fortgehen muß, um sein Königreich zu finden; daß man es nicht sofort gewinnen kann, sondern Risiken eingehen und Prüfungen bestehen muß; daß man dazu allein nicht imstande ist, sondern Helfer braucht, und daß man, um sich deren Unterstützung zu sichern, einige ihrer Forderungen erfüllen muß. Weil das höchste Versprechen mit dem Wunsch des Kindes nach Rache und einem herrlichen Leben übereinstimmt, bereichert das Märchen die Phantasie des Kindes mehr als jede andere Geschichte.

Viele Kindergeschichten, die man für gut hält, weisen den Nachteil auf, daß sie die Vorstellungskraft des Kindes nicht über den Stand, den es von selbst erreicht hat, hinausführen. Kinder finden Gefallen an solchen Geschichten, ziehen daraus aber – abgesehen von augenblicklichem Vergnügen – wenig Nutzen. Sie erhalten im Blick auf ihre bedrängenden Probleme weder Trost noch Erleichterung; sie entfliehen ihnen lediglich eine Zeitlang.

Es gibt beispielsweise »realistische« Geschichten, in denen sich ein Kind an einem Elternteil rächt. In der Zeit, in der das Kind die ödipale Phase verläßt und nicht mehr völlig von diesem Elternteil abhängt, ist seine Rachsucht am meisten ausgeprägt. Vergeltungswünsche hegt jedes Kind auf dieser Lebensstufe, doch in klarsichtigen Augenblicken erkennt es, daß sie äußerst ungerecht sind; denn es weiß, daß ihm der Elternteil alles gibt, was es zum Leben braucht, und dafür anstrengende Arbeit leistet. Rachevorstellungen wecken immer Schuldgefühle und Angst vor Vergeltung. Beides wird verschärft durch eine Geschichte, die der Phantasie wirklicher Rache Nahrung gibt, und das Kind kann von sich aus nichts anderes tun, als solche Gedanken verdrängen. Oft ist das Ergebnis dieser Verdrängung, daß der Heranwachsende zehn bis zwölf Jahre später die kindlichen Rachegelüste in die Tat umsetzt.

Das Kind braucht solche Phantasien nicht zu verdrängen, sondern kann sich ihnen uneingeschränkt hingeben, wenn es vorsichtig dazu angeleitet wird, sie auf ein Ziel zu richten, das dem wirklichen Elternteil nahekommt und sich doch deutlich von ihm unterscheidet. Gibt es ein geeigneteres Objekt für rachsüchtige Gedanken als die Person, die gewaltsam die Stelle des Vaters oder der Mutter eingenommen hat: Stiefvater oder Stiefmutter im Märchen? Wenn man heiße Rachegelüste gegen einen solchen bösen Usurpator empfindet, braucht man keine Schuldgefühle oder Furcht vor Vergeltung zu haben, denn diese Gestalt verdient nichts anderes. Wird nun eingewendet, Rachegedanken seien unmoralisch und ein Kind dürfe sich ihnen nicht hingeben, so sollte man nicht vergessen, daß die Ansicht, man dürfe bestimmte Phantasien nicht hegen, noch niemanden vor solchen Phantasien bewahrt hat, sondern sie höchstens ins Unbewußte verbannt, wo sie weit größeren Schaden im seelischen Leben anrichten. Das Märchen gibt dem Kind das notwendige Ventil: Es kann ohne Schuldgefühle und Furcht gegenüber den wirklichen Eltern seine Rachephantasien an dem Stiefvater oder der Stiefmutter der Geschichte auslassen.
Milnes Gedicht über James James Morrison Morrison, der seine Mutter anfleht, sie solle doch nicht ohne ihn bis ans Ende der Stadt gehen, weil sie sonst womöglich den Rückweg nicht finde und für immer verschwinde (wie es im Gedicht dann tatsächlich geschieht), ist eine entzückende, amüsante Geschichte – für Erwachsene.(40) Für das Kind verkörpert es die schlimmsten Alptraumängste des Verlassenwerdens. Den Erwachsenen belustigt, daß hier die Rollen des Wächters und des Behüteten vertauscht sind. So sehr das Kind diesen Zustand auch herbeiwünschen mag, kann es die Vorstellung doch nicht ertragen, wenn der unwiederbringliche Verlust der Mutter als Schluß hingestellt wird. Dem Kind gefällt an diesem Gedicht die Warnung an die Eltern, niemals ohne es fortzugehen. Die viel größere und tiefere Angst, für immer verlassen zu werden – wie es das Gedicht aussagt –, muß es verdrängen. In nicht wenigen modernen Geschichten ähnlicher Art ist das Kind fähiger und intelligenter als die Eltern, aber nicht im Märchenland, sondern in der alltäglichen Wirklichkeit. Das Kind freut sich an einer solchen Geschichte, weil sie mit dem, was es gern glauben möchte, übereinstimmt; aber die letzten Konsequenzen sind Mißtrauen gegenüber den Eltern, auf die es sich doch noch stützen muß, und Enttäuschung, weil im Gegensatz zu dem, was ihm die Geschichte vorgaukelt, die Eltern ihm noch lange Zeit überlegen sind.
Kein traditionelles Märchen untergräbt die dem Kind notwendige

Sicherheit, die es aus dem Wissen zieht, daß die Eltern sich im Leben besser auskennen – mit einer wichtigen Ausnahme: wenn die Eltern die Fähigkeiten des Kindes falsch einschätzen. In zahlreichen Märchen hält der Vater oder die Mutter anfänglich nicht viel von einem der Kinder, das oft Dummling genannt wird und im Verlauf der Geschichte beweist, daß die Eltern sich in ihrer Beurteilung getäuscht haben. Auch hierin ist das Märchen psychologisch wahr. Beinahe jedes Kind ist überzeugt, daß seine Eltern fast alles besser wissen – mit einer Ausnahme: sie haben eine zu geringe Meinung von ihm. Diesen Gedanken zu fördern ist empfehlenswert; legt er doch dem Kind nahe, daß es seine Fähigkeiten entwickeln sollte, nicht um die Eltern zu übertreffen, sondern um ihre Geringschätzung zu widerlegen.

Um dies zu erreichen, verwendet das Märchen häufig den Kunstgriff, den Vater (oder die Mutter) in zwei Personen aufzuspalten. Die eine Person hält nicht viel von dem Kind, die andere – ein weiser alter Mann oder ein Tier, das dem Kind begegnet – gibt ihm Ratschläge, wie es siegen kann – nicht über den Vater (oder die Mutter), weil das zu furchterregend wäre, sondern über die bevorzugten Geschwister. Manchmal hilft diese andere Gestalt dem Helden, eine fast unmögliche Aufgabe zu vollbringen und damit den Eltern zu beweisen, daß ihre geringe Meinung von ihrem Kind irrig war. Die zweifelnden und die bestätigenden Aspekte der Elternpersönlichkeit werden also voneinander geschieden; die letzteren tragen den Sieg davon.

Das Problem der Konkurrenz zwischen den Generationen und dem Wunsch des Kindes, die Eltern zu überflügeln, stellt das Märchen wie folgt dar: Wenn der Vater (oder die Mutter) die Zeit für gekommen hält, schickt er sein Kind (oder seine Kinder) in die Welt hinaus, damit es sich bewährt und den Beweis dafür erbringt, daß es fähig und würdig ist, die Nachfolge anzutreten. Die gewaltigen Taten, die der Held auf seinen Streifzügen vollbringt, sind für das Kind nicht phantastischer als die Vorstellung, es könne seinen Eltern überlegen sein und daher an ihre Stelle treten.

Märchen dieser Art (die sich in verschiedener Form auf der ganzen Welt finden) beginnen ganz realistisch mit einem Vater, der alt wird und entscheiden muß, welches seiner Kinder würdig ist, seinen Reichtum zu erben oder sonst seinen Platz einzunehmen. Angesichts der Aufgabe, die er lösen muß, fühlt sich der Märchenheld genau wie das Kind: sie erscheint ihm unmöglich. Trotzdem zeigt das Märchen, daß die Aufgabe gemeistert werden kann, aber nur mit Hilfe übermenschlicher Mächte oder sonstiger Gestalten. Tatsächlich kann nur eine außerordentliche Leistung dem Kind das Gefühl vermitteln, dem Vater (oder der Mutter) überlegen zu sein; ohne einen solchen Beweis wäre dies leerer Größenwahn.

›Die Gänsemagd‹
Autonomie gewinnen

In dem einst sehr beliebten, heute aber weniger bekannten Grimmschen Märchen ›Die Gänsemagd‹ geht es darum, von den Eltern unabhängig zu werden. Abwandlungen dieses Märchens finden sich in fast allen europäischen Ländern und in anderen Erdteilen. Bei den Brüdern Grimm beginnt die Geschichte wie folgt: »Es lebte einmal eine alte Königin, der war ihr Gemahl schon lange gestorben, und sie hatte eine schöne Tochter. . . . Als nun die Zeit kam, wo sie vermählt werden sollte und das Kind in das fremde Reich abreisen mußte, packte ihr die Alte gar viel köstliches Gerät und Geschmeide ein . . . « Eine Kammerjungfer sollte die Braut begleiten. »Jede bekam ein Pferd zur Reise, aber das Pferd der Königstochter hieß Falada und konnte sprechen.(41) Als nun die Abschiedsstunde da war, begab sich die alte Mutter in ihre Schlafkammer, nahm ein Messerlein und schnitt damit in ihre Finger, daß sie bluteten; darauf hielt sie ein weißes Läppchen unter und ließ drei Tropfen Blut hineinfallen, gab sie der Tochter und sprach: ›Liebes Kind, verwahre sie wohl, sie werden dir unterwegs not tun.‹ « Als die beiden eine Stunde geritten waren, bekam die Königstochter großen Durst und bat die Kammerjungfer, ihr in ihrem goldenen Becher Wasser aus dem Bach zu schöpfen. Die Kammerjungfer verweigerte den Dienst, gab den Becher nicht heraus und sagte, wenn sie Durst habe, solle sie doch absteigen und sich ans Wasser legen, um zu trinken; sie jedenfalls wolle nicht mehr länger ihre Magd sein.
Nach kurzem wiederholte sich der Zwischenfall, doch dieses Mal beugte sich die Königstochter beim Trinken so weit vor, daß sie das Läppchen mit den drei Blutstropfen verlor. Damit wurde sie schwach und machtlos. Die Kammerjungfer nützte die Situation aus; sie zwang die Königstochter, mit ihr das Pferd und die Kleider zu tauschen, und ließ sie schwören, daß sie am königlichen Hof niemandem etwas sagen würde. Bei der Ankunft wurde die Kammerjungfer als Königstochter und Braut begrüßt. Der alte König fragte sie nach ihrer Begleiterin, und sie sagte, er solle ihr

irgendeine Arbeit geben. So mußte die Königstochter einem Jungen beim Gänsehüten helfen. Kurz darauf bat die falsche Braut den jungen König, er möge Falada den Kopf abhauen; denn sie fürchtete, das Pferd werde erzählen, was sie der Königstochter angetan hatte. Die echte Braut bat den Schinder, den Kopf des Pferdes unter ein großes, finsteres Tor zu nageln, durch das sie morgens und abends mit den Gänsen durchgehen mußte.
Jeden Morgen, wenn sie mit dem Hütejungen die Gänse unter dem Tor hinaustrieb, sprach sie bekümmert zu Faladas Kopf, und dieser antwortete:

»Wenn das deine Mutter wüßte,
das Herz tät' ihr zerspringen.«

Draußen auf der Weide machte die Königstochter ihr Haar auf. Es war wie reines Gold und verlockte den Jungen, ihr ein paar Haare auszuraufen. Die Königstochter ließ aber einen Wind kommen, der dem Jungen den Hut vom Kopf wehte, so daß er ihm nachlaufen mußte. Das alles wiederholte sich am nächsten Tag, und der Hütejunge war so verärgert, daß er sich beim alten König beklagte. Am darauffolgenden Tag versteckte sich der alte König beim Tor und hörte, wie sie mit dem Pferdekopf sprach; er folgte ihr auch auf die Weide und beobachtete, was dort vor sich ging. Abends fragte er die Gänsemagd, was das alles zu bedeuten habe. Sie entgegnete, sie habe geschworen, keinem Menschen etwas davon zu sagen. Der alte König wollte ihr das Geheimnis entreißen, doch sie blieb standhaft. Endlich ging sie aber auf seinen Vorschlag ein, ihr Leid dem Eisenofen zu klagen. Der alte König stellte sich hinter den Ofen und erfuhr ihre Geschichte.
Danach erhielt die wahre Prinzessin königliche Kleider, und ein großes Mahl wurde veranstaltet, bei dem der Bräutigam obenan saß, die Königstochter zur einen Seite und die Kammerjungfer zur andern. »Als sie nun gegessen und getrunken hatten und guten Muts waren, gab der alte König der Kammerjungfer ein Rätsel auf, was eine solche wert wäre, die den Herrn so und so betrogen hätte, erzählte damit den ganzen Verlauf und fragte: ›Welches Urteils ist diese würdig?‹ « Die falsche Braut, die nicht bemerkt hatte, daß er ihr auf die Schliche gekommen war, entgegnete: › »Die ist nichts Besseres wert, als daß sie in ein Faß gesteckt wird, das inwendig mit spitzen Nägeln beschlagen ist, und zwei weiße Pferde müssen vorgespannt werden, die sie Gasse auf, Gasse ab zu Tode schleifen.‹ – ›Das bist du‹, sprach der alte König, ›und hast dein eigen Urteil gefunden, und danach soll dir widerfahren.‹ Und als das Urteil

vollzogen war, vermählte sich der junge König mit seiner rechten Gemahlin, und beide beherrschten ihr Reich in Frieden und Seligkeit.«

Gleich zu Beginn der Geschichte wird das Problem der Generationenfolge aufgegriffen: Die alte Königin schickt ihre Tochter als Braut zu dem fernen Königssohn, damit sie eine eigene, von den Eltern unabhängige Existenz gründet. Trotz vieler Widrigkeiten hält die Königstochter ihr Versprechen, niemandem zu erzählen, was ihr zugestoßen ist; so beweist sie ihre moralische Tugend, die schließlich mit einem glücklichen Ausgang belohnt wird. Die Gefahren, die der Heldin drohen, liegen im Inneren: Sie muß der Versuchung, das Geheimnis preiszugeben, widerstehen. Hauptthema des Märchens ist aber, daß ein Usurpator die Stelle des Helden einnimmt.

Dieses Märchen und sein Motiv sind deshalb in allen Kulturen so weit verbreitet, weil sie ödipale Bedeutung haben. Die Hauptfigur ist gewöhnlich weiblich, doch ist die Geschichte auch mit einem männlichen Helden bekannt, so zum Beispiel in der verbreitetsten englischen Version, ›Roswal and Lillian‹. Hier wird ein Junge an den Hof eines anderen Königs geschickt, um dort erzogen zu werden; daraus geht noch deutlicher hervor, daß es um das Thema des Heranwachsens, Reifens und Selbständigwerdens geht.(42) Wie in ›Die Gänsemagd‹ wird der Junge unterwegs von seinem Diener gezwungen, den Platz mit ihm zu tauschen. Am fremden Königshof hält man den Usurpator für den Königssohn, dieser gewinnt aber das Herz der Prinzessin, obwohl er die Rolle eines Bediensteten spielen muß. Mit Hilfe wohlgesonnener Gestalten wird der Betrüger entlarvt und am Ende schwer bestraft, während der Königssohn seine rechtmäßige Stelle einnimmt. Da der Usurpator in dieser Geschichte ebenfalls versuchte, den Platz des Helden in der Ehe zu besetzen, ist die Handlung im wesentlichen gleich, abgesehen davon, daß der Held anderen Geschlechts ist. Dies wiederum offenbart, daß das Geschlecht nicht so wichtig ist, behandelt doch die Geschichte ein ödipales Problem, das sich im Leben von Mädchen und Jungen gleichermaßen erhebt.

›Die Gänsemagd‹ verleiht zwei entgegengesetzten Aspekten der ödipalen Entwicklung symbolische Gestalt. Im früheren Stadium meint das Kind, der gleichgeschlechtliche Elternteil sei ein Usurpator, der sich unrechtmäßig die Stelle des Kindes in der Zuneigung des andersgeschlechtlichen Elternteils anmaßt, während dieser doch das Kind als Ehepartner bei weitem vorziehen würde. Das Kind argwöhnt, der gleichgeschlechtliche Elternteil habe es mit List (er war ja schon zur Stelle, ehe das Kind zur Welt kam) um sein

Geburtsrecht betrogen, und hofft, daß die Dinge durch das Eingreifen höherer Mächte zurechtgerückt werden und es selbst der Partner des andersgeschlechtlichen Elternteils werden wird.
Das Märchen ›Die Gänsemagd‹ führt das Kind aus dem frühen ödipalen Stadium in die nächste Phase, in der das Wunschdenken einer etwas richtigeren Sicht der wahren Situation des Kindes weicht. Je mehr Verständnis und Reife das Kind gewinnt, um so deutlicher wird ihm klar, daß seine Vorstellung, der gleichgeschlechtliche Elternteil maße sich seinen Platz an, nicht mit der Realität übereinstimmt. Es beginnt zu erkennen, daß *es selbst* der Usurpator sein und die Stelle des gleichgeschlechtlichen Elternteils einnehmen möchte. Das Märchen rät dazu, diesen Gedanken zu überwinden, weil denen, die eine Zeitlang den rechtmäßigen Ehepartner verdrängen, eine entsetzliche Strafe zuteil wird. Es zeigt, daß es besser ist, sich mit der Stelle eines Kindes zufriedenzugeben, als zu versuchen, die eines Elternteils einzunehmen, so sehr man sich dies auch wünschen mag.
Vielleicht erhebt sich nun die Frage, ob es für Kinder einen Unterschied ausmacht, daß dieses Motiv hauptsächlich in Märchen mit einer Heldin auftritt. Doch unabhängig von seinem Geschlecht wird jedes Kind von dieser Geschichte stark beeindruckt, weil es auf vorbewußter Ebene begreift, daß sie von ödipalen Problemen handelt, die es selbst betreffen. In ›Deutschland, ein Wintermärchen‹, einem seiner berühmtesten Gedichte, berichtet Heinrich Heine, wie tief ihn ›Die Gänsemagd‹ beeindruckte. Er schreibt:

Wie pochte mein Herz, wenn die alte Frau
Von der Königstochter erzählte,
Die einsam auf der Heide saß
Und die goldnen Haare strählte.
Die Gänse mußte sie hüten dort
Als Gänsemagd, und trieb sie
Am Abend die Gänse wieder durchs Tor,
Gar traurig stehen blieb sie.(43)

›Die Gänsemagd‹ enthält auch die wichtige Erkenntnis, daß ein Elternteil, und sei er so mächtig wie eine Königin, die Entwicklung seines Kindes zur Reife nicht gewährleisten kann. Um seine Persönlichkeit zu verwirklichen, muß das Kind die Schwierigkeiten seines Lebens selbst überwinden; es kann sich nicht darauf verlassen, daß Vater oder Mutter es vor den Folgen seiner Schwäche schützen. Alle Schätze und Kleinode, die die Königstochter von ihrer Mutter erhält, nützen ihr nichts; daraus geht hervor, daß das, was ein

Elternteil seinem Kind an irdischen Gütern geben kann, wenig hilft, wenn das Kind sie nicht sinnvoll zu verwenden versteht. Als letztes und wichtigstes Geschenk gibt die Königin ihrer Tochter das Läppchen mit den drei Tropfen ihres Blutes. Aber die Königstochter verliert sogar dies durch Achtlosigkeit.

Die drei Blutstropfen als Symbol sexueller Reife werden im folgenden im Zusammenhang mit ›Schneewittchen‹ und ›Dornröschen‹ ausführlicher behandelt. Da die Königstochter auszieht, um zu heiraten, und sich somit vom Mädchen zur Frau und Ehegattin wandeln soll, und da die Mutter dem Läppchen mit den Blutstropfen noch größere Bedeutung beimißt als dem sprechenden Pferd, ist es wohl nicht falsch, wenn man annimmt, daß die auf ein Stück weißes Leinen fallenden Blutstropfen die sexuelle Reife symbolisieren, ein besonderes Bindeglied zwischen der Tochter und der Mutter, die sie auf die Sexualität vorbereitet.*

Wenn nun die Königstochter das kostbare Geschenk verliert, das sie vor den Übeltaten der Betrügerin bewahrt hätte, ist daraus zu schließen, daß sie in den Tiefen ihrer Persönlichkeit noch nicht reif genug war, um zur Frau zu werden. Man könnte den Verlust des Läppchens aus Nachlässigkeit als »Freudsche Fehlleistung« bezeichnen, mit der sie sich vor dem schützte, was sie sich nicht bewußt machen wollte: den bevorstehenden Verlust der Jungfräulichkeit. Als Gänsemagd wird sie wieder ein junges, unverheiratetes Mädchen, und ihre Unreife wird noch dadurch betont, daß sie die Gänse mit einem kleinen Jungen zusammen hüten muß. Das Märchen zeigt aber, daß es für einen selbst und für die Nächsten – das treue Pferd Falada – zur Tragödie führt, wenn man sich an seine Unreife klammert, obwohl die Zeit zur Reife gekommen ist.

Die Verse, die Falada dreimal spricht – jedes Mal als Antwort auf die Klage des Mädchens vor dem Pferdekopf: »O du Falada, da du hangest« –, bedauern nicht so sehr das Schicksal des Mädchens als den hilflosen Kummer seiner Mutter. Darin steckt die Ermahnung, die Königstochter solle nicht nur um ihrer selbst, sondern auch um ihrer Mutter willen aufhören, alles, was ihr zustößt, passiv hinzunehmen. Auch eine hintergründige Anklage wird darin laut; denn hätte die Königstochter nicht so unreif gehandelt, als sie das Läppchen fallenließ und verlor und als sie sich von ihrer Kammer-

* Wie wichtig das Element der drei Blutstropfen in diesem Märchen ist, ersieht man daraus, daß eine in Lothringen beheimatete deutsche Version den Titel ›Das Tuch mit den drei Blutstropfen‹ trägt. In einem französischen Märchen ist die mit Zauberkraft ausgestattete Gabe ein goldener Apfel; er erinnert an den Apfel, den Eva im Paradies nahm und der sexuelles Wissen bedeutet.(44)

jungfer überrumpeln ließ, so wäre Falada nicht getötet worden. Alles Böse, das dem Mädchen geschieht, ist seine eigene Schuld, weil es sich nicht zu behaupten vermag. Nicht einmal das sprechende Pferd kann ihm aus der Not helfen.

Das Märchen betont die Schwierigkeiten auf der Lebensreise: sexuell reifen, unabhängig werden, sich selbst verwirklichen. Gefahren müssen bewältigt, Prüfungen überstanden und Entscheidungen gefällt werden, aber die Geschichte sagt, daß alles gut ausgehen wird, wenn man sich selbst und seinen Werten treu bleibt, so verzweifelt die Dinge auch eine Zeitlang aussehen mögen. Übereinstimmend mit der Lösung der ödipalen Situation betont ›Die Gänsemagd‹ zudem, daß man ins Verderben gerät, wenn man die Stelle eines anderen unrechtmäßig einnimmt, nur weil man es sich so sehnsüchtig wünscht. Den einem zustehenden Platz erringt man nur durch selbständiges Handeln.

Auch hier wieder drängt sich der Vergleich auf zwischen diesem verhältnismäßig kurzen Märchen und dem schon genannten, weit verbreiteten Kinderbuch ›The Little Engine That Could‹, das im Kind ebenfalls die Überzeugung fördert, daß der ernstlichen Bemühung der Erfolg nicht versagt bleibe. Diese und ähnliche moderne Geschichten flößen dem Kind Hoffnung ein und dienen damit einem guten, aber sehr begrenzten Zweck. Die tieferen, unbewußten Sehnsüchte und Ängste des Kindes bleiben von ihnen unberührt, und letzten Endes sind es diese unbewußten Elemente, die dem Selbstvertrauen des Kindes im Wege stehen. Weder direkt noch indirekt enthüllen diese Geschichten dem Kind seine tieferen Ängste oder bringen Erleichterung auf der Ebene solcher bedrükkender Gefühle. Im Gegensatz zur Botschaft von ›The Little Engine‹ beseitigt der Erfolg allein noch nicht die inneren Schwierigkeiten. Sonst gäbe es nicht so viele Erwachsene, die sich unablässig bemühen, die nicht aufgeben und die schließlich äußerliche Leistungen vollbringen, deren innere Schwierigkeiten aber von ihrem »Erfolg« nicht überwunden werden.

Das Kind fürchtet sich nicht nur vor dem Versagen als solchem, obwohl auch dies Teil seiner Ängste ist. Doch gerade das scheinen die Verfasser solcher Kindergeschichten anzunehmen, vielleicht weil es der Mittelpunkt ist, um den die Befürchtungen der Erwachsenen kreisen: die Nachteile, die der Mißerfolg im realen Leben mit sich bringt. Die Angst des Kindes vor dem Versagen kreist um die Vorstellung, daß es, wenn es versagt, abgelehnt, verlassen und völlig vernichtet wird. Nur eine Geschichte, in der ein Ungeheuer oder eine sonstige böse Gestalt dem Helden den Tod

androht, falls er sich als zu schwach erweist, dem Usurpator Widerstand zu leisten, ist deshalb nach der psychologischen Sicht der Folgen seines Versagens in den Augen des Kindes richtig.
Einen zu guter Letzt eintretenden Erfolg empfindet das Kind als bedeutungslos, wenn seine hintergründigen, unbewußten Ängste nicht ebenfalls überwunden sind. Im Märchen wird dies durch den Tod des Übeltäters symbolisiert. Ohne diesen wäre der Held, der endlich seinen rechtmäßigen Platz errungen hat, nicht sicher; denn wenn das Böse weiterbestünde, bliebe es eine ständige Bedrohung.
Sehr viele Erwachsene meinen, die grausame Bestrafung des Bösewichts im Märchen versetze die Kinder unnötig in Erregung und Schrecken. Genau das Gegenteil ist zutreffend: Eine solche Vergeltung beweist dem Kind, daß die Strafe dem Verbrechen angemessen ist. Das Kind fühlt sich häufig von den Erwachsenen und der Welt im allgemeinen ungerecht behandelt und hat den Eindruck, daß niemand diesem Mißstand abhilft. Schon auf der Grundlage dieser Erfahrungen wünscht es, daß diejenigen, die es betrügen und herabwürdigen – so wie in diesem Märchen die Kammerjungfer die Königstochter betrügt –, schwer bestraft werden. Wenn sie nicht bestraft werden, kommt das Kind zu der Überzeugung, niemand sei ernstlich gewillt, es zu beschützen; je schwerer die Bösen bestraft werden, um so sicherer fühlt sich daher das Kind.
Hier sollte nicht übersehen werden, daß der Usurpator sich selbst das Urteil spricht. Wie die Kammerjungfer aus eigenem Entschluß die Stelle der Königstochter einnahm, so bestimmt sie nun die Art ihrer eigenen Vernichtung; beides ist die Folge ihrer Bosheit, die ihr eine derart grausame Strafe eingibt. Die Strafe wird ihr also nicht von außen auferlegt. Die Botschaft dieses Details lautet, daß böse Absichten den Untergang des Bösewichts herbeiführen. In der Wahl zweier weißer Pferde als Mittel der Vollstreckung offenbart die falsche Braut ihr unbewußtes Schuldgefühl wegen der Beseitigung Faladas. Da Falada das Pferd war, auf dem eine Braut zu ihrer Hochzeit ritt, wird angenommen, daß er ein Schimmel war (die Farbe Weiß bedeutet Reinheit); es ist also durchaus angemessen, daß weiße Pferde Falada rächen. Das alles würdigt das Kind auf vorbewußter Ebene.
Wie schon erwähnt, genügt Erfolg in äußeren Dingen nicht, um innere Ängste zu stillen. Dem Kind muß deshalb nahegebracht werden, was neben Ausdauer noch vonnöten ist. Oberflächlich hat es den Anschein, als habe die Gänsemagd nichts unternommen, um ihr Schicksal zu ändern, und sei nur durch das Eingreifen wohlwol-

lender Mächte oder des Zufalls, der die Entdeckung des Königs herbeiführte, gerettet worden. Was aber dem Erwachsenen wie ein Nichts oder eine Geringfügigkeit erscheint, wird vom Kind, das ebenfalls sehr wenig unternehmen kann, um sein Schicksal zu ändern, als erhebliche Leistung verstanden. Aus dem Märchen geht hervor, daß es nicht so sehr die eindrucksvollen Taten sind, die wirklich zählen, sondern daß eine innere Entwicklung stattfinden muß, damit der Held wahre Autonomie erringt. Unabhängigkeit und die Überwindung der Kindheit setzen die Entwicklung der Persönlichkeit voraus und nicht, daß man sich mit größerem Geschick einer bestimmten Aufgabe entledigt oder daß man sich mit äußerlichen Schwierigkeiten herumschlägt.

Wie oben schon ausgeführt, projiziert ›Die Gänsemagd‹ die zwei Aspekte der ödipalen Situation: das Gefühl, ein Usurpator habe das Kind von seinem rechtmäßigen Platz verdrängt, und die spätere Erkenntnis, daß das Kind selbst sich eine Position aneignen möchte, die in Wirklichkeit einem Elternteil zusteht. Das Märchen beleuchtet auch die Gefahren, die demjenigen drohen, der zu lange an kindlicher Abhängigkeit festhält. Zuerst überträgt die Heldin ihre Abhängigkeit von ihrer Mutter auf ihre Kammerjungfer und gehorcht ihr, ohne die Lage selbständig zu beurteilen. Wie das Kind seine Abhängigkeit nicht aufgeben möchte, so vermag die Gänsemagd nicht auf ihre veränderte Situation zu reagieren; dies führt sie, wie das Märchen darlegt, ins Verderben. Das Festhalten an der Abhängigkeit bringt ihr kein höheres Menschsein. Wenn sie in die Welt hinauszieht – symbolisch dadurch ausgedrückt, daß die Königstochter ihre Mutter verläßt, um an fernem Ort ihr Königreich anzutreten –, muß sie unabhängig werden. Diese Lektion lernte die Gänsemagd beim Gänsehüten.

Der Hütejunge versucht, sie herumzukommandieren, wie es die Kammerjungfer auf der Reise in ihre neue Heimat getan hatte. Er ist nur von seinen eigenen Wünschen motiviert und mißachtet die Autonomie der Königstochter. Unterwegs hatte sie zugelassen, daß die Kammerjungfer ihren goldenen Becher an sich nahm. Als sie nun auf der Weide sitzt und ihr goldenes Haar kämmt, will der Junge ihr ein paar Haare ausreißen, um sich sozusagen eines Teils ihres Körpers zu bemächtigen. So weit läßt sie es nicht kommen; sie versteht ihn jetzt abzuwehren. Vor dem Zorn der Kammerjungfer hatte sie sich zu sehr gefürchtet, um Widerstand zu leisten, doch vom Zorn des Jungen, dessen Wünsche sie nicht erfüllt, läßt sie sich nicht mehr einschüchtern. Daß der Becher und das Haar des Mädchens golden sind, macht den Hörer auf die Bedeutung der

verschiedenen Reaktionen der Königstochter in ähnlichen Situationen aufmerksam.
Aus Zorn über die Weigerung der Gänsemagd, seinen Befehlen zu gehorchen, beschwert sich der Junge beim König und setzt damit die Lösung des Knotens in Gang. Die Selbstbehauptung der Heldin angesichts der Entwürdigung durch den Jungen ist der Wendepunkt in ihrem Leben. Sie, die kein Wort einzuwenden wagte, als die Kammerjungfer sie entwürdigte, hat nun gelernt, was Autonomie erfordert. Dies bestätigt sich darin, daß sie ihren Schwur *nicht* bricht, obwohl er ihr durch Zwang abgerungen worden war. Sie erkennt, daß sie dieses Versprechen nicht hätte geben dürfen, aber daß sie es nun, da sie es einmal gegeben hat, auch einhalten muß. Allerdings erstreckt sich der Schwur nicht auf einen Gegenstand; auch das Kind scheut sich nicht, seinen Kummer irgendeinem Spielzeug zu erzählen. Der Eisenofen, der die Heiligkeit des Heims symbolisiert, ist der geeignete Gegenstand, dem sie ihr trauriges Los anvertrauen kann. Als Gerät, auf dem das Essen gekocht wird, symbolisiert der Eisenofen auch grundlegende Sicherheit. Wesentlich ist aber, daß die Königstocher die glückliche Lösung damit herbeiführt, daß sie ihre Würde und die Unverletzlichkeit ihres Körpers behauptet (sie macht es dem Jungen unmöglich, gegen ihren Willen ein paar Haare auszuraufen, wie er es tun wollte). Die falsche Braut hatte keinen anderen Gedanken, als jemand zu sein – oder zu scheinen –, der sie nicht war. Die Gänsemagd lernte die viel schwierigere Kunst, sie selbst zu sein, und erkannte, daß nur dies sie zu wahrer Autonomie führte und ihr Schicksal änderte.

Phantasie, Wiederaufrichtung, Flucht und Trost

Aus den Unzulänglichkeiten moderner Märchen erkennt man die Elemente, die sich im Volksmärchen über die Jahrhunderte hinweg am besten erhalten haben. Tolkien nennt als Merkmale eines guten Märchens Phantasie, Wiederaufrichtung, Flucht und Trost – Wiederaufrichtung aus tiefer Verzweiflung, Errettung aus großer Gefahr und vor allem andern Trost in Niedergeschlagenheit. Das gute Ende müssen nach Tolkien alle vollständigen Märchen haben. Es ist »eine plötzlich eintretende, erfreuliche ›Wende‹. . . . Wie phantastisch oder entsetzlich die Abenteuer auch sind – wenn die ›Wende‹ kommt, vermag sie dem Kind oder Erwachsenen, die das

Märchen hören, den Atem stocken zu lassen, eine Last von der Seele zu nehmen und ihn bis zu Tränen zu rühren.«(45)

Es ist daher nur zu begreiflich, daß Kinder auf die Frage nach ihrem Lieblingsmärchen fast keine modernen Märchen nennen.(46) Viele dieser modernen Erzählungen gehen schlecht aus und bieten nicht die Aussicht auf Errettung und den Trost, der angesichts der furchterregenden Ereignisse im Märchen notwendig ist, wenn das Kind für die Wechselfälle seines Lebens gestärkt werden soll. Wenn ein Kind eine Geschichte ohne einen solchen ermutigenden Schluß hört, hat es das Gefühl, es habe tatsächlich keine Hoffnung, sich aus den verzweifelten Lagen seines Lebens zu befreien.

Im traditionellen Märchen wird der Held belohnt und erhält der Bösewicht seine verdiente Strafe. Damit wird das Verlangen des Kindes nach Gerechtigkeit befriedigt. Wie sonst könnte es hoffen, daß ihm selbst Gerechtigkeit widerfahren wird, wo es sich doch so oft ungerecht behandelt fühlt? Und wie sonst könnte es sich selbst davon überzeugen, daß es richtig handeln muß, wo es doch so sehr versucht ist, den asozialen Impulsen seiner Sehnsüchte nachzugeben? Chesterton erzählte einmal, daß einige Kinder, mit denen er Maeterlincks Drama ›Der blaue Vogel‹ sah, unzufrieden gewesen seien, weil es nicht mit einem Tag des Gerichts aufhörte und weil der Held und die Heldin nicht erfuhren, daß der Hund treu und die Katze treulos gewesen waren. Er setzte hinzu, Kinder seien unschuldig und liebten die Gerechtigkeit, während wir Erwachsenen meist böse seien und verständlicherweise das Mitleid vorzögen.(47)

Man mag Chestertons Überzeugung von der Unschuld der Kinder mit gutem Grund anzweifeln, aber seine Beobachtung, daß Mitleid mit dem Schuldigen den gereiften Menschen auszeichnet, das Kind jedoch verwirrt, ist vollkommen richtig. Außerdem setzt das Getröstetwerden voraus, daß Gerechtigkeit (oder im Falle erwachsener Zuhörer: Mitleid) geübt wird.

Besonders angemessen erscheint es dem Kind, daß gerade das, was der Bösewicht dem Helden zufügen will, sein eigenes Schicksal wird. Die Hexe in ›Hänsel und Gretel‹, die die Kinder kochen will, wird in den Backofen geschoben und muß verbrennen. Die falsche Braut in ›Die Gänsemagd‹ spricht ihr eigenes Urteil. Der Trost erfordert, daß die richtige Weltordnung wiederhergestellt wird. Wenn der Bösewicht bestraft wird, ist das Böse aus der Welt des Helden entfernt, und dann steht seinem künftigen glücklichen Leben nichts mehr im Wege.

Vielleicht ließe sich noch ein weiteres Element zu den vier von

Tolkien genannten hinzufügen: Auch das Element der Bedrohung kennzeichnet das Märchen – Bedrohung der körperlichen oder moralischen Existenz des Helden. So wird die Herabwürdigung der Königstochter zur Gänsemagd vom Kind als moralische Zwangslage empfunden. Wenn man darüber nachdenkt, ist es erschreckend, wie fraglos der Märchenheld es hinnimmt, daß er derart bedroht wird – es stößt ihm eben zu. Die verärgerte Fee in ›Dornröschen‹ äußert eine Verwünschung, und nichts kann vereiteln, daß sie sich – wenigstens in abgemilderter Form – erfüllt. Schneewittchen fragt sich nicht, warum die Königin es mit tödlicher Eifersucht verfolgt; ebensowenig erwägen die Zwerge diesen Gedanken, wenn sie auch Schneewittchen warnen, es solle sich vor der Königin in acht nehmen. Es wird nicht danach gefragt, warum die Zauberin in ›Rapunzel‹ das Mädchen seinen Eltern wegnehmen will – Rapunzel erleidet eben dieses Schicksal. Die seltenen Ausnahmen betreffen eine Stiefmutter, die wie in ›Aschenputtel‹ ihre eigenen Kinder auf Kosten der Heldin in den Vordergrund rücken will, aber selbst dann erfahren wir nicht, warum Aschenputtels Vater dies zuläßt.

In jedem Fall steht der Held gleich zu Beginn der Geschichte in großer Gefahr, und genauso sieht das Kind das Leben, auch wenn es in Wirklichkeit in sehr günstigen äußeren Umständen lebt. Für das Kind ist sein Leben eine Folge von Zeiten ungetrübten Glücks und plötzlich unbegreiflicherweise hereinbrechenden, unermeßlichen Gefahren. Es fühlt sich sicher und sorglos, doch in einem Augenblick ändert sich alles, und die freundliche Welt verwandelt sich in ein bedrohliches Schreckgespenst. Dies geschieht, wenn die liebenden Eltern unvermittelt völlig sinnlose Forderungen stellen und schreckliche Drohungen ausstoßen. Das Kind ist überzeugt, daß es keine begreifliche Ursache für diese Dinge gibt; sie ereignen sich einfach, und daß sie ihm zustoßen, ist sein unausweichliches Schicksal. Entweder erliegt das Kind dann seiner Verzweiflung (genauso verhalten sich manche Märchenhelden: Sie sitzen da und weinen, bis ein magischer Helfer erscheint und ihnen einen Ausweg und die Möglichkeit zeigt, der Bedrohung zu widerstehen), oder es läuft allem davon und versucht, einem entsetzlichen Schicksal zu entgehen – wie Schneewittchen: »Nun war das arme Kind in dem großen Walde mutterseelenallein, und ward ihm so angst, daß es ... nicht wußte, wie es sich helfen sollte. Da fing es an zu laufen und lief über die spitzen Steine und durch die Dornen ...«

Es gibt keine größere Bedrohung im Leben, als daß wir im Stich gelassen werden und völlig allein sind. Die Psychoanalyse nannte diese größte Furcht des Menschen Trennungsangst. Je jünger wir sind, um so peinigender ist die Angst, wenn wir uns verlassen fühlen; das kleine Kind muß tatsächlich um sein Leben fürchten, wenn es nicht beschützt und versorgt wird. Der höchste Trost ist deshalb, daß wir niemals verlassen werden. In einem türkischen Märchenzyklus geraten die Helden immer wieder in die unmöglichsten Situationen, vermögen aber die Gefahr zu umgehen oder zu überwinden, sobald sie einen Freund gewonnen haben. So zieht sich in einem berühmten Märchen der Held mit Namen Iskender die Feindschaft seiner Mutter zu; sie zwingt den Vater, Iskender in einem Körbchen auf dem Meer auszusetzen. Iskenders Freund und Helfer ist ein grüner Vogel, der ihn aus dieser und zahllosen späteren, immer schrecklicheren Gefahren errettet. Jedesmal flößt der Vogel Iskender Zuversicht ein mit den Worten: »Wisse, daß du nie verlassen bist.«(48) Dies ist also der größte Trost, der auch im üblichen Märchenschluß enthalten ist: »Und fortan lebten sie allezeit glücklich.«

Glückseligkeit und Erfüllung, die schönsten Tröstungen des Märchens, haben auf zweierlei Ebenen Bedeutung. Die bleibende Verbindung eines Königssohns und einer Königstochter symbolisiert die Integration der verschiedenen Persönlichkeitsaspekte – psychoanalytisch ausgedrückt: des Es, des Ich und des Über-Ich – und die gelungene Harmonisierung der bislang auseinanderstrebenden Tendenzen des männlichen und des weiblichen Prinzips (vgl. die Überlegungen zum Ausgang von ›Aschenputtel‹).

Ethisch gesehen bedeutet diese Verbindung, nachdem das Böse bestraft und aus der Welt geschafft ist, daß höchste moralische Einheit erreicht wurde und daß zugleich die Trennungsangst für immer überwunden ist, wenn man den idealen Partner gefunden und mit ihm die befriedigendste persönliche Beziehung hergestellt hat. Je nach dem Märchen und seinem psychologischen oder entwicklungsmäßigen Bezugsbereich nimmt dies ganz verschiedene äußere Gestalt an, obwohl die innere Bedeutung stets gleich bleibt.

In ›Brüderchen und Schwesterchen‹ beispielsweise leben die beiden während des größten Teils der Geschichte zusammen; sie vertreten die animalischen und die geistigen Aspekte unserer Persönlichkeit, die auseinanderfallen und integriert werden müssen, damit menschliches Glück möglich ist. Die größte Bedrohung tritt ein, als Schwesterchen den König geheiratet hat und nach der Geburt ihres Kindes von der Tochter der alten Hexe verdrängt wird. Jede Nacht kehrt Schwesterchen zurück, um nach seinem Kind und seinem Reh zu sehen. Seine Wiederaufrichtung wird wie folgt beschrieben: »Der König . . . sprang zu ihr hin und sprach: ›Du kannst niemand anders sein als meine liebe Frau.‹ Da antwortete sie: ›Ja, ich bin deine liebe Frau‹, und hatte in dem Augenblick durch Gottes Gnade das Leben wiedererhalten, war frisch, rot und gesund.« Die höchste Tröstung muß warten, bis das Böse beseitigt ist: »Die Hexe aber ward ins Feuer gelegt und mußte jammervoll verbrennen. Und wie sie zu Asche verbrannt war, verwandelte sich das Rehkälbchen und erhielt seine menschliche Gestalt wieder; Schwesterchen und Brüderchen aber lebten glücklich zusammen bis an ihr Ende.« So umfaßt das »glückliche Ende«, der letzte Trost, sowohl die Persönlichkeitsintegration als auch die dauerhafte menschliche Beziehung.

Oberflächlich gesehen liegen die Dinge in ›Hänsel und Gretel‹ anders. Die Kinder erlangen das höhere Menschsein, sobald die Hexe verbrannt ist; dies wird durch die Schätze, die sie im Hexenhäuschen finden, symbolisiert. Da der Held und die Heldin aber noch nicht im heiratsfähigen Alter sind, wird die menschliche Beziehung, die die Trennungsangst für immer verbannt, nicht durch ihre Heirat, sondern durch ihre Rückkehr zum Vater symbolisiert. Die andere böse Gestalt, die Mutter, ist inzwischen gestorben. »Da hatten alle Sorgen ein Ende, und sie lebten in lauter Freude zusammen.«

Im Vergleich zu dem, was diese Märchenschlüsse mit ihrer Gerechtigkeit und ihrem Trost über die Entwicklung des Helden aussagen, erscheint das Leiden des Helden in vielen modernen Märchen, obgleich es tief bewegend ist, weit weniger sinnvoll, denn es führt nicht zur höchsten Form menschlicher Existenz. (So naiv es erscheinen mag – wenn Prinz und Prinzessin heiraten, das Königreich erben und es in Frieden und Glückseligkeit regieren, kommt dies für das Kind der höchsten Form möglicher Existenz gleich, weil es alles umfaßt, was es für sich selbst ersehnt: sein Reich – sein Leben – mit Erfolg und in Frieden regieren und in Glückseligkeit vereint sein mit dem begehrenswertesten Partner, der es nie verlassen wird.)

Daß wir im wirklichen Leben oft genug keine Wiederaufrichtung und keinen Trost erfahren, ist nur zu wahr, doch dies ermutigt das Kind nicht dazu, dem Leben mit Standhaftigkeit zu begegnen und auf diese Weise zu erkennen, daß schwere Prüfungen zu einem Leben auf höherer Ebene führen können. Mit seiner Tröstung erweist das Märchen dem Kind den größten Dienst. Es flößt ihm die Zuversicht ein, daß es alle Widrigkeiten, die es zu erleiden hat (in ›Hänsel und Gretel‹ die Bedrohung, von den Eltern verlassen zu werden; in ›Schneewittchen‹ die Eifersucht der Mutter und in ›Aschenputtel‹ die Eifersucht der Schwestern; in ›Hans und die Bohnenranke‹ den tödlichen Zorn des Riesen; in ›Dornröschen‹ die

Hinterhältigkeit der bösen Fee), überwinden wird und daß die bösen Mächte beseitigt werden, so daß sie seinen Seelenfrieden nie mehr bedrohen können.

Verharmloste oder gereinigte Märchen werden von Kindern, die sie in ihrer ursprünglichen Form kennen, zu Recht abgelehnt. Dem Kind erscheint es nicht richtig, wenn Aschenputtels böse Schwestern straffrei ausgehen oder sogar von Aschenputtel erhöht werden. Diese Großherzigkeit beeindruckt das Kind nicht positiv; es lernt sie auch nicht von Eltern, die die Geschichte abwandeln, so daß die Guten *und* die Bösen belohnt werden. Das Kind weiß besser, was man ihm erzählen muß. Einem siebenjährigen Kind wurde einmal die Geschichte von Schneewittchen vorgelesen, und der Erwachsene, der ängstlich darauf bedacht war, das Kind nicht zu verstören, ließ das Märchen mit Schneewittchens Hochzeit aufhören. Das Kind, das die Geschichte kannte, fragte sofort: »Und was ist mit den rotglühenden Schuhen, in denen die böse Königin tanzen mußte, bis sie tot umfiel?« Nur wenn die Bösen am Ende bestraft werden, weiß das Kind, daß in der Welt alles wieder in Ordnung ist und daß es sich in ihr sicher fühlen kann.

Dies bedeutet nicht, daß das Märchen den großen Unterschied zwischen dem Bösen und den unglückseligen Folgen selbstsüchtigen Verhaltens verkennen würde. Als Beispiel sei ›Rapunzel‹ angeführt. Obwohl die Zauberin Rapunzel »in eine Wüstenei brachte, wo sie in großem Jammer und Elend leben mußte«, wird sie nicht dafür bestraft. Der Grund dafür liegt in den vorhergehenden Ereignissen. Der Schlüssel zum Verständnis ist der Name »Rapunzel« nach der Salatpflanze. Als die Mutter das Kind erwartete, wurde sie von großem Verlangen nach der Pflanze, die in dem ummauerten Garten der Zauberin wuchs, befallen. Sie überredete ihren Mann, in den verbotenen Garten einzusteigen und ihr Rapunzeln zu holen. Beim zweiten Mal wurde er von der Zauberin überrascht, die ihm mit Strafe drohte. Er bat um Milde und führte zu seiner Entschuldigung an, seine schwangere Frau habe ein unstillbares Verlangen nach Rapunzeln. Die Zauberin ließ sich erweichen und erlaubte ihm, soviel Rapunzeln mitzunehmen, wie er wollte – doch unter einer Bedingung: »Du mußt mir das Kind geben, das deine Frau zur Welt bringen wird. Es soll ihm gut gehen, und ich will für es sorgen wie eine Mutter.« Der verängstigte Vater versprach es. Die Zauberin sichert sich also Rapunzel, weil ihre Eltern zum einen den verbotenen Bereich betreten und zum anderen dieser Bedingung zugestimmt hatten. Allem Anschein nach wünschte sich die Zauberin das Kind mehr als die Eltern.

Alles geht gut, bis Rapunzel zwölf Jahre alt wird – aus der Geschichte läßt sich schließen, daß damit das Alter der sexuellen Reife gemeint ist. Nun besteht die Gefahr, daß sie ihre Pflegemutter verläßt. Es ist selbstsüchtig von der Zauberin, Rapunzel mit allen Mitteln für sich behalten zu wollen und sie in einen unzugänglichen Turm einzuschließen. Rapunzel der Bewegungsfreiheit zu berauben ist zwar falsch, aber der verzweifelte Wunsch der Zauberin, Rapunzel nicht herzugeben, ist kein schweres Verbrechen in den Augen des Kindes, das sich ebenso verzweifelt wünscht, von seinen Eltern nicht losgelassen zu werden.

Wenn die Zauberin Rapunzel im Turm besucht, steigt sie an ihrem Haar hinauf – mit dem gleichen Mittel stellt Rapunzel auch die Verbindung zu dem Königssohn her. Darin deutet sich an, wie die Beziehung zu einem Elternteil in die Beziehung zu einem Liebhaber übergeht. Rapunzel muß wissen, wie wichtig sie ihrer Pflegemutter, der Zauberin, ist, denn ihr unterläuft ein »Freudscher Versprecher«, wie man ihn selten in Märchen findet: Rapunzel hat offenbar ein schlechtes Gewissen wegen ihrer heimlichen Zusammenkünfte mit dem Königssohn und verrät ihr Geheimnis mit ihrer Frage an die ahnungslose Zauberin: »Wie kommt es nur, daß es mir viel schwerer fällt, Sie heraufzuziehen, als den jungen Königssohn!«

Schon das Kind weiß, daß nichts so großen Zorn erregt wie betrogene Liebe, und bei all ihren Gedanken an den Königssohn war sich Rapunzel bewußt, daß die Zauberin sie liebte. Obwohl selbstsüchtige Liebe falsch ist und stets wie die der Zauberin unterliegen muß, kann doch das Kind wiederum begreifen, daß man, wenn man jemanden ausschließlich liebt, diese Liebe nicht mit einem anderen teilen und selbst dadurch verarmen will. Derart selbstsüchtig und töricht zu lieben ist falsch, aber nicht böse. Die Zauberin tötet den Königssohn nicht; sie ist nur schadenfroh, weil er von Rapunzel ebenso getrennt ist wie sie. An seinem Unglück ist der Königssohn selbst schuld; in seiner Verzweiflung darüber, daß Rapunzel fort ist, springt er vom Turm hinunter und fällt in Dornen, die ihm die Augen zerstechen. Mit ihren selbstsüchtigen und törichten Taten erleidet die Zauberin eine Niederlage; da sie aber aus übergroßer Liebe zu Rapunzel und nicht aus Bosheit gehandelt hat, wird sie nicht bestraft.

Schon oben wurde erwähnt, wie tröstlich es für das Kind ist, wenn es in symbolischer Form erfährt, daß es im eigenen Körper die Mittel besitzt, das zu erlangen, was es sich wünscht – so wie der Königssohn an Rapunzels Haaren zu dem Mädchen hinaufsteigt. Auch den glücklichen Ausgang führt Rapunzel mit ihrem Körper herbei: Ihre Tränen heilen die Augen des Königssohns, der sie in sein Reich führt.

›Rapunzel‹ enthält wie zahllose andere Volksmärchen die vier Elemente Phantasie, Wiederaufrichtung, Flucht und Trost. In diesem Märchen wird ein Geschehnis vom anderen aufgewogen; sie folgen mit geradezu geometrischer ethischer Strenge aufeinander: Rapunzeln werden gestohlen – Rapunzel wird dorthin gebracht, wo sie ursprünglich hergenommen wurde. Der Selbstsucht der Mutter, die ihren Mann zwingt, sich die Rapunzeln unrechtmäßig anzueignen, steht die Selbstsucht der Zauberin gegenüber, die Rapunzel für sich behalten möchte. Das phantastische Element bringt den letztlichen Trost: Die Kraft des Körpers wird phantastisch übertrieben dargestellt mit den überlangen Haaren, an denen man einen Turm hinaufsteigen kann, und mit den Tränen, die das Augenlicht wiederbringen. Aber haben wir eine zuverlässigere Quelle der Wiederaufrichtung als unseren Körper?

Sowohl der Königssohn als auch Rapunzel handeln unreif; er spioniert der Zauberin nach und klettert hinter ihrem Rücken den Turm hinauf, statt offen vor sie hinzutreten und seine Liebe zu Rapunzel zu bekennen. Rapunzel ist ebenfalls unaufrichtig; sie verheimlicht, was sie getan hat, bis ihr der aufschlußreiche Versprecher unterläuft. Deshalb ereignet sich der glückliche Ausgang nicht unmittelbar nachdem Rapunzel dem Turm und der Herrschaft der Zauberin entronnen ist. Wie so viele Märchenhelden müssen auch Rapunzel und der Königssohn eine Zeit der Prüfungen und Widerwärtigkeiten, des inneren Wachstums im Unglück, durchstehen. Das Kind ist sich der Vorgänge in seinem Inneren nicht bewußt, die deshalb im Märchen nach außen projiziert und symbolisch mit Handlungen, die für innere und äußere Kämpfe stehen, dargestellt werden. Für das Persönlichkeitswachstum ist aber auch tiefe Konzentration notwendig. Dies beschreibt das Märchen normalerweise mit Jahren, in denen sich an der Oberfläche nichts ereignet, so daß man auf innere Entwicklungen schließen kann. So folgt auf die körperliche Emanzipation des Kindes aus der Herrschaft der Eltern eine lange Zeit der Wiederaufrichtung und des Reifens.

Im Märchen kommt diese Zeit, als Rapunzel in die Wüstenei verbannt und nicht mehr von ihrer Pflegemutter versorgt wird, ebensowenig wie der Königssohn von seinen Eltern. Beide müssen nun lernen, auch in den schwierigsten Verhältnissen für sich selbst zu sorgen. Ihre relative Unreife zeigt sich darin, daß sie die Hoffnung aufgegeben haben – kein Vertrauen in die Zukunft zu setzen bedeutet, sich selbst nicht zu vertrauen. Deshalb vermag keines von beiden entschlossen nach dem anderen zu suchen. Der Königssohn »irrte blind im Wald umher, aß nichts als Wurzeln und Beeren und tat nichts als jammern und weinen über den Verlust seiner liebsten Frau«. Auch von Rapunzel erfahren wir nicht, daß sie etwas unternommen hätte. Sie lebte ebenfalls »in großem Jammer und Elend« und beweinte ihr Schicksal. Trotzdem müssen wir annehmen, daß es für beide eine Periode des Wachstums war, der Selbstfindung, der Wiederaufrichtung. An ihrem Ende sind sie bereit und fähig, einander zu retten und gemeinsam ein gutes, glückliches Leben zu führen.

Die Kunst des Märchenerzählens

Um ihren Trost, ihren symbolischen Sinn und vor allem ihre zwischenmenschliche Bedeutung auszuschöpfen, sollte man Märchen lieber erzählen als vorlesen. Zum Vorlesen gehört emotionale Anteilnahme an der Geschichte und an dem Kind, das sie hört, aber auch die Fähigkeit, sich vorzustellen, was das Märchen gerade diesem Kind bedeuten könnte. Erzählen ist besser als Vorlesen, weil es Flexibilität erlaubt.

Wie schon erwähnt, hat das Volksmärchen im Unterschied zu neueren Märchen seine Gestalt dadurch erhalten, daß es zahllose Male von verschiedenen Erwachsenen allen möglichen Kindern und Erwachsenen erzählt wurde. Jeder Erzähler ließ Elemente fallen und nahm neue hinzu, um das Märchen für sich selbst und für die ihm gut bekannten Zuhörer noch aufschlußreicher zu machen. Wer einem Kind Märchen erzählte, ging dabei auf die Reaktionen des Kindes ein; sein unbewußtes Verständnis vom Sinn der Geschichte wurde somit von der Auffassung des Kindes beeinflußt. So erfuhr das Märchen Abwandlungen je nach den Fragen des Kindes und je nach dem Entzücken und der Furcht, die es offen zum Ausdruck brachte oder in der Art, wie es sich an den Erwachsenen schmiegte, erkennen ließ. Wer sich sklavisch an den gedruckten Text eines Buches hält, schmälert den Wert des Märchens. Wenn das Märchenerzählen wirkungsvoll sein soll, muß es ein zwischenmenschliches Ereignis werden für den Erwachsenen und das Kind, die es gestalten.

Natürlich erheben sich dabei auch Schwierigkeiten. Ein Elternteil, der nicht auf sein Kind eingestimmt oder zu sehr an die Vorgänge in seinem eigenen Unbewußten gefesselt ist, erzählt möglicherweise

Märchen auf der Grundlage *seiner* Bedürfnisse und nicht der des Kindes. Aber selbst dann ist noch nicht alles verloren, denn das Kind versteht dann besser, was Vater oder Mutter bewegt, und dies ist sehr bedeutsam und wertvoll für das Kind, das sich bemüht, die Motive derer, die in seinem Leben am wichtigsten sind, zu erfassen.

Ein solcher Fall ereignete sich einmal, als ein Vater im Begriff stand, seine viel tüchtigere Frau und seinen fünfjährigen Sohn, die er schon seit einiger Zeit nicht mehr erhalten konnte, zu verlassen. Er war bekümmert, weil sein Sohn dann ganz in der Gewalt seiner Frau sein würde, die er für eine dominierende Persönlichkeit hielt. Eines Abends bat der Junge den Vater um eine Gutenachtgeschichte. Der Vater wählte ›Hänsel und Gretel‹, und als er bis dahin erzählt hatte, wo Hänsel im Ställchen sitzt und gemästet wird, damit die Hexe ihn aufessen kann, begann er zu gähnen und sagte, er sei zu müde, um weiterzuerzählen. Er ließ den Jungen allein, ging zu Bett und schlief sofort ein. Hänsel blieb hilflos in der Gewalt der kannibalischen Hexe – dies entsprach genau der Vorstellung des Vaters, er werde seinen Sohn in der Gewalt seiner dominierenden Frau lassen.

Obwohl der Junge erst fünf Jahre alt war, begriff er, daß sein Vater ihn verlassen wollte und seine Mutter als bedrohliche Gestalt sah, aber trotzdem keine Möglichkeit wußte, seinen Sohn zu schützen oder zu retten. Der Junge kam zu dem Schluß, es bestehe offenbar keine Aussicht, daß sein Vater weiterhin für ihn sorgte, und er müsse deshalb die Situation, in der er sich mit seiner Mutter befand, klären. Am nächsten Tag erzählte er seiner Mutter, was geschehen war, und setzte spontan hinzu, selbst wenn der Vater nicht mehr da wäre, sei er doch sicher, daß die Mutter stets gut für ihn sorgen werde.

Glücklicherweise wissen Kinder nicht nur, wie sie sich verhalten können, wenn die Eltern ein Märchen derart entstellen, sondern haben auch ihre spezifischen Möglichkeiten, Märchenelemente zu verarbeiten, die ihren emotionalen Bedürfnissen zuwiderlaufen. Sie wandeln die Geschichte ab, behalten sie anders als in der ursprünglichen Version im Gedächtnis oder fügen Einzelheiten hinzu. Der phantastische Verlauf der Märchen fördert solche spontanen Änderungen; Geschichten, die das Irrationale in uns ableugnen, gestatten solche Abwandlungen nicht so leicht. Es ist faszinierend, den Veränderungen nachzuspüren, denen selbst die bekanntesten Märchen bei einzelnen Menschen unterliegen, obwohl die Einzelheiten der Geschichte zum Allgemeinwissen geworden sind.

Ein Junge kehrte die Geschichte von Hänsel und Gretel um, so daß es Gretel war, die in das Ställchen gesteckt wurde, und Hänsel, der auf den Gedanken kam, die Hexe mit einem Knöchlein zu täuschen;

Hänsel schob die Hexe in den Backofen und befreite Gretel. Ein Mädchen dagegen hatte ›Hänsel und Gretel‹ so im Gedächtnis, daß der Vater trotz der flehentlichen Bitten der Mutter darauf bestand, die Kinder im Wald auszusetzen, und daß er seine böse Tat hinter dem Rücken seiner Frau vollbrachte.

Eine junge Frau erinnerte sich an ›Hänsel und Gretel‹ als an eine Geschichte, in der die Abhängigkeit der Schwester von ihrem älteren Bruder geschildert wird, und rügte den »männlichen Chauvinismus« des Märchens. Soweit sie sich entsinnen konnte – und sie behauptete, das Märchen sehr lebhaft im Gedächtnis zu haben –, war es Hänsel, der sich mit Hilfe seines Verstandes selbst befreite, die Hexe in den Backofen schob und Gretel errettete. Als sie das Märchen im Erwachsenenalter wieder las, war sie sehr überrascht, wie ihre Erinnerung es verzerrt hatte. Sie wurde sich aber bewußt, daß sie ihre ganze Kindheit über gern von ihrem etwas älteren Bruder abhängig gewesen war, und sagte dazu: »Ich wollte meine eigene Kraft nicht kennenlernen und die Verantwortung, die sich daraus ergeben hätte, nicht übernehmen.« Aus einem weiteren Grund wurde in ihrer frühen Reifezeit die Entstellung des Märchens erheblich fixiert. Beim Tod ihrer Mutter war ihr Bruder im Ausland, und sie selbst mußte die Feuerbestattung in die Wege leiten. Deshalb empfand sie selbst jetzt, da sie das Märchen als Erwachsene wieder las, lebhaften Abscheu bei der Vorstellung, daß Gretel die Hexe verbrannt hatte; es erinnerte sie zu schmerzhaft an die Kremation ihrer Mutter. Im Unbewußten hatte sie die Geschichte sehr gut verstanden, vor allem, in welchem Maß die Hexe die böse Mutter repräsentiert, gegen die wir alle negative, zu Schuldgefühlen führende Gedanken hegen.

Eine andere junge Erwachsene erinnerte sich mit vielen ausschmükkenden Einzelheiten, wie Aschenputtels Vater es gegen die Einwände der Stiefmutter durchsetzte, daß Aschenputtel zum Ball gehen durfte.

Im Idealfall sollte das Märchenerzählen, wie schon erwähnt, ein zwischenmenschliches Ereignis sein, an dem der Erwachsene und das Kind als gleichrangige Partner teilnehmen. Dies ist beim Vorlesen nicht möglich. Eine Geschichte aus Goethes Kindheit sei zur Erläuterung angeführt.

Schon lange ehe Freud vom Es und Über-Ich sprach, hatte Goethe aus eigener Erfahrung erkannt, daß sie die Bausteine der Persönlichkeit sind. Es war für ihn ein glücklicher Umstand, daß die beiden Aspekte in seinem Leben je von einem Elternteil verkörpert wurden.

Vom Vater hab' ich die Statur,
Des Lebens ernstes Führen,
Vom Mütterchen die Frohnatur
Und Lust zu fabulieren.(49)

Goethe wußte, daß wir ein reiches Phantasieleben brauchen, um das Leben genießen und seine schwere Arbeit bewältigen zu können. Etwas von dieser Fähigkeit und diesem Selbstvertrauen gewann Goethe dadurch, daß seine Mutter ihm Märchen erzählte, und wie sie dabei vorging, zeigt uns, wie Märchen erzählt werden sollten und wie sie den Erwachsenen und das Kind, die jeweils Eigenes beisteuern, zu verbinden vermögen. Im Alter erzählte Goethes Mutter, wie sie ihrem Sohn Luft, Feuer, Wasser und Erde als wunderschöne Prinzessinnen dargestellt habe und wie dadurch die ganze Natur reicher an Bedeutungen wurde. Wege wurden erfunden, die von Stern zu Stern führten, und auf diesen Sternstraßen traf man die bedeutendsten Geister. Der kleine Junge verschlang sie fast mit den Augen, und wenn es einer seiner Lieblingsgestalten nicht so erging, wie er sich das vorstellte, konnte sie es seinem ärgerlichen Gesicht ansehen, oder sie merkte, wieviel Mühe er hatte, seine Tränen zurückzuhalten. Manchmal schaltete er sich auch in den Gang der Handlung ein und bestand darauf, daß der elende Schneider die Prinzessin *nicht* heiraten werde, selbst wenn er den Riesen erschlagen sollte. Die Mutter unterbrach dann ihre Erzählung bis zum nächsten Abend. Oft wurde so ihre Einbildungskraft durch die ihres Kindes ersetzt, und wenn sie am nächsten Morgen die Schicksale so ordnete, wie er es vorgeschlagen hatte, und fortfuhr, daß er es erraten habe, war er entzückt, und es klopfte ihm das Herz bis zum Halse.(50)

Nicht alle Eltern können so gut wie Goethes Mutter Geschichten erfinden; sie war schon zu Lebzeiten als große Märchenerzählerin bekannt. Sie richtete sich nach der Vorstellung des Zuhörers vom Verlauf der Dinge, und dies galt als richtige Erzählweise. Viele heutige Eltern haben es leider in ihrer Kindheit niemals erlebt, daß ihnen jemand Märchen erzählte; das intensive Vergnügen und die Bereicherung des inneren Lebens aus dem Märchen wurde ihnen im Kindesalter vorenthalten, und so können sie beim besten Willen ihrem Kind nicht spontan etwas vermitteln, was sie nicht aus eigener Erfahrung kennen. In diesem Fall muß das intellektuelle Wissen um Sinn und Bedeutung des Märchens für ihr Kind an die Stelle unmittelbarer Empathie auf Grund eigener Kindheitserinnerungen treten.

Wenn wir hier von einem intellektuellen Wissen um die Bedeutung des Märchens sprechen, sei betont, daß es verfehlt ist, Märchen mit didaktischen Absichten zu erzählen. In verschiedenem Zusammenhang wird in der vorliegenden Untersuchung immer wieder ausgeführt, wie das Märchen dem Kind dazu verhilft, sich selbst zu verstehen und Lösungen für seine Probleme zu finden; dies ist jedoch stets bildlich gemeint. Wenn das Kind durch die Vertrautheit mit dem Märchen befähigt wird, diesen Nutzen für sich selbst daraus zu ziehen, so war dies nicht bewußte Absicht derer, die eine Geschichte in ferner Vergangenheit erfanden, oder auch derer, die sie von einer Generation zur anderen weitergaben. Zweck des Märchenerzählens sollte der sein, den auch Goethes Mutter verfolgte: das gemeinsame Erlebnis der Freude an der Geschichte. Der Grund dieser Freude kann natürlich beim Kind und beim Erwachsenen ganz verschieden sein. Das Kind freut sich an dem Phantastischen, während der Erwachsene durchaus sein Vergnügen aus der Freude des Kindes ziehen kann. Das Kind fühlt sich vielleicht erhoben, weil es einen Aspekt seiner selbst besser versteht, während die Freude des Erwachsenen beim Erzählen gerade auf diesem Schritt des Kindes auf dem Wege der Erkenntnis beruhen kann.

Das Märchen ist in erster Linie ein Kunstwerk in der Art dessen, von dem Goethe im Prolog zu ›Faust‹ sagt: »Wer vieles bringt, wird manchem etwas bringen.«(51) Daraus folgt, daß es nicht der Zweck eines Kunstwerks sein kann, einem bestimmten Menschen etwas Spezifisches bringen zu wollen. Das Anhören eines Märchens und das Aufnehmen seiner Bilder kann mit dem Ausstreuen von Samen verglichen werden, von dem nur ein Teil im Gemüt des Kindes Wurzel schlägt. Einige Samenkörner fallen unmittelbar in sein Bewußtsein, andere setzen unbewußte Vorgänge frei. Weitere müssen lange Zeit ruhen, bis das kindliche Gemüt so weit ist, daß sie keimen können; viele bleiben ganz ohne Wirkung. Die Samenkörner aber, die auf fruchtbaren Boden fallen, wachsen zu schönen Blumen und kräftigen Bäumen – sie bestärken wichtige Gefühle, vermitteln Einsichten, nähren Hoffnungen und bewältigen Ängste –, und damit bereichern sie das Leben des Kindes in der jeweiligen Zeit und für immer. Wird ein Märchen mit einem anderen Zweck als dem, die Erfahrung des Kindes zu erweitern, erzählt, so ist es nichts anderes als eine moralische Erzählung, eine Fabel oder ein sonstiges didaktisches Mittel, das höchstens das Bewußtsein des Kindes anspricht, während gerade die unmittelbare Einwirkung auf das Unbewußte des Kindes einer seiner größten Vorzüge ist.

Wenn ein Elternteil seinem Kind im richtigen Geist Märchen erzählt

– das heißt, mit den Gefühlen, die in ihm sowohl durch die Erinnerung an die Wichtigkeit der Geschichte in seiner eigenen Kinderzeit als auch durch ihre jetzige andere Bedeutung wachgerufen werden, und mit einem Gespür für die Gründe, aus denen das Märchen seinem Kind ebenfalls persönlich bedeutsam werden kann –, dann fühlt sich das Kind beim Zuhören in seinen geheimsten Sehnsüchten, seinen glühendsten Wünschen, seinen schlimmsten Ängsten, seiner tiefsten Niedergeschlagenheit und seinen höchsten Hoffnungen verstanden. Was Vater oder Mutter erzählen, macht ihm auf unerklärliche Weise die Vorgänge in der Tiefe und im Irrationalen seines Wesens verständlicher, und dies beweist ihm, daß es in seinem Phantasieleben nicht allein ist, sondern daß der Mensch, den es am meisten braucht und liebt, dieses Leben mit ihm teilt. Unter diesen günstigen Umständen zeigt das Märchen unterschwellig Möglichkeiten auf, wie die inneren Erfahrungen konstruktiv verarbeitet werden können. Das Märchen vermittelt dem Kind ein intuitives, unterbewußtes Verständnis seines Wesens und der Aussichten, die die Zukunft ihm eröffnet, wenn es seine positiven Anlagen entwickelt. Aus dem Märchen erahnt es, daß Menschsein in unserer Welt bedeutet, vor schwere Aufgaben gestellt zu werden, aber auch wunderbare Abenteuer zu erleben.

Niemals darf man einem Kind die Bedeutung eines Märchens »erklären«. Wichtig ist allerdings, daß der Erzähler die Botschaft des Märchens für das Vorbewußte des Kindes kennt. Wenn der Erzähler um die vielen Bedeutungsebenen des Märchens weiß, fällt es dem Kind leichter, den Schlüssel zum besseren Verständnis seiner selbst in der Geschichte zu finden. Der Erwachsene ist dann auch eher imstande, diejenigen Märchen auszuwählen, die dem Entwicklungsstand des Kindes und seinen im Augenblick vorherrschenden psychologischen Schwierigkeiten am besten entsprechen.

Mit Bildern und Handlungen beschreiben die Märchen innere Gemütsverfassungen. Wenn ein Mensch weint, erkennt das Kind daran, daß er traurig und bekümmert ist. Auch das Märchen braucht nicht in allen Einzelheiten auszuführen, daß jemand unglücklich ist. Wir erfahren von Aschenputtel nicht, daß es nach dem Tode der Mutter getrauert, seinen Verlust beklagt und sich einsam, verlassen und verzweifelt gefühlt hätte, sondern nur: »Das Mädchen ging jeden Tag hinaus zu dem Grabe der Mutter und weinte ...« Im Märchen werden innere Vorgänge in Bilder umgesetzt. Wenn der Held vor schwierigen, unlösbar scheinenden Problemen steht, wird sein psychologischer Zustand nicht geschildert; das Märchen zeigt ihn vielmehr, wie er sich in einem tiefen, undurchdringlichen Wald

verirrt hat, nicht weiß, welche Richtung er einschlagen soll, und die Hoffnung, einen Ausweg zu finden, aufgegeben hat. Wer immer Märchen gehört hat, wird das Bild und das Gefühl des Verlorenseins in einem tiefen, finsteren Wald nicht mehr vergessen.
Manche modernen Kritiker lehnen bedauerlicherweise das Märchen deshalb ab, weil sie völlig falsche Maßstäbe an diese Literaturart anlegen. Faßt man Märchen als Tatsachenberichte auf, so sind sie wirklich in jeder Beziehung empörend, grausam, sadistisch und alles mögliche. Als Symbole psychologischer Ereignisse oder Probleme entsprechen sie jedoch der Wahrheit.
Deshalb hängt es weitgehend von der Einstellung des Erzählers zum Märchen ab, ob es wirkungslos verpufft oder einen tiefen Eindruck macht. Die liebevolle Großmutter, die ihr Enkelkind auf den Schoß nimmt und ihm ein Märchen erzählt, dem es atemlos lauscht, vermittelt etwas ganz anderes als ein Vater oder eine Mutter, die aus Pflichtgefühl mehreren Kindern verschiedenen Alters ein Märchen vorlesen und sich dabei langweilen. Die aktive, bewußte Anteilnahme des Erwachsenen ist die maßgebliche Grundlage dafür, daß das Märchenerzählen für das Kind zu einem schönen, bereichernden Erlebnis wird. Das Kind fühlt sich in seiner Persönlichkeit bestätigt, wenn es diese Erfahrung mit einem Menschen teilt, der zwar erwachsen ist, aber trotzdem die Gefühle und Reaktionen des Kindes zu würdigen vermag.
Wenn wir beim Märchenerzählen nicht selbst verspüren, was das Kind empfindet – den stechenden Schmerz der geschwisterlichen Eifersucht, das verzweifelte Gefühl der Zurücksetzung, wenn es verachtet wird, sein Minderwertigkeitsgefühl, wenn seine körperlichen Kräfte ungenügend sind, das niederdrückende Gefühl der Unzulänglichkeit, wenn es sich Übermenschliches vorgenommen hat oder wenn andere herkulische Leistungen von ihm erwarten, seine Angst vor den »animalischen« Aspekten der Sexualität –, und wenn wir uns nicht mit ihm zusammen sagen lassen, wie das alles und noch viel Schwierigeres überwunden werden kann, dann werden wir dem Kind nicht gerecht. Zugleich versagen wir darin, dem Kind die Überzeugung zu vermitteln, daß ihm nach all seinen Mühen eine herrliche Zukunft gewiß ist – und nur diese Zuversicht verleiht ihm die Kraft, in Sicherheit mit Selbstvertrauen und Selbstachtung erwachsen zu werden.

Zweiter Teil
Im Märchenland

›Hänsel und Gretel‹ fängt realistisch an. Die Eltern sind arm, und sie zerbrechen sich den Kopf, wie sie ihre Kinder weiter versorgen sollen. Nachts besprechen sie ihre mißliche Lage und wie sie damit fertig werden können. Selbst so oberflächlich gesehen vermittelt uns das Volksmärchen eine wichtige, wenn auch unangenehme Erkenntnis: Armut und Not machen den Menschen nicht besser, sondern eher egoistischer und weniger mitfühlend für die Leiden anderer, so daß er leicht auf Abwege geraten kann.

Das Märchen drückt in Worten und Handlungen aus, was sich im Kopf von Kindern abspielt. Gemäß der Hauptangst des Kindes glauben auch Hänsel und Gretel, daß ihre Eltern einen Plan aushecken, sie auszusetzen. Ein kleines Kind, das in dunkler Nacht hungrig aufwacht, hat schreckliche Angst, verschmäht und im Stich gelassen zu werden, was es als Angst zu verhungern erlebt. Hänsel und Gretel projizieren ihre Angst auf die Eltern, von denen sie fürchten, sie könnten sie verstoßen, und sie sind daher überzeugt, daß diese sie verhungern lassen werden. In Übereinstimmung mit diesen kindlichen Angstphantasien erzählt denn auch die Geschichte, daß die Eltern bis dahin in der Lage waren, ihre Kinder zu ernähren, daß aber jetzt magere Zeiten angebrochen sind. Die Mutter repräsentiert für die Kinder die Quelle aller Nahrung, und dementsprechend erleben Hänsel und Gretel jetzt, daß die Mutter es ist, die sie gleichsam mitten im wilden Wald allein läßt.

Es ist die Angst und tiefe Enttäuschung des Kindes, wenn die Mutter nicht länger bereit ist, alle seine oralen Wünsche zu erfüllen, die es zu der Annahme verleitet, seine Mutter sei plötzlich lieblos, selbstsüchtig und ablehnend geworden. Da die Kinder wissen, daß sie ihre Eltern unbedingt brauchen, versuchen sie wieder nach Hause zurückzufinden, nachdem sie ausgesetzt wurden. Tatsächlich gelingt es Hänsel auch, als die Kinder zum erstenmal im Wald im Stich gelassen werden, den Weg zurück zu finden. Bevor das Kind den Mut besitzt, die Reise zu sich selbst anzutreten, bevor es durch das Zusammentreffen mit der Welt zur selbständigen Persönlichkeit wird, kann es nur insofern Initiative entwickeln, als es versucht, in die Passivität zurückzukehren, um sich für immer und ewig in Abhängigkeit zu begeben und versorgen zu lassen. Das Märchen von Hänsel und Gretel zeigt uns, daß das auf die Dauer nicht möglich ist. Daß die Kinder wieder heimfinden, bringt keine Lösung. Es nützt ihnen nichts, daß sie sich bemühen, so weiterzuleben wie früher, so als ob nichts geschehen wäre. Die Entbehrungen gehen weiter, und die Mutter schmiedet nur noch listigere Pläne, ihre Kinder loszuwerden.

Damit zeigt uns das Märchen, welch nachteilige Folgen es für den Menschen hat, wenn er versucht, mit den Problemen des Lebens auf dem Weg der Regression und Verleugnung fertig zu werden, was uns nur noch unfähiger macht, unsere Probleme zu lösen. Beim ersten Mal im Wald bedient sich Hänsel auf angemessene Weise seines Verstandes, indem er weiße Kieselsteine auf den Weg streut, der nach Hause zurückführt. Das nächste Mal macht er sich seinen Verstand weniger gut zunutze – denn er hätte ja wissen müssen, daß die Vögel die Brotkrumen aufpicken würden, da er am Rande eines großen Waldes wohnt. Besser hätte er sich Orientierungszeichen am Wegesrand gemerkt, um mit deren Hilfe dann wieder heimzufinden. Aber da er sich auf den Weg der Verleugnung und Regression begeben hat – um heimzukehren –, hat er viel von seiner Initiative und von seiner Fähigkeit, klar zu denken, bereits eingebüßt. Die Angst vorm Verhungern hat ihn zurückgetrieben, so daß er jetzt nur noch in irgendwelchen Lebensmitteln einen Ausweg aus seiner mißlichen Lage zu sehen vermag. Die Brotkrumen stehen hier stellvertretend für Nahrung im allgemeinen – für die Lebensmittel –, ein Bild, das Hänsel in seiner Angst wörtlich nimmt. Dies zeigt die nachteilige Wirkung der Fixierung auf eine primitive Entwicklungsstufe, wozu ihn die Angst getrieben hat.

Die Geschichte von Hänsel und Gretel verkörpert die Ängste und Lernaufgaben des kleinen Kindes, das seine primitiven oralen und daher destruktiven Wünsche überwinden und sublimieren muß. Das Kind muß lernen, daß – wenn es sich nicht selbst von diesen freimacht – seine Eltern oder die Gesellschaft es gegen seinen Willen dazu zwingen werden – ebenso wie seine Mutter zuvor aufgehört hatte, ihr Kind zu stillen, als sie das Gefühl hatte, daß es an der Zeit war. Das Märchen verleiht diesen unmittelbar mit der Mutter zusammenhängenden inneren Erfahrungen symbolischen Ausdruck. Daher bleibt auch der Vater im ganzen Verlauf der Geschichte eine schattenhafte, unwirksame Figur, wie er dem Kind ganz allgemein zu Anfang seines Lebens vorkommt, wenn die Mutter in ihren wohltuenden wie bedrohlichen Aspekten die allein Wichtige ist.

Nachdem Hänsel und Gretel keine Lösung für ihr Problem finden – in Wirklichkeit deshalb, weil sie Sicherheit in der Nahrung gesucht haben (in den Brotkrumen, mit denen Hänsel den Weg markieren wollte) –, fallen sie jetzt ganz in die orale Regression zurück. Das

Lebkuchenhaus repräsentiert ein Leben auf der Stufe primitivster Befriedigung. Die Kinder überlassen sich so sehr ihrer unbeherrschten Gier, daß sie bedenkenlos das zerstören, was ihnen Schutz und Sicherheit gewähren sollte, und dies, obwohl das Erlebnis mit den Vögeln, die die Brotkrumen aufpicken, sie doch davor gewarnt haben sollte, Dinge einfach aufzuessen.

Indem die Kinder das Dach und die Fenster des Lebkuchenhauses aufessen, zeigen sie, wie unbedenklich sie jemand aus Haus und Hof fressen würden, eine Angst, die sie auf die Eltern als Ursache ihres Verlassenwerdens projiziert haben. Trotz der warnenden Stimme, die fragt: »Knusper, knusper, kneischen, wer knuspert an meinem Häuschen?«, machen die Kinder sich selbst etwas vor und sagen, es sei der Wind, und sie »aßen weiter, ohne sich irremachen zu lassen«.

Das Lebkuchenhäuschen ist ein Bild, wie es niemand wieder vergißt: wie unglaublich reizvoll und verlockend sein Anblick ist und welch schreckliche Gefahr einem droht, wenn man der Verlockung nachgibt. Das Kind erkennt, daß es genau wie Hänsel und Gretel das Lebkuchenhäuschen gern aufessen möchte, ganz gleich welche Gefahr dies mit sich bringt. Das Haus symbolisiert die orale Gier und wie gern man ihr nachgeben möchte. Das Märchen ist gleichsam die Fibel, aus der das Kind die eigenen Gedanken im Bild lesen lernt, in der einzigen Sprache, die es versteht, ehe es zur intellektuellen Reife gelangt. Es muß diese Sprache kennenlernen und darauf reagieren lernen, wenn es Herr seiner Seele werden soll.

Der vorbewußte Inhalt des Märchens ist noch viel reicher, als die folgenden einfachen Darlegungen vermitteln können. So kann zum Beispiel in Träumen wie in Phantasien und der Vorstellung des Kindes ein Haus als der Ort, in dem man wohnt, den Körper symbolisieren – und zwar im allgemeinen den der Mutter. Ein Lebkuchenhaus, welches man »aufessen« kann, ist ein Symbol der Mutter, die tatsächlich ja das Kind mit ihrem Körper nährt. So steht das Haus, das Hänsel und Gretel selig und sorglos verzehren, in ihrem Unbewußten für die gute Mutter, die ihren Körper für die Ernährung ihres Kindes hergibt. Es ist die ursprünglich alles spendende Mutter, die jedes Kind später irgendwo in der Außenwelt wiederzufinden hofft, wenn seine eigene Mutter anfängt, Forderungen zu stellen und ihm Beschränkungen aufzuerlegen. Das ist der Grund, weshalb Hänsel und Gretel sich ganz ihren Hoffnungen hingeben und nicht auf die leise Stimme hören, die fragt, was sie denn da im Begriff seien zu tun – eine Stimme, die ihr nach außen projiziertes Gewissen ist. Sie lassen sich von ihrer Gier hinreißen und von der Lust der oralen Befriedigung dazu verlocken, ihre ganze frühere orale Angst zu vergessen, so daß sie »meinten, sie wären im Himmel«.

Aber das Märchen lehrt, daß Vernichtung droht, wenn man sich so ungehemmt seiner Gefräßigkeit hingibt. Die Regression zu dem frühesten »himmlischen« Zustand des Seins – als man noch an der Brust der Mutter symbiotisch mit ihr lebte – vernichtet jede Individuation und Unabhängigkeit. Es bringt sogar die Existenz in Gefahr, wie die kannibalistischen, in der Gestalt der Hexe verkörperten Neigungen zeigen. Die Hexe, eine Personifikation der destruktiven Aspekte der Oralität, ist ebenso darauf aus, die Kinder aufzufressen, wie diese darauf aus sind, deren Lebkuchenhaus zu zerstören. Wenn sich die Kinder ungehemmt ihren Es-Impulsen hingeben, wie sie in ihrer unbeherrschten Gefräßigkeit symbolisiert sind, so riskieren sie, vernichtet zu werden. Die Kinder essen nur die symbolische Repräsentation der Mutter – das Lebkuchenhaus; die Hexe möchte die Kinder selber fressen. Das liefert dem Leser die wertvolle Lehre: sich mit Symbolen abgeben ist weniger gefährlich als sich mit realen Dingen befassen. Daß die Hexe daran glauben muß und nicht die Kinder, ist auch noch auf einer anderen Ebene gerechtfertigt: Kinder, die noch wenig Erfahrung besitzen und Selbstbeherrschung erst noch lernen müssen, soll man nicht mit dem gleichen Maßstab messen wie ältere Leute, von denen man erwarten könnte, daß sie ihre instinktiven Begierden besser in der Gewalt haben. Daher ist die Bestrafung der Hexe ebenso gerechtfertigt wie die Rettung der Kinder. Die bösen Absichten der Hexe zwingen schließlich die Kinder, die Gefahren rückhaltloser Gier und Abhängigkeit zu erkennen. Um zu überleben, müssen sie Initiative entwickeln und sich klarmachen, daß die einzige Rettung in einem intelligenten Planen und Handeln liegt. Anstatt dem Drängen des Es nachzugeben, müssen sie dem Ich entsprechend handeln. Zielgerichtetes Verhalten, das sich auf eine intelligente Einschätzung der Lage gründet, in der sie sich befinden, muß an Stelle der Wunscherfüllungsphantasien treten: anstatt des Fingers zeigt Hänsel ein »Knöchlein«, und schließlich wird die Hexe dazu gebracht, selbst in den Ofen zu steigen.

Erst wenn die Gefahren erkannt werden, die es mit sich bringt, wenn eine primitive Oralität mit ihren destruktiven Tendenzen fixiert bleibt, eröffnet sich der Weg zu einem höheren Entwicklungsstadium. Dann stellt es sich heraus, daß die gute, spendende Mutter tief in der bösen, destruktiven versteckt war, denn es gibt Schätze zu gewinnen: die Kinder erben die Edelsteine der Hexe, die für sie nach der Rückkehr ins Elternhaus hohen Wert besitzen – das heißt,

nachdem sie zu dem guten Elternteil zurückfinden konnten. Das weist darauf hin, daß die Kinder – nachdem sie ihre orale Angst überwunden und sich davon freigemacht haben, sich für ihre Sicherheit auf die orale Befriedigung zu verlassen – sich nun auch von dem Bild der bedrohlichen Mutter – der Hexe – freimachen und die guten Eltern neu entdecken können, deren größere Weisheit – die Edelsteine, die sie mit ihnen teilen – ihnen allen zugute kommt.
Wenn ein Kind ›Hänsel und Gretel‹ ein paarmal gehört hat, wird es sich stets darüber klar sein, daß die Vögel die Brotkrumen fressen, um auf diese Weise die Kinder daran zu hindern, nach Hause zurückzukehren, ohne zuvor ihr großes Abenteuer erlebt zu haben. Es ist auch ein Vogel, der Hänsel und Gretel zum Lebkuchenhaus hinführt, und einem anderen Vogel haben sie es zu verdanken, daß sie wieder nach Hause gelangen. Das gibt dem Kind – das über Tiere anders denkt als ältere Personen – Gelegenheit, sich zu sagen: diese Vögel müssen einen bestimmten Zweck verfolgt haben, sonst hätten sie Hänsel und Gretel nicht zuerst daran gehindert, den Weg zurückzufinden, sie dann zur Hexe gebracht und ihnen später den Heimweg doch ermöglicht.
Da alles gut ausgegangen ist, müssen die Vögel gewußt haben, daß es für Hänsel und Gretel besser war, nicht direkt ihren Heimweg aus dem Wald zu finden, sondern erst einmal zu wagen, sich den Gefahren der Welt zu stellen. Durch ihre bedrohliche Begegnung mit der Hexe leben nicht nur die Kinder, sondern auch ihre Eltern hinterher viel besser als vorher. Die verschiedenen Vögel zeigen den Kindern, welchen Weg sie einschlagen müssen, um ihre Belohnung zu gewinnen.
Nachdem sie mit ›Hänsel und Gretel‹ vertraut geworden sind, verstehen die meisten Kinder – wenigstens unbewußt –, daß das, was in deren Elternhaus und im Haus der Hexe geschieht, nur getrennte Aspekte von etwas sind, was in Wirklichkeit eine Gesamterfahrung darstellt. Anfangs ist die Hexe eine Mutterfigur, die den Kindern nur Gutes tut. Wir erfahren: »Sie faßte beide an der Hand und führte sie in ihr Häuschen. Da ward gutes Essen aufgetragen, Milch und Pfannekuchen mit Zucker, Äpfeln und Nüssen. Hernach wurden zwei schöne Bettlein weiß gedeckt, und Hänsel und Gretel legten sich hinein und meinten, sie wären im Himmel.« Erst am nächsten Morgen gibt es ein rauhes Erwachen aus einem solchen Traum von kindlicher Glückseligkeit. »Die Alte hatte sich nur freundlich angestellt, sie war aber eine böse Hexe . . . «
Das sind die Gefühle, die ein Kind hat, wenn es von ambivalenten Empfindungen gequält wird, von Frustrationen und den Ängsten

des ödipalen Entwicklungsstadiums, wie auch von seiner zuvor erlebten Enttäuschung und Wut, als die Mutter seine Bedürfnisse und Wünsche nicht mehr so vollständig erfüllte, wie es das erwartete. Empört darüber, daß die Mutter ihm nicht mehr unbedingt zu Diensten steht, sondern Forderungen an das Kind stellt und sich mehr ihren eigenen Interessen widmet – etwas, was das Kind zuvor nicht in sein Bewußtsein dringen ließ –, bildet es sich jetzt ein, daß die Mutter, als sie es stillte und ihm eine Welt der Glückseligkeit schuf – es nur zum Narren gehalten hat – genau wie die Hexe im Märchen. So sind das Elternhaus »vor einem großen Walde« und das verhängnisvolle Haus in der Tiefe desselben Waldes auf einer unbewußten Ebene nur die beiden Aspekte des Elternhauses: des zufriedenstellenden und des frustrierenden.

Das Kind, das für sich allein über die Einzelheiten von ›Hänsel und Gretel‹ nachdenkt, findet einen Sinn in der Art, wie das Märchen beginnt. Daß das Elternhaus direkt am Rande des Waldes liegt, in welchem sich alles abspielt, ist ein Hinweis darauf, daß das, was folgt, von Anfang an drohend bevorstand. Es ist das aber ganz die Art, wie das Märchen durch eindrucksvolle Bilder Gedanken zum Ausdruck bringt, die das Kind veranlassen, die eigene Phantasie zu benutzen, zu einem tieferen Verständnis zu kommen.

Wir erwähnten bereits, wie das Verhalten der Vögel symbolisiert, daß das ganze Abenteuer zum Wohle der Kinder in Szene gesetzt wurde. Seit frühchristlichen Zeiten hat die weiße Taube wohlwollende höhere Mächte symbolisiert. Hänsel behauptet, er sehe sich nach seinem weißen Täubchen um, das auf dem Dach sitze und ihm ade sagen wolle. Es ist ein schneeweißer, wunderschön singender Vogel, der die Kinder zu dem Lebkuchenhaus führt und sich dann auf das Dach setzt als Hinweis darauf, daß dies der richtige Ort sei, wohin sie gelangen sollten. Ein weiterer weißer Vogel wird benötigt, um die Kinder wieder sicher nach Hause zu bringen: ein »großes Wasser« versperrt ihnen den Heimweg, und sie können es nur mit Hilfe einer weißen Ente überqueren.

Auf dem Hinweg waren die Kinder auf kein großes Wasser gestoßen. Die Tatsache, daß sie auf dem Rückweg eines überqueren müssen, symbolisiert einen Übergang und einen Neubeginn auf einer höheren Existenzebene (wie bei der Taufe). Bis zu dem Zeitpunkt, an dem sie das Wasser überqueren müssen, haben sich die Kinder nie getrennt. Das Kind im Schulalter sollte sich bereits seiner Einzigartigkeit als Person, seiner Individualität bewußt werden, was bedeutet, daß es nicht länger alles mit anderen teilen kann, daß es bis zu einem gewissen Grad ein eigenes Leben führen und selbständig vorgehen muß. Das findet seinen symbolischen Ausdruck darin, daß die Kinder beim Überqueren des Wassers nicht zusammenbleiben können. Als sie dort ankommen, sieht Hänsel keine Möglichkeit hinüberzugelangen, aber Gretel erspäht eine weiße Ente und bittet sie, ihnen hinüberzuhelfen. Hänsel setzt sich auf ihren Rücken und fordert Gretel auf, sich dazu zu setzen. Aber Gretel weiß es besser: das geht nicht! Sie müssen sich einzeln hinübertragen lassen, und das tun sie denn auch.

Was die Kinder im Hexenhaus erlebt haben, hat sie von ihren oralen Fixierungen befreit. Nachdem sie das Wasser überquert haben, kommen sie als reifere Kinder am anderen Ufer an, die bereit sind, sich bei der Lösung ihrer Probleme auf ihren eigenen Verstand und ihre eigene Initiative zu verlassen. Als abhängige Kinder waren sie für ihre Eltern eine Last; bei ihrer Rückkehr werden sie durch die Schätze, die sie sich errungen haben, zur Stütze der Familie. Diese Schätze sind die neugewonnene Unabhängigkeit der Kinder in ihrem Denken und Handeln, ihr neues Selbstvertrauen, welches das Gegenteil der passiven Abhängigkeit ist, die sie charakterisierte, als sie ausgesetzt wurden.

Weibliche Figuren – die Stiefmutter und die Hexe – sind in dieser Geschichte die feindlichen Mächte. Die wichtige Rolle, die Gretel bei der Befreiung der Kinder spielt, beruhigt das Kind darüber, daß ein weibliches Wesen ebensogut Retter wie Zerstörer sein kann. Vermutlich noch wichtiger ist die Tatsache, daß einmal Hänsel der Retter ist und das andere Mal Gretel, was den Kindern zeigt, daß sie, sobald sie größer werden, immer mehr auf ihre Altersgenossen vertrauen müssen, wenn sie Hilfe und Verständnis nötig haben. Auch das unterstreicht das Hauptanliegen dieses Märchens, das auf eine Warnung vor der Regression und auf den Ansporn hinausläuft, zu einer höheren Ebene des psychologischen und intellektuellen Seins heranzuwachsen.

›Hänsel und Gretel‹ schließt damit, daß die Helden der Geschichte wieder ins Elternhaus zurückkehren, von dem sie ausgegangen sind, und daß sie jetzt dort ihr Glück finden. Das ist psychologisch richtig, weil ein kleines Kind, das durch orale und ödipale Probleme ins Abenteuer getrieben wird, nicht hoffen kann, das Glück außerhalb des Elternhauses zu finden. Wenn bei seiner Entwicklung alles gut geht, muß es mit seinen Problemen fertig werden, solange es noch von den Eltern abhängig ist. Nur durch gute Beziehungen zu seinen Eltern kann ein Kind erfolgreich zur Adoleszenz heranreifen. Nachdem das Kind seine ödipalen Schwierigkeiten überwunden, seine oralen Ängste gemeistert, diejenigen seiner Begierden, die nicht realistisch befriedigt werden können, sublimiert und gelernt hat, sein Wunschdenken durch verständiges Handeln zu ersetzen, kann es mit seinen Eltern wieder glücklich zusammenleben. Das symbolisieren die Schätze, die Hänsel und Gretel mit nach Hause bringen, um sie mit dem Vater zu teilen. Das älter gewordene Kind sollte nicht erwarten, daß alles Gute von den Eltern kommt, sondern selbst etwas zu seinem eigenen emotionalen Wohlbefinden und dem seiner Familie beitragen.

So wie ›Hänsel und Gretel‹ wirklichkeitsnah mit den Sorgen und Nöten einer armen Holzhackerfamilie, die nicht auskommt, beginnt, so endet es auch wieder mit den Füßen auf der Erde. Wenn auch erzählt wird, daß die Kinder einen ganzen Haufen von Perlen und Edelsteinen mit heimbringen, findet sich doch kein Hinweis darauf, daß sich ihre wirtschaftlichen Umstände grundlegend geändert hätten. Das unterstreicht die symbolische Natur dieser Kostbarkeiten. Das Märchen schließt mit den Worten: »Da hatten alle Sorgen ein Ende, und sie lebten in Freude zusammen. Mein Märchen ist aus, dort läuft eine Maus, wer sie fängt, darf sich eine große, große Pelzkappe daraus machen.« Am Ende hat sich in ›Hänsel und Gretel‹ nichts geändert als ihre innere Einstellung, oder – richtiger gesagt – alles hat sich geändert, weil sich die innere Einstellung geändert hat. Die Kinder werden sich nie mehr ausgestoßen, im Stich gelassen und im dunkeln Wald ausgesetzt fühlen, und sie werden auch nicht mehr nach einem wunderbaren Lebkuchenhaus suchen. Aber sie werden auch nicht mehr der Hexe begegnen oder sich vor ihr fürchten, denn sie haben sich selbst bewiesen, daß sie sie durch gemeinsame Anstrengungen überlisten und besiegen können. Der Fleiß, der auch noch aus nicht viel versprechendem Material etwas Gutes machen kann (daß man zum Beispiel – wenn man geschickt ist – aus einem Mausefell eine Pelzkappe machen kann), ist die besondere Tugend und reale Leistung des Schulkindes, das sich durch seine ödipalen Schwierigkeiten hindurchgerungen und diese gemeistert hat.

›Hänsel und Gretel‹ ist eines der vielen Märchen, in denen zwei Geschwister sich gegenseitig retten, was ihnen gelingt, weil sie sich zusammentun. Diese Geschichten leiten das Kind an, seine unreife Abhängigkeit von den Eltern zu überwinden und die nächsthöhere Entwicklungsstufe zu erreichen, auf der es auch die Hilfe der Altersgenossen zu schätzen weiß. Schließlich wird es soweit kommen, daß es sich zur Bewältigung der Lebensaufgaben mit den Altersgenossen zusammentut, anstatt sich ausschließlich auf die Eltern zu verlassen. Oft kann sich das Schulkind noch nicht vorstellen, daß es jemals in der Lage sein wird, mit der Welt ohne die Eltern fertig zu werden. Deshalb möchte es sich noch länger als nötig an sie klammern. Es muß lernen, darauf zu vertrauen, daß es eines Tages die Gefahren der Welt meistern wird, selbst in der übertriebenen Form, in der seine Angst sie ihm ausmalt, und daß es dadurch bereichert wird.

Das Kind sieht existentielle Gefahren nicht objektiv, sondern in phantastischer Übertreibung entsprechend seiner unreifen Angst – die beispielsweise in der kinderfressenden Hexe symbolisiert ist. Das Märchen von Hänsel und Gretel macht ihm Mut, auch die Phantasieprodukte seiner eigenen Angst zu überprüfen, da solche Märchen ihm das Vertrauen schenken, daß es nicht nur mit den realen Gefahren fertig werden kann, vor denen es seine Eltern gewarnt haben, sondern sogar mit den stark übertriebenen, die nur in seiner Angst existieren.

Eine Hexe, die aus den Angstphantasien eines Kindes geboren ist, wird es verfolgen; aber eine Hexe, die man in ihren eigenen Ofen stoßen und verbrennen kann, ist eine Hexe, von der das Kind sich befreit glauben darf. Solange Kinder an Hexen glauben – wie sie es immer getan haben und immer tun werden, bis sie so alt geworden sind, daß sie sich nicht mehr gezwungen sehen, ihren gestaltlosen Ängsten eine menschenähnliche Gestalt zu geben –, sollte man ihnen Geschichten erzählen, in denen gescheite Kinder es fertigbringen, sich von solchen Verfolger-Figuren ihrer Phantasie zu befreien. Wenn ihnen das gelingt, haben sie davon – genau wie Hänsel und Gretel – einen ungeheuren Gewinn.

›Rotkäppchen‹

Ein reizendes »unschuldiges« kleines Mädchen, das von einem Wolf verschlungen wird, ist ein Bild, das sich unauslöschlich einprägt. In ›Hänsel und Gretel‹ hat die Hexe nur vor, die Kinder zu fressen; in ›Rotkäppchen‹ werden Großmutter und Kind vom Wolf tatsächlich verschlungen. Wie die meisten Märchen existiert auch ›Rotkäppchen‹ in vielen verschiedenen Fassungen. Die populärste ist das Märchen der Brüder Grimm, in dem Rotkäppchen und die Großmutter wieder zum Leben erweckt werden und der Wolf seine verdiente Strafe bekommt.

Aber die Literaturgeschichte dieses Märchens beginnt mit Perrault.(52) Er gab ihm den Titel ›Le petit chaperon rouge‹. Die englische Übersetzung lautet ›Little Red Riding Hood‹, und dieser englische Titel des Märchens ist in der angelsächsischen Welt bekannter als der, den die Brüder Grimm ihm gaben, obwohl ›Rotkäppchen‹ besser paßt. Andrew Lang, einer der gelehrtesten und scharfsinnigsten Märchenkenner, bemerkt dazu, wenn alle Versionen von ›Rotkäppchen‹ so endeten wie bei Perrault, so hätten wir gut darauf verzichten können.*(53) Das wäre vermutlich auch sein Schicksal gewesen, hätten die Brüder Grimm es nicht zu einem der beliebtesten Märchen gemacht. Aber da die uns bekannte Geschichte dieses Märchens mit Perrault beginnt, wollen wir uns zunächst seine Fassung etwas näher ansehen, um sie dann wieder beiseite zu legen. Perraults Geschichte beginnt wie alle anderen wohlbekannten Versionen damit, daß die Großmutter ihrer Enkelin ein rotes Häubchen (oder Käppchen) machen läßt, wonach das kleine Mädchen seinen Namen erhalten hat. Eines Tages schickt die Mutter Rotkäppchen mit Kuchen zu der erkrankten Großmutter. Der Weg führt durch den Wald, wo das kleine Mädchen dem Wolf begegnet. Der Wolf wagt nicht, es zu fressen, weil Holzfäller im Wald sind, deshalb fragt er Rotkäppchen, wo es hingehe, und dieses sagt es ihm. Der Wolf erkundigt sich genau, wo die Großmutter wohnt, und erfährt es auch. Dann sagt er, er möchte die Großmutter ebenfalls besuchen, und macht sich eilig davon, während die Kleine herumtrödelt.

Der Wolf verschafft sich Eintritt ins Haus, indem er vorgibt, er sei Rotkäppchen, und verschlingt im Nu die alte Frau. In Perraults Geschichte verkleidet er sich nicht als Großmutter, sondern legt sich einfach in ihr Bett. Als Rotkäppchen eintrifft, fordert der Wolf es auf, sich zu ihm ins Bett zu legen. Rotkäppchen zieht sich aus und steigt ins Bett. Dabei wundert es sich darüber, wie seltsam die Großmutter nackt aussieht, und ruft: »Großmutter, was habt Ihr für große Arme!«, worauf der Wolf antwortet: »Damit ich dich besser umarmen kann!« Darauf sagt Rotkäppchen: »Großmutter, was habt Ihr für große Beine!« und erhält zur Antwort: »Damit ich besser laufen kann.« Auf diese beiden Fragen und Antworten, die bei

* Merkwürdigerweise ist es Perraults Version, die Andrew Lang in sein ›Blue Fairy Book‹ aufgenommen hat. In Perraults Geschichte behält der Wolf die Oberhand; daher gibt es hier kein Entrinnen, keine Wiedergutmachung und keinen Trost; es ist kein Märchen – und das war auch nicht Perraults Absicht. Er wollte eine warnende Geschichte schreiben, die mit ihrem angsterregenden Schluß für das Kind eine regelrechte Drohung sein will. Es ist merkwürdig, daß Lang trotz seiner starken Kritik an Perraults Version diese ausgewählt hat. Offenbar halten viele Erwachsene es für besser, Kinder durch Abschreckung zu einem guten Verhalten zu bewegen, als ihnen ihre Angst zu nehmen, wie es das echte Märchen tut.

den Brüdern Grimm nicht vorkommen, folgen dann die wohlbekannten Fragen nach den großen Ohren, Augen und Zähnen bzw. dem großen Maul der Großmutter. Auf die letzte Frage antwortet der Wolf: »Daß ich dich besser fressen kann!« »Und mit diesen Worten stürzte sich der böse Wolf auf Rotkäppchen und fraß es.« Hier endet auch die englische Übersetzung von Lang, genau wie so viele andere Versionen. Aber in Perraults ursprünglicher Fassung folgt noch ein kleines Gedicht, das die Moral der Geschichte zieht: Brave kleine Mädchen sollten nicht auf jeden hören. Tun sie es doch, so ist es nicht weiter verwunderlich, wenn der Wolf sie erwischt und auffrißt. Was die Wölfe betrifft, so gibt es sie in allen Variationen, und darunter sind die freundlichen Wölfe die allergefährlichsten, besonders die, welche den jungen Mädchen auf der Straße und sogar bis ins Haus nachlaufen. Perrault wollte mit seinen Geschichten auch eine bestimmte moralische Lektion erteilen. So ist verständlich, daß er sie entsprechend abgeändert hat.*

Leider hat er auf diese Weise seinen Märchen viel von ihrer Bedeutung geraubt. So wie er die Geschichte erzählt, hat niemand Rotkäppchen davor gewarnt, auf dem Weg zur Großmutter herumzutrödeln oder vom richtigen Weg abzugehen. Auch bleibt es in Perraults Version unverständlich, daß die Großmutter, die doch nichts Unrechtes getan hat, tatsächlich umgebracht wird.

* Als Perrault seine Märchensammlung 1697 veröffentlichte, hatte das Märchen von Rotkäppchen bereits eine lange Geschichte hinter sich, bei der einige Elemente weit zurückreichen. Da gibt es den Mythos von Kronos, der seine eigenen Kinder verschlingt, die trotzdem auf wunderbare Weise wieder aus seinem Bauch herauskommen; und ein schwerer Stein wurde benutzt, das Kind zu ersetzen. Dann gibt es eine lateinische Geschichte aus dem Jahre 1023 (von Egbert von Lüttich) mit dem Titel ›Fecunda ratis‹, in der ein kleines Mädchen in der Gesellschaft von Wölfen gefunden wird; das Mädchen trägt ein rotes Kleidungsstück, das ihm von großer Bedeutung ist, und Gelehrte meinen, es handele sich dabei um ein rotes Käppchen. So finden wir hier – sechshundert Jahre vor Perraults Geschichte – einige Grundelemente von Rotkäppchen: ein kleines Mädchen mit rotem Käppchen, die Gesellschaft von Wölfen, ein Kind, das lebendig verschlungen wird und unverletzt wieder zum Vorschein kommt, und einen Stein, der den Platz des Kindes einnimmt.

Es gibt noch andere französische Versionen von ›Rotkäppchen‹, doch wissen wir nicht, welche Perrault beeinflußt haben, als er die Geschichte wiedererzählte. In einigen zwingt der Wolf Rotkäppchen, das Fleisch der Großmutter zu essen und ihr Blut zu trinken, obwohl warnende Stimmen dem Kind raten, es nicht zu tun.(54) Wenn eine dieser Geschichten Perraults Quelle war, kann man gut verstehen, daß er derartige vulgäre Dinge als unziemlich weggelassen hat, da sein Buch zur Lektüre am Hof von Versailles bestimmt war. Perrault hat nicht nur seine Geschichten verniedlicht, er hat auch etwas fälschlich vorgespiegelt, als er behauptete, sein zehnjähriger Sohn sei der Verfasser und habe das Buch einer Prinzessin gewidmet. In seinen Nebenbemerkungen und der Moral zu seinen Geschichten spricht er so, als ob er den Erwachsenen über die Köpfe der Kinder hinweg zublinzele.

Perraults ›Petit chaperon rouge‹ verliert dadurch viel von seiner Anziehungskraft, daß der Wolf so offensichtlich keine raubgierige Bestie, sondern eine Metapher ist, die der Phantasie des Lesers nur wenig Spielraum läßt. Derartige Vereinfachungen und eine so direkt ausgesprochene Moral machen aus diesem potentiellen Märchen eine warnende Geschichte, die alles voll ausspricht. So ist sie nicht imstande, die Phantasie des Hörers so zu aktivieren, daß er der Geschichte eine persönliche Bedeutung beilegt. Da Perrault auf eine rationalistische Interpretation aus ist, bringt er alles so explizit wie nur möglich. So bleibt zum Beispiel nichts mehr der Phantasie des Lesers überlassen, wenn das Mädchen sich auszieht und sich zum Wolf ins Bett legt und dieser ihm sagt, seine starken Arme seien dazu da, daß er es besser umarmen könne. Da Rotkäppchen auf diese direkte und offensichtliche Verführung hin keine Anstalten trifft, zu fliehen oder sich zur Wehr zu setzen, ist es entweder blöde, oder es möchte gern verführt werden. In keinem dieser beiden Fälle ist es eine Gestalt, die sich dazu eignen würde, daß man sich mit ihr identifiziert. Durch diese Einzelheiten wird aus dem naiven, reizenden kleinen Mädchen, das dazu verführt wird, die Warnung der Mutter in den Wind zu schlagen und sich mit Dingen zu vergnügen, die es für harmlos hält, nichts anderes als eine gefallene Frau.

Für das Kind verliert das Märchen seinen Wert, wenn ihm jemand dessen Bedeutung in allen Einzelheiten erklärt. Perrault begeht aber noch einen schlimmeren Fehler – er hämmert sie dem Leser geradezu ein. Alle guten Märchen besitzen eine Bedeutung auf mehreren Ebenen, und nur das Kind selber kann wissen, welche Bedeutung in gerade diesem Augenblick für es wichtig ist. Wenn es älter wird, entdeckt es dann neue Aspekte dieser ihm wohlbekannten Geschichten, und das gibt ihm die Gewißheit, daß es tatsächlich in seinem Verständnis reifer geworden ist, da ihm die gleiche Geschichte ja jetzt soviel mehr zu sagen weiß. Das ist aber nur möglich, wenn man dem Kind nicht auf didaktische Weise erklärt hat, was die Geschichte besagen will. Nur wenn es auf spontane und intuitive Weise selbst die ihm zuvor verborgene Bedeutung eines Märchens entdeckt, gewinnt dieses volle Signifikanz für das Kind. Die Geschichte ist ihm dann nicht mehr etwas, was ihm gegeben wird, sondern etwas, was es sich teilweise selbst erst erschafft.

Die Brüder Grimm bringen zwei Versionen der Geschichte, was bei ihnen recht ungewöhnlich ist.* In beiden Versionen heißt sowohl

* Ihre Märchensammlung, in der ›Rotkäppchen‹ enthalten ist, erschien zuerst 1812 – mehr als hundert Jahre nach Perraults Version.

die Geschichte als auch die Heldin »Rotkäppchen«, weil dem Kind das »Käppchen von rotem Sammet ... so wohl stand, und es nichts anderes mehr tragen wollte«.
Die Gefahr, verschlungen zu werden, ist das zentrale Thema von ›Rotkäppchen‹ wie von ›Hänsel und Gretel‹. Die gleichen grundsätzlichen psychologischen Konstellationen, die in der Persönlichkeitsentwicklung eines jeden Menschen vorkommen, können zu den unterschiedlichsten menschlichen Schicksalen und Persönlichkeiten führen, je nachdem wie die übrigen Erfahrungen des Betreffenden beschaffen sind und wie er sie selbst interpretiert. So schildert auch eine begrenzte Zahl von Grundthemen in den Märchen ganz verschiedene Aspekte menschlicher Erfahrungen; dabei hängt alles davon ab, wie ein solches Motiv verarbeitet wird und in welchem Kontext die Ereignisse sich abspielen. ›Hänsel und Gretel‹ handelt von den Schwierigkeiten und Ängsten des Kindes, das sich gezwungen sieht, seine abhängige Bindung an die Mutter aufzugeben und sich von seiner oralen Fixierung freizumachen. ›Rotkäppchen‹ greift einige entscheidende Probleme auf, die das Schulmädchen zu lösen hat, wenn seine ödipalen Bindungen im Unbewußten verhaftet bleiben, was dazu führen kann, daß es sich auf gefährliche Weise der Möglichkeit aussetzt, verführt zu werden.
In beiden Märchen handelt es sich bei dem Haus im Wald und dem Elternhaus um den gleichen Ort, der durch eine veränderte psychologische Situation unterschiedlich erlebt wird. Das von seinen Eltern behütete Rotkäppchen ist das nicht gestörte, pubertäre Kind, das recht gut mit seinen Problemen fertig wird. Im Hause der Großmutter, die selbst krank ist, ist das gleiche Mädchen hilflos den Folgen seiner Begegnung mit dem Wolf ausgeliefert.
Hänsel und Gretel denken sich aufgrund ihrer oralen Fixierung nichts dabei, wenn sie das Haus aufessen, das die böse Mutter symbolisiert, die sie verlassen hat (gezwungen hat, das Elternhaus zu verlassen), und sie zögern nicht, die Hexe in einem Ofen zu verbrennen, so als ob es sich um Nahrung handelte, die man zum Essen kocht. Rotkäppchen, das über seine orale Fixierung hinausgewachsen ist, hat keine destruktiven oralen Begierden mehr. Psychologisch besteht ein ungeheurer Abstand zwischen der oralen Fixierung, die symbolisch zum Kannibalismus wird und die das zentrale Thema von ›Hänsel und Gretel‹ ist, und der Art, wie Rotkäppchen den Wolf bestraft. Der Wolf in ›Rotkäppchen‹ ist der Verführer, aber dem vordergründigen Inhalt der Geschichte nach tut der Wolf nichts, was nicht seiner Natur entspräche – er frißt, um sich zu ernähren. Auch ist es eine übliche Sache, daß der Mensch

einen Wolf tötet, wenn auch die im Märchen angewandte Methode ungewöhnlich ist.

In Rotkäppchens Elternhaus ist alles im Überfluß vorhanden, und da es seine orale Angst überwunden hat, ist es gern bereit, diesen Überfluß mit der Großmutter zu teilen, indem es ihr etwas zu essen bringt. Für Rotkäppchen ist die Welt jenseits des Elternhauses keine bedrohliche Wildnis, durch die das Kind seinen Weg nicht finden kann. Draußen vor dem Elternhaus gibt es einen wohlbekannten Weg, von dem man aber – so warnt die Mutter – nicht abgehen darf.

Während Hänsel und Gretel in die Welt hinausgestoßen werden müssen, verläßt Rotkäppchen sein Elternhaus freiwillig. Es fürchtet sich nicht vor der Außenwelt, sondern erkennt deren Schönheit, und darin liegt die Gefahr. Wenn diese Welt jenseits des Elternhauses und der Pflicht allzu anziehend wird, kann das dazu führen, daß der Betreffende dem Lustprinzip entsprechend handelt, was Rotkäppchen, wie wir vermuten dürfen, dank der guten Lehren der Eltern zugunsten des Realitätsprinzips aufgegeben hatte – und dann kann es zu gefährlichen Begegnungen kommen.

Welch verzwickte Lage es ist, zwischen dem Realitätsprinzip und dem Lustprinzip zu stehen, wird deutlich, als der Wolf sagt: »Rotkäppchen, sieh einmal die schönen Blumen, die ringsumher stehen. Warum guckst du dich nicht um? Ich glaube, du hörst gar nicht, wie die Vöglein so lieblich singen? Du gehst ja für dich hin, als wenn du zur Schule gingst, und ist so lustig haußen im Wald.« Es ist dies der gleiche Konflikt zwischen dem, was man gern tun möchte, und dem, was man eigentlich tun sollte, vor welchem die Mutter Rotkäppchen anfänglich gewarnt hat, als sie ihr Töchterchen ermahnte: »So geh hübsch sittsam und lauf nicht vom Wege ab ... und wenn du in ihre (Großmutters) Stube kommst, vergiß nicht, ›Guten Morgen‹ zu sagen, und guck nicht erst in allen Ecken herum!«

So weiß die Mutter also, daß Rotkäppchen dazu neigt, vom gebahnten Weg abzugehen und in die Ecken zu gucken, um die Geheimnisse der Erwachsenen zu erkunden.

Der Gedanke, daß dieses Märchen von der Ambivalenz des Kindes handelt, ob es nach dem Lustprinzip oder nach dem Realitätsprinzip handeln soll, wird durch die Tatsache bekräftigt, daß Rotkäppchen mit dem Blumenpflücken erst aufhört, »als es so viel zusammenhatte, daß es keine mehr tragen konnt«. Erst in diesem Augenblick »fiel ihm die Großmutter wieder ein, und es machte sich auf den Weg zu ihr«. Das heißt aber, erst als ihm das Blumenpflücken keinen Spaß mehr macht, tritt das Lustprinzip in den Hintergrund, und Rotkäppchen fällt seine Pflicht wieder ein.*

Rotkäppchen ist einem Kind sehr ähnlich, das sich bereits mit Pubertätsproblemen herumschlägt, für die es emotional noch nicht reif ist, weil es seine ödipalen Konflikte noch nicht bewältigt hat. Daß Rotkäppchen reifer ist als Hänsel und Gretel, geht daraus hervor, daß es demgegenüber, was ihm in der Welt begegnet, eine fragende Haltung einnimmt. Hänsel und Gretel stellen keine Fragen bezüglich des Lebkuchenhauses, und sie versuchen nicht herauszubekommen, was es mit der Hexe auf sich hat. Rotkäppchen dagegen möchte herausfinden, was vor sich geht, wie aus der Ermahnung seiner Mutter hervorgeht, nicht in allen Ecken herumzugucken. Es merkt, daß etwas nicht in Ordnung ist, als es feststellt, daß die Großmutter »so wunderlich aussieht«, aber es gerät in Verwirrung, weil der Wolf sich als alte Frau verkleidet hat. Es versucht zu begreifen, was da los ist, als es die Großmutter nach ihren großen Ohren fragt, als es die großen Augen bemerkt und sich über die großen Hände und das »entsetzlich große Maul« wundert. Es sind hier die vier Sinne des Hörens, Sehens, Fühlens und Schmeckens aufgezählt; das Kind in der Pubertät bedient sich ihrer allesamt, um die Welt verstehen zu lernen.

›Rotkäppchen‹ versetzt in symbolischer Form das Mädchen in die Gefahren seiner ödipalen Konflikte während der Pubertät und rettet es daraus, so daß es in der Lage ist, konfliktfrei heranzureifen. Die Mutterfiguren von Mutter und Hexe, die in ›Hänsel und Gretel‹ von überragender Bedeutung waren, sind in ›Rotkäppchen‹ zur Bedeutungslosigkeit zusammengeschrumpft, wo weder Mutter noch Großmutter irgend etwas ausrichten können – sie können weder drohen noch beschützen. Dagegen ist jetzt die ganze Bedeutung auf das männliche Prinzip übertragen, das in zwei gegensätzliche

* Zwei französische Versionen, die stark von der Perraultschen abweichen, machen es noch deutlicher, daß Rotkäppchen sich für den Pfad der Lust oder doch wenigstens für den bequemeren Weg entschloß, obwohl man es auf den Weg der Pflicht aufmerksam gemacht hatte. In diesen Versionen der Geschichte begegnet Rotkäppchen dem Wolf an einer Wegkreuzung – das heißt an einem Ort, wo die wichtige Entscheidung zu treffen ist, welchen Weg man einschlagen muß. Der Wolf fragt: »Welchen Weg willst du einschlagen, den mit den Nähnadeln oder den mit den Stecknadeln?« Rotkäppchen wählt den Weg mit den Stecknadeln, weil es – wie in einer Version erklärt wird – einfacher ist, Dinge mit Stecknadeln zusammenzustecken, als sie mit Nähnadeln zusammenzunähen.(55) Zu einer Zeit, als das Nähen noch eine Beschäftigung war, die man bei jungen Mädchen voraussetzte, verstand man ohne weiteres, daß etwas mit Stecknadeln zusammenstecken anstatt es zusammenzunähen, so viel hieß, wie dem Lustprinzip entsprechend zu handeln, wo die Situation erfordert hätte, daß man sich entsprechend dem Realitätsprinzip verhielt.

Formen aufgespalten ist: den gefährlichen Verführer, der – wenn man ihm nachgibt – die gute Großmutter samt dem kleinen Mädchen vernichtet, und den Jäger, die verantwortungsbewußte, starke und rettende Vaterfigur.
Es ist, als versuche Rotkäppchen die widersprüchliche Natur des Mannes zu begreifen, indem es alle seine Aspekte durchprobiert: die egoistischen, asozialen, gewalttätigen, potentiell destruktiven des Es (der Wolf) und die selbstlosen, sozialen, bedachtsamen und beschützenden Eigenschaften des Ich (der Jäger).
Rotkäppchen ist so allgemein beliebt, weil es, obwohl es ein braves Mädchen ist, doch der Versuchung unterliegt; und weil sein Schicksal uns lehrt, daß an jedermanns gute Absichten zu glauben, was so liebenswürdig erscheint, tatsächlich Gefahr bringt. Wenn nicht etwas in uns wäre, das den großen bösen Wolf mag, hätte er keine Macht über uns. Deshalb ist es wichtig, daß wir über seine Natur Bescheid wissen, aber es ist noch wichtiger, daß wir erfahren, was ihn uns so anziehend macht. So liebenswürdig Naivität auch sein mag, ist es doch gefährlich, sein ganzes Leben naiv zu bleiben.
Aber der Wolf ist nicht nur der männliche Verführer, er repräsentiert auch alle asozialen, animalischen Tendenzen in uns. Dadurch, daß Rotkäppchen nicht wie ein braves Schulmädchen schnurstracks auf sein Ziel losgeht, wie es seine Pflicht gewesen wäre, wird es wieder zum nach Lust strebenden ödipalen Kind. Dadurch, daß es auf den Vorschlag des Wolfs eingeht, gibt es diesem Gelegenheit, auch die Großmutter zu verschlingen. Hier spricht die Geschichte von gewissen ödipalen Schwierigkeiten, die in dem Mädchen noch ungelöst geblieben sind, und daß der Wolf Rotkäppchen verschlingt, ist die verdiente Strafe dafür, daß es sich so verhalten hat, daß dieser die Möglichkeit hatte, eine Mutterfigur zu beseitigen. Selbst ein vierjähriges Kind muß sich fragen, was dem Rotkäppchen denn einfällt, daß es als Antwort auf die Frage des Wolfs diesem genaue Anweisungen gibt, wie er in das Haus der Großmutter gelangt. Was soll denn diese genaue Anweisung, fragt sich das Kind, wenn Rotkäppchen nicht sichergehen will, daß der Wolf den Weg auch findet? Nur Erwachsene, die überzeugt sind, daß Märchen keinen Sinn haben, merken nicht, daß Rotkäppchen unbewußt darauf aus ist, seine Großmutter loszuwerden.
Auch die Großmutter ist zu tadeln. Ein kleines Mädchen braucht eine starke Mutterfigur, die es beschützt und die ihm als Vorbild dient. Aber Rotkäppchens Großmutter frönt ihrem eigenen Bedürfnis, das Kind zu verwöhnen, mehr als diesem gut ist, denn es heißt im Märchen: ». . . ihre Großmutter, die wußte gar nicht, was sie alles

dem Kind geben sollte«. Es wäre nicht das erste und nicht das letzte Mal, daß ein Kind, das von seiner Großmutter so verwöhnt wird, im wirklichen Leben in Schwierigkeiten kommt. Ob es sich nun um die Mutter oder die Großmutter – die Mutter aus der vorausgegangenen Generation – handelt, für das junge Mädchen ist es verhängnisvoll, wenn diese ältere Frau auf ihre eigene Anziehungskraft auf Männer verzichtet und sie auf die Tochter übertragen sehen möchte, indem sie dieser einen allzu attraktiven roten Mantel schenkt.

Dabei liegt der Nachdruck sowohl beim Titel des Märchens als auch beim Namen des Mädchens immer auf der roten Farbe, die es offen trägt. Rot ist die Farbe, welche heftige Emotionen symbolisiert, ganz besonders solche sexueller Art. So kann man das rote Sammetkäppchen, das die Großmutter Rotkäppchen schenkt, als ein Symbol einer verfrühten Übertragung sexueller Anziehungskraft ansehen, was noch dadurch unterstrichen wird, daß die Großmutter alt und krank, ja zu schwach ist, die Tür selbst zu öffnen. Der Name »Rotkäppchen« ist ein Hinweis auf die ausschlaggebende Bedeutung dieses Merkmals der Heldin unserer Geschichte. Es ist ein Hinweis darauf, daß nicht nur das Käppchen, sondern auch das Mädchen klein ist. Es ist noch zu klein – nicht um das Käppchen zu tragen, sondern um mit dem fertig zu werden, was das rote Käppchen symbolisiert und wozu die Tatsache, daß sie es trägt, einlädt.

Rotkäppchens Gefährdung liegt in ihrer knospenden Sexualität, für die sie emotional noch nicht reif ist. Jemand, der psychologisch reif ist, sexuelle Erlebnisse zu haben, kann auch damit fertig werden und daran wachsen. Aber eine verfrühte Sexualität ist ein regressives Erlebnis, das alles weckt, was noch primitiv in uns ist und uns zu verschlingen droht. Der junge Mensch, der für die Sexualität noch nicht reif ist, aber ein Erlebnis hat, das starke sexuelle Gefühle in ihm weckt, fällt zurück in ödipale Methoden, sich damit auseinanderzusetzen. Ein solcher Mensch glaubt, er könne auf sexuellem Gebiet nur den Sieg davontragen, wenn er sich erfahrenere Nebenbuhler vom Hals schafft, deshalb gibt Rotkäppchen dem Wolf die genauen Anweisungen, wie er das Haus der Großmutter findet. Das zeigt gleichzeitig seine Ambivalenz. Als es dem Wolf den Weg zur Großmutter zeigt, verhält es sich so, als ob es zu ihm sagte: »Laß mich in Ruh, geh zur Großmutter, die ist eine reife Frau, die wird schon in der Lage sein, mit dem fertig zu werden, was du repräsentierst – ich kann das noch nicht.«

Dieser Kampf zwischen dem bewußten Wunsch, das Richtige zu tun, und dem unbewußten Wunsch, gegenüber der (Groß-)Mutter den Sieg davonzutragen, macht das Mädchen und die Geschichte so sympathisch und so überaus menschlich. Wie viele von uns, als wir noch Kinder waren und in einen inneren Zwiespalt gerieten, den wir trotz aller Anstrengungen nicht meistern konnten, so versucht auch Rotkäppchen das Problem jemand anders zuzuschieben, einer älteren Person, einem Elternteil oder dessen Stellvertretung. Aber indem es auf diese Weise versucht, einer bedrohlichen Situation aus dem Weg zu gehen, wird es fast davon vernichtet.

Wie bereits erwähnt, bieten uns die Brüder Grimm noch eine wichtige Variation zum ›Rotkäppchen‹, die im wesentlichen nur ein Anhängsel an das eigentliche Märchen ist. In dieser Variante erfahren wir, daß später, als Rotkäppchen der alten Großmutter wieder einmal Gebackenes brachte, ein anderer Wolf versucht, sie vom direkten Weg (dem Pfad der Tugend) wegzulocken. Diesmal eilt Rotkäppchen aber zur Großmutter und erzählt ihr alles. Sie verschließen gemeinsam die Tür, so daß der Wolf nicht herein kann. Schließlich rutscht der Wolf vom Dach in einen mit Wasser gefüllten großen Trog und ertrinkt darin. Die Geschichte endet: »Rotkäppchen aber ging fröhlich und sicher nach Hause.«

Diese Variante schildert das, wovon der Zuhörer überzeugt ist – daß nämlich das Mädchen sich nach seiner schlimmen Erfahrung sagt, daß es noch keineswegs reif genug ist, sich mit dem Wolf (dem Verführer) einzulassen, und daß es sich zu einer guten Zusammenarbeit mit seiner Mutter entschließt. Das drückt sich symbolisch darin aus, daß es, sobald Gefahr droht, zur Großmutter eilt, anstatt – wie bei seiner ersten Begegnung mit dem Wolf – überhaupt nicht daran zu denken. Rotkäppchen arbeitet mit der (Groß-)Mutter zusammen und folgt ihrem Rat. In der Fortsetzung des Märchens sagt die Großmutter zu Rotkäppchen, es solle den Trog mit Wasser füllen, das noch nach den Würsten riecht, die darin gekocht wurden, und der Geruch lockt den Wolf an, so daß er ins Wasser fällt und beide zusammen ihn leicht unschädlich machen können. Das Kind braucht demnach eine feste Arbeitsgemeinschaft mit dem Elternteil gleichen Geschlechts, so daß es durch Identifikation mit ihm und durch bewußtes Lernen von ihm erfolgreich zum Erwachsenen heranwachsen kann.

Märchen sprechen zu unserem Bewußtsein und zu unserem Unbewußten und brauchen sich daher nicht darum zu bemühen, Widersprüche zu vermeiden, da diese leicht in unserem Unbewußten nebeneinander existieren. Auf einer ganz anderen Bedeutungsebene kann man das, was mit der Großmutter und im Zusammenhang mit ihr geschieht, auch in einem ganz anderen Licht sehen. Wer die Geschichte hört, wundert sich mit Recht, weshalb der Wolf

Rotkäppchen nicht sofort bei ihrer ersten Begegnung frißt – das heißt bei erstbester Gelegenheit. Für Perrault ist typisch, daß er eine scheinbar rationale Erklärung dafür gibt: Der Wolf hätte es getan, wenn er nicht vor ein paar Holzfällern, die in der Nähe waren, Angst gehabt hätte. Da der Wolf bei Perrault auf der ganzen Linie der männliche Verführer ist, ist es sinnvoll, daß ein älterer Mann in der Sicht- und Hörweite anderer Männer Angst haben könnte, ein kleines Mädchen zu verführen.

Im Märchen der Brüder Grimm liegen die Dinge völlig anders, denn hier wird uns zu verstehen gegeben, daß es die maßlose Gier des Wolfs ist, die ihn zu dem Aufschub veranlaßt: »Der Wolf dachte bei sich: ›Das junge, zarte Ding, das ist ein fetter Bissen, der wird noch besser schmecken als die Alte. Du mußt es listig anfangen, damit du beide erschnappst.‹ « Aber diese Erklärung ist nicht sinnvoll, denn der Wolf hätte Rotkäppchen ja auf der Stelle fressen können und anschließend die Großmutter so hinters Licht führen können, wie er es in der Geschichte tut.

Das Verhalten des Wolfs in der Grimmschen Version wird sinnvoll, wenn wir annehmen, daß er, um an Rotkäppchen heranzukommen, erst die Großmutter beseitigen muß. Solange die (Groß-)Mutter noch vorhanden ist, wird ihm Rotkäppchen nicht gehören.* Aber nachdem die (Groß-)Mutter einmal aus dem Weg geräumt ist, kann man offenbar seiner Begier Genüge tun, die man unterdrücken mußte, solange die Mutter noch um den Weg war. Auf dieser Ebene handelt die Geschichte von dem unbewußten Wunsch der Tochter, von ihrem Vater (dem Wolf) verführt zu werden.

Wenn in der Pubertät früh-ödipale Sehnsüchte reaktiviert werden, wird auch das Verlangen des Mädchens nach dem Vater, seine Neigung, ihn zu verführen, und sein Wunsch, von ihm verführt zu werden, reaktiviert. Das Mädchen hat dann das Gefühl, es hätte – vielleicht samt dem Vater – verdient, von der Mutter schrecklich dafür bestraft zu werden. In der Adoleszenz ist ein Wiedererwachen von Emotionen der frühen Kindheit, die bis dahin relativ geschlummert haben, nicht auf ödipale Gefühle beschränkt, sondern erstreckt sich auch auf frühere Ängste und Wünsche anderer Art.

Auf einer anderen Interpretationsebene könnte man sagen, daß der Wolf Rotkäppchen bei ihrer Begegnung deshalb nicht sofort verschlingt, weil er will, daß es zuvor mit ihm ins Bett geht: eine sexuelle Begegnung der beiden muß dem »Gefressenwerden« vorangehen. Obwohl die meisten Kinder nichts von jenen Tieren

* Es ist noch gar nicht so lange her, daß in gewissen Bauernkulturen die älteste Tochter beim Tode der Mutter in jeder Hinsicht deren Platz einnahm.

wissen, bei denen der Partner während des Geschlechtsaktes stirbt, sind im bewußten und unbewußten Denken des Kindes solche destruktiven Anklänge doch recht lebendig – so sehr, daß die meisten Kinder im Geschlechtsakt primär einen Akt sehen, bei dem der eine Partner dem anderen Gewalt antut. Ich glaube, daß Djuna Barnes auf die unbewußte Gleichsetzung von sexueller Erregung, Gewalttätigkeit und Angst beim Kind anspielt, wenn sie schreibt: »Kinder wissen etwas, das sie nicht sagen können; es gefällt ihnen, daß Rotkäppchen bei dem Wolf im Bett liegt!«(56) Weil dieses merkwürdige Zusammentreffen von entgegengesetzten Gefühlen, welches das sexuelle Wissen des Kindes charakterisiert, in Rotkäppchen verkörpert ist, übt dieses Märchen auf Kinder wie auch auf Erwachsene, die sich dunkel daran erinnern, welche Faszination das Sexuelle in ihrer Kinderzeit auf sie ausübte, eine starke unbewußte Anziehungskraft aus.

Auch ein anderer Künstler hat diesen unbewußten Gefühlen Ausdruck verliehen. In einer seiner berühmten Märchenillustrationen zeigt Gustave Doré Rotkäppchen und den Wolf zusammen im Bett.(57) Dabei ist der Wolf ziemlich friedlich dargestellt. Aber das Mädchen sieht aus, als ob es von starken ambivalenten Gefühlen beherrscht würde, als es den Wolf neben sich liegen hat. Es macht keine Anstalten davonzulaufen. Offenbar ist es von der Situation heftig beeindruckt – gleichzeitig angezogen und abgestoßen. Die gemischten Gefühle, die in seiner Miene und in seiner Haltung zum Ausdruck kommen, kann man am treffendsten als Faszination bezeichnen. Es ist eben die Faszination, die die Sexualität und alles, was damit zusammenhängt, auf das Kind ausübt. Das ist es – um auf Djuna Barnes' Feststellung zurückzukommen –, was Kinder in bezug auf Rotkäppchen und den Wolf und ihre Beziehung zueinander empfinden, aber nicht sagen können, und was uns an diesem Märchen so fesselt.

Es ist diese »tödliche« Faszination durch die Sexualität – die gleichzeitig als höchste Erregung und als höchste Angst erlebt wird –, die mit der ödipalen Sehnsucht des kleinen Mädchens nach dem Vater und mit der Reaktivierung dieser Gefühle in anderer Form während der Pubertät in Zusammenhang steht. Wann immer diese Emotionen wieder auftauchen, erwecken sie die Erinnerung an das Verlangen des Kindes, den Vater zu verführen, und damit auch andere Erinnerungen an seinen Wunsch, von ihm verführt zu werden.

Während in Perraults Version der Nachdruck auf der sexuellen Verführung liegt, gilt für das Grimmsche Märchen genau das

Gegenteil. Hier wird die Sexualität weder direkt noch indirekt erwähnt; vielleicht schwingt sie auf eine subtile Weise mit, aber im wesentlichen muß der Hörer selbst den Gedanken daran beisteuern, wenn er die Geschichte noch besser verstehen will. Beim Kind bleiben die sexuellen Zusammenhänge vorbewußt, was auch nicht anders sein sollte. Bewußt weiß das Kind, daß nichts gegen das Blumenpflücken einzuwenden ist; unrecht ist nur, wenn man der Mutter nicht gehorcht, wenn man einen wichtigen Auftrag zu erfüllen hat, der dem berechtigten Interesse der (Groß-)Mutter dient. Der Hauptkonflikt besteht zwischen dem, was dem Kind durchaus in seinem eigenen berechtigten Interesse zu liegen scheint, und dem, wovon es weiß, daß die Mutter es von ihm verlangt. Die Geschichte gibt zu verstehen, daß das Kind nicht weiß, wie gefährlich es sein kann, seinen – seiner Ansicht nach – harmlosen Wünschen nachzugeben, daher muß es aus dieser Gefahr lernen, oder das Leben wird ihm eine Lektion erteilen, die es teuer zu stehen kommt – so warnt die Geschichte.

›Rotkäppchen‹ projiziert die inneren Prozesse des pubertären Kindes nach außen. Der Wolf ist die Verkörperung des Bösen, das Kind spürt es, wenn es den Ermahnungen der Eltern zuwiderhandelt und sich erlaubt, andere in sexuelle Versuchung zu führen oder sich selbst verführen zu lassen. Wenn es von dem Pfad abweicht, den die Eltern ihm vorgezeichnet haben, trifft es auf das »Böse« und fürchtet, samt dem Elternteil, dessen Vertrauen es getäuscht hat, von ihm verschlungen zu werden. Aber es gibt eine Wiederauferstehung vom »Bösen«, wie wir im weiteren Verlauf der Geschichte erfahren.

Im Gegensatz zu Rotkäppchen, das den Verlockungen des Es nachgibt und so seine Mutter und seine Großmutter hintergeht, läßt sich der Jäger nicht von seinen Emotionen hinreißen. Seine erste Reaktion, als er den Wolf schlafend im Bett der Großmutter findet, ist: »Finde ich dich hier, du alter Sünder? ... ich habe dich lange gesucht«, und sein unmittelbarer Impuls ist, den Wolf totzuschießen. Aber sein Ich (oder seine Vernunft) behält die Oberhand, obwohl das Es (der Zorn über den Wolf) ihn kitzelt, und er sagt sich, daß es wichtiger ist, den Versuch zu machen, die Großmutter zu retten, als seinem Zorn freien Lauf zu lassen und den Wolf sofort zu erschießen. Der Jäger beherrscht sich, und statt die Bestie totzuschießen, schneidet er ihr vorsichtig mit einer Schere den Bauch auf und rettet so Rotkäppchen und die Großmutter.

Der Jäger ist für Jungen wie Mädchen eine höchst anziehende Figur, weil er das Gute rettet und das Böse bestraft. Alle Kinder haben Schwierigkeiten, dem Realitätsprinzip zu gehorchen, und sie erkennen leicht in den gegensätzlichen Figuren von Wolf und Jäger den Konflikt zwischen den Es- und den Ich-Über-Ich-Aspekten in ihrem eigenen Inneren. In der Aktion des Jägers wird die Gewalttat (das Aufschneiden des Bauches) in den Dienst des höchsten sozialen Zieles (der Rettung zweier Frauen) gestellt. Das Kind hat das Gefühl, daß niemand begreift, daß seine eigenen gewalttätigen Neigungen ihm selbst konstruktiv vorkommen, aber die Geschichte zeigt, daß sie das tatsächlich sein können.

Rotkäppchen muß aus dem Bauch des Wolfes wie durch einen Kaiserschnitt herausgeschnitten werden; damit ist die Idee einer Schwangerschaft und Geburt angedeutet. Hierdurch wiederum werden Assoziationen einer sexuellen Beziehung im Unterbewußtsein des Kindes wachgerufen. Wie kommt ein Fötus in den Bauch der Mutter? fragt sich das Kind, und es entscheidet sich dafür, daß die Mutter etwas verschluckt haben muß, so wie das beim Wolf der Fall war.

Warum spricht der Jäger vom Wolf als von einem »alten Sünder«, und weshalb sagt er, er habe ihn schon lange gesucht? So wie der Verführer in unserem Märchen als Wolf bezeichnet wird, so nennt man einen Verführer, besonders wenn es sich bei seinem Objekt um ein junges Mädchen handelt, im Volksmund heute wie in alten Zeiten einen »alten Sünder«. Auf einer anderen Ebene repräsentiert der Wolf auch die unannehmbaren Neigungen des Jägers; wir alle sprechen gelegentlich gleichnishaft von dem Tier in uns, wenn wir sagen wollen, daß wir geneigt wären, gewalttätig oder unverantwortlich zu handeln, um ein bestimmtes Ziel zu erreichen.

Obwohl der Jäger für die Lösung unentbehrlich ist, wissen wir nicht, woher er kommt, und er interagiert auch nicht mit Rotkäppchen – er rettet es, das ist alles. In der ganzen Geschichte wird Rotkäppchens Vater nicht erwähnt, was in einem derartigen Märchen höchst ungewöhnlich ist. Das legt den Gedanken nahe, daß der Vater zugegen ist, aber in versteckter Form. Natürlich erwartet das kleine Mädchen, daß sein Vater es aus allen Schwierigkeiten rettet und ganz besonders aus jenen emotionalen Kalamitäten, die aus seinem Wunsch entspringen, ihn zu verführen und sich von ihm verführen zu lassen. Unter »Verführung« sind hier der Wunsch und das Bemühen des Kindes zu verstehen, den Vater dazu zu bringen, es mehr als irgend jemand sonst zu lieben, und sein Wunsch, daß er sich alle Mühe geben sollte, auch es selbst dazu zu bringen, ihn mehr als alle anderen zu lieben. Damit aber wird deutlich, daß der Vater in ›Rotkäppchen‹ tatsächlich in zwei unterschiedlichen Formen zugegen ist – einmal als Wolf, die Externalisation der Gefahren, von

ödipalen Gefühlen überwältigt zu werden, und zum anderen als Jäger in seiner beschützenden und rettenden Funktion.
Trotz seiner impulsiven Anwandlung, den Wolf sofort totzuschießen, tut es der Jäger nicht. Rotkäppchen selber kommt nach seiner Rettung auf die Idee, dem Wolf den Bauch mit Steinen zu füllen: »... und wie er aufwachte, wollte er fortspringen, aber die Steine waren so schwer, daß er gleich niedersank und sich totfiel«. Rotkäppchen mußte von sich aus spontan planen, was mit dem Wolf zu geschehen hatte, und sich daranmachen, es in die Tat umzusetzen. Wenn es in Zukunft sicher sein soll, muß es selbst mit dem Verführer fertig werden, sich von ihm freimachen können. Hätte der Vater-Jäger es statt seiner getan, hätte Rotkäppchen nie das Gefühl haben können, daß es seine Schwachheit wirklich überwunden hat, weil es sich dann nicht selbst davon befreit hätte.
Es entspricht der Gerechtigkeit des Märchens, daß der Wolf für seine Untat sterben muß – seine orale Gier richtet ihn zugrunde. Da er ruchloserweise sich den Bauch mit etwas zu füllen suchte, wird das gleiche jetzt mit ihm vorgenommen.*
Es gibt noch einen anderen höchst einleuchtenden Grund, weshalb der Wolf nicht daran stirbt, daß man ihm die beiden, die er verschlungen hat, aus dem Bauch herausschneidet. Das Märchen schützt das Kind vor überflüssiger Angst. Wenn der Wolf daran sterben würde, daß ihm der Bauch wie bei einem Kaiserschnitt aufgeschnitten wird, könnte der Zuhörer Angst bekommen, ein Kind, das aus dem Leib der Mutter kommt, könnte sie dabei töten. Aber wenn der Wolf dies überlebt und nur stirbt, weil man ihm den Bauch mit schweren Steinen gefüllt hat, braucht man wegen einer Geburt keine Angst zu haben.
Rotkäppchen und seine Großmutter sterben nicht richtig, aber sie werden zweifellos wiedergeboren. Wenn es ein zentrales Thema in einer großen Vielfalt von Märchen gibt, dann ist es die Wiedergeburt auf einer höheren Ebene. Kinder (und auch Erwachsene) müssen in der Lage sein zu glauben, daß man eine höhere Form des Seins erreichen kann, wenn man die Entwicklungsstufen, die dazu hinführen, gemeistert hat. Geschichten, die berichten, daß das nicht nur möglich, sondern auch wahrscheinlich ist, üben auf Kinder eine ungeheure Anziehungskraft aus, weil sie die immer gegenwärtige

* In anderen Versionen des Märchens kommt Rotkäppchens Vater zufällig dazu, schneidet dem Wolf den Kopf ab und rettet so die beiden.(58) Vielleicht wurde das Aufschneiden des Bauches durch das Abschneiden des Kopfes ersetzt, weil Rotkäppchens Vater es vornimmt. Daß ein Vater mit einem Bauch manipuliert, in dem sich seine Tochter zeitweise befindet, kommt dem Nebengedanken zu nahe, daß er mit seiner Tochter eine sexuelle Beziehung unterhalten könnte.

Angst bekämpfen, daß ihnen dieser Übergang nicht gelingen könnte oder daß sie bei diesem Prozeß zuviel verlieren könnten. Deshalb verlieren beispielsweise ›Brüderchen und Schwesterchen‹ einander nach ihrer Verwandlung nicht, sondern sind zum Schluß wieder glücklich vereint; deshalb ist das Rotkäppchen nach seiner Rettung ein glücklicheres Kind; deshalb geht es Hänsel und Gretel soviel besser, als sie nach Hause zurückgekehrt sind.
Viele Erwachsene neigen heute dazu, die Dinge, die in Märchen vorkommen, wörtlich zu nehmen, während sie als symbolische Wiedergabe kritischer Lebenserfahrungen zu verstehen sind. Ein Kind begreift das intuitiv, auch wenn es das nicht auszudrücken weiß. Wenn ein Erwachsener einem Kind sagt, Rotkäppchen sei ja nicht »wirklich« gestorben, als der Wolf es gefressen habe, dann empfindet das Kind das als eine herablassende Beschwichtigung. Es ist dasselbe, wie wenn man jemand sagt, in der biblischen Geschichte sei Jona nicht »wirklich« gestorben, als ihn der Walfisch verschluckt habe. Jeder, der diese Geschichte hört, weiß intuitiv, daß Jonas Aufenthalt im Bauch des Fisches einen bestimmten Zweck hatte, daß er nämlich als ein besserer Mensch ins Leben zurückkehren sollte.
Das Kind weiß intuitiv, daß es keinesfalls das Ende der Geschichte bedeutet, wenn Rotkäppchen vom Wolf verschlungen wird, sondern daß das eben mit zur Geschichte gehört, genauso wie wenn andere Märchenhelden eine Zeitlang aus verschiedenen Gründen scheinbar tot sind. Andererseits versteht das Kind aber auch, daß Rotkäppchen als das Mädchen, das sich vom Wolf verführen ließ, richtig »gestorben« ist und daß es, wenn es in der Geschichte heißt: ». . . da sprang das Mädchen heraus«, aus dem Bauch des Wolfs als eine andere Person wieder ins Leben zurückkehrt. Dieses Bild ist notwendig, weil ein Kind zwar leicht versteht, daß ein Ding durch ein anderes ersetzt werden kann (die gute Mutter durch die böse Stiefmutter), aber innere Wandlungen noch nicht begreifen kann. Daher gehört zu den großen Verdiensten des Märchens, daß es dem Kind den Glauben gibt, daß solche Wandlungen möglich sind. Das Kind, das bewußt oder unbewußt tiefen Anteil an der Geschichte nimmt, versteht, was es bedeutet, daß der Wolf die Großmutter und das kleine Mädchen verschlingt, daß nämlich die beiden hierdurch zeitweise der Welt verloren sind – daß sie die Fähigkeit verloren haben, mit dem, was weiter geschieht, in Berührung zu kommen und es zu beeinflussen. Deshalb muß ihnen jemand von außen zu Hilfe kommen, und wer anders könnte das sein, wenn es sich um Mutter und Kind handelt, als der Vater?
Als Rotkäppchen der Verführung des Wolfs erliegt, nach dem

Lustprinzip anstatt nach dem Realitätsprinzip zu handeln, ist damit implizit angedeutet, daß es in eine primitivere, frühere Existenzform zurückfällt. Nach typischer Märchenart wird seine Rückkehr zu einer primitiveren Lebensstufe eindrucksvoll übertrieben dargestellt, so als ob es den ganzen Weg bis zu seiner vorgeburtlichen Existenz im Mutterleib wieder zurückginge – wie ja das Kind in Übertreibungen denkt.

Aber weshalb muß die Großmutter das gleiche Schicksal erleiden wie das kleine Mädchen? Warum ist auch sie sowohl »tot« wie in ein niedrigeres Existenzstadium zurückversetzt? Das entspricht genau dem, was sich ein Kind unter dem Tode vorstellt – daß der Betreffende ihm nicht mehr zugänglich und daher von keinem Nutzen mehr ist. Großeltern müssen dem Kind von Nutzen sein – sie müssen in der Lage sein, es zu beschützen, zu unterweisen, zu ernähren; sind sie das nicht mehr, so sind sie auf ein niedrigeres Existenzniveau reduziert. Da die Großmutter ebensowenig in der Lage ist, es mit dem Wolf aufzunehmen, erleidet sie auch das gleiche Schicksal wie das Kind.*

Die Geschichte läßt völlig klar erkennen, daß die beiden nicht daran gestorben sind, daß der Wolf sie verschlungen hat. Das geht aus Rotkäppchens Verhalten hervor, nachdem es befreit wurde: »Da sprang das Mädchen heraus und rief: ›Ach, wie war ich erschrocken, wie war's so dunkel in dem Wolf seinem Leib!‹ « Daß man Angst gehabt hat, bedeutet aber, daß man sehr lebendig war. Es bedeutet einen Zustand, der das Gegenteil des Todes ist, wo man nichts mehr denkt und fühlt. Rotkäppchen hat sich vor der Dunkelheit gefürchtet, weil es durch sein Verhalten sein höheres Bewußtsein verloren hatte, welches Licht auf seine Welt geworfen hatte. Oder es hatte Angst, wie ein Kind, das weiß, daß es Unrecht getan hat, oder welches sich von seinen Eltern nicht mehr wohlbehütet glaubt, das Gefühl hat, daß sich die dunkle Nacht mit ihren Schrecken auf es herabsenkt.

Nicht nur in ›Rotkäppchen‹, sondern überall in der Märchenliteratur symbolisiert der Tod des Helden – im Unterschied zum Tod alter Menschen nach der Erfüllung ihres Lebens – das Scheitern dieses Helden. Der Tod der Gescheiterten – wie der Tod der Königssöhne, die versuchten, Dornröschen zu wecken, bevor die Zeit dazu reif

* Daß diese Interpretation gerechtfertigt ist, beweist die zweite Version der Geschichte, die uns die Brüder Grimm mitteilen. Darin wird berichtet, wie die Großmutter beim zweiten Mal Rotkäppchen vor dem Wolf beschützt und wie sie mit Erfolg dessen Vernichtung betreibt. So sollten (Groß-)Eltern eigentlich handeln; tun sie es, dann brauchen weder sie noch das Kind vor dem Wolf Angst zu haben, und mag er auch noch so schlau sein.

war, und in den Dornen umkamen – drückt symbolisch aus, daß der Betreffende noch nicht reif genug war, die schwere Aufgabe zu meistern, die er törichterweise (vorzeitig) auf sich genommen hat. Solche Personen müssen erst noch weitere Wachstumserfahrungen sammeln, die ihnen dann die Fähigkeit geben, die Aufgabe zu lösen. Diese Vorläufer des Helden, die im Märchen sterben, sind nichts anderes als frühere, unreife Inkarnationen dieses Helden.

Nachdem Rotkäppchen in einen Zustand innerer Dunkelheit versetzt worden ist (die Dunkelheit im Inneren des Wolfes), wird es bereit und aufgeschlossen für ein neues Licht, für ein besseres Verständnis der emotionalen Erfahrungen, die es meistern muß, und für jene anderen, die es noch meiden muß, weil sie es sonst überwältigen würden. Durch Märchen wie ›Rotkäppchen‹ beginnt das Kind – wenigstens auf unbewußter Ebene – zu verstehen, daß nur Erlebnisse, die uns überwältigen, in uns entsprechende Gefühle wecken, mit denen wir noch nicht fertig werden. Haben wir jene erst gemeistert, so brauchen wir auch Begegnungen mit dem Wolf nicht mehr zu fürchten.

Dies wird auch durch den Schlußsatz unseres Märchens bestätigt, in dem Rotkäppchen nicht etwa sagt, es werde nie mehr riskieren, dem Wolf zu begegnen oder allein in den Wald zu gehen. Ganz im Gegenteil enthält der Schluß für das Kind die versteckte Warnung, daß es eine falsche Lösung wäre, wenn es allen problematischen Situationen aus dem Weg ginge. Die Geschichte schließt: »Rotkäppchen aber dachte: ›Du willst dein Lebtag nicht wieder allein vom Wege ab in den Wald laufen, wenn dir's die Mutter verboten hat‹.« Angesichts dieses inneren Dialogs, hinter dem ein höchst aufregendes Erlebnis steht, wird Rotkäppchens Begegnung mit ihrer eigenen Sexualität völlig anders ausgehen, wenn es reif dafür ist – und dann wird auch seine Mutter nichts mehr dagegen einzuwenden haben.

Trotz Mutter und Über-Ich vom geraden Weg abzugehen, war vorübergehend für das junge Mädchen notwendig, damit es zu einer höheren Stufe der Organisation seiner Persönlichkeit gelangte. Seine Erfahrung überzeugte es von den Gefahren, die es mit sich bringt, wenn man seinen ödipalen Begierden nachgibt. Es hat gelernt, daß es weit besser ist, nicht gegen die Mutter aufzubegehren und nicht zu versuchen, zu verführen oder sich von den gefährlichen Aspekten des Mannes verführen zu lassen. Weit besser ist es – trotz der eigenen ambivalenten Wünsche –, sich noch eine Weile auf den Schutz zu verlassen, den der Vater gewährt, wenn man ihn nicht unter seinen verführerischen Aspekten sieht. Es hat gelernt, daß es besser ist, Vater und Mutter und ihre Werte tiefer und auf eine erwachsenere

Weise in sein Über-Ich einzubauen, um die Fähigkeit zu erlangen, mit den Gefahren des Lebens fertig zu werden.

Es gibt zahlreiche moderne Gegenstücke zu ›Rotkäppchen‹. Man erkennt erst richtig die Tiefe der Märchen, wenn man sie mit den meisten der heutigen Kinderbücher vergleicht. So hat zum Beispiel David Riesman ›Little Red Riding Hood‹ (die englische Version von ›Rotkäppchen‹) mit der modernen Kindergeschichte ›Tootle the Engine‹, einem *Little Golden Book,* verglichen, das vor etwa zwanzig Jahren Millionenauflagen erreichte.(59) In diesem Kinderbuch geht eine menschlich geschilderte kleine Lokomotive in die Lokomotivenschule, um dort zu lernen, wie man ein großer Stromlinienzug wird. Genau wie Rotkäppchen hat Tootle gesagt bekommen, er solle immer hübsch auf den Schienen bleiben. Auch die kleine Lokomotive gerät in Versuchung, diese zu verlassen, weil sie so gern mit den hübschen Blumen auf den Feldern spielt. Um Tootle daran zu hindern wegzulaufen, tun sich die Stadtbewohner zusammen und hecken einen listigen Plan aus, an dessen Durchführung sich alle beteiligen. Als Tootle das nächste Mal von den Schienen heruntergeht, um auf seinen geliebten Wiesen herumzulaufen, wird er – wohin er sich auch immer wendet – mit einer roten Fahne gestoppt, bis er verspricht, nie mehr von den Schienen herunterzugehen.

Wir könnten diese Geschichte heute als Beispiel für eine Verhaltensänderung durch entgegengesetzte Stimuli – die roten Fahnen – interpretieren. Tootle bessert sich, und die Geschichte endet damit, daß er brav geworden ist und nun wirklich zu einem großen Stromlinienzug heranwächst. ›Tootle‹ ist offensichtlich im wesentlichen eine Geschichte, die das Kind zur Vorsicht mahnen soll und die es warnen soll, doch ja auf dem Pfad der Tugend zu bleiben. Aber wie seicht ist sie, wenn man sie mit dem Märchen vergleicht.

›Rotkäppchen‹ spricht von menschlichen Leidenschaften, von oraler Gier, Aggression und pubertalen sexuellen Wünschen. Es stellt die kultivierte Oralität des heranreifenden Kindes (das gute Essen, das es der Großmutter bringt) ihrer vorangehenden kannibalistischen Form (dem Wolf, welcher die Großmutter und das kleine Mädchen verschlingt) gegenüber. Im Märchen kommen gewalttätige Dinge vor, und dazu gehört auch, daß den beiden weiblichen Personen das Leben gerettet wird, daß der Wolf den Bauch aufgeschnitten und mit Steinen gefüllt bekommt, wodurch er umkommt. Das Märchen zeigt die Welt also nicht in einem rosigen Licht. Die Geschichte endet damit, daß alle Figuren – das kleine Mädchen, die Mutter, die Großmutter, der Jäger und der Wolf – »sich um ihre eigenen

Angelegenheiten kümmern«. Der Wolf versucht wegzulaufen und fällt sich zu Tode, danach zieht der Jäger ihm den Pelz ab und geht damit heim; die Großmutter ißt, was Rotkäppchen ihr mitgebracht hat, und das kleine Mädchen hat etwas dazugelernt. Es gibt keine Verschwörung unter den Erwachsenen, welche die Heldin der Geschichte zwingt, sich zu bessern und das zu tun, was die Gesellschaft von ihr verlangt – ein Prozeß, der den Wert des selbständigen Handelns aus eigenem Antrieb negieren würde. Rotkäppchen läßt keineswegs die anderen für sich handeln. Sein Erlebnis hat es so verändert, daß es sich jetzt das Versprechen gibt: »Du willst dein Lebtag nicht wieder allein vom Wege ab in den Wald laufen ... «

Wieviel wahrer ist das Märchen sowohl in bezug auf die Realität des Lebens als auch auf die inneren Erfahrungen als beispielsweise die Geschichte von Tootle, wo realistische Elemente als Bühnenrequisiten verwandt werden: Züge, die auf Schienen laufen, und rote Fahnen, die sie anhalten. Das Drum und Dran ist dort recht realistisch, aber alles Wichtige entspricht nicht der Wirklichkeit, da kaum anzunehmen ist, daß die ganze Bevölkerung einer Stadt ihre Arbeit einstellt, um einem Kind zu helfen, sich zu bessern. Außerdem schwebt Tootle nie wirklich in Lebensgefahr. Gewiß, man hilft ihm, sich zu bessern, aber sein ganzer Wachstumsprozeß erschöpft sich darin, daß er ein größerer und schnellerer Zug wird – das heißt ein äußerlich erfolgreicher und brauchbarer Erwachsener. Nichts deutet auf unsere inneren Ängste oder auf die Gefahren der Versuchung hin, die unser Leben selbst bedrohen. Riesman meint dazu: »Von dem Grausigen in ›Rotkäppchen‹ ist hier nichts zu spüren.« An seine Stelle tritt »ein Schwindel, den die Bewohner der Stadt zum Wohl von Tootle inszenieren«. Nirgends in ›Tootle‹ finden wir innere Prozesse und emotionale Probleme, die zum Heranwachsen gehören, in den Charakteren der Geschichte verkörpert, so daß das Kind in der Lage wäre, sich mit ihnen auseinanderzusetzen und auf diese Weise die eigenen Probleme zu lösen.

Wir dürfen es unbedenklich glauben, wenn es zum Schluß von Tootle heißt, er habe vergessen, daß er jemals Blumen geliebt habe. Auch mit noch soviel Phantasie könnte man sich dagegen nicht vorstellen, daß Rotkäppchen jemals seine Begegnung mit dem Wolf vergessen wird oder daß es jemals aufhören wird, Blumen und die Schönheit der Welt zu lieben. Tootles Geschichte kann den Hörer innerlich nicht überzeugen. Deshalb muß sie ihm ihre Lehre einbleuen und voraussagen, wie alles ausgehen wird: die Lokomotive wird auf den Schienen bleiben und ein Stromlinienzug werden.

Hier kann von einer eigenen Initiative und von Freiheit nicht die Rede sein.
Das Märchen dagegen trägt seine Überzeugungskraft in sich und hat es daher nicht nötig, die Heldin auf eine bestimmte Lebensart festzunageln. Es braucht uns nicht erst zu sagen, was Rotkäppchen tun wird oder wie seine Zukunft aussehen wird. Dank seiner Erfahrung wird es in der Lage sein, selbst darüber zu entscheiden. Jeder Hörer der Geschichte begreift, daß es etwas über das Leben und die Gefahren gelernt hat, die es mit sich bringt, wenn man seinen Wünschen nachgibt.
Rotkäppchen hat seine kindliche Unschuld verloren, als es mit den Gefahren konfrontiert wurde, die in ihm selbst und in der Welt existieren, und hat dafür die Einsicht gewonnen, die nur ein »zweimal Geborener« besitzen kann – nur einer, der nicht nur eine existentielle Krise gemeistert hat, sondern der sich auch bewußt geworden ist, daß seine eigene Natur ihn in die Krise gebracht hat. Rotkäppchens Unschuld stirbt, als der Wolf sich ihm in seiner wahren Natur enthüllt und es verschlingt. Als es wieder aus seinem Bauch herausgeschnitten wird, wird es auf einem Existenzniveau wiedergeboren. Nun kann es zu seinen Eltern in eine positive Beziehung treten und – nicht länger ein Kind – als junges Mädchen ins Leben zurückkehren.

›Hans und die Bohnenranke‹

Märchen behandeln in literarischer Form Grundprobleme des Lebens, insbesondere solche, die mit den Schwierigkeiten zusammenhängen, zur Reife zu gelangen. Sie warnen vor den destruktiven Folgen, wenn man es versäumt, höhere Ebenen verantwortungsbewußten Selbstseins zu erreichen, und führen warnende Beispiele vor Augen, wie die älteren Brüder in ›Die drei Federn‹, die Stiefschwestern in ›Aschenputtel‹ und den Wolf in ›Rotkäppchen‹. Dem Kind geben diese Märchen auf subtile Art zu verstehen, weshalb es nach einer höheren Integration streben sollte und was das mit sich bringt. Die gleichen Geschichten geben auch den Eltern zu verstehen, daß sie sich die Gefahren vor Augen halten sollten, die die Entwicklung ihres Kindes mit sich bringt, so daß sie gefaßt darauf sind und ihr Kind beschützen können, wenn es notwendig wird, eine Katastrophe abzuwenden, und daß sie die persönliche und sexuelle Entwicklung ihres Kindes in dem Augenblick und dort fördern sollten, wo es angebracht ist.

Die Geschichten des Jack(Hans)-Zyklus sind britischen Ursprungs und haben sich in der ganzen englisch sprechenden Welt verbreitet.(60) Die weitaus bekannteste und interessanteste Geschichte aus diesem Zyklus ist ›Hans und die Bohnenranke‹. Wichtige Elemente dieses Märchens tauchen in vielen Geschichten auf der ganzen Welt auf: das scheinbar törichte Tauschgeschäft, das magische Kräfte verleiht; der wunderbare Samen, aus dem ein Baum wächst, der bis in den Himmel reicht; der menschenfressende Riese, der überlistet und bestohlen wird; die Henne, die goldene Eier legt, und die goldene Gans; das Musikinstrument, das sprechen kann. Aber die Kombination dieser Elemente zu einer Geschichte, die zeigt, wie wünschenswert die soziale und sexuelle Selbstbestätigung des pubertären Jungen ist und wie töricht seine Mutter ist, die das bagatellisiert, macht ›Hans und die Bohnenranke‹ zu einem so bedeutungsvollen Märchen.

Eine der ältesten Geschichten des Jack-Zyklus ist ›Hans und seine Händel‹ (›Jack and His Bargains‹). Hier besteht der ursprüngliche Konflikt nicht zwischen der Mutter und ihrem Sohn, den sie für einen Dummkopf hält, sondern es geht um den Kampf um die Vorherrschaft zwischen Sohn und Vater. Die Geschichte zeigt gewisse Probleme der gesellschaftlich-sexuellen Entwicklung des Mannes deutlicher als ›Hans und die Bohnenranke‹, und der Sinn, welcher letzterem Märchen zugrunde liegt, ist im Licht der ersten Geschichte leichter verständlich.

In ›Hans und seine Händel‹ erfahren wir, daß Hans ein unbändiger Junge und seinem Vater keine Hilfe ist. Ja, noch schlimmer, Hans ist schuld daran, daß sein Vater verarmt ist und alle möglichen Schulden hat. So schickt er Hans mit einer der sieben Kühe, welche die Familie besitzt, auf den Markt, wo er sie möglichst teuer verkaufen soll. Unterwegs trifft Hans einen Mann, der ihn fragt, wo er denn hin wolle. Hans sagt es ihm, und der Mann bietet ihm an, die Kuh gegen einen Zauberstab zu vertauschen. Alles, was der Besitzer dieses Zauberstabes zu tun hat, ist zu sagen: »Auf, Stock, und drauf!«, und der Stock wird alle seine Feinde bewußtlos schlagen. Hans geht auf den Handel ein. Als er hinkommt, wird der Vater, der erwartet, Geld für seine Kuh zu bekommen, so zornig, daß er nach einem Stock greift, um Hans zu schlagen. Um sich dagegen zu verteidigen, ruft Hans *seinen* Stock, der so lange auf den Vater losschlägt, bis dieser um Gnade ruft. Das führt dazu, daß Hans nun seinem Vater in der Familie überlegen ist. Allerdings haben sie damit noch nicht das

Geld, das sie dringend brauchen. So wird Hans abermals auf den Markt geschickt, um eine weitere Kuh zu verkaufen. Er trifft den gleichen Mann und tauscht die Kuh gegen eine Biene ein, die wunderschön singen kann. Das Geld wird immer knapper, und Hans wird ausgeschickt, die dritte Kuh zu verkaufen. Wieder trifft er den Mann und tauscht die Kuh gegen eine Fiedel ein, die herrliche Melodien spielt.
Jetzt ändert sich die Szene. Der König, der diesen Teil der Welt regiert, hat eine Tochter, die nicht lachen kann. Der Vater verspricht sie dem zur Frau, der sie fröhlich macht. Viele Prinzen und reiche Männer versuchen vergeblich, sie zu belustigen. Aber Hans in seinen zerlumpten Kleidern schlägt alle seine hochgeborenen Mitbewerber aus dem Feld, denn die Prinzessin lächelt, als sie die Biene singen und die Fiedel so schön spielen hört, und sie lacht aus vollem Hals, als der Stock alle ihre vornehmen Bewerber verhaut. So bekommt Hans sie zur Frau.
Bevor die Hochzeit stattfindet, müssen die beiden eine Nacht zusammen in einem Bett verbringen. Darin liegt Hans stocksteif und rührt die Prinzessin nicht an. Das beleidigt sie und ihren Vater sehr; aber der König beruhigt seine Tochter und meint, Hans habe vielleicht Angst vor ihr und seiner neuen Situation gehabt. So macht man in der nächsten Nacht einen weiteren Versuch, aber auch diese Nacht vergeht wie die erste. Als Hans auch beim drittenmal sich der Prinzessin im Bett nicht nähert, läßt ihn der König in seinem Zorn in eine Grube voller Löwen und Tiger werfen. Hansens Stock aber macht die wilden Tiere zahm, und die Prinzessin wundert sich sehr darüber, »was er für ein richtiger Mann war«. Die Hochzeit findet statt, »und sie bekamen einen ganzen Haufen Kinder«.
Irgend etwas fehlt in der Geschichte. So versteht man zum Beispiel nicht, warum am Anfang der Geschichte sieben Kühe erwähnt werden und man hinterher nicht mehr von den vier Kühen hört, die noch übrigbleiben, nachdem Hans drei gegen Zauberdinge vertauscht hat, während die Zahl Drei dagegen wiederholt eine wichtige Rolle spielt – in den drei Begegnungen mit dem Mann, dem dreimaligen Tausch der Kuh gegen ein Zauberding und in den drei Nächten, die Hans mit der Prinzessin im Bett verbringt, ohne »sich ihr zu nähern«. Zweitens kommt es zwar in vielen Märchen vor, daß der Mann drei Tage und Nächte lang seine Geliebte nicht anrührt, aber gewöhnlich wird das irgendwie erklärt,* während bei Hans

* So kann zum Beispiel in dem Grimmschen Märchen ›Die Rabe‹ eine Königstochter, die in »eine Rabe« verwandelt ist, nur erlöst werden, wenn der Held sie am nächsten Nachmittag noch voll wach erwartet. Die Rabe warnt ihn, um wach zu bleiben, dürfe er

keinerlei Erklärung für sein Verhalten gegeben wird, so daß wir auf unsere eigene Phantasie angewiesen sind, wenn wir nach der Bedeutung fragen. Der Zauberspruch: »Auf, Stock, und drauf!« weckt phallische Assoziationen, genau wie die Tatsache, daß erst dieser neue Erwerb Hans die Möglichkeit gibt, sich in seiner Beziehung zum Vater zu behaupten, der ihn bis dahin beherrscht hat. Es ist dieser Stock, der ihm beim Wettkampf mit allen anderen Bewerbern zum Sieg verhilft – ein Wettkampf, bei dem es sich um einen sexuellen Wettbewerb handelt, da der ausgesetzte Preis die Hochzeit mit der Prinzessin ist. Es ist auch der Stock, der schließlich zum Besitz der Prinzessin führt, nachdem er die wilden Tiere zahm geschlagen hat. Während der liebliche Gesang der Biene und die schönen Melodien der Fiedel die Prinzessin zum Lächeln bringen, ist es die Art, wie der Stock die anmaßenden Bewerber verhaut, womit er – wie anzunehmen ist – deren männliche Angeberei lächerlich macht, was sie zum Lachen bringt.* Aber wenn diese sexuellen Anspielungen in der Geschichte alles wären, so handelte es sich nicht um ein Märchen – oder wenigstens nicht um ein sehr bedeutungsvolles. Um hinter seine tiefere Bedeutung zu kommen, müssen wir auch die anderen Zauberdinge betrachten sowie die Nächte, in denen Hans stocksteif neben der Prinzessin im Bett liegt. Phallische Potenz – so lehrt die Geschichte – genügt allein nicht. An sich führt sie nicht zu besseren und höheren Dingen und auch nicht zur sexuellen Reife. Die Biene – ein Symbol harter Arbeit und Süßigkeit, da sie uns den Honig liefert (daher die reizenden Lieder) – steht für die Arbeit und die Freude an ihr. Konstruktive Arbeit, wie sie die Biene symbolisiert, steht in krassem Gegensatz zur ursprünglichen Unbeherrschtheit und Faulheit unseres Hans. Nach der Pubertät muß ein junger Mann sich konstruktive Ziele setzen und

das, was eine alte Frau ihm bringen wird, weder essen noch trinken. Er verspricht es ihr, aber er läßt sich an den drei folgenden Tagen trotzdem verführen, etwas anzunehmen, und so schläft er ein und ist zur verabredeten Zeit, als die Rabenprinzessin kommt, um ihn zu holen, nicht wach. Hier wird die Tatsache, daß der junge Mann einschläft, wenn er für seine Geliebte hellwach sein sollte, mit der Eifersucht einer alten Frau und der selbstsüchtigen Gier eines jungen Mannes erklärt.

* Es gibt viele Märchen, in denen eine allzu ernste Prinzessin von dem Mann gewonnen wird, der sie zum Lachen bringt – das heißt emotional befreit. Das wird häufig dadurch bewirkt, daß der Held jemand lächerlich macht, der sonst eine Respektsperson ist. So bekommt zum Beispiel im Grimmschen Märchen ›Die goldene Gans‹ der »Dummling«, der jüngste von drei Söhnen, von einem grauen Männlein eine goldene Gans geschenkt, weil er freundlich zu ihm war. Aus Habgier versuchen verschiedene Personen, der goldenen Gans eine Feder auszurupfen, was aber dazu führt, daß sie an der Gans und aneinander kleben bleiben. Schließlich bleiben auch ein Pfarrer und ein Küster hängen und müssen hinter dem Dummling und seiner Gans herlaufen. Das sieht so lächerlich aus, daß die Prinzessin lachen muß, als sie die Prozession erblickt.

darauf hinarbeiten, wenn er ein nützliches Glied der Gesellschaft werden will. Deshalb bekommt Hans erst den Stock, bevor er die Biene und die Fiedel erhält. Die Fiedel als letztes Geschenk verkörpert die künstlerische Leistung und damit die höchste menschliche Begabung. Die Prinzessin zu gewinnen, genügt die Macht des Stockes und dessen, was er sexuell symbolisiert, nicht. Die Macht des Stockes (die sexuelle Potenz) muß unter Kontrolle gehalten werden, wie die drei Nächte andeuten, während derer Hans sich im Bett nicht rührt. Durch ein solches Verhalten beweist er seine Selbstbeherrschung; damit verläßt er sich nicht mehr allein auf die Demonstration seiner phallischen Männlichkeit; er will die Prinzessin nicht dadurch gewinnen, daß er sie überwältigt. Durch die Zähmung der wilden Tiere beweist er, daß er seine Kraft dazu benutzt, seine niederen Instinkte unter Kontrolle zu bekommen – die Wildheit von Löwe und Tiger, seine eigene Wildheit und Verantwortungslosigkeit, die seinen Vater in Schulden gestürzt haben – und damit wird er der Prinzessin und des Königreichs würdig. Das erkennt die Prinzessin an. Zunächst hat Hans sie nur zum Lachen gebracht, aber am Ende, als er nicht nur (sexuelle) Kraft, sondern auch (sexuelle) Selbstbeherrschung bewiesen hat, wird er von ihr als ein richtiger Mann anerkannt, mit dem sie glücklich werden und viele Kinder bekommen kann.*

›Hans und seine Händel‹ beginnt mit der phallischen Selbstbestätigung des Adoleszenten (»Auf, Stock, und drauf!«) und endet mit der Erlangung persönlicher und sozialer Reife, als Hans zur Selbstbeherrschung und Wertschätzung höherer Dinge im Leben gefunden hat. Das viel bekanntere Märchen ›Hans und die Bohnenranke‹ beginnt und endet auf einer beträchtlich früheren Stufe in der sexuellen Entwicklung des Mannes. Während der Verlust der kindlichen Lust in der ersten Geschichte mit der Notwendigkeit, die Kuh zu verkaufen, nur eben angedeutet wird, ist dies in ›Hans und die Bohnenranke‹ ein zentrales Thema. Wir erfahren, daß die gute Kuh Milchweiß, welche Mutter und Kind bis jetzt ernährt hat, plötzlich keine Milch mehr gibt. Damit beginnt die Vertreibung aus

* Das Grimmsche Märchen ›Die Rabe‹ kann als Vergleich dienen, der den Gedanken bekräftigt, daß eine dreimal wiederholte Beherrschung der triebhaften Begierden sexuelle Reife demonstriert, während mangelnde Beherrschung ein Hinweis auf Unreife ist, die verhindert, daß man die Geliebte erringt. Im Gegensatz zu Hans beherrscht in ›Die Rabe‹ der Held des Märchens seine Begierde nach Essen und Trinken und Schlaf nicht und erliegt dreimal der Versuchung, indem er die Behauptung der Alten: »Einmal ist keinmal« akzeptiert – was ein Beweis für seine moralische Unreife ist. Auf diese Weise verliert er die Prinzessin. Er gewinnt sie dann schließlich doch noch, nachdem er viele schwere Aufgaben erfüllt hat, an denen er gewachsen ist.

dem Kindheitsparadies; sie wird fortgesetzt, indem die Mutter den Glauben des Jungen an die Zauberkraft der Bohnen verspottet. Die phallische Bohnenranke ermöglicht es dann Hans, sich in einen ödipalen Konflikt mit dem Riesen einzulassen, den er überlebt und schließlich gewinnt, wobei er seinen Sieg allein der ödipalen Mutter verdankt, die sich gegen ihren Mann auf seine Seite stellt. Hans gibt seinen Glauben an die magische Kraft der phallischen Selbstbestätigung auf, als er die Bohnenranke abhaut, was ihm den Weg zur Entwicklung einer reifen Männlichkeit eröffnet. So behandeln die beiden Teile der Jack-Geschichte zusammengenommen die gesamte Entwicklung des Jungen zum Mann.

Das früheste Kindesalter ist zu Ende, wenn der Glaube an eine unerschöpfliche Gewährung von Liebe und Nahrung sich als unrealistische Phantasie erweist. Das Kindesalter beginnt mit dem ebenso unrealistischen Glauben daran, was das Kind mit seinem eigenen Körper im allgemeinen und insbesondere mit einem spezifischen Aspekt desselben – mit seinem neuentdeckten Geschlechtsorgan – alles erreichen kann. Wie im frühesten Kindesalter die Brust der Mutter das Symbol für alles war, was der Säugling im Leben brauchte und scheinbar auch von ihr bekam, so wird jetzt sein Körper – einschließlich seiner Genitalien – alles für das Kind tun, oder das möchte es jedenfalls glauben. Das gilt gleichermaßen für Jungen und Mädchen; deshalb gefällt ›Hans und die Bohnenranke‹ auch Kindern beiderlei Geschlechts. Wie bereits angedeutet, ist die Kindheit zu Ende, wenn derartige Kinderträume von ruhmvollen Taten aufgegeben werden und die Selbstbestätigung den Eltern gegenüber zur Aufgabe des Tages wird.

Jedes Kind kann die unbewußte Bedeutung der Tragödie verstehen, wenn die gute Kuh Milchweiß, die alles Lebensnotwendige lieferte, plötzlich aufhört, Milch zu geben. Es erweckt in ihm verschwommene Erinnerungen an die tragische Zeit, als die Milch aufhörte, für das Kind zu fließen, als es von der Mutterbrust abgesetzt wurde. Das ist der Zeitpunkt, zu dem die Mutter von ihrem Kind verlangt, daß es lernt, sich mit dem zu behelfen, was ihm die Außenwelt bietet, was dadurch symbolisiert wird, daß die Mutter Hans in die Welt hinausschickt, um etwas zu beschaffen (das Geld, das die Kuh einbringen soll), womit sie ihr Leben fristen können. Aber da Hans noch an Magie glaubt, ist er noch nicht in der Lage, der Welt realistisch zu begegnen.

Wenn bis dahin die Mutter (in der Metapher des Märchens die Kuh) alles geliefert hat, was notwendig war, und wenn sie das jetzt nicht mehr tut, wird sich das Kind natürlich an seinen Vater wenden – der in der Geschichte von dem Mann repräsentiert wird, den Hans unterwegs trifft – und von ihm erwarten, daß er ihm auf magische Weise alles liefert, was es braucht. Da Hans sich der »magischen« Dinge beraubt fühlt, die ihm bis dahin sicher waren und die er für sein unbestreitbares »Recht« hielt, ist er nur allzu bereit, die Kuh für alles einzutauschen, was ihm einen magischen Ausweg aus seiner Notlage verspricht.

Es ist nicht nur so, daß die Mutter Hans beauftragt, die Kuh zu verkaufen, weil sie keine Milch mehr gibt. Hans selbst möchte die Kuh loswerden, die zu nichts mehr nütze ist. Wenn die Mutter in Gestalt von Milchweiß ihn Not leiden läßt und eine Änderung der Situation unausweichlich macht, dann wird Hans hingehen und die Kuh umtauschen, und zwar nicht gegen etwas, was die Mutter will, sondern gegen etwas, was ihm selbst wünschenswert erscheint.

Hinaus in die Welt geschickt werden bedeutet das Ende der frühen Kindheit. Das Kind muß sich nun dem langen und schwierigen Prozeß zuwenden, zum Erwachsenen zu werden. Der erste Schritt auf diesem Weg ist, daß es aufhört, sich darauf zu verlassen, daß es für alle Lebensprobleme eine orale Lösung gibt. Anstelle seiner oralen Abhängigkeit muß es jetzt zusehen, was es selbst aufgrund eigener Initiative ausrichten kann. In ›Hans und seine Händel‹ werden dem Helden alle drei Zauberdinge in die Hand gegeben, und nur mit ihrer Hilfe gewinnt er seine Unabhängigkeit; diese Gegenstände tun alles für ihn. Sein einziger Beitrag beweist zwar Selbstbeherrschung, ist aber trotzdem ziemlich passiv: er tut nichts, während er mit der Prinzessin im Bett liegt. Als er dann in die Grube mit den wilden Tieren geworfen wird, retten ihn nicht sein Mut und seine Intelligenz, sondern allein die magische Kraft des Zauberstabs.

In ›Hans und die Bohnenranke‹ liegen die Dinge völlig anders. Diese Geschichte erzählt, daß der Glaube an die Magie uns zwar helfen kann zu wagen, uns mit der Welt auseinanderzusetzen, daß wir aber letzten Endes selber die Initiative ergreifen und bereit sein müssen, die Risiken einzugehen, welche nun einmal unvermeidbar sind, wenn man das Leben meistern will. Als Hans die Zauberbohnen bekommt, klettert er aus eigenem Antrieb die Bohnenranke hinauf, die daraus gewachsen ist, und er tut dies nicht deshalb, weil ihn jemand dazu aufgefordert hat. Hans macht sich seine körperlichen Kräfte geschickt zunutze, als er die Ranke hinaufklettert, und setzt dreimal sein Leben aufs Spiel, um die Zauberdinge zu bekommen. Am Schluß der Geschichte haut er die Ranke ab und sichert sich auf diese Weise den Besitz der Zauberdinge, welche er sich durch seine eigene List verschafft hat.

Die orale Abhängigkeit aufzugeben ist für das Kind nur annehmbar, wenn es zu dem realistischen – oder mehr oder weniger phantastisch übertriebenen – Glauben gelangt, mit seinem Körper und seinen Organen nun vieles erreichen zu können. Aber ein Kind sieht in der Sexualität nichts, was sich auf eine Beziehung zwischen Mann und Frau gründet, sondern etwas, was es ganz allein vollbringen kann. Der kleine, von seiner Mutter enttäuschte Junge dürfte nicht bereit sein zu glauben, daß er eine Frau nötig hat, um zum Mann zu werden. Ohne diesen (unrealistischen) Glauben an sich selbst ist das Kind nicht in der Lage, es mit der Welt aufzunehmen. Die Geschichte erzählt, daß Hans Arbeit suchte, aber keine finden konnte, er ist noch nicht in der Lage, auf realistische Weise zurechtzukommen. Das begreift der Mann, der ihm die magischen Saatbohnen gibt, während die Mutter es nicht begreift. Nur sein Zutrauen zum eigenen Körper – oder spezifischer zu seiner knospenden Sexualität – erlaubt es dem Kind, seine Abhängigkeit von der oralen Befriedigung aufzugeben; das ist ein weiterer Grund dafür, daß Hans bereit ist, die Kuh gegen die Saatbohnen zu vertauschen.

Hätte die Mutter, wie Hans es von ihr wünschte, geglaubt, daß seine Bohnen und das, was einmal daraus wachsen würde, ebenso wertvoll sind, wie die Kuhmilch es in der Vergangenheit war, dann hätte er nicht seine Zuflucht zu Phantasiebefriedigungen wie seinem Glauben an magische phallische Kräfte zu nehmen brauchen, wie sie in der riesigen Bohnenranke symbolisiert sind. Aber anstatt Hans für seine erste unabhängige Tat und seine Initiative – den Tausch der Kuh gegen die Bohnen – zu loben, verspottet sie das, was er getan hat, schilt ihn aus und schlägt ihn, und – was noch schlimmer ist – sie erleidet einen Rückfall in die Ausübung ihrer frustrierenden oralen Macht: zur Strafe dafür, daß er eigene Initiative bewiesen hat, wird Hans ohne Essen ins Bett geschickt.

Und während er nun im Bett liegt und die Realität ihn so sehr enttäuscht hat, überwältigen ihn Phantasiebefriedigungen. Wie subtil die Psychologie der Märchen ist, erweist sich wieder einmal daran, daß die Saatbohnen während der Nacht so riesig aufschießen. Kein normaler Junge könnte tagsüber die Hoffnungen, welche seine neuentdeckte Männlichkeit in ihm erweckt, derart phantastisch übertreiben. Aber während der Nacht, in seinen Träumen, erscheint sie ihm in extravaganten Bildern, wie der Bohnenranke, auf der er bis zum Himmel hinaufklettert. Die Geschichte erzählt uns, daß sein Zimmer halbdunkel ist, als er aufwacht, weil die Bohnenranke das Licht wegnimmt. Das ist ein weiterer Hinweis darauf, daß alles, was geschieht – daß Hans die Bohnenranke bis zum Himmel hinaufklettert, seine Begegnung mit dem Riesen usw. –, nur Träume sind. Träume, die einem Jungen Hoffnung auf die großen Taten machen, die er eines Tages vollbringen wird.

Das phantastische Wachstum der bescheidenen, aber magischen Bohnen während der Nacht wird von Kindern als Symbol für die wunderbaren Kräfte und die Befriedigung verstanden, die die sexuelle Entwicklung von Hans zuwege bringt: die phallische Phase tritt an die Stelle der oralen; die Bohnenranke hat Milchweiß ersetzt. An dieser Ranke wird das Kind in den Himmel hinaufklettern, um zu einer höheren Existenz zu gelangen.

Aber die Geschichte warnt auch – sie lehrt, daß dies nicht ohne große Gefahren geschieht. Wenn man in der phallischen Phase steckenbleibt, so bedeutet das nur einen geringen Fortschritt gegenüber einer Fixierung auf die orale Phase. Nur wenn die relative Unabhängigkeit, die man durch die neue soziale und sexuelle Entwicklung gewinnt, dazu benutzt wird, die alten ödipalen Probleme zu lösen, führt das zu einem echten menschlichen Fortschritt. Daher die gefährlichen Begegnungen des Jungen mit dem menschenfressenden Riesen, seinem ödipalen Vater. Aber die Frau des Menschenfressers kommt Hans zu Hilfe, sonst hätte der Riese ihn vernichtet. Wie unsicher Hans in diesem Märchen in bezug auf seine neuentdeckte männliche Potenz noch ist, zeigt sich an seiner »Regression« zur Oralität, sobald er sich bedroht fühlt; er versteckt sich zweimal im Ofen und schließlich in einem Kochgerät. Ein Hinweis auf seine Unreife ist auch, daß er die magischen Gegenstände stiehlt, die dem Riesen gehören und die er nur mitnehmen kann, weil der Riese eingeschlafen ist.* Wie wenig er noch seiner neuentdeckten Männlichkeit traut, geht daraus hervor, daß er die Frau des Riesen um Nahrung bittet, weil er so hungrig ist.

Nach Märchenart beschreibt die Geschichte die Entwicklungsstufen, die ein Junge durchzumachen hat, um ein unabhängiger Mensch zu werden, und sie zeigt, daß dies möglich ist, ja daß es trotz aller Gefahren sogar etwas ist, was Freude macht und vor allem große Vorteile einbringt. Daß man es aufgibt, sich allein auf die oralen Befriedigungen zu verlassen – oder besser, daß einen die Umstände dazu zwingen – und statt dessen phallische Befriedigungen als

* Wie ganz anders verhält sich Hans in ›Hans und seine Händel‹, wo er seiner neugewonnenen Kraft traut. Hier versteckt er sich nicht und holt sich nichts heimlich; im Gegenteil benutzt er die Kraft seines Zauberstabes, um sein Ziel zu erreichen, sobald er in eine gefährliche Lage kommt, ob es sich nun um seinen Vater, seine Mitbewerber um die Prinzessin oder um die wilden Tiere handelt.

Lösung für alle Lebensprobleme sucht, genügt nicht; man muß Schritt für Schritt zu den bereits errungenen Werten immer höhere hinzufügen. Bevor das aber möglich ist, muß man sich durch die ödipale Situation hindurcharbeiten, was mit einer tiefen Enttäuschung über die Mutter seinen Anfang nimmt und mit einem intensiven Konkurrenzkampf mit dem Vater und einer starken Eifersucht auf ihn verbunden ist. Der Junge hat zu seinem Vater nicht genug Vertrauen, um eine offene Beziehung mit ihm zu unterhalten. Um die Schwierigkeiten dieser Periode zu meistern, braucht er die verstehende Hilfe einer Mutter; nur weil die Frau des Riesen Hans beschützt und versteckt, kann er die Oberhand über den Menschenfresser-Vater gewinnen.

Auf seinem ersten Ausflug stiehlt Hans einen Beutel Gold. Das verschafft ihm und seiner Mutter die Mittel zu kaufen, was sie zum Leben brauchen, doch schließlich geht ihnen das Geld wieder aus. Daher wiederholt Hans seinen Ausflug, obwohl er jetzt weiß, daß er dabei sein Leben aufs Spiel setzt.*

Auf seinem zweiten Ausflug holt sich Hans die Henne, die goldene Eier legt. Er hat inzwischen gelernt, daß alles einmal zu Ende geht, wenn man es nicht selbst produziert oder von jemand produzieren läßt. Mit der Henne könnte Hans sich zufriedengeben, da jetzt alle

* Auf einer bestimmten Ebene symbolisiert das Hinaufklettern an der Bohnenranke nicht nur die »magische« Kraft des Phallus, sich aufzurichten, sondern auch die Gefühle des Jungen, die mit dem Masturbieren zusammenhängen. Das masturbierende Kind hat Angst, daß man es merkt und daß es schrecklich dafür bestraft wird, was darin symbolisch ausgedrückt ist, daß der Riese Hans umbringen würde, wenn er entdecken würde, was der Junge im Sinn hat. Aber das Kind hat gleichzeitig das Gefühl, wenn es masturbiert, den Eltern etwas von ihrer Macht zu »stehlen«. Das Kind, das auf unbewußter Ebene diese Bedeutung des Märchens begreift, empfängt hier die Beruhigung, daß seine Masturbationsangst unbegründet ist. Nicht nur führen seine »phallischen« Ausflüge in die Welt der erwachsenen Menschenfresser-Riesen nicht zu seiner Vernichtung, sie bringen ihm sogar etwas ein, was ihm auf die Dauer zugute kommt.

Hier haben wir ein weiteres Beispiel dafür, wie das Märchen es dem Kind ermöglicht, etwas auf unbewußter Ebene zu begreifen, und wie ihm dadurch geholfen wird, ohne daß es bewußt verstehen muß, wovon die Geschichte eigentlich handelt. Das Märchen stellt in Bildern dar, was sich im Unbewußten oder Vorbewußten des Kindes abspielt: wie seine erwachende Sexualität ihm wie ein Wunder vorkommt, das ihm in der Dunkelheit der Nacht oder in seinen Träumen geschieht. Das Hinaufklettern an der Bohnenranke und das, was es symbolisiert, erweckt in ihm die Angst, daß es am Ende dieses Erlebnisses zur Strafe für seinen Wagemut vernichtet wird. Das Kind fürchtet, daß sein Wunsch, sexuell aktiv zu werden, darauf hinausläuft, daß es damit den Eltern etwas von ihrer Macht und ihren Vorrechten stiehlt und daß es das daher nur heimlich tun kann, wenn die Erwachsenen nicht zusehen. Nachdem die Geschichte diesen Ängsten Ausdruck verliehen hat, beruhigt sie das Kind, indem sie ihm versichert, daß alles gut ausgehen wird.

leiblichen Bedürfnisse für immer befriedigt sind. Daher treibt nicht die Not Hans zu seinem letzten Ausflug, sondern sein Verlangen nach Wagnis und Abenteuer – der Wunsch, etwas zu finden, was besser ist als rein materielle Güter. So erwirbt er als nächstes die goldene Harfe, die Schönheit, Kunst, die höheren Dinge im Leben symbolisiert. Hierauf folgt das letzte Wachstumserlebnis, bei dem er lernt, daß es nicht reicht, sich allein auf die Magie zu verlassen, wenn es gilt, die Lebensprobleme zu lösen.

Als Hans zur vollen Humanität gelangt, indem er nach dem strebt und das erwirbt, was die Harfe repräsentiert, wird ihm auch mit Gewalt beigebracht – dadurch, daß der Riese ihn beinahe erwischt hätte –, daß es am Ende doch seinen Untergang bedeuten würde, wenn er sich auch weiterhin auf magische Lösungen verlassen würde. Als der Riese ihn die Bohnenranke hinunter verfolgt, ruft Hans seiner Mutter zu, sie solle eine Axt holen und die Bohnenranke abhauen. Die Mutter bringt die Axt auch, wie geheißen, aber als sie die riesigen Beine des Menschenfressers die Ranke herunterkommen sieht, erstarrt sie vor Schreck und ist nicht fähig, es mit den phallischen Objekten aufzunehmen. Auf einer anderen Ebene bedeutet das, daß eine Mutter zwar ihren Sohn gegen die Gefahren schützen kann, die mit dem Streben, ein Mann zu werden, verbunden sind – was die Frau des Riesen tut, als sie Hans versteckt –, daß sie dieses Ziel aber nicht für ihn erreichen kann – das kann nur ihr Sohn selbst. Hans ergreift die Axt und haut die Ranke ab und bewirkt so, daß der Riese kopfüber herunterstürzt und sich totfällt. Auf diese Weise befreit sich Hans von seinem Vater, der auf der oralen Ebene als ein eifersüchtiger Menschenfresser erlebt wird, welcher ihn verschlingen will.

Aber dadurch, daß Hans die Bohnenranke durchhaut, befreit er sich nicht nur von der Vorstellung, daß sein Vater ein destruktives, menschenfressendes Ungeheuer ist; er gibt damit zugleich seinen Glauben an die magische Kraft des Phallus auf als dem einzigen Mittel, alles Gute im Leben zu gewinnen. Indem er die Axt an die Bohnenranke legt, schwört Hans allen magischen Lösungen ab; er wird »sein eigener Herr«. Er wird nichts mehr von anderen annehmen, aber er wird nicht mehr in tödlicher Angst vor Menschenfressern leben und sich nicht darauf verlassen, daß Mutter ihn in einem Ofen verstecken wird, was einer Regression zur Oralität gleichkäme.

Am Ende des Märchens ist Hans bereit, seine phallischen und ödipalen Phantasien aufzugeben und statt dessen zu versuchen, in der Realität zu leben, soweit ein Junge seines Alters dazu in der Lage ist. Auf der nächsten Entwicklungsstufe wird er dann nicht mehr versuchen, einem schlafenden Vater seinen Besitz zu stehlen, und er wird nicht mehr phantasieren, daß eine Mutterfigur um seinetwillen ihren Mann betrügt, sondern er wird bereit sein, sich offen um seine soziale und sexuelle Weiterentwicklung zu bemühen. Hier beginnt dann ›Hans und seine Händel‹, das Märchen, in dem der Held zur Reife gelangt.

Wie viele andere Märchen könnte auch ›Hans und die Bohnenranke‹ die Eltern manches lehren, genauso wie es den Kindern hilft, erwachsen zu werden. Es zeigt den Müttern, was kleine Jungen brauchen, um ihre ödipalen Probleme zu lösen. Die Mutter muß die Unternehmungen ihres Sohnes unterstützen, in denen er männlichen Wagemut zeigen möchte, wie verstohlen er das auch noch tun mag, und sie sollte ihn dabei vor den Gefahren schützen, die der männliche Selbstbestätigungstrieb mit sich bringen kann, besonders wenn er sich gegen den Vater richtet.

In ›Hans und die Bohnenranke‹ läßt die Mutter ihren Sohn im Stich, weil sie, anstatt seine sich entwickelnde Männlichkeit zu fördern, ihr die Berechtigung abspricht. Der Elternteil des anderen Geschlechts sollte die pubertäre sexuelle Entwicklung des Kindes ermutigen, besonders wenn sie sich auf Ziele und Leistungen in einer erweiterten Welt richtet. Die Mutter von Hans, die ihren Sohn wegen seines Tauschhandels für außerordentlich töricht hielt, steht schließlich selbst als die Törichte da, weil sie nicht begriffen hat, daß ihr Kind sich dabei zum Adoleszenten entwickelt hat. Wäre es so gegangen, wie sie wollte, wäre Hans ein unreifes Kind geblieben, und weder er noch seine Mutter hätten einen Ausweg aus ihrer Not gefunden. Von seiner knospenden Männlichkeit angetrieben und unbeirrt von der schlechten Meinung, welche die Mutter von ihm hat, gewinnt Hans durch sein mutiges Handeln ein großes Vermögen. Die Geschichte lehrt – wie viele andere Märchen, beispielsweise ›Die drei Sprachen‹, es auch tun –, daß der Irrtum der Eltern im wesentlichen darin besteht, daß sie nicht richtig und mit Einfühlungsvermögen auf die verschiedenen Probleme reagieren, die sich daraus ergeben, daß ihr Kind persönlich, sozial und sexuell heranreift.

Der ödipale Konflikt des Jungen wird in diesem Märchen passenderweise auf zwei sehr weit entfernte Figuren externalisiert, die irgendwo in einem Schloß im Himmel wohnen: auf den Riesen und seine Frau. Viele Kinder machen die Erfahrung, daß, wenn der Vater – wie der Riese im Märchen – außer Haus ist, Mutter und Kind – so wie Hans und die Frau des Menschenfressers – meist recht vergnügt miteinander sind. Dann kommt plötzlich der Vater nach Hause und will essen, was dem Kind, um das er sich nicht kümmert, den ganzen Spaß verdirbt. Wenn man einem Kind nicht das Gefühl gibt, daß der Vater froh ist, es zu Hause vorzufinden, wird es wegen seiner Phantasien während der Abwesenheit des Vaters, in denen dieser nicht vorkam, Angst bekommen. Da das Kind dem Vater seinen kostbarsten Besitz rauben möchte, ist es ganz natürlich, daß es Angst hat, von ihm zur Vergeltung umgebracht zu werden.

Bezüglich der Gefahren, die es mit sich bringt, in die Oralität zurückzufallen, gibt uns die Geschichte von Hans noch einen weiteren Hinweis: es war durchaus nicht schlecht, daß Milchweiß keine Milch mehr gab. Wäre das nicht geschehen, so hätte Hans die Bohnen nicht bekommen, aus denen die Ranke gewachsen ist. Oralität erhält nicht nur am Leben – wenn sie allzu lange beibehalten wird, verhindert sie die Weiterentwicklung, ja sie zerstört sogar, wie der oral fixierte Menschenfresser. Die Oralität kann ruhig gegen Männlichkeit ausgetauscht werden, wenn die Mutter es billigt und wenn sie dem Kind auch weiterhin ihren Schutz gewährt. Die Frau des Riesen versteckt Hans an einem sicheren Ort, so wie er im Mutterleib gegen alle Gefahren geschützt war. Eine solche kurze Regression auf ein früheres Entwicklungsstadium gibt die Sicherheit und Kraft, die man für den nächsten Schritt zur Unabhängigkeit und Selbstbestätigung braucht. Sie ermöglicht es dem kleinen Jungen, sich voll der Vorteile der phallischen Entwicklung zu freuen, in die er nun eintritt. Und wenn der Beutel mit Gold und noch mehr die Henne, die goldene Eier legt, anale Besitzideen repräsentieren, so versichert uns die Geschichte, daß das Kind nicht in diesem analen Entwicklungsstadium stecken bleiben wird: es wird bald merken, daß es derart primitive Ansichten sublimieren muß und sich nicht mehr mit ihnen begnügen darf. Es wird sein Sinnen und Trachten dann auf nichts Geringeres richten als auf die goldene Harfe und das, was diese symbolisiert.*

* Leider wird ›Hans und die Bohnenranke‹ oft in einer Form wiedergegeben, welche viele Veränderungen und Zusätze enthält, die meist aus dem Bemühen resultieren, eine moralische Rechtfertigung dafür zu finden, daß Hans den Riesen bestiehlt. Diese Abänderungen zerstören jedoch den poetischen Eindruck und berauben das Märchen seiner tieferen psychologischen Bedeutung. In einer solchen gereinigten Version wird zum Beispiel erzählt, das Schloß des Riesen und die Zauberdinge seien früher einmal im Besitz von Hansens Vater gewesen und der Riese habe sie an sich genommen, nachdem er den Vater umgebracht hätte, und Hans habe daher die Pflicht, nun seinerseits den Riesen umzubringen und diesem die nach Recht und Billigkeit ihm zustehenden Zauberdinge wieder abzunehmen. Das macht aber alles, was Hans erlebt, zu einer moralischen Geschichte, bei der es um Vergeltung von begangenem Unrecht geht, anstatt zu einer Geschichte über das Heranreifen eines Kindes zum Mann.

Die eifersüchtige Königin in ›Schneewittchen‹ und der Ödipusmythos

Da die Märchen sich in phantasiemäßiger Form mit den wichtigsten Entwicklungsproblemen unseres ganzen Lebens befassen, ist es nicht verwunderlich, daß so viele von ihnen sich irgendwie um ödipale Schwierigkeiten drehen. Aber bis jetzt haben sich die von uns besprochenen Märchen mit den Problemen des Kindes und nicht mit denen seiner Eltern befaßt. Da aber die Beziehung eines Kindes zu seinen Eltern – genau wie die der Eltern zu ihrem Kind – tatsächlich voller Probleme ist, so rühren auch viele Märchen an die ödipalen Probleme der Eltern. Während sie dem Kind Mut machen, zu glauben, daß es durchaus in der Lage sein wird, einen Ausweg aus seinen ödipalen Problemen zu finden, warnen sie die Eltern vor den verheerenden Folgen, die es für sie hat, wenn sie sich von ihnen einfangen lassen.*

Wir wiesen bereits in ›Hans und die Bohnenranke‹ auf die mangelnde Bereitschaft der Mutter hin, ihrem Sohn zu gestatten, unabhängig zu werden. In ›Schneewittchen‹ wird uns erzählt, wie die Königin sich durch ihre Eifersucht auf ihr Kind zugrunde richtet, weil es sie, als es heranwächst, an Schönheit übertrifft. In der griechischen Tragödie von Ödipus, der natürlich von ödipalen Verstrickungen zugrunde gerichtet wird, geht nicht nur seine

Das ursprüngliche Märchen ›Hans und die Bohnenranke‹ ist die Odyssee eines Jungen, der von seiner Mutter unabhängig zu werden sucht, die nicht viel von ihm hält, und der es selbständig zu etwas Großem bringt. In der gereinigten Version tut Hans nur das, was ihn eine andere mächtige ältere Frau, die Fee, tun heißt.

Noch ein letztes Beispiel soll zeigen, wie Leute, die meinen, sie könnten ein herkömmliches Märchen verbessern, in Wirklichkeit damit das Gegenteil bewirken. In beiden Versionen ruft die Harfe, als Hans sie ergreift: »Meister, Meister!«, und weckt damit den Riesen, der daraufhin Hans verfolgt, um ihn zu töten. Daß eine Harfe ihren rechtmäßigen Herrn weckt, wenn sie im Begriff ist, ihm gestohlen zu werden, ist im Märchen sinnvoll. Aber was soll sich ein Kind dabei denken, wenn eine Zauberharfe, die früher ihrem rechtmäßigen Besitzer nicht nur gestohlen wurde, sondern die sogar von dem Mann gestohlen wurde, der ihn meuchlings umgebracht hat, und die jetzt im Begriff ist, vom Sohn ihres rechtmäßigen Besitzers zurückgeholt zu werden, den Dieb und Mörder weckt? Auf diese Weise Einzelheiten der Geschichte abändern heißt, sie ihres magischen Eindrucks berauben, so wie es die magischen Gegenstände – und alles, was sonst noch in der Geschichte passiert – der symbolischen Bedeutung als einer Externalisierung innerer Prozesse beraubt.

* Das Märchen hat volles Verständnis dafür, daß das Kind nichts dafür kann, wenn es mit seinen Wünschen in ödipale Schwierigkeiten gerät, und bestraft es daher auch nicht, wenn es sich entsprechend verhält. Wenn dagegen die Eltern es sich erlauben, *ihre* ödipalen Probleme dem Kind gegenüber sich auswirken zu lassen, so haben sie schwer darunter zu leiden.

Mutter Jokaste ebenfalls zugrunde, zuerst kommt Ödipus' Vater Láios um, dessen Angst, der Sohn werde einmal an seine Stelle treten, letztlich die Tragödie heraufbeschwört, die sie alle vernichtet. Die Angst der Königin, Schneewittchen werde schöner werden als sie, ist das Thema des Märchens, dem das ausgesetzte Kind den Namen gegeben hat, ebenso wie das bei dem Mythos von Ödipus der Fall ist. Es dürfte daher angebracht sein, kurz auf den berühmten Mythos einzugehen, der durch das psychologische Schrifttum zur Metapher geworden ist, mit der wir uns auf eine spezielle emotionale Konstellation in der Familie beziehen – welche die ernstesten Hindernisse für das Heranwachsen zu einer reifen, gut integrierten Persönlichkeit heraufbeschwören kann, während sie andererseits die potentielle Quelle für die reichste Persönlichkeitsentwicklung sein kann.

Im allgemeinen steht fest, daß, je weniger jemand in der Lage war, seine ödipalen Gefühle konstruktiv zu bewältigen, er um so mehr Gefahr läuft, wieder von ihnen heimgesucht zu werden, wenn er eigene Kinder bekommt. Der Vater, dem es nicht gelungen ist, in den Reifungsprozeß seinen kindlichen Wunsch, die Mutter zu besitzen, und seine unbegründete Angst vor dem Vater zu integrieren, wird vermutlich Angst haben, sein Sohn könnte eine Konkurrenz für ihn werden, und es besteht die Möglichkeit, daß er sich aus dieser Angst heraus sogar destruktiv verhält, wie es von König Láios berichtet wird. Auch wird das Kind unfehlbar unbewußt auf derartige Gefühle bei seinem Vater reagieren. Das Märchen gibt dem Kind zu verstehen, daß es nicht nur selbst auf den betreffenden Elternteil eifersüchtig ist, sondern daß auch dieser parallele Gefühle ihm gegenüber haben kann – eine Einsicht, die zwar den Abgrund zwischen diesem Elternteil und dem Kind nicht überbrückt, es aber doch möglich macht, konstruktiv an die Schwierigkeiten heranzugehen, für die es sonst keine Lösung gäbe. Noch wichtiger ist, daß das Märchen dem Kind die Gewißheit gibt, daß es vor der elterlichen Eifersucht keine Angst zu haben braucht, wenn sie je vorhanden sein sollte, weil es schließlich Sieger bleiben wird, welche Komplikationen auch immer diese Gefühle vorübergehend heraufbeschwören mögen.

Märchen sagen uns nicht, *warum* der Vater oder die Mutter sich nicht darüber freuen können, daß ihr Kind heranwächst und sie übertrifft, sondern eifersüchtig auf dieses Kind werden. Wir wissen nicht, warum die Königin in ›Schneewittchen‹ nicht mit Grazie alt werden und ihre Befriedigung darin finden kann, daß sie sich stellvertretend daran freut, wie ihre Tochter zu einem reizenden jungen Mädchen heranwächst. Irgend etwas muß in ihrer Vergangenheit geschehen sein, was sie verwundbar macht, so daß sie das Kind haßt, das sie doch lieben sollte. Wie der Grund für die Angst eines Vaters vor seinem Sohn in der Generationenfolge zu suchen sein kann, veranschaulicht der Zyklus von Mythen, deren Zentrum die Sage von Ödipus bildet.(61)

Dieser Sagenzyklus, der mit den ›Sieben gegen Theben‹ endet, beginnt mit Tantalos, der ein Freund der Götter war und ihre Allwissenheit auf die Probe zu stellen versuchte, indem er seinen Sohn Pelops schlachtete und ihn den Göttern zum Mahl vorsetzte. (Auch die Königin in ›Schneewittchen‹ befiehlt, ihre Tochter zu töten, und ißt, wie sie glaubt, von ihrem Fleisch.) Nach der Sage war die Eitelkeit des Tantalos das Motiv zu seiner Untat, und die Eitelkeit ist es auch, die die Königin in ›Schneewittchen‹ zu ihrem schändlichen Verbrechen treibt. Die Königin, die für immer die Schönste bleiben wollte, muß sich zur Strafe in rotglühenden Schuhen zu Tode tanzen. Tantalos, der versuchte, die Götter zu täuschen, indem er ihnen seinen Sohn als Speise vorsetzte, muß im Hades ewige Qualen leiden; er wird in alle Ewigkeit vergeblich versuchen, an den Früchten, die ihm scheinbar in Reichweite vor Augen hängen, seinen Durst und Hunger zu stillen, da sie stets zurückweichen, sobald er sie zu fassen sucht. So entspricht die Strafe im Mythos wie im Märchen der Art des Vergehens.

In beiden Geschichten bedeutet der Tod nicht unbedingt das Ende des Lebens, da Pelops von den Göttern wieder zum Leben erweckt wird und auch Schneewittchen wieder das Bewußtsein erlangt. Der Tod ist eher ein Symbol dafür, daß der Betreffende weggewünscht wird – genau wie das ödipale Kind nicht wirklich wünscht, daß sein Konkurrent stirbt, sondern nur, daß dieser Elternteil nicht mehr im Weg steht, wenn es die volle Aufmerksamkeit des anderen Elternteiles auf sich zu ziehen sucht. Das Kind erwartet, daß dieser Elternteil, so sehr es ihn im einen Augenblick fortwünscht, doch im nächsten Augenblick wieder quicklebendig ist und ihm zur Verfügung steht. Dementsprechend ist auch im Märchen jemand im einen Augenblick tot oder in Stein verwandelt und im nächsten wieder lebendig.

Tantalos war als Vater bereit, das Leben seines Kindes zu opfern, um seiner Eitelkeit zu frönen, was sowohl ihn als auch seinen Sohn zugrunde richtet. Pelops, den sein Vater so mißbraucht hat, zögert später nicht, einen Vater zu töten, um sein Ziel zu erreichen. König Oinómaos von Elis möchte aus egoistischen Gründen seine schöne Tochter Hippodámeia für sich allein behalten und denkt sich einen Plan aus, hinter dem er seinen Wunsch verstecken und gleichzeitig

sicher sein kann, daß sie ihn nie verlassen wird. Jeder Bewerber um Hippodámeia muß sich mit ihm im Wagenrennen messen; sollte er gewinnen, darf er Hippodámeia heiraten; unterliegt er, so hat der König das Recht, ihn zu töten, was er auch jedesmal tut. Pelops ersetzt heimlich die Metallnägel an den Naben des königlichen Wagens durch Wachsnägel und gewinnt durch diesen Betrug das Rennen, bei dem der König umkommt.
So zeigt der Mythos, daß es ebenso tragische Folgen hat, wenn ein Vater seinen Sohn zu seinen eigenen Zwecken mißbraucht, wie wenn er aus einer ödipalen Bindung an seine Tochter versucht, diese eines eigenen Lebens zu berauben, und ihre Bewerber tötet. Weiter berichtet der Mythos von den schrecklichen Folgen der »ödipalen« Geschwisterrivalität. Pelops hat zwei legitime Söhne, Atreus und Thyestes. Aus Eifersucht stiehlt Thyestes, der jüngere, den Widder des Atreus, der ein goldenes Fell hat. Zur Vergeltung schlachtet Atreus die beiden Söhne des Thyestes und setzt sie ihrem Vater auf einem großen Gastmahl zur Speise vor.
Das ist aber nicht das einzige Beispiel für Geschwisterrivalität im Hause des Pelops. Er hat auch einen illegitimen Sohn mit Namen Chrysippos. Láios, der Vater des Ödipus, fand als Knabe Aufnahme und Schutz am Hofe des Pelops, dessen Wohltaten er mit Undank vergilt, indem er Chrysippos entführt – oder verführt. Wir dürfen annehmen, daß Láios aus Eifersucht gegen Chrysippos handelt, weil Pelops ihn ihm vorzog. Das Orakel zu Delphi verkündet Láios, er werde zur Strafe für seine aus Geschwisterrivalität begangene Untat von seinem eigenen Sohn getötet werden. So wie Tantalos seinen Sohn Pelops tötete oder zu töten versuchte und wie Pelops den Tod seines Schwiegervaters Oinómaos herbeiführte, so werde auch Ödipus seinen Vater Láios töten. Bei einem normalen Verlauf der Dinge tritt der Sohn an die Stelle des Vaters – daher können wir alle diese Geschichten so verstehen, daß der Sohn die Stelle des Vaters einnehmen wollte und daß dieser dem zuvorzukommen suchte. Aber der Mythos zeigt, daß das ödipale Verhalten des Vaters ein ödipales Verhalten seiner Kinder nach sich zieht.
Um seinen Sohn daran zu hindern, daß er ihn tötet, läßt Láios Ödipus bei seiner Geburt die Füße durchbohren und zusammenbinden. Dann beauftragt er einen Hirten, das Kind im Gebirge auszusetzen, damit es in der Wildnis umkommt. Aber der Hirte hat – genau wie der Jäger in ›Schneewittchen‹ – mit dem Kind Mitleid; er gibt vor, Ödipus ausgesetzt zu haben, gibt ihn jedoch in die Obhut eines anderen Hirten. Dieser bringt das Kind zu seinem König, der es wie seinen eigenen Sohn aufzieht.

Als junger Mann befragt Ödipus das Orakel zu Delphi und erhält die Auskunft, er werde seinen Vater töten und seine Mutter heiraten. Da er das Königspaar, das ihn aufgezogen hat, für seine Eltern hält, kehrt er nicht mehr nach Hause zurück, sondern begibt sich auf Wanderschaft, um solche Greuel zu verhindern. An einer Wegkreuzung erschlägt er Láios, ohne zu wissen, daß dieser sein Vater ist. Auf seiner Wanderung gelangt er nach Theben, löst das Rätsel der Sphinx und befreit die Stadt von ihr. Zur Belohnung darf er die Königin heiraten – welche seine verwitwete Mutter Jokaste ist. So wird der Sohn anstelle des Vaters König und Gemahl seiner Mutter. Er verliebt sich in sie, und sie hat sexuelle Beziehungen mit ihrem Sohn. Als schließlich die Wahrheit ans Licht kommt, verübt Jokaste Selbstmord, und Ödipus blendet sich selbst; er zerstört seine Augen zur Strafe dafür, daß er nicht gesehen hat, was er tat.
Aber die tragische Geschichte ist damit noch nicht zu Ende. Die Zwillingssöhne des Ödipus, Eteokles und Polyneikes, unterstützen ihn nicht in seinem Elend, und nur seine Tochter Antigone bleibt bei ihm und steht ihm zur Seite. Die Zeit vergeht, und im Krieg der ›Sieben gegen Theben‹ töten sich Eteokles und Polyneikes gegenseitig im Kampf. Entgegen dem Befehl des Königs Kreon beerdigt Antigone ihren Bruder Polyneikes und muß zur Strafe selber sterben. Demnach hat nicht nur eine starke Geschwisterrivalität verderbliche Folgen, wie aus dem Schicksal der beiden Brüder hervorgeht, sondern auch eine allzu intensive Geschwisterliebe ist verhängnisvoll, wie uns das Schicksal Antigones zeigt.
Die verschiedenen todbringenden Beziehungen in diesen Mythen sind noch einmal kurz zusammengefaßt folgende: Anstatt seinen Sohn liebend zu akzeptieren, opfert ihn Tantalos seinen eigenen egoistischen Zwecken; das gleiche tut Láios mit Ödipus; und beide Väter nehmen ein schreckliches Ende. Oinómaos muß sterben, weil er versucht, seine Tochter allein für sich zu behalten; das gleiche Schicksal ereilt Jokaste, weil sie sich zu eng an ihren Sohn bindet: sexuelle Liebe zum eigenen Kind anderen Geschlechts ist ebenso destruktiv wie eine in die Tat umgesetzte Angst, daß das Kind gleichen Geschlechts den Vater oder die Mutter von deren Platz verdrängen ober übertreffen wird. Die Beseitigung des gleichgeschlechtigen Elternteils wird Ödipus zum Verderben, und auch seine Söhne, die ihn in seinem Elend im Stich lassen, kommen um. Geschwisterrivalität bringt Ödipus' Söhnen den Tod. Antigone, die ihren Vater nicht verläßt, sondern seine Not mit ihm teilt, muß wegen ihrer allzu großen Anhänglichkeit an ihren Bruder sterben.
Aber auch damit ist die Geschichte noch nicht zu Ende. Kreon, der

als König Antigone zum Tode verurteilt, tut dies trotz des Flehens seines Sohnes Haimon, der Antigone liebt. Dadurch, daß Kreon Antigone umbringt, zerstört er auch das Leben seines Sohnes; auch hier haben wir wieder einen Vater, der nicht darauf verzichten kann, über das Leben seines Sohnes zu bestimmen. Haimon versucht in seiner Verzweiflung über Antigones Tod, seinen Vater zu töten, und als ihm das mißlingt, begeht er Selbstmord; aus Kummer über seinen Tod bringt sich auch seine Mutter, Kreons Gemahlin, um. Die einzige der Familie, die überlebt, ist Ismene, Antigones Schwester, die sich weder zu intensiv an ihre Eltern noch an ihre Geschwister angeschlossen hat und mit der kein Mitglied ihrer nächsten Familie eine tiefere Beziehung eingegangen ist. Nach dem Mythos scheint es keinen Ausweg zu geben: Wer immer durch Zufall oder entsprechend den eigenen Wünschen sich zu sehr in eine ödipale Bindung verstrickt, geht daran zugrunde.

Fast alle Arten einer inzestuösen Beziehung sind in diesem Mythenzyklus zu finden, und alle diese Arten werden auch im Märchen angedeutet. Aber im Märchen zeigt die Geschichte des Helden, daß diese potentiell zerstörerischen kindlichen Beziehungen in Entwicklungsprozesse integriert werden können und es auch werden. Im Mythos werden die ödipalen Schwierigkeiten in die Tat umgesetzt, und folglich endet alles in totaler Vernichtung, ob nun die Beziehungen positiver oder negativer Art waren. Die daraus zu ziehende Lehre ist klar genug: Wenn Vater oder Mutter ihr Kind nicht als solches akzeptieren können und sich damit zufriedengeben, daß es eines Tages an ihre Stelle tritt, so folgt daraus die tiefste Tragödie. Nur wenn die Eltern ihr Kind als solches akzeptieren – und in ihm weder einen Nebenbuhler noch ein sexuelles Liebesobjekt sehen –, kann es zu guten Beziehungen zwischen Eltern und Kindern und zwischen den Geschwistern kommen.

Wie unterschiedlich stellen das Märchen und die klassische Sage die ödipalen Beziehungen und ihre Folgen dar! Trotz der Eifersucht der Stiefmutter überlebt Schneewittchen nicht nur, es findet sogar das höchste Glück, genauso wie Rapunzel, dessen Eltern das Kind hergegeben haben, weil ihr eigenes Gelüsten ihnen wichtiger war, als ihre Tochter zu behalten, und dessen Pflegemutter es allzu lange für sich zu behalten suchte. Die Schöne in ›La Belle et la Bête‹ wird von ihrem Vater geliebt, und sie liebt ihn ebensosehr. Keines von beiden wird für diese gegenseitige Liebe bestraft, im Gegenteil rettet die Schöne ihren Vater und das Tier dadurch, daß sie ihre Liebe vom Vater auf den Liebhaber überträgt. Aschenputtel wird nicht wie die Söhne des Ödipus durch seine Eifersucht auf die Geschwister zugrunde gerichtet, im Gegenteil geht es siegreich daraus hervor.

So geht es in allen Märchen. *Diese* Geschichten verkünden, daß ödipale Verstrickungen und Schwierigkeiten zwar unlöslich scheinen mögen, daß aber einer, der mutig gegen diese komplizierten emotionalen Familienbeziehungen angeht, zu einem weit besseren Leben gelangen kann als jemand, der niemals mit ernsteren Problemen konfrontiert wurde. Im Mythos gibt es nur unüberwindliche Schwierigkeiten und Untergang; im Märchen gibt es ebensolche Gefahren, aber sie werden erfolgreich überstanden. Nicht Tod und Vernichtung, sondern eine höhere Integration ist die Belohnung des Helden am Ende des Märchens, wie sie durch einen Sieg über den Feind oder Nebenbuhler und durch sein Glücklichwerden symbolisiert wird. Um diese Belohnung zu erringen, macht er Wachstumserlebnisse durch, die denen ähnlich sind, die das Kind für seine Entwicklung zur Reife braucht. Das gibt dem Kind den Mut, sich nicht von den Schwierigkeiten bange machen zu lassen, die ihm beim Kampf um seine Selbstverwirklichung begegnen.

›Schneewittchen‹

›Schneewittchen‹ ist eines der bekanntesten Märchen. Schon jahrhundertelang wird es in verschiedener Form in allen europäischen Ländern und Sprachen erzählt, und von hier aus hat es sich auch auf anderen Kontinenten ausgebreitet. Meist besteht der Titel einfach aus dem Namen Schneewittchen (Sneewittchen bei den Brüdern Grimm), doch gibt es auch diesbezüglich Abweichungen.* Der Titel, unter dem das Märchen heute weitbekannt ist, nämlich ›Schneewittchen und die sieben Zwerge‹, läßt leider die Zwerge zu stark in den Vordergrund treten. Es sind dies Wesen, die sich nicht zu reifen Menschen entwickeln, sondern auf einer vorödipalen Ebene dauernd fixiert bleiben (Zwerge haben keine Eltern, sie heiraten nicht und haben keine Kinder), und sie sind nur der Hintergrund, von dem sich die wichtigen Entwicklungen abheben, die sich in ›Schneewittchen‹ abspielen.

* Zum Beispiel trägt eine Version den Titel ›La Ragazza di Latte e Sangue‹, (›Das Mädchen von Milch und Blut‹), was damit zu erklären ist, daß in vielen italienischen Versionen die drei Tropfen Blut, die die Königin vergießt, nicht in den Schnee fallen, der ja in vielen Teilen Italiens sehr selten ist, sondern in Milch, auf weißen Marmor oder sogar auf weißen Käse.

Eine Version des Märchens beginnt: »Ein Graf und eine Gräfin fuhren an drei Haufen weißem Schnee vorbei, da sagte der Graf: ›Ich wünsche mir ein Mädchen, so weiß als dieser Schnee.‹ Bald darauf kamen sie an drei Gruben rothes Bluts, da sprach er wieder: ›Ich wünsche mir ein Mädchen, so roth an den Wangen, wie dies Blut.‹ Endlich flogen drei schwarze Raben vorüber, da wünschte er sich ein Mädchen: ›das Haare hat, so schwarz, wie diese Raben‹. Als sie noch eine Weile gefahren, begegnete ihnen ein Mädchen, so weiß wie Schnee, so roth wie Blut und so schwarzhaarig wie die Raben, und das war Sneewittchen. Der Graf ließ es gleich in die Kutsche sitzen und hatte es lieb, die Gräfin aber sah es nicht gern und dachte nur, wie sie es wieder loswerden könnte. Endlich ließ sie ihren Handschuh hinausfallen und befahl dem Sneewittchen, ihn wieder zu suchen, in der Zeit aber mußte der Kutscher geschwind fortfahren ... «

Eine parallele Version unterscheidet sich von dieser nur insofern, als das Paar durch einen Wald fährt und Schneewittchen aufgefordert wird, einen Strauß der schönen Rosen zu pflücken, die da stehen. Während es die Rosen bricht, befiehlt die Königin dem Kutscher weiterzufahren und läßt das Kind allein zurück.(62)

In diesen Versionen sind der Graf und die Gräfin beziehungsweise der König und die Königin nur leicht verkleidete Eltern, und das von einer Vaterfigur so bewunderte und zufällig aufgefundene Mädchen ist eine Ersatz-Tochter. Das ödipale Begehren von Vater und Tochter und die dadurch hervorgerufene Eifersucht der Mutter, die in ihr den Wunsch erweckt, sich ihrer Tochter zu entledigen, sind hier weit klarer herausgestellt als in den verbreiteteren Fassungen. Die jetzt meist übernommene Version von ›Schneewittchen‹ überläßt es unserer Phantasie, hinter die ödipalen Verstrickungen zu kommen, anstatt sie unserem Bewußtsein geradezu aufzudrängen.*(63)

* Einige Elemente aus einer der frühesten Versionen des Schneewittchen-Motivs in einer Geschichte aus Basiles ›Pentamerone‹ mit dem Titel ›Die junge Sklavin‹ zeigen deutlich, daß der Grund für die Verfolgung der Heldin in der Eifersucht der (Stief-)Mutter zu suchen ist, die nicht so sehr der Schönheit des jungen Mädchens gilt, als der effektiven oder eingebildeten Liebe ihres Gatten zu dem Mädchen. Das Mädchen, das hier Lisa heißt, stirbt vorübergehend durch einen Kamm, der ihm ins Haar gesteckt wird. Genau wie Schneewittchen wird Lisa in einem Kristallsarg beigesetzt, in welchem sie weiterwächst, während auch der Sarg mitwächst. Nachdem sie sieben Jahre in dem Sarg gelegen hat, geht der Oheim fort. Dieser Oheim, der ihr Pflegevater ist, ist der einzige Vater, den sie je gehabt hat, da ihre Mutter durch ein Rosenblatt, welches sie verschluckt hat, auf magische Weise schwanger wurde. Die Frau des Oheims, die krankhaft eifersüchtig auf ihren Mann ist, weil sie glaubt, er liebe Lisa, schüttelt diese aus ihrem Sarg heraus, wobei ihr der Kamm aus dem Haar fällt und sie

Offen ausgesprochen oder nur angedeutet, sind ödipale Schwierigkeiten und die Art, wie der einzelne damit fertig wird, von ausschlaggebender Bedeutung für die Entfaltung der Persönlichkeit und der menschlichen Beziehungen. Indem die Märchen diese Schwierigkeiten tarnen oder auf subtile Weise andeuten, erlauben sie uns, unsere eigenen Schlüsse daraus zu ziehen, sobald der Zeitpunkt günstig ist, zu einem besseren Verständnis für diese Probleme zu gelangen. Märchen lehren auf indirekte Weise. In der oben erwähnten Version ist Schneewittchen nicht das Kind des Grafen und der Gräfin, wenn der Graf es auch noch so innig liebt und begehrt und wenn die Gräfin auch noch so eifersüchtig ist. In dem wohlbekannten Märchen von Schneewittchen ist die eifersüchtige ältere Frau nicht die Mutter, sondern die Stiefmutter, und die Person, um deren Liebe die beiden konkurrieren, wird nicht erwähnt. So bleiben die öpidalen Probleme – welche dem Konflikt in der Geschichte zugrunde liegen – unserer Phantasie überlassen.

Während die Eltern physiologisch gesehen das Kind erzeugen, werden diese beiden Menschen erst durch die Ankunft des Kindes Eltern. So erzeugt das Kind die elterlichen Probleme, und damit entstehen auch seine eigenen. Märchen fangen meist damit an, daß im Leben des Kindes irgendeine ausweglose Situation entstanden ist. In ›Hänsel und Gretel‹ geraten die Eltern durch die Existenz der Kinder in Not, und aus diesem Grund wird das Leben für die Kinder problematisch. In ›Schneewittchen‹ entsteht die problematische Situation nicht durch äußere Schwierigkeiten, wie etwa Armut, sondern durch die Beziehung, die zwischen dem Kind und seinen Eltern besteht.

Sobald die Stellung des Kindes innerhalb der Familie für es selbst und für seine Eltern zum Problem wird, hat der Prozeß begonnen, in welchem das Kind darum kämpft, aus dieser Dreiecksbeziehung herauszukommen. Damit begibt es sich auf den oft verzweifelt einsamen Weg zu sich selbst – ein Kampf, bei dem die anderen hauptsächlich den Hintergrund abgeben, indem sie den Prozeß erleichtern oder behindern. In einigen Märchen muß der Held jahrelang völlig vereinsamt suchen, sich mühen und leiden, bis er reif dafür ist, eine andere Person zu finden, zu retten und sich mit ihr in einer Beziehung zu vereinen, die dem Leben der beiden einen dauernden Sinn gibt. In ›Schneewittchen‹ sind die Jahre, die es bei

aufwacht. Die eifersüchtige (Stief-)Mutter macht sie zu ihrer Sklavin, daher der Titel der Geschichte. Schließlich findet der Oheim heraus, daß die junge Sklavin Lisa ist. Er erhebt sie wieder zu seiner Tochter und jagt seine Frau davon, die durch ihre Eifersucht Lisa fast zugrunde gerichtet hätte.(64)

den Zwergen verbringt, die Jahre, in denen es sich abmühen und durch Probleme hindurchkämpfen muß – sie sind seine Wachstumsperiode.

Es gibt nur wenige Märchen, die dem Hörer so helfen, zwischen den Hauptphasen der Kindheitsentwicklung zu unterscheiden. Die frühesten, noch völlig abhängigen vorödipalen Jahre werden in ›Schneewittchen‹ kaum erwähnt, was übrigens für die meisten Märchen gilt. Die Geschichte befaßt sich hauptsächlich mit den ödipalen Konflikten zwischen Mutter und Tochter, mit der Kindheit und schließlich mit der Adoleszenz, wobei der Nachdruck darauf gelegt ist, was eine gute Kindheit ausmacht und was notwendig ist, um aus ihr herauszuwachsen.

Das Grimmsche Märchen ›Sneewittchen‹ beginnt folgendermaßen: »Es war einmal mitten im Winter, und die Schneeflocken fielen wie Federn vom Himmel herab. Da saß eine Königin an einem Fenster, das einen Rahmen von schwarzem Ebenholz hatte, und nähte. Und wie sie so nähte und nach dem Schnee aufblickte, stach sie sich mit der Nadel in den Finger, und es fielen drei Tropfen Blut in den Schnee. Und weil das Rote im weißen Schnee so schön aussah, dachte sie bei sich: ›Hätt' ich ein Kind, so weiß wie Schnee, so rot wie Blut und so schwarz wie das Holz an dem Rahmen!‹ Bald darauf bekam sie ein Töchterlein, das war so weiß wie Schnee, so rot wie Blut und so schwarzhaarig wie Ebenholz und ward darum Sneewittchen (Schneeweißchen) genannt. Und wie das Kind geboren war, starb die Königin. Über ein Jahr nahm sich der König eine andere Gemahlin . . . «*

Die Geschichte beginnt damit, daß die Mutter sich in den Finger sticht, so daß drei Tropfen rotes Blut in den Schnee fallen. Hier bereits werden die Probleme angedeutet, welche die Geschichte lösen soll: sexuelle Unschuld, das Weiße, im Gegensatz zum sexuellen Begehren, welches durch das rote Blut symbolisiert wird. Märchen bereiten das Kind auf ein sonst sehr aufregendes Erlebnis vor: die sexuelle Blutung bei der Menstruation und wenn später beim Geschlechtsakt das Hymen durchstoßen wird. Wenn das Kind die ersten Sätze von ›Schneewittchen‹ hört, erfährt es, daß eine leichte Blutung – drei Tropfen Blut (wobei drei die Zahl ist, welche im Unbewußten am engsten mit der Sexualität assoziiert wird(65)) – die Vorbedingung für die Empfängnis ist, weil bald nach dieser Blutung das Kind geboren wird. Demnach wird hier die »sexuelle« Blutung in engen Zusammenhang mit dem »glücklichen Ereignis«

* Dieses letzte Element, der Tod der echten Mutter, fehlt in der Grimmschen Urfassung, ist aber in den ›Hausmärchen‹ enthalten. (Anm. d. Übers.)

gebracht; ohne weitere Erklärungen im einzelnen lernt das Kind, daß ohne Blutung kein Kind – auch es selbst nicht – hätte geboren werden können.
Obwohl wir erfahren, daß Schneewittchens Mutter bei der Geburt stirbt, geschieht in seinen ersten Lebensjahren nichts Böses, obgleich eine Stiefmutter die Stelle der Mutter einnimmt. Diese Stiefmutter wird erst zur »typischen« Märchen-Stiefmutter, *nachdem* Schneewittchen sieben Jahre alt geworden ist und zu reifen beginnt. Dann erst fühlt sich die Stiefmutter von Schneewittchen bedroht und wird eifersüchtig. Der Narzißmus dieser Stiefmutter wird dadurch demonstriert, daß sie sich von dem Zauberspiegel ihre Schönheit bereits bestätigen läßt, lange bevor Schneewittchen sie in den Schatten stellt.
Daß die Königin den Spiegel über ihren Wert – das heißt ihre Schönheit – befragt, stellt eine Wiederholung des alten Themas von Narziß dar, der sich selbst so sehr liebte, daß er von seiner Eigenliebe verschlungen wurde. Es sind narzißtische Eltern, die sich am meisten von ihrem heranwachsenden Kind bedroht fühlen, weil das bedeutet, daß sie selber altern müssen. Solange das Kind noch völlig abhängig ist, bleibt es sozusagen *ein Teil* der Eltern; es stellt keine Bedrohung des elterlichen Narzißmus dar. Fängt das Kind aber zu reifen an und verlangt nach Unabhängigkeit, so wird es von einer Mutter, wie sie in ›Schneewittchen‹ vorkommt, als Bedrohung empfunden.
Der Narzißmus gehört in hohem Maß zur Eigenart des kleinen Kindes. Das Kind muß allmählich lernen, diese gefährliche Form der Beschäftigung mit sich selbst zu überwinden. Die Geschichte von Schneewittchen warnt vor den schlimmen Folgen, die der Narzißmus für die Eltern wie das Kind hat. Schneewittchens Narzißmus richtet es fast zugrunde, als es zweimal den Verlockungen der verkleideten Königin nachgibt, die ihm verspricht, es noch schöner zu machen – während die Königin selbst schließlich durch ihren eigenen Narzißmus umkommt.
Solange Schneewittchen im Elternhaus bleibt, tut es nichts Besonderes; wir hören nichts über sein Leben vor seiner Vertreibung. Wir hören nichts über die Beziehung zu seinem Vater, obgleich man logischerweise annehmen kann, daß es der Wettbewerb um ihn ist, was seine (Stief-)Mutter gegen das Kind aufbringt.
Das Märchen sieht die Welt und was in ihr geschieht, nicht objektiv, sondern aus der Perspektive des Helden, der stets ein Mensch ist, der sich noch in der Entwicklung befindet. Da der Hörer sich mit Schneewittchen identifiziert, sieht er auch alles, was geschieht, mit

dessen Augen und nicht mit denen der Königin. Für ein kindliches Mädchen ist die Liebe zu seinem Vater das Natürlichste auf der Welt, und das gilt auch für dessen Liebe zu ihm. Es kann sich überhaupt nicht vorstellen, daß es ein Problem sein könnte – außer, wenn der Vater seine Tochter am Ende nicht mehr als alles andere auf der Welt lieben könnte. So sehr das Kind möchte, daß der Vater es lieber hat, als er die Mutter hat, kann es doch nicht verstehen, daß dies die Mutter eifersüchtig machen könnte. Aber auf einer vorbewußten Ebene weiß das Kind sehr wohl, wie eifersüchtig es selbst auf das Interesse ist, welches die Eltern für einander bekunden, wenn es das Gefühl hat, daß dieses Interesse eigentlich ihm zukäme. Da das Kind von beiden Eltern geliebt werden möchte – eine Tatsache, die zwar wohlbekannt ist, aber in den Diskussionen über die ödipale Situation infolge des besonderen Charakters des Problems oft übersehen wird –, ist es für das Kind viel zu bedrohlich, sich vorzustellen, daß die Liebe des einen Elternteils zu ihm den anderen eifersüchtig machen könnte. Wenn diese Eifersucht – wie das bei der Königin in ›Schneewittchen‹ der Fall ist – nicht zu übersehen ist, dann muß eine andere Erklärung dafür gefunden werden, und das ist in dieser Geschichte die Schönheit des Kindes. Im normalen Verlauf der Dinge sind die Beziehungen der Eltern zueinander nicht durch die Liebe des einen Elternteils oder beider Eltern zu ihrem Kinde bedroht. Wenn die ehelichen Beziehungen nicht ganz schlecht sind oder ein Elternteil sehr narzißtisch ist, bleibt die Eifersucht von Vater oder Mutter auf ein vom einen Elternteil bevorzugtes Kind gering, und der andere Elternteil hat sie gut unter Kontrolle.

Ganz anders liegen die Dinge für das Kind. Einmal kann es bei Anwandlungen von Eifersucht sich nicht wie seine Eltern in der guten Beziehung zum Ehepartner Trost suchen. Zweitens sind alle Kinder eifersüchtig, wenn nicht auf ihre Eltern, dann auf die Vorrechte, welche die Eltern als Erwachsene genießen. Wenn die elterliche Fürsorge des gleichgeschlechtigen Elternteils nicht stark genug ist, immer positivere Bindungen bei dem von Natur aus eifersüchtigen ödipalen Kind aufzubauen und damit den Identifikationsprozeß, der sich gegen diese Eifersucht auswirkt, in Gang zu setzen, dann beherrscht letztere das Gefühlsleben des Kindes. Da eine narzißtische (Stief-)Mutter ungeeignet dafür ist, daß man zu ihr in Beziehung tritt oder sich mit ihr identifiziert, könnte Schneewittchen, wenn es sich bei ihm um ein richtiges Kind handelte, gar nicht umhin, auf seine Mutter und alle ihre Vorteile und ihre Macht eifersüchtig zu sein.

Wenn das Kind es sich nicht erlauben kann, auf Vater oder Mutter eifersüchtig zu sein (was seine Sicherheit ernstlich bedrohen würde), dann projiziert es dieses Gefühl auf den betreffenden Elternteil. Dann wird das Gefühl: »Ich bin auf alle die Vorteile und Vorrechte von Mutter eifersüchtig« zum Wunschdenken: »Mutter ist eifersüchtig auf mich.« Das Minderwertigkeitsgefühl wird auf diese Weise defensiv in ein Überlegenheitsgefühl umgewandelt.

Das vorpubertäre oder adoleszente Kind kann sich sagen: »Ich konkurriere nicht mit meinen Eltern, ich bin bereits etwas Besseres als sie; sie konkurrieren in Wirklichkeit mit mir.« Leider gibt es Eltern, die versuchen, ihren adoleszenten Kindern zu beweisen, daß sie ihnen überlegen sind – was die Eltern in mancher Hinsicht ja wohl auch sein mögen, doch sollten sie das lieber für sich behalten, um ihren Kindern nicht das Gefühl der Sicherheit zu rauben. Noch schlimmer ist, daß es Eltern gibt, die beweisen möchten, daß sie ihrem adoleszenten Kind in keiner Weise nachstehen: der Vater, der versucht, es mit der jugendlichen Kraft und sexuellen Tüchtigkeit seines Sohnes aufzunehmen; die Mutter, die versucht, nach Aussehen, Kleidung und Verhalten ebenso jugendlich attraktiv zu wirken wie ihre Tochter. Das hohe Alter von Geschichten wie ›Schneewittchen‹ beweist, daß dies ein uraltes Phänomen ist. Aber die Konkurrenz zwischen einem Elternteil und dem Kind macht das Leben für beide zur Qual. Unter solchen Bedingungen möchte das Kind sich befreien und den betreffenden Elternteil loswerden, wenn dieser es zwingen will, entweder mit ihm zu konkurrieren oder sich unterzuordnen. Der Wunsch, sich seiner Eltern zu entledigen, ruft starke Schuldgefühle hervor, wenn er auch noch so berechtigt sein mag, falls man die Situation objektiv betrachtet. Daher wird auch hier die Sache umgekehrt, und dieser Wunsch wird auf den betreffenden Elternteil projiziert, was das Schuldgefühl beseitigt. Daher kommen im Märchen Eltern vor, die sich ihres Kindes zu entledigen versuchen, wie das beispielsweise in ›Schneewittchen‹ geschieht.

In ›Schneewittchen‹ wie auch in ›Rotkäppchen‹ tritt ein Mann auf, den man als die unbewußte Repräsentation des Vaters auffassen kann – der Jäger, der den Auftrag erhält, Schneewittchen umzubringen, aber statt dessen sein Leben rettet. Wer anders als ein Vatersubstitut würde sich scheinbar dem Willen der Stiefmutter unterordnen und trotzdem um des Kindes willen es wagen, gegen den Willen der Königin zu handeln? Das gerade möchte aber das ödipale oder adoleszente Mädchen von seinem Vater glauben, daß er zwar tut, was die Mutter ihn heißt, daß er aber trotzdem zu seiner

Tochter halten würde, wenn es ihm freistünde, und daß er dabei sogar die Mutter hinters Licht führen würde.
Warum werden solche rettenden Männergestalten so oft in die Rolle des Jägers gekleidet? Es wäre eine zu einfache Erklärung, wollte man nur darauf hinweisen, daß zur Zeit, als die Märchen entstanden, das Jagen vielleicht eine typisch männliche Beschäftigung war. Damals waren Prinzen und Prinzessinnen genauso selten wie heute, aber in den Märchen wimmelt es geradezu davon. Aber damals, als diese Geschichten entstanden sind, war das Jagen dort, wo sie entstanden, ein aristokratisches Privileg, was einen guten Grund dafür abgibt, im Jäger eine gehobene Figur wie einen Vater zu sehen.
Tatsächlich kommen Jäger häufig in Märchen vor, weil sie sich so vorzüglich für Projektionen eignen. Jedes Kind wünscht einmal, es wäre ein Prinz oder eine Prinzessin – und manchmal glaubt es auch in seinem Unbewußten, es wäre das wirklich und nur vorübergehend durch widrige Umstände degradiert. Es gibt so viele Könige und Königinnen in den Märchen, weil ihr Rang absolute Macht bedeutet, wie sie Vater oder Mutter über das Kind zu besitzen scheinen. So sind königliche Personen Projektionen der kindlichen Phantasie, genauso wie der Jäger.
Die Leichtigkeit, mit der die Jägerfigur als passendes Bild für die starke, beschützende Vaterfigur akzeptiert wird – im Gegensatz zu den vielen machtlosen Vätern, zu denen beispielsweise der Vater in ›Hänsel und Gretel‹ gehört –, muß auf Assoziationen zurückzuführen sein, die sich an diese Gestalt anheften. Im Unbewußten ist der Jäger das Symbol für das Beschützen. Wir müssen in diesem Zusammenhang an die Tierphobien denken, von denen kein Kind ganz frei ist. In seinen Träumen und Tagträumen wird das Kind von bösen Tieren bedroht und verfolgt, welche Geschöpfe seiner Angst und seiner Schuldgefühle sind. Es hat das Gefühl, daß nur der Vater-Jäger diese bedrohlichen Tiere verscheuchen und auf die Dauer von der Tür des Kindes fernhalten kann. Daher ist der Jäger im Märchen keine Gestalt, die freundliche Tiere tötet, sondern eine, die wilde, reißende Tiere zähmt, beherrscht und sich unterwirft. In einer tieferen Schicht repräsentiert er die Unterwerfung der tierischen, asozialen, gewalttätigen Tendenzen im Menschen. Da er das, was als die niedrigeren Aspekte des Menschen – als Wolf – angesehen wird, sucht, aufspürt und vernichtet, ist der Jäger eine eminent schutzgewährende Figur, die uns vor den Gefahren der gewalttätigen Regungen in uns selbst und bei anderen erretten kann.
In ›Schneewittchen‹ wird der ödipale Kampf des pubertären Mädchens nicht verdrängt, sondern um die Figur der Mutter als

Konkurrentin inszeniert. In Schneewittchens Leben nimmt der Vater-Jäger keine starke, definitive Haltung ein. Er erfüllt weder seine Pflicht der Königin gegenüber, noch kommt er seiner moralischen Verpflichtung Schneewittchen gegenüber nach, diesem das Gefühl unbedingter Sicherheit zu geben. Er bringt es zwar nicht wirklich um, läßt es aber im Walde allein zurück in der Erwartung, daß die wilden Tiere es zerreißen werden. Der Jäger versucht, sowohl die Mutter zu beschwichtigen, indem er ihren Befehl scheinbar ausführt, als auch dem Mädchen gerecht zu werden, indem er es nicht direkt umbringt. Diese zwiespältige Haltung des Vaters erregt bei der Mutter jenen ständigen Haß und jene unstillbare Eifersucht, die in ›Schneewittchen‹ auf die böse Königin projiziert werden, die aus diesem Grund im Leben von Schneewittchen immer wieder auftaucht.

Ein schwacher Vater nützt Schneewittchen ebenso wenig, wie er Hänsel und Gretel etwas nützt. Das häufige Auftauchen solcher Figuren im Märchen legt den Gedanken nahe, daß von ihren Frauen beherrschte Ehemänner in unserer Welt nicht eben neu sind. Noch deutlicher geht daraus hervor, daß solche Väter in ihrem Kind entweder unüberwindliche Schwierigkeiten schaffen oder ihm wenigstens nicht helfen, solche zu lösen. Es ist das ein weiteres Beispiel für die wichtigen Botschaften, die die Märchen für die Eltern bereit haben.

Warum aber ist die Mutter in diesen Märchen so unverhüllt ablehnend, während der Vater oft nur ohnmächtig und schwach ist? Der Grund dafür, daß die (Stief-)Mutter als böse und der Vater als schwach hingestellt wird, hängt mit dem zusammen, was das Kind von seinen Eltern erwartet. In der typischen Kernfamilie ist es die Pflicht des Vaters, das Kind vor den Gefahren der Außenwelt und auch vor denen zu schützen, die in seinen eigenen asozialen Tendenzen begründet sind. Die Mutter ist dazu da, ihm ihre Fürsorge angedeihen zu lassen und seine unmittelbaren körperlichen Bedürfnisse, die dem Überleben dienen, zu befriedigen. Wenn daher die Mutter das Kind im Märchen im Stich läßt, steht das Leben des Kindes selber auf dem Spiel, wie das in ›Hänsel und Gretel‹ der Fall ist, wo die Mutter darauf besteht, daß man sich die Kinder vom Hals schaffen muß. Wenn der Vater aus Schwäche seinen Pflichten nicht nachkommt, ist das Leben des Kindes als solches nicht direkt in Gefahr, wenn auch das Kind, das des väterlichen Schutzes beraubt ist, selbst sehen muß, wie es zurechtkommt. So muß Schneewittchen versuchen, allein durchs Leben zu kommen, als der Jäger es im Walde im Stich läßt.

Nur liebevolle Fürsorge im Verein mit einem verantwortungsbewußten Verhalten seitens beider Eltern ermöglicht es dem Kind, seine ödipalen Konflikte zu integrieren. Wenn es vom Vater oder von der Mutter oder von beiden im Stich gelassen wird, kann es sich nicht mit ihnen identifizieren. Wenn ein Mädchen keine positive Identifikation mit der Mutter zustande bringt, bleibt es nicht nur in den ödipalen Konflikten stecken, es setzt auch eine Regression ein, wie das immer der Fall ist, wenn es einem Kind nicht gelingt, die nächsthöhere Entwicklungsstufe zu erreichen, die chronologisch an der Reihe wäre. Die Königin, die in einem primitiven Narzißmus fixiert und im oralen inkorporativen Stadium steckengeblieben ist, ist eine Person, die mit keinem anderen eine positive Beziehung eingehen und mit der sich niemand identifizieren kann. Sie gibt dem Jäger nicht nur den Befehl, Schneewittchen umzubringen, sondern ihr auch dessen Lunge und Leber als Beweise zu bringen. Als der Jäger ihr dann Lunge und Leber eines Tieres bringt, um ihr zu beweisen, daß er ihren Befehl ausgeführt habe, mußte »der Koch . . . sie in Salz kochen, und das boshafte Weib aß sie auf und meinte, sie hätte Sneewittchens Lunge und Leber gegessen«. Primitive Völker glauben, man erwerbe die Macht oder Merkmale dessen, was man ißt, und diesem Glauben entsprechen auch ihre Sitten. Die auf Schneewittchens Schönheit eifersüchtige Königin will sich dessen Anziehungskraft, die in seinen inneren Organen symbolisiert ist, einverleiben. Es ist auch nicht die erste Geschichte von der Eifersucht einer Mutter auf die knospende Sexualität ihrer Tochter, und es ist gar nicht so selten, daß eine Tochter im stillen ihre Mutter einer solchen Eifersucht bezichtigt. Der Zauberspiegel scheint eher mit der Stimme einer Tochter als mit der einer Mutter zu sprechen. Da das Kind meint, seine Mutter sei die Allerschönste auf der Welt, sagt der Spiegel das zu Anfang zur Königin. Aber da das heranwachsende Mädchen sich nun viel schöner findet als seine Mutter, sagt der Spiegel jetzt dies. Eine Mutter kann bestürzt sein, wenn sie in den Spiegel blickt, sich mit ihrer Tochter vergleicht und sich sagen muß: »Meine Tochter ist schöner als ich.« Aber der Spiegel sagt: »Sie ist tausendmal schöner«, eine Behauptung, die weit mehr nach der Übertreibung eines Adoleszenten klingt, welche ihm dazu dient, seine eigenen Vorzüge zu vergrößern und die innere Stimme zum Verstummen zu bringen, die es anzweifeln möchte.

Das pubertäre Kind ist ambivalent in bezug auf seinen Wunsch, besser zu sein als sein gleichgeschlechtiger Elternteil, denn es hat Angst, dieser würde, falls es tatsächlich so sein sollte, da er ja immer noch mehr Macht besitzt, schreckliche Rache nehmen. Es ist das

Kind, das fürchtet, wegen seiner eingebildeten oder tatsächlichen Überlegenheit vernichtet zu werden, und nicht der betreffende Elternteil, der vernichten will. Dieser kann stark unter Eifersucht leiden, wenn es ihm seinerseits nicht gelungen ist, sich mit dem Kind auf ausgesprochen positive Weise zu identifizieren, da er sich nur in diesem Fall stellvertretend an den Vorzügen seines Kindes freuen kann. Es ist daher von wesentlicher Bedeutung, daß Vater und Mutter sich mit ihrem gleichgeschlechtigen Kind intensiv identifizieren, damit dieses sich seinerseits erfolgreich mit ihnen identifizieren kann.

Wenn immer die ödipalen Konflikte im pubertären Kind neu aufleben, findet es das Zusammenleben mit der Familie wegen seiner stark ambivalenten Gefühle unerträglich. Um seiner inneren Unruhe zu entgehen, träumt es davon, das Kind anderer und besserer Eltern zu sein, mit denen es diese psychologischen Schwierigkeiten nicht hätte. Manche Kinder gehen sogar noch über diese Phantasien hinaus und laufen tatsächlich weg, um sich ein ideales Zuhause zu suchen. Die Märchen geben jedoch dem Kind zu verstehen, daß ein solches Heim nur in einem Phantasieland existiert und daß es sich, wenn man es gefunden hat, oft als keineswegs befriedigend herausstellt. Das gilt für Hänsel und Gretel genau wie für Schneewittchen. Obwohl sich Schneewittchens Erfahrung mit einem Heim fern von zu Hause als weniger schaurig erweist als die von Hänsel und Gretel, bewährt es sich doch auch gleichfalls nicht zum besten. Die Zwerge sind nicht imstande, es zu beschützen, und die Mutter hat auch weiterhin Macht über das Kind. Schneewittchen muß sie ihr – ob es will oder nicht – einräumen, was damit symbolisiert wird, daß es die Königin (in ihren verschiedenen Verkleidungen) ins Haus hereinläßt, und dies trotz der Warnung der Zwerge, sich vor den falschen Künsten der Königin in acht zu nehmen und niemand einzulassen.

Man kann sich dem Einfluß seiner Eltern und seinen Gefühlen ihnen gegenüber nicht dadurch entziehen, daß man von zu Hause wegläuft – wenn das auch der einfachste Ausweg zu sein scheint. Seine Unabhängigkeit gewinnt man nur, indem man sich durch seine inneren Konflikte hindurcharbeitet, was die Kinder meist auf die Eltern zu projizieren pflegen. Zunächst wünscht jedes Kind, daß es möglich wäre, die schwierige Arbeit der Integration zu vermeiden, die – wie auch Schneewittchens Geschichte zeigt – mit großen Gefahren verbunden ist. Eine Zeitlang sieht es so aus, als ob es in der Tat möglich wäre, dieser Aufgabe zu entgehen. Schneewittchen führt eine Weile ein friedliches Leben, und unter der Obhut der

Zwerge wächst es von einem Kind, welches den Schwierigkeiten der Welt hilflos gegenübersteht, zu einem Mädchen heran, das lernt, seine Arbeit gut zu verrichten und Freude daran zu haben. Das verlangen die Zwerge von ihm als Entgelt dafür, daß es bei ihnen wohnen darf: »Willst du unsern Haushalt versehen, kochen, betten, waschen, nähen und stricken, und willst du alles ordentlich und reinlich halten, so kannst du bei uns bleiben, und es soll dir an nichts fehlen.« Schneewittchen wird eine gute Haushälterin, was für manches junge Mädchen gilt, das – wenn die Mutter nicht im Haus ist – den Vater, das Haus und sogar die Geschwister gut zu versorgen weiß.

Sogar schon bevor Schneewittchen den Zwergen begegnet, zeigt es, daß es seine oralen Gelüste, so groß sie auch sein mögen, zu zähmen weiß. Als es im Zwergenhäuschen ankommt, ißt es trotz seines großen Hungers nur ganz wenig von den sieben Tellerlein und trinkt nur einen Tropfen aus den sieben Becherlein, weil es nicht einem Zwerg alles wegnehmen will. (Wie anders benehmen sich Hänsel und Gretel, die oral fixierten Kinder, die gierig das Lebkuchenhaus aufessen).

Nachdem Schneewittchen seinen Hunger gestillt hat, probiert es alle sieben Bettchen, aber das eine ist zu lang, das andere zu kurz, und schließlich schläft es im siebenten ein, »das recht war«. Es weiß, daß alle diese Bettchen jemand anderem gehören und daß der jeweilige Besitzer in seinem Bettchen wird schlafen wollen, auch wenn Schneewittchen bereits darin liegt. Daß es jedes Bettchen untersucht, deutet an, daß es sich vage der Gefahr bewußt ist und daß es versucht, sich in ein Bett zu legen, wo diese Gefahr nicht besteht. Und damit hat es recht. Als die Zwerge heimkommen, sind sie von seiner Schönheit hingerissen, aber der siebte Zwerg, in dessen Bettchen Schneewittchen schläft, erhebt keinen Anspruch darauf und »schlief bei seinen Gesellen, bei jedem eine Stunde, da war die Nacht herum«.

Angesichts der üblichen Überzeugung von der Unschuld Schneewittchens erscheint die Ansicht, es könne unbewußt riskiert haben, mit einem Mann in einem Bett zu schlafen, einfach empörend. Doch damit, daß Schneewittchen sich dreimal von der verkleideten Königin verführen läßt, zeigt es, daß es wie die meisten Menschen – und vor allem Adoleszenten – recht leicht zu verführen ist. Aber gerade seine Unfähigkeit, der Versuchung zu widerstehen, macht es uns um so menschlicher und sympathischer, ohne daß man sich dessen bewußt wird, wenn man die Geschichte hört. Andererseits zeigt seine Zurückhaltung beim Essen und Trinken und sein

Verzicht, in einem Bett zu schlafen, das nicht passend für es ist, daß es bereits gelernt hat, seine Es-Impulse bis zu einem gewissen Grad zu beherrschen und sie den Anforderungen des Über-Ichs zu unterwerfen. Wir finden, daß auch sein Ich reifer geworden ist, da es jetzt hart arbeitet und seine Arbeit gut macht und da es mit den anderen teilt.

Zwerge – diese winzigen Männlein – kommen in den verschiedenen Märchen mit unterschiedlicher Bedeutung vor.(66) Ebenso wie die Feen können auch sie gut oder böse sein; in ›Schneewittchen‹ gehören sie zur hilfreichen Sorte. Das erste, was wir von ihnen erfahren, ist, daß sie von der Arbeit im Bergwerk zurückkommen, wo sie nach Erz gehackt haben. Genau wie alle Zwerge – selbst die unangenehmen – arbeiten sie hart und verstehen etwas von ihrem Handwerk. Arbeit ist ihr Lebensinhalt, Muße oder Erholung ist ihnen unbekannt. Obgleich sie von Schneewittchens Schönheit und von seinem Bericht über sein Unglück beeindruckt sind, machen sie ihm doch sofort klar, daß es als Entgelt für seinen Lebensunterhalt gewissenhaft seine Arbeit verrichten muß. Die sieben Zwerge lassen an die sieben Tage der Woche denken – Tage, die mit Arbeit ausgefüllt sind. Diese Welt der Arbeit muß Schneewittchen zu seiner eigenen machen, wenn es gut heranwachsen soll; dieser Aspekt seines Aufenthaltes bei den Zwergen ist leicht verständlich.

Andere historische Bedeutungen von Zwergen machen sie uns noch verständlicher. Die europäischen Sagen und Märchen sind oft Überreste vorchristlicher religiöser Themen, die unannehmbar wurden, weil das Christentum nicht bereit war, die heidnischen Dinge offen zu dulden. Irgendwie dürfte Schneewittchens vollkommene Schönheit in einer entfernten Beziehung zur Sonne stehen. Sein Name erinnert an die Weiße und Reinheit starken Lichtes. Sieben Planeten umkreisen nach altem Glauben die Sonne – daher die sieben Zwerge. Zwerge oder Gnomen sind im germanischen Volkstum Bergleute, welche die Metalle ausgraben, von denen in vergangenen Zeiten dem Volk nur sieben bekannt waren – ein weiterer Grund dafür, daß diese kleinen Bergleute sieben an der Zahl sind. Und jedes dieser sieben Metalle stand in der alten Naturphilosophie in Beziehung zu einem der Gestirne (Gold zur Sonne, Silber zum Mond usw.).

Die Zusammenhänge sind dem modernen Kind nicht ohne weiteres zugänglich. Aber die Zwerge wecken andere unbewußte Assoziationen. Es gibt keine weiblichen Zwerge. Während alle Feen weiblich sind und ihr männliches Gegenstück der Zauberer ist, gibt es sowohl

Hexenmeister wie auch Hexen. Die Zwerge sind ausgesprochen männlich – doch sind es männliche Wesen, die in ihrer Entwicklung stehengeblieben sind. Diese »Männlein« mit ihren im Wachstum zurückgebliebenen Körpern und ihrem Beruf als Bergleute – bei dem sie geschickt in dunkle Höhlen dringen – lassen an eine phallische Nebenbedeutung denken. Ganz gewiß sind sie keine Männer im sexuellen Sinn – ihre Lebensweise, ihr Interesse an materiellen Gütern unter Ausschluß der Liebe läßt vielmehr an eine präödipale Existenz denken.*

Auf den ersten Blick mag es sonderbar erscheinen, wenn man von einer Figur, die eine phallische Existenz symbolisiert, gleichzeitig behauptet, sie repräsentiere die Kindheit vor der Pubertät, also eine Periode, während der alle Formen der Sexualität noch relativ schlummern. Aber die Zwerge sind frei von inneren Konflikten, und über ihre phallische Existenz hinaus haben sie nicht den Wunsch, intime Beziehungen einzugehen. Sie sind mit dem täglichen Kreislauf ihrer Tätigkeit zufrieden; ihr Leben besteht aus einem unveränderlichen Arbeitszyklus im Bauch der Erde, so wie die Planeten endlos in unveränderlicher Bahn am Himmel kreisen. Es ist das Fehlen jeder Veränderung oder jedes Wunsches danach, was ihre Existenz der des vorpubertären Kindes ähnlich macht. Und daher begreifen sie auch nicht den inneren Druck, der es Schneewittchen unmöglich macht, den Verführungskünsten der Königin zu widerstehen, und haben auch keinerlei Verständnis dafür. Es sind die Konflikte, was uns mit unserer gegenwärtigen Lebensweise unzufrieden macht und uns verleitet, nach anderen Lösungen zu suchen. Wären wir frei von Konflikten, würden wir nie ein Risiko eingehen, welches damit verbunden ist, auf eine andere, und wie wir hoffen, höhere Form des Lebens zuzustreben.

Die friedliche voradoleszente Periode, die Schneewittchen durchlebt, während es bei den Zwergen ist und bevor die Königin es wieder aus der Ruhe bringt, gibt ihm die Kraft, in die Adoleszenz einzutreten. Auf diese Weise gerät es aufs neue in eine Zeit der

* Wenn man jedem Zwerg einen eigenen Namen und eine deutlich unterscheidbare Persönlichkeit zubilligt, wie das Walt Disney in seinem Film tut (im Märchen sind sie alle gleich), so steht das dem unbewußten Verständnis ernsthaft im Weg, daß sie eine unreife, vorindividuelle Existenzform symbolisieren, die Schneewittchen transzendieren muß. Derartige unüberlegte Zusätze zu den Märchen, die scheinbar ihr menschliches Interesse verstärken, führen in Wirklichkeit eher dazu, dieses zu zerstören, weil sie es erschweren, die tiefere Bedeutung der Geschichte richtig zu verstehen. Besser als ein Filmregisseur versteht der Dichter und wer sich an ihn anschließt die Bedeutung der Märchengestalten. So weist Anne Sexton in ihrer poetischen Wiedergabe von ›Schneewittchen‹ auf die phallische Natur der Zwerge hin, wenn sie von »den Zwergen, den kleinen ›hot dogs‹ « spricht.(67)

Unruhe hinein – nachdem es jetzt kein Kind mehr ist, das passiv erdulden muß, was die Mutter ihm antut, sondern eine Person, die an dem, was mit ihr geschieht, aktiv beteiligt ist und dafür Verantwortung trägt.
Die Beziehungen zwischen Schneewittchen und der Königin sind symbolisch für gewisse ernste Schwierigkeiten, die zwischen Mutter und Tochter vorkommen können. Aber sie sind gleichzeitig Projektionen von Tendenzen, die in ein und derselben Person unvereinbar sind, auf getrennte Personen. Oft rühren diese inneren Widersprüche von den Beziehungen des Kindes zu seinen Eltern her. Daher repräsentiert die Projektion der einen Seite eines inneren Konflikts auf eine Elternfigur, wie sie im Märchen vorkommt, auch eine historische Wahrheit und hat darin ihren Ursprung. Das wird angedeutet durch das, was Schneewittchen geschieht, als sein ruhiges, ereignisarmes Leben bei den Zwergen plötzlich unterbrochen wird.
Nachdem Schneewittchen durch seinen früh-pubertären Konflikt und die Konkurrenz mit der Stiefmutter fast zugrunde gerichtet wurde, versucht es sich zurück in eine konfliktfreie Latenzperiode zu retten, in welcher die Sexualität noch schlummert und damit adoleszente Verwicklungen vermieden werden. Aber weder die Zeit noch die Entwicklung des Menschen bleiben stehen, und daher muß der Versuch scheitern, in eine Latenzexistenz zurückzukehren, um den Schwierigkeiten der Adoleszenz aus dem Weg zu gehen. Sobald Schneewittchen zum Adoleszenten wird, erwachen in ihm auch die sexuellen Wünsche, die während der Latenzperiode verdrängt waren und schlummerten. Damit erscheint auch die Stiefmutter, welche die unbewußt verleugneten Elemente in Schneewittchens innerem Konflikt repräsentiert, wieder auf der Szene und erschüttert seinen inneren Frieden.
Die Bereitwilligkeit, mit der Schneewittchen sich trotz der Warnungen der Zwerge wiederholt von der Stiefmutter verführen läßt, zeigt, wie nahe diese Verlockungen seinen eigenen heimlichen Wünschen kommen. Die Mahnung der Zwerge, niemand ins Haus – oder – symbolisch – in sein Inneres – hereinzulassen, nützt nichts. (Die Zwerge haben gut gegen die Gefahren der Adoleszenz predigen, da sie ja auf der phallischen Entwicklungsstufe stehengeblieben und ihnen daher nicht ausgeliefert sind.) Das Auf und Ab der Konflikte eines Adoleszenten ist dadurch symbolisiert, daß Schneewittchen zweimal versucht, in Gefahr gebracht und dadurch wieder gerettet wird, daß es in seine vorherige Latenzexistenz zurückkehrt. Seine dritte Erfahrung mit der Versuchung beendet dann seine Bemühun-

gen, beim Auftauchen von Adoleszenz-Schwierigkeiten in den Zustand der Unreife zurückzukehren.

Wir erfahren nicht, wie lange Schneewittchen schon bei den Zwergen war, als seine Stiefmutter wieder in seinem Leben auftaucht. Es ist das Verlangen nach »Schnürriemen«, das es veranlaßt, die als Krämerin verkleidete Königin in die Wohnung der Zwerge einzulassen. Das zeigt, daß Schneewittchen jetzt ein vollentwickeltes junges Mädchen ist, das der Mode vergangener Zeiten entsprechend für sein Mieder Schnürriemen braucht und sich dafür interessiert. Die Stiefmutter schnürt es dann so fest, daß es wie tot zu Boden fällt.*

Wenn es nun die Absicht der Königin gewesen wäre, Schneewittchen umzubringen, so hätte sie das in diesem Augenblick leicht tun können. Wenn aber die Königin ihre Tochter daran hindern wollte, sie zu übertreffen, dann genügte es, ihr eine Zeitlang die Bewegungsfreiheit zu rauben. Die Königin repräsentiert demnach eine Mutter, der es zeitweise gelingt, ihre dominierende Stellung dadurch zu behaupten, daß sie die Entwicklung ihres Kindes aufhält. Auf einer anderen Ebene soll diese Episode auf Schneewittchens zwiespältigen Adoleszenten-Wunsch hinweisen, gut geschnürt zu sein, weil es sexuell attraktiv sein möchte. Daß es bewußtlos zu Boden sinkt, symbolisiert, daß es vom Konflikt zwischen seinen sexuellen Wünschen und seiner Angst davor überwältigt wurde. Da es Schneewittchens eigene Eitelkeit ist, die es dazu verführt, sich schnüren zu lassen, hat es mit seiner eitlen Stiefmutter vieles gemeinsam. Es sieht so aus, als ob Schneewittchen durch seine Adoleszenz-Konflikte und -Wünsche zugrunde gerichtet würde. Aber das Märchen weiß es besser, und es lehrt das Kind noch etwas Wichtiges: Wenn Schneewittchen die Gefahren, die das Erwachsenwerden mit sich bringt, nicht durchlebt und gemeistert hätte, hätte es nie seinen Königssohn bekommen.

Bei ihrer Heimkehr finden die guten Zwerge Schneewittchen bewußtlos auf der Erde liegen, und sie schneiden die Schnürriemen entzwei. Es erwacht wieder zum Leben und kehrt vorübergehend in die Latenz zurück. Die Zwerge warnen es wiederum und noch ernster vor den Ränken der bösen Königin – das heißt vor den Verlockungen der Sexualität. Aber Schneewittchens Begierden sind übermächtig. Als die als alte Frau verkleidete Königin ihm anbietet,

* Je nach der Sitte der jeweiligen Zeit oder des Ortes wird Schneewittchen nicht durch Schnürriemen, sondern durch ein anderes Kleidungsstück verführt – in einigen Versionen ist es ein Hemd oder ein Mantel, womit die Königin es so fest umwickelt, daß es die Besinnung verliert.

es »ordentlich zu kämmen«, läßt es sich wiederum verführen. Seine bewußten Absichten werden von dem Wunsch überwältigt, eine schöne Frisur zu haben, und ihr unbewußter Wunsch ist, sexuell attraktiv zu sein. Wiederum wird dieser Wunsch für Schneewittchen in seinem noch unreifen Zustand der frühen Adoleszenz »giftig«, und es verliert aufs neue das Bewußtsein. Wieder greifen die Zwerge rettend ein. Als dann Schneewittchen zum dritten Male der Versuchung nachgibt, ißt es den verhängnisvollen Apfel, den die diesmal als Bauersfrau verkleidete Königin ihm gibt. Jetzt können die Zwerge nicht mehr helfen, da die Regression von der Adoleszenz zur Latenzexistenz jetzt keine Lösung mehr darstellt.

In vielen Mythen und Märchen symbolisiert der Apfel Liebe und Sexualität in ihren wohltätigen wie in ihren gefährlichen Aspekten. Ein Apfel, den Aphrodite, die Göttin der Liebe, bekam und der bewies, daß Paris sie den keuschen Göttinnen vorzog, führte zum Trojanischen Krieg. In der Bibel war es der Apfel, durch den der Mensch dazu verführt wurde, seine Unschuld aufzugeben, um dafür Wissen und Sexualität zu erlangen. Während Eva von der in der Schlange verkörperten Maskulinität des Mannes verführt wurde, konnte nicht einmal die Schlange das Ziel allein erreichen – auch der Apfel mußte noch dazu helfen, der in der religiösen Ikonographie auch die Mutterbrust symbolisiert. An der Brust der Mutter wurden wir alle zuerst veranlaßt, eine Beziehung einzugehen und darin Befriedigung zu finden. In ›Schneewittchen‹ teilen sich Mutter und Tochter den Apfel. Was der Apfel hier symbolisiert, ist etwas, was Mutter und Tochter miteinander gemeinsam haben und was noch tiefer geht als ihre Eifersucht aufeinander – ihre reifen sexuellen Begierden.

Um Schneewittchens Mißtrauen gegen sich zu überwinden, schneidet die Königin den Apfel auseinander und ißt die weiße Hälfte selbst, während Schneewittchen die rote »giftige« Hälfte nimmt. Wir haben bereits wiederholt von Schneewittchens Doppelnatur erfahren: es ist weiß wie Schnee und rot wie Blut – das heißt, sein Wesen hat sowohl seine asexuellen wie seine erotischen Aspekte. Damit, daß es den roten (erotischen) Teil des Apfels verzehrt, ist es mit seiner »Unschuld« vorbei. Die Zwerge, die Gefährten seiner Latenzexistenz, können es nicht mehr zum Leben erwecken; Schneewittchen hat seine Wahl getroffen, die ebenso notwendig wie verhängnisvoll ist. Die Röte des Apfels weckt sexuelle Assoziationen genau wie die drei Blutstropfen, die zu Schneewittchens Geburt führten, wie die Menstruation, das Ereignis, das den Beginn der sexuellen Reife kennzeichnet.

Als Schneewittchen den roten Teil des Apfels ißt, stirbt das Kind in ihm und wird in den durchsichtigen gläsernen Sarg gelegt. Darin ruht es nun eine lange Zeit und wird nur von den Zwergen, aber auch von drei Vögeln besucht: zuerst von einer Eule, dann von einem Raben und zuletzt von einem Täubchen. Die Eule symbolisiert Weisheit, der Rabe – wie die Raben des germanischen Gottes Odin – vermutlich das reife Bewußtsein; und das Täubchen repräsentiert traditionsgemäß die Liebe. Diese Vögel deuten an, daß Schneewittchens todesähnlicher Schlaf im Sarg eine Periode ist, in der ein neuer Zustand ausgetragen wird, ihre letzte Vorbereitungsperiode zur Reife.*

Schneewittchens Geschichte lehrt uns, daß man auch dann, wenn man die körperliche Reife erreicht hat, intellektuell und emotional noch keineswegs für das Leben eines Erwachsenen bereit ist, wie es die Ehe repräsentiert. Noch immer ist ein beträchtliches Wachstum und noch viel Zeit erforderlich, bevor eine neue, reifere Persönlichkeit geformt ist und die alten Konflikte integriert sind. Erst dann ist man für den Partner des anderen Geschlechts und für die intime Beziehung zu ihm bereit, die notwendig ist, um ein reifer Erwachsener zu werden. Schneewittchens Partner ist der Königssohn, der den Sarg »von seinen Dienern auf den Schultern forttragen« läßt, wobei diese stolpern und Schneewittchen den giftigen Apfel heraushustet oder -spuckt und wieder lebendig und bereit zur Hochzeit wird. Seine Tragödie begann mit oralen Einverleibungsbegierden: mit dem Verlangen der Königin, Schneewittchens innere Organe zu verzehren. Daß Schneewittchen jetzt den erstickenden Apfel ausspuckt – den schlechten Gegenstand, den es sich einverleibt hatte –, beweist, daß es jetzt endgültig frei ist von der primitiven Oralität, die für seine gesamten unreifen Fixierungen steht.

Wie Schneewittchen muß jedes Kind in seiner Entwicklung die reale oder sich in seiner Phantasie abspielende Geschichte des Menschen wiederholen. Wir alle werden eines Tages aus unserem ursprünglichen Kindheitsparadies vertrieben, wo alle unsere Wünsche schein-

* Auf diese Periode der Untätigkeit dürfte auch Schneewittchens Name zurückzuführen sein, der nur auf eine der drei Farben hinweist, welche seine Schönheit ausmachen. Weiß symbolisiert häufig Reinheit, Unschuld, das Spirituelle. Aber durch den Hinweis auf den Schnee ist es gleichzeitig ein Symbol für unbewegliche Ruhe. Wenn der Schnee die Erde bedeckt, scheint alles Leben aufzuhören, so wie Schneewittchens Leben scheinbar aufgehört hat, während es im Sarg lag. Danach hat es den roten Apfel zu früh gegessen, es hat sich selbst überfordert. Die Geschichte lehrt, daß verfrühte sexuelle Erlebnisse zu nichts Gutem führen können. Folgt jedoch eine lange Periode der Ruhe, so kann sich das junge Mädchen völlig von seinen verfrühten und daher destruktiven Erfahrungen mit der Sexualität erholen.

bar erfüllt wurden, ohne daß wir uns selbst darum bemühen mußten. Die Erfahrung, was gut und böse ist – die Erlangung von Wissen –, scheint unsere Persönlichkeit in zwei Teile zu spalten: in das rote Chaos ungezügelter Emotionen, das Es, und die weiße Reinheit unseres Gewissens, das Über-Ich. Während wir erwachsen werden, schwanken wir zwischen dem Überwältigtwerden von unseren Emotionen und der Strenge unseres Gewissens (der festen Einschnürung und der im Sarg erzwungenen Unbeweglichkeit). Erwachsen kann man nur werden, wenn diese inneren Widersprüche sich auflösen und es zum Erwachen des reifen Ichs kommt, in welchem Rot und Weiß harmonisch nebeneinander existieren.

Aber bevor das »glückliche« Leben beginnen kann, müssen die bösen und destruktiven Aspekte unserer Persönlichkeit unter Kontrolle gebracht werden. Die Hexe wird in ›Hänsel und Gretel‹ zur Strafe für ihre kannibalistischen Begierden im Ofen verbrannt. In ›Schneewittchen‹ wird die eitle, eifersüchtige und destruktive Königin gezwungen, rotglühende Schuhe anzuziehen, in denen sie sich zu Tode tanzen muß. Ungezügelte sexuelle Eifersucht, die andere zu vernichten sucht, zerstört sich selbst – wie es nicht nur durch die rotglühenden Schuhe, sondern auch durch den Tod symbolisiert wird, dem man verfällt, wenn man darin tanzt. Symbolisch zeigt uns die Geschichte, daß wir die ungezügelte Leidenschaft unter Kontrolle bringen müssen, wenn sie uns nicht zugrunde richten soll. Nur der Tod der eifersüchtigen Königin (die Beseitigung aller äußeren und inneren Verwirrungen) kann eine glückliche Welt herbeiführen.

Viele Märchenhelden fallen an einem entscheidenden Punkt ihrer Entwicklung in tiefen Schlaf oder werden wiedergeboren. Jedes Wiedererwachen oder jede Wiedergeburt symbolisiert die Erreichung einer höheren Stufe der Reife und des Verständnisses. Es ist dies die Art, wie das Märchen den Wunsch nach einer höheren Bedeutung im Leben in uns weckt: nach einem tieferen Bewußtsein, nach besserer Selbsterkenntnis und größerer Reife. Die lange Periode der Untätigkeit vor dem Neuerwachen gibt dem Hörer zu verstehen – ohne daß dies bewußt ausgesprochen würde –, daß diese Wiedergeburt eine Zeit der Ruhe und Konzentration bei beiden Geschlechtern erfordert.

Eine Veränderung bedeutet, daß man etwas aufgeben muß, was einem bisher lieb war, so wie Schneewittchen sein ungestörtes Leben, bevor die Königin eifersüchtig wurde, oder sein behagliches Leben bei den Zwergen – schwierige und schmerzhafte, aber unvermeidliche Wachstumserfahrungen. Diese Geschichten überzeugen aber den Hörer auch, daß er keine Angst davor zu haben braucht, seine kindliche Abhängigkeit von anderen aufzugeben, denn nach den gefährlichen Prüfungen der Übergangszeit gelangt er zu einer höheren und besseren Ebene, um ein reicheres und glücklicheres Leben zu beginnen. Wer zögert, diese Wandlung zu wagen, wie zum Beispiel die beiden älteren Brüder in ›Die drei Federn‹, wird nie das Königreich gewinnen. Wer im vorödipalen Entwicklungsstadium stecken bleibt – so wie die Zwerge –, wird nie das Glück der Liebe und Ehe kennenlernen. Und Eltern, die – wie die Königin – ihre elterliche ödipale Eifersucht ausspielen, richten ihr Kind fast zugrunde und zerstören mit Sicherheit sich selbst.

›Goldilocks und die drei Bären‹

Dieser Geschichte fehlen einige der wichtigsten Merkmale des echten Märchens: zum Schluß gibt es hier keine Wiedergutmachung und keinen Trost; der Konflikt findet keine Lösung, daher gibt es keinen glücklichen Ausgang. Aber es ist eine sehr bedeutungsvolle Geschichte, da sie sich symbolisch mit einem der wichtigsten Wachstumsprobleme des Kindes befaßt, mit seinem Ringen mit den ödipalen Schwierigkeiten, dem Suchen nach Identität und mit der Geschwisterrivalität.
In ihrer gegenwärtigen Form ist diese Geschichte neueren Datums, wenn sie auch auf eine alte Erzählung zurückgeht. Ihr neueres Schicksal veranschaulicht, wie mit der Zeit eine Warnungsgeschichte die Merkmale des Märchens annimmt und immer populärer und bedeutungsvoller wird. Ihr Schicksal zeigt auch, daß die Veröffentlichung eines Märchens im Druck nicht ausschließt, daß es in späteren Ausgaben revidiert wird. Aber wenn es zu solchen Änderungen kommt, so spiegeln sich in diesen nicht nur die persönlichen Idiosynkrasien des Erzählers, was zu jener Zeit der Fall war, als die Märchen noch mündlich weitergegeben wurden.
Wenn der Autor kein origineller Künstler ist, so wird er bei seiner Neufassung des Märchens zum Zweck einer neuen Ausgabe nur selten von seiner unbewußten Beziehung zu der Geschichte geleitet, und er hat auch kein bestimmtes Kind im Auge, das er unterhalten oder dem er bei einem drängenden Problem aufklärend helfen möchte. Derartige Änderungen werden vielmehr meist im Hinblick auf das vorgenommen, was die »breite Leserschaft« nach Ansicht

des Herausgebers zu hören wünscht. So wird die Geschichte mit Rücksicht auf die Wünsche oder moralischen Bedenken des unbekannten Lesers oft auf eine platte und banale Weise nacherzählt.

Existiert eine Geschichte nur in mündlicher Überlieferung, dann bestimmt weitgehend das Unbewußte des Erzählers, welches Märchen er auswählt und woran er sich im einzelnen erinnert. Dabei wird er nicht nur von den bewußten und unbewußten Gefühlen bestimmt, welche die Geschichte in ihm erregt, sondern auch von der Art seiner emotionalen Beziehung zu dem Kind, dem er sie erzählt. Wenn viele verschiedene Personen unterschiedlichen Zuhörern eine solche Geschichte immer wieder erzählen, wird im Laufe vieler Jahre schließlich eine Version erreicht, die für das bewußte Erleben und für das Unbewußte vieler Menschen so überzeugend ist, daß keine weiteren Veränderungen mehr angebracht erscheinen. Damit hat dann die Geschichte ihre »klassische« Form erreicht.

Man ist allgemein der Ansicht, daß die ursprüngliche Quelle von ›Goldilocks‹ eine alte schottische Erzählung von drei Bären war, bei denen eine Füchsin eindringt.(68) Die Bären fressen den Eindringling – eine Warnungsgeschichte also, die uns einschärft, anderer Leute Besitz und Privatleben zu respektieren. In einem kleinen selbstgemachten Buch, das Eleanor Muir 1832 für einen kleinen Jungen zum Geburtstag geschrieben hat und das man erst 1951 wiederentdeckte, erzählt sie die Geschichte in der Form, daß der Eindringling eine zänkische alte Frau ist. Möglicherweise hat sie gemeint, das englische Wort »vixen« bezeichne im Original nicht eine Füchsin, sondern habe die übertragene Bedeutung eines zänkischen alten Weibs. Ob es sich nun bei dieser Änderung um eine Verwechslung, eine »Freudsche Fehlleistung« handelte oder ob die Verfasserin sie absichtlich vorgenommen hat, jedenfalls begann damit die Umwandlung der alten warnenden Erzählung in ein Märchen. 1894 wurde durch mündliche Überlieferung eine weitere, vermutlich recht alte Fassung der Geschichte bekannt, in der der Eindringling sich Milch nimmt, sich auf die Stühle setzt und sich in die Betten der Bären legt, die in dieser Version in einem Schloß im Walde wohnen. In diesen beiden Geschichten wird der Eindringling von den Bären äußerst hart bestraft. Sie versuchen, ihn ins Feuer zu werfen, zu ertränken oder vom Kirchturm herunterzuwerfen. Es ist uns nicht bekannt, ob Robert Southey, der die Geschichte 1837 in seinem Buch ›The Doctor‹ erstmals in gedruckter Form veröffentlicht hat, eine dieser älteren Geschichten gekannt hat. Aber er hat die wichtige Veränderung vorgenommen, daß der Eindringling nun zum erstenmal aus dem Fenster springt und sein weiteres Schicksal unbekannt bleibt. Die Geschichte endet: »Hinaus aus dem Fenster sprang die kleine Frau, und ob sie sich beim Fallen den Hals gebrochen hat oder ob sie in den Wald gelaufen ist und sich darin verirrt hat oder ob sie wieder herausgefunden hat und als die Landstreicherin, die sie ja war, von einem Constabler aufgegriffen wurde, kann ich nicht sagen. Aber die drei Bären haben nichts mehr von ihr zu sehen bekommen.« Diese Version fand sofort bei ihrer Veröffentlichung eine sehr positive Aufnahme.

Die nächste Änderung nahm Joseph Cundall vor, worauf er 1849 in der Ankündigung seines 1856 erschienenen ›Treasury of Pleasure Books for Young Children‹ hinwies. Er machte aus der Landstreicherin ein kleines Mädchen und nannte es »Silver Hair« (Silberhaar). Aus »Silver Hair« oder »Silver Locks« (Silberlöckchen) wurde 1889 »Golden Hair« (Goldhaar) und schließlich 1904 »Goldilocks« (Goldlöckchen). Weithin bekannt wurde die Geschichte jedoch erst nach zwei weiteren Änderungen. In den ›Mother Goose's Fairy Tales‹ von 1878 wurde aus dem Riesenbär *(Great Huge Bear)*, dem mittleren Bären und dem winzigkleinen Bären Vater Bär, Mutter Bär und Baby Bär, und die Heldin verschwindet jetzt zum Schluß einfach durchs Fenster. Es ist nicht mehr die Rede davon, daß sie ein böses Ende nehmen wird, und man hat auch nicht mehr das Gefühl, daß ihr ein solches bevorsteht.

Mit der ausdrücklichen Feststellung, daß die Bären eine Familie bilden, gewinnt die Geschichte unbewußt eine viel engere Beziehung zur ödipalen Situation. Während es durchaus annehmbar ist, daß ödipale Konflikte in der Tragödie katastrophale Folgen haben, ist das im Märchen unmöglich. Die Geschichte konnte nur so beliebt werden, weil der Ausgang unserer Phantasie überlassen bleibt. Der Grund, weshalb wir diese Ungewißheit akzeptieren, ist der, daß der Eindringling in die ursprüngliche Familienkonstellation störend eingreift und auf diese Weise die emotionale Sicherheit der Familie gefährdet. Aus einer Fremden, die sich in das Familienleben einmischt und Familienbesitz an sich nimmt, wird jemand, der das emotionale Wohlbefinden und die Sicherheit der Familie gefährdet. Diese psychologische Untermauerung erklärt die plötzliche außerordentliche Beliebtheit der Geschichte.

Die relativen Nachteile eines erst in neuerer Zeit erfundenen Märchens gegenüber alten, immer wieder erzählten Volksmärchen werden deutlich, wenn man ›Goldilocks‹ etwa mit ›Schneewittchen‹ vergleicht, dem gewisse Einzelheiten entnommen und in abgeänderter Form dazu benutzt wurden, die ursprünglichen ›Drei Bären‹ zu verbessern. In beiden Geschichten findet ein kleines Mädchen, das sich im Walde verirrt hat, ein einladendes kleines Haus, das vorübergehend von seinen Bewohnern verlassen ist. In ›Goldilocks‹ erfahren wir nicht, wieso und warum dieses Mädchen sich im Wald verirrt hat, warum es nach einem Zufluchtsort suchen muß oder wo es zu Hause ist. Wir kennen die offenliegenden und die noch wichtigeren unausgesprochenen Gründe nicht, weshalb es sich verirrt hat.*

So wirft ›Goldilocks‹ von Anfang an Fragen auf, die unbeantwortet bleiben, während der größte Verdienst eines echten Märchens darin liegt, daß es Antworten gibt – und mögen sie noch so phantastisch sein – auf Fragen, die uns nicht einmal bewußt sind, eben weil sie uns nur in unserem Unbewußten bedrängen.

Trotz der historischen Umstände, die den Eindringling aus einer Füchsin zu einer garstigen alten Frau und dann zu einem hübschen kleinen Mädchen gemacht haben, ist und bleibt dieser Eindringling doch immer ein Außenseiter und wird nie zu einem Glied der Familie. Vielleicht war es mit ein Grund dafür, daß diese Geschichte um die Jahrhundertwende so ungemein beliebt wurde, daß mehr und mehr Menschen damals sich als Außenseiter fühlten. Unser Mitgefühl wird einmal geweckt für die Bären, deren Privatleben gestört wird, aber andererseits auch für das arme, schöne, reizende Goldlöckchen, das von nirgendwoher kommt und nicht weiß, wo es hin soll. Bösewichter gibt es in dieser Geschichte nicht, wenn Baby Bär auch sein Essen weggenommen bekommt und sein Stühlchen zerbrochen wird. Im Gegensatz zu den Zwergen lassen sich die Bären nicht von Goldlöckchens Schönheit bezaubern. Auch bewegt sie nicht die Schilderung seines traurigen Loses, wie das bei den Zwergen der Fall ist, als Schneewittchen ihnen seine Geschichte erzählt. Aber Goldlöckchen hat ja auch keine Geschichte zu erzählen. Sein Auftauchen bleibt ebenso rätselhaft wie sein späteres Verschwinden.

* In einigen modernen, entstellten Fassungen von ›Goldilocks‹ wird die Tatsache, daß es sich verirrt hat, damit erklärt, daß seine Mutter ihm eine Besorgung aufgetragen habe und daß es im Wald den Weg verloren habe. Diese Version erinnert daran, wie Rotkäppchen von seiner Mutter mit einem Auftrag weggeschickt wird. Aber Rotkäppchen verirrt sich ja nicht, es erlaubt sich nur, sich vom bekannten Weg weglocken zu lassen, so daß es das, was ihm dann zustößt, weitgehend sich selbst zuzuschreiben hat. Daß Hänsel und Gretel und Schneewittchen sich verirren, ist nicht deren Schuld, sondern die ihrer Eltern. Selbst ein kleines Kind weiß schon, daß man sich nicht ohne Grund im Wald verirrt; deshalb geben auch alle echten Märchen den Grund dafür an. Wie bereits erwähnt, ist das Sichverirren im Wald ein altes Symbol für die Notwendigkeit, sich selbst zu finden. Diese Bedeutung wird schwer beeinträchtigt, wenn alles nur reiner Zufall ist.

›Schneewittchen‹ fängt mit einer Mutter an, die sich innig eine Tochter wünscht. Aber die idealisierte Mutter der frühen Kindheit verschwindet und wird durch eine eifersüchtige Stiefmutter ersetzt, die Schneewittchen nicht nur aus dem Haus jagt, sondern ihm sogar nach dem Leben trachtet. Um zu überleben, muß Schneewittchen die Gefahren des wilden Waldes auf sich nehmen, wo es lernt, sein Leben selbst in die Hand zu nehmen. Die ödipale Eifersucht zwischen Mutter und Tochter wird einem Kind deutlich genug vor Augen geführt, daß es intuitiv die emotionalen Konflikte und den inneren Druck begreift, die der Geschichte zugrunde liegen.
Der Kontrast in ›Goldilocks‹ besteht zwischen der gutintegrierten Familie, wie sie die Bären repräsentieren, und dem Außenseiter, der auf der Suche nach sich selbst ist. Die glücklichen, aber naiven Bären haben keine Identitätsprobleme: jeder von ihnen weiß genau, wo er in Beziehung zu den anderen Familienmitgliedern steht, was dadurch noch deutlicher wird, daß sie als Vater, Mutter und Baby Bär bezeichnet werden. Während jeder von ihnen seine Individualität besitzt, haben sie alle drei zusammen eine gemeinsame Funktion. Goldlöckchen dagegen versucht herauszufinden, wer es ist, welche Rolle ihm angemessen ist. Schneewittchen ist das ältere Kind, das mit einer speziellen Phase seiner ungelösten Konflikte ringt: der ambivalenten Beziehung zur Mutter. Goldlöckchen ist das voradoleszente Kind, das mit allen Aspekten der ödipalen Situation fertig zu werden versucht.
Symbolisch dafür ist die bedeutsame Rolle, die die Zahl Drei in der Geschichte spielt. Die drei Bären bilden eine glückliche Familie, in der sich alles in einer solchen Eintracht abspielt, daß für sie keine sexuellen oder ödipalen Probleme existieren. Jeder ist glücklich an seinem Platz; jeder hat seine eigene Schüssel, seinen eigenen Stuhl, sein eigenes Bett. Goldlöckchen dagegen ist sich völlig unklar darüber, was ihm davon passen könnte. Aber auch in seinem Verhalten taucht die Zahl Drei schon lange zuvor auf, bevor es auf die drei Schüsseln, Stühle und Betten trifft – denn es versucht, dreimal hintereinander in die Wohnung der Bären einzudringen. In Southeys Fassung heißt es von der alten Frau: »Zuerst ... blickte sie ins Fenster, und dann guckte sie durchs Schlüsselloch; und weil sie niemand im Haus sah, öffnete sie den Riegel.« In einigen späteren Versionen tut Goldlöckchen das gleiche; in anderen klopft es dreimal an die Tür, bevor es eintritt.
Durchs Fenster und durchs Schlüsselloch gucken, bevor man den Riegel öffnet, läßt vermuten, daß man, von ängstlicher, heftiger Neugier geplagt, wissen möchte, was hinter der verschlossenen Tür

vor sich geht. Welches Kind wäre nicht neugierig darauf, was die Erwachsenen hinter ihrer verschlossenen Tür tun, und möchte das nicht gern herausfinden? Welches Kind wäre nicht entzückt über eine zeitweilige Abwesenheit der Eltern, die ihm eine Chance gibt, deren Geheimnisse auszuspähen? Damit, daß die alte Frau als Hauptfigur der Geschichte durch Goldlöckchen ersetzt wurde, ist es viel leichter geworden, ihr Verhalten mit dem eines Kindes in Zusammenhang zu bringen, welches irgendwo hineinguckt, um die Geheimnisse des Lebens der Erwachsenen zu entdecken.

Drei ist eine mystische und heilige Zahl. Sie war es schon lange vor der christlichen Lehre von der Dreieinigkeit. Es ist die Dreiergruppe von Schlange, Eva und Adam, die nach dem Alten Testament nach fleischlicher Erkenntnis strebt. Im Unbewußten steht die Zahl Drei für die Sexualität, weil beide Geschlechter drei sichtbare Geschlechtsmerkmale besitzen: den Penis und die beiden Hoden beim Mann und die Vagina und die beiden Brüste bei der Frau.

Die Zahl Drei vertritt aber im Unbewußten auch noch auf völlig andere Weise die Sexualität, da sie die ödipale Situation symbolisiert mit ihrer tiefen Verstrickung von drei Personen, wobei es sich um Beziehungen handelt, die mehr als nur einen leichten Beigeschmack von Sexualität haben, wie unter vielen anderen Geschichten auch die von Schneewittchen beweist.

Die Beziehung zur Mutter ist im Leben eines jeden Menschen die allerwichtigste. Mehr als jede andere bedingt sie unsere frühe Persönlichkeitsentwicklung und bestimmt in hohem Maße, wie unsere spätere Auffassung vom Leben und von uns selbst aussehen wird, ob sie beispielsweise optimistisch oder pessimistisch ausfallen wird.* Was aber das Kleinkind betrifft, so hat es keine Wahl: die Mutter und ihre Einstellung zu ihm sind die große »Gegebenheit«. Das sind natürlich auch der Vater und die Geschwister. (Und das sind auch die ökonomischen und sozialen Umstände in der Familie; aber diese üben auf das Kleinkind nur einen indirekten Einfluß aus, indem sie seine Eltern und deren Verhalten ihm gegenüber beeinflussen.)

Das Kind fängt an, sich als Person, als wichtigen und bedeutsamen Partner in einer menschlichen Beziehung zu empfinden, sobald es anfängt, zum Vater in Beziehung zu treten. Man wird zu einer Person nur soweit, wie man sich gegen eine andere Person abgrenzt.

* Erikson sagt hierzu, daß diese Erfahrungen unser ganzes Leben lang bestimmen werden, ob wir an die einzelnen Ereignisse voll Vertrauen oder voll Mißtrauen herangehen – eine Grundhaltung, die unausweichlich mitbestimmt, wie sich diese Ereignisse entwickeln und welche Wirkung sie auf uns ausüben.(69)

Da die Mutter die erste und eine Zeitlang auch die einzige Person in unserem Leben ist, beginnt eine gewisse, wenn auch noch sehr rudimentäre Selbstdefinition damit, daß wir uns von ihr abgrenzen. Aber durch seine tiefe Abhängigkeit von der Mutter kann das Kind nicht zur Selbstdefinition gelangen, wenn es sich nicht an eine dritte Person anlehnen kann. Es stellt einen notwendigen Schritt zur Unabhängigkeit dar, daß man lernt: »Ich kann mich auch an eine andere Person anlehnen und mich auf sie verlassen, die nicht meine Mutter ist«, bevor man glauben kann, daß man auch zurechtkommt, ohne daß man sich an *irgend jemand* anlehnt. Nachdem das Kind eine enge Beziehung zu einer anderen Person hergestellt hat, kann es langsam das Gefühl gewinnen: wenn ich jetzt meine Mutter dieser anderen Person vorziehe, dann ist das mein eigener Entschluß und nicht etwas, das ich nicht frei entscheiden kann.

Die Zahl Drei spielt in ›Goldilocks‹ eine zentrale Rolle. Sie bezieht sich auf die Sexualität, jedoch nicht im Sinne eines Geschlechtsaktes. Im Gegenteil bezieht sie sich auf etwas, was der reifen Sexualität lange vorausgehen muß, nämlich herauszufinden, wer man biologisch ist. Drei steht demnach für die Beziehungen innerhalb der Kernfamilie und für unsere Bemühungen festzustellen, an welcher Stelle wir hineinpassen. Demnach symbolisiert die Zahl Drei das Suchen nach dem, was wir biologisch (sexuell) sind und wer wir in bezug auf die wichtigsten Personen in unserm Leben sind. Allgemein gesagt, symbolisiert die Drei die Suche nach unserer persönlichen und sozialen Identität. An seinen sichtbaren Geschlechtsmerkmalen und durch die Beziehung zu seinen Eltern und Geschwistern muß das Kind lernen, mit wem es sich identifizieren sollte, wenn es heranwächst, und wer sich zu seinem Lebensgefährten und damit auch zu seinem Geschlechtspartner eignet.

Ohne Zweifel wird in ›Goldilocks‹ mit den drei Schüsseln, Stühlen und Betten auf die Suche nach der Identität angespielt. Das unmittelbarste Bild für das Bedürfnis zu suchen ist, daß etwas, was verlorengegangen ist, wiedergefunden werden muß. Wenn die Suche uns selbst gilt, dann ist das überzeugendste Symbol dafür, daß wir selbst verlorengegangen sind, das heißt, daß wir uns verirrt haben. Im Märchen symbolisiert das Sich-im-Walde-verirrt-Haben nicht das Bedürfnis, gefunden zu werden, sondern vielmehr, daß man sich selbst finden oder entdecken muß.

Goldlöckchen tritt die Reise, die zur Entdeckung seiner selbst führen soll, damit an, daß es versucht, in das Haus der Bären hineinzugucken. Das weckt Assoziationen zum Wunsch des Kindes, etwas über die sexuellen Geheimnisse der Erwachsenen im allgemeinen und seiner Eltern im besonderen herauszufinden. Oft hat diese Neugier viel mehr etwas mit dem Bedürfnis des Kindes zu tun, etwas über seine eigene Sexualität zu erfahren, als daß es genau wissen möchte, was seine Eltern miteinander im Bett machen.

Nachdem Goldlöckchen ins Haus eingedrungen ist, untersucht es drei verschiedene Gruppen von Gegenständen – Breischüsseln, Stühle und Betten – daraufhin, ob es sie brauchen kann. Es untersucht sie immer in der gleichen Reihenfolge: zuerst das Eigentum des Vaters, dann das der Mutter und schließlich das des Kindes. Man könnte das so auffassen, daß Goldlöckchen sowohl untersucht, welche Sexrolle als auch welche Position in der Familie am besten zu ihm paßt: die des Vaters, die der Mutter oder die des Kindes. Seine Suche nach seinem Selbst und nach seiner Rolle innerhalb der Familie beginnt damit, daß es ißt, wie ja die erste bewußte Erfahrung eines jeden Menschen ist, daß er gefüttert wird, und wie ja seine Beziehungen zu anderen Personen damit beginnen, daß er von seiner Mutter gestillt wird. Aber daß Goldlöckchen sich zunächst für die Schüssel des Vaters entscheidet, legt den Gedanken nahe, daß es ihm (dem Mann) gleichen möchte oder daß es am liebsten zu ihm in Beziehung treten möchte, worauf auch die Tatsache hinweist, daß es zuerst dessen Stuhl und dessen Bett wählt, obgleich seine Erfahrung mit der Breischüssel und dem Stuhl es ja gelehrt haben müßte, daß das, was dem Vater gehört, nicht passend für es ist. Man kann den ödipalen Wünschen eines kleines Mädchens kaum näher kommen als mit der Andeutung, daß Goldlöckchen mit einer Vaterfigur Bett und Tisch teilen möchte.

Aber ob es nun ein Mann sein oder in Vaters Bett schlafen möchte, die Geschichte berichtet, daß das nicht geht. Die Gründe dafür sind, daß Vaters Brei »zu heiß« und daß sein Stuhl »zu hart« ist. Und enttäuscht darüber, daß eine männliche Identität oder intime Beziehung zu dem Vater ihm nicht möglich ist oder daß sie zu bedrohlich wäre – man könnte sich verbrennen –, kehrt Goldlöckchen wie jedes Mädchen, das eine tiefe ödipale Enttäuschung mit seinem Vater erlebt hat, wieder zur ursprünglichen Beziehung zur Mutter zurück. Aber was einst eine innige Beziehung war, erweist sich jetzt als zu kalt, um Trost darin zu finden (der Brei ist zu kalt.) Und während Mutters Stuhl nicht zu hart zum Sitzen ist, erweist er sich als zu weich; vielleicht umschließt er einen, wie die Mutter das kleine Kind in sich einschließt, und Goldlöckchen tut gut daran, daß es nicht dahin zurück möchte.

Was die Betten betrifft, so findet Goldlöckchen das Bett von Vater Bär am Kopfende und das Bett von Mutter Bär am Fußende zu hoch, was zeigt, daß ihre beiden Rollen und jede Intimität mit ihnen außerhalb seiner Reichweite sind. Nur die Sachen von Baby Bär sind »genau richtig«. So scheint ihm nichts übrig zu bleiben, als die Rolle des Kindes zu spielen. Aber es ist nicht ganz so, denn als Goldlöckchen sich auf Baby Bärs Stühlchen setzt, das – wie wir erfahren – »weder zu hart, noch zu weich, sondern genau richtig« ist, bricht der Boden durch, und Goldlöckchen »fällt plumps auf seinen Popo«. Demnach ist es offensichtlich über den Stuhl des Kleinkindes hinausgewachsen. Es hat in der Tat »den Boden verloren«, denn es hat ohne Erfolg versucht, zuerst mit dem Vater und dann mit der Mutter in Beziehung zu treten; aber den Boden verloren hat es erst, als es nach diesen Fehlschlägen widerstrebend versuchte, in eine infantile Kleinkind-Existenz zurückzukehren. Für Goldlöckchen gibt es keinen glücklichen Ausgang – es erwacht von seinem vergeblichen Versuch, etwas Passendes für sich zu finden, wie aus einem bösen Traum und läuft davon.

Goldlöckchens Geschichte veranschaulicht die schwere Wahl, die ein Kind zu treffen hat: soll es wie Vater, wie Mutter oder wie ein Kind sein? Zu entscheiden, welche dieser grundlegenden menschlichen Positionen man einnehmen will, ist in der Tat ein ungeheurer psychologischer Kampf, eine schwere Prüfung, die jeder Mensch durchmachen muß. Aber während das Kind noch nicht reif dafür ist, den Platz von Vater oder Mutter einzunehmen, ist es auch keine Lösung, deshalb den Platz eines Kindes einfach zu akzeptieren – aus diesem Grunde genügen die drei Versuche nicht. Um zu wachsen, muß man sich nicht nur klarmachen, daß man noch ein Kind ist, sondern außerdem zur Erkenntnis gelangen, daß man zu sich selbst finden muß, zu etwas anderem als dem, was die Eltern sind oder was es bedeuten würde, wenn man einfach nur ein Kind bliebe.

Anders als in einer erfundenen Geschichte wie ›Goldilocks‹ ist im Volksmärchen die Sache mit den drei vergeblichen Anstrengungen noch nicht zu Ende. Am Ende ist in ›Goldilocks‹ keine Lösung des Identitätsproblems in Aussicht, keine Entdeckung seiner selbst und kein Heranwachsen zu einer neuen, unabhängigen Person. Immerhin hat Goldlöckchen durch seine Erlebnisse im Bärenhaus wenigstens gelernt, daß eine Regression zum Infantilismus keine Lösung für die mit dem Heranwachsen verbundenen Schwierigkeiten darstellt. Die Geschichte weist darauf hin, daß die Selbstwerdung ein Prozeß ist, der damit beginnt, daß man uns aussortiert, was dabei mit der Beziehung zu den Eltern zusammenhängt.

In ›Goldilocks‹ helfen die Bären dem Kind nicht weiter; im Gegenteil, sie sind entsetzt und schimpfen darüber, daß ein kleines

Mädchen es gewagt hat, sich in Papas Bett zu legen und Mutters Platz einzunehmen. In ›Schneewittchen‹ ist das völlig anders: die Zwerge tadeln Schneewittchen keineswegs, daß es von ihren sieben Tellerlein gegessen, aus ihren Becherlein getrunken und ihre sieben Bettchen ausprobiert hat, sondern sie bewundern die kleine Heldin. Während die Bären Goldlöckchen in ihrem Ärger aufwecken, sorgen die Zwerge dafür, daß Schneewittchen ungestört weiterschlafen kann, selbst wenn sie deshalb Unbequemlichkeiten in Kauf nehmen müssen. Obwohl sie von Schneewittchens Schönheit bezaubert sind, sagen sie ihm doch von Anfang an, daß es Pflichten übernehmen muß, wenn es bei ihnen bleiben will. Wenn es eine Persönlichkeit werden will, muß es sich wie ein reifer Mensch verhalten. Die Zwerge warnen es vor den Gefahren, die das Erwachsenwerden mit sich bringt, aber selbst als Schneewittchen gegen ihren Rat handelt, helfen sie ihm wiederholt aus der Not.
Goldlöckchen erfährt bei seinen Wachstumsproblemen von seiten der Bären keine Hilfe; so bleibt ihm nichts anderes übrig, als davonzulaufen, erschrocken über den eigenen Wagemut und gescheitert in seinen Bemühungen, zu sich selbst zu finden. Wenn jemand vor einer schwierigen Entwicklungsaufgabe davonläuft, so macht das einem Kind keinen Mut, die schwere Mühe auf sich zu nehmen, die mit dem Heranwachsen verbundenen Probleme eines nach dem anderen zu lösen. Auch endet die Geschichte von Goldlöckchen nicht mit der Aussicht auf künftiges Glück, das die erwartet, die als Kind ihre ödipale Situation gemeistert haben und die dann als Adoleszenten noch einmal damit fertig geworden sind, als die alten Schwierigkeiten erneut auftauchten und jetzt auf reifere Weise zu lösen waren. ›Goldilocks‹ weist in dieser Hinsicht leider einen großen Mangel auf, da nur große Hoffnungen auf die Zukunft einem Kind den Mut geben, der es in die Lage versetzt, so lange weiterzukämpfen, bis es zu sich selbst gefunden hat.
Trotz dieser Nachteile hat aber ›Goldilocks‹ verglichen mit anderen Volksmärchen doch erhebliche Verdienste; andernfalls hätte es nie eine solche Beliebtheit erlangt. Die Geschichte handelt von den Schwierigkeiten, zur sexuellen Identität zu gelangen, und von den durch ödipale Wünsche geschaffenen Problemen, sowie von den Bemühungen des Kindes, die ungeteilte Liebe zuerst des einen Elternteils und dann die des anderen zu erlangen.
Da ›Goldilocks‹ eine vieldeutige Geschichte ist, hängt viel davon ab, wie sie erzählt wird. Eltern, die aus persönlichen Gründen dafür sind, daß man Kinder davon abschrecken sollte, hinter die Geheimnisse der Erwachsenen kommen zu wollen, werden sie anders

erzählen als Eltern, die für solche Wünsche des Kindes Verständnis haben. Der eine wird mit Goldlöckchens Schwierigkeiten, sich damit abzufinden, ein Mädchen zu sein, sympathisieren, der andere wird das nicht tun. Manche werden größeres Verständnis für Goldlöckchens Frustration haben, wenn es hinnehmen muß, noch ein Kind zu sein, andererseits aber aus dem Kindsein herauswachsen muß, selbst wenn es das lieber nicht möchte.

Die Vieldeutigkeit der Geschichte erlaubt auch, den Nachdruck auf die Geschwisterrivalität zu legen – die das andere Hauptmotiv ist. Hier hängt zum Beispiel viel davon ab, wie man die Episode mit dem zerbrochenen Stuhl erzählt. Man kann den Nachdruck auf Goldlöckchens Schrecken legen, als der Stuhl, von dem es meinte, er passe so gut, plötzlich unter ihm zusammenbricht; oder man kann auch voller Schadenfreude erzählen, wie es auf seinen Popo fällt, oder darauf hinweisen, daß es jetzt Baby Bärs Stühlchen kaputt gemacht hat.

Erzählt man die Geschichte vom Standpunkt Baby Bärs, so ist Goldlöckchen ein Eindringling, der plötzlich von nirgendwoher auftaucht, so wie das nächstjüngere Geschwisterchen einen Platz in der Familie usurpiert – oder zu usurpieren versucht –, die doch in den Augen von Baby Bär ohne den Neuankömmling bereits vollständig war. Dieser abscheuliche Eindringling nimmt ihm sein Essen, zerbricht seinen Stuhl und versucht sogar, ihn aus seinem Bett zu vertreiben und ihm überdies seinen Platz in der Liebe seiner Eltern zu rauben. Darum ist zu verstehen, daß nicht die Stimme der Eltern, sondern die von Baby Bär »so scharf und so schrill war, daß sie es aufweckte. Und auf sprang es . . . und rannte zum Fenster«. Es ist Baby Bär, das Kind, das den Eindringling wieder loswerden möchte und das will, daß er wieder dorthin zurückgeht, woher er gekommen ist, und das »nichts mehr von ihm wissen will«. So verkörpert die Geschichte die Ängste und Wünsche eines Kindes im Zusammenhang mit der eingebildeten oder tatsächlichen Ankunft eines neuen Familienmitglieds.

Wenn wir von Goldlöckchens Standpunkt aus Baby Bär als seinen kleinen Bruder ansehen, so können wir seinen Wunsch nachempfinden, ihm sein Essen wegzunehmen, ihm sein Spielzeug (den Stuhl) kaputt zu machen und sich in sein Bett zu legen, damit er keinen Platz mehr in der Familie hat. So interpretiert, wird aus dem Märchen wieder eine Warnungsgeschichte, die davor warnt, der Geschwisterrivalität soweit nachzugeben, daß man den Besitz des Geschwisterchens zerstört. Tut man dies, so riskiert man, sich draußen im Kalten wiederzufinden und nicht zu wissen, wohin.

Die große Beliebtheit von Goldlöckchen bei Kindern wie bei Erwachsenen ist teilweise auf seine vielfältigen Bedeutungen auf vielen verschiedenen Ebenen zurückzuführen. Das Kleinkind dürfte hauptsächlich auf das Motiv von der Geschwisterrivalität reagieren und begeistert darüber sein, daß Goldlöckchen dorthin zurückgehen muß, woher es kam, was so viele Kinder in bezug auf das neue Baby wünschen. Ein älteres Kind dürfte entzückt sein von Goldlöckchens Experimenten mit den Rollen von Erwachsenen. Kindern dürfte das Gucken durchs Schlüsselloch und das Eindringen ins Haus gefallen, und manche Erwachsenen möchten vielleicht ihren eigenen Kindern daran vor Augen führen, daß Goldlöckchen zur Strafe dafür aus dem Haus vertrieben wird.
Die Geschichte ist deshalb so aktuell, weil sie den Außenseiter Goldlöckchen als so mitleiderregend schildert. Das macht sie für manche ebenso sympathisch, wie sich andere davon angezogen fühlen, daß die Familienmitglieder – die Bären – schließlich das Spiel gewinnen. So kommt es, daß die Geschichte sowohl Menschen, die sich als Außenseiter empfinden, wie auch solche, die sich zugehörig glauben, fesseln kann. Der veränderte Titel zeigt, wie eine Geschichte, die zunächst den Besitz und die psychologischen Rechte der sich zugehörig Fühlenden – der Bären – verteidigt, mit der Zeit zu einem Märchen wird, welches die Aufmerksamkeit auf den Außenseiter konzentriert. Die Geschichte, die früher einmal ›Die drei Bären‹ hieß, ist jetzt meist unter dem Titel ›Goldilocks‹ bekannt. Außerdem dürfte hier die Vieldeutigkeit, die mit der Zeitstimmung so sehr im Einklang steht, ebenfalls ein Grund für die Beliebtheit sein, während die klaren Lösungen des traditionellen Märchens auf eine glücklichere Zeit hinzuweisen scheinen, wo man noch glaubte, daß definitive Lösungen möglich seien.
In dieser Hinsicht ist das, was an der Geschichte am meisten anspricht und zugleich ihre größte Schwäche ist, von noch größerer Wichtigkeit. Nicht nur in unserer modernen Zeit, sondern zu allen Zeiten scheint das Davonlaufen vor einem Problem – was im Unbewußten soviel bedeutet wie seiner Leugnung oder Verdrängung – der einfachste Ausweg zu sein, wenn man vor einem Problem steht, welches schwierig oder gar unlösbar scheint. Diese Lösung bietet uns ›Goldilocks‹ an. Es hat den Anschein, daß die Bären sich durch sein plötzliches Auftauchen so wenig beeindrucken lassen wie durch sein plötzliches Verschwinden aus ihrem Leben. Sie benehmen sich so, als ob nichts geschehen wäre als ein Zwischenspiel ohne Konsequenzen; damit, daß Goldlöckchen aus dem Fenster springt, sind alle Probleme gelöst. Was Goldlöckchen selbst betrifft, so

scheint sein Weglaufen zu zeigen, daß keine Lösung der ödipalen Schwierigkeiten oder der Geschwisterrivalität notwendig ist. Im Gegensatz zum traditionellen Märchen hat man den Eindruck, daß Goldlöckchens Erlebnis im Bärenhaus sein Leben ebenso wenig verändert wie das der Bärenfamilie; wir hören nichts mehr darüber. Obwohl es so gründlich untersucht, wo es hineinpaßt – was gleichbedeutend mit der Suche nach dem Selbst ist –, erfahren wir nicht, daß es dadurch zu einer höheren Stufe der Selbstverwirklichung gelangte.

Eltern möchten gern, daß ihre Töchter ewig ihre kleinen Mädchen bleiben, und das Kind möchte glauben, daß es möglich ist, die Kämpfe zu vermeiden, die es mit sich bringt, heranzuwachsen. Daher die spontane Reaktion auf ›Goldilocks‹: »Was für eine reizende Geschichte!« Aber das ist auch der Grund, weshalb sie dem Kind nicht hilft, zur emotionalen Reife zu gelangen.

›Dornröschen‹

Die Adoleszenz ist eine Periode großer und schneller Veränderungen, die dadurch gekennzeichnet ist, daß Zeiten äußerster Passivität und Lethargie abwechseln mit frenetischer Aktivität, ja mit einem gefährlichen Verhalten, welches darauf abzielt, »sich selbst zu beweisen« oder innere Spannungen zu entladen. Dieses Vor und Zurück im Verhalten des Adoleszenten findet in manchen Märchen darin seinen Ausdruck, daß der Held sich in Abenteuer stürzt und dann plötzlich durch irgendeine Verzauberung in Stein verwandelt wird. Noch öfter und vermutlich psychologisch richtiger ist die Reihenfolge umgekehrt: In ›Die drei Federn‹ tut der Dummling nichts, bis er schon tief in der Adoleszenz steckt, und der Held von ›Die drei Sprachen‹, den sein Vater dazu anhält, in die Fremde zu gehen, um sich weiterzuentwickeln, verbringt drei Jahre mit passivem Lernen, bevor seine Abenteuer beginnen.

Während viele Märchen die großen Taten, die der Held vollbringen muß, um zu sich selbst zu finden, in den Vordergrund stellen, betont ›Dornröschen‹, daß auch die lange, ruhige Konzentration auf das eigene Ich notwendig ist. Während der Monate vor der ersten Menstruation und oft noch einige Zeit unmittelbar anschließend sind die jungen Mädchen passiv, machen einen verschlafenen Eindruck und ziehen sich in sich selbst zurück. Obgleich bei den

Jungen kein ebenso auffälliger Zustand das Herannahen der sexuellen Reife anzeigt, sind doch auch viele von ihnen während der Pubertät eine Zeitlang schlapp und in sich gekehrt, ganz ähnlich wie die Mädchen. So wird verständlich, daß ein Märchen, bei dem mit dem Anfang der Pubertät eine lange Periode des Schlafens einsetzt, bei Mädchen und Jungen lange Zeit sehr beliebt gewesen ist.

Bei größeren Veränderungen im Leben wie bei der Adoleszenz sind für ein erfolgreiches Wachstum sowohl aktive als auch geruhsame Perioden notwendig. Zu einem Sich-nach-innen-Kehren, das nach außen hin wie Passivität (oder Verschlafenheit) wirkt, kommt es dann, wenn sich in dem Betreffenden innere Prozesse von solcher Wichtigkeit abspielen, daß er keine Energie mehr für nach außen gerichtete Aktionen übrig hat. Märchen, die wie ›Dornröschen‹ die Periode der Passivität als zentrales Thema haben, ermöglichen es dem jungen Menschen zu Beginn der Adoleszenz, sich über seine mangelnde Aktivität in dieser Zeit keine Sorgen zu machen: er erfährt, daß die Dinge sich trotzdem weiterentwickeln. Der glückliche Ausgang gewährleistet dem Kind, daß es nicht dauernd im scheinbaren Nichtstun verhaftet bleiben wird, selbst wenn es im Augenblick so aussieht, als sollte die Periode der Ruhe hundert Jahre dauern.

Nach der Periode der Untätigkeit, die typischerweise in den Beginn der Pubertät fällt, werden die Adoleszenten wieder aktiv und holen das nach, was sie in der Periode der Passivität versäumt haben. Im wirklichen Leben wie im Märchen versuchen sie dann oft, ihre junge Männlichkeit oder Weiblichkeit zu beweisen, indem sie sich in gefährliche Abenteuer stürzen. So verkündet das Märchen in seiner symbolischen Sprache, daß sie – nachdem sie Kräfte in der Einsamkeit gesammelt haben – jetzt sie selbst werden müssen. Diese Entwicklung ist tatsächlich voller Gefahren: ein Adoleszent muß die Sicherheit der Kindheit aufgeben, was dadurch symbolisiert wird, daß er sich im gefährlichen Wald verirrt. Er muß lernen, seinen gewalttätigen Neigungen wie auch seinen Ängsten ins Auge zu sehen, was durch Begegnungen mit wilden Tieren oder Drachen symbolisiert wird. Er muß sich selbst erkennen lernen, worauf Begegnungen mit seltsamen Gestalten und merkwürdige Erlebnisse hinweisen. Durch diesen Prozeß verliert der Adoleszent seine Unschuld, die dadurch symbolisiert war, daß er ein von allen für töricht und primitiv gehaltener »Dummling« oder lediglich jemandes Kind war. Die Gefahren, die mit kühnen Abenteuern verbunden sind, wenn zum Beispiel Hans dem Menschenfresser begegnet, sind nicht zu übersehen. So alt wie das Märchen vom Dornröschen ist, hält es doch für unsere heutige Jugend in mancherlei Hinsicht eine wichtigere Botschaft bereit als viele andere Geschichten. Heutzutage haben viele junge Leute und ihre Eltern Angst vor einem ruhigen Heranwachsen, bei dem sich nichts Besonderes zu ereignen scheint, weil allgemein angenommen wird, daß man nur etwas erreicht, wenn man Dinge tut, die nach außen in Erscheinung treten. ›Dornröschen‹ zeigt uns, daß eine lange Periode der Ruhe, der Kontemplation und Konzentration auf sich selbst oft zu höchsten Leistungen führt.

Man hat kürzlich behauptet, der Kampf gegen die Abhängigkeit der Kindheit und das Streben nach Selbstwerdung sei in den Märchen für die Mädchen oft anders dargestellt als für die Jungen, was durch die sexuelle Stereotypisierung bedingt sei. Aber die Märchen liefern keine solchen einseitigen Bilder. Selbst wenn ein Mädchen so geschildert wird, daß es sich in seinem Ringen, sich selbst zu finden, nach innen wendet, und ein Junge sich aggressiv mit der Außenwelt auseinandersetzt, so symbolisieren doch beide *zusammen* die zwei Arten, wie man zum Selbst hinfindet: dadurch, daß man sein Inneres wie auch die Außenwelt verstehen und meistern lernt. In diesem Sinn sind die männlichen und die weiblichen Helden wiederum Projektionen zweier künstlich voneinander getrennter Aspekte von ein und demselben Prozeß, den *jeder* beim Heranwachsen durchzumachen hat, auf zwei verschiedene Personen. Während gewisse Eltern, die sich an den Wortlaut der Geschichte halten, das nicht merken, wissen die Kinder, daß das Märchen sich auf ihre eigenen Probleme bezieht, ganz gleich, welches Geschlecht der Held hat.

In Märchen erscheinen männliche und weibliche Figuren in den gleichen Rollen. In ›Dornröschen‹ ist es der Königssohn, der das schlafende Mädchen findet, aber in ›Amor und Psyche‹ und den vielen davon abgeleiteten Erzählungen ist es Psyche, die Amor im Schlaf überrascht und genau wie der Königssohn von der Schönheit, die er da erblickt, bezaubert ist. Das ist nur ein Beispiel für viele. Da es Tausende von Märchen gibt, kann man wohl annehmen, daß es etwa ebenso viele gibt, wo der Mut und die Entschlossenheit der weiblichen Heldin den Helden rettet, wie umgekehrt. So sollte es auch sein, da die Märchen uns wichtige Wahrheiten über das Leben enthüllen.

›Dornröschen‹ ist in zwei verschiedenen Versionen am besten bekannt: in Perraults ›La Belle au bois dormant‹ und dem Märchen der Brüder Grimm.(70) Um den Unterschied zu erklären, empfiehlt es sich, zunächst kurz auf die Form einzugehen, welche die

Geschichte in Basiles ›Pentamerone‹ angenommen hat, wo sie ›Sonne, Mond und Talia‹ betitelt ist.*(71)

Bei der Geburt seiner Tochter Talia fordert ein König alle weisen Männer und Seher auf, ihr die Zukunft vorauszusagen. Sie sind sich darüber einig, daß das Mädchen durch eine Flachsfaser in große Gefahr geraten wird. Um ein Unglück zu vermeiden, befiehlt der König, daß kein Flachs und kein Hanf je in sein Schloß gebracht werden darf. Aber als Talia herangewachsen ist, sieht sie eines Tages eine alte Frau spinnend an ihrem Fenster vorbeigehen. Talia, die so etwas noch nie gesehen hat, »war entzückt über das Tanzen der Spindel«.

Neugierig geworden, nimmt sie die Kunkel in die Hand und fängt an, den Faden zu drehen. Da gerät ihr eine Faser »unter den Nagel eines Fingers und sie fiel sogleich tot zu Boden«. Der König setzt seine leblose Tochter auf einen Samtsessel im Palast, verschließt die Tür und geht für immer fort, um nicht mehr an seinen Kummer erinnert zu werden.

Einige Zeit danach befindet sich ein anderer König auf der Jagd. Sein Falke fliegt ins Fenster des menschenleeren Schlosses und kommt nicht zurück. Der König wandert auf der Suche nach dem Falken im Schloß umher. Da findet er Talia. Sie sieht aus, als ob sie schliefe, doch kann er sie auf keine Weise wecken. Er verliebt sich in ihre Schönheit und begattet sie; dann verläßt er sie und vergißt zunächst die ganze Geschichte. Neun Monate später bringt Talia zwei Kinder zur Welt, doch wacht sie auch hierbei nicht auf. Die Kinder trinken an ihrer Brust. Einmal, als eines der Kinder an ihr saugen will, kann es die Brust nicht finden und erwischt statt dessen den verletzten Finger. Daran saugt es so heftig, daß es die Hanffaser herauszieht, worauf Talia aus ihrem tiefen Schlaf erwacht.

Eines Tages fällt dem König sein Abenteuer wieder ein, und er begibt sich zu Talia. Er ist entzückt, sie mit ihren beiden schönen Kindern wach zu finden, und muß von da an unablässig an sie denken. Seine Gemahlin aber entdeckt sein Geheimnis und läßt die Kinder heimlich im Namen des Königs holen. Sie befiehlt, sie zu kochen, um sie ihrem Gemahl vorzusetzen. Der Koch aber hat die Kinder insgeheim in seiner Wohnung versteckt und statt ihrer zwei Zicklein gekocht, welche die Königin dem König vorsetzt. Eine Weile später schickt die Königin nach Talia mit der Absicht, sie ins

* Das Motiv der Geschichte war damals bereits längst bekannt, denn wir besitzen französische und katalanische Versionen aus dem vierzehnten bis sechzehnten Jahrhundert, die Basile zum Vorbild gedient haben dürften, sofern er sich nicht auf Volksmärchen seiner Zeit stützte, die wir nicht kennen.(72)

Feuer werfen zu lassen, weil sie die Ursache für die Untreue des Königs war. Im letzten Augenblick kommt der König hinzu, läßt statt Talia seine Frau ins Feuer werfen und heiratet Talia. Er ist hochbeglückt, auch seine vom Koch geretteten Kinder wiederzufinden. Die Geschichte endet mit einem kurzen Vers, der die alte Weisheit enthält:

> Wem der Himmel wohl will,
> Dem gibt er das Glück im Schlafe.*

Perrault fügt aus eigenem Antrieb oder unter Benutzung eines bekannten Märchenmotivs die gekränkte Fee hinzu, die den Fluch ausspricht, und gibt so eine Erklärung dafür, daß die Heldin in den todesähnlichen Schlaf sinkt. Es ist dies eine Bereicherung der Geschichte, denn in ›Sonne, Mond und Talia‹ erfahren wir nicht den Grund, weshalb der Heldin dieses Mißgeschick widerfährt.

In Basiles Geschichte ist Talia die Tochter eines Königs, die dieser so sehr liebt, daß er es nicht mehr in seinem Schloß aushält, nachdem sie in einen todesähnlichen Schlaf gesunken ist. Nachdem er Talia »unter einem gestickten Thronhimmel« zurückgelassen hat, hören wir nichts mehr von ihm, nicht einmal später, als sie wieder erwacht ist, ihren König geheiratet hat und mit ihm und ihren schönen Kindern ein glückliches Leben führt. Ein König nimmt im gleichen Land die Stelle eines anderen Königs ein; ein König nimmt in Talias Leben die Stelle eines anderen ein – der Vater-König wird durch den Liebhaber-König ersetzt. Wäre es nicht möglich, daß der eine König in einer unterschiedlichen Periode im Leben des Mädchens die Stelle des anderen einnimmt, und zwar in einer unterschiedlichen Rolle und in unterschiedlichem Gewand? Wir treffen hier wieder auf die »Unschuld« des ödipalen Kindes, das sich nicht für die Wünsche verantwortlich fühlt, die es in seinem Vater oder in seiner Mutter erweckt oder erwecken möchte.

Perrault, der Mitglied der Académie war, distanziert sich auf doppelte Weise von der Erzählung Basiles. Schließlich war er ein

* Da die Kinder Talias Sonne und Mond heißen, besteht die Möglichkeit, daß Basile von der Geschichte Letos beeinflußt war, welche eine der vielen Geliebten des Zeus war, die ihm Apollo und Artemis gebar, den Sonnengott und die Mondgöttin. Wenn das zutrifft, dürfen wir annehmen, daß die Königin in der Geschichte von weitem an Hera erinnert, die ja auch auf alle Geliebten ihres Gemahls eifersüchtig war.

In die meisten Märchen der westlichen Welt sind mit der Zeit auch viele christliche Elemente eingedrungen, so daß die christlichen Nebenbedeutungen ein weiteres Buch füllen würden. In dieser Geschichte hat Talia ihre Kinder ohne Lust und Sünde empfangen, da sie ja von dem Geschlechtsakt und ihrer Empfängnis nichts gemerkt hat. Das hat sie mit der Jungfrau Maria gemeinsam, und wie diese wird auch sie gleichsam unbefleckt zur Mutter eines Gottes.

Höfling, der seine Geschichten für die Lektüre von Prinzen bestimmt hatte und vorgab, sein kleiner Sohn habe sie erfunden, um einer Prinzessin eine Freude zu machen. Er macht aus den beiden Königen einen König und einen Prinzen, wobei letzterer ganz offensichtlich unverheiratet ist und keine Kinder hat. Und die Gegenwart des Königs ist von der des Prinzen außerdem durch einen hundertjährigen Schlaf getrennt, so daß wir sicher sein können, daß die beiden nichts miteinander zu tun haben. Allerdings ist recht interessant, daß Perrault es doch nicht ganz fertig bringt, sich aus den ödipalen Anspielungen herauszuhalten. In seiner Geschichte ist die Königin nicht wahnsinnig eifersüchtig, weil ihr Gemahl sie betrogen hat, sondern sie ist die ödipale Mutter, die auf das Mädchen, in das sich ihr Sohn verliebt hat, so eifersüchtig ist, daß sie es umzubringen sucht. Aber während die Königin in Basiles Geschichte überzeugend wirkt, trifft das auf Perraults Königin nicht zu. Seine Geschichte fällt in zwei unvereinbare Teile auseinander: in einen ersten Teil, der damit endet, daß der Prinz die schlafende Schöne aufweckt und sie heiratet, und in einen zweiten Teil, in dem wir plötzlich erfahren, daß die Mutter des reizenden Prinzen eine Menschenfresserin ist, die es gelüstet, ihre eigenen Enkelkinder aufzufressen.

Bei Basile will die Königin ihrem Gemahl dessen eigene Kinder zum Essen vorsetzen – die furchtbarste Strafe, die sie sich ausdenken kann dafür, daß er ihr die schlafende Schöne vorgezogen hat. Bei Perrault gelüstet es sie danach, sie selbst zu fressen. Bei Basile ist die Königin eifersüchtig, weil das Sinnen und Trachten ihres Mannes völlig von Talia und ihren Kindern gefangen genommen ist. Sie versucht Talia im Feuer zu verbrennen – da die »brennende« Liebe des Königs zu Talia den »brennenden« Haß der Königin auf sie entflammt hat.

Für den kannibalistischen Haß der Perraultschen Königin gibt er nur die Erklärung, daß man bei Hofe munkelte, »sie habe menschenfresserische Neigungen, und wenn sie kleine Kinder vorbeigehen sehe, koste es sie alle erdenkliche Mühe, sich nicht auf sie zu stürzen«. Daher hält der Prinz seine Heirat mit der Schönen, die er aus dem Schlaf erweckt hat, zwei Jahre lang geheim, bis sein Vater stirbt. Erst dann bringt er sie mit ihren beiden Kindern, die Morgenröte (*Aurore*) und heller Tag (*le Jour*) heißen, ins elterliche Schloß. Und obwohl er weiß, daß seine Mutter eine Menschenfresserin ist, vertraut er ihr, als er in den Krieg zieht, sein Königreich und seine Frau und seine Kinder an. Perraults Geschichte endet damit, daß der König in eben dem Augenblick zurückkehrt, als seine

Mutter im Begriff ist, die junge Königin in »ein Faß mit Kröten, Vipern, Nattern und Schlangen« werfen zu lassen. Bei seiner Ankunft stürzt sich dann die Königin kopfüber selber in das Faß in ihrer Wut darüber, daß ihr Plan vereitelt ist.
Es ist leicht einzusehen, daß Perrault es als unpassend empfunden hätte, am französischen Hof eine Geschichte zu erzählen, in der ein verheirateter König ein schlafendes Mädchen vergewaltigt, sie schwängert und zunächst wieder völlig vergißt, bis er sich nach einiger Zeit zufällig wieder an sie erinnert. Aber ein Märchenprinz, der seine Heirat und Vaterschaft vor seinem Vater-König geheimhält – vermutlich weil er die ödipale Eifersucht des Königs fürchtet, wenn der Sohn ebenfalls Vater wird –, ist nicht überzeugend, schon allein deshalb, weil ödipale Eifersucht von Mutter und Vater auf den gleichen Sohn in der gleichen Geschichte selbst in einem Märchen übertrieben ist. Obwohl der Prinz weiß, daß seine Mutter eine Menschenfresserin ist, bringt er seine Frau und seine Kinder nicht heim, solange sein guter Vater noch lebt und das Schlimmste verhindern könnte, sondern erst nach dessen Tod, als dieser Schutz nicht mehr vorhanden ist. Der Grund hierfür ist nicht mangelndes Können Perraults. Er hat einfach seine Geschichten nicht ernst genommen, und es kam ihm vor allem auf die geistreiche Strophe mit ihrer Moral an, die er jedem seiner Märchen anhängte.*
Da die Geschichte in zwei so schlecht zueinander passende Teile auseinanderfällt, ist es verständlich, daß sie beim mündlichen Erzählen – und oft auch in gedruckter Form – mit der glücklichen Vereinigung des Prinzen mit der schlafenden Schönen endet. In dieser Form haben sie auch die Brüder Grimm kennengelernt und

* Da Perrault bei seinen Märchen die Höflinge als Leser im Sinn hatte, machte er sich über seine Geschichten lustig. So spezifiziert er beispielsweise, daß die menschenfressende Königin die Kinder »mit Sauce Robert« serviert haben will. Damit bringt er Einzelheiten herein, die vom eigentlichen Charakter des Märchens ablenken, so auch wenn er berichtet, der Prinz habe Talia beim Aufstehen geholfen und dabei festgestellt, daß ihr prächtiges Kleid altmodisch war: »Sie war angezogen wie zu Großmutters Zeiten und trug einen steifen Kragen, aber deshalb sah sie doch nicht weniger schön aus.« Als ob Märchenhelden nicht in einer Welt lebten, in der sich die Mode nicht ändert!
Solche Bemerkungen, in denen Perrault seine rationalen Banalitäten mit Märchenphantasien vermischt, tun seinem Werk erheblichen Abbruch. Die Bemerkung über das Kleid zum Beispiel zerstört den mythischen, allegorischen, psychologischen Zeitbegriff, der durch den hundertjährigen Schlaf symbolisiert wird, und macht die ganze Sache frivol – im Unterschied zu der Legende von den Heiligen, die nach hundertjährigem Schlaf erwachen und merken, wie sehr die Welt sich verändert hat, worauf sie sofort zu Staub zerfallen. Durch sein Bemühen, die Leser mit derlei Einzelheiten zu amüsieren, zerstört Perrault das Gefühl der Zeitlosigkeit, das für die Wirkung der Märchen von so großer Bedeutung ist.

aufgezeichnet, und sie war damals und ist heute noch die verbreitetste Version. Allerdings ging dabei etwas verloren, was bei Perrault vorhanden war. Einem neugeborenen Kinde den Tod zu wünschen, nur weil man nicht zur Taufe geladen war oder ein mangelhaftes Gedeck erhalten hat, kennzeichnet eine böse Fee. Daher finden wir sowohl bei Perrault als auch in der Grimmschen Fassung gleich zu Anfang der Geschichte die Feen-Patinnen in ihre guten und bösen Aspekte aufgespalten. Das glückliche Ende erfordert, daß das böse Prinzip entsprechend bestraft und vernichtet wird; nur dann kann das Gute und damit das Glück den Sieg davontragen. Bei Perrault wie auch bei Basile wird das böse Prinzip vernichtet, und so wird der Gerechtigkeit des Märchens Genüge getan. In der Version der Brüder Grimm dagegen, auf die wir im folgenden eingehen wollen, fehlt das, denn die böse Fee wird hier nicht bestraft.

Wie sehr die einzelnen Fassungen ›Dornröschen‹ im einzelnen auch voneinander abweichen mögen, das zentrale Thema ist doch überall das gleiche, daß nämlich die Eltern, so sehr sie sich auch darum bemühen mögen, das sexuelle Erwachen ihres Kindes nicht verhindern können – es wird unter allen Umständen dazu kommen. Außerdem können solche Versuche schlecht beratener Eltern die Erlangung der Reife zu weit hinausschieben, wie es Dornröschens hundertjähriger Schlaf symbolisiert, der ihr sexuelles Erwachen von ihrer Vereinigung mit dem Liebhaber trennt. In enger Beziehung dazu steht ein anderes Motiv – daß nämlich die sexuelle Erfüllung nicht weniger schön ist, wenn man lange darauf warten muß.

Die Perraultsche wie auch die Grimmsche Version beginnt mit dem Hinweis, daß man unter Umständen lange darauf warten muß, die sexuelle Erfüllung zu finden, die durch den Besitz eines Kindes gekennzeichnet ist. Lange, lange Zeit, so erfahren wir, wünschten sich der König und die Königin vergeblich ein Kind. Bei Perrault verhalten sich die Eltern so, wie es damals in solchen Fällen üblich war: »Sie begaben sich in alle Bäder der Welt; Gelübde, Wallfahrten, alles versuchten sie, und nichts kam dabei heraus. Endlich aber wurde die Königin schwanger und bekam ein kleines Mädchen.« Bei den Brüdern Grimm fängt die Geschichte viel märchenhafter an: »Vor Zeiten war ein König und eine Königin, die sprachen jeden Tag: ›Ach, wenn wir doch ein Kind hätten!‹ und kriegten immer keins. Da trug es sich zu, als die Königin einmal im Bade saß, daß ein Frosch aus dem Wasser ans Land kroch und zu ihr sprach: ›Dein Wunsch wird erfüllt werden, ehe ein Jahr vergeht, wirst du eine Tochter zur Welt bringen.‹« Daß der Frosch sagt, die Königin werde, bevor ein Jahr um ist, ein Kind zur Welt bringen, rückt diese Zeit in die Nähe der neun Monate der Schwangerschaft. Das – zusammen mit der Tatsache, daß die Königin gerade badet – läßt vermuten, daß die Empfängnis stattfand, als der Frosch die Königin besuchte. (Auf die Frage, weshalb im Märchen oft der Frosch die sexuelle Erfüllung symbolisiert, werden wir im Zusammenhang mit dem Märchen ›Der Froschkönig‹ noch näher eingehen.)

Das lange Warten der Eltern auf ein Kind, das schließlich doch ankommt, will sagen, daß man in bezug auf die sexuelle Erfüllung keine Eile zu haben braucht; sie verliert nichts von ihrem Reiz, auch wenn man lange Geduld haben muß. Die guten Feen und ihre guten Wünsche bei der Taufe haben eigentlich mit dem Thema der Geschichte nur wenig zu tun, außer daß sie den Gegensatz zum Fluch der Fee bilden, die sich gekränkt fühlt. Das geht daraus hervor, daß die Zahl der Feen von Land zu Land variiert; es handelt sich um drei oder auch um acht oder dreizehn.* Auch die Gaben, mit denen die guten Feen das Kind bedenken, weichen in den verschiedenen Versionen voneinander ab, während der Fluch der bösen Fee immer der gleiche ist. Das Mädchen soll sich (im Grimmschen Märchen, wenn es fünfzehn Jahre alt ist) an einer Spindel in den Finger stechen und sterben. Die letzte gute Fee kann diese Todesdrohung noch in einen hundertjährigen Schlaf umwandeln. Die Botschaft des Märchens ist ähnlich wie die von ›Schneewittchen‹: was am Ende der Kindheit sich wie eine Periode einer todesähnlichen Passivität ausnimmt, ist nichts als eine Zeit des ruhigen Wachstums und der Vorbereitung, aus welcher der Betreffende reif und bereit für die sexuelle Vereinigung aufwachen wird. Dabei ist zu betonen, daß im Märchen diese Vereinigung ebenso sehr eine Vereinigung von Geist und Seele der beiden Partner wie die sexuelle Erfüllung bedeutet.

In früheren Zeiten war das Alter von fünfzehn Jahren oft der Zeitpunkt, an dem die Regel einsetzte. Die dreizehn Feen im Märchen der Brüder Grimm erinnern an die dreizehn Mondmonate, in die das Jahr in alten Zeiten eingeteilt wurde. Während diese

* In den ›Anciennes Chroniques de Perceforest‹ aus dem vierzehnten Jahrhundert (die 1528 in Frankreich zum erstenmal gedruckt wurden), werden drei Göttinnen zur Feier der Geburt von Zellandine eingeladen. Lucina schenkt ihr Gesundheit; Themis, die erbost darüber ist, daß neben ihrem Teller kein Messer liegt, stößt den Fluch aus, daß Zellandine beim Spinnen einen Faden vom Spinnrocken losreißen und ihn sich in den Finger hineinreißen soll; sie wird dann solange schlafen müssen, bis ihn ihr jemand wieder herauszieht. Venus, die dritte Göttin, verspricht Hilfe. Bei Perrault sind sieben Feen eingeladen, und eine ist uneingeladen geblieben, weshalb sie nachher den wohlbekannten Fluch ausspricht. In der Geschichte der Brüder Grimm handelt es sich um zwölf wohlwollende und eine übelwollende Fee.

Symbolik für jemand, der vom Mondjahr nichts weiß, unverständlich bleiben dürfte, ist allgemein bekannt, daß die Menstruation im Achtundzwanzig-Tage-Rhythmus der Mondmonate einzusetzen pflegt, und nicht im Rhythmus der zwölf Monate, in die unser Sonnenjahr eingeteilt ist. So dürften die zwölf guten Feen plus der dreizehnten bösen symbolisch andeuten, daß der verhängnisvolle »Fluch« sich auf die Menstruation bezieht.

Hierfür spricht auch die Tatsache, daß der König als Mann die Notwendigkeit der Menstruation nicht begreift und seine Tochter davor zu bewahren sucht, daß es bei ihr zu der schicksalhaften Blutung kommt. Die Königin scheint in allen Versionen des Märchens die böse Prophezeiung der zornigen Fee überhaupt nicht zu beachten. Sie weiß jedenfalls, daß es keinen Sinn hätte, den Versuch zu machen, ihr Eintreffen zu verhindern. Der Fluch steht in Zusammenhang mit der Spindel oder Kunkel, wobei zu beachten ist, daß das englische Wort *distaff* mit der Zeit den gesamten Bereich des Weiblichen ganz allgemein bezeichnet hat. Dasselbe gilt zwar nicht für die entsprechenden französischen oder deutschen Bezeichnungen, doch hat man bis vor recht kurzer Zeit noch im Spinnen und Weben typisch »weibliche« Beschäftigungen gesehen.

Alle besorgten Bemühungen des Königs, den »Fluch« der bösen Fee abzuwenden, schlagen fehl. Daß er alle Spindeln aus dem Königreich entfernen läßt, kann nicht verhindern, daß bei seiner Tochter, als sie im Alter von fünfzehn Jahren in die Pubertät eintritt, die verhängnisvolle Blutung einsetzt, so wie es die böse Fee prophezeit hat. Welche Vorkehrungen ein Vater auch immer treffen mag, sobald seine Tochter dafür reif ist, setzt bei ihr die Pubertät ein. Die zeitweilige Abwesenheit beider Eltern, wenn dies eintrifft, symbolisiert die Tatsache, daß sämtliche Eltern nicht in der Lage sind, ihr Kind vor den verschiedenen Wachstumskrisen zu schützen, die jeder Mensch durchmachen muß.

Als das junge Mädchen in die Adoleszenz eintritt, untersucht es die ihm bis dahin unzugänglichen Lebensbereiche, die von der verborgenen Kammer repräsentiert werden, in der die alte Frau sitzt und spinnt. An dieser Stelle fließt die Geschichte von Freudschen Symbolen geradezu über. Als das Mädchen sich dem verhängnisvollen Ort nähert, muß es eine Wendeltreppe hinaufsteigen, und in Träumen bedeuten solche Treppen typischerweise sexuelle Erlebnisse. Über die Treppe gelangt es zu einer kleinen Tür, in deren Schloß ein Schlüssel steckt. Als es den Schlüssel umdreht, »sprang die Tür auf«, und das Mädchen betritt ein kleines Stübchen, in dem eine alte Frau sitzt und spinnt. Ein kleiner verschlossener Raum

bedeutet in Träumen oft die Vagina; das Umdrehen des Schlüssels in einem Schloß symbolisiert den Geschlechtsakt.
Als das junge Mädchen die alte Frau spinnen sieht, fragt es: »Was ist das für ein Ding, das so lustig herumspringt?« Man braucht nicht viel Phantasie, um die sexuelle Nebenbedeutung der Spindel zu verstehen; aber sowie das Mädchen sie berührt, sticht es sich in den Finger und sinkt in tiefen Schlaf.
Die Hauptassoziationen, welche dieses Märchen im Unbewußten des Kindes weckt, beziehen sich eher auf die Menstruation als auf den Geschlechtsakt. In der Bibel wird die Menstruation gelegentlich als »der Fluch« bezeichnet, und es ist der Fluch einer Frau – der Fee –, der die Blutung verursacht. Zweitens ist das Alter, in dem der Fluch wirksam werden soll, das Alter, in dem früher meist die Regel einsetzte. Schließlich kommt es zur Blutung durch die Begegnung mit einer alten Frau, und nicht mit einem Mann; und nach der Bibel vererbt sich der Fluch von Frau zu Frau.
Die mit der Regel verbundene Blutung ist für das junge Mädchen (und auch für den jungen Mann, wenn auch in anderer Weise) ein überwältigendes Erlebnis, wenn es emotional noch nicht reif dafür ist. Überwältigt von ihrem Erlebnis der plötzlichen Blutung sinkt die Prinzessin in einen langen Schlaf, in dem sie vor allen Liebhabern – das heißt vor vorzeitigen sexuellen Begegnungen – sicher ist, geschützt durch eine undurchdringliche Dornenhecke. Während in den meisten bekannten Fassungen des Märchens der Titel ›The Sleeping Beauty‹ (Die schlafende Schöne) auf den langen Schlaf der Heldin hinweist, beziehen sich andere Varianten auf die schützende Dornenhecke, wie auch der englische Titel ›Briar Rose‹ (Heckenrose).*
Viele Königssöhne versuchen zu Dornröschen vorzudringen, bevor noch deren Reifezeit zu Ende ist, und alle diese vorzeitigen Bewerber kommen in den Dornen um. Es ist das eine Warnung für Kind und Eltern, daß ein sexuelles Erwecken, bevor Geist und Körper dafür reif sind, destruktive Folgen hat. Aber als Dornröschen schließlich zur körperlichen und emotionalen Reife gelangt und bereit für die Liebe und damit auch für die Sexualität und Ehe ist, weicht die scheinbar undurchdringliche Dornenhecke von selbst zurück. Sie wird plötzlich zu einer Hecke voller großer schöner Blüten, die sich vor dem Königssohn öffnet, um ihn einzulassen. Das

* Der deutsche Name des Mädchens und der Titel des deutschen Märchens ›Dornröschen‹ betont sowohl die Dornenhecke als auch die (Hecken)Rose. Die Diminutivform »Röschen« betont die Unreife des Mädchens, die durch eine Dornenhecke geschützt werden muß.

will genau wie in vielen anderen Märchen besagen: mache dir keine unnützen Gedanken und versuche nichts zu beschleunigen – wenn die Zeit reif ist, wird das scheinbar unlösbare Problem sich ganz von selbst lösen.

Aber der lange Schlaf des schönen Mädchens hat noch andere Nebenbedeutungen. Ob es sich nun um Schneewittchen in seinem Glassarg oder um Dornröschen auf seinem Bett handelt, der Traum des Adoleszenten von ewiger Jugend und Schönheit ist eben doch nur ein Traum. Die Abänderung des ursprünglichen Fluchs, der mit dem Tode drohte, in den Fluch eines langen Schlafes ist ein Hinweis darauf, daß beides gar nicht so sehr verschieden ist. Wenn wir uns nicht ändern und weiterentwickeln wollen, könnten wir genausogut in einem todesähnlichen Schlaf verharren. Während ihres Schlafes ist die Schönheit der Heldin frigide; sie ist in ihrem Narzißmus isoliert. Bei einer solchen ausschließlichen Beschäftigung mit sich selbst unter Ausschluß der übrigen Welt gibt es kein Leiden, aber man gewinnt damit auch keine Erkenntnis, und man lernt keine neuen Gefühle kennen.

Jeder Übergang von einem Entwicklungsstadium zum nächsten ist mit Gefahren verbunden; die Gefahren der Pubertät werden symbolisiert durch das Fließen von Blut bei der Berührung der Spindel. Es ist eine natürliche Reaktion auf die mit dem Erwachsenwerden verbundene Gefahr, daß man sich vor einer Welt und einem Leben zurückzieht, die solche Schwierigkeiten mit sich bringen. Ein narzißtisches Sichinsichselbstzurückziehen ist eine verlockende Reaktion auf die Spannungen der Adoleszenz, aber die Geschichte lehrt, daß es zu einer gefährlichen todesähnlichen Existenz führt, wenn man sich ihr als einer Flucht vor den Abenteuern des Lebens hingibt. Dann stirbt für den Betreffenden die ganze Welt ab. Das ist die symbolische Bedeutung und Warnung des todesähnlichen Schlafes, in den alle in der Umgebung von Dornröschen verfallen. Die Welt wird nur für den lebendig, der für sie erwacht. Nur wenn wir zum anderen in positive Beziehung treten, »erweckt« uns das aus der Gefahr, unser Leben zu verschlafen. Der Kuß des Königssohns bricht den Zauber des Narzißmus und weckt in Dornröschen die Weiblichkeit, die bis dahin noch unentwickelt war. Nur wenn aus dem Mädchen die Frau wird, kann das Leben weitergehen.

Die harmonische Begegnung von Königssohn und Königstochter, ihr Erwachen zueinander, ist ein Symbol für das, was die Reife mit sich bringt: nicht nur Harmonie mit sich selbst, sondern auch mit dem anderen. Es hängt vom Zuhörer ab, ob die Ankunft des Königssohns im richtigen Augenblick als das Ereignis interpretiert wird, das das sexuelle Erwachen bewirkt oder die Geburt eines höheren Ichs. Das Kind wird vermutlich beide Bedeutungen verstehen.

Das Erwachen aus tiefem Schlaf wird das Kind je nach seinem Alter verschieden verstehen. Das jüngere Kind wird darin hauptsächlich ein Erwachen zum eigenen Selbst, die Erreichung eines Einklangs zwischen seinen bisherigen chaotischen Tendenzen sehen – das heißt die Erreichung einer inneren Harmonie zwischen dem Es, dem Ich und dem Über-Ich. Nachdem das Kind diese Bedeutung bis zur Erreichung der Pubertät erlebt hat, wird es während der Adoleszenz noch zu einem zusätzlichen Verständnis des gleichen Märchens gelangen. Dieses wird dann auch zu einem Abbild der erreichten Harmonie mit dem anderen, der durch eine Person vom anderen Geschlecht repräsentiert wird, so daß die beiden, wie es am Ende von Dornröschen heißt, »vergnügt bis an ihr Ende« leben können. Dieses wünschenswerteste aller Ziele im Leben scheint die bedeutsamste Botschaft zu sein, die die Märchen dem älteren Kind vermitteln. Sie wird symbolisiert durch einen Schluß, bei dem Königssohn und Königstochter einander finden. »Und sie lebten vergnügt bis an ihr Ende.« Erst nachdem man selbst zur inneren Harmonie gelangt ist, kann man hoffen, sie auch in seinen Beziehungen zum anderen zu finden. Das Kind gelangt durch seine eigenen Erfahrungen während seiner Entwicklung zu einem vorbewußten Verständnis des Zusammenhangs zwischen diesen beiden Stadien.

Die Geschichte von Dornröschen prägt jedem Kind ein, daß ein traumatisches Ereignis – wie die erste Blutung des jungen Mädchens zu Beginn der Pubertät und später beim Geschlechtsverkehr – tatsächlich die glücklichsten Folgen hat. Die Geschichte schärft ihm ein, daß solche Ereignisse zwar sehr ernst zu nehmen sind, daß man aber keine Angst davor zu haben braucht. Der »Fluch« ist ein versteckter Segen.

Wir wollen noch einen Blick auf die erste uns bekannte Form des Motivs von Dornröschen in ›Perceforest‹ vor mehr als sechshundert Jahren werfen. Hier ist es Venus, die Göttin der Liebe, die dafür sorgt, daß das schlummernde Mädchen erwacht, indem sie veranlaßt, daß ihr Baby ihr den Splitter aus dem Finger saugt, und das gleiche geschieht auch in Basiles Geschichte. Eine Frau erfährt die volle Selbsterfüllung nicht mit der Menstruation. Sie erreicht sie auch nicht damit, daß sie sich verliebt, nicht einmal beim Geschlechtsakt noch bei der Geburt eines Kindes, da die Heldinnen in ›Perceforest‹ und in Basiles Geschichte dabei immer weiterschlafen.

Es sind dies nur die notwendigen Schritte auf dem Weg zur endgültigen Reife; aber die vollkommene Selbstverwirklichung erreicht man nur dadurch, daß man einem Kind das Leben schenkt und es nährt, nachdem man es zur Welt gebracht hat: mit dem Baby, das an dem Körper seiner Mutter saugt. So zählen die Geschichten Erfahrungen auf, die nur eine Frau haben kann und die sie alle durchleben muß, bis sie die höchste Stufe ihrer Weiblichkeit erreicht hat.

Daß das Baby den Splitter unter dem Nagel seiner Mutter heraussaugt, bringt diese ins Leben zurück – ein Symbol dafür, daß ihr Kind nicht nur passiv das aufnimmt, was die Mutter ihm gibt, sondern daß es ihr auch aktiv einen großen Dienst erweist. Es hat die Möglichkeit dazu, weil sie es nährt, aber indem es sich von ihr ernährt, erweckt es sie zu neuem Leben als neugeborenes Wesen, was – wie stets im Märchen – die Erreichung eines höheren geistigen Zustandes symbolisiert. So zeigt das Märchen den Eltern wie dem Kind gleichermaßen, daß das kleine Kind nicht nur etwas von seiner Mutter empfängt, sondern daß es ihr auch etwas gibt. Während sie ihm das Leben schenkt, fügt es ihrem eigenen Leben eine neue Dimension hinzu. Die Beschäftigung allein mit sich selbst, die durch den langdauernden Schlaf der Heldin angedeutet wird, nimmt ein Ende, als sie ihrem Kind etwas gibt und als dieses, dadurch, daß es etwas von ihr nimmt, sie zur höchsten Ebene der Existenz neuerweckt: eine Gegenseitigkeit, bei der derjenige, der Leben empfängt, auch Leben schenkt.

In ›Dornröschen‹ wird das noch stärker dadurch betont, daß nicht nur Dornröschen selbst, sondern seine ganze Welt – die Eltern und alle Bewohner des Schlosses – im Augenblick, in dem es erwacht, ebenfalls ins Leben zurückkehrt. Wenn wir gefühllos der Welt gegenüberstehen, hört diese auf, für uns zu existieren. Als Dornröschen einschläft, schläft auch die Welt für es ein. Die Welt erwacht neu, wenn ein Kind in sie hineingeboren und genährt wird, denn nur so kann die Menschheit weiterbestehen.

Dieser Symbolismus ist in den späteren Versionen der Geschichte verlorengegangen, die mit dem Aufwachen Dornröschens enden, womit auch seine Umwelt zu neuem Leben erwacht. Selbst in der gekürzten Form, in der das Märchen auf uns gekommen ist, in welcher Dornröschen durch den Kuß des Königssohns geweckt wird, fühlen wir – ohne daß es wie in den älteren Versionen ausdrücklich ausgesprochen wird –, daß es die Inkarnation der vollkommenen Weiblichkeit ist.

›Aschenputtel‹ (bzw. ›Cinderella‹, wie das Märchen im englischen Sprachraum heißt) ist zweifellos das bestbekannte Märchen und vielleicht auch das beliebteste.(73) Es handelt sich dabei um ein sehr altes Motiv; als das Märchen in China im neunten Jahrhundert n.Chr. zum erstenmal aufgezeichnet wurde, hatte es bereits eine Geschichte hinter sich.(74) Ein besonders kleiner Fuß als Zeichen außergewöhnlicher Tugend, Vornehmheit und Schönheit, und der Pantoffel aus kostbarem Material, das sind Züge, die auf einen östlichen Ursprung – wenn auch nicht unbedingt auf eine chinesische Quelle – hinweisen.* Der moderne Hörer verbindet sexuelle Attraktivität und Schönheit im allgemeinen nicht mit extrem kleinen Füßen, wie es die Chinesen taten, als sie ihren Frauen die Füße einschnürten.

Bekanntlich handelt das Märchen vom Aschenputtel von den Leiden und Hoffnungen im Zusammenhang mit der Geschwisterrivalität und davon, wie die gedemütigte Heldin schließlich doch noch über ihre Geschwister, die sie mißhandeln, triumphiert. Schon lange bevor Perrault das Märchen in die Form brachte, in der es heute weltbekannt ist, war das »in Asche leben müssen« bereits ein Symbol dafür, daß jemand hinter seinen Geschwistern, gleichgültig welchen Geschlechts, zurückstehen mußte. So gab es zum Beispiel in Deutschland Geschichten, in denen so ein »Aschenjunge« später König wird, also ein ähnliches Schicksal hat wie Aschenputtel, das auch dem Märchen der Brüder Grimm den Namen gegeben hat. Das Wort bezeichnet ursprünglich eine niedrige, schmutzige Küchenmagd, die sich um die Asche im Herd zu kümmern hatte.

In der deutschen Sprache gibt es viele Beispiele dafür, daß der zwangsweise Aufenthalt in der Asche am Herd nicht nur die Entwürdigung, sondern auch die Geschwisterrivalität symbolisiert und daß das gedemütigte Kind schließlich über seinen Bruder oder seine Geschwister triumphiert, die es gedemütigt haben. In seinen ›Tischgesprächen‹ spricht Martin Luther von Kain als dem gottverlassenen Übeltäter, der Macht besitzt, während der fromme Abel

* Über kunstvoll gefertigte Pantoffeln aus kostbarem Material liegen uns seit dem dritten Jahrhundert Berichte aus Ägypten vor. Der römische Kaiser Diokletian setzte in einem Dekret aus dem Jahre 301 n.Chr. Höchstpreise für verschiedene Arten von Fußwerk, einschließlich Pantoffeln fest, die aus feinem babylonischem Leder hergestellt und purpurn oder scharlachrot gefärbt wurden, sowie für vergoldete Frauenpantoffeln.(75)

gezwungen ist, sein *Aschebrüdel* – also ein reines Nichts – zu sein, das Kain unterworfen ist. In einer seiner Predigten sagt Luther, Esau sei dazu gezwungen worden, die Rolle von Jakobs Aschenbrödel zu spielen.(76) Kain und Abel, Jakob und Esau sind biblische Beispiele dafür, wie ein Bruder vom anderen unterdrückt oder umgebracht wird. Das Märchen setzt an die Stelle der Geschwisterbeziehungen die Beziehungen zwischen Stiefgeschwistern – vielleicht, um auf diese Weise eine Animosität zu erklären und annehmbar zu machen, von der man wünschen möchte, daß sie zwischen echten Geschwistern nicht vorkommt. Obwohl die Geschwisterrivalität universal und auch in dem Sinne »natürlich« ist, daß sie die negative Folge davon ist, daß man Geschwister hat, während die gleiche Beziehung auch ebenso positive Gefühle unter Geschwistern erzeugen kann, wie Märchen wie ›Brüderchen und Schwesterchen‹ beweisen.

Kein anderes Märchen zeigt so deutlich wie die Aschenputtel-Geschichten die inneren Erlebnisse des kleinen Kindes, das schwer unter der Geschwisterrivalität zu leiden hat, wenn es sich von seinen Brüdern und Schwestern hoffnungslos verstoßen fühlt. Aschenputtel wird von seinen Stiefgeschwistern erniedrigt und gedemütigt; die Stiefmutter opfert seine Interessen den ihrigen; man läßt es die schmutzigste Arbeit verrichten, und obwohl es seine Sache gut macht, weiß man ihm keinen Dank dafür, man verlangt nur noch mehr von ihm. Das sind die Gefühle eines Kindes, wenn es unter den Qualen der Geschwisterrivalität leidet. So übertrieben die Leiden und die Erniedrigungen Aschenputtels dem Erwachsenen auch vorkommen mögen, ein Kind fühlt in seiner Verzweiflung über die Geschwisterrivalität: »Das bin ich; so mißhandeln sie mich, oder so möchten sie mich mißhandeln. So wenig halten sie von mir.« Und es gibt Augenblicke – ja öfters längere Zeiträume – in denen das Kind aus inneren Gründen auch dann so empfindet, wenn seine Stellung unter den Geschwistern ihm scheinbar keinerlei Anlaß dazu gibt.

Wenn eine Geschichte dem entspricht, was ein Kind tief in seinem Inneren fühlt – wie das eine realistische Erzählung vermutlich nie kann –, so erhält sie für dieses Kind die emotionale Qualität der »Wahrheit«. Die Ereignisse in ›Aschenputtel‹ liefern ihm lebhafte Bilder, die seine überwältigenden, aber trotzdem meist vagen und unbestimmten Emotionen verkörpern. Daher kommen ihm diese Episoden überzeugender vor als seine realen Lebenserfahrungen.

Der Ausdruck »Geschwisterrivalität« bezieht sich auf eine äußerst komplexe Konstellation von Gefühlen und deren Ursachen. Mit sehr seltenen Ausnahmen stehen die Emotionen eines Kindes, das unter der Geschwisterrivalität leidet, in keinerlei Verhältnis zu seiner wirklichen Situation innerhalb des Geschwisterkreises. Während alle Kinder zeitweise stark unter diesen Gefühlen leiden, kommt es nur selten vor, daß Eltern eines ihrer Kinder den anderen opfern oder daß sie dulden, daß eines ihrer Kinder von den anderen mißhandelt wird. So schwierig es für das kleine Kind ist, etwas objektiv zu beurteilen – es ist ihm fast unmöglich, sobald seine Emotionen geweckt sind –, so »weiß« es doch in seinen vernünftigeren Augenblicken, daß es selber nicht so schlecht behandelt wird wie Aschenputtel. Allerdings fühlt sich ein Kind trotz seines besseren »Wissens« oft mißhandelt. Deshalb glaubt es auch an die geheime Botschaft, die ihm ›Aschenputtel‹ vermittelt, und gelangt dann auch dazu, daß es an dessen Befreiung und Triumph am Schluß der Geschichte glaubt. Aus Aschenputtels Triumph schöpft es selbst übertriebene Hoffnungen für die eigene Zukunft, die es als Gegengewicht gegen den schrecklichen Kummer braucht, den es durchmacht, wenn es unter der Geschwisterrivalität zu leiden hat.

Trotz der Bezeichnung »Geschwisterrivalität« hat diese elende Leidenschaft nur gelegentlich mit den wirklichen Brüdern und Schwestern des Kindes zu tun. Die wirkliche Quelle sind die Gefühle des Kindes seinen Eltern gegenüber. Wenn ein älterer Bruder oder eine ältere Schwester tüchtiger als das betreffende Kind ist, so erregt das nur vorübergehend dessen Eifersucht. Erfährt dagegen ein anderes Kind eine besondere Zuwendung, so sind die Geschwister nur dann gekränkt, wenn sie das Gefühl haben, daß die Eltern im Gegensatz dazu von ihnen nicht viel halten oder sie gar ablehnen. Diese Angst ist schuld daran, daß eines der Geschwister oder auch alle miteinander zu einem Dorn im Fleisch werden können. Die Furcht, man könne im Vergleich zu seinen Geschwistern die Liebe und Achtung der Eltern nicht für sich gewinnen, entzündet die Geschwisterrivalität. In den Märchen wird das durch die Tatsache angedeutet, daß es wenig ausmacht, ob die Geschwister tatsächlich tüchtiger sind. In der biblischen Geschichte wird berichtet, daß das destruktive Verhalten der Brüder Josephs dadurch bedingt ist, daß diese eifersüchtig sind, weil der Vater ihn allein mit seiner Liebe überschüttet. Im Gegensatz zu ›Aschenputtel‹ beteiligt sich der Vater nicht an der Demütigung, sondern er zieht im Gegenteil Joseph allen anderen Kindern vor. Aber auch Joseph wird genau wie Aschenputtel zum Sklaven gemacht, und genau wie dieses entrinnt er der Gefahr auf wunderbare Weise und triumphiert schließlich über seine Geschwister.

Wenn man einem Kind, das unter der Geschwisterrivalität entsetzlich leidet, sagt, es werde später, wenn es erst älter geworden sei, ebensoviel leisten wie seine Geschwister, so befreit man es damit kaum von seiner augenblicklichen Niedergeschlagenheit. Es möchte zwar unseren Versicherungen gar zu gern Glauben schenken, ist aber meist nicht in der Lage dazu. Ein Kind kann die Dinge nur mit subjektiven Augen sehen, und wenn es sich daher mit seinen Geschwistern vergleicht, hat es kein Vertrauen dazu, daß es eines Tages aus eigenen Kräften in der Lage sein wird, es ebenso gut zu machen wie sie. Hätte es größeres Selbstvertrauen, so würde es sich nicht von seinen Geschwistern so vernichtet fühlen, ganz gleich, was sie ihm antun würden, denn dann könnte es darauf vertrauen, daß sich mit der Zeit sein Schicksal wendete. Aber da ein Kind nicht fähig ist, aus eigenen Stücken darauf zu bauen, daß sich eines Tages alles zum Guten wenden wird, kann es nur in seiner Phantasie Erleichterung finden, dadurch, daß es sich vorstellt, daß es zu Ruhm und Ehre gelangen und seine Geschwister beherrschen wird, was durch ein glückliches Ereignis herbeigeführt werden wird.

Wie auch immer unsere Stellung in der Familie ist, zu bestimmten Zeiten unseres Lebens werden wir in der einen oder anderen Form unter Geschwisterrivalität zu leiden haben. Selbst ein Einzelkind hat das Gefühl, daß andere Kinder ihm gegenüber im Vorteil sind, was es ungeheuer eifersüchtig auf sie macht. Außerdem kann es unter der Angst leiden, daß die Eltern ihm seine Geschwister vorziehen würden, wenn es welche hätte. ›Aschenputtel‹ übt auf Jungen wie auf Mädchen deshalb eine fast gleich große Anziehungskraft aus, weil Kinder beiderlei Geschlechts in gleicher Weise unter der Geschwisterrivalität leiden und den gleichen Wunsch haben, aus ihrer untergeordneten Stellung befreit zu werden und über die zu triumphieren, von denen sie glauben, sie seien ihnen überlegen.

Oberflächlich gesehen erscheint ›Aschenputtel‹ als eine ebenso simple Geschichte wie ›Rotkäppchen‹, das neben ihm das beliebteste Märchen ist. ›Aschenputtel‹ erzählt uns von den Qualen der Geschwisterrivalität; es berichtet davon, wie Wünsche verwirklicht werden, wie der Gedemütigte zu hohen Ehren gelangt, wie wahre Tugend erkannt und belohnt wird, auch wenn sie unter Lumpen verborgen ist, und wie das Böse bestraft wird – eine scheinbar unkomplizierte Geschichte. Aber hinter diesem vordergründigen Inhalt verbirgt sich ein komplexes Durcheinander von meist unbewußtem Material, welches durch Einzelheiten der Geschichte gerade soweit angedeutet wird, daß es unsere unbewußten Assoziationen in Gang setzt. Hierdurch entsteht ein Kontrast zwischen der scheinbaren Einfachheit der Geschichte und der ihr zugrunde liegenden Komplexität, was unser tiefes Interesse an ihr weckt und die Erklärung dafür ist, daß sich im Laufe der Jahrhunderte Millionen von ihr angezogen fühlten. Um hinter diese versteckten Bedeutungen zu kommen, müssen wir hinter die bisher diskutierten vordergründigen Ursachen der Geschwisterrivalität vordringen.

Wie bereits erwähnt, würde das Kind nicht so schrecklich darunter leiden, wenn es nur glauben könnte, daß allein sein zartes Alter an seiner untergeordneten Stellung schuld ist, denn dann könnte es darauf bauen, daß die Zukunft die Sache in Ordnung bringen würde. Nimmt es aber an, daß es seine demütigende Stellung verdient hat, so hat es das Gefühl, daß seine mißliche Lage völlig hoffnungslos ist. Djuna Barnes' scharfsinnige Feststellungen über Märchen – daß das Kind etwas darüber weiß, was es nicht sagen kann (wie zum Beispiel, daß Rotkäppchen gern mit dem Wolf im Bett liegt) – könnte man insofern ausweiten, als man die Märchen in zwei Gruppen einteilen könnte: in eine Gruppe, bei der das Kind unbewußt auf die der Geschichte zugrunde liegende Wahrheit reagiert und daher nichts darüber sagen kann; und in eine andere, umfangreichere Gruppe, bei der das Kind vorbewußt oder sogar bewußt weiß, worin die »Wahrheit« der Geschichte besteht, und daher auch etwas darüber sagen könnte, es sich aber nicht anmerken lassen will, daß es das weiß.(77) Einige Aspekte von ›Aschenputtel‹ fallen unter die letzte Kategorie. Viele Kinder glauben, Aschenputtel habe wahrscheinlich sein Los zu Anfang der Geschichte verdient, weil auch sie es verdienen würden; aber das soll keiner wissen. Trotzdem hat Aschenputtel aber auch verdient, daß es zum Schluß hoch erhoben wird, genau wie das Kind das von sich selber erhofft – trotz seiner früheren Mängel.

Jedes Kind hat in einer bestimmten Periode seines Lebens – und zwar nicht nur in seltenen Augenblicken – das Gefühl, daß es wegen seiner geheimen Wünsche, ja vielleicht sogar wegen heimlicher Taten, verdient hätte, degradiert, aus der Gegenwart der anderen verbannt und in die Unterwelt von Schmutz und Asche verwiesen zu werden. Das Kind hat Angst, daß es soweit kommen könnte, und ohne Rücksicht darauf, in welcher Lage es sich in Wirklichkeit befindet. Es fürchtet und haßt jene anderen – wie zum Beispiel seine Geschwister –, von denen es annimmt, daß sie von ähnlichen Schändlichkeiten völlig frei sind, und es hat Angst, sie oder die Eltern könnten dahinterkommen, wie es wirklich ist, und es dann herabwürdigen, so wie Aschenputtel das von seiner Familie widerfahren ist. Weil das Kind möchte, daß die anderen – vor allem die Eltern – an seine Unschuld glauben, ist es begeistert darüber, daß »alle« von Aschenputtels Unschuld überzeugt sind. Hierauf beruht unter anderem die große Anziehungskraft, die dieses Märchen auf Kinder ausübt. Da die Leute glauben, daß Aschenputtel ein liebes Kind ist, hofft es, daß sie das auch von ihm annehmen. Und eben diese Hoffnung nährt ›Aschenputtel‹, und deshalb ist es eine so wundervolle Geschichte.

Ein weiterer Aspekt des Märchens, der bei dem Kind besonderen Anklang findet, ist die Bosheit der Stiefmutter und der Stiefschwestern. Welche schlechten Eigenschaften ein Kind auch immer in seinen eigenen Augen haben mag, sie lösen sich in nichts auf, wenn es sie mit der Bosheit und Gemeinheit der Stiefschwestern und der Stiefmutter vergleicht. Außerdem rechtfertigt das, was die Stiefschwestern Aschenputtel antun, alle häßlichen Gedanken, die man in bezug auf die eigenen Geschwister haben könnte; sie sind so gemein, daß alles, was man ihnen an den Hals wünschen könnte, mehr als gerechtfertigt ist. Verglichen mit ihrem Verhalten ist Aschenputtel in der Tat unschuldig. So hat das Kind, wenn es die Geschichte hört, das Gefühl, daß es sich wegen seiner eigenen zornigen Gedanken keine Gewissensbisse zu machen braucht.

Auf einer sehr unterschiedlichen Ebene – und realitätsbezogene Erwägungen existieren beim Kind leicht neben phantastischen Übertreibungen – können einen die Eltern und Geschwister noch so schlecht behandeln und man kann noch so sehr darunter leiden, all das bedeutet nichts verglichen mit Aschenputtels Los. Dessen Geschichte erinnert das Kind gleichzeitig daran, wie gut es ihm selbst doch eigentlich geht und wieviel schlimmer alles sein könnte. (Jede Angst vor der letzten Möglichkeit weicht wie immer im Märchen beim glücklichen Ausgang einer großen Erleichterung.)

Das Verhalten eines fünfeinhalbjährigen Mädchens, über das sein Vater berichtet, möge veranschaulichen, wie leicht sich ein Kind als »Aschenputtel« fühlen kann. Dieses kleine Mädchen hatte ein jüngeres Schwesterchen, auf das es sehr eifersüchtig war. Das Kind liebte ›Aschenputtel‹ sehr, weil dieses Märchen ihm Material bot, seine Gefühle auszuleben, und weil es ohne die Bilderwelt des Märchens kaum in der Lage gewesen wäre, sie zu verstehen und auszudrücken. Das kleine Mädchen hatte sich bisher immer nett angezogen und besonderen Spaß an hübschen Kleidern gehabt. Nun wurde es plötzlich ungepflegt und schmutzig. Als man ihm eines Tages auftrug, das Salz zu holen, sagte es, während es den Auftrag ausführte: »Weshalb behandelt ihr mich wie Aschenputtel?«

Fast sprachlos fragte die Mutter: »Wie kommst du denn darauf, daß ich dich wie Aschenputtel behandle?«

»Weil du mich alle schwere Arbeit im Haus tun läßt!« war die

Antwort des Kindes. Nachdem es die Eltern in seine Phantasien einbezogen hatte, ging es jetzt dazu über, diese Phantasien noch weiter in Szene zu setzen, indem es so tat, als müsse es allen Dreck wegfegen usw. Es ging sogar noch weiter und spielte, es schmücke sein Schwesterchen zum Ball. Aber es tat noch ein Übriges zum Aschenputtel-Märchen hinzu – ein Beweis dafür, daß es unbewußt die widersprüchlichen Empfindungen, die in der Aschenputtelrolle enthalten sind, durchaus verstanden hatte –, denn ein andermal sagte es zu seiner Mutter und zu seinem Schwesterchen: »Seid doch nicht so eifersüchtig auf mich, nur weil ich die Schönste von der Familie bin!«(78)

Das zeigt, daß hinter der scheinbaren Demut Aschenputtels die Überzeugung von seiner Überlegenheit über seine Mutter und seine Schwestern steckt, so als ob es dächte: »Ihr könnt mich ruhig all die schmutzige Arbeit tun lassen, und ich tue so, als ob ich schmutzig wäre, aber innerlich weiß ich, daß ihr mich nur so behandelt, weil ihr eifersüchtig seid, daß ich soviel besser bin als ihr.« Diese Überzeugung wird auch von dem Ausgang des Märchens bestätigt, der jedem »Aschenputtel« versichert, daß es eines Tages von seinem Königssohn entdeckt werden wird.

Weshalb glaubt das Kind in seinem tiefsten Inneren, daß Aschenputtel seinen elenden Zustand verdient? Diese Frage führt uns zurück zu dem seelischen Zustand des Kindes am Ende der ödipalen Periode. Bevor es in die ödipalen Verwicklungen hineingerät, ist es überzeugt, daß es liebenswert ist und geliebt wird, wenn bei den Beziehungen innerhalb der Familie alles in Ordnung ist. Die Psychoanalyse bezeichnet dieses Stadium der vollkommenen Selbstzufriedenheit als »primären Narzißmus«. Während dieser Periode fühlt das Kind sich als Mittelpunkt des Universums, so daß es keine Ursache hat, auf irgend jemand eifersüchtig zu sein.

Dann werfen die ödipalen Enttäuschungen am Ende dieses Entwicklungsstadiums tiefe Schatten des Zweifels auf das Wertgefühl des Kindes. Es hat das Gefühl, wenn es wirklich die Liebe seiner Eltern verdient hätte, wie es angenommen hat, würden diese es niemals kritisieren oder enttäuschen. Die einzige Erklärung für die Kritik seiner Eltern, die sich das Kind vorstellen kann, ist, daß es irgendeinen ernsten Makel aufweisen muß, der die Ursache dafür ist, was es als Ablehnung erlebt. Wenn seine Wünsche unbefriedigt bleiben und seine Eltern es enttäuschen, muß etwas an ihm oder an seinen Wünschen oder auch an beidem nicht in Ordnung sein. Es kann sich nicht vorstellen, daß äußere Ursachen, die nicht aus seinem Inneren kommen, einen Einfluß auf sein Schicksal haben

könnten. In seiner ödipalen Eifersucht erschien dem Kind sein Wunsch, sich den gleichgeschlechtigen Elternteil vom Hals zu schaffen, als das Natürlichste von der Welt, aber jetzt muß es sich sagen, daß es seinen Willen nicht durchsetzen kann und daß das vielleicht daher kommen könnte, daß sein Wunsch unrecht war. Es ist sich nicht mehr so sicher, daß es seinen Geschwistern vorgezogen wird, und es fängt an zu argwöhnen, daß dies vielleicht daher kommen könnte, daß sie keine so bösen Gedanken haben und nichts so Schlimmes tun wie es selbst.
All das spielt sich ab, während das Kind sich nach und nach im Sozialisationsprozeß immer kritischer behandelt sieht. Man verlangt von ihm ein Benehmen, das seinen natürlichen Wünschen zuwiderläuft, und das ärgert es. Trotzdem muß es gehorchen, was es heftig erzürnt. Dieser Zorn richtet sich gegen die, die diese Forderungen stellen, höchst wahrscheinlich also gegen die Eltern; wiederum ein Grund zu wünschen, sie loszuwerden, was wiederum neue Schuldgefühle weckt. Daher hat das Kind das Gefühl, daß es verdient hätte, für diese Gedanken bestraft zu werden, und daß es dieser Strafe nur entgehen kann, wenn niemand merkt, was es denkt, wenn es zornig ist. Das Gefühl, der Liebe der Eltern unwürdig zu sein, und dies zu einem Zeitpunkt, wo es diese Liebe besonders stark ersehnt, führt dazu, daß das Kind Angst hat, sie lehnten es ab, selbst wenn dies durchaus nicht der Fall ist. Diese Angst, abgelehnt zu werden, verschlimmert die Angst, andere könnten vorgezogen werden und vielleicht auch tatsächlich liebenswerter sein – was die Wurzel der Geschwisterrivalität ist.
Einige der Gefühle von Wertlosigkeit, die das Kind beherrschen, sind auf seine Erfahrungen bei seiner Erziehung zur Sauberkeit und ganz allgemein zur Reinlichkeit und Ordentlichkeit zurückzuführen. Es ist schon viel darüber gesagt worden, daß man den Kindern das Gefühl gibt, sie seien schmutzig und unartig, weil sie nicht so reinlich sind, wie ihre Eltern sich das wünschten oder wie sie es von ihnen verlangen. Und wenn ein Kind auch lernt, noch so sauber zu sein, es weiß doch, daß es viel lieber seiner Neigung freien Lauf ließe, schlampig, unordentlich und schmutzig zu sein. Gegen Ende der ödipalen Periode wird das Schuldgefühl, das durch den Wunsch, schmutzig und unordentlich zu sein, verursacht wird, noch verstärkt durch das ödipale Schuldgefühl, das auf den Wunsch des Kindes zurückzuführen ist, die Stelle des gleichgeschlechtigen Elternteils in der Liebe des anderen Elternteils einzunehmen. Dieser Wunsch, der Geliebte, wenn nicht der Sexualpartner des Elternteils vom anderen Geschlecht zu sein, der zu Anfang der ödipalen Entwicklung

natürlich und »unschuldig« schien, wird gegen Ende dieser Periode als »schlecht« verdrängt. Aber während dieser Wunsch als solcher verdrängt wird, wird es das Schuldgefühl darüber und über die sexuellen Gefühle im allgemeinen nicht, und dies bewirkt, daß das Kind sich schmutzig und unwert vorkommt.

Auch hier ist es das Fehlen von objektivem Wissen, was das Kind veranlaßt zu glauben, es allein wäre in bezug auf all diese Dinge schlecht – es sei das einzige Kind, welches solche Wünsche hätte. Es ist der Grund, weshalb jedes Kind sich mit Aschenputtel identifiziert, das dazu verurteilt wird, in der Asche zu sitzen. Da das Kind so »schmutzige« Wünsche hat, gehört es ebenfalls dahin, und da würde es auch enden, wenn seine Eltern von diesen Wünschen erführen. Deshalb muß jedes Kind zu dem Glauben gelangen, daß es selbst dann, wenn es so erniedrigt würde, doch schließlich aus der Erniedrigung errettet und die herrlichste Erhöhung erfahren würde – genauso wie Aschenputtel.

Damit ein Kind mit seinen Gefühlen der Erniedrigung und Wertlosigkeit in dieser Periode fertig wird, braucht es unbedingt einen Anhaltspunkt dafür, was diese Schuld- und Angstgefühle eigentlich zu bedeuten haben. Darüber hinaus braucht es auf bewußter und unbewußter Ebene die Gewißheit, daß es ihm gelingen wird, sich diesen Heimsuchungen zu entziehen. Eines der größten Verdienste von ›Aschenputtel‹ ist es, daß dieses Märchen dem Kind zu verstehen gibt, daß Aschenputtel – wenn ihm auch der Zauber zu Hilfe kommt – doch hauptsächlich aus eigener Kraft und weil es so ist, wie es ist, trotz aller scheinbar unüberwindlichen Hindernisse auf wunderbare Weise aus seiner Erniedrigung herauskommt. Das gibt dem Kind das Vertrauen, daß es auch ihm selbst so gehen wird, weil ja die Geschichte so gut schildert, was seine bewußten und unbewußten Schuldgefühle hervorgerufen hat.

Offen ausgesprochen schildert ›Aschenputtel‹ die Geschwisterrivalität in ihrer extremsten Form: die Eifersucht und Feindseligkeit der Stiefschwestern und die Leiden, die Aschenputtel deshalb zu erdulden hat. Auf die übrigen psychologischen Zusammenhänge, die in der Geschichte berührt werden, wird so versteckt angespielt, daß das Kind sich ihrer nicht bewußt wird. Es reagiert jedoch in seinem Unbewußten auf die bedeutsamen Details, die sich auf Dinge und Erfahrungen beziehen, von denen es sich bewußt distanziert hat, die ihm aber trotzdem auch weiterhin große Probleme sind.

In der westlichen Welt ist ›Cinderella/Aschenputtel‹ zuerst als Basiles Geschichte ›La Gatta Cenerentola‹(79) im Druck erschienen. Wir erfahren hier von einem verwitweten Fürsten, der seine Tochter so sehr liebt, »daß er nur mit ihren Augen zu sehen pflegte«. Dieser Fürst heiratet ein böses Weib, das seine Tochter haßt – aus Eifersucht, wie wir vermuten dürfen – und ihr saure Mienen und schiefe Gesichter macht und grimmige Blicke auf sie wirft, »daß das arme Kind vor Angst zitterte und bebte«. Das Mädchen beklagt sich bei seiner geliebten Hofmeisterin darüber und sagt, es wünschte, der Fürst hätte lieber sie geheiratet. Die Hofmeisterin wird hierdurch in Versuchung geführt und sagt zu dem Mädchen, das hier Zezolla heißt, es solle seine Stiefmutter bitten, ihr ein paar Kleidungsstücke aus einer großen Truhe zu holen, so daß diese sich in die Truhe hineinbeugen müsse und Zezolla ihr den Deckel auf den Kopf fallen lassen und ihr das Genick brechen könne. Zezolla folgt dem Rat und bringt ihre Stiefmutter um.(80) Dann überredet sie ihren Vater, die Hofmeisterin zu heiraten.

Aber schon ein paar Tage nach der Hochzeit fängt die neue Fürstin an, ihre eigenen sechs Töchter, die sie bis dahin versteckt gehalten hatte, Zezolla vorzuziehen. Sie nimmt das Herz des Vaters so gegen sie ein, daß diese »ihre Stellung soweit verliert, daß sie aus den Staatszimmern in die Küche, vom Thronhimmel zum Herd, von seidenen und goldenen Prachtgewändern zu Scheuerlappen und vom Zepter zum Bratspieß gelangt«. Sie wechselt nicht nur ihren Stand, sondern auch ihren Namen und ist nicht länger Zezolla, sondern die »Aschenkatze«.

Eines Tages, als der Fürst sich auf eine Reise begeben will, fordert er alle seine Töchter auf, ihm zu sagen, was er ihnen mitbringen solle. Die Stieftöchter wünschen sich kostbare Dinge, Zezolla aber bittet ihn nur, er solle die Feentaube von ihr grüßen und die Feen bitten, ihr etwas zu schicken. Die Feen schicken Zezolla ein Dattelbäumchen samt den Geräten, die sie braucht, um es einzupflanzen und zu warten. Bald nachdem sie das Bäumchen eingepflanzt und sorgsam gepflegt hat, wächst es zu einem Baum von der Größe einer Frau heran. Eine Fee kommt heraus und fragt Aschenkatze, was sie wolle. Sie wünscht sich nur, das Haus verlassen zu können, ohne daß ihre Stiefschwestern es merken.

Als eines Tages ein großes Fest gefeiert wird, ziehen die Stiefschwestern prächtige Kleider an und gehen auf den Ball. Sobald sie das Haus verlassen hatten, »lief Aschenkatze zu dem Baum und sagte die Worte, welche die Fee sie gelehrt hatte, und sogleich ward sie angetan wie eine Königin«. Der König des Landes, der zufällig auf das Fest kommt, ist von ihrer außerordentlichen Schönheit bezaubert. Um herauszufinden, wer sie ist, befiehlt er seinen Dienern, ihr zu folgen, aber es gelingt ihr, diesen zu entwischen. Das gleiche geschieht auch am nächsten Festtag. Am dritten Tag des Fests spielt sich wiederum das gleiche ab, aber diesmal läßt sich Aschenkatze bei der Verfolgung »die prächtigste und niedlichste Pantine, die man sich vorstellen kann« vom Fuß gleiten. (Zu Basiles Zeiten trugen die neapolitanischen Damen, wenn sie ausgingen, Holzschuhe mit Oberleder und hohen Absätzen, die Pantinen genannt wurden.) Um das schöne Mädchen, dem der Schuh gehörte, wiederzufinden, befiehlt der König, daß alle Frauen seines Königreiches zu einem Fest kommen sollen. Als er ihnen am Schluß des Festes befiehlt, den verlorenen Schuh anzuprobieren, »sprang er im Augenblick, als er sich Zezollas Fuß näherte, geradezu von selbst an ihren Fuß«. So macht der König Zezolla zu seiner Königin, und »die Schwestern schlichen sich bleich vor Neid ganz still und heimlich zu ihrer Mutter nach Hause«.

Das Motiv, daß ein Kind seine Mutter oder seine Stiefmutter umbringt, kommt nur sehr selten vor.* Zezollas vorübergehende Degradierung ist eine so inadäquate Strafe für einen Mord, daß wir nach einer Erklärung suchen müssen, besonders da ihre Erniedrigung zur »Aschenkatze« keine Vergeltung für diese Untat ist – oder doch wenigstens keine unmittelbare Vergeltung dafür. Ein anderes einzigartiges Merkmal dieser Geschichte ist die Verdoppelung der Stiefmutter. In ›La Gatta Cenerentola‹ erfahren wir nichts über die richtige Mutter des Mädchens, die in den meisten Aschenputtel-Geschichten erwähnt wird; und es ist auch keine symbolische Repräsentation der ursprünglichen Mutter, die ihrer mißhandelten Tochter die Mittel verschafft, ihrem Prinzen zu begegnen, sondern es ist eine Fee in Gestalt des Dattelbaumes.

Möglicherweise sind in ›La Gatta Cenerentola‹ die richtige Mutter und die erste Stiefmutter ein und dieselbe Person in verschiedenen Entwicklungsperioden, und ihr Mord und Ersatz durch eine andere sind eher ödipale Phantasien als Wirklichkeit. Wenn das zuträfe, wäre es nur folgerichtig, daß Zezolla nicht für ihr Vergehen bestraft wird, das sie lediglich in ihrer Phantasie begangen hat. Ihre Degradierung zugunsten der Geschwister kann auch nur eine Phantasievorstellung dessen sein, was mit ihr geschehen würde, wenn sie ihren ödipalen Wünschen entsprechend handeln würde. Sowie Zezolla über das ödipale Alter hinausgewachsen und bereit ist, wieder gute Beziehungen mit ihrer Mutter zu unterhalten, kehrt

* In einer Geschichte vom »Bruder- und Schwestertyp« mit dem Titel ›La Mala Matrè‹ töten die Kinder ihre böse Mutter auf den Rat ihrer Lehrerin und bitten ihren Vater – genau wie in Basiles Geschichte – die Lehrerin zu heiraten.(81) Diese Geschichte ist wie die Basiles süditalienischen Ursprungs, daher dürfte vermutlich die eine der anderen als Vorbild gedient haben.

diese in Gestalt der Fee im Dattelbaum zurück und setzt ihre Tochter in die Lage, beim König als einem nicht-ödipalen Objekt sexuellen Erfolg zu haben.

Daß Cinderellas Lage die Folge einer ödipalen Beziehung ist, wird in vielen Versionen dieses Märchens angedeutet. In Geschichten, die über ganz Europa, Afrika und Asien verbreitet sind – in Europa zum Beispiel in Frankreich, Italien, Österreich, Griechenland, Irland, Schottland, Polen, Rußland und Skandinavien –, flieht Cinderella vor ihrem Vater, weil dieser sie heiraten will. In einer anderen, ebenfalls weitverbreiteten Gruppe von Erzählungen wird sie von ihrem Vater verstoßen, weil sie ihn nicht so liebt, wie er es von ihr fordert, obwohl ihre Liebe zu ihm nichts zu wünschen übrig läßt. So gibt es viele Beispiele für das Aschenputtel/Cinderella-Thema, wo die Degradierung der Heldin – oft ohne daß eine (Stief-)Mutter oder (Stief-)Schwestern in der Geschichte vorkommen – die Folge einer ödipalen Verstrickung zwischen Vater und Tochter ist.

M. R. Cox, die eine umfassende Untersuchung über dreihundertfünfundvierzig Aschenputtel/Cinderella-Geschichten vorgenommen hat, teilt diese in drei große Kategorien ein.(82) Die erste Gruppe enthält nur zwei Merkmale, die in allen Versionen von wesentlicher Bedeutung sind: eine übel behandelte Heldin und deren Erkennung durch einen Pantoffel. Die zweite Gruppe enthält zwei weitere wesentliche Züge: das Motiv, das Cox auf ihre viktorianische Art als »unnatürlichen Vater« bezeichnet – das heißt, einen Vater, der seine Tochter heiraten will –, und als weiteren Zug, als Folge davon, die Flucht der Heldin, durch die sie schließlich zum »Aschenputtel« wird. In der dritten Gruppe sind die beiden zusätzlichen Merkmale durch das ersetzt, was Cox als das »König-Lear-Urteil« bezeichnet: der Vater verlangt von seiner Tochter eine Erklärung ihrer Liebe zu ihm, die ihm dann nicht genügt, so daß er sie verstößt, was sie in die Lage eines Aschenputtels bringt.

Basiles Geschichte ist eine der sehr wenigen Aschenputtelfassungen, in denen das Schicksal der Heldin unverkennbar ihre eigene Schuld ist, eine Folge ihres Ränkeschmiedens und ihrer Untat. In praktisch allen anderen Versionen ist sie oberflächlich gesehen völlig unschuldig. Sie tut nichts, was in ihrem Vater den Wunsch erwecken könnte, sie zu heiraten; sie hört nicht auf, ihren Vater zu lieben, obwohl dieser sie verstößt, weil er meint, sie liebe ihn nicht genug. In den heute bekanntesten Fassungen tut Aschenputtel nichts, was seine Erniedrigung zugunsten der Stiefschwestern rechtfertigen könnte.

In den meisten Aschenputtel-Geschichten (die von Basile ausgenommen) wird die Unschuld der Heldin herausgestellt; sie ist die reine Tugend. Leider ist es aber bei menschlichen Beziehungen selten, daß der eine Partner die verkörperte Unschuld und der andere der allein Schuldige ist. Im Märchen ist das natürlich möglich; es ist kein größeres Wunder als das, was die Feen-Patinnen alles vollbringen. Aber wenn wir uns mit der Heldin der Geschichte identifizieren, so haben wir unsere eigenen Gründe dafür, und unsere bewußten und unbewußten Assoziationen spielen dann mit hinein. Die Gedanken eines Mädchens über die Geschichte können stark davon beeinflußt sein, was es über die Beziehung seines Vaters zu ihm gerne glauben möchte und was es in bezug auf die eigenen Gefühle ihm gegenüber gern verbergen möchte.(83)

Die vielen Geschichten, in denen das unschuldige Aschenputtel von seinem Vater als Gattin begehrt wird, ein Schicksal, dem es sich nur durch Flucht entziehen kann, könnte man so interpretieren, daß sie den universellen kindlichen Phantasien Ausdruck verleihen, in denen ein Mädchen von seinem Vater geheiratet werden möchte und dann aus einem durch diese Phantasien erzeugten Schuldgefühl heraus leugnet, etwas getan zu haben, was ein solches väterliches Begehren entfacht hätte. Aber in seinem tiefsten Inneren fühlt ein Kind, das weiß, daß es den Wunsch hat, sein Vater möge es der Mutter vorziehen, daß es dafür Strafe verdient – daher seine Flucht und Verstoßung und seine Degradierung zu einer Aschenputtel-Existenz.

Die anderen Geschichten, in denen Aschenputtel von seinem Vater verstoßen wird, weil es ihn nicht genug liebt, kann man als Projektion des Wunsches eines kleinen Mädchens ansehen, daß sein Vater möchte, daß es ihn über alle Maßen liebt, genauso, wie es ihn über alle Maßen lieben möchte. Oder man könnte Aschenputtels Verstoßung durch seinen Vater, weil es ihn nicht genügend liebt, genausogut als Verkörperung der ödipalen Liebe des Vaters zu seiner Tochter ansehen, was dann eine Anspielung auf die unbewußten und inzwischen tief verdrängten ödipalen Gefühle sowohl des Vaters als auch des Kindes wäre.

In Basiles Geschichte ist Zezolla unschuldig in bezug auf ihre Stiefschwestern und ihre zur Stiefmutter gewordene Erzieherin, während sie des Mordes an ihrer ersten Stiefmutter schuldig ist. Weder in Basiles Geschichte noch in der viel älteren chinesischen Version wird erwähnt, daß Aschenputtel von seinen Geschwistern schlecht behandelt wird, und es ist auch nicht von einer anderen Erniedrigung die Rede, als daß sie von ihrer (Stief-)Mutter gezwungen wird, niedrige Arbeiten in zerlumpten Kleidern zu verrichten. Sie wird auch nicht absichtlich von der Teilnahme am

Fest ausgeschlossen. Die Geschwisterrivalität, die in den uns heute bekannten Versionen so stark dominiert, spielt in diesen frühen Fassungen kaum eine Rolle. Wenn zum Beispiel die Schwestern in Basiles Geschichte auf Zezolla neidisch sind, weil sie Königin wird, dann erscheint das nur als natürliche Reaktion darauf, daß sie das Spiel gegen sie verloren haben.

Ganz anders liegen die Dinge in den heute bekannten Aschenputtel-Geschichten, in denen die Geschwister sich aktiv an der Mißhandlung der Heldin beteiligen und dafür bestraft werden. Dagegen geschieht der Stiefmutter nichts Böses, obwohl sie doch an dem, was die Stiefschwestern Aschenputtel antun, starken Anteil hat. Es ist, als ob die Geschichte zu verstehen geben wollte, daß schlechte Behandlung durch die (Stief-)Mutter etwas ist, was man verdient hat, im Gegensatz zu dem, was einem die Stiefschwestern antun. Was Aschenputtel getan haben mag oder vielleicht zu tun wünschte, und was die Mißhandlung durch die (Stief-)Mutter rechtfertigen würde, läßt sich nur aus Geschichten wie der von Basile schließen oder auch aus anderen, in denen es in seinem Vater eine solche Liebe entfacht, daß dieser es heiraten will.

Angesichts dieser frühen Aschenputtel-Geschichten, in denen die Geschwisterrivalität nur eine unbedeutende Rolle spielt, während die ödipale Verstoßung im Mittelpunkt steht – wo eine Tochter vor ihrem Vater flieht, weil dieser sie sexuell begehrt; wo ein Vater seine Tochter verstößt, weil sie ihn nicht genug liebt; wo eine Mutter ihre Tochter verstößt, weil ihr Gatte diese zu sehr liebt; und wo es als seltener Fall auch vorkommt, daß eine Tochter die Frau ihres Vaters durch eine Frau ihrer Wahl ersetzen möchte –, könnte man annehmen, daß ursprünglich unterdrückte ödipale Wünsche den Grund für die Degradierung der Heldin waren. Allerdings gibt es keine klare historische Aufeinanderfolge in dieser Beziehung bei den Märchen, welche diese Gruppe bilden, wahrscheinlich aus keinem anderen Grund, als daß sich in der mündlichen Überlieferung alte Versionen neben neueren erhalten. Da die Märchen erst zu einem so späten Zeitpunkt endgültig gesammelt und veröffentlicht wurden, ist es eine höchst spekulative Angelegenheit, vor diesem Zeitpunkt etwas wie eine historische Ordnung hineinbringen zu wollen.

Aber während die Versionen der Geschichte in weniger wichtigen Einzelheiten stark variieren, sind sie in den wesentlichen Zügen alle gleich. So genießt die Heldin zum Beispiel in allen Geschichten zunächst Liebe und hohes Ansehen, und ihr Sturz in die tiefste Erniedrigung erfolgt ebenso plötzlich wie ihre Wiedereinsetzung in einen noch höheren Rang am Schluß der Geschichte. Die Lösung des

Knotens erfolgt, als sie an dem Pantoffel erkannt wird, der an ihren Fuß paßt. (Gelegentlich tritt an die Stelle des Schuhs auch ein anderer Gegenstand, wie zum Beispiel ein Ring.)(84) Der einzige entscheidende Unterschied, in dem sich – wie erwähnt – die verschiedenen Gruppen von Geschichten unterscheiden, liegt im Grund für Cinderellas Erniedrigung.

In der einen Gruppe spielt der Vater als Aschenputtels Widersacher eine zentrale Rolle. In der zweiten Gruppe ist die (Stief-)Mutter mitsamt den Stiefschwestern der Widersacher; in diesen Geschichten sind Mutter und Töchter so eng miteinander identifiziert, daß man das Gefühl gewinnt, daß es sich um eine Einheit handelt, die in verschiedene Figuren aufgespalten ist. In der ersten Gruppe ist die übergroße Liebe eines Vaters zu seiner Tochter die Ursache für Aschenputtels tragisches Los. In der anderen ist es der Haß der (Stief-)Mutter und ihrer Töchter aufgrund der Geschwisterrivalität. Wenn wir den Fingerzeigen in Basiles Geschichte trauen, können wir sagen, daß die unerlaubte Liebe eines Vaters zu seiner Tochter und die ihre zu ihm zuerst da waren und daß ihre Erniedrigung zur Aschenputtelrolle durch die Mutter samt Schwestern die Folge davon ist. Diese Situation läuft parallel mit der ödipalen Entwicklung des Mädchens. Zuerst liebt es seine Mutter – die ursprünglich gute Mutter, die später im Märchen als Feen-Patin wieder auftaucht. Später wendet es sich von der Mutter ab und dem Vater zu und liebt ihn und möchte von ihm wiedergeliebt werden; an diesem Punkt wird ihre Mutter – samt allen Geschwistern, den wirklichen wie den nur phantasierten, vor allem den weiblichen darunter – zur Rivalin. Am Ende der ödipalen Periode fühlt sich das Kind ausgestoßen und allein gelassen; geht alles gut, so findet das Mädchen dann in der Pubertät, wenn nicht schon früher, zur Mutter zurück, die dann nicht mehr die Person ist, die ausschließlich geliebt wird, sondern jemand, mit dem man sich identifiziert.

Der Herd, der Mittelpunkt des Heims, ist ein Symbol für die Mutter. So nah bei ihm zu leben, daß man in der Asche lebt, kann daher symbolisieren, an der Mutter und dem, was sie repräsentiert, festzuhalten oder dahin zurückzukehren. Alle kleinen Mädchen versuchen aus der Enttäuschung, die ihnen der Vater bereitet hat, zur Mutter zurückzukehren. Dieser Rückkehrversuch zur Mutter funktioniert jedoch nicht mehr – weil sie nicht mehr die alles spendende Mutter der frühesten Kindheit ist, sondern eine Mutter, die Anforderungen an das Kind stellt. In diesem Licht betrachtet, betrauert Aschenputtel zu Anfang nicht nur den Verlust seiner ursprünglichen Mutter, sondern auch den Verlust seiner Träume über die wunderbare Beziehung, die es mit seinem Vater erwartete. Es muß sich durch seine tiefe ödipale Enttäuschung hindurchkämpfen, um am Schluß der Geschichte, nachdem es kein Kind mehr ist, sondern ein junges heiratsfähiges Mädchen geworden ist, wieder ein glückliches Leben führen zu können.

So sind die beiden Gruppen der Aschenputtel-Geschichten, die oberflächlich betrachtet so verschieden sind, auf einer tieferen Ebene keineswegs Gegensätze. Sie geben nur gewisse wesentliche Aspekte des gleichen Phänomens getrennt wieder: die ödipalen Wünsche des Mädchens und seine Ängste.

In den heute weitverbreitetsten Aschenputtel- und Cinderella-Geschichten liegen die Dinge viel komplizierter, und es ist nicht einfach zu erklären, wieso diese einige der älteren Versionen, wie die Basiles, verdrängt haben. Die ödipalen Wünsche, die sich auf den Vater richten, werden verdrängt – außer der Erwartung, daß er ein zauberkräftiges Geschenk mitbringen wird. Das Geschenk, das der Vater mitbringt, wie zum Beispiel das Dattelbäumchen in der ›Aschenkatze‹, gibt der Heldin die Möglichkeit, ihrem Prinzen zu begegnen und seine Liebe zu gewinnen, was dazu führt, daß dieser als der liebste Mann auf der ganzen Welt an die Stelle des Vaters tritt.

Aschenputtels Wunsch, die Mutter zu beseitigen, wird in den modernen Versionen völlig verdrängt und durch eine Verschiebung und eine Projektion ersetzt: es ist jetzt nicht mehr die Mutter, die im Leben des Mädchens die entscheidende Rolle spielt, sondern die Stiefmutter. Die Mutter wird durch eine Stellvertreterin ersetzt. Und es ist nicht mehr das Mädchen, das seine Mutter erniedrigen möchte, um eine weit größere Rolle im Leben seines Vaters spielen zu können, sondern in einer Projektion ist es die Stiefmutter, die das Mädchen ersetzt sehen will. Eine weitere Verschiebung beweist ebenfalls, daß die wahren Wünsche verborgen bleiben: es sind jetzt die Geschwister, die der Heldin den Platz wegnehmen wollen, der ihr zu Recht gebührt.

In diesen Versionen tritt die Geschwisterrivalität in den Mittelpunkt an die Stelle der ödipalen Verstrickung, die verdrängt wurde. Auch im wirklichen Leben verstecken sich positive und negative ödipale Beziehungen und die damit zusammenhängenden Schuldgefühle oft hinter der Geschwisterrivalität. Wie es jedoch bei komplexen psychologischen Phänomenen häufig geschieht, die starke Schuldgefühle erzeugen, erlebt der Betreffende auch in diesem Fall bewußt nur die durch die Schuldgefühle verursachte Angst und nicht die Schuldgefühle selbst oder das, was diese verursacht hat. Daher berichtet ›Aschenputtel‹ nur von dem Kummer und dem Elend der Erniedrigung.

Nach bester Märchentradition wird die beim Hörer durch Aschenputtels erbarmungswürdiges Leben erregte Angst durch den glücklichen Ausgang bald behoben. Durch sein tiefes Mitgefühl für Aschenputtel befaßt sich das Kind (im geheimen und ohne daß es sich dessen bewußt wird) irgendwie mit seiner ödipalen Angst und seinen Schuldgefühlen sowie mit seinen unterschwelligen Wünschen. Seine Hoffnung, sich dadurch aus der mißlichen ödipalen Situation befreien zu können, daß es ein Liebesobjekt findet, dem es sich ohne Schuldgefühle oder Angst hingeben kann, verwandelt sich in Zuversicht, weil ihm die Geschichte zu verstehen gibt, daß das Eintreten in tiefere Schichten der Existenz nur ein notwendiger Schritt ist, wenn man seine höchsten Möglichkeiten realisieren will.

Es ist hervorzuheben, daß es unmöglich wäre, in den heute beliebten Versionen der Cinderella/Aschenputtel-Geschichte bewußt zu erkennen, daß die Heldin ihren unglücklichen Zustand durch ihre ödipalen Verstrickungen selbst verschuldet hat und daß die Geschichte, indem sie hartnäckig ihre beispiellose Unschuld betont, nur ihre ödipale Schuld bedeckt. Die wohlbekannten Aschenputtel-Geschichten verdunkeln beständig alles Ödipale und lassen durch keinerlei Andeutungen Zweifel an Aschenputtels Unschuld aufkommen. Auf bewußter Ebene ist die Bosheit der Stiefmutter und der Stiefschwestern eine zureichende Erklärung für das, was mit Aschenputtel geschieht. Im Mittelpunkt der modernen Fassung steht die Geschwisterrivalität; wenn die Stiefmutter das Kind in die Asche verbannt, so hat sie keinen anderen Grund dafür, als daß sie ihre eigenen Töchter über es erheben will, und die Bosheit der Stiefschwestern kommt von ihrer Eifersucht auf Aschenputtel.

Aber trotzdem weckt ›Aschenputtel‹ in uns Gefühle und unbewußt Ideen, die in unserer eigenen inneren Erfahrung mit unseren Gefühlen über die Geschwisterrivalität zusammenhängen. Aus eigener Erfahrung kann das Kind den Tumult innerer Erlebnisse bei Aschenputtel gut verstehen, ohne bewußt etwas darüber zu »wissen«. Wenn es sich um ein Mädchen handelt, so kann es durch die Erinnerung an seine eigenen verdrängten Wünsche, die Mutter loszuwerden und den Vater für sich allein zu haben, und durch sein diesen »schmutzigen« Wünschen entspringendes Schuldgefühl gut »verstehen«, weshalb eine Mutter ihre Tochter aus ihren Augen in die Asche verbannt und ihr ihre anderen Kinder vorzieht. Wo wäre das Kind, welches nicht gelegentlich den Wunsch gehabt hätte, Vater oder Mutter wegzuschicken, und welches nicht das Gefühl gehabt hätte, daß es nun zur Vergeltung das gleiche Los verdient hätte? Und wo wäre das Kind, welches sich nicht gewünscht hätte, sich nach Herzenslust in Dreck und Schmutz herumwälzen zu können, und das sich dann durch die Kritik der Eltern nicht schmutzig gefühlt hätte und überzeugt gewesen wäre, daß es nichts Besseres verdiente, als in eine schmutzige Ecke verbannt zu werden?

Wir sind so ausführlich auf den ödipalen Hintergrund von ›Aschenputtel‹ eingegangen, um zu zeigen, daß die Geschichte dem Hörer zu einem tieferen Verständnis dessen verhelfen kann, was seinen eigenen Gefühlen in bezug auf die Geschwisterrivalität zugrunde liegt. Wenn der Hörer es seinem unbewußten Verständnis gestattet »mitzuschwingen« mit dem, was seinem bewußten Denken da erzählt wird, dann gewinnt er ein viel tieferes Verständnis für die Ursachen der komplexen Emotionen, die seine Geschwister in ihm wecken. Die Geschwisterrivalität ist in ihren offenliegenden Ausdrucksformen wie auch in ihren Verleugnungen bis weit in unsere Reifezeit hinein ein wichtiger Bestandteil unseres Lebens – genau wie ihr Gegenstück, unsere positive Anhänglichkeit an unsere Geschwister. Aber weil letztere nur selten zu emotionalen Schwierigkeiten führt und erstere dies oft tut, könnte ein besseres Verständnis dafür, was Geschwisterrivalität psychologisch bedeutet, uns helfen, mit diesem wichtigen und schwierigen Problem in unserem Leben fertig zu werden.

Wie ›Rotkäppchen‹ ist auch ›Aschenputtel/Cinderella‹ heute hauptsächlich in zwei unterschiedlichen Formen bekannt, von denen die eine von Perrault und die andere von den Brüdern Grimm hergeleitet ist – und diese beiden Versionen weisen beträchtliche Unterschiede auf.(85)

Wie alle seine Geschichten hat Perraults ›Cendrillon ou La petite pantoufle de verre‹ den Fehler, daß er das Märchenmaterial zwar entweder der Geschichte von Basile oder einer anderen Aschenputtel-Geschichte, die er aus mündlicher Überlieferung kannte, oder auch beiden Quellen entnahm, es aber von allem befreite, was ihm vulgär vorkam, und es dann noch weiter verfeinerte, um es hoffähig zu machen. Als Schriftsteller von Talent und Geschmack erfand er Details und veränderte andere, bis die Geschichte seinen ästhetischen Vorstellungen entsprach. So war es zum Beispiel seine Erfindung, daß der verhängnisvolle Pantoffel aus Glas war, was in keiner anderen Version – außer in den von seiner Geschichte abgeleiteten – vorkommt.

Über dieses Detail gibt es eine regelrechte Kontroverse. Da im Französischen das Wort *vair* (das einen grauweißen Pelz bezeichnet)

und *verre* (Glas) manchmal gleich ausgesprochen werden, hat man angenommen, daß Perrault beim Anhören der Geschichte *vair* als *verre* mißverstanden und daher aus dem Pelzpantoffel einen Glaspantoffel gemacht hat. Obwohl diese Erklärung oft vorgebracht wird, hat doch Perrault zweifellos den gläsernen Schuh mit voller Absicht erfunden. Aber wegen dieses Details mußte er einen wichtigen Zug vieler früherer Versionen von ›Aschenputtel‹ herausnehmen, daß nämlich die Stiefschwestern sich ihre Füße verstümmeln, damit sie in den Schuh hineinpassen. Der Königssohn läßt sich täuschen, bis er durch den Gesang von Vögeln darauf aufmerksam gemacht wird, daß Blut im Schuh ist.
Wäre der Pantoffel aus Glas gewesen, so hätte er das sofort gemerkt. Zum Beispiel zwängt die Stiefmutter in ›Rashin Coatie‹ (einer schottischen Version des Märchens) ihrer Tochter den Schuh über den Fuß, nachdem sie ihr die Ferse und die Zehen abgeschnitten hat. Auf dem Weg zur Kirche singt ein Vogel:

»Minched fit, and pinched fit
Beside the king she rides,
But braw fit, and bonny fit
In the kitchen neuk she hides.«(86)

Im Grimmschen Märchen sind es zwei Täubchen, die singen:

»Rucke di guck, rucke di guck!
Blut ist im Schuck:
Der Schuck ist zu klein,
Die rechte Braut sitzt noch daheim!«

Der Gesang lenkt die Aufmerksamkeit des Königssohns darauf, daß die Stiefschwester nicht die rechte Braut ist. Aber eine so rohe Verstümmelung hätte sich nicht mit der galanten Form vertragen, in der Perrault die Geschichte zu erzählen wünschte.
In Perraults Geschichte und den Versionen, welche sich direkt auf sie gründen, ist der Charakter der Heldin völlig anders als bei allen anderen Versionen. Perraults Cendrillon ist zuckersüß und langweilig brav, und es geht ihr jegliche Initiative ab. (Was vermutlich Disney dazu veranlaßt hat, sich bei seinem Cinderella-Film auf Perraults Version zu beziehen.) Die meisten anderen Cinderellas sind viel ausgeprägtere Persönlichkeiten. Um nur einige Unterschiede aufzuzeigen: bei Perrault setzt sich Cendrillon aus freien Stücken in die Asche: »Wenn es seine Arbeit getan hatte, ging es in die Herdecke und setzte sich in die Asche«, woher es seinen Namen hat. Bei den Brüdern Grimm kommt eine solche Selbsterniedrigung

nicht vor. Sie erzählen, daß Aschenputtel sich neben den Herd in die Asche legen *mußte*.
Als es gilt, die Stiefschwestern für den Ball anzukleiden, gibt sich Perraults Cendrillon daran, sie aufs beste zu beraten, und bietet ihnen sogar an, sie zu frisieren, während in der Grimmschen Version die Stiefschwestern Aschenputtel befehlen, ihnen die Haare zu kämmen und die Schuhe zu bürsten, und es weinend gehorcht. Perraults Cendrillon bemüht sich auch nicht selbst darum, auf den Ball gehen zu dürfen, und es ist seine Feen-Patin, die ihm erst sagen muß, daß es ja wohl auch gern hingehen möchte. Im Grimmschen Märchen bittet Aschenputtel die Stiefmutter, ihm doch zu erlauben, ebenfalls zum Ball zu gehen, und als seine Bitte abgeschlagen wird, wiederholt es sie nachdrücklich und erfüllt die scheinbar unmöglichen Aufgaben, die von ihm verlangt werden, um nur hingehen zu können, usw. Als der Ball zu Ende ist, geht es aus freien Stücken und versteckt sich vor dem Königssohn. Perraults Cendrillon geht nicht, weil es selbst das für angebracht hält, sondern weil seine Feen-Patin es ermahnt hat, nicht länger zu bleiben als bis Mitternacht, weil dann die Karosse wieder zu einem Kürbis wird usw.
Als es sich darum handelt, den gläsernen Schuh anzuprobieren, nimmt das der Prinz nicht selber vor, sondern er überläßt es einem Herrn vom Hof, den er beauftragt hat, nach dem Mädchen zu suchen, dem dieser Schuh paßt. Bevor Cendrillon mit dem Prinzen zusammentrifft, erscheint seine Patin und stattet es mit schönen Kleidern aus. Auf diese Weise geht ein wichtiges Detail der Grimmschen wie der meisten anderen Versionen verloren – daß nämlich der Königssohn an Aschenputtels Lumpen keinen Anstoß nimmt, weil er seine inneren Qualitäten erkennt. Hierdurch wird der Kontrast zwischen den materialistisch eingestellten Stiefschwestern, die sich auf Äußerlichkeiten verlassen, und Aschenputtel, das sich wenig darum kümmert, abgeschwächt.
In Perraults Version macht es keinen so großen Unterschied, ob einer böse oder tugendhaft ist. In seiner Geschichte mißhandeln die Stiefschwestern Cendrillon weit mehr, als sie das bei den Brüdern Grimm tun, aber am Schluß umarmt sie Cendrillon, verzeiht ihnen von ganzem Herzen und bittet sie, es immer lieb zu behalten. Nach dem Verlauf der Handlung ist es aber unverständlich, weshalb es Cendrillon nach ihrer Liebe verlangen sollte oder wie sie es lieben könnten nach allem, was vorausgegangen ist. Selbst nach seiner Hochzeit mit dem Prinzen läßt Cendrillon »seine Stiefschwestern im Schloß wohnen und verheiratet sie noch am gleichen Tage mit zwei großen Herren des Hofes«.

Bei den Brüdern Grimm geht die Geschichte genau wie in sämtlichen anderen Versionen völlig anders aus. Erstens verstümmeln sich die Schwestern ihre Füße, damit die Schuhe passen sollen. Zweitens kommen sie aus eigenem Antrieb zu Aschenputtels Hochzeit, »um sich einzuschmeicheln und Teil an seinem Glück zu haben«. Aber als sie zur Kirche gehen, picken die Tauben einer jeden das eine Auge aus und auf dem Rückweg von der Kirche das andere – vermutlich sind es die gleichen Tauben, die Aschenputtel zuvor bei ihren unlösbaren Aufgaben geholfen haben. Die Geschichte endet mit den Worten: »Und waren sie also für die Bosheit und Falschheit mit Blindheit auf ihr Lebtag bestraft.«

Von den vielen anderen Unterschieden in beiden Versionen möchte ich nur noch zwei erwähnen: In Perraults Geschichte spielt der Vater keine nennenswerte Rolle. Alles, was wir über ihn erfahren, ist, daß er zum zweiten Mal heiratet und daß Cendrillon sein Leiden geduldig erträgt »und nicht wagte, sich bei seinem Vater zu beschweren, der es ja doch nur gescholten hätte, weil seine Frau ihn völlig beherrschte«. Auch erfahren wir von der Feen-Patin nichts, bis sie plötzlich aus dem Nichts auftaucht, um Cendrillon mit einer Karosse, Pferden und schönen Kleidern auszustatten.

Da ›Aschenputtel‹ das beliebteste aller Märchen und auf der ganzen Welt bekannt ist, scheint es angebracht, die wichtigsten Motive, die in die Geschichte eingewoben sind, zu untersuchen, die im Zusammenhang gesehen den starken bewußten und unbewußten Anklang und den tiefen Bedeutungsgehalt der Geschichte bewirken. Stith Thompson, von dem die vollständigste Analyse der Volksmärchen-Motive stammt, zählt folgende im ›Aschenputtel‹ der Brüder Grimm vorkommenden Motive auf: eine mißhandelte Heldin; daß sie beim Herd leben muß; das Geschenk, das sie von ihrem Vater erbittet; den Haselzweig, den sie auf das Grab ihrer Mutter pflanzt; die Aufgaben, die ihr gestellt werden; die Tiere, die ihr helfen, sie zu erfüllen; die Mutter, die in den Baum verwandelt wird, welchen Aschenputtel auf ihr Grab pflanzt, und die ihr die schönen Kleider gibt; die Begegnung auf dem Ball; Aschenputtels dreimalige Flucht vom Ball; daß es sich zuerst im Taubenhaus und dann auf einem Birnbaum versteckt, die beide vom Vater umgehauen werden; das Bestreichen der Treppe mit Pech und der verlorene Schuh; die Schuhprobe; daß die Stiefschwestern sich die Füße verstümmeln und als (falsche) Braut akzeptiert werden; die Tiere, die die Täuschung enthüllen; die glückliche Hochzeit; die Vergeltung an den Bösen.(87) Ich möchte bei meiner Diskussion außerdem noch auf einige bekanntere Details von Perraults ›Cendrillon‹ eingehen, die bei den Brüdern Grimm nicht vorkommen.

Auf Aschenputtels Mißhandlung als Folge der Geschwisterrivalität, die das Hauptmotiv der Geschichte in ihrer modernen Form bildet, sind wir bereits ausführlich eingegangen. Dieses Motiv macht auf den Hörer den unmittelbarsten Eindruck und erweckt sein Mitgefühl. Es veranlaßt ihn, sich mit der Heldin zu identifizieren, und bildet den Hintergrund für alles Folgende.

Daß Aschenputtel in der Asche lebt – woher es seinen Namen hat –, ist ein höchst komplexes Detail.* Vordergründig bedeutet es eine Beschimpfung und Degradierung aus der glücklichen Lage, deren es sich vor Beginn der Geschichte erfreute. Aber Perrault läßt seine Heldin nicht ohne Grund sich freiwillig in der Asche aufhalten. Wir haben uns so daran gewöhnt, die Existenz einer niedrigen Magd in der Asche des Herdes als eine äußerst erniedrigende Situation anzusehen, daß wir uns nicht mehr vorstellen können, daß dies nach anderer Auffassung auch als eine höchst wünschenswerte, ja sogar hohe Stellung betrachtet werden kann. In alten Zeiten gehörten die Hüterinnen des Herdes – die Vestalischen Jungfrauen – zu den Ranghöchsten, wenn ihr Rang nicht gar der höchste war, den eine Frau überhaupt erreichen konnte. Im alten Rom wurden die Vestalischen Jungfrauen von vielen beneidet. Ein Mädchen wurde zu dieser Ehre auserwählt, wenn es zwischen sechs und zehn Jahren alt war – ungefähr so alt, wie wir uns Aschenputtel in seinen Dienstjahren vorstellen. Im Grimmschen Märchen pflanzt es ein Haselreis und begießt es mit seinen Tränen und betet dabei. Erst nachdem das Reis zu einem Baum herangewachsen ist, versorgt es Aschenputtel mit dem, was es braucht, um zum Ball zu gehen – so müssen mehrere Jahre zwischen dem Einpflanzen und dem Ball liegen. Sechs bis zehn Jahre ist auch das Alter, in dem die Geschichte den Kindern den tiefsten Eindruck macht, und dieser Eindruck bleibt ihnen oft erhalten und stärkt sie ihr ganzes Leben lang.

Um noch einmal auf Aschenputtels Dienstjahre zurückzukommen:

* Daß Aschenputtel im Englischen »Cinderella« heißt, ist nicht sehr glücklich gewählt, da es sich dabei um eine oberflächliche und unrichtige Übersetzung des französischen »Cendrillon« handelt. »Cendrillon« ist genau wie das deutsche »Aschenputtel« ein Hinweis darauf, daß die Heldin in der »Asche« leben muß. *Ashes* und nicht *cinders* ist aber die korrekte englische Übersetzung von französisch *cendre*, das von dem lateinischen *cinis* (= Asche) kommt. Das *Oxford English Dictionary* weist ausdrücklich darauf hin, daß *cinders* etymologisch nichts mit dem französischen Wort *cendres* zu tun habe. Das ist wichtig im Hinblick auf den Beiklang, der dem Namen »Cinderella« anhaftet, da Asche streng genommen eine saubere pulverförmige Substanz ist als Produkt einer vollständigen Verbrennung, während *cinders* (= Schlacken) die schmutzigen Überreste einer unvollständigen Verbrennung sind.

erst in späteren Zeiten wurde es üblich, daß die Vestalischen Jungfrauen dreißig Jahre lang ihren Dienst verrichteten, bevor sie ihr Amt aufgaben und heiraten durften. Ursprünglich waren sie nur fünf Jahre lang Priesterinnen, das heißt, bis sie das heiratsfähige Alter erreicht hatten. Das ist auch etwa der Zeitraum, den wir als Aschenputtels Leidenszeit annehmen dürfen. Eine Vestalische Jungfrau zu sein, bedeutet sowohl Hüterin des Herdes als auch vollkommen keusch zu sein. Nachdem diese Frauen ihre Rolle gut gespielt hatten, heirateten sie hochgestellte Persönlichkeiten, was ja auch auf Aschenputtel zutrifft. So gehören nach alter Auffassung Unschuld, Keuschheit und Hüterin des Herdes zu sein zusammen.*
Es könnte sein, daß mit der Abschaffung des Heidentums das, was einmal eine höchst wünschenswerte Rolle war, in der christlichen Ära zur niedrigsten entwertet wurde. Die Vestalischen Jungfrauen dienten dem heiligen Herd und Hera, der Muttergottheit. Mit dem Übergang zu einem Vatergott wurden die alten Muttergottheiten degradiert und entwertet, und mit ihnen wurde es der Platz am Herd. In diesem Sinn könnte man in Aschenputtel eine degradierte Muttergottheit sehen, die am Ende der Geschichte wie der mythische Vogel Phönix aus der Asche neu geboren wird. Aber das sind historische Zusammenhänge, die der Durchschnittsleser von ›Aschenputtel‹ nicht ohne weiteres bereit haben dürfte.
Es gibt aber noch andere, ebenfalls positive Assoziationen zu dem Aufenthalt am Herd, die jedem Kind möglich sind. Kinder halten sich gern in der Küche auf und sehen zu, wie das Essen zubereitet wird, und helfen dabei. Vor der Einführung der Zentralheizung war ein Platz in der Nähe des Herdes der wärmste und oft auch der gemütlichste im ganzen Haus. Der Herd weckt bei vielen Kindern glückliche Erinnerungen an die Zeit, die sie mit ihrer Mutter verbracht haben.

* Die Reinheit der Priesterin, die für das heilige Feuer verantwortlich ist und das reinigende Feuer selbst, läßt an Asche denken. In vielen Gesellschaften wurde Asche zu Waschungen benutzt, die dazu dienten, sich zu säubern. Auch diese Nebenbedeutung hatte das Wort *Asche*, wenn man auch heute kaum noch in diesem Zusammenhang daran denkt.
Außerdem erinnert die Asche auch an Trauer. Sich Asche aufs Haupt streuen, wie zum Beispiel am Aschermittwoch, ist heute wie in alten Zeiten immer noch ein Zeichen schmerzlicher Trauer. In der Asche sitzen als Reaktion auf die Trauer und als äußeres Zeichen der Trauer wird zum Beispiel auch in der ›Odyssee‹ erwähnt und war bei vielen Völkern üblich.(88) Dadurch, daß der englische Name »Cinderella« an Schlacke anklingt, werden die Assoziationen von Reinheit und tiefer Trauer, welche in der italienischen Erzählung (die weit älter ist als Perraults Märchen) sowie in den französischen und deutschen Versionen in dem Namen der Heldin anklingen, in ihr genaues Gegenteil verkehrt, da »Cinderella« an Schwärze und Schmutz denken läßt.

Außerdem machen sich Kinder gern schmutzig. Sich schön schmutzig machen zu können ist für sie ein Symbol instinkthafter Freiheit. Daher hat die Vorstellung, jemand zu sein, der in der Asche herumstöbert, was die ursprüngliche Bedeutung des Namens Aschenbrödel ist, für das Kind auch einen sehr positiven Beiklang. Sich »schön schmutzig zu machen« macht einerseits Spaß und verursacht andererseits Schuldgefühle, heute genauso wie eh und je. Schließlich betrauert Aschenputtel auch seine tote Mutter. »Asche zu Asche« ist nicht der einzige Spruch, der einen engen Zusammenhang zwischen dem Toten und der Asche herstellt. Sich mit Asche bestreuen ist – wie gesagt – ein Symbol der Trauer; in schmutzigen Lumpen herumzulaufen ist ein Symptom von Depression. So kann der Aufenthalt in der Asche sowohl angenehme Zeiten mit der Mutter in der Nähe des Herdes als auch den Zustand tiefer Trauer um diese innige Gemeinschaft mit der Mutter bedeuten, die in dem Maß verloren ging, wie man erwachsen wurde, und die durch den »Tod« der Mutter symbolisiert wird. Durch diese Kombination von Bildern erweckt der Herd starke Empathiegefühle, indem er uns an alle Paradiese erinnert, in denen wir einmal gelebt haben, und daran, daß sich unser Leben radikal geändert hat, als wir uns gezwungen sahen, das einfache und glückliche Leben des Kleinkindes aufzugeben und uns mit all den Schwierigkeiten der Adoleszenz und des Erwachsenseins auseinanderzusetzen.

Solange das Kind noch klein ist, beschützen es seine Eltern gegenüber der zwiespältigen Haltung der Geschwister und den Anforderungen der Welt. Im Rückblick hat das Kind das Gefühl, daß dies paradiesische Zeiten waren. Dann plötzlich machen diese älteren Geschwister es sich zunutze, daß es jetzt weniger Schutz genießt. Sie stellen Anforderungen; sie und die Mutter üben Kritik an dem, was das Kind tut. Hinweise auf seine Unordentlichkeit und vielleicht sogar auf seine schmutzigen Angewohnheiten bewirken, daß es sich abgelehnt und schmutzig vorkommt; dagegen hat es den Eindruck, daß die Geschwister ein herrliches Leben führen. Aber ihr gutes Benehmen ist nach Ansicht des Kleinen reines Getue, nichts als Heuchelei und Falschheit. Das genau ist das Bild der Stiefschwestern in ›Aschenputtel‹. Das kleine Kind lebt in Extremen: im einen Augenblick fühlt es sich gemein, schmutzig und haßerfüllt, und im nächsten Augenblick ist es die reine Unschuld, und die anderen sind gemeine Kerle.

Wie auch immer die äußeren Bedingungen sein mögen, während dieser Jahre der Geschwisterrivalität durchlebt das Kind eine Periode des Leidens, der Entbehrungen, ja des Mangels; und es erfährt Mißverständnisse und meint, daß die anderen boshaft zu ihm seien. Aschenputtels Jahre in der Asche sagen dem Kind, daß dem niemand entrinnen kann. Es gibt Zeiten, in denen es so aussieht, als ob nur feindliche Kräfte existierten und nirgends hilfreiche Kräfte vorhanden wären. Wenn das Kind, welches das Märchen vom Aschenputtel erzählt bekommt, nicht das Gefühl hätte, daß es diesem ziemlich lange so schlecht gegangen ist, dann wäre es nicht so erleichtert, wenn schließlich die hilfreichen Kräfte die feindlichen überwinden. Das Kind fühlt sich zeitweise so unglücklich, daß es das Gefühl hat, daß dieser Zustand ewig dauert. Deshalb würde ihm ein nur vorübergehendes Leiden Aschenputtels nicht damit vergleichbar scheinen. Aschenputtel muß ebenso sehr und ebenso lange leiden, wie es dies von sich selber glaubt, damit seine Erlösung überzeugend wirkt und ihm selbst die Gewißheit gibt, daß das gleiche auch ihm widerfahren wird.

Nachdem wir mit Aschenputtels traurigem Zustand tiefes Mitleid empfunden haben, kommt es zu der ersten positiven Entwicklung in seinem Leben. »Es trug sich zu, daß der Vater einmal in die Messe ziehen wollte, da fragte er die beiden Stieftöchter, was er ihnen mitbringen sollte? ›Schöne Kleider‹, sagte die eine, ›Perlen und Edelsteine‹, die zweite. ›Aber du, Aschenputtel‹, sprach er, ›was willst du haben?‹ ›Vater, das erste Reis, das Euch auf dem Heimweg an den Hut stößt, das brecht für mich ab!‹ « Der Vater tut es. Ein Haselzweig streift ihn nicht nur, er stößt ihm den Hut herunter. Diesen Zweig bringt er Aschenputtel mit. »Aschenputtel dankte ihm, ging zu seiner Mutter Grab und pflanzte das Reis darauf, und weinte sehr, daß die Tränen darauf niederfielen und es begossen. Es wuchs aber und ward ein schöner Baum. Aschenputtel ging alle Tage dreimal darunter, weinte und betete, und allemal kam ein weißes Vöglein auf den Baum, und wenn es einen Wunsch aussprach, so warf ihm das Vöglein herab, was es sich gewünscht hatte.«

Daß Aschenputtel seinen Vater um den Zweig bittet, den es auf das Grab der Mutter pflanzen will, und daß er diesen Wunsch erfüllt, bedeutet ein erstes vorsichtiges Wiederanknüpfen einer positiven Beziehung zwischen den beiden. Wir können aus der Geschichte schließen, daß Aschenputtel über seinen Vater sehr enttäuscht, wenn nicht zornig gewesen sein muß, daß er ein böses Weib geheiratet hat. Aber für ein kleines Kind sind die Eltern allmächtig. Wenn Aschenputtel Herr des eigenen Schicksals werden soll, muß die Autorität der Eltern geringer werden. Diese Verminderung und Übertragung der Macht könnte dadurch symbolisiert sein, daß der Zweig dem Vater den Hut vom Kopf stößt, sowie auch durch die

Tatsache, daß aus dem Zweig ein Baum wächst, der für Aschenputtel magische Kräfte bereit hat. So wird das, was die Macht des Vaters verringert (der Haselzweig), von Aschenputtel dazu benutzt, die Macht und das Ansehen der archaischen (toten) Mutter zu vergrößern. Daß der Vater Aschenputtel den Zweig gibt, der die Erinnerung an die Mutter verstärkt, scheint ein Zeichen dafür zu sein, daß er es billigt, daß es aus seiner Verstrickung mit ihm zu der ursprünglichen, nichtambivalenten Beziehung zur Mutter zurückkehrt. Diese Verminderung der emotionalen Bedeutung des Vaters in Aschenputtels Leben bereitet den Weg dafür, daß es später seine kindliche Liebe zu ihm auf die reife Liebe zum Königssohn übertragen kann.

Der Baum, den Aschenputtel auf das Grab der Mutter pflanzt und mit seinen Tränen begießt, ist einer der poetisch rührendsten und psychologisch bedeutsamsten Züge des Märchens. Er ist ein Symbol dafür, daß die Erinnerung an die idealisierte Mutter der Kindheit dann, wenn sie als wichtiger Teil der inneren Erfahrung lebendig erhalten wird, uns selbst im schlimmsten Unglück stützt und trägt.

Dies geht noch deutlicher aus anderen Versionen der Geschichte hervor, wo sich die gute Mutter nicht in einen Baum, sondern in ein hilfreiches Tier verwandelt. So besitzt in der zuerst aufgezeichneten chinesischen Fassung des Aschenputtel-Motivs die Heldin einen zahmen Fisch, der unter ihrer Fürsorge von zwei Zoll auf zehn Fuß Länge heranwächst. Die böse Stiefmutter entdeckt den Wert des Fisches, tötet ihn listig und verzehrt ihn. Die Heldin ist untröstlich, bis ein weiser Mann ihr sagt, wo die Gräten des Fisches vergraben sind, und ihr rät, sie zusammenzulesen und in ihrem Zimmer aufzubewahren. Er sagt ihr, wenn sie zu den Gräten bete, werde sie erhalten, was sie sich wünsche. In vielen europäischen und östlichen Varianten ist es ein Kalb, eine Kuh, eine Ziege oder irgendein anderes Tier, in welches die tote Mutter sich verwandelt, um der Heldin auf magische Weise zu helfen.

Das schottische Märchen ›Rashin Coatie‹ ist noch älter als Basiles oder Perraults Version – es wird bereits 1540 erwähnt.(89) Hier vermacht eine Mutter kurz vor ihrem Tod ihrer Tochter Rashin Coatie ein kleines rotes Kalb, das ihr alles gibt, worum sie es bittet. Die Stiefmutter findet dies heraus und läßt das Kalb schlachten. Rashin Coatie ist darüber verzweifelt, aber das tote Kalb sagt ihr, sie solle seine Knochen zusammenlesen und unter einem grauen Stein begraben. Sie tut es und erhält fortan, was sie sich wünscht, wenn sie zu dem Stein hingeht und es dem Kalb sagt. Zur Zeit des Julfests, als alle ihre besten Kleider anziehen und in die Kirche gehen, sagt die

Stiefmutter zu Rashin Coatie, sie sei zu schmutzig, um mit in die Kirche zu gehen. Das tote Kalb stattet Rashin Coatie mit schönen Kleidern aus; in der Kirche verliebt sich ein Prinz in sie; bei der dritten Begegnung verliert sie ihren Pantoffel usw.

In vielen anderen Aschenputtel-Geschichten ernährt das hilfreiche Tier außerdem die Heldin. So mißhandeln zum Beispiel in einem ägyptischen Märchen eine Stiefmutter und Stiefgeschwister zwei Kinder, die bitten: »O Kuh, sei lieb zu uns, wie unsere Mutter lieb zu uns war.« Die Kuh gibt ihnen gute Sachen zu essen. Die Stiefmutter kommt dahinter und läßt die Kuh schlachten. Die Kinder verbrennen die Knochen der Kuh und begraben die Asche in einem Lehmtopf, aus dem ein Baum wächst, der für die Kinder Früchte trägt, was sie glücklich macht.(90) Demnach gibt es Aschenputtel-Geschichten, in denen die Mutter durch Tier *und* Baum repräsentiert ist, was beweist, daß das eine für das andere stehen kann. Diese Geschichten veranschaulichen auch die symbolische Repräsentation der ursprünglichen Mutter durch ein Tier, das uns Milch gibt – die Kuh – oder in den Mittelmeerländern die Ziege. Hierin spiegelt sich der emotionale und psychologische Zusammenhang zwischen den frühen Stillerlebnissen und dem Gefühl der Sicherheit im späteren Leben.

Erikson spricht von »einem Gefühl des Grundvertrauens«, das – wie er sagt – »eine Haltung sich und der Welt gegenüber« ist, »die aus den Erfahrungen des ersten Lebensjahres stammt«.(91)

Grundvertrauen wird dem Kind durch die gute Fürsorge eingeflößt, die es in der frühesten Kindheit von seiten der Mutter erfährt. Wenn alles gut geht, wird es dann später Vertrauen zu sich selbst und zur Welt haben. Das hilfreiche Tier oder der Zauberbaum ist ein Bild, eine Verkörperung, eine äußere Repräsentation dieses Grundvertrauens. Es ist das Erbe, welches eine gute Mutter ihrem Kind mitgibt und das ihm bleibt und das es in der schlimmsten Not bewahrt und erhält. Die Geschichten, in denen die Stiefmutter das hilfreiche Tier tötet, aber es nicht fertig bringt, Aschenputtel dessen zu berauben, was ihm innere Kraft verleiht, weisen darauf hin, daß das, was in Wirklichkeit existiert, weniger wichtig ist als das, was in uns selbst vor sich geht, wenn es gilt, das Leben zu meistern oder es mit ihm aufzunehmen. Was das Leben auch noch unter den schlimmsten Umständen erträglich macht, ist das Bild der guten Mutter, das wir internalisiert haben, so daß uns das Verschwinden des äußeren Symbols nichts ausmacht.(92)

Eine der wichtigsten offenliegenden Botschaften der verschiedenen Aschenputtel-Geschichten lautet, daß wir uns irren, wenn wir glauben, wir müßten uns an etwas in der Außenwelt klammern, um im Leben Erfolg zu haben. Alle Bemühungen der Stiefschwestern, mit äußeren Mitteln zum Ziel zu kommen, sind vergeblich – ihre sorgsam ausgewählten und zurechtgemachten Kleider und die List, durch die sie ihre Füße für die Schuhe passend zu machen suchen. Nur wenn man sich selber treu ist, so wie Aschenputtel das ist, kommt man am Schluß zum Ziel. Der gleiche Gedanke wird dadurch vermittelt, daß die Anwesenheit der Mutter oder des hilfreichen Tiers nicht erforderlich ist. Das ist psychologisch richtig, weil für unsere innere Sicherheit und unser Selbstgefühl nichts Äußeres notwendig ist, wenn wir erst einmal das grundsätzliche Vertrauen gewonnen haben – und weil die äußeren Dinge auch keinen Ersatz dafür bieten können, daß man dieses Grundvertrauen in der frühen Kindheit nicht erworben hat. Wer das Unglück hatte, das Grundvertrauen zu Beginn seines Lebens eingebüßt zu haben, kann es – wenn überhaupt – nur durch Veränderungen in der inneren Struktur seines Geistes und seiner Persönlichkeit erreichen, niemals aber durch äußere Dinge, die so aussehen, als wären sie etwas Gutes.

Das Bild des aus einem Zweig oder den Knochen des Kalbes oder der Asche wachsenden Baumes ist symbolisch dafür, daß aus der ursprünglichen Mutter oder der Art, wie das Kind sie erlebt hat, sich etwas anderes zu entwickeln anschickt. Das Bild des Baumes ist teilweise deshalb so angemessen, weil Wachstum im Spiel ist, ob es sich nun um das Dattelbäumchen der Aschenkatze oder um Aschenputtels Haselzweig handelt. Das weist darauf hin, daß es nicht genügt, nur das internalisierte Bild der Mutter aus einer früheren Periode beizubehalten. In dem Maße, wie das Kind heranwächst, muß dieses internalisierte Bild sich ebenfalls mit ihm ändern. Es ist ein Entmaterialisierungsprozeß ähnlich dem, bei welchem das Kind die reale gute Mutter in das innere Erlebnis des Grundvertrauens sublimiert.

Im ›Aschenputtel‹ der Brüder Grimm ist das alles noch mehr verfeinert. Aschenputtels innerer Prozeß beginnt mit seiner verzweifelten Trauer über den Tod der Mutter, wie sie durch das Leben in der Asche symbolisiert ist. Bliebe es da stecken, so käme es zu keiner weiteren Entwicklung. Trauer ist als vorübergehender Übergang zur Fortsetzung des Lebens ohne die geliebte Person notwendig, aber um weiterzuleben, muß sie mit der Zeit in etwas Positives verwandelt werden: was man in Wirklichkeit verloren hat, muß sich in einen inneren Besitz verwandeln. Ein solches inneres Objekt wird in uns unversehrt erhalten bleiben, was auch immer in der realen Welt geschieht. Aschenputtels Weinen über dem eingepflanzten Zweig zeigt, daß die Erinnerung an die tote Mutter in ihm lebendig geblieben ist; aber so wie der Zweig wächst, wächst in Aschenputtel auch die internalisierte Mutter.

Aschenputtels Gebete, die es über dem Zweig spricht, zeugen davon, daß es voller Hoffnung ist. Gebete bitten um etwas, was – wie wir fest vertrauen – geschehen wird: das Grundvertrauen stellt sich wieder ein, nachdem der Schock durch das Unglück sich allmählich verwischt hat; dieses Vertrauen stellt in uns die Hoffnung wieder her, daß schließlich doch noch alles mit uns gut werden wird, so wie es früher war. Der kleine weiße Vogel, der auf Aschenputtels Gebet hin erscheint, ist der Bote des Predigers Salomo: ». . . denn die Vögel des Himmels führen die Stimme fort, und die Fittiche haben, sagen's weiter«. Man kann in dem weißen Vogel leicht den Geist der Mutter wiedererkennen, den sie ihrem Kind durch ihre Fürsorge übermittelt. Es ist der Geist, der dem Kind ursprünglich als Grundvertrauen eingepflanzt worden ist. Als solcher wird er zu des Kindes eigenem Geist, der es bei allen Heimsuchungen stützt und trägt, ihm Hoffnung auf die Zukunft gibt und ihm die Kraft verleiht, sich selbst ein gutes Leben zu gestalten.

Ob wir die volle Bedeutung dieser Zusammenhänge erkennen oder nicht, die symbolisch ausgedrückt sind, wir sind alle gerührt, wenn Aschenputtel um den Zweig bittet, wenn es ihn einpflanzt, mit seinen Tränen begießt und mit seinen Gebeten wartet, und wenn schließlich der weiße Vogel zum Bäumchen geflogen kommt, wenn es ihn nötig hat, und wir spüren wenigstens vorbewußt, was das bedeutet. Es ist ein schönes wirkungsvolles Bild, und für das Kind ist es sogar noch bedeutungsvoller und lehrreicher, wenn es gerade damit anfängt, das, was seine Eltern ihm bedeuten, zu internalisieren. Es ist für Jungen genauso bedeutungsvoll wie für Mädchen, weil die internalisierte Mutter – oder das Grundvertrauen – für beide Geschlechter ein entscheidend wichtiges seelisches Phänomen ist. Dadurch, daß Perrault den Baum herausgenommen und durch eine Fee ersetzt hat, die plötzlich und unerwartet aus dem Nichts auftaucht, hat er der Geschichte etwas von ihrer tiefsten Bedeutung genommen.

Das ›Aschenputtel‹ der Brüder Grimm bringt dem Kind auf höchst subtile Weise bei, daß es, wenn es sich durch die Geschwisterrivalität oder auch aus anderen Gründen im Augenblick noch so elend fühlt, dieses Elend und diesen Kummer sublimieren kann, so wie Aschenputtel es tut, wenn es den Baum einpflanzt und mit seinen Gefühlen pflegt, und daß es aus eigenen Kräften erreichen kann, daß sein Leben auf dieser Welt ein gutes Leben wird.

Im ›Aschenputtel‹ der Brüder Grimm erfahren wir, gleich nachdem wir von dem Bäumchen und dem kleinen weißen Vogel gehört haben, der Aschenputtels Wünsche erfüllt, daß der König ein dreitägiges Fest geben will, damit sich sein Sohn eine Braut aussuchen kann. Aschenputtel bittet darum, auch hingehen zu dürfen, und obwohl es ihm abgeschlagen wird, bittet es weiter. Schließlich sagt ihm die Stiefmutter, sie habe eine Schüssel Linsen in die Asche geleert, und wenn Aschenputtel diese innerhalb von zwei Stunden wieder ausgelesen habe, dürfe es auf den Ball gehen.

Es ist dies eine der scheinbar unlösbaren Aufgaben, die die Märchenhelden lösen müssen. In östlichen Versionen der Geschichte muß Aschenputtel spinnen, in westlichen Korn sieben.(93) Vordergründig ist das nur ein weiteres Beispiel dafür, wie es mißhandelt wird. Aber daß dieses Verlangen an Aschenputtel gerichtet wird, nachdem die radikale Veränderung in seinem Schicksal eingetreten ist, weil es in dem weißen Vöglein einen magischen Helfer gefunden hat, der seine Wünsche erfüllt – und dies gerade, bevor es auf den Ball gehen will –, ist ein Hinweis darauf, daß harte und schwierige Aufgaben zu erfüllen sind, bevor Aschenputtel den glücklichen Ausgang verdient hat. Dank der Tauben, die es zu Hilfe ruft, wird es mit der Aufgabe, die Linsen zu verlesen, rechtzeitig fertig, aber die Stiefmutter stellt ihm nur eine neue, noch schwierigere Aufgabe: diesmal soll es zwei Schüsseln Linsen verlesen, die sie in die Asche geschüttet hat, und soll schon in einer Stunde damit fertig sein. Aschenputtel bringt dies wiederum mit Hilfe der Tauben fertig, aber die Stiefmutter erlaubt ihm immer noch nicht, auf den Ball zu gehen, obwohl sie es zweimal versprochen hat.

Die Aschenputtel gestellten Aufgaben erscheinen sinnlos: Warum sollte man Linsen in die Asche schütten, nur um sie dann wieder herauszulesen? Die Stiefmutter ist überzeugt, daß es unmöglich, erniedrigend und sinnlos ist. Aber Aschenputtel weiß, daß man bei allem, was man tut, etwas Gutes erreichen kann, wenn man ihm einen Sinn zu geben weiß, selbst wenn es sich darum handelt, in der Asche herumzustöbern. Dieses Detail der Geschichte gibt dem Kind die Überzeugung, daß es auch von großem Wert sein kann, sich an gewöhnlichen Orten aufzuhalten – im und mit Schmutz zu spielen, wenn man weiß, wie man sich diesen Wert herausholen kann. Aschenputtel ruft die Vögel zu Hilfe und bittet sie, die guten Linsen aus den schlechten herauszulesen und ins Töpfchen zu tun und die schlechten dadurch zu beseitigen, daß sie sie selbst verspeisen.

Die Falschheit der Stiefmutter, die zweimal ihr Versprechen bricht, wird so Aschenputtels Erkenntnis gegenübergestellt, daß es not tut, das Gute vom Schlechten zu trennen. Nachdem es spontan die Aufgabe in ein moralisches Problem von Gut und Böse umgewandelt und das Böse eliminiert hat, geht es zum Grabe der Mutter und bittet den Baum: »Wirf Gold und Silber über mich!« Der Vogel wirft »ein golden und silbern Kleid« herunter und beim ersten und zweiten Mal »mit Seide und Silber ausgestickte Pantoffeln«. Beim letzten Mal sind die Pantoffeln »ganz golden«.

Auch in Perraults Märchen muß Cendrillon eine Aufgabe erfüllen, bevor es zum Ball gehen kann. Nachdem die Feen-Patin ihm gesagt hat, daß es hingehen solle, befiehlt sie ihm, ihr einen Kürbis aus dem Garten zu holen. Obgleich Cendrillon nicht begreift, was das bedeuten soll, tut es wie geheißen. Es ist die Patin und nicht Cendrillon, die den Kürbis aushöhlt und in eine Karosse verwandelt. Sodann befiehlt sie Cendrillon, eine Mausefalle zu öffnen, und verwandelt die sechs Mäuse, die sich darin befinden, in Pferde. Eine Ratte wird in einen Kutscher verwandelt, und schließlich muß Cendrillon, noch sechs Eidechsen fangen, die in Lakaien verwandelt werden. Seine Lumpen werden zu prächtigen Kleidern aus Gold- und Silbertuch, und es erhält gläserne Pantoffeln. So ausgerüstet fährt Cendrillon auf den Ball; doch wird ihm zuvor eingeschärft, daß es vor Mitternacht wieder zu Hause sein muß, weil in diesem Augenblick alles wieder seine ursprüngliche Gestalt annehmen wird.

Die Glaspantoffeln, der in eine Karosse verwandelte Kürbis, das alles ist Perraults Erfindung; in keiner anderen Version als in seiner und in den von ihm abhängigen Fassungen ist eine Spur davon zu finden. Marc Soriano meint, Perrault mache sich mit diesen Details über diejenigen unter seinen Hörern lustig, die die Geschichte ernst nähmen, und überhaupt habe er das ganze Thema ironisch behandelt: wenn Cendrillon in die schönste Prinzessin verwandelt werden könne, dann könnten auch Mäuse und Ratten zu Pferden und Kutscher werden.*

Ironie kommt teilweise aus unbewußten Gedanken; und die Tatsache, daß Perraults Details einen so großen Anklang gefunden haben, läßt sich nur damit erklären, daß sie beim Hörer entsprechende Saiten anschlagen. Die Verpflichtung, an allem festzuhalten, was in der eigenen Vergangenheit besonders wertvoll war, sein moralisches Pflichtbewußtsein zu pflegen, seinem wahren inneren Wert

* Was die Eidechsen angeht, so erinnert Soriano an den französischen Ausdruck »faul wie eine Eidechse«, was eine Erklärung dafür sein könnte, weshalb Perrault ausgerechnet diese Tiere in Lakaien verwandeln läßt, über deren Faulheit man seine Witze zu machen pflegte.(94)

auch unter widrigen Umständen treu zu bleiben, sich von der Bosheit und Gemeinheit anderer nicht unterkriegen zu lassen – all das ist in der Aschenputtel-Geschichte so offensichtlich, daß Perrault unmöglich davon unberührt bleiben konnte. Man muß annehmen, daß er sich bewußt dagegen gewehrt hat. Seine Ironie entwertet die im Märchen gestellte Forderung, daß wir uns durch einen inneren Prozeß wandeln sollen. Er macht sich darüber lustig, daß das Streben nach den höchsten Zielen uns in die Lage versetzt, die armseligen Umstände unserer äußeren Existenz zu überwinden.(95) Perrault macht aus ›Aschenputtel‹ ein gefälliges Phantasieprodukt, das uns innerlich in keiner Weise berührt. Und genau das verlangen viele von einer Geschichte, was der Grund für die Beliebtheit von Perraults Version sein dürfte.

Während das die Art und Weise erklären dürfte, in der Perrault die alte Geschichte überarbeitet hat, ist es jedoch keine Erklärung für die spezifischen Details, die er aus seinem bewußten und unbewußten Verständnis des Märchens heraus erfunden hat und die wir eben deshalb akzeptieren. Im Gegensatz zu allen anderen Versionen, in denen Aschenputtel gezwungen wird, in der Asche zu leben, sagt nur Perrault, daß es das *freiwillig* tut. Das macht Cendrillon zu dem vorpubertären Kind, das noch nicht den Wunsch verdrängt hat, sich »schön schmutzig zu machen«, das noch keinen Ekel vor flinken kleinen Tieren wie Ratten, Mäusen und Eidechsen entwickelt hat, das einen Kürbis aushöhlt und sich vorstellt, es wäre eine prächtige Karosse. Mäuse und Ratten leben in dunklen, schmutzigen Winkeln und stehlen Nahrungsmittel – alles Dinge, die auch das Kind gern tut. Unbewußt wecken sie auch Assoziationen zum Phallus und weisen so auf das Erwachen des sexuellen Interesses und die herannahende Reife hin. Von ihrer phallischen Nebenbedeutung abgesehen, stellt die Verwandlung solcher niedrigen, ja ekelerregenden Tiere in Pferde, Kutscher und Lakaien eine Sublimierung dar. Daher erscheint dieses Detail auf wenigstens zwei Ebenen korrekt: es zeigt an, in welcher Gesellschaft Cendrillon in seinem niedrigen Zustand inmitten der Asche lebt, und dürfte auch ein Hinweis auf sein phallisches Interesse sein; und es scheint angebracht, daß derartige Interessen in dem Maße, wie es reifer wird, das heißt, sich auf seinen Prinzen vorbereitet, sublimiert werden müssen.

Perraults Fassung von ›Aschenputtel‹ macht das, worum es in der Geschichte geht, für unser bewußtes und unbewußtes Verständnis annehmbarer. Bewußt sind wir bereit, die Ironie zu akzeptieren, die aus der Geschichte eine nette Phantasieerzählung ohne ernsthaften Inhalt macht, da sie uns der sonst implizierten Verpflichtung entbindet, uns mit dem Problem der Geschwisterrivalität und mit der Aufgabe auseinanderzusetzen, die Wünsche unserer frühen Kindheit zu internalisieren und uns den damit verbundenen moralischen Anforderungen entsprechend zu verhalten. Unbewußt erscheinen die von ihm hinzugefügten Details aufgrund unserer eigenen begrabenen Kindheitserinnerungen überzeugend, weisen sie doch darauf hin, daß wir, um reif zu werden, die Faszination durch unser instinkthaftes Verhalten verwandeln und sublimieren müssen, ob es sich nun darum handelt, daß uns Schmutz oder phallische Objekte anziehen.

Perraults Cendrillon, das in einer von sechs Pferden gezogenen Karosse mit sechs Lakaien zum Ball fährt – so, als ob das Fest im Versailles Ludwigs XIV. stattfände –, muß vor Mitternacht wieder nach Hause, wo es seine armseligen Kleider wieder zurückbekommt. In der dritten Nacht jedoch verpaßt es den richtigen Zeitpunkt, und in seiner Eile wegzukommen, bevor der Zauber vorbei ist, verliert es seinen einen gläsernen Pantoffel. »Man fragte die Wachen am Tor des Palastes, ob sie keine Prinzessin hätten herauskommen sehen; sie sagten, sie hätten nur ein sehr schlecht angezogenes junges Mädchen herauskommen sehen, das mehr wie eine Bauerndirne als wie ein Fräulein ausgesehen habe.«

Im Märchen der Brüder Grimm kann Aschenputtel so lange auf dem Fest bleiben, wie es will. Als es geht, verfolgt es einen bestimmten Zweck damit und tut es nicht gezwungenermaßen. Als es das Fest verläßt, versucht der Königssohn es zu begleiten, aber es entschlüpft ihm und versteckt sich die erste Nacht vor ihm. »Nun wartete der Königssohn, bis der Vater kam, und sagte ihm, das fremde Mädchen wäre in das Taubenhaus gesprungen. Der Alte dachte: ›Sollte es Aschenputtel sein?‹, und sie mußten ihm Axt und Hacken bringen, damit er das Taubenhaus entzweischlagen konnte. Aber es war niemand darin.« Inzwischen ist Aschenputtel entwischt und hat seine schmutzigen Kleider wieder angezogen. Am folgenden Tag wiederholt sich dasselbe noch einmal, nur versteckt sich Aschenputtel diesmal in einem Birnbaum. Am dritten Tag hat der Königssohn die ganze Treppe mit Pech bestreichen lassen, so daß Aschenputtels einer Schuh kleben bleibt, als es wieder entwischen will.

Es gibt Varianten der Geschichte, in denen Aschenputtel die Initiative ergreift, um erkannt zu werden, und nicht passiv abwartet. In einer gibt ihm der Königssohn einen Ring, den es in einen Kuchen hineinbäckt, der ihm vorgesetzt wird. Er will kein anderes Mädchen heiraten als das, an dessen Finger der Ring paßt.

Weshalb geht Aschenputtel dreimal zum Fest, um dort den

Königssohn zu treffen, nur um ihm dann davonzulaufen und wieder in seine erniedrigende Lage zurückzukehren? Wie so oft spiegelt sich auch hier in der dreimaligen Wiederholung des gleichen Verhaltens die Situation des Kindes seinen Eltern gegenüber und sein Streben nach echter Selbstverwirklichung, bei welchem Prozeß es sich durch seine ursprüngliche Überzeugung, das wichtigste Element in diesem Dreierverhältnis zu sein, und durch seine spätere Angst, doch das unbedeutendste Element darin zu sein, hindurchringt. Die wahre Selbstverwirklichung wird nicht durch die dreimalige Wiederholung, sondern durch etwas gewonnen, wozu diese Wiederholungen hinführen, nämlich zur Tatsache, daß der Schuh paßt.

An der Oberfläche besagt die Tatsache, daß Aschenputtel dem Prinzen davonläuft, daß es um dessentwillen von ihm erwählt werden möchte, was es wirklich ist, und nicht um seiner prächtigen Aufmachung willen. Nur wenn sein Liebhaber es in seinem erniedrigten Zustand gesehen hat und es immer noch begehrt, will es ihm gehören. Aber hierzu hätte auch ein einmaliges Erscheinen auf dem Fest genügt, und es hätte schon in der ersten Nacht seinen Pantoffel verlieren können. Auf einer tieferen Ebene symbolisieren seine wiederholten Besuche des Fests die Ambivalenz des jungen Mädchens, das sich gern auf eine sexuelle Beziehung einlassen möchte, aber gleichzeitig Angst davor hat. Diese Ambivalenz spiegelt sich im Vater, der sich fragt, ob das schöne Mädchen vielleicht seine Tochter Aschenputtel sein könnte, seinem Gefühl aber nicht traut. Es ist, als ob der Königssohn erkannt hätte, daß er Aschenputtel nicht für sich gewinnen kann, solange es in einer ödipalen Beziehung an seinen Vater gebunden ist, und daß er es deshalb nicht selbst verfolgt, sondern Aschenputtels Vater bittet, es für ihn zu tun. Nur wenn der Vater zuvor zeigt, daß er bereit ist, seine Tochter aus der Bindung an sich freizugeben, kann diese mit gutem Gewissen ihre heterosexuelle Liebe von deren unreifem Objekt (dem Vater) auf ihr reifes Objekt (ihren späteren Gatten) übertragen. Indem der Vater Aschenputtels Verstecke zerstört – das Taubenhaus entzweischlägt und den Birnbaum umhaut –, bekundet er seine Bereitschaft, seine Tochter dem Königssohn zu übergeben. Aber seine Bemühungen haben nicht den gewünschten Erfolg.

Auf einer ganz anderen Ebene repräsentieren das Taubenhaus und der Birnbaum die magischen Gegenstände, die bis dahin Aschenputtel geholfen haben. Ersteres ist die Wohnung der hilfreichen Vögel, welche die Linsen für Aschenputtel aus der Asche gelesen haben – stellvertretend für den weißen Vogel auf dem Haselbäumchen, der es mit den schönen Kleidern einschließlich der schicksalhaften Pantoffeln versorgt hat. Und der Birnbaum erinnert an jenen anderen Baum, der auf dem Grab der Mutter wächst. Aschenputtel muß seinen Glauben an die magischen Gegenstände und sein Vertrauen auf ihre Hilfe aufgeben, wenn es sich in der Welt der Realität zurechtfinden will. Der Vater hat das offenbar begriffen, und so zerstört er Aschenputtels Verstecke: von nun an wird es sich nicht mehr in der Asche verkriechen, aber es wird auch nicht mehr an magischen Orten vor der Realität Zuflucht suchen. Von nun an wird es weder weit unter seinem wirklichen Status noch weit über ihm existieren.

Im Anschluß an die Brüder Grimm erwähnt Cox die alte deutsche Sitte, daß der Bräutigam als Zeichen des Verlöbnisses der Braut einen Schuh schenkt.(96) Aber das erklärt nicht, weshalb im altchinesischen Märchen das Passen des goldenen Schuhs darüber entscheidet, wer die rechte Braut ist, und wieso es in Perraults Geschichte ein gläserner Pantoffel ist. Damit es eine echte Probe ist, muß es ein Pantoffel sein, der sich nicht dehnt, sonst könnte er ja auch einem anderen Mädchen, zum Beispiel einer der Stiefschwestern, passen. Es spricht für Perraults Scharfsinn, daß er sagt, der Schuh sei aus Glas gewesen, einem Material, das sich nicht dehnt und besonders spröde und zerbrechlich ist.

Ein kleines Gehäuse, in welches ein Körperteil hineinschlüpfen und genau hineinpassen kann, kann man als Symbol für die Vagina auffassen. Etwas Zerbrechliches, das man nicht dehnen darf, weil es sonst zerbrechen könnte, erinnert an das Hymen; und etwas, das am Ende eines Balles leicht verloren gehen kann, wenn der Liebhaber seine Geliebte festzuhalten sucht, erscheint als passendes Bild für die Jungfräulichkeit, besonders wenn der Mann eine Falle stellt – wie das Pech auf der Treppe –, um sie zu fangen. Aschenputtels Weglaufen aus dieser Situation könnte man als seinen Versuch ansehen, seine Jungfräulichkeit zu bewahren.

Bei Perrault erinnert die Anordnung der Patin, Cendrillon müsse zu einer bestimmten Zeit zu Hause sein, wenn nichts passieren soll, an die väterliche Ermahnung, die Tochter solle beizeiten heimkommen, weil er ebenfalls Angst vor dem hat, was sonst geschehen könnte. Die vielen Aschenputtel-Geschichten, in denen die Heldin flieht, um den Nachstellungen eines »unnatürlichen« Vaters zu entkommen, sprechen dafür, daß es von dem Fest wegläuft, weil es verhindern möchte, verführt oder von seinem eigenen Begehren überwältigt zu werden. Auch zwingt das den Königssohn, es im Hause seines Vaters zu suchen, was eine Parallele dazu ist, daß der

Bräutigam ins Elternhaus kommt, um um die Hand der Tochter anzuhalten. Während bei Perrault ein Herr vom Hof den Pantoffel anprobiert und bei den Brüdern Grimm der Königssohn ihn Aschenputtel nur hinreicht, damit es ihn selbst an seinen Fuß steckt, probiert in vielen anderen Geschichten der Prinz selbst den Schuh an. Das könnte man damit vergleichen, daß der Bräutigam als wichtigen Bestandteil der Hochzeitszeremonie und als Symbol dafür, daß sie fortan fest miteinander verbunden sein werden, der Braut den Ring an den Finger steckt.

All das ist leicht verständlich. Wenn man die Geschichte hört, fühlt man, daß das Anziehen des Schuhs ein Verlöbnis bedeutet, und es ist völlig klar, daß Aschenputtel eine unberührte Braut ist. Jedes Kind weiß, daß die Hochzeit etwas mit Sex zu tun hat. In früheren Zeiten, als noch mehr Kinder in enger Berührung mit Tieren aufwuchsen, wußten sie, daß Sex damit zusammenhängt, daß das männliche Tier sein Geschlechtsorgan in das des weiblichen hineinsteckt, und das moderne Kind erfährt es von seinen Eltern. Es gibt jedoch noch andere Möglichkeiten, das Anziehen des kostbaren Pantoffels an den richtigen Fuß auch in bezug auf das Hauptthema der Geschichte – die Geschwisterrivalität – symbolisch zu deuten.

Die Geschwisterrivalität ist wie bei vielen anderen Märchen auch in ›Aschenputtel‹ das Hauptthema. In solchen Märchen existiert die Rivalität fast stets unter Geschwistern von gleichem Geschlecht. Im wirklichen Leben dagegen herrscht meistens die schärfste Rivalität zwischen Schwester und Bruder.

Die Diskriminierung, unter der die Frauen im Vergleich zu den Männern zu leiden haben, ist eine alte Geschichte, gegen die man sich neuerdings wehrt. Es wäre merkwürdig, wenn diese Diskriminierung nicht auch zwischen Schwestern und Brüdern innerhalb der Familie zu Eifersucht und Neid führte. Psychoanalytische Veröffentlichungen sind voller Beispiele dafür, daß Mädchen auf das Geschlechtsorgan der Jungen neidisch sind. Der »Penisneid« der Frau ist schon seit längerer Zeit ein oft diskutiertes Thema. Weniger bekannt dagegen ist, daß dieser Neid keineswegs eine Einbahnstraße ist; auch Jungen sind recht eifersüchtig auf das, was die Mädchen besitzen: auf ihre Brüste und ihre Fähigkeit, Kinder zu bekommen.(97)

Jedes Geschlecht ist auf das eifersüchtig, was das andere vor ihm voraus hat, auch wenn jedes seinerseits das, was es selbst besitzt, noch so gern hat und noch so stolz darauf ist – ob es sich nun um den Status, die soziale Rolle oder das Geschlechtsorgan handelt. Während man das leicht beobachten kann und es zweifellos zutrifft, wird es leider in weiten Kreisen noch immer nicht erkannt und akzeptiert. (Bis zu einem gewissen Grad kommt das daher, daß die Psychoanalyse einseitig den sogenannten Penisneid der Mädchen hervorgehoben hat, was wahrscheinlich daher kam, daß damals die meisten Abhandlungen von Männern geschrieben wurden, die ihren eigenen Neid auf das weibliche Geschlecht nicht untersucht haben. In gewisser Weise eine Parallele dazu ist, was heute militante, auf die eigenen Vorzüge stolze Damen in ihren Veröffentlichungen vorbringen.)

›Aschenputtel‹, das Märchen, das mehr als jedes andere von der Geschwisterrivalität handelt, würde einen merkwürdigen Mangel aufweisen, wenn darin nicht irgendwie auch die Rivalität zwischen Jungen und Mädchen aufgrund ihrer körperlichen Unterschiede zum Ausdruck käme. Hinter diesem sexuellen Neid steckt die sexuelle Angst, die sogenannte »Kastrationsangst«, daß einem ein Teil seiner Anatomie fehlen könnte. *Offen* wird in ›Aschenputtel‹ nur von der Geschwisterrivalität unter Mädchen berichtet; aber könnte nicht auch eine *versteckte* Anspielung auf diese anderen, tieferreichenden und viel stärker verdrängten Emotionen vorhanden sein?

Während Jungen und Mädchen gleich stark unter der »Kastrationsangst« leiden, sind die Gefühle, unter denen sie leiden, doch nicht die gleichen. Sowohl der Ausdruck »Penisneid« wie auch der Ausdruck »Kastrationsangst« bezeichnet jeweils nur einen von vielen komplexen psychologischen Aspekten der Phänomene, auf die sie sich beziehen. Nach der Freudschen Theorie steht im Zentrum des Kastrationskomplexes bei Mädchen deren Phantasievorstellung, daß ursprünglich alle Kinder einen Penis hatten und daß ihn die Mädchen irgendwie verloren haben (vermutlich zur Strafe für schlechtes Betragen) und daß sie daher hoffen, daß er ihnen wieder wachsen könnte. Die parallel laufende Angst der Jungen ist, daß die Tatsache, daß alle Mädchen keinen Penis haben, nur damit zu erklären ist, daß sie ihn irgendwie verloren haben und daß ihnen selbst das gleiche widerfahren könnte. Das von Kastrationsangst erfüllte Mädchen bedient sich vieler verschiedenartiger Abwehrmaßnahmen, um seine Selbstachtung gegen diesen eingebildeten Mangel zu schützen; dazu gehören auch unbewußte Phantasien, daß es so etwas besitze.

Wenn man die unbewußten Gedanken und Gefühle verstehen will, die zur Erfindung eines hübschen, zierlichen Pantoffels als zentralem Gegenstand im Märchen vom Aschenputtel geführt haben, und – was noch wichtiger ist – wenn man die unbewußten Reaktionen auf dieses Symbol begreifen will, die es so verständlich machen, daß dies eines der beliebtesten Märchen ist, muß man annehmen, daß viele verschiedene und selbst widersprüchliche psychologische Haltungen mit dem Schuh als Symbol zusammenhängen.

Etwas sehr Merkwürdiges, das in den meisten Versionen von ›Aschenputtel‹ vorkommt, ist, daß die Stiefschwestern sich die Füße verstümmeln, damit ihnen der zierliche Pantoffel passen soll. Während Perrault dieses Detail aus seiner Erzählung herausläßt, kommt es nach Cox in sämtlichen Cinderella-Geschichten, außer den von Perrault abgeleiteten und ein paar anderen, vor. Darin könnte man den symbolischen Ausdruck gewisser Aspekte des weiblichen Kastrationskomplexes sehen.

Die abwegige Fußverstümmelung der Schwestern ist die letzte Barriere vor dem glücklichen Ausgang. Gleich danach findet der Königssohn Aschenputtel. Zum letzten Mal versuchen die Stiefschwestern mit Hilfe der Stiefmutter Aschenputtel um das zu bringen, was von Rechts wegen ihm gehört. Beim Versuch, ihren Fuß in den Schuh zu zwängen, verstümmeln sie ihn. Im Märchen der Brüder Grimm kommt die älteste Schwester nicht in den Schuh, weil ihre große Zehe nicht hineinpaßt. So gibt ihr die Mutter ein Messer und sagt ihr, sie solle sich die Zehe abhauen, denn wenn sie Königin sei, brauche sie nicht mehr zu Fuß zu gehen. Die Tochter tut wie geheißen, zwängt den Fuß in den Schuh und geht hinaus zum Königssohn, der mit ihr davonreitet. Als sie aber an dem Grabe von Aschenputtels Mutter vorbeikommen, sitzen zwei Täubchen auf dem Haselbusch und rufen:

»Rucke di guck, rucke di guck!
Blut ist im Schuck:
Der Schuck ist zu klein,
Die rechte Braut sitzt noch daheim!«

Der Königssohn blickt auf den Schuh und sieht das Blut herausquellen. Daraufhin bringt er die falsche Braut wieder nach Hause zurück. Die andere Stiefschwester probiert den Schuh gleichfalls an, aber ihre Ferse ist zu groß. Da rät ihr die Mutter, sie solle ein Stück davon abhauen, und es ereignet sich das gleiche wie im ersten Fall. In anderen Versionen, wo es nur eine falsche Braut gibt, schneidet diese sich entweder die Zehe oder die Ferse ab oder auch beides. In ›Rashin Coatie‹ führt die Mutter die Operation durch.

Diese Episode verstärkt noch den Eindruck, den wir schon zuvor hatten, wie grob die Stiefschwestern sind, beweist sie doch, daß sie vor nichts zurückschrecken, um Aschenputtel zu betrügen und zu ihrem Ziel zu gelangen. Vordergründig gesehen, steht das Verhalten der Stiefschwestern in scharfem Gegensatz zu dem von Aschenputtel, das nur durch sein wahres Selbst zu seinem Glück gelangen möchte. Es will nicht, daß der Königssohn es aufgrund seines durch Zauberkräfte bewirkten Aussehens zur Braut nimmt, und richtet es so ein, daß er es in seinen zerlumpten Kleidern erblickt. Die Stiefschwestern verlassen sich auf die Täuschung, und ihre Falschheit führt zu ihrer Verstümmelung – ein Thema, das am Ende der Geschichte noch einmal aufgegriffen wird, als die beiden weißen Vögel ihnen die Augen auspicken. Aber das ist ein so außerordentlich rohes und grausames Detail, daß es aus einem ganz bestimmten, wenn auch vermutlich unbewußten Grund erfunden sein muß. Selbstverstümmelungen kommen in den Märchen nur selten vor, im Gegensatz zu Verstümmelungen durch andere, die als Strafe oder aus irgendwelchen anderen Gründen keineswegs selten sind. Als ›Aschenputtel‹ erdacht wurde, war es eine stereotype Gewohnheit, die Größe des Mannes der Zierlichkeit der Frau gegenüberzustellen, und Aschenputtels kleine Füße dürften sie daher besonders weiblich erscheinen lassen. Die Stiefschwestern, die so große Füße haben, daß sie nicht in den Schuh hineinpassen, erscheinen deshalb männlicher als Aschenputtel – und weniger begehrenswert. In ihrem verzweifelten Versuch, sich den Königssohn zu erobern, scheuen sie sich nicht, alles zu tun, um sich in zierliche weibliche Wesen zu verwandeln.

Die Bemühungen der Stiefschwestern, den Königssohn durch eine Selbstverstümmelung irrezuführen, wird durch das Bluten entdeckt. Sie haben versucht, sich dadurch weiblicher zu machen, daß sie einen Teil ihres Körpers abschnitten, was zur Blutung führte. So nahmen sie eine symbolische Selbstkastration vor, um ihre Weiblichkeit zu beweisen; daß der Teil ihres Körpers blutete, an dem sie diese Selbstkastration vornahmen, kann man als eine Demonstration ihrer Weiblichkeit auffassen, da es stellvertretend für die Menstruation stehen kann.

Ob nun die Selbstverstümmelung oder die Verstümmelung durch die Mutter ein unbewußtes Kastrationssymbol ist, um einen phantasierten Penis loszuwerden, ob das Bluten ein Symbol für die Menstruation ist oder nicht – jedenfalls berichtet das Märchen, daß die Stiefschwestern mit ihren Bemühungen keinen Erfolg haben. Die Vögel machen den Königssohn auf das Bluten aufmerksam, das beweist, daß keine der beiden Stiefschwestern die rechte Braut ist. Aschenputtel ist die jungfräuliche Braut; im Unbewußten ist das junge Mädchen, das noch nicht menstruiert, natürlich jungfräulicher als eines, das schon soweit ist. Und das junge Mädchen, das es zuläßt, daß man das Bluten sieht – besonders wenn der Betreffende ein Mann ist – was die Stiefschwestern mit ihrem blutenden Fuß nicht vermeiden können –, ist nicht nur gewöhnlich, sondern ganz gewiß weniger jungfräulich als ein junges Mädchen, das noch nicht blutet. So hat es den Anschein, daß diese Episode auf einer anderen Ebene des unbewußten Verständnisses die Jungfräulichkeit Aschenputtels der bei den Schwestern nicht vorhandenen Jungfräulichkeit gegenüberstellt.

Der Pantoffel, der im Mittelpunkt der Aschenputtel-Geschichte steht und das Schicksal der Heldin entscheidend beeinflußt, ist ein äußerst komplexes Symbol. Er dürfte aus einer Vielfalt von etwas widersprüchlichen unbewußten Ideen heraus erfunden sein und erweckt daher im Hörer auch vielfältige unbewußte Reaktionen.

Für das bewußte Denken ist ein Gegenstand wie der Pantoffel eben ein Pantoffel – während er symbolisch im Unbewußten in diesem Märchen die Vagina oder damit zusammenhängende Gedanken repräsentieren kann. Die Märchen verlaufen auf bewußter wie auch auf unbewußter Ebene, was sie nur um so künstlerischer, fesselnder und überzeugender macht. So müssen die darin vorkommenden Gegenstände nicht nur auf der nach außen sichtbaren, bewußten Ebene passend sein, sie müssen außerdem Assoziationen wecken, die von ihrer vordergründigen Bedeutung völlig abweichen. Der zierliche Pantoffel und der Fuß, der hineinpaßt, und ein anderer verstümmelter Fuß, der nicht hineinpaßt, das sind Bilder, die unserem bewußten Denken durchaus plausibel erscheinen.

In ›Aschenputtel‹ übt der hübsche, zierliche Fuß eine unbewußte sexuelle Anziehungskraft aus, er tut das jedoch in Verbindung mit einem prächtigen, kostbaren (zum Beispiel goldenen) Pantoffel, in den der Fuß gerade hineinpaßt. Dieser Zug der Aschenputtel-Geschichte kommt als ein selbständiges Märchen vor, das Strabo erzählt und das viel älter ist als die altchinesische Aschenputtel-Geschichte. Dieses Märchen erzählt von einem Adler, der mit einer Sandale der schönen Kurtisane Rhodope davonfliegt und sie auf den Pharao herunterfallen läßt. Der Pharao ist so bezaubert von dieser Sandale, daß er ganz Ägypten nach der Besitzerin absuchen läßt, um sie zur Frau nehmen zu können.(98) Diese Geschichte legt den Gedanken nahe, daß im alten Ägypten wie heute ein weiblicher Pantoffel unter Umständen als Symbol für das, was an einer Frau das Begehrenswerteste ist, im Mann aus bestimmten, aber tief unbewußten Gründen Liebe wecken kann.

Daß – wie Strabos Geschichte zeigt – seit über zweitausend Jahren der weibliche Pantoffel in vielgeliebten Geschichten auf der ganzen

Welt als Märchenlösung für das Problem, die rechte Braut zu finden, akzeptiert wird, muß seine guten Gründe haben. Wenn man die unbewußte Bedeutung des Pantoffels als Symbol für die Vagina analysiert, so besteht die Schwierigkeit darin, daß zwar Männer wie Frauen auf diese symbolische Bedeutung reagieren, es aber nicht in der gleichen Weise tun.*

Es beruht dies auf der Subtilität, aber auch auf der Komplexität und Vieldeutigkeit dieses Symbols, und es ist der Grund dafür, daß es beide Geschlechter – wenn auch aus unterschiedlichen Gründen – emotional so stark anspricht. Dies ist kaum verwunderlich, weil die Vagina, und was sie für das Unbewußte repräsentiert, für den Mann etwas anderes bedeutet als für die Frau, besonders bis zu dem Zeitpunkt, an dem beide die volle persönliche und sexuelle Reife erreicht haben, also ziemlich spät im Leben.

In den Märchen wählt sich der Königssohn Aschenputtel aufgrund des Pantoffels zur Frau. Hätte er es aufgrund seines Aussehens oder seiner Persönlichkeit oder irgendeiner anderen Eigenschaft getan, so hätten ihn die Stiefschwestern niemals täuschen können. Aber sie halten ihn so sehr zum Narren, daß er erst mit der einen und dann mit der anderen davonreitet. Die Vögel müssen ihm erst sagen, daß keine der beiden die rechte Braut ist, da Blut aus ihrem Schuh sickert. So ist es nicht so sehr die Tatsache, daß der Schuh paßt oder nicht, was darüber entscheidet, welches die rechte Braut ist, sondern das Blut, das vom Fuß in den Schuh läuft, verrät die falsche Braut. Offenbar konnte der Königssohn das nicht selber bemerken, obwohl man doch annehmen sollte, daß es gut zu sehen war. Er merkt es erst, als die Täubchen seine Aufmerksamkeit darauf lenken. Die Unfähigkeit des Königssohnes, das Blut im Schuh zu bemerken, läßt ebenfalls an Kastrationsangst denken, die mit dem Bluten bei der Menstruation zusammenhängt. Das aus dem Pantoffel sickernde Blut ist nur eine weitere symbolische Gleichsetzung des Pantoffels mit der Vagina, aber jetzt mit der bei der Menstruation blutenden Vagina. Daß der Königssohn nichts davon bemerkt, ist ein Hinweis darauf, daß er sich gegen die Angst wehren muß, die es in ihm erregt. Aschenputtel ist die rechte Braut, weil es den Königssohn von dieser

* Eine große Vielfalt von folkloristischen Daten stützt die Auffassung, daß der Pantoffel als Symbol für die Vagina dienen kann. Rooth zitiert Jameson, wenn er berichtet, daß bei den Mandschus von der Braut erwartet wird, daß sie den Brüdern ihres Bräutigams Pantoffeln schenkt, die – da dort die Gruppenheirat praktiziert wird – durch ihre Heirat zu ihren Sexualpartnern werden. Diese Pantoffeln sind mit *lien hua* verziert, was ein vulgärer Ausdruck für die weiblichen Genitalien ist.(99) Jameson zitiert mehrere Beispiele dafür, daß in China der Pantoffel als Sexsymbol benutzt wurde, und Aigremont liefert Beispiele dafür aus Europa und aus dem Osten.(100)

Angst befreit. Sein Fuß schlüpft leicht in den schönen Pantoffel, was beweist, daß etwas Zierliches darin versteckt werden kann. Es braucht sich nicht zu verstümmeln. Es blutet an keinem Teil seines Körpers. Daß es wiederholt die Flucht ergreift, zeigt, daß es in seiner Sexualität im Gegensatz zu seinen Schwestern nicht aggressiv ist, sondern geduldig wartet, bis es erwählt wird. Aber nachdem es einmal erwählt ist, widerstrebt es nicht länger. Indem es ganz im Gegenteil den Pantoffel selbst an seinen Fuß steckt und nicht wartet, bis der Königssohn es tut, zeigt es seine Initiative und seine Fähigkeit, sein Schicksal selbst in die Hand zu nehmen. Der Königssohn hatte in bezug auf die Stiefschwestern große Angst, eine solche Angst, daß er nicht imstande war zu sehen, was vor sich ging. Aschenputtel gegenüber ist er dagegen völlig sicher. Daß es ihm diese Sicherheit geben kann, macht es zur rechten Braut für ihn.
Wie ist das aber mit Aschenputtel, das doch schließlich die Heldin der Geschichte ist? Da dem Königssohn sein Pantoffel so gut gefällt, sagt ihm das in symbolischer Form, daß er seine Weiblichkeit liebt, wie sie in der Vagina repräsentiert ist. Was Aschenputtel auch immer empfunden haben mag, als es in der Asche lebte, es wußte, daß jemand, der so lebt, den anderen schmutzig und abstoßend vorkommt. Es gibt Frauen, die in bezug auf ihre Sexualität dieses Gefühl haben, und es gibt andere, die fürchten, die Männer könnten so empfinden. Deshalb hat Aschenputtel es so eingerichtet, daß der Königssohn es auch in diesem Zustand sah, bevor er es erwählte. Dadurch, daß der Königssohn Aschenputtel den Pantoffel hinreicht, damit es seinen Fuß hineinsteckt, bringt er symbolisch zum Ausdruck, daß er es so akzeptiert, wie es ist – schmutzig und erniedrigt.
An dieser Stelle müssen wir uns daran erinnern, daß der goldene Schuh von dem Vogel ausgeliehen war, welcher den Geist der verstorbenen Mutter repräsentiert, den Aschenputtel internalisiert hat und der es in seinen Prüfungen und Kümmernissen gestärkt hat. Dadurch, daß der Königssohn Aschenputtel den Pantoffel reicht, macht er ihn samt seinem Königreich endgültig zu Aschenputtels Eigentum. Er bietet Aschenputtel symbolisch dessen Weiblichkeit in Form der goldenen Pantoffel-Vagina dar: die Akzeptierung der Vagina durch den Mann und seine Liebe zu der betreffenden Frau bedeutet die höchste Anerkennung ihrer begehrenswerten Weiblichkeit. Aber niemand – nicht einmal ein Märchenprinz – kann die Frau dazu bringen, ihre Weiblichkeit selbst zu akzeptieren – nicht einmal seine Liebe kann das. Nur Aschenputtel selbst kann schließlich seine Weiblichkeit begrüßen, wenn ihm auch die Liebe

des Königssohns dabei hilft. Das ist die tiefe Bedeutung der Worte des Märchens: »Dann setzte es sich auf einen Schemel, zog den Fuß aus dem schweren Holzschuh und steckte ihn in den Pantoffel, der war wie angegossen.«

In diesem Augenblick wird aus der auf dem Ball nur ausgeborgten Schönheit Aschenputtels wahres Selbst; sie selbst ist es, die den Holzschuh, der zu ihrem Leben in der Asche gehörte, in den goldenen umwechselt.

Bei der Pantoffelzeremonie, die das Verlöbnis mit dem Königssohn bedeutet, erwählt dieser Aschenputtel, weil es symbolisch für die unkastrierte Frau steht, die ihn von seiner Kastrationsangst befreit, welche einer glücklichen ehelichen Verbindung im Weg stehen würde. Aschenputtel erwählt ihn, weil er es auch in seinen »schmutzigen« sexuellen Aspekten hochgeschätzt hat, weil er seine Vagina in Form des Pantoffels liebevoll akzeptiert und sein Begehren seines Penis billigt, was dadurch symbolisiert wird, daß sein kleiner Fuß in die Pantoffel-Vagina hineinpaßt. Deshalb bringt der Königssohn Aschenputtel den prächtigen Pantoffel, und deshalb steckt es sein Füßchen hinein – erst als es das tut, erkennt er es als die rechte Braut. Aber damit, daß es seinen Fuß in den Pantoffel hineinsteckt, bestätigt es, daß es in seiner sexuellen Beziehung ebenfalls eine aktive Rolle spielen wird; es wird dabei auch etwas tun. Und es verbürgt damit, daß es ihm an nichts fehlt und auch nie an etwas gefehlt hat: alles paßt bei ihm, genau so wie sein Fuß wie angegossen in den Pantoffel hineinpaßt.

Wir brauchen nur an einen allgemein üblichen Teil der Hochzeitszeremonie zu denken und finden diese Auffassung bestätigt. Die Braut streckt dem Bräutigam einen Finger entgegen, damit er ihr den Ring darüberstreift. Wenn man einen Finger durch einen aus Daumen und Zeigefinger der anderen Hand gebildeten Ring steckt, so ist das ein vulgärer Hinweis auf den Geschlechtsakt. Aber die Ringzeremonie drückt etwas völlig anderes aus. Der Ring, ein Symbol für die Vagina, wird der Braut vom Bräutigam gegeben; sie bietet ihm dafür den ausgestreckten Finger dar, damit er das Ritual vollziehen kann.

In dieser Zeremonie kommen viele unbewußte Gedanken zum Ausdruck. Durch den rituellen Austausch von Ringen drückt der Mann sein Begehren nach der Vagina und seine Akzeptierung derselben aus – etwas, worüber die Frau vielleicht beunruhigt war, wie sie das möglicherweise auch in bezug auf ihren Wunsch war, selbst einen Penis zu besitzen. Dadurch, daß der Braut der Ring an den Finger gesteckt wird, erkennt sie an, daß ihr Gatte von jetzt ab ihre Vagina bis zu einem gewissen Grad in seinem Besitz haben wird, so wie sie seinen Penis; damit wird sie sich nicht länger benachteiligt fühlen, weil sie keinen hat – was das Ende ihrer Kastrationsangst symbolisiert – so wie die seine damit ein Ende gefunden hat, daß er seinen Ehering in Besitz nimmt und von nun an trägt. Den *goldenen* Pantoffel, den der Königssohn Aschenputtel übergibt, damit es ihn an seinen Fuß zieht, kann man als eine andere Form des gleichen Rituals auffassen, das uns so selbstverständlich geworden ist, daß wir seiner symbolischen Bedeutung nur noch wenig Beachtung schenken, obwohl der Bräutigam mit diesem Akt seine Braut zur Frau nimmt.

›Aschenputtel‹ ist die Geschichte von der Geschwisterrivalität und -eifersucht und davon, wie man sie am besten überwinden kann. Der stärkste Neid und die stärkste Eifersucht werden durch die Geschlechtsmerkmale erzeugt, die der eine besitzt und der andere nicht. Am Ende des Aschenputtel-Märchens ist nicht nur die Geschwisterrivalität, sondern auch die sexuelle Rivalität integriert und transzendiert. Was als äußerste Frustration aufgrund von Eifersucht begann, endet im höchsten Glück aufgrund der Liebe, die versteht, aus welchen Quellen die Eifersucht stammt, und sie akzeptiert, wodurch sie sie ausschaltet.

Aschenputtel empfängt von seinem Königssohn das, wovon es glaubte, es gehe ihm ab, als es ihm in symbolischer Form versichert, daß ihm in keiner Hinsicht etwas mangelt und daß es das, was es besitzen möchte, bekommen wird. Der Königssohn empfängt von Aschenputtel die Versicherung, die er am nötigsten brauchte: daß es sich die ganze Zeit nach einem Penis gesehnt hat und akzeptiert, daß nur er dieses Begehren befriedigen kann. Es ist dies ein Akt, der symbolisiert, daß Aschenputtel nicht von seinen Wünschen kastriert war und daher auch niemand anderen kastrieren will. So braucht er nicht zu fürchten, daß ihm das geschehen wird. Aschenputtel erhält von ihm das, was es für sich selbst am nötigsten hat: er empfängt von ihm, was er am nötigsten hat. Das Pantoffelmotiv dient dazu, die unbewußte Angst im Mann zu beruhigen und im weiblichen Partner unbewußte Wünsche zu befriedigen. Das erlaubt beiden, in ihrer sexuellen Beziehung in der Ehe die vollkommenste Befriedigung zu finden. Mit Hilfe dieses Motivs klärt die Geschichte das Unbewußte des Hörers darüber auf, worauf es beim Geschlechtsverkehr in der Ehe ankommt.

Das Kind, dessen Unbewußtes auf die versteckte Bedeutung des Märchens reagiert – ob es nun ein Mädchen oder ein Junge ist –, wird nun besser verstehen, was seinen Eifersuchtsgefühlen und seiner Angst, schließlich zu kurz zu kommen, zugrunde liegt. Es wird auch eine Ahnung von der unvernünftigen Angst bekommen, die einer glücklichen sexuellen Beziehung im Wege stehen kann, und welche Voraussetzungen erfüllt sein müssen, daß eine solche glückliche Beziehung zustande kommt. Aber die Geschichte versichert dem Kind auch, daß es – genau wie die Märchenhelden – imstande sein wird, seine Angst zu meistern, und daß alles trotz aller Prüfungen schließlich ein glückliches Ende nehmen wird.

Der glückliche Ausgang wäre nur unvollkommen, wenn die bösen Feinde nicht bestraft würden. Aber weder Aschenputtel noch der Königssohn verhängen die Strafe. Die Vögel, die Aschenputtel geholfen haben, die guten Linsen aus den schlechten auszulesen, vollenden jetzt die Vernichtung, welche die Stiefschwestern selbst begonnen haben, indem sie diesen die Augen auspicken. Ihre Blendung ist ein Symbol für ihre Blindheit, als sie glaubten, sie könnten sich dadurch über eine andere erheben, daß sie diese erniedrigten; daß sie ferner glaubten, ihr Schicksal hänge von ihrer äußeren Erscheinung ab, und vor allem, daß sie meinten, man könne sexuelles Glück durch Selbstkastration erlangen.

Um hinter die unbewußte Bedeutung einiger Züge dieses beliebtesten aller Märchen zu kommen, mußten wir die sexuellen Nebenbedeutungen untersuchen. Wenn ich diese hier diskutiere, fürchte ich damit gegen den Rat des Dichters zu verstoßen: »Tritt sachte auf, denn du gehst auf meinen Träumen.«(101) Aber Träume haben erst angefangen, ihre Bedeutung und Wichtigkeit zu enthüllen, als Freud es wagte, die mannigfaltigen, oft wunderlichen und grob sexuellen unbewußten Gedanken zu untersuchen, die hinter der scheinbar harmlosen Oberfläche verborgen sind. Unter Freuds Einfluß sind unsere Träume für uns problematischer geworden – aufregender und schwieriger zu handhaben. Aber sie sind auch der Königsweg zum Unbewußten, und sie machen es uns möglich, uns eine neue und reichere Auffassung von uns selbst und der Art unseres Menschseins zu schaffen.

Das Kind, dem ›Aschenputtel‹ so gut gefällt, dürfte vermutlich in den meisten Fällen in erster Linie auf die eine oder auf die andere offen zutage liegende Bedeutung reagieren. Aber zu verschiedenen Zeitpunkten seiner Entwicklung zur Selbsterkenntnis wird das Unbewußte des Kindes, je nach dem, was ihm gerade problematisch ist, durch die eine oder die andere versteckte Bedeutung des Märchens, auf welche irgendein wichtiges Detail hinweist, Aufklärung finden.(102)

Vordergründig gesehen, hilft das Märchen dem Kind, die Geschwisterrivalität als ein im Leben recht häufig anzutreffendes Phänomen hinzunehmen, und es verspricht ihm, daß es keine Angst zu haben braucht, davon zugrunde gerichtet zu werden; im Gegenteil zeigt es ihm, daß es am Ende nie so hätte triumphieren können, wenn diese Geschwister nicht so garstig gewesen wären. Außerdem zeigt es dem Kind, daß es nur ein vorübergehender Zustand war, wenn man es eine Zeitlang für schmutzig und ungepflegt gehalten hat, und daß dies keine nachteiligen Folgen für die Zukunft hat. Es werden auch unverkennbar moralische Lektionen erteilt: daß die äußere Erscheinung nichts über den inneren Wert eines Menschen besagt; daß man, wenn man sich selbst treu bleibt, den Sieg über die davonträgt, die vorgeben, etwas zu sein, was sie in Wirklichkeit nicht sind, und daß die Tugend belohnt und das Böse bestraft wird.

Offen ausgesprochen, wenn auch nicht so leicht ersichtlich, ist auch die Lehre, daß man, um seine Persönlichkeit voll zu entwickeln, harte Arbeit leisten und das Gute vom Schlechten – wie beim Verlesen der Linsen – zu trennen wissen muß. Selbst aus gemeinem Stoff wie der Asche kann man Großes gewinnen, wenn man nur weiß, wie man es anzufangen hat.

Unmittelbar unter der Oberfläche und noch gut erreichbar vom bewußten Denken des Kindes liegt der Hinweis darauf, wie wichtig es ist, daß man weiter auf das vertraut, was in der Vergangenheit gut war, daß man das Grundvertrauen behält, das man aus seiner Beziehung zur guten Mutter gewonnen hat. Dieser Glaube ermöglicht es, das Beste im Leben zu erreichen, und wenn man seinen Weg zu den Werten der guten Mutter zurückfindet, hilft einem das, zum Sieg zu gelangen.

In bezug auf die Beziehung des Kindes nicht nur zu seiner Mutter, sondern zu beiden Eltern bietet Aschenputtel sowohl Eltern wie Kindern wichtige Einsichten, die in keinem uns bekannten Märchen so deutlich zum Ausdruck kommen. Diese Einsichten sind so bedeutungsvoll, daß wir uns ihre Betrachtung bis zum Ende der Diskussion aufgespart haben. Obwohl diese Botschaften in der Geschichte so deutlich enthalten sind, daß sie ihren Eindruck nicht verfehlen können, beeindrucken sie uns um so mehr, weil wir uns nicht bewußt klarmachen, worum es dabei geht. Ohne daß es uns »bewußt« wird, gehen diese Botschaften in unsere Lebensauffassung ein, wenn wir dieses Märchen zu einem Teil unserer selbst machen.

In keinem anderen Volksmärchen sind die gute und die böse Mutter einander so klar gegenübergestellt. Selbst in ›Schneewittchen‹, in dem von einer besonders bösen Stiefmutter berichtet wird, stellt diese Stiefmutter ihrer Tochter keine unlösbaren Aufgaben und verlangt nicht von ihr, daß sie schwere Arbeiten verrichtet. Und sie erscheint am Schluß auch nicht wieder in Gestalt der guten Mutter, um das Glück ihres Kindes herbeizuführen. Von Aschenputtel dagegen fordert die Stiefmutter schwere Arbeit und die Erfüllung scheinbar unlösbarer Aufgaben. Vordergründig berichtet die Geschichte davon, wie Aschenputtel seinen Königssohn findet *trotz* dem, was die Stiefmutter ihm antut. Aber im Unbewußten hat »trotzdem« – besonders beim Kleinkind – oft die gleiche Bedeutung wie »weil«. Ohne zuvor ein »Aschenputtel« gewesen zu sein, wäre die Heldin nie die Braut des Königssohns geworden – das geht ganz klar aus der Geschichte hervor. Sie zeigt uns, daß zur Erlangung der persönlichen Identität und zur Selbstverwirklichung auf der höchsten Stufe beide notwendig sind: die ursprünglichen guten Eltern und später die »Stief«eltern, die »grausam« und »gefühllos« unmögliche Forderungen zu stellen scheinen. Beide zusammen erst machen die Aschenputtel-Geschichte aus. Würde sich die gute Mutter nicht eine Zeitlang in die böse Stiefmutter verwandeln, so gäbe es keinen Anreiz, ein eigenes Selbst zu entwickeln, den Unterschied zwischen Gut und Böse zu entdecken und Initiative und Selbständigkeit zu entwickeln. Man beachte die Tatsache, daß die Stiefschwestern, für welche die Stiefmutter die ganze Geschichte hindurch die gute Mutter bleibt, beides nicht erreichen. Sie bleiben leere Schalen. Als der Schuh ihnen nicht paßt, ergreifen sie nicht selbst die Initiative, sondern ihre Mutter ist es, die ihnen sagt, was sie tun sollen. All das wird noch nachdrücklich dadurch betont, daß die Schwestern für den Rest ihres Lebens blind – das heißt ohne Wahrnehmungsvermögen – bleiben, was sowohl ein Symbol als auch eine logische Folge davon ist, daß sie es versäumt haben, eine eigene Persönlichkeit zu entwickeln.

Um die Möglichkeit zur Entwicklung der Individuation zu schaffen, ist eine feste Basis – das »Grundvertrauen« – notwendig, das nur durch eine gute Beziehung zwischen dem Kind und den guten Eltern zu gewinnen ist. Aber damit der Individuationsprozeß möglich und notwendig wird – und wenn er nicht unvermeidlich wird, lassen wir uns nicht darauf ein, weil er viel zu schmerzhaft ist –, müssen die guten Eltern eine Zeitlang als böse Eltern erscheinen, die ihr Kind verfolgen und es hinausschicken, so daß es jahrelang in seiner persönlichen Wüste herumwandern muß, die ihm scheinbar »keine Atempause« gönnen und auf seine Bequemlichkeit keine Rücksicht nehmen. Aber wenn das Kind auf diese Mühsal so reagiert, daß es sein Selbst bis zur Unabhängigkeit entwickelt, dann tauchen plötzlich wie durch ein Wunder die guten Eltern wieder auf. Es ist ähnlich, wie es den Eltern bei ihrem adoleszenten Kind ergeht, welches ihnen verständnislos gegenübersteht, bis es zur Reife gelangt ist.

›Aschenputtel‹ zeigt, welche Schritte zur Entwicklung der Persönlichkeit zu unternehmen sind, wenn man die volle Selbstverwirklichung erreichen will, und es tut dies auf seine märchenhafte Weise, so daß jedermann gerade das versteht, was er begreifen muß, um ein ganzer Mensch zu werden. Das ist kaum verwunderlich, weil das Märchen, wie ich in diesem ganzen Buch zu zeigen versucht habe, die Arbeitsweise unserer Psyche vorzüglich wiedergibt: welches unsere psychologischen Probleme sind und wie man diese am besten meistern kann. Erikson meint in seinem Modell des menschlichen Lebenszyklus, der ideale Mensch entwickle sich durch das, was er als »phasenspezifische psychologische Krisen« bezeichnet, wenn er nacheinander die idealen Ziele einer jeden Phase erreiche. Zu diesen Krisen kommt es in folgender Reihenfolge: Der Ausgangspunkt ist das »Grundvertrauen« – was durch Aschenputtels Erfahrungen mit der ursprünglichen guten Mutter repräsentiert wird und das diese seiner Persönlichkeit fest eingepflanzt hat. Zweitens kommt die »Autonomie« – wobei Aschenputtel seine einzigartige Rolle akzeptiert und das Beste daraus macht. Drittens die »Initiative« – diese entwickelt Aschenputtel, indem es den Zweig einpflanzt und mit den Ausdrucksformen seiner persönlichen Gefühle – seinen Tränen und Gebeten – pflegt. Viertens der Fleiß, repräsentiert durch die harte Arbeit, die Aschenputtel leistet, wie das Verlesen der Linsen. Fünftens die Identität – Aschenputtel läuft vom Fest weg, versteckt sich im Taubenhaus und im Birnbaum und besteht darauf, daß der Königssohn es in seiner negativen Identität als Aschenputtel sieht und akzeptiert, bevor es seine positive Identität als seine Braut annimmt, da jede echte Identität ihre negativen wie auch ihre positiven Aspekte hat. Nach Eriksons Schema wird man, nachdem man diese psychosozialen Krisen dadurch überwunden hat, daß man die oben aufgezählten Persönlichkeitsmerkmale erworben hat, zur echten Identität mit dem anderen bereit.(103)

Der Unterschied zwischen dem, was den Stiefschwestern zustößt, die an ihre »guten Eltern« ohne innere Entwicklung gebunden bleiben, und dem harten Leben und der bedeutsamen Entwicklung, welche Aschenputtel durchmachen mußte, als seine ursprünglichen guten Eltern durch die Stiefeltern ersetzt wurden, ermöglicht es jedem Kind und allen Eltern zu begreifen, daß das Kind in seinem eigensten Interesse eine Zeitlang selbst die besten Eltern als ablehnende und unberechtigte Forderungen stellende »Stief«eltern empfinden muß. Wenn das Märchen vom Aschenputtel die Eltern beeindruckt, so kann es ihnen helfen, die Tatsache zu akzeptieren, daß es einen unausweichlichen Schritt in der Entwicklung ihres Kindes zur echten Reife darstellt, wenn dieses in ihnen eine Zeitlang böse Eltern sieht. Die Geschichte zeigt aber auch, daß, wenn das Kind seine echte Identität erlangt hat, die guten Eltern in ihm wieder auferstehen und sich als weit mächtiger erweisen und das Bild der bösen Eltern für immer ersetzen.

So bietet ›Aschenputtel‹ den Eltern einen Trost, den sie sehr nötig haben, denn es kann ihnen zeigen, weshalb und zu welchem Zweck ihr Kind sie eine Zeitlang in einem schlechten Licht sieht. Das Kind seinerseits lernt daraus, daß es, um sein Königreich zu erlangen, bereit sein muß, sich eine Weile mit einem Aschenputteldasein abzufinden, nicht nur mit der damit verbundenen Mühsal, sondern auch in bezug auf die schwierigen Aufgaben, die es aus eigener Initiative meistern muß. Je nach dem Stadium, in dem das Kind sich gerade in seiner psychologischen Entwicklung befindet, wird das Königreich, das Aschenputtel gewinnt, entweder in einer grenzenlosen Befriedigung oder in der Erreichung der Individualität und einzigartiger persönlicher Leistungen bestehen.

Unbewußt reagieren Kinder und Erwachsene auch auf die anderen Zusicherungen, die dieses Märchen anzubieten hat: daß trotz der scheinbar verheerenden ödipalen Konflikte, die Aschenputtels Erniedrigung verursachten, die Enttäuschung über den Vater und die in eine Stiefmutter verwandelte gute Mutter, Aschenputtel doch ein gutes Leben führen wird, ja ein besseres als seine Eltern. Außerdem sagt uns die Geschichte, daß selbst die Kastrationsangst nur eine Ausgeburt der angstvollen Phantasie des Kindes ist: in einer guten Ehe wird man die sexuelle Erfüllung seiner Träume finden, auch wenn man sie für unmöglich gehalten hat; er wird die goldene Vagina gewinnen und sie zeitweise einen Penis.

›Aschenputtel‹ führt das Kind ausgehend von seinen größten Enttäuschungen – der ödipalen Enttäuschung, der Kastrationsangst, seiner schlechten Meinung von sich selbst aufgrund der schlechten Meinung, die andere in seiner Einbildung von ihm haben – hin zur Entwicklung seiner Autonomie, zu einem fleißigen Verhalten und zur Erlangung der eigenen positiven Identität. Am Schluß ist Aschenputtel tatsächlich bereit für eine glückliche Ehe. Aber liebt es den Königssohn eigentlich? Davon ist in der Geschichte nirgends die Rede. Sie führt Aschenputtel bis hin zur Verlobung, als der Königssohn ihm den goldenen Pantoffel hinreicht, der genausogut ein goldener Ehering sein könnte (wie er ja auch tatsächlich in einigen Cinderella-Geschichten vorkommt).(104) Aber was sonst muß Aschenputtel noch lernen? Welche anderen Erfahrungen müssen im Märchen noch gemacht werden, wenn man dem Kind daran zeigen will, was es bedeutet, wirklich zu lieben? Die Antwort auf diese Frage finden wir in der letzten Gruppe von Märchen, die wir in diesem Buch noch untersuchen wollen, in den Märchen vom Tierbräutigam.

Die Märchen vom Tierbräutigam

Das Ringen um die Reife

Schneewittchen wird vom Königssohn bewegungslos in seinem Sarg fortgetragen, und nur durch Zufall hustet es das vergiftete Apfelstück heraus, das ihm im Hals steckt, und erwacht wieder zum Leben. Dornröschen wacht nur auf, weil der Königssohn ihm einen Kuß gibt. Aschenputtels Zeit der Erniedrigung ist zu Ende, als ihm der Pantoffel paßt. In jedem dieser Märchen – wie in noch vielen anderen – demonstriert der Retter in irgendeiner Form seine Liebe zur künftigen Braut. Über die Gefühle der Heldin werden wir dagegen im unklaren gelassen. In der Fassung der Brüder Grimm hören wir nichts davon, daß Aschenputtel den Königssohn liebt, wenn wir auch aus der Tatsache, daß es dreimal auf den Ball geht, um ihn dort zu treffen, einige Schlüsse ziehen können. Über Dornröschens Gefühle erfahren wir nur, daß es den Mann, der es von seiner Verzauberung erlöste, »ganz freundlich« anblickte. Ähnlich erfahren wir auch von Schneewittchen nichts weiter, als daß es dem Mann, der es wieder zum Leben erweckte, »gut war«. Es sieht so aus, als ob die Geschichten absichtlich vermeiden würden festzustellen, daß die Heldinnen verliebt sind; man gewinnt den Eindruck, daß selbst die Märchen von der Liebe auf den ersten Blick nicht viel halten. Statt dessen deuten sie an, daß zum Lieben weit mehr gehört, als von einem Königssohn erweckt und erwählt zu werden.
Die Retter verlieben sich in diese Heldinnen wegen deren Schönheit, die ihre Vollkommenheit symbolisiert. Da die Retter verliebt sind, müssen sie aktiv werden und beweisen, daß sie der Frau, die sie lieben, auch wert sind – eine völlig andere Haltung als die der Heldin, die passiv akzeptiert, geliebt zu werden. In ›Schneewittchen‹ erklärt der Königssohn, daß er ohne Schneewittchen nicht leben kann, und bietet den Zwergen alles dafür an, was sie nur haben

wollen, so daß sie ihm schließlich erlauben, es mitzunehmen. Als Dornröschens Freier versucht, durch die Dornenhecke zu ihm durchzudringen, setzt er sein Leben aufs Spiel. In ›Aschenputtel‹ denkt sich der Königssohn einen schlauen Plan aus, um ihm eine Falle zu stellen, und als er dann nicht Aschenputtel selbst, sondern nur seinen Pantoffel erwischt, sucht er weit und breit nach ihm. Die Geschichten erwecken den Eindruck, daß Sichverlieben offenbar etwas ist, was einem gelegentlich passiert, daß aber Lieben viel mehr verlangt. Aber da die männlichen Retter in diesen Märchen nur Nebenrollen spielen, können wir auch aus ihrem Verhalten nichts Genaueres darüber erfahren, welche Entwicklung man durchmachen muß, wenn man jemand liebt, und was das »Lieben« an Verpflichtungen mit sich bringt.

Alle bisher untersuchten Märchen lehren uns, daß schwierige Entwicklungen durchzumachen, Härten zu ertragen, Gefahren zu überstehen und Siege zu erringen sind, wenn man zur Selbstverwirklichung gelangen, Integrität erreichen und die eigene Identität sicherstellen will. Nur auf diese Weise wird man Herr seines Schicksals und gewinnt sein eigenes Königreich. Man kann das, was mit den Helden und Heldinnen in den Märchen geschieht, mit Initiationsriten vergleichen, in die der Novize naiv und ahnungslos eintritt und aus denen er am Ende auf einer höheren Existenzebene entlassen wird, von der er sich zu Anfang seiner heiligen Reise, auf der er seine Belohnung oder das Heil gewinnt, nicht hätte träumen lassen. Tatsächlich ist der Vergleich zwischen Märchen und Initiationsriten auch schon gezogen worden. Nachdem der Held oder die Heldin wahrhaft zu sich selbst gefunden haben, sind sie auch würdig, geliebt zu werden.

Aber so verdienstvoll eine solche Selbstverwirklichung ist, und wenn sie auch unsere Seele retten kann, so genügt sie doch nicht zum Glücklichwerden. Hierzu muß man aus seiner Isolation heraustreten und mit den anderen einen Bund schließen. Das *Ich* kann auf einer noch so hohen Ebene leben, ohne das *Du* lebt es ein einsames Leben. Das sagt uns der glückliche Ausgang der Märchen, in denen der Held mit seiner Lebensgefährtin vereinigt wird. Aber sie lehren uns nicht, was der einzelne tun muß, um seine Isolation zu transzendieren, nachdem er zu sich selbst gefunden hat. Weder in ›Schneewittchen‹ noch in ›Aschenputtel‹ erfahren wir (in der Fassung der Brüder Grimm) etwas Näheres über ihr glückliches Leben nach ihrer Verheiratung, und nichts wird uns gesagt darüber, auf welche Weise sie mit ihrem Partner ein glückliches Leben geführt haben. Während diese Märchen die Heldin bis zur Schwelle der wahren Liebe führen, sagen sie uns nichts darüber, welches Wachstum der Persönlichkeit für die Vereinigung mit dem geliebten Partner notwendig ist.

Nicht alle Grundlagen für die Erreichung eines vollen Bewußtseins und einer vollen Bezogenheit wären durch das Märchen gelegt, wenn es das Kind nicht auch auf die Wandlung vorbereiten würde, die von der Liebe gefordert und durch sie herbeigeführt wird. Es gibt viele Märchen, die da anfangen, wo andere wie ›Aschenputtel‹ oder ›Schneewittchen‹ enden, und die uns mitteilen, daß geliebt zu werden, so bezaubernd das auch sein mag, nicht das Glück garantiert, selbst wenn der Liebende ein Königssohn ist. Wenn man durch die Liebe und in der Liebe Erfüllung finden will, so ist dazu noch ein weiterer Übergang notwendig. Nur zu sich selbst zu finden genügt nicht, selbst wenn man durch so schwierige Prüfungen wie die von Schneewittchen oder Aschenputtel zur Selbstfindung gelangt.

Zu ganzen Menschen, die alle ihre Möglichkeiten ausgeschöpft haben, werden wir erst, wenn wir nicht nur zu uns selbst finden, sondern gleichzeitig auch fähig und glücklich darüber sind, miteinander wir selbst zu sein. An der Erreichung dieses Zustandes sind die tiefsten Schichten unserer Persönlichkeit mitbeteiligt. Wie jede Verwandlung, die unser innerstes Sein betrifft, bringt auch dies Gefahren mit sich, denen wir mutig begegnen müssen, und wirft auch dies Probleme auf, die wir meistern müssen. Die Botschaft dieser Märchen lautet, daß wir unsere kindischen Einstellungen aufgeben und mit reifen Auffassungen vertauschen müssen, wenn wir das intime Verhältnis mit dem anderen eingehen wollen, das für beide Teile ein dauerhaftes Glück verspricht.

Die Märchen bereiten uns hierauf in einer Weise vor, die es dem Kind erlaubt, vorbewußte Dinge zu verstehen, die es heftig beunruhigen würden, wenn es gezwungen wäre, sie sich bewußt zu machen. Aber diese in seinen vorbewußten und unbewußten Geist eingebetteten Gedanken werden ihm zugänglich, sobald die Zeit dafür reif ist, daß es sein Verständnis darauf aufbauen kann. Da in Märchen alles in einer symbolischen Sprache ausgedrückt ist, kann das Kind das außer acht lassen, wozu es noch nicht reif ist, und nur auf das reagieren, was ihm vordergründig geboten wird. Aber es ist auch in der Lage, Schicht um Schicht etwas von der hinter dem Symbol verborgenen Bedeutung freizulegen in dem Maß, wie es allmählich bereit und fähig wird, es zu meistern und davon zu profitieren.

So gesehen, sind die Märchen der ideale Weg, um den Kindern etwas über die Sexualität beizubringen, was ihrem Alter und dem Entwicklungsstadium ihres Verstandes entspricht. Jede sexuelle Erziehung, die mehr oder weniger direkt geschieht, läßt dem Kind keine andere Möglichkeit, als sie zu akzeptieren, auch wenn es noch nicht reif dafür ist und daher stark beunruhigt oder in Verwirrung gebracht wird, selbst wenn man die Aufklärung in Worte kleidet, die der Ausdrucksweise des Kindes entsprechen und die es verstehen kann. Oder aber besteht die Möglichkeit, daß das Kind sich gegen die Überwältigung durch eine Aufklärung, für die es noch nicht reif ist, wehrt, indem es das, was ihm da erzählt wird, verdreht oder verdrängt, was im Augenblick und später die gefährlichsten Folgen haben kann.

Märchen lassen ahnen, daß irgendwann eine Zeit kommt, wo wir lernen müssen, was wir zuvor noch nicht gewußt haben, oder – um es in der Sprache der Psychoanalyse auszudrücken – wo wir die Verdrängung der Sexualität aufheben müssen. Was wir als etwas Gefährliches, Abstoßendes, dem wir aus dem Weg gehen sollten, erfahren haben, muß sein Aussehen so verändern, daß wir es als wahrhaft schön erleben. Dies ermöglicht die Liebe. Während die Aufhebung von Verdrängungen und die Wandlung des Erlebnisses der Sexualität in Wirklichkeit parallele Prozesse sind, trennen sie die Märchen voneinander. Es ereignet sich nur selten plötzlich. Meist handelt es sich um einen langen Entwicklungsprozeß, der schließlich zur Erkenntnis führt, daß die Sexualität etwas ganz anderes sein kann als das, was wir früher uns darunter vorgestellt haben. Es gibt Märchen, die uns mit dem plötzlichen Schock glücklicher Erkenntnis vertraut machen, während andere zeigen, daß ein langer Kampf notwendig ist, um den Punkt zu erreichen, wo es zu dieser unerwarteten Enthüllung kommen kann.

In vielen Märchen erschlägt der unerschrockene Held Drachen, bekämpft er Riesen und Ungeheuer, Hexen und Zauberer. Schließlich fragt sich das intelligente Kind, was diese Helden eigentlich damit beweisen wollen. Wenn sie sich nicht um ihre eigene Sicherheit kümmern, wie können sie dann dem jungen Mädchen, das sie retten, diese Sicherheit bieten? Was haben sie mit ihrem natürlichen Gefühl der Angst angefangen, und warum haben sie das getan? Da das Kind seine eigene Furcht und Angst kennt, aber auch weiß, wie oft es sie zu verleugnen sucht, schließt es daraus, daß diese Helden aus irgendeinem Grund alle Welt – einschließlich sich selbst – davon überzeugen müssen, daß sie frei von Angst sind.

Ödipale Phantasien von Ruhm und Ehre gewinnen dort im Märchen Gestalt, wo die Helden Drachen erschlagen und Jungfrauen erretten. Aber diese Geschichten stellen gleichzeitig eine Verleugnung der ödipalen Ängste dar, vor allem auch der sexuellen Ängste. Indem diese Helden alle Angstgefühle unterdrücken, so daß sie völlig frei von Angst zu sein scheinen, schützen sie sich davor, genau das zu entdecken, wovor sie Angst haben. Manchmal kommen sexuelle Ängste hinter ausgefallenen Phantasien von Mut zum Vorschein: Nachdem der unerschrockene Held die Prinzessin gewonnen hat, geht er ihr aus dem Weg, so als ob sein Mut ihm zwar die Fähigkeit gäbe zu kämpfen, aber nicht zu lieben. In einer solchen Geschichte – im Grimmschen Märchen ›Die Rabe‹ – schläft der Held an drei Tagen hintereinander jedesmal zu dem Zeitpunkt ein, an dem die Prinzessin versprochen hat, ihn zu besuchen. In anderen Märchen (im Grimmschen ›Die beiden Königskinder‹ und ›Der Trommler‹) schläft der Held fast die ganze Nacht, während seine Geliebte auf der Schwelle zu seinem Schlafzimmer nach ihm ruft, und wacht erst beim dritten Versuch auf. In ›Hans und seine Händel‹ haben wir bereits eine Interpretation dafür vorgeschlagen, daß Hans stocksteif im Bett neben seiner Braut liegt; auf einer anderen Ebene symbolisiert die Tatsache, daß Hans die Prinzessin nicht anrührt, seine Sexualangst. Was wie ein Mangel an Gefühl anmutet, ist in Wirklichkeit die Leere, die durch die Verdrängung der Gefühle entstanden ist, und diese Verdrängung muß erst aufgehoben werden, bevor ein eheliches Glück, wozu auch sexuelle Beglückung gehört, möglich werden kann.

›Das Märchen von einem, der auszog, das Fürchten zu lernen‹

Es gibt Märchen, die davon erzählen, daß es notwendig ist, daß man sich fürchten kann. Ein Held kann haarsträubende Abenteuer bestehen, ohne sich zu fürchten, aber er kann im Leben erst Befriedigung finden, nachdem er die Fähigkeit sich zu fürchten wiedererlangt hat. In einigen Märchen erkennt der Held schon zu Anfang, daß diese Unfähigkeit sich zu fürchten ein Mangel ist. Im Grimmschen ›Märchen von einem, der auszog, das Fürchten zu lernen‹ ist das der Fall. Als der Vater den Helden auffordert, etwas Rechtes aus sich zu machen, erwidert dieser: »Ei, Vater, ... ich will gerne was lernen; ja, wenn's anginge, so möchte ich lernen, daß mir's gruselte; davon verstehe ich noch gar nichts.« Und um es zu lernen, besteht der Held schreckliche Abenteuer, aber er fühlt keinerlei Furcht dabei. Mit übermenschlicher Kraft und mit einem Mut, den man als übermenschlich hätte bezeichnen können, wenn er Angst gehabt hätte, erlöst der Held das Schloß eines Königs von seiner Verzauberung. Der König sagt ihm, zur Belohnung dürfe er seine Tochter heiraten. »Das ist all' recht gut«, antwortet der Held, »aber ich weiß noch immer nicht, was Gruseln ist.« Der Antwort liegt die Erkenntnis zugrunde, daß der Held, solange er unfähig ist, Furcht zu empfinden, noch nicht reif ist zu heiraten. Dies wird noch dadurch bekräftigt, daß er, obwohl er seine Frau liebt, doch immer wieder sagt: »Wenn mir's nur gruselte! Wenn mir's nur gruselte!« Schließlich wird ihm im Ehebett das Gruseln beigebracht. Seine Frau lehrt es ihn eines Nachts, als sie ihm die Decke wegzieht und einen Eimer mit kaltem Wasser voller Gründlinge über ihn herschüttet. Als die kleinen Fische um ihn herumzappeln, ruft er: »Ach, was gruselt mir, was gruselt mir, liebe Frau! Ja, nun weiß ich, was Gruseln ist!«

Dank seiner Frau erfährt der Held dieser Geschichte im Ehebett, was ihm im Leben gefehlt hat. Dem Kind noch mehr als dem Erwachsenen scheint es klar, daß man etwas nur wiederfinden kann, wo man es zuvor verloren hat. Auf unbewußter Ebene spielt die Geschichte darauf an, daß der furchtlose Held seine Fähigkeit, Angst zu haben, deshalb verloren hat, damit er sich nicht vor den Gefühlen zu fürchten braucht, die ihn im Ehebett überwältigen könnten, das heißt vor den sexuellen Emotionen. Aber ohne diese Gefühle ist er – wie er immer wieder versichert – kein ganzer Mensch; er will nicht einmal heiraten, solange es ihn nicht gruselt. Der Held dieses Märchens konnte sich nicht fürchten, weil er alle sexuellen Gefühle verdrängt hatte, wie aus der Tatsache hervorgeht, daß er glücklich sein konnte, sobald ihm die sexuelle Angst zurückgegeben war. Die Geschichte enthält einen Zug, der so subtil ist, daß man ihn auf bewußter Ebene leicht übersieht, während er seinen Eindruck auf das Unbewußte nicht verfehlt. Der Titel des Märchens sagt uns, daß der Held auszog, das Fürchten zu lernen. Aber in der ganzen Geschichte ist meist vom Gruseln die Rede. Der Held selbst stellt fest, daß das eine Kunst ist, von der er noch gar nichts versteht. Sexuelle Angst wird in den meisten Fällen als eine Art Abscheu empfunden; der Geschlechtsakt macht den, der Angst hat, schaudern, während er in der Regel keine regelrechte Furcht verursacht.

Ob der Hörer dieser Geschichte nun erkennt oder nicht, daß sexuelle Angst die Ursache war, daß der Held sich nicht gruseln konnte – was ihn schließlich das Gruseln lehrt, ist ein Hinweis darauf, wie unbegründet gewisse weitverbreitete Ängste sind. Da es sich bei unserem Helden um eine Angst handelt, die nur seine Frau nachts im Bett kurieren kann, dürfte dieser Hinweis genügen, um erkennen zu lassen, welcher Art seine Angst ist.

Dem Kind, das sich am meisten nachts im Bett fürchtet, aber schließlich merkt, wie unbegründet diese Angst war, bietet dieses Märchen vordergründig den Hinweis, daß mancher sich brüstet, er habe keine Angst, während hinter diesem Benehmen eine unreife, ja kindische Angst verborgen sein kann, die der Betreffende aus seinem Bewußtsein verdrängt hat.

Wie man die Geschichte auch immer erlebt, sie sagt uns, daß das eheliche Glück zur Voraussetzung hat, daß dem Betreffenden nun Gefühle zugänglich werden, die es ihm vor seiner Heirat nicht waren. Sie sagt uns ferner, daß es der weibliche Partner ist, der den Mann schließlich zum vollen Menschsein erweckt, weil nämlich Angst haben menschlich und keine Angst haben unmenschlich ist. Die Geschichte enthüllt auf ihre märchenhafte Weise, daß beim letzten Übergang, der zur Erreichung der vollen Menschlichkeit notwendig ist, Verdrängungen aufgehoben werden müssen.

Der Tierbräutigam

Viel beliebter und zahlreicher sind andere Märchen, die sich nicht auf Verdrängungen beziehen, die eine negative Einstellung zur Sexualität bedingen, sondern die einfach lehren, daß zur Liebe eine radikale Änderung der bisherigen Einstellung zur Sexualität unerläßlich ist. Was geschehen muß, wird – wie immer im Märchen – in einem höchst eindrucksvollen Bild zum Ausdruck gebracht; ein Tier wird in einen wunderbaren Menschen verwandelt. So verschieden diese Geschichten im einzelnen sind, eines haben sie alle gemeinsam, daß nämlich der Sexualpartner zunächst als Tier erlebt wird. Daher ist es in der Literatur üblich geworden, diese Märchen als die »Tierbräutigam«- oder »Tiergatten«-Gruppe zu bezeichnen. Die heute etwas weniger gut bekannten Geschichten, in denen der zukünftige weibliche Partner zunächst ein Tier ist, werden als »Tierbraut«-Märchen bezeichnet.* Das bekannteste dieser Märchen

* Daß in diesen Märchen fast ebensooft der Tierbräutigam durch die Liebe des weiblichen Partners gerettet wird, wie die Tierbraut durch die Liebe des Mannes entzaubert wird, bietet ein weiteres Beispiel dafür, daß sich das gleiche Märchenmotiv ebenso auf weibliche wie auf männliche Personen bezieht. In Sprachen, deren Struktur es erlaubt, sind die Namen der im Mittelpunkt stehenden Charaktere zweideutig, so daß es dem Hörer überlassen bleibt, sie sich als männlich oder weiblich vorzustellen.
In Perraults Geschichten haben die Hauptfiguren Namen, die als männlich oder weiblich angesehen werden können. So lautet zum Beispiel der Titel von ›Blaubart‹ ›La

ist heute wohl ›La Belle et la Bête‹.(105) Das Motiv ist in der ganzen Welt so beliebt, daß vermutlich kein anderes Märchen so viele Varianten aufzuweisen hat.(106)
Die Geschichten vom Tierbräutigam weisen drei Hauptzüge auf. Erstens erfahren wir nicht, auf welche Weise und weshalb der Bräutigam in ein Tier verwandelt wurde, und das, obwohl die meisten anderen Märchen uns über solche Dinge aufzuklären pflegen. Zweitens hat eine Zauberin die Verwandlung vorgenommen, wird aber für ihre Untat nicht bestraft. Drittens veranlaßt der Vater die Heldin dazu, das Tier zu heiraten, und sie tut es aus Liebe zum Vater oder aus Gehorsam gegen ihn; die Mutter spielt vordergründig keine Rolle dabei.
Wendet man die Erkenntnisse der Tiefenpsychologie auf diese drei Aspekte dieser Märchen an, so erkennt man, daß, was auf den ersten Blick als schwerwiegender Mangel erscheint, eine subtile Bedeutung besitzt. Wir erfahren nicht, weshalb der Bräutigam gezwungen war, die Gestalt eines häßlichen Tieres anzunehmen, oder weshalb derjenige, der ihm dieses Leid zugefügt hat, nicht dafür bestraft wird. Das legt den Gedanken nahe, daß diese Verwandlung des »natürlichen« oder schönen Äußeren in der unergründlichen Vergangenheit vor sich gegangen ist, als wir noch nicht erkennen konnten, weshalb etwas mit uns geschah, selbst wenn es die weitreichendsten Folgen hatte. Sollen wir annehmen, daß die Verdrängung der Sexualität so früh erfolgte, daß wir uns nicht daran erinnern können? Keiner von uns kann sich daran erinnern, in welchem Augenblick seines Lebens die Sexualität für ihn etwas Tierisches annahm, etwas, wovor man Angst haben, was man verstecken und scheuen mußte; meist wird sie sehr früh mit einem Tabu belegt. Wir dürften uns daran erinnern, daß vor gar nicht langer Zeit viele Eltern aus der Mittelklasse ihren Kindern sagten, wenn sie heirateten, würden sie schon erfahren, was es mit dem Sex auf sich habe. Angesichts dessen ist es kaum verwunderlich, daß in

Barbe Bleue‹; hier ist der Name der zweifellos männlichen Figur so gewählt, daß er den weiblichen Artikel hat. Aschenputtel (Cinderella) heißt im Französischen »Cendrillon«, ein Name mit einer männlichen Endung; mit einer weiblichen Endung würde er etwa »La Cendrouse« lauten. Rotkäppchen heißt »Le petit chaperon rouge«, nicht nur weil ein »chaperon« im Französischen ein männliches Kleidungsstück ist, sondern weil der Name des Mädchens im Französischen den männlichen Artikel verlangt. Dornröschen, »La Belle au bois dormant«, hat zwar den weiblichen Artikel, aber dormant ist eine grammatische Form, die sich gleichermaßen auf männliche wie weibliche Personen bezieht. (Soriano, *op. cit.*)
Im Deutschen sind viele Hauptpersonen der Märchen sächlichen Geschlechts, so wie das ja auch das Wort *Kind* selbst ist. Das gilt für Schneewittchen, Dornröschen, Rotkäppchen und Aschenputtel.

›La Belle et la Bête‹ das frühere Tier zur Schönen sagt: »Eine böse Fee hatte mich dazu verurteilt, diese Gestalt so lange zu behalten, bis eine schöne Jungfrau einwilligen würde, mich zu heiraten.« Nur die Heirat machte den Geschlechtsverkehr zu etwas Erlaubtem und aus etwas Tierischem zu einem von dem Sakrament der Ehe geheiligten Band.

Da unsere Mütter – oder Kindermädchen – unsere ersten Erzieher waren, liegt der Gedanke nahe, daß sie die Sexualität irgendwie mit einem Tabu belegt haben; deshalb ist es auch eine Frau, die den späteren Bräutigam in ein Tier verwandelt. Mindestens in einer Geschichte von einer Tierbraut erfahren wir, daß die Ungezogenheit des Kindes seine Verwandlung in ein Tier nach sich zieht, und in diesem Fall verwünscht es die Mutter. Das Grimmsche Märchen ›Die Rabe‹ beginnt mit den Worten: »Es war einmal eine Königin, die hatte ein Töchterchen, das war noch klein und mußte auf dem Arm getragen werden. Zu einer Zeit war das Kind unartig, und die Mutter mochte sagen, was sie wollte, es hielt nicht Ruhe. Da ward sie ungeduldig, und weil die Raben so um das Schloß herumflogen, öffnete sie das Fenster und sagte: ›Ich wollte, du wärst eine Rabe und flögst fort, so hätt' ich Ruhe!‹ Kaum hatte sie das Wort gesagt, so war das Kind in eine Rabe verwandelt ...« Der Gedanke liegt wohl nicht fern, daß es ein nicht aussprechbares, unannehmbares, instinkthaftes sexuelles Verhalten war, mit dem das Kind nicht aufhören wollte und das seine Mutter so beunruhigte, daß diese unbewußt das Gefühl hatte, das kleine Mädchen sei wie ein Tier und könnte deshalb ebensogut in ein solches verwandelt werden. Wäre das Kind nur unruhig gewesen oder hätte es geschrien, dann wäre uns das vermutlich in der Geschichte mitgeteilt worden, oder die Mutter hätte nicht so vorschnell ihr Kind aufgegeben.

Im Märchen vom Tierbräutigam dagegen ist von den Müttern in der äußeren Handlung nicht die Rede; sie sind jedoch in Gestalt der Zauberin, die das Kind dazu veranlaßt, im Sexuellen etwas Tierisches zu sehen, gegenwärtig. Da fast alle Eltern die Sexualität irgendwie mit einem Tabu belegen, ist das etwas so Universelles und wenigstens bis zu einem gewissen Grad Unvermeidliches in der Erziehung des Kindes, daß kein Grund besteht, die Person zu bestrafen, die die Sexualität als etwas Tierisches erscheinen läßt. Das ist der Grund dafür, daß die Zauberin, die den Bräutigam in ein Tier verwandelt hat, am Schluß der Geschichte nicht bestraft wird.

Es ist die Liebe und Hingabe der Heldin, die dem Tier seine menschliche Gestalt zurückgibt. Nur wenn sie dazu gelangt, es wirklich zu lieben, wird es wieder entzaubert. Damit das Mädchen seinen männlichen Partner vollkommen lieben kann, muß es fähig sein, seine frühere infantile Liebe zum Vater auf ihn zu übertragen. Sie ist dazu in der Lage, wenn dieser Vater, wenn auch zögernd, damit einverstanden ist – wie der Vater in ›La Belle et la Bête‹, der zunächst nicht will, daß seine schöne Tochter zu dem Tier geht, um ihm das Leben zu retten, der sich dann aber überzeugen läßt, daß sie es doch tun sollte. Und das Mädchen kann diese ödipale Liebe zum Vater ganz frei und glücklich auf seinen Geliebten übertragen und sie dementsprechend verwandeln, indem es scheinbar – wenn auch in sublimierter Form – dem Vater eine verspätete Erfüllung seiner kindlichen Liebe zu ihm anbietet und gleichzeitig sich seiner reifen Liebe zu einem seinem Alter entsprechenden Partner hingibt.

Die Schöne heiratet das Tier nur aus Liebe zu ihrem Vater, aber in dem Maße, wie ihre Liebe reift, wechselt sie ihr Objekt, wenn auch – wie die Geschichte erzählt – nicht ohne Schwierigkeiten. Am Ende gewinnen sowohl ihr Vater als auch ihr Gemahl durch ihre Liebe ihr Leben zurück. Wenn noch etwas zur Interpretation dieser Geschichte hinzuzufügen ist, so ist es das, daß die Schöne den Vater bittet, ihr eine Rose mitzubringen, und er sein Leben aufs Spiel setzt, um ihr diesen Wunsch zu erfüllen. Daß das Mädchen sich von seinem Vater eine Rose wünscht, daß er sie ihr gibt und sie die Blume in Empfang nimmt, zeigt im Bild, daß die Schöne ihren Vater und er sie immer noch liebt – es ist ein Symbol dafür, daß diese Liebe bei beiden noch lebendig ist. Und daß diese Liebe nie aufgehört hat zu blühen, ist der Grund dafür, daß sie sich so leicht auf das Tier übertragen läßt.

Märchen sprechen zu unserem Unbewußten, und wir haben das Gefühl, daß sie uns etwas Wichtiges zu sagen haben ohne Rücksicht auf unser Geschlecht und auf das des Helden. Trotzdem sollte man doch darauf hinweisen, daß in den meisten westlichen Märchen das Tier männlichen Geschlechts ist und nur durch die Liebe einer Frau entzaubert werden kann. Die Art des Tieres wechselt von Ort zu Ort je nach der lokalen Situation. So wird zum Beispiel in einem Bantu-(Kaffern-)Märchen einem Krokodil seine menschliche Gestalt durch ein Mädchen zurückgegeben, das ihm das Gesicht ableckt.(107) In anderen Märchen erscheint das Tier in Gestalt eines Schweins, eines Löwen, eines Bären, eines Esels, eines Froschs, einer Schlange usw., die durch die Liebe eines Mädchens ihre menschliche Gestalt zurückerhalten.* Man darf annehmen, daß die Erfinder

* Daß es so viele Geschichten vom Tierbräutigam-Typ in den vorliterarischen Kulturen gibt, läßt vermuten, daß selbst ein Leben in intimer Berührung mit der Natur die Ansicht nicht ändert, daß die Sexualität etwas Tierisches ist, was nur die Liebe in eine

dieser Märchen glaubten, daß eine glückliche Vereinigung nur zustande komme, wenn der weibliche Partner seine Ansicht überwindet, daß die Sexualität etwas Ekelerregendes und Tierisches sei. Es gibt auch im Westen Märchen, in denen das Mädchen in ein Tier verzaubert ist, dann muß es durch die Liebe und den entschlossenen Mut des Mannes entzaubert werden. Aber in praktisch allen Beispielen von einer Tierbraut hat deren Tiergestalt nichts Gefährliches oder Abstoßendes; im Gegenteil ist sie anziehend. ›Die Rabe‹ haben wir bereits erwähnt. In einem anderen Grimmschen Märchen, ›Der Trommler‹, ist das Mädchen in einen Schwan verwandelt. So hat man den Eindruck, daß das Märchen zwar die Sexualität ohne Liebe und Hingabe als tierisch hinstellt, daß aber wenigstens in der westlichen Tradition ihre Tieraspekte nicht bedrohlich, sondern sogar liebreizend erscheinen, wenn es sich um ein Mädchen handelt; nur die männlichen Aspekte der Sexualität erscheinen tierhaft.

›Schneeweißchen und Rosenrot‹

Während der Tierbräutigam fast stets ein abstoßendes wildes Tier ist, kommt es doch auch in einigen wenigen Geschichten vor, daß er trotz seiner wilden Natur zahm ist. Das ist zum Beispiel in ›Schneeweißchen und Rosenrot‹ der Fall, wo er ein freundlicher, keineswegs angsteinflößender oder abstoßender Bär ist. Aber solche tierischen Aspekte fehlen auch in diesem Märchen nicht – sie werden von einem unwirschen Zwerg repräsentiert, der den Königssohn in einen Bären verzaubert hat. In dieser Geschichte sind die beiden Protagonisten in je zwei Gestalten aufgespalten: Es gibt zwei rettende junge Mädchen, Schneeweißchen und Rosenrot, und es gibt

menschliche Beziehung verwandeln kann. Es scheint auch da so zu sein, daß der Mann öfter als nicht unbewußt als der tierähnlichere Partner empfunden wird, weil er im Geschlechtsverkehr die aggressivere Rolle spielt. Es ändert auch nichts an der vorbewußten Erkenntnis, daß die Frau zwar beim Verkehr der mehr passive und empfangende Teil ist, daß aber auch sie dabei aktiv werden und etwas recht Schwieriges und Unschickliches tun muß – zum Beispiel dem Krokodil das Gesicht ablecken – wenn die Liebe ein sonst rein sexuelles Band bereichern soll.

In vorliterarischen Gesellschaften weisen Geschichten von Tiergatten nicht nur märchenhafte, sondern auch totemistische Züge auf. Bei den Lalang auf Java zum Beispiel glaubt man, daß eine Prinzessin einen Hund zum Gatten genommen habe und daß der aus dieser Ehe hervorgegangene Sohn der Ahnherr des Stammes sei.(108) In einem Yoruba-Märchen heiratet eine Schildkröte ein Mädchen und führt damit den Geschlechtsverkehr auf Erden ein, was die enge Verbindung zeigt, die zwischen der Idee des Tierbräutigams und dem Geschlechtsverkehr besteht.(109)

den freundlichen Bären und den garstigen Zwerg. Die beiden Mädchen freunden sich, von ihrer Mutter dazu ermutigt, mit dem Bären an, und sie helfen dem Zwerg, wenn er in Not ist, trotz seiner Bosheit. Sie retten diesen Zwerg zweimal aus großer Gefahr, indem sie ihm ein Stück von seinem Bart abschneiden und beim dritten und letzten Mal ein Stück von seinem Röckchen abreißen. In diesem Märchen müssen die Mädchen den Zwerg dreimal retten, bevor der Bär ihn töten und damit seine eigene menschliche Gestalt zurückerhalten kann. So ist hier der Tierbräutigam zwar freundlich und zahm, aber trotzdem müssen die Mädchen ihm seine abstoßende Natur in Gestalt des Zwerges austreiben, damit eine tierhafte Beziehung in eine menschliche verwandelt werden kann. Diese Geschichte impliziert, daß unsere Natur sowohl freundliche als auch abstoßende Seiten hat und daß wir nur zu einem vollkommenen Glück gelangen können, wenn wir uns von letzteren frei machen. Am Schluß der Geschichte wird die ursprüngliche Einheit der Protagonisten noch einmal dadurch bekräftigt, daß Schneeweißchen den Königssohn und Rosenrot dessen Bruder heiratet.

Die Geschichten vom Tierbräutigam sagen uns, daß hauptsächlich die Frau ihre Einstellung zur Sexualität ändern muß, daß sie sie nicht länger ablehnen, sondern begrüßen muß, weil, solange sie ihr häßlich und tierisch vorkommt, sie auch im Mann animalistisch bleibt, das heißt, daß er solange nicht entzaubert wird. Solange der eine Partner die Sexualität verabscheut, kann sie auch der andere Teil nicht genießen; solange der eine Partner dem anderen wie ein Tier vorkommt, bleibt er auch in seinen eigenen Augen und in denen seines Partners bis zu einem gewissen Grade ein Tier.

›Der Froschkönig‹

Einige Märchen legen den Nachdruck auf die lange und schwierige Entwicklung, die es allein ermöglicht, das unter Kontrolle zu bekommen, was wir als tierisch empfinden, während umgekehrt im Mittelpunkt anderer Märchen ein Schock der Erkenntnis steht, wenn sich das, was uns tierisch vorkam, plötzlich als Quelle menschlichen Glücks enthüllt. Zu letzterer Kategorie gehört das Grimmsche Märchen ›Der Froschkönig‹.*

* Der volle Titel der Geschichte lautet: ›Der Froschkönig oder der eiserne Heinrich‹, doch fehlt der *eiserne Heinrich* in den meisten Versionen des Märchens. Seine große Treue wird zum Schluß angefügt, gleichsam zum nachträglichen Vergleich mit der anfänglichen Untreue der Königstochter. Die Geschichte gewinnt hierdurch keine

Wenn auch dieses Märchen nicht ganz so alt ist wie einige andere Märchen vom Tierbräutigam, wird eine Version des ›Froschkönigs‹ doch schon im dreizehnten Jahrhundert erwähnt. In ›Complaynt of Scotland‹ aus dem Jahre 1540 ist eine ähnliche Geschichte ›The Well of the World's End‹ (›Der Brunnen am Ende der Welt‹) betitelt.(111) Eine Version des Märchens vom Froschkönig, welche die Brüder Grimm 1815 herausgaben, beginnt mit drei Schwestern, von denen die beiden älteren hochmütig und gefühllos sind. Nur die Jüngste ist bereit, sich die dringenden Bitten des Froschs anzuhören. In der heute bekanntesten Version der Brüder Grimm ist die Königstochter die jüngste unter mehreren Schwestern, von denen aber nicht gesagt wird, wie viele es sind.

›Der Froschkönig‹ beginnt damit, daß die jüngste Königstochter in der Nähe eines Brunnens mit ihrem goldenen Ball spielt. Der Ball fällt in den Brunnen, und das Mädchen ist tief betrübt darüber. Ein Frosch taucht auf und fragt das Königskind, was es denn so traurig mache. Er bietet sich an, ihr den goldenen Ball heraufzuholen, wenn sie ihn als ihren Gesellen und Spielkameraden nehmen wolle, der an ihrem Tischlein neben ihr sitzen, aus ihrem Becherlein trinken, von ihrem Tellerlein essen und in ihrem Bettlein schlafen dürfe. Sie verspricht dies und denkt bei sich, daß ein quakender Frosch ja doch »keines Menschen Geselle« sein könne. Der Frosch holt den goldenen Ball herauf. Aber als er sie auffordert, ihn mit nach Hause zu nehmen, läuft sie davon, und sie hat den armen Frosch bald vergessen.

Aber am nächsten Tag, als der König sich mit allen Hofleuten zur Tafel gesetzt hat, kommt der Frosch die Treppe hinauf und verlangt Einlaß. Die Königstochter wirft ihm die Tür vor der Nase zu, und der König, der merkt, wie sehr ihr das Herz klopft, fragt, was sie denn habe. Sie sagt es ihm, und er besteht darauf, daß sie ihr Versprechen hält. So macht sie dem Frosch die Tür auf, aber sie zaudert, als sie ihn auf den Tisch heben soll. Wieder befiehlt ihr der König, ihr Versprechen zu halten. Die Königstochter versucht noch einmal, sich zu weigern, als der Frosch von ihr verlangt, ihn mit ins Bett zu nehmen, aber der König wird jetzt zornig und sagt: »Wer dir geholfen hat, als du in Not warst, den sollst du nachher nicht verachten.« Als sie dann aber im Bett liegt und der Frosch zu ihr hineinkriechen will, da ekelt sie sich so sehr vor ihm, daß sie ihn gegen die Wand wirft; da verwandelt er sich in einen Königssohn. In

zusätzliche Bedeutung, und wir wollen daher hier auch nicht näher darauf eingehen. (Iona und Peter Opie lassen aus guten Gründen den eisernen Heinrich sowohl aus dem Titel wie auch aus ihrer Version des Märchens aus).(110)

den meisten Versionen tritt das erst ein, nachdem die Königstochter drei Nächte lang mit ihm geschlafen hat. Eine ursprüngliche Version ist sogar noch deutlicher: die Prinzessin muß den Frosch küssen, während er neben ihr im Bett liegt, und dann müssen sie drei Wochen zusammen schlafen – erst dann wird der Frosch in einen Königssohn verwandelt.(112)

In diesem Märchen wird der Reifungsprozeß enorm beschleunigt. Zu Anfang ist die Königstochter noch ein schönes kleines Mädchen, das sorglos mit seinem Ball spielt. (Bei den Brüdern Grimm heißt es, daß sie so schön war, »daß die Sonne selber, die doch so vieles gesehen hat, sich verwunderte, sooft sie ihr ins Gesicht schien«.) Alles geschieht wegen des Balls. Dieser ist in doppelter Weise ein Symbol der Vollkommenheit: einmal als Kugel und dann, weil er aus Gold, dem kostbarsten Material, besteht. Der Ball steht für eine noch unentwickelte narzißtische Psyche: er enthält alle noch nicht realisierten Möglichkeiten. Als er in den tiefen, dunklen Brunnen fällt, geht die Naivität verloren, und Pandoras Büchse öffnet sich. Die Königstochter beklagt den Verlust ihrer kindlichen Unschuld ebenso verzweifelt wie den Verlust ihres Balls. Nur der häßliche Frosch kann ihr die Vollkommenheit – den Ball – aus dem Dunkel zurückholen, in das das Symbol ihrer Psyche gefallen ist. Das Leben ist häßlich und kompliziert geworden, nachdem es angefangen hat, seine dunklen Seiten zu enthüllen.

Das Mädchen, das noch dem Lustprinzip verhaftet ist, macht Versprechungen, um das, was es so gern wiederhaben möchte, zurückzubekommen, ohne dabei an die Folgen zu denken. Aber die Realität macht sich geltend. Sie versucht, ihr aus dem Weg zu gehen, indem sie die Tür vor dem Frosch zuschlägt. Aber jetzt greift das Über-Ich in Gestalt des Königs ein: Je mehr die Königstochter versucht, sich gegen das Begehren des Froschs zu wehren, um so nachdrücklicher besteht der König darauf, daß sie ihr Versprechen ganz erfüllt. Was als Spiel begann, wird Ernst: Die Königstochter muß erwachsen werden und sieht sich gezwungen, die Verpflichtungen, die sie eingegangen ist, auch zu erfüllen.

Die einzelnen Schritte, die zu einer intimen Beziehung mit einem anderen führen, sind deutlich skizziert: Zuerst ist das Mädchen beim Spiel mit seinem Ball ganz allein. Der Frosch fängt eine Unterhaltung mit ihm an und fragt, was es so bekümmert; er spielt mit ihm, als er ihm den Ball zurückgibt. Dann kommt er zu Besuch, setzt sich neben die Königstochter, ißt mit ihr, geht mit ihr in ihr Zimmer und schließlich ins Bett. Je näher der Frosch ihr körperlich kommt, um so mehr ekelt sie sich vor ihm; vor allem aber fürchtet sie sich vor der

Berührung mit ihm. Das Erwachen der Sexualität ist nicht frei von Widerwillen und Angst, ja sogar Zorn. Angst verwandelt sich in Zorn und Haß, und die Königstochter »warf ihn aus allen Kräften wider die Wand«. Aber indem sie sich so behauptet und dabei Risiken eingeht – im Gegensatz zu ihrem früheren Verhalten, wo sie sich herauszuwinden versuchte und dann nur den Anordnungen ihres Vaters gehorchte –, überwindet sie jetzt ihre Angst, und ihr Haß verwandelt sich nun in Liebe.

In gewisser Weise gibt uns das Märchen zu verstehen, daß man, um lieben zu können, zunächst die Fähigkeit haben muß zu empfinden; selbst wenn die Gefühle negativ sind, so ist das immer noch besser, als überhaupt keine Gefühle zu haben. Zu Anfang ist die Königstochter völlig egozentrisch; ihr ganzes Interesse gilt dem Ball. Sie empfindet nichts dabei, als sie dem Frosch das Versprechen gibt, und macht sich keine Gedanken darüber, wie sie es halten soll und welche Konsequenzen es für sie haben könnte. Je näher ihr aber der Frosch körperlich und persönlich kommt, um so stärker werden ihre Gefühle, aber damit wird sie auch immer mehr zu einer Person. Über eine lange Entwicklungsstrecke gehorcht sie dem Vater, doch werden ihre eigenen Gefühle dabei immer stärker; am Schluß dokumentiert sie dann ihre Unabhängigkeit dadurch, daß sie gegen seine Anordnungen handelt. Genau wie sie auf diese Weise sie selbst wird, wird auch der Frosch zu einer eigenen Persönlichkeit – er verwandelt sich in einen Königssohn.

Auf einer anderen Ebene teilt uns die Geschichte mit, daß wir nicht erwarten können, daß unsere ersten erotischen Kontakte lustvoll verlaufen, da sie dafür viel zu schwierig und mit Angst beladen sind. Aber wenn wir dem Partner trotz unseres zeitweiligen Widerwillens erlauben, immer intimer mit uns zu werden, so werden wir in einem bestimmten Augenblick mit einem freudigen Schock erleben, wie die vollkommene Intimität erst die ganze Schönheit der Sexualität enthüllt. In einer Version des ›Froschkönigs‹ heißt es: ». . . nachdem sie eine Nacht im Bett verbracht hatten, sah sie neben sich den hübschesten Kavalier liegen«.(113) So ändert sie in dieser Geschichte während der Nacht, die beide miteinander verbringen (und nach dem, was – wie wir vermuten dürfen – während dieser Nacht geschah), ihre Ansicht über den Ehepartner von Grund auf. Die verschiedenen anderen Geschichten, in denen der zeitliche Ablauf zwischen der ersten Nacht und drei Wochen variiert, raten alle zur Geduld: Es braucht seine Zeit, bis die intime Beziehung sich in Liebe verwandelt.

Wie in so vielen Tierbräutigamsgeschichten ist es auch im ›Froschkönig‹ der Vater, der seine Tochter und ihren späteren Gemahl zusammenbringt. Nur durch seine Hartnäckigkeit kommt die glückliche Vereinigung zustande. Die elterliche Führung, die zur Ausbildung des Über-Ichs führt – man muß sein Versprechen halten, auch wenn es noch so unüberlegt war –, entwickelt ein verantwortungsbewußtes Gewissen. Ein solches ist für eine glückliche persönliche und sexuelle Verbindung unentbehrlich, da es ihr ohne ein reifes Gewissen an Ernst und Ausdauer fehlen würde.

Aber was ist mit dem Frosch? Auch er muß erst reif werden, bevor die Vereinigung mit der Königstochter möglich wird. Was ihm geschieht, zeigt, daß eine liebevolle, abhängige Beziehung zu einer Mutterfigur die Vorbedingung dafür ist, zu einem ganzen Menschen zu werden. Wie jedes Kind wünscht sich auch der Frosch eine vollkommen symbiotische Existenz. Welches Kind hätte nicht auf Mutters Schoß sitzen, von ihrem Teller essen, aus ihrem Glas trinken wollen und wäre nicht in Mutters Bett geklettert und hätte versucht, bei ihr zu schlafen? Aber nach einiger Zeit muß man dem Kind die Symbiose mit der Mutter verweigern, da sie es daran hindern würde, jemals zum Individuum zu werden. So sehr das Kind sich auch wünscht, bei der Mutter im Bett zu bleiben, sie muß es »hinauswerfen« – eine schmerzliche Erfahrung, die aber zur Erlangung der Unabhängigkeit unerläßlich ist. Nur wenn das Kind von seiner Mutter dazu gezwungen wurde, nicht mehr in dieser Symbiose zu leben, fängt es an, ein selbständiger Mensch zu werden – so wie der Frosch, nachdem er aus dem Bett »geworfen« worden ist, aus den Fesseln seiner unreifen Existenz erlöst ist. Das Kind weiß, daß es selbst genau wie der Frosch von einem niedrigeren Existenzstadium zu einem höheren fortschreiten mußte und auch weiterhin fortschreiten muß. Dieser Prozeß erscheint ihm völlig normal, da ja auch sein Leben auf einer niedrigeren Stufe begonnen hat. Daher muß man ihm auch nicht die niedrige Tiergestalt des Helden zu Anfang der Märchen vom Tierbräutigam erst erklären. Es weiß, daß seine eigene Situation nicht auf eine böse Tat zurückzuführen ist oder daß etwa eine böse Macht daran schuld ist. Sie entspricht der natürlichen Ordnung der Welt. Der Frosch taucht aus seiner Existenz im Wasser auf, genau wie das Kind bei der Geburt auftaucht. Historisch gesehen, nehmen die Märchen unser Wissen um die Embryologie um Jahrhunderte voraus, die uns gelehrt hat, daß der menschliche Fötus vor der Geburt mehrere Entwicklungsstadien durchmacht, so wie der Frosch in seiner Entwicklung eine Metamorphose durchlebt.

Aber warum ist der Frosch (oder die Kröte wie in ›Die drei Federn‹)

unter allen Tieren ein Symbol für sexuelle Beziehungen? So sagt zum Beispiel ein Frosch die Empfängnis von Dornröschen voraus. Im Vergleich zu Löwen oder anderen wilden Tieren ist der Frosch (oder die Kröte) nicht furchterregend. Er ist ein Tier, das keineswegs bedrohlich ist. Wenn er negativ empfunden wird, so erregt er höchstens Widerwillen wie im ›Froschkönig‹. Man kann sich nur schwer eine bessere Art ausdenken, dem Kind beizubringen, daß es vor den (für es) abstoßenden Aspekten der Sexualität keine Angst zu haben braucht, als es in dieser Geschichte geschieht. Die Geschichte vom Frosch – wie er sich benimmt, was die Königstochter mit ihm erlebt und was am Ende sich mit beiden, dem Frosch und dem Mädchen, ereignet – bestätigt, daß Widerwillen angebracht ist, wenn man noch nicht reif ist für die Sexualität, und bereitet darauf vor, daß sie etwas sehr Wünschenswertes ist, sobald die Zeit reif ist.

Während nach Auffassung der Psychoanalyse unsere sexuellen Triebe unsere Handlungen und unser Verhalten vom Anfang unseres Lebens an beeinflussen, besteht doch ein weltweiter Unterschied zwischen der Art, wie sich diese Triebe beim Kind und beim Erwachsenen manifestieren. Dadurch, daß das Märchen den Frosch als Sexsymbol benutzt, ein Tier also, das in seiner Jugend in einer bestimmten Form, nämlich als Kaulquappe, und dann, wenn es reif ist, in einer völlig anderen Form existiert, spricht es zum Unbewußten des Kindes. Es hilft ihm, die Form der Sexualität zu akzeptieren, die seinem Alter entspricht, während es gleichzeitig für den Gedanken empfänglich gemacht wird, daß in dem Maß, wie es heranwächst, auch seine Sexualität in seinem eigensten Interesse eine Metamorphose durchmachen muß.

Es gibt auch noch andere, direktere Assoziationen zwischen Frosch und Sexualität, die unbewußt bleiben. Vorbewußt bringt das Kind das klebrige, feuchtkalte Gefühl beim Anfassen eines Froschs oder einer Kröte in Zusammenhang mit ähnlichen Empfindungen, die es mit den Geschlechtsorganen verbindet. Die Fähigkeit des Frosches sich aufzublasen, wenn er erregt ist, weckt – ebenfalls unbewußt – Assoziationen zur Fähigkeit des Penis, sich aufzurichten.* So ekelerregend der Frosch auch sein mag, wenn er so lebendig beschrieben wird wie im ›Froschkönig‹, die Geschichte versichert uns, daß selbst ein so feuchtkaltes, Widerwillen erregendes Tier sich

* Anne Sexton schreibt mit der poetischen Freiheit der Künstlerin und ihrer Einsicht ins Unbewußte in ihrem Gedicht ›Der Froschkönig‹, welches den Inhalt des Grimmschen Märchens wiedergibt: »Beim Anfühlen des Froschs/ explodieren die Rühr-mich-nicht-an-Gefühle/ wie elektrische Geschosse« und »Der Frosch ist meines Vaters Genitalien«.(114)

in etwas Schönes verwandelt, vorausgesetzt daß alles auf die rechte Art und zum richtigen Zeitpunkt geschieht.
Die Kinder besitzen eine natürliche Affinität zu Tieren und fühlen sich ihnen oft näher verwandt als den Erwachsenen. Sie würden gern mit ihnen ihr einfaches, instinkthaftes Leben teilen, das sie sich voller Freiheit und Freude vorstellen. Aber diese Wahlverwandtschaft führt andererseits dazu, daß das Kind fürchtet, es könnte vielleicht nicht ganz so menschlich sein, wie es sein sollte. Diese Märchen wirken dieser Furcht entgegen, indem sie aus der Tierexistenz eine puppenartige Entwicklungsstufe machen, aus der die reizvollste Person zum Vorschein kommt.
Wenn wir unsere sexuellen Aspekte als tierisch ansehen, so hat das die gefährlichsten Konsequenzen, und zwar in einem Maße, daß manche Menschen ihre eigenen sexuellen Erlebnisse – oder die anderer – nie von dieser Auffassung freimachen können. Deshalb muß man den Kindern beibringen, daß die Sexualität zwar zu Anfang ekelhaft tierisch erscheinen mag, daß aber, sobald man die rechte Art, sie zu handhaben, gefunden hat, etwas sehr Schönes hinter diesem scheinbar Abstoßenden zum Vorschein kommt. Hier ist das Märchen, ohne daß es irgendwelche sexuellen Erlebnisse je erwähnt oder direkt darauf anspielt, psychologisch gesünder als viele unserer sexuellen Erziehungsmaßnahmen. Die moderne sexuelle Aufklärung bemüht sich zu lehren, daß die Sexualität etwas Normales, Erfreuliches, ja Schönes ist und daß sie unbestreitbar für den Fortbestand der Menschheit notwendig ist. Aber da sie nicht davon ausgeht, daß das Kind sie abstoßend finden könnte und daß dieser Standpunkt eine wichtige schützende Funktion hat, wirkt die moderne sexuelle Aufklärung nicht überzeugend für das Kind. Indem das Märchen ihm dagegen bestätigt, daß der Frosch (oder um welches Tier es sich auch immer handelt) eklig sein kann, gewinnt es sein Vertrauen und ist so in der Lage, in ihm den festen Glauben zu erzeugen, daß dieses eklige Tier, wenn der richtige Zeitpunkt gekommen ist, sich als der charmanteste Lebensgefährte entpuppen wird. Und diese Botschaft vermittelt das Märchen, ohne jemals direkt etwas Sexuelles zu erwähnen.

›Amor und Psyche‹

In der bekanntesten Version des Märchens vom Froschkönig geschieht die durch die Liebe bewirkte Verwandlung in einem Augenblick heftiger Selbstbehauptung aufgrund eines Widerwillens, der tiefste Gefühle weckt. Nachdem diese Gefühle erst einmal in höchstem Maße erregt sind, schlagen sie plötzlich in ihr Gegenteil um. Andere Fassungen der Geschichte berichten, daß es drei Nächte oder drei Wochen gedauert habe, bis die Liebe dieses Wunder bewirken konnte. In vielen Geschichten des Tierbräutigam-Typs erfordert die Erreichung der wahren Liebe Jahre endloser Mühen. Im Gegensatz zu der im ›Froschkönig‹ erreichten augenblicklichen Wirkung lehren diese Geschichten, daß der Versuch, Erlebnisse beschleunigen zu wollen, welche die Sexualität betreffen – der Versuch, in aller Eile und heimlich herauszufinden, wer jemand ist und was das mit der Liebe auf sich hat –, verheerende Folgen haben kann.

Die westliche Tradition der Tierbräutigam-Märchen beginnt mit der Geschichte von Amor und Psyche des Apuleius aus dem zweiten Jahrhundert n. Chr., und dieser stützt sich auf noch ältere Quellen.(115) Diese Erzählung bildet einen Teil eines umfangreicheren Werkes, der ›Metamorphosen‹, die – wie der Titel besagt – Initiationen behandeln, die derartige Verwandlungen bewirken. Obwohl der Liebhaber in dieser Geschichte ein Gott ist, hat sie doch mit den Märchen vom Tierbräutigam wichtige Züge gemeinsam. Amor bleibt für Psyche unsichtbar. Psyche, die von ihren beiden bösen älteren Schwestern betrogen wird, glaubt, ihr Liebhaber – und damit die Sexualität – sei abstoßend, »ein großer ungeheurer Drache, in verschlungenen Ringen einherkriechend«. Amor ist eine Gottheit, und Psyche wird unsterblich. Die Göttin Venus ist die Urheberin aller Unbilden, weil sie auf Psyche eifersüchtig ist. Heute kennen wir ›Amor und Psyche‹ nicht mehr als Märchen, sondern nur noch im Mythos. Aber da dieser Mythos viele westliche Märchen vom Tierbräutigam beeinflußt hat, sollten wir uns an dieser Stelle damit beschäftigen.

In dieser Geschichte hat ein König drei Töchter. Psyche, die jüngste, ist von so außerordentlicher Schönheit, daß sie die Eifersucht der Venus weckt, so daß diese ihren Sohn Amor veranlaßt, Psyche dadurch zu bestrafen, daß er sie dazu bringt, sich in den abscheulichsten Mann zu verlieben. Psyches Eltern sind beunruhigt darüber, daß sie für Psyche noch keinen Gatten gefunden haben, und befragen das Orakel des Apollo.

Dieses sagt, Psyche müsse auf den felsigen Gipfel eines hohen Berges gebracht werden, wo sie die Beute eines »Ungeheuers wie Otterngezücht« werden würde. Da dies soviel wie ihren Tod bedeutet, wird sie in einer Begräbnisprozession zu dem bezeichneten Ort gebracht, wo sie den Tod erwartet. Aber ein sanfter Wind trägt sie vorsichtig von der Bergklippe hinunter und legt sie im Tal »in den blumigen Schoß eines weichen Rasens nieder«. Sie erblickt einen prächtigen Palast, und als sie hineingeht, werden ihr dort alle Wünsche erfüllt. Amor versteckt hier entgegen der Anordnung seiner Mutter die schöne Psyche, die seine Geliebte wird. Im Dunkel der Nacht schläft er, als geheimnisvolles Wesen getarnt, mit ihr als ihr Gemahl.

Aber obwohl Psyche ein Leben führt, in dem ihr alle Wünsche erfüllt werden, fühlt sie sich doch tagsüber vereinsamt, und auf ihre flehenden Bitten läßt Amor sich überreden, die eifersüchtigen Schwestern zu Besuch kommen zu lassen. Aus gemeinem Neid reden sie Psyche ein, ihr Bettgenosse sei »ein großer, ungeheurer Drache, in verschlungenen Ringen einherkriechend, triefend von Blut und tödlichem Gifte und gräßlich, mit weitem, aufgerissenem, unergründlichem Rachen . . . «, so wie es das Orakel prophezeit hat. Die Schwestern überreden Psyche, dem Ungeheuer mit einem Messer den Kopf abzuschneiden. Diese läßt sich verführen und handelt gegen die Anordnung Amors, keinen Versuch zu machen, ihn zu erblicken; sie nimmt, während er schläft, eine Öllampe und ein Messer, um das Ungeheuer zu töten. Als das Licht auf Amor fällt, entdeckt Psyche in ihm einen schönen Jüngling. In ihrer Verwirrung zittert ihr die Hand, und ein Tropfen heißes Öl verbrennt Amor die rechte Schulter. Er wacht auf und verläßt sie. Mit gebrochenem Herzen versucht Psyche Selbstmord zu begehen, wird aber davon abgehalten. Von dem Zorn und der Eifersucht der Venus verfolgt, muß sie eine Reihe schrecklicher Prüfungen bestehen und unter anderem auch in die Unterwelt hinabsteigen. (Die bösen Schwestern versuchen ihrerseits, Psyches Platz in der Liebe Amors einzunehmen, und in der Hoffnung, von sanften Winden zu ihm hinuntergetragen zu werden, springen sie von der Klippe und stürzen sich zu Tode.) Schließlich ist Amors Wunde geheilt, und gerührt von Psyches Reue überredet er Jupiter, ihr Unsterblichkeit zu verleihen. Die Hochzeit wird auf dem Olymp gefeiert, und das Kind, das Psyche Amor gebiert, nennen die Menschen Voluptas (Lust).

Die Pfeile des Eros wecken unbezähmbare sexuelle Wünsche. Apuleius gibt Eros in seiner Geschichte den lateinischen Namen Cupido, doch bezeichnen beide Namen in bezug auf die sexuellen Wünsche das gleiche. Psyche ist die griechische Bezeichnung für die Seele. In ›Amor und Psyche‹ hat der neuplatonische Dichter Apuleius vermutlich ein altes griechisches Märchen von einem schönen Mädchen, das mit einem schlangenähnlichen Ungeheuer verheiratet wurde, in eine Allegorie verwandelt, die nach Robert

Graves den Weg der vernünftigen Seele zu einer verständigen Liebe symbolisiert.(116) Diese Erklärung trifft zwar zu, doch wird sie dem inneren Reichtum der Geschichte nicht ganz gerecht.
Zunächst verleiht die Prophezeiung, daß Psyche von einem gräßlichen Ungeheuer entführt werden wird, den gestaltlosen Ängsten des unerfahrenen Mädchens visuellen Ausdruck. Die Begräbnisprozession, die Psyche ihrem Bestimmungsort entgegenführt, deutet auf den Verlust der Jungfernschaft hin, einen Verlust, der nicht leicht hingenommen wird. Daß sich Psyche so leicht dazu überreden läßt, Amor zu töten, mit dem sie schläft, zeigt, wie stark die negativen Gefühle sind, die ein Mädchen gegen den, der ihm seine Jungfernschaft geraubt hat, hegen kann. Das Wesen, das das unschuldige Mädchen in ihr getötet hat, verdient im gleichen Maße auch seiner Männlichkeit beraubt zu werden – so wie es ihm seine Jungfernschaft genommen hat –, was durch Psyches Plan, Amor den Kopf abzuschneiden, symbolisiert wird.
Psyches angenehmes, wenn auch eintöniges Leben im Palast, zu dem sie von dem Zephir gebracht wurde und wo alle ihre Wünsche erfüllt werden, deutet an, daß sie im wesentlichen dort ein narzißtisches Leben führt und daß sie trotz ihres Namens noch nicht zur Bewußtheit gelangt ist. Naiver sexueller Genuß ist etwas anderes als reife Liebe, die sich auf Wissen, Erfahrung, ja auf Leiden gründet. Die Geschichte lehrt uns, daß man Weisheit nicht durch ein Leben voller seichter Vergnügungen gewinnt. Psyche strebt nach diesem Wissen, als sie – trotz der Warnung Amors – Licht auf den Schlafenden fallen läßt. Aber die Geschichte lehrt, daß der Versuch, zur Bewußtheit zu gelangen, bevor man reif dafür ist, oder sich auf Abkürzungen einzulassen, schlimme Folgen haben kann; Bewußtheit kann nicht im Handumdrehen erlangt werden. Wenn man ein reifes Bewußtsein erlangen will, setzt man sein Leben aufs Spiel, wie es Psyche tut, als sie voller Verzweiflung Selbstmord begehen will. Die unglaubliche Mühsal, die sie zu erdulden hat, weist auf die Schwierigkeiten hin, die der Mensch auf sich nehmen muß, wenn die höchsten psychischen Qualitäten (Psyche) mit der Sexualität (Eros =amor oder Cupido) vermählt werden sollen. Nicht der psychische, sondern der geistige Mensch muß wiedergeboren werden, um für die Vermählung der Sexualität mit der Weisheit bereit zu werden. Das ist dadurch symbolisiert, daß Psyche die Aufgabe gestellt wird, zur Unterwelt hinabzusteigen und wieder zurückzukehren; die Vereinigung der beiden Aspekte des Menschen erfordert eine Wiedergeburt.
Hier dürfte noch ein bedeutungsvolles Detail dieser Geschichte zu

erwähnen sein. Venus läßt ihren Sohn nicht nur ihre schmutzige Arbeit verrichten, sie verführt ihn auch sexuell dazu. Und ihre Eifersucht erreicht ihren Höhepunkt, als sie erfährt, daß Amor nicht nur gegen ihren Wunsch gehandelt, sondern sich obendrein in Psyche verliebt hat. Demnach sind selbst die Götter – wie die Geschichte lehrt – nicht frei von ödipalen Problemen; hier handelt es sich um die ödipale Liebe und die besitzergreifende Eifersucht der Mutter in bezug auf ihren Sohn. Aber auch Eros (Amor) muß noch wachsen, bevor er sich mit Psyche vermählen kann. Bevor er ihr begegnet, ist er der unbändigste und verantwortungsloseste aller kleinen Götter. Mit seinem Streben nach Unabhängigkeit mißachtet er die Anordnungen der Venus. Erst als er von Psyche verwundet wird und Mitleid für ihre Prüfungen empfindet, erreicht er ein höheres Bewußtseinsstadium.

›Amor und Psyche‹ ist ein Mythos, kein Märchen, wenn auch märchenhafte Züge darin enthalten sind. Von den beiden Hauptfiguren ist die eine von Anfang an ein Gott, und die andere wird unsterblich, was in keinem Märchen jemals vorkommt. Während des ganzen Verlaufs der Geschichte greifen Götter immer wieder in die Ereignisse ein, ob sie nun Psyches Selbstmord verhindern, ihr schwere Prüfungen auferlegen oder ihr behilflich sind, sie zu lösen. Im Unterschied zu anderen Tierbräutigam- oder Tierbraut-Geschichten ist Amor nie etwas anderes als er selbst. Nur in Psyches vom Orakel und ihren bösen Schwestern – oder auch von ihrer Sexualangst – irregeleiteten Phantasie ist er ein Tier.

Trotzdem hat dieser Mythos alle späteren Geschichten vom Tierbräutigam in der westlichen Welt beeinflußt. Wir treffen hier zum erstenmal auf das Motiv von den beiden älteren Schwestern, deren Bosheit durch ihre Eifersucht auf die jüngste Schwester, die schöner und tugendhafter ist als sie, verursacht wird. Die Schwestern versuchen, Psyche zugrunde zu richten, doch trägt diese zum Schluß den Sieg davon, freilich erst nachdem sie schwere Prüfungen bestanden hat. Außerdem sind die tragischen Entwicklungen die Folge davon, daß die Braut die Warnung ihres Gatten mißachtet, nicht zu versuchen, ihn zu erkennen (ihn anzusehen, Licht auf ihn fallen zu lassen), und gegen seinen Befehl handelt, worauf sie durch die ganze Welt wandern muß, um ihn zurückzugewinnen.

Aber noch wichtiger als diese Motive ist ein sehr bedeutsamer Zug der Tierbräutigam-Geschichten, der hier zum erstenmal auftaucht: der Bräutigam ist tagsüber abwesend und nur in der Dunkelheit der Nacht gegenwärtig; tagsüber hält man ihn für ein Tier, und erst im Bett wird er zum Menschen; kurz, er hält seine Existenz bei Tage und seine Existenz bei Nacht voneinander getrennt. Aus dem, was in der Geschichte geschieht, kann man schließen, daß er sein Geschlechtsleben von dem, was er sonst tut, getrennt halten möchte. Die Frau findet ihr Leben öde, obwohl ihr alles an Behagen und Annehmlichkeiten geboten wird; sie ist nicht bereit, die Trennung und Isolierung der rein sexuellen Aspekte des Lebens zu akzeptieren. Sie versucht, die Vereinigung beider Aspekte zu erzwingen. Sie hat freilich wenig Ahnung davon, daß dies nur durch die härtesten und beharrlichsten moralischen und psychischen Anstrengungen zu erreichen ist. Aber nachdem sie es einmal unternommen hat, die Aspekte von Sexualität, Liebe und Leben miteinander in Einklang zu bringen, schwankt sie nicht mehr und trägt am Ende den Sieg davon.

Wenn es sich nicht um eine uralte Geschichte handelte, könnte man versucht sein anzunehmen, daß die Botschaft, die uns die Märchen dieses Zyklus zu verkünden haben, außerordentlich zeitgemäß sind. Trotz aller Warnungen vor den üblen Folgen, die es hat, wenn sie den Dingen auf den Grund zu gehen versuchen, geben sich die Frauen nicht mehr damit zufrieden, über die Sexualität und das Leben im allgemeinen im unklaren gelassen zu werden. So bequem ein Leben in relativer Naivität sein mag, es ist ein leeres Leben, das man nicht hinnehmen sollte. Trotz aller Mühsal, die eine Frau auf sich zu nehmen hat, um zu einem vollen Bewußtsein und zu voller Humanität wiedergeboren zu werden, lassen diese Geschichten keinen Zweifel darüber, daß sie es auf sich nehmen muß. Sonst gäbe es keine Geschichte: kein Märchen, das die Mühe lohnte, es zu erzählen, keine Geschichte ihres Lebens, die der Mühe wert wäre.

Wenn die Frau erst einmal ihre Auffassung von der Sexualität als etwas Tierischem überwunden hat, gibt sie sich nicht mehr damit zufrieden, nur als Sexualobjekt behandelt oder zu einem Leben des Müßiggangs und einer relativen Unwissenheit verdammt zu sein. Damit beide Partner glücklich werden, müssen sie beide miteinander und als Gleichberechtigte ein voll ausgefülltes Leben führen. Das ist – wie diese Geschichten lehren – für beide Teile nur sehr schwer zu erreichen, doch kann man ihm nicht aus dem Weg gehen, wenn man im Leben miteinander wirklich glücklich werden will. Das ist die versteckte Botschaft vieler Märchen des Tierbräutigam-Zyklus, und es ist noch deutlicher als in ›La Belle et la Bête‹ in einigen anderen Märchen dieser Art zu erkennen.

›Das verzauberte Schwein‹

›Das verzauberte Schwein‹ ist ein heute nur noch wenig bekanntes rumänisches Volksmärchen.(117) Der König muß in den Krieg ziehen und bittet daher seine drei Töchter, sich gut zu benehmen und das Haus zu versorgen. Er warnt sie, nicht in ein bestimmtes hinteres Zimmer zu gehen, weil sie sonst Unglück treffen würde. Als er fort ist, geht eine Zeitlang alles gut, aber dann schlägt die älteste Tochter vor, sie wollten doch einmal in das verbotene Zimmer hineingehen. Die jüngste Tochter macht Einwände, aber die zweite gibt der ältesten recht, und diese schließt die Tür auf und öffnet sie. Im Zimmer finden sie nichts als einen großen Tisch mit einem aufgeschlagenen Buch. Zuerst liest die Älteste, was in dem Buch steht: sie wird einen Prinzen aus dem Osten heiraten. Die Zweite dreht eine Seite um und liest, daß sie einen Prinzen aus dem Westen heiraten wird. Die Jüngste möchte dem Gebote des Vaters nicht zuwiderhandeln und will nicht nachsehen, was ihr Schicksal sein wird, aber die beiden anderen zwingen sie dazu, und sie erfährt, daß sie mit einem Schwein aus dem Norden verheiratet werden wird.
Der König kommt zurück, und eines Tages verheiraten sich die älteren Schwestern wie vorausgesagt. Dann kommt ein riesiges Schwein aus dem Norden und bittet um die Hand der jüngsten Tochter. Der König muß sich seinem Begehren fügen und rät seiner Tochter, sich in das zu schicken, was nun einmal ihr Los sei, und sie willigt ein. Nach der Hochzeit wälzt sich das Schwein auf dem Heimweg in einem Morast und bedeckt sich mit Schmutz. Dann verlangt es von seiner Frau, sie solle es küssen. Aus Gehorsam gegen den Vater tut sie es, nachdem sie dem Schwein die Schnauze mit ihrem Taschentuch abgewischt hat. Als sie die Nacht zusammen verbringen, merkt das Mädchen, daß das Schwein sich in einen Mann verwandelt hat, doch ist er morgens wieder ein Schwein.
Das Mädchen fragt eine Hexe, die zufällig vorüberkommt, was es tun müsse, um seinen Mann daran zu hindern, wieder zum Schwein zu werden. Diese sagt ihm, es solle ihm nachts einen Strick ums Bein binden, der werde ihn daran hindern, wieder ein Schwein zu werden. Das Mädchen befolgt den Rat, aber der Mann wacht auf und sagt ihm, weil es versucht habe, die Sache zu beschleunigen, müsse er es jetzt verlassen und sie würden sich nicht eher wiedersehen, als bis es »drei paar eiserne Schuhe durchgelaufen und einen stählernen Stab auf der Suche nach ihm stumpf gemacht hat«. Er verschwindet, und das Mädchen gelangt auf seiner endlosen Wanderung auf der Suche nach ihm zum Mond, zur Sonne und zum Wind. Bei jedem von den

dreien bekommt es ein Huhn zu essen, und es wird ihm gesagt, es solle ja die Knochen verwahren; auch zeigt man ihm den weiteren Weg. Endlich hat es die drei Paar Schuhe durchgelaufen, und auch der stählerne Stab ist stumpf geworden, und es gelangt an einen hoch gelegenen Ort, wo sein Mann wohnt, wie man ihm sagt. Es weiß nicht, wie es hinaufgelangen soll, bis ihm einfällt, daß vielleicht die Hühnerknochen, die es getreulich mitgenommen hat, weiterhelfen könnten. Es legt die Knochen nebeneinander, und diese halten fest zusammen. Es macht zwei lange Stangen daraus und setzt diese zu einer Leiter zusammen, auf der es den Berg hinaufklettert. Aber es fehlt ihm ein Knochen für die letzte Sprosse, und so nimmt es ein Messer und haut sich damit den kleinen Finger ab und benutzt ihn als letzte Sprosse, um zu seinem Gatten zu gelangen. Inzwischen ist dieser von seiner Verzauberung erlöst. Sie erben das väterliche Königreich und »regierten, wie nur Könige regieren, die vieles erduldet haben«.

Daß der Versuch gemacht wird, den Gatten zu zwingen, seine tierische Natur aufzugeben, indem man ihn mit einem Strick an sein Menschsein bindet, ist ein seltenes Detail. Viel häufiger ist das Motiv, daß der Frau verboten wird, Licht auf den Mann fallen zu lassen oder sein Geheimnis zu erforschen. In ›Amor und Psyche‹ wirft eine Öllampe Licht auf das, was Psyche zu sehen verboten war. In dem norwegischen Märchen ›Östlich von der Sonne und westlich vom Mond‹ ist es das Licht einer Kerze, das der Frau zeigt, daß ihr Gatte kein weißer Bär ist, wie er tagsüber erscheint, sondern ein schöner Prinz, der sie nun verlassen muß.(118) Der Titel weist darauf hin, wie weit die Frau wandern muß, bevor sie mit ihrem Gatten wieder vereint werden kann. In solchen Geschichten wird uns klargemacht, daß der Gatte in nächster Zeit seine menschliche Gestalt zurückgewonnen hätte – der Bär in ›Östlich von der Sonne und westlich vom Mond‹ innerhalb eines Jahres, das verzauberte Schwein schon in drei Tagen –, wenn die Frau ihre Neugier bezähmt hätte.

Da der verhängnisvolle Fehler der jungen Frau in so vielen Geschichten darin besteht, daß sie Licht auf ihren Gatten fallen läßt, kann man daraus schließen, daß sie herausbekommen möchte, was es mit seiner tierischen Natur auf sich hat. Es wird das nicht direkt ausgesprochen, aber es wird einer Figur in den Mund gelegt, die die junge Frau dazu verführt, die Warnungen ihres Mannes in den Wind zu schlagen. In ›Amor und Psyche‹ bekommt Psyche es vom Orakel und von ihren Schwestern eingeredet, daß ihr Mann ein scheußlicher Drache sei. In ›Östlich von der Sonne und westlich vom Mond‹ ist es die Mutter, die dem Mädchen sagt, vermutlich sei der Bär ein Troll – was ein deutlicher Hinweis darauf ist, daß es gut daran täte, es herauszufinden. Die Hexe, die im ›Verzauberten Schwein‹ der jungen Frau den Vorschlag macht, ihrem Gatten einen Strick ans Bein zu binden, ist eine ältere Frau. So sagt uns das Märchen auf subtile Weise, daß es ältere Frauen sind, die junge Mädchen auf die Idee bringen, die Männer seien Tiere, und daß die sexuellen Ängste der jungen Mädchen nicht aus deren eigener Erfahrung stammen, sondern aus dem, was andere ihnen gesagt haben. Die Geschichten geben außerdem zu verstehen, daß junge Mädchen ihr eheliches Glück riskieren, wenn sie darauf hören und es glauben. Die Verzauberung des Tiergatten ist meist das Werk einer älteren Frau: Venus wünscht, daß Psyche von einem scheußlichen Untier zerrissen wird; eine Stiefmutter verzauberte den weißen Bären; eine Hexe hat das Schwein verwünscht. Immer wieder finden wir das Motiv, daß es ältere Frauen sind, die Männer in den Augen junger Mädchen wie Tiere erscheinen lassen.

Wenn andererseits der »Tiergatte« ein Symbol für die Sexualangst des jungen Mädchens ist, gleichgültig ob diese Angst aus ihm selbst stammt oder die Folge der Äußerungen älterer Frauen ist, so wäre doch zu erwarten, daß der Tiergatte nachts im Bett und nicht tagsüber ein Tier wäre. Was wollen die Geschichten andeuten, wenn sie zum Ausdruck bringen, daß der Tiergatte tagsüber für die Welt ein Tier, aber für seine Frau nachts im Bett etwas Liebenswertes ist? Meiner Ansicht nach vermitteln diese Märchen tiefe psychologische Einsichten. Viele Frauen, die bewußt oder unbewußt die Sexualität als etwas »Tierisches« empfinden und die es dem Mann verargen, daß er ihnen ihre Jungfernschaft geraubt hat, haben ganz andere Gefühle, wenn sie sich nachts im Bett mit ihm vergnügen. Aber sowie der Mann sie verlassen hat, machen sich im hellen Tageslicht die alten Ängste und der alte Groll einschließlich der Eifersucht des einen Geschlechts auf das andere wieder geltend. Was nachts begehrenswert erschien, sieht bei Tag anders aus, besonders wenn die Welt mit ihrer kritischen Einstellung zu den sexuellen Freuden (die Mutter mit ihrer Warnung, es könnte sich um einen Troll handeln) sich bemerkbar macht. Ähnlich gibt es auch viele Männer, die während des Geschlechtsverkehrs nachts anders darüber denken als am nächsten Tag, wenn die archaischen Ängste und der Groll nicht von der Lust des Augenblicks übertäubt werden.

Die Märchen vom Tiergatten versichern dem Kind, daß es mit seiner Angst vor der Sexualität als etwas Gefährlichem und Tierischem keineswegs allein dasteht, daß sie ganz im Gegenteil von vielen

Leuten geteilt wird. Aber genau wie die Charaktere der Geschichte trotz ihrer Angst entdecken, daß ihr Sexualpartner kein häßliches Tier, sondern ein liebenswerter Mensch ist, genauso wird es auch dem Kind ergehen. Auf vorbewußter Ebene sagen diese Märchen dem Kind, daß ihm seine Angst großenteils durch das, was man ihm gesagt hat, eingeimpft worden ist und daß die Dinge, wenn man sie unmittelbar erlebt, ganz anders sein können, als wie wenn man sie von außen sieht.

Auf einer anderen Ebene lehren die Märchen, daß das Problem nicht dadurch gelöst wird, daß man Licht auf diese Dinge wirft, wenn dies auch zeigen kann, daß die eigene Angst unbegründet war. Alles braucht seine Zeit, und wenn man voreilig etwas zu erreichen versucht, so schiebt das die Lösung nur hinaus – und es zieht vor allem schwere Mühen nach sich. Um seine sexuellen Ängste zu überwinden, muß man zu einer reifen Persönlichkeit heranwachsen, und leider kann dneses Wachstum großenteils nur durch Leiden bewirkt werden.

Eine deutliche Lehre aus diesen Geschichten ist vielleicht heute weniger wichtig als in vergangenen Zeiten, wo es noch Brauch war, daß der Mann um die Frau werben mußte – so wie das Schwein von weither kommt, um um die Prinzessin zu werben, und wo der große weiße Bär alle möglichen Versprechungen machen muß, um die Braut zu gewinnen. Die Märchen zeigen, daß dies nicht genügt, um eine Ehe glücklich zu machen. Die Frau muß sich genauso anstrengen wie der Mann; sie muß sich aktiv bemühen, ihn zu erlangen, genauso wie er das bei ihr tun muß, ja vielleicht sogar noch mehr als er.

Andere psychologische Feinheiten dieser Märchen können dem Hörer leicht entgehen, aber sie können ihn unbewußt beeindrucken und ihn hellhörig machen für typische Schwierigkeiten, die – falls man sie nicht erkennt – die Beziehungen zwischen den Menschen erschweren können. Wenn das Schwein sich zum Beispiel absichtlich im Schmutz wälzt, so ist das typisch für einen Menschen, der Angst hat, er sei nicht annehmbar, und der den anderen auf die Probe stellt, indem er sich noch schlimmer macht, als er ist, weil er sich nur sicher fühlen kann, wenn er in seiner schlimmsten Gestalt akzeptiert wird. So werden in diesen Märchen vom Tierbräutigam die Ängste des Mannes, seine Grobheit werde die Frau abschrecken, ihrer Angst vor der tierischen Natur der Sexualität an die Seite gestellt.

Etwas ganz anderes ist das Detail, welches es der Braut des verzauberten Schweins möglich macht, mit ihrem Gatten wieder vereinigt zu werden. Als letzten Schritt hierzu muß sie sich den

kleinen Finger abschneiden. Es ist dies ihr letztes, persönliches Opfer, der »Schlüssel« zu ihrem Glück. Da es in der Geschichte keinen Hinweis darauf gibt, daß ihre Hand verkrüppelt bleibt oder daß sie auch nur blutet, handelt es sich unverkennbar um ein symbolisches Opfer, welches darauf hinweist, daß in einer erfolgreichen Ehe die Beziehung sogar wichtiger ist als die völlige Integrität des Körpers.(119)
Damit sind wir noch nicht auf die Bedeutung des geheimen Zimmers eingegangen, das man nicht betreten darf, wenn kein Unglück geschehen soll. Dies läßt sich am besten im Zusammenhang mit anderen Märchen beurteilen, wo ähnliche Zuwiderhandlungen noch viel tragischere Folgen haben.

›Blaubart‹

Blaubart ist der ungeheuerlichste und bestialischste aller Märchengatten. Tatsächlich handelt es sich bei dieser Geschichte auch gar nicht um ein richtiges Märchen, weil mit Ausnahme des nicht mehr abwaschbaren Blutes am Schlüssel, das verrät, daß Blaubarts Braut das verbotene Zimmer betreten hat, nichts Magisches oder Übernatürliches darin vorkommt. Noch wesentlicher ist, daß keinerlei Entwicklung bei den einzelnen Chrakteren stattfindet; wenn auch das Böse zum Schluß bestraft wird, so bedeutet das doch nicht, daß damit alles wieder gut wäre oder daß es ein Trost wäre. Perrault hat die Geschichte vom Blaubart selbst erfunden, und es gibt, soweit uns bekannt, keine Volksmärchen, die ihm als unmittelbares Vorbild gedient haben könnten.(120)
Allerdings gibt es eine ganze Reihe von Märchen, deren zentrales Motiv ein geheimes Zimmer ist, das nicht betreten werden darf, und wo Frauen aufbewahrt werden, die zu einem früheren Zeitpunkt umgebracht worden sind. In einigen russischen und skandinavischen Märchen dieser Art ist es ein Tiergatte, der das Betreten dieses Raumes verbietet, was ein Hinweis darauf sein könnte, daß zwischen den Tierbräutigam-Geschichten und dem Blaubart-Typ eine Verbindung besteht. Zu den bekannteren unter diesen Geschichten gehören das englische Märchen ›Mr. Fox‹ und das Grimmsche Märchen ›Fitchers Vogel‹.(121)
In ›Fitchers Vogel‹ trägt ein Hexenmeister die älteste von drei Töchtern in einer »Kötze« davon. Er sagt ihr, sie dürfe in seinem Haus alle Zimmer betreten mit Ausnahme einer Stube, die mit dem kleinsten Schlüssel zu öffnen sei. Das sei ihr »bei Lebensstrafe«

verboten. Der Hexenmeister gibt ihr außerdem ein Ei in Verwahrung, das sie beständig bei sich tragen soll, da ein großes Unglück geschähe, wenn sie es verlieren würde. Das Mädchen betritt die verbotene Stube und findet sie voller Blut und ermordeter Menschen. Sie erschrickt so sehr, daß sie das Ei fallen läßt. Es wird blutig, und das Blut läßt sich nicht mehr abwischen. Als der Hexenmeister zurückkommt, verrät sie das blutige Ei, und er bringt sie um wie die anderen. Dann macht er sich an die mittlere Schwester heran, die das gleiche Schicksal ereilt.

Die jüngste Tochter trägt er schließlich ebenfalls in sein Haus, aber sie ist listig und verwahrt das Ei sorgfältig, bevor sie das Haus erkundet. Sie legt die zerhauenen Glieder ihrer Schwestern wieder aneinander, worauf diese wieder zum Leben erwachen. Bei seiner Rückkehr glaubt der Hexenmeister, sie habe ihm gehorcht, und er macht sie zur Belohnung zu seiner Braut. Sie aber führt ihn noch einmal hinters Licht, indem sie ihn die Schwestern samt einem Haufen Gold zu ihren Eltern nach Haus tragen läßt. Dann schlüpft sie in ein Faß mit Honig und wälzt sich in Federn, so daß sie wie ein seltsamer Vogel aussieht – daher der Titel des Märchens –, und entkommt auf diese Weise. Zum Schluß wird der Hexenmeister mitsamt seinem Gesindel in seinem eigenen Haus verbrannt. In Märchen dieser Art werden die Opfer völlig wiederhergestellt, und der Bösewicht ist kein menschliches Wesen.

Wir wollen hier ›Blaubart‹ und ›Fitchers Vogel‹ untersuchen, weil diese beiden Geschichten in extremer Form das Motiv enthalten, daß die Frau zur Prüfung ihrer Vertrauenswürdigkeit nicht versuchen darf, hinter die Geheimnisse des Mannes zu kommen. Von Neugier geplagt, handelt sie dem Verbot zuwider, und das hat katastrophale Folgen. Im ›Verzauberten Schwein‹ dringen die drei Schwestern in das verbotene Zimmer ein und finden das Buch, in welchem ihr künftiges Schicksal aufgezeichnet ist. Diesen Zug hat das ›Verzauberte Schwein‹ mit Geschichten vom Blaubart-Typ gemeinsam, und wir wollen deshalb diese Märchen nebeneinanderstellen, was uns vielleicht die Bedeutung des Motivs vom verbotenen Zimmer erkennen hilft.

Im ›Verzauberten Schwein‹ werden die Schwestern in dem im verbotenen Raum aufbewahrten Buch über ihre zukünftige Heirat unterrichtet. Daß diese verbotene Information sich auf ihre Heirat bezieht, läßt vermuten, daß es sich um ein sexuelles Wissen handelt, das ihnen ihr Vater vorenthalten wollte – wie ja auch heute noch sexuelle Aufklärungsbücher der Jugend gelegentlich vorenthalten werden.

Ob es sich um Blaubart oder den Hexenmeister in ›Fitchers Vogel‹ handelt, klar scheint, daß es ihnen um eine Prüfung der Frau in bezug auf die treue Befolgung ihrer Anordnungen, im weiteren Sinn um ihre eheliche Treue, geht, wenn sie ihr die Schlüssel zu einem Zimmer geben und ihr gleichzeitig verbieten, es zu betreten. Dann geben diese Männer vor, zu verreisen oder eine Zeitlang fortzugehen, um die Treue ihrer Partnerin auf die Probe zu stellen. Als sie unvermutet zurückkehren, finden sie, daß ihr Vertrauen betrogen wurde. Die Art des Betrugs kann man aus der Art der Strafe schließen: es kommt zur Hinrichtung. In gewissen Teilen der Welt wurde in früheren Zeiten nur eine Form des Betrugs, den eine Frau an ihrem Mann begehen konnte, mit dem Tode bestraft – die sexuelle Untreue.

Das sollten wir im Auge behalten, wenn wir uns jetzt überlegen, was die Frauen verrät. In ›Fitchers Vogel‹ ist es ein Ei, im ›Blaubart‹ ein Schlüssel. In beiden Märchen handelt es sich um magische Objekte in dem Sinn, daß das Blut, wenn sie einmal damit in Berührung gekommen sind, nicht mehr abzuwischen ist. Blut, das nicht mehr abgewaschen werden kann, ist ein altes Motiv. Wo es vorkommt, ist es ein Zeichen, daß eine Untat, meist ein Mord, verübt worden ist.*

Das Ei ist ein Symbol der weiblichen Sexualität, welche die Mädchen in ›Fitchers Vogel‹ offenbar unbefleckt erhalten sollen. Der Schlüssel, der die Tür zu einem verbotenen Raum öffnet, läßt an Assoziationen zum männlichen Geschlechtsorgan denken, besonders beim ersten Verkehr, wo es das Hymen zerstört und blutig wird. Wenn das eine der versteckten Anspielungen dieses Märchens ist, dann ist es sinnvoll, daß das Blut nicht mehr abzuwaschen ist: die Defloration kann nicht mehr rückgängig gemacht werden.

In ›Fitchers Vogel‹ wird die Treue der Mädchen vor der Hochzeit auf die Probe gestellt. Der Hexenmeister beschließt, die jüngste Tochter zu heiraten, weil diese ihm vorzuspiegeln versteht, sie sei ihm nicht ungehorsam gewesen. In Perraults ›Blaubart‹ erfahren wir, daß, kaum daß der Mann das Haus verlassen hat, die Nachbarn und Freundinnen der Frau, die sich nicht hereinwagten, solange der Hausherr zugegen war, herbeieilten, um alles zu besichtigen und zu bewundern. Es bleibt unserer Phantasie überlassen, was sich zwischen der jungen Frau und ihren Gästen abspielte, als Blaubart abwesend war, aber aus der Geschichte geht klar hervor, daß sich alle

* In den ›Gesta Romanorum‹ (um 1300) kommt vor, daß das Blut, welches einer Mutter auf die Hand tropft, als sie ihr Kind ermordet, nicht mehr abzuwischen ist. Bei Shakespeare weiß Lady Macbeth, daß ihre Hände blutig sind, auch wenn niemand sonst das Blut sieht.

miteinander vergnügten. Das Blut auf dem Ei und dem Schlüssel dürfte symbolisieren, daß die junge Frau sexuelle Beziehungen hatte. Daher kann man verstehen, daß sie in ihrer geängstigten Phantasie Leichen von Frauen sah, die ihr Gatte getötet hatte, weil sie ihm ebenfalls untreu gewesen waren.

Wenn wir eine dieser Geschichten hören, wird uns sofort klar, daß die Frau in starke Versuchung geraten muß, das zu tun, was ihr verboten wurde. Man kann sich kaum eine wirkungsvollere Art, jemand zu verführen, vorstellen, als wenn man ihm sagt: »Ich gehe jetzt fort; während meiner Abwesenheit darfst du dir alle Zimmer ansehen außer einem. Hier ist der Schlüssel zu dem Raum, den du nicht betreten darfst.« So ist dieses Märchen auf einer bestimmten Ebene, die leicht durch die grausigen Einzelheiten verdunkelt wird, eine Geschichte über die sexuelle Verführung.

Auf einer anderen Ebene, die viel offener vor Augen liegt, ist ›Blaubart‹ eine Geschichte, die von den destruktiven Aspekten der Sexualität handelt. Aber wenn man die Ereignisse noch einmal einen Augenblick lang überdenkt, so tauchen merkwürdige Diskrepanzen auf. So ruft zum Beispiel bei Perrault Blaubarts junge Frau nach ihrer grausigen Entdeckung nicht einen der vielen Gäste zu Hilfe, die doch nach dem, was erzählt wird, um sie herum sein müssen. Sie vertraut sich auch nicht ihrer Schwester Anne an und ruft sie nicht zu Hilfe; alles, worum sie sie bittet, ist, daß sie nach ihren Brüdern Ausschau hält, die an jenem Tag erwartet werden. Schließlich tut sie auch nicht das Nächstliegende: sie läuft nicht davon, um sich in Sicherheit zu bringen oder zu verstecken oder zu verkleiden. Genau das tut aber die Heldin in ›Fitchers Vogel‹ oder in einem ähnlichen Märchen der Brüder Grimm mit dem Titel ›Der Räuberbräutigam‹, in dem das Mädchen sich erst versteckt und dann davonläuft, um schließlich die mörderischen Räuber zu entlarven, als sie zur Hochzeit kommen. Für das Verhalten von Blaubarts junger Braut gibt es zwei Möglichkeiten: entweder ist das, was sie in der verbotenen Kammer sieht, eine Ausgeburt ihrer verängstigten Phantasie, oder sie hat ihren Mann betrogen und hofft, er werde nicht dahinterkommen.

Ob diese Interpretation richtig ist oder nicht, es besteht kein Zweifel daran, daß ›Blaubart‹ eine Geschichte ist, in der zwei nicht unbedingt zueinander in Beziehung stehende Emotionen verkörpert sind, welche dem Kind keineswegs fremd sind: einmal die eifersüchtige Liebe, bei der man so sehr wünscht, die geliebte Person für immer für sich zu behalten, daß man sogar bereit ist, sie zu töten, damit sie zu keinem anderen hinüberwechseln kann. Und zweitens sexuelle Empfindungen, die faszinierend und verlockend, aber auch sehr gefährlich sein können.

Man kann die Beliebtheit von ›Blaubart‹ unschwer der Verbindung von Verbrechen und Sex oder der Faszination zuschreiben, die den Sexualverbrechen anhaftet. Für das Kind beruht meiner Ansicht nach die Anziehungskraft der Geschichte zum Teil darauf, daß sie seine Meinung bekräftigt, daß die Erwachsenen schreckliche sexuelle Geheimnisse haben. Außerdem bekräftigt sie, was das Kind nur zu gut aus eigener Erfahrung weiß: etwas über sexuelle Geheimnisse herauszubekommen ist so verlockend, daß sogar die Erwachsenen bereit sind, deswegen die größten Risiken einzugehen. Außerdem hat der, welcher andere dazu verführt, eine entsprechende Strafe verdient.

Ich glaube, daß das Kind auf vorbewußter Ebene versteht, daß das nicht mehr abzuwaschende Blut am Schlüssel und andere Details bedeuten, daß Blaubarts Frau diesen mit einem anderen Mann betrogen hat. Die Geschichte lehrt, daß ein eifersüchtiger Ehemann zwar der Meinung sein kann, daß eine Frau für ihre Untreue verdient hat, schwer bestraft – ja sogar getötet – zu werden, daß er aber mit solchen Gedanken absolut im Unrecht ist. Und der Eifersüchtige, der meint, er könne die Rache selbst in die Hand nehmen, und dementsprechend handelt, verdient den Tod. Eheliche Untreue, wie sie symbolisch im Blut auf dem Ei oder dem Schlüssel zum Ausdruck kommt, ist etwas, was man verzeihen sollte. Wenn der Partner das nicht begreift, ist er es, der darunter zu leiden hat.

So grausam die Geschichte ist, aus dieser Analyse geht hervor, daß ›Blaubart‹ wie alle Märchen – obwohl es sich dabei, wie bereits erwähnt, gar nicht um ein echtes Märchen handelt – in einer tieferen Schicht eine höhere Moral oder Menschlichkeit lehrt. Wer sich für die Untreue seines Partners grausam zu rächen sucht, wird selbst verdientermaßen vernichtet als ein Mensch, der die Sexualität nur in ihren destruktiven Aspekten erlebt. Daß diese humanere Moral, die sexuelle Verirrungen versteht und verzeiht, der bedeutsamste Aspekt dieser Geschichte ist, geht zum Beispiel auch aus der »weiteren Moral« hervor, die Perrault seinem Märchen angefügt hat:

> »Man sieht sogleich, daß die Geschichte
> In längst vergangnen Zeiten spielt.
> So schlimme Gatten gibt's nicht mehr,
> Die so Unmögliches verlangen.
> Selbst wenn die Eifersucht sie plagt,
> So finden sie noch süße Worte ...«

Wie immer man ›Blaubart‹ interpretiert, es ist eine warnende Geschichte, die besagt: Ihr Frauen, gebt eurer sexuellen Neugier nicht nach; ihr Männer, laßt euch nicht von eurem Zorn hinreißen, wenn ihr von eurer Frau betrogen werdet. Die Geschichte hat keine subtilen Aspekte, vor allem kommt es nicht zur Entwicklung zu einer höheren Stufe der Humanität. Am Ende sind die beiden Protagonisten, Blaubart und seine Frau, noch genau die gleichen Personen, die sie zu Anfang waren. Erderschütternde Ereignisse haben sich abgespielt, und niemand ist darum besser geworden, außer vielleicht die Welt, weil darin kein Blaubart mehr lebt.
Wie ein echtes Volksmärchen das Motiv von dem Zimmer behandelt, das man nicht betreten darf, das aber trotz des Verbots geöffnet wird, ist aus einer großen Gruppe von Märchen zu ersehen – zum Beispiel auch aus dem Grimmschen Märchen ›Das Marienkind‹. Als das Mädchen das Alter von vierzehn Jahren erreicht hat – das Alter der sexuellen Reife –, erhält es Schlüssel, mit denen es alle Zimmer aufschließen kann, doch wird ihm eingeschärft, daß es eines davon nicht betreten darf. Aus Neugier öffnet es trotzdem die verbotene Tür. Später leugnet es, dies getan zu haben, obwohl es wiederholt danach gefragt wird. Zur Strafe verliert es die Sprache, die es zu einer Lüge mißbraucht hat. Es muß mehrere schwere Prüfungen bestehen und gibt endlich zu, gelogen zu haben. Da wird ihm die Sprache zurückgegeben, und alles ist wieder gut, denn: »Wer seine Sünde bereut und eingesteht, dem ist sie vergeben.«

›La Belle et la Bête‹

›Blaubart‹ handelt von den gefährlichen Anwandlungen der Sexualität, von ihren fremdartigen Geheimnissen und ihrem engen Zusammenhang mit gewalttätigen und destruktiven Emotionen; kurz, von den dunklen Aspekten der Sexualität, die besser hinter einer ständig verschlossenen, sicher bewachten Tür verborgen blieben. Was in ›Blaubart‹ geschieht, hat mit Liebe überhaupt nichts zu tun. Blaubart, dem es nur darauf ankommt, seinen Willen zu bekommen und seine Partnerin zu besitzen, ist nicht fähig, jemand zu lieben, und genausowenig kann ihn jemand lieben.
Trotz des Titels kommt im Märchen ›La Belle et la Bête‹ (›Die Schöne und das Tier‹) nichts Tierisches vor. Der Vater der Schönen wird von einem Tier bedroht, aber man weiß von Anfang an, daß es sich um eine leere Drohung handelt, die allein zum Ziel hat, die Gesellschaft der Schönen und schließlich auch ihre Liebe und damit

die Erlösung von der Tiergestalt zu erlangen. In diesem Märchen ist bei den drei Hauptpersonen alles reine Freundlichkeit und liebende Hingabe: bei der Schönen, ihrem Vater und dem Tier. So grausam und destruktiv die ödipale Liebe der Venus zu ihrem Sohn im Mythos ist, der am Anfang dieses Märchenzyklus steht, so wunderbar heilkräftig ist in diesem Märchen, welches die Apotheose dieses Zyklus darstellt, die Liebe der Schönen zu ihrem Vater, als sie diese auf ihren zukünftigen Gatten überträgt.
Die folgende Inhaltsangabe von ›La Belle et la Bête‹ gründet sich auf die Fassung der Madame Leprince de Beaumont, die 1757 veröffentlicht wurde und sich auf eine frühere französische Version des Motivs stützt, die von Madame de Villeneuve stammt. In dieser Version ist das Märchen heute am besten bekannt.(122)*
Im Gegensatz zu den meisten anderen Versionen von ›La Belle et la Bête‹ hat in Madame Leprince de Beaumonts Geschichte ein reicher Kaufmann nicht nur die üblichen drei Töchter, sondern dazu noch drei Söhne, die allerdings in der Geschichte kaum eine Rolle spielen. Alle drei Mädchen sind sehr schön, besonders die Jüngste, die als »die kleine Schönheit« bekannt ist, ein Name, der ihre Schwestern sehr eifersüchtig macht. Diese Schwestern sind eitel und selbstsüchtig, genau das Gegenteil der »kleinen Schönheit«, die bescheiden, reizend und liebenswürdig ist. Plötzlich verliert der Vater sein ganzes Vermögen, und die Familie muß ein ärmliches Leben führen, was die Schwestern sehr übel aufnehmen, während das liebenswerte Wesen der Jüngsten unter diesen schwierigen Verhältnissen nur um so heller erstrahlt.
Dann muß der Vater eine Reise unternehmen, und er fragt seine Töchter, was er ihnen mitbringen solle. Da sie hoffen, der Vater werde auf der Reise etwas von seinem Reichtum zurückgewinnen,

* Perraults ›Riquet à la Houppe‹ (›Riquet mit dem Schopf‹) ist älter als die beiden Erzählungen, und es ist nicht bekannt, ob er sich bei seiner Neufassung des alten Motivs auf eine bestimmte Vorlage stützt. Er macht aus dem Tier einen häßlichen, aber geistreichen Mann – den verkrüppelten Riquet. Eine dumme Prinzessin, die sich wegen seines Charakters und seines Geists in ihn verliebt, sieht seine Mißgestalt nicht mehr und wird für seine körperlichen Mängel blind. Und durch ihre Liebe zu ihm erscheint auch sie nicht länger dumm, sondern voller Klugheit. Es ist die magische Verwandlung, die die Liebe bewirkt: reife Liebe und die Akzeptierung der Sexualität macht das, was zuvor Widerwillen erregte oder töricht schien, schön und geistvoll. Perrault weist darauf hin, daß die Moral der Geschichte lautet, daß die Schönheit, mag es sich nun um das körperliche Aussehen oder um den Geist handeln, davon abhängt, wie der andere sie sieht: »Alles ist schön, was man liebt; alles, was man liebt, hat Geist.« Aber damit, daß Perrault seine Erzählung mit einer wohlformulierten Moral versieht, verliert sie ihren Märchencharakter. Während die Liebe alles verändert, findet bei ihm in Wirklichkeit keine Entwicklung statt – es gibt keinen inneren Konflikt, der gelöst werden müßte, und keinen Kampf, der die Protagonisten auf eine höhere Ebene der Humanität emporhebt.

bitten ihn die Schwestern, er solle ihnen kostbare Kleider mitbringen, während die kleine Schönheit keinen Wunsch äußert. Erst als der Vater in sie dringt, bittet sie ihn um eine Rose. Die Hoffnung, daß der Vater seinen Reichtum zurückgewinnt, erweist sich als eitel, und er muß so arm, wie er fortgegangen ist, nach Hause zurückkehren. Er verirrt sich in einem großen Wald und ist der Verzweiflung nahe, als er plötzlich zu einem Schloß kommt, in dem er Essen und Unterkunft findet, in dem aber niemand zu sehen ist. Am nächsten Morgen sieht er vor seiner Abreise ein paar schöne Rosen. Da fällt ihm die Bitte seiner jüngsten Tochter ein, und er pflückt ihr ein paar von den Rosen. Während er das tut, taucht ein grausiges Tier auf und macht ihm Vorwürfe, daß er seine Rosen gestohlen habe, nachdem er so gut in seinem Schloß aufgenommen worden sei; zur Strafe müsse er jetzt sterben. Der Vater bittet um sein Leben und sagt dem Tier, er habe die Rosen für seine Tochter mitnehmen wollen. Das Tier läßt ihn gehen, stellt aber die Bedingung, daß eine seiner Töchter an seiner Stelle zu sterben bereit sei. Sollte keine der Töchter sich dazu bereit erklären, so müsse der Kaufmann in drei Monaten zurückkommen und seinerseits sterben. Bevor der Vater geht, gibt ihm das Tier einen Kasten voll Gold. Der Kaufmann hat nicht die Absicht, eine seiner Töchter zu opfern, doch geht er auf die Frist von drei Monaten ein, um sie noch einmal wiederzusehen und ihnen das Gold zu bringen.

Als er heimkommt, gibt er der Schönen die Rosen, kann es aber nicht umgehen, ihr zu berichten, was geschehen ist. Die Brüder bieten sich an, das Tier aufzusuchen und zu erschlagen, aber der Vater läßt es nicht zu, weil es sie nur das Leben kosten würde. Die Schöne besteht darauf, sich anstelle des Vaters zu opfern. Was er auch immer vorbringt, um sie von ihrer Absicht abzubringen, es macht keinen Eindruck auf sie; wenn er geht, wird sie auf jeden Fall mitgehen. Das Gold, das der Vater mitgebracht hat, hat es den Schwestern ermöglicht, sich gut zu verheiraten. Nach drei Monaten macht sich der Vater mit der Schönen, die ihn gegen seinen Willen begleitet, zu dem Schloß des Tieres auf. Das Tier fragt das Mädchen, ob es aus freien Stücken gekommen sei, und als es das bejaht, heißt das Tier den Vater gehen, was dieser schließlich schweren Herzens tut. Die Schöne wird im Schloß fürstlich empfangen. Alle ihre Wünsche werden wie durch Zauberkraft erfüllt. Jeden Abend besucht sie das Tier während des Essens, und schließlich freut sich die Schöne darauf, da es ihre Einsamkeit unterbricht. Das einzige, was sie bedrückt, ist, daß das Tier sie jedesmal am Ende seines Besuchs fragt, ob sie seine Frau werden wolle; wenn sie es freundlich verneint, geht es in großer Traurigkeit wieder fort. So vergehen drei Monate, und als sie sich wiederum weigert, seine Frau zu werden, fragt das Tier, ob sie ihm dann wenigstens versprechen wolle, es niemals zu verlassen. Das verspricht sie, bittet aber darum, ihren Vater besuchen zu dürfen, da sie in einem Spiegel, in dem sie die Ereignisse draußen in der Welt verfolgen kann, gesehen hat, daß er vor Sehnsucht nach ihr vergeht. Das Tier gibt ihr eine Woche Zeit dafür, warnt sie aber, daß es sterben müsse, wenn sie nicht zurückkomme. Am nächsten Morgen findet sie sich zu Hause bei ihrem Vater, der überglücklich darüber ist. Die Brüder haben das Haus verlassen und Kriegsdienste genommen. Die Schwestern, die unglücklich verheiratet sind, fassen aus Eifersucht den Plan, die Schöne länger als eine Woche zurückzuhalten, in der Hoffnung, das Tier werde dann kommen und sie töten. Es gelingt ihnen auch, die Schöne zu überreden, daß sie noch eine weitere Woche bleibt; aber in der zehnten Nacht träumt sie von dem Tier, das ihr mit sterbender Stimme Vorwürfe macht. Sie wünscht sich zurück zu ihm und wird sofort dorthin zurückversetzt. Sie findet das Tier dem Tode nahe und mit gebrochenem Herzen, weil sie ihr Versprechen nicht gehalten hat. Während ihres Aufenthaltes im Elternhaus hat die Schöne gemerkt, wie sehr sie an dem Tier hängt. Als sie es nun so hilflos sieht, erkennt sie, daß sie es liebt, und sagt, sie könne nicht mehr ohne es leben und wolle es heiraten. Daraufhin verwandelt es sich in einen Prinzen. Ihr glücklicher Vater und die übrige Familie gesellen sich zu ihnen. Die bösen Schwestern werden in Statuen verwandelt und müssen es solange bleiben, bis sie ihre Fehler eingestehen.

In diesem Märchen bleibt die Gestalt des Tieres unserer Phantasie überlassen. In einer in vielen europäischen Ländern verbreiteten Gruppe von Märchen dieses Typs ist das Tier – in Anlehnung an ›Amor und Psyche‹ – eine Schlange. Im übrigen sind die Ereignisse in dieser Geschichte den bereits erwähnten recht ähnlich – allerdings mit einer Ausnahme. Als der männliche Partner seine menschliche Gestalt zurückerhält, sagt er, weshalb er in ein Tier verwandelt wurde: es war zur Strafe, weil er eine Waise verführt hat. Er, der ein hilfloses Opfer dazu benutzt hat, seine sexuelle Begierde zu befriedigen, konnte nur erlöst werden, wenn jemand in selbstloser Liebe bereit war, sich für den Geliebten zu opfern. Der Prinz war in eine Schlange verwandelt worden, weil diese ein phallisches Tier und daher ein Symbol für die sexuelle Begierde ist, die ihre Befriedigung sucht, ohne dabei eine menschliche Beziehung anzuknüpfen, und auch deshalb, weil sie ihr Opfer nur zum eigenen Zweck benutzt –

genau wie die Schlange im Paradies. Wenn wir ihrer Verführung nachgeben, verlieren wir unsere Unschuld.
In ›La Belle et la Bête‹ kommen die schicksalhaften Ereignisse dadurch in Gang, daß der Vater eine Rose stiehlt, um sie seiner jüngsten Tochter mitzubringen, die er am meisten liebt. Diese Tat symbolisiert seine Liebe zu ihr und ist gleichzeitig eine Vorwegnahme des Verlustes ihrer Jungfernschaft, denn die gebrochene Blume – und ganz besonders die gebrochene Rose – ist ein Symbol für diesen Verlust. Das kann sowohl in den Augen des Vaters wie auch in denen der Tochter so aussehen, als ob sie ein »tierisches« Erlebnis auf sich nehmen müßte. Aber die Geschichte erzählt, daß ihre Angst unbegründet ist. Wovon sie fürchten, es werde ein gemeines, »tierisches« Erlebnis sein, erweist sich als Erfahrung voll tiefer Menschlichkeit und Liebe.
Wenn man ›Blaubart‹ mit ›La Belle et la Bête‹ vergleicht, könnte man sagen, daß ›Blaubart‹ jene primitiven, aggressiven und selbstsüchtig destruktiven Aspekte der Sexualität repräsentiert, die überwunden werden müssen, wenn die Liebe gedeihen soll – während ›La Belle et la Bête‹ zeigt, was wahre Liebe ist. Blaubarts Verhalten stimmt mit seiner ominösen Erscheinung überein; das Tier ist trotz seines Äußeren eine ebenso schöne Persönlichkeit wie die Schöne selbst. Im Gegensatz zu den eventuellen Befürchtungen des Kindes versichert dieses Märchen dem Hörer, daß Frauen und Männer zwar sehr verschieden aussehen, daß sie aber vorzüglich zueinander passen, wenn es sich – was ihre Persönlichkeit betrifft – um die richtigen Partner handelt und wenn sie in Liebe miteinander verbunden sind. Während ›Blaubart‹ den schlimmsten Befürchtungen des Kindes in bezug auf Sexualität entspricht, gibt ihm ›La Belle et la Bête‹ die Möglichkeit, sich klarzumachen, daß seine Furcht nur die Ausgeburt seiner angstvollen sexuellen Phantasien ist und daß die Sexualität uns zwar zu Anfang als etwas Tierisches anmuten kann, daß aber die Liebe zwischen Mann und Frau in Wirklichkeit die befriedigendste aller Emotionen und die einzige ist, die zum dauernden Glück führt.
Wir haben bereits an verschiedenen Stellen dieses Buches darauf hingewiesen, daß die Märchen dem Kind helfen, das Wesen seiner ödipalen Schwierigkeiten zu verstehen, und daß sie ihm die Hoffnung geben, daß es sie meistern wird. ›Aschenputtel‹ ist ein Musterbeispiel für den zerstörerischen Charakter der ungelösten und destruktiven, in die Tat umgesetzten ödipalen Eifersucht. Kein anderes Märchen aber zeigt dem Kind so klar wie ›La Belle et la Bête‹, daß die ödipale Bindung an ein Elternteil natürlich und

wünschenswert ist und für alle Teile die positivsten Folgen hat, wenn sie während des Reifungsprozesses übertragen und verwandelt wird, indem sie sich statt auf diesen Elternteil jetzt auf den Geliebten konzentriert. Unsere ödipalen Bindungen sind nicht nur die Ursache unserer größten emotionalen Schwierigkeiten (was sie sein können, wenn sie während der Wachstumsperiode nicht die richtige Entwicklung erfahren), sie sind auch der Boden, auf dem ein dauerhaftes Glück erwächst, wenn wir die richtige Entwicklung und Loslösung dieser Gefühle erfahren.

Dieses Märchen weist nicht nur dadurch auf die ödipale Bindung der Schönen an ihren Vater hin, daß sie ihn darum bittet, eine Rose für sie zu pflücken, sondern auch dadurch, daß wir in allen Einzelheiten erfahren, wie die Schwestern sich auf Bällen vergnügen und Liebhaber haben, während die kleine Schöne immer zu Hause bleibt und denen, die ihr den Hof machen, sagt, sie sei noch zu jung zum Heiraten und wolle »noch ein paar Jahre bei ihrem Vater bleiben«. Da sie nur aus Liebe zu ihrem Vater zu dem Tier hingeht, möchte sie eine nichtsexuelle Verbindung mit ihm eingehen.

Das Schloß des Tieres, in dem der Schönen alle Wünsche sogleich erfüllt werden, ein Motiv, das wir bereits in ›Amor und Psyche‹ diskutiert haben, ist eine für Kinder typische narzißtische Phantasie. Es dürfte kaum ein Kind geben, welches sich nicht zuweilen ein Leben wünschte, wo nichts von ihm verlangt wird und alle seine Wünsche erfüllt werden, sobald es sie nur ausspricht. Das Märchen zeigt uns, daß ein solches Leben keineswegs befriedigend ist, sondern bald leer und langweilig wird – so sehr, daß die Schöne sich auf die abendlichen Besuche des Tieres freut, vor denen sie sich zunächst gefürchtet hat.

Wenn nichts geschehen wäre, was diesen narzißtischen Lebenstraum unterbrochen hätte, gäbe es keine Geschichte. Das Märchen lehrt uns, daß der Narzißmus, auch wenn er zunächst noch so verlockend erscheinen mag, im Leben keine Befriedigung gewährt, ja daß ein solches Leben überhaupt kein Leben ist. Die Schöne erwacht erst zum Leben, als sie erfährt, daß ihr Vater sie braucht. In einigen Versionen der Geschichte ist er ernsthaft erkrankt. In anderen Versionen siecht er dahin aus Sehnsucht nach ihr oder befindet sich sonst in großer Not. Als die Schöne dies erfährt, erschüttert es ihre narzißtische Nichtexistenz. Sie beginnt zu handeln, und daraufhin wird sie – und wird die Geschichte – wieder lebendig. In ihrem Konflikt zwischen der Liebe zu ihrem Vater und den Bedürfnissen des Tieres verläßt die Schöne das Tier, um ihren Vater zu versorgen. Aber da merkt sie plötzlich, wie sehr sie das Tier liebt, ein Symbol dafür, daß sich ihre Vaterbindung lockert und daß sie ihre Liebe auf das Tier überträgt. Erst als sie sich dafür entscheidet, das Vaterhaus wieder zu verlassen, um sich mit dem Tier zu vereinigen – das heißt, nachdem sie die ödipale Bindung an den Vater gelöst hat, wird die Sexualität, die ihr zunächst abstoßend erschien, für sie schön.

Das nimmt die Freudsche Auffassung um Jahrhunderte voraus, wonach das Kind die Sexualität solange als abstoßend empfinden muß, wie seine sexuellen Gefühle sich auf Vater oder Mutter richten, weil das Inzesttabu und damit die Stabilität der menschlichen Familie nur durch eine derartige negative Einstellung zur Sexualität sichergestellt ist. Aber nachdem das sexuelle Begehren erst einmal von dem betreffenden Elternteil gelöst wurde und sich nun auf einen Partner von angemessenerem Alter richtet, erscheint es bei einer normalen Entwicklung jetzt nicht mehr als Tierisches, sondern wird im Gegenteil als schön empfunden.

Da das Märchen von der Schönen und dem Tier die positiven Aspekte der ödipalen Bindung veranschaulicht, während es gleichzeitig zeigt, was daraus werden muß, wenn das Kind heranwächst, hat es das Lob von Iona und Peter Opie in ihrer Übersicht über die klassischen Märchen (›The Classic Fairy Tales‹) wohl verdient. Sie bezeichnen es als »das symbolträchtigste aller Märchen nach ›Cinderella‹ und das befriedigendste«.

›La Belle et la Bête‹ beginnt mit einer unreifen Auffassung, die behauptet, der Mensch besitze eine dualistische Existenz als Tier und als Geist – wie sie in den Erlebnissen der kleinen Schönen symbolisiert ist. Im Reifungsprozeß müssen diese beiden künstlich isolierten Aspekte unseres Menschseins vereinigt werden. Nur auf diese Weise gelangt man zur vollen menschlichen Erfüllung. In ›La Belle et la Bête‹ gibt es keine sexuellen Geheimnisse mehr, die im verborgenen bleiben müssen und deren Aufdeckung eine lange schwierige Reise zur Selbstfindung notwendig macht, bevor der glückliche Ausgang erreicht werden kann. Es gibt in diesem Märchen überhaupt keine verborgenen Geheimnisse, und es ist höchst wünschenswert, daß die wahre Natur des Tieres enthüllt wird. Daß sich herausstellt, was das Tier in Wirklichkeit ist, oder besser gesagt, eine wie freundliche und liebenswerte Person es in Wirklichkeit ist, führt unmittelbar zum glücklichen Ausgang. Das Wesentliche an der Geschichte ist nicht die wachsende Liebe der Schönen zum Tier und nicht einmal die Übertragung ihrer Liebe vom Vater auf das Tier, sondern ihr eigenes Wachstum bei diesem Prozeß. Nachdem sie zuerst glaubte, sie müsse zwischen der Liebe zu ihrem Vater und der Liebe zum Tier wählen, gelangt sie zu der beglückenden Entdeckung, daß es eine unreife Auffassung wäre, wenn man glauben wollte, daß diese beiden Gefühle in Gegensatz zueinander stehen. Indem sie die ursprüngliche ödipale Liebe zum Vater auf den künftigen Gatten überträgt, schenkt die Schöne ihrem Vater eine Art der Zuneigung, die diesem äußerst wohltut. Sie macht ihn wieder gesund und beschert ihm ein glückliches Leben in der Nähe der geliebten Tochter. Auf diese Weise erhält auch das Tier seine menschliche Gestalt zurück, und jetzt wird ein glückliches Eheleben für beide Partner möglich.

Daß die Schöne das Tier heiratet, ist der symbolische Ausdruck dafür, daß der verderbliche Bruch zwischen dem tierischen Aspekt des Menschen und seinen höheren Aspekten geheilt ist – eine Trennung, die als Krankheit beschrieben wird, da der Vater und dann auch das Tier beinahe sterben, als sie von der Schönen und was sie symbolisiert, getrennt werden. Es stellt auch den Endpunkt einer Entwicklung von einer egoistischen, unreifen (phallisch-aggressiven-destruktiven) Sexualität zu einer anderen dar, die ihre Erfüllung in einer menschlichen Beziehung voll tiefer Hingabe findet. Das Tier ist durch die Trennung von der Schönen, die zugleich die Geliebte und Psyche, unsere Seele, ist, dem Tode nahe. Es ist dies die Entwicklung von einer primitiven, selbstsüchtig-aggressiven Sexualität zu einer Sexualität, die ihre Erfüllung in einer von beiden Teilen freiwillig eingegangenen Liebesbeziehung findet. Deshalb ist das Tier erst einverstanden, daß die Schöne stellvertretend für den Vater zu ihm kommt, als sie ihm versichert, daß sie es freiwillig tut, und deshalb fragt es sie immer wieder, ob sie es heiraten will; deshalb nimmt es ihre Ablehnung ohne Vorwurf hin und rührt sie nicht an, bevor sie ihm spontan erklärt, daß sie es liebt.

Wenn wir die poetische Sprache des Märchens in die prosaische der Psychoanalyse übersetzen, so bedeutet die Hochzeit der Schönen mit dem Tier die Humanisierung und Sozialisierung des Es durch das Über-Ich. Passenderweise ist das Kind, das in ›Amor und Psyche‹ dieser Verbindung entspringt, die Lust, ein Ich, das uns die Befriedigung gibt, die wir für ein gutes Leben brauchen. Im Gegensatz zum Mythos hat es das Märchen nicht nötig, die Wohltaten einzeln aufzuzählen, die diese Ehe den beiden einbringt. Es bedient sich eines eindrucksvolleren Bildes von einer Welt, in der die Guten im Glück leben und wo sogar die Bösen – die Schwestern – noch die Möglichkeit haben, ihre Fehler wiedergutzumachen. Jedes Märchen ist ein Zauberspiegel, in dem sich gewisse Aspekte unserer inneren Welt und der Stufen spiegeln, die wir in unserer Entwicklung von der Unreife zur Reife zurücklegen müssen. Für die, welche sich in das vertiefen, was das Märchen uns mitzuteilen hat, wird es zu einem tiefen, ruhigen See, in dem sich zunächst nur unser eigenes Bild spiegelt. Aber dann entdecken wir hinter diesem äußeren Bild die inneren Verwirrungen unserer Seele – ihre Tiefe und Möglichkeiten, unseren Frieden mit uns selbst und der Welt zu machen, was der Lohn unserer Mühe ist.

Die hier vorgenommene Auswahl der Märchen war mehr oder weniger willkürlich, wenn wir uns auch bis zu einem gewissen Maße vom Grad ihrer Beliebtheit leiten ließen. Da jede Geschichte ein bestimmtes Segment der inneren Entwicklung des Menschen widerspiegelt, haben wir den zweiten Teil des Buches mit solchen Märchen begonnen, in denen das Kind nur zögernd um seine Unabhängigkeit kämpft und nur dann, wenn es von den Eltern gegen seinen Willen dazu gezwungen wird, wie das in ›Hänsel und Gretel‹ oder noch spontaner in ›Hans und die Bohnenranke‹ der Fall ist. Rotkäppchen im Bauch des Wolfes und Dornröschen, das in seinem Schloß mit der Spindel herumexperimentiert, haben sich vorzeitig Erlebnissen ausgesetzt, für die sie noch nicht reif waren. Sie müssen lernen, daß sie zu warten haben, bis sie reif dazu sind und wissen, wie man es anfangen muß. In ›Schneewittchen‹ und ›Aschenputtel‹ kann das Kind nur zu sich selbst kommen, nachdem die Mutter aus dem Weg geräumt ist. Hätte unser Buch mit einer dieser Geschichten geendet, hätte man den Eindruck gewinnen können, daß es für den Generationenkonflikt, der – wie diese Märchen zeigen – so alt ist wie die Menschheit selbst, keine glückliche Lösung gibt. Aber sie zeigen uns auch, daß dieser Konflikt dort, wo er existiert, nur durch die egozentrisch eingestellten Eltern und ihren Mangel an Einfühlungsvermögen für die legitimen Bedürfnisse ihres Kindes zustande kommt. Da ich selbst ein Vater bin, wollte ich lieber mit einem Märchen schließen, das zeigt, daß auch die Liebe des Vaters zu seinem Kind so alt wie die Menschheit ist, genauso wie die Liebe des Kindes zu seinen Eltern. Aus dieser zärtlichen Zuneigung erwächst eine andere Art von Liebe, die das Kind – nachdem es erwachsen ist – an den Geliebten binden wird. Wie immer die Wirklichkeit aussehen mag, das Kind, das die Märchen hört, erlebt in seiner Phantasie und gewinnt den Glauben, daß sein Vater aus Liebe zu seinem Kind bereit ist, sein Leben aufs Spiel zu setzen, um ihm das gewünschte Geschenk mitzubringen. Und ein solches Kind gewinnt auch den Glauben, daß es seinerseits dieser Zuneigung wert ist, weil es selbst ebenfalls bereit wäre, sein Leben aus Liebe zum Vater zu opfern. So wird das Kind zu einem Menschen heranwachsen, der sogar denen Frieden und Glück schenken kann, die so schwer heimgesucht sind, daß sie uns wie Tiere vorkommen. Durch ein solches Verhalten macht der Betreffende auch sich selbst und seinen Ehepartner glücklich und damit auch seine Eltern. Er lebt dann mit sich selbst und mit der Welt in Frieden.

Dies ist eine der vielfältigen Erkenntnisse, die uns die Märchen vermitteln, welche uns in unserem Leben leiten können – das gilt heute noch genauso wie in jenen alten Zeiten, von denen es heißt: Es war einmal ...

Anhang

1 Zu Dickens' Bemerkungen über ›Rotkäppchen‹ und seinen Ansichten über Märchen vgl. Angus Wilson, *The World of Charles Dickens*, Secker and Warburg, London 1970, und Michael C. Kotzin, *Dickens and the Fairy Tale*, Bowling Green University Press 1972.

2 Louis MacNeice, *Varieties of Parable*, Cambridge University Press, New York 1965.

3 G. K. Chesterton, ›Das Abenteuer des Glaubens‹ *Orthodoxie*. In der Sammlung Christliches England, herausgegeben von Peter Schifferli, Otto Walter AG, Olten o.J. (1947). C. S. Lewis, *The Allegory of Love*, Oxford University Press, Oxford 1936.

4 ›Jack the Giant Killer‹ und mehrere andere Erzählungen aus dem Jack-Zyklus finden sich in Katherine M. Briggs, *A Dictionary of British Folk Tales*, 4 Bände, Indiana University Press, Bloomington 1970. Die britischen Volkserzählungen, die ich in diesem Buch erwähnt habe, können dort nachgeschlagen werden. Weitere wichtige Sammlungen englischer Märchen: Joseph Jacobs, *English Fairy Tales*, David Nutt, London 1890, und ders., *More English Fairy Tales*, David Nutt, London 1895. Die deutsche Fassung von ›Hans der Riesentöter‹ und anderen Jack-Geschichten (›Hans und die Bohnenranke‹ usw.) ist entnommen aus *Englische Volksmärchen*, herausgegeben von Katharine Briggs und Ruth Michaelis, Jena, übertragen von Uta Schier, in der Reihe *Die Märchen der Weltliteratur*, begründet von Friedrich von der Leyen, herausgegeben von Kurt Schier und Felix Karlinger, Eugen Diederichs Verlag, Düsseldorf, 6.-8. Tsd. 1974.

5 ›The mighty hopes that make us men.‹ A. Tennyson, *In Memoriam*, LXXXV.

6 ›Der Fischer und der Dämon‹ aus: *Die Erzählungen aus den Tausendundein Nächten*. Vollständige deutsche Ausgabe in sechs Bänden, zum ersten Mal nach dem arabischen Urtext der Kalkuttaer Ausgabe aus dem Jahre 1830 übertragen von Enno Littmann, Insel-Verlag, Wiesbaden 1953.

›Der Geist im Glas‹ ist eines der Märchen, die von den Brüdern Grimm gesammelt und unter dem Titel *Kinder- und Hausmärchen* herausgegeben wurden.

(Für die vorliegende Übersetzung wurden folgende Ausgaben von Grimms Märchen herangezogen:

Kinder- und Hausmärchen der Brüder Grimm. Vollständige Ausgabe in der Urfassung. Herausgegeben von Friedrich Panzer, Emil Vollmer Verlag, Wiesbaden o. J. *Märchenschatz der Brüder Grimm*, mit vielen ganzseitigen Farbbildern von Nils Stenbock, Christian Wolff Verlag, Flensburg o. J. *Märchen der Brüder Grimm*, mit 100 Bildern nach Aquarellen von Ruth Koser-Michaels, Th. Knaur Nachf., Berlin 1937, 1.-25. Tsd. der Neuauflage 1949, Droemersche Verlagsanstalt Mün-

chen. Brüder Grimm, *Kindermärchen*, mit farbigen Bildern und schwarzen Zeichnungen von Paul Hey, 442. Tsd., K. Thienemanns Verlag, Stuttgart 1958. *Grimms Märchen*, mit 64 ganzseitigen Farbtafeln von Kurt Wendlandt, herausgegeben von Otto Hohenstatt, 37.-46. Tsd., Union Verlag, Stuttgart 1959.)
Alle Märchen der Brüder Grimm werden nach ihrer Herkunft, ihren verschiedenen Versionen auf der ganzen Welt, ihrem Bezug zu anderen Legenden und Märchen etc. im einzelnen untersucht in: Johannes Bolte und Georg Polivka, *Anmerkungen zu den Kinder- und Hausmärchen der Brüder Grimm*, 5 Bände, Olms, Hildesheim 1963.
Aus ›Der Geist im Glas‹ kann man sehen, wie die Einstellung der Eltern ein Kind veranlassen kann, sich in der Phantasie auszumalen, daß es Macht gewinnt und seinem Vater überlegen wird. Der Held der Geschichte muß die Schule verlassen, weil die Familie sehr arm ist. Er bietet sich an, seinem Vater beim Holzhacken zu helfen, doch der Vater schätzt die Fähigkeiten seines Sohnes gering ein und sagt zu ihm: »Das sollte dir beschwerlich ankommen, du bist an harte Arbeit nicht gewöhnt, du hältst das nicht aus.« Nachdem sie den ganzen Morgen Holz gehackt haben, schlägt der Vater vor, zu rasten und Mittag zu halten. Der Sohn erklärt, er wolle lieber im Wald umhergehen und Vogelnester suchen, worauf der Vater ausruft: »O du Geck! Was willst du jetzt laufen, hernach bist du müde und kannst den Arm nicht mehr aufheben.« So setzt der Vater den Sohn zweimal herab: Er zweifelt zuerst seine Eignung für harte Arbeit an und spricht dann, nachdem der Sohn seine Ausdauer bewiesen hat, verächtlich von seiner Vorstellung, wie er die Ruhezeit zubringen möchte. Welcher normale Junge im Pubertätsalter würde nach einem solchen Erlebnis nicht mit offenen Augen davon träumen, wie er die Ansicht des Vaters widerlegen und den Beweis erbringen könne, daß er viel besser ist, als der Vater meint?
Das Märchen läßt diese Phantasie Wirklichkeit werden. Als der Sohn im Wald nach Vogelnestern sucht, hört er eine Stimme rufen: »Laß mich heraus!« So findet er den Geist im Glas, der ihm aber zuerst mit dem Tode droht zur Vergeltung für seine lange Haft. Ganz ähnlich wie der Fischer in der Erzählung aus *Tausendundeiner Nacht* bringt der Junge den Geist mit List dazu, daß er ins Glas zurückkehrt, und befreit ihn erst wieder, als er ihm einen hohen Lohn verspricht. Die Belohnung ist ein kleiner Lappen, dessen eines Ende alle Wunden heilt, während das andere Ende Stahl und Eisen in Silber verwandelt. Mit diesem Lappen verschafft er seinem Vater und sich das nötige Geld zum Leben, und weil er mit ihm »alle Wunden heilen konnte, ward er der berühmteste Doktor auf der ganzen Welt«.
Das Motiv des bösen Geistes, der in eine Flasche eingesperrt wird, geht auf sehr alte jüdisch-persische Legenden zurück, denen zufolge König Salomo häufig ungehorsame oder ketzerische Geister in Eisenkästchen, Kupferflaschen oder Weinschläuche verbannte und diese ins

Meer warf. Daß ›Der Fischer und der Dämon‹ teilweise dieser Überlieferung entstammt, zeigt sich darin, daß der Dämon dem Fischer erzählt, er habe sich gegen Salomo aufgelehnt und sei zur Strafe in die Flasche eingeschlossen und ins Meer geworfen worden.
In ›Der Geist im Glas‹ ist dieses alte Motiv mit zwei verschiedenen Überlieferungen verschmolzen. Die eine stammt aus dem Mittelalter und läßt sich ebenfalls auf die Legenden um König Salomo zurückführen; der Teufel wird auf ähnliche Weise von einem Heiligen eingesperrt oder aber von ihm befreit und in Dienst genommen. Die andere Überlieferung entstand aus Erzählungen um eine historische Persönlichkeit, Philippus Aureolus Theophrastus Paracelsus, eigentlich Bombastus von Hohenheim. Dieser Arzt und Naturforscher des 16. Jahrhunderts vollbrachte »Wunderkuren«, die noch jahrhundertelang in Europa phantasievoll ausgeschmückt wurden.
Einer solchen Geschichte zufolge hört Paracelsus eine Stimme aus einer Tanne seinen Namen rufen. Er erkennt sie als die Stimme des Teufels, der in Gestalt einer Spinne in einem winzigen Spalt im Baum eingeklemmt ist. Paracelsus verspricht, den Teufel freizulassen, wenn er ihm eine Arznei gibt, die alle Krankheiten heilt, und eine Tinktur, die alles in Gold verwandelt. Der Teufel erfüllt die Bedingung, will aber dann enteilen, um den Heiligen, der ihn eingesperrt hat, umzubringen. Um dies zu verhindern, äußert Paracelsus laut seine Zweifel, daß etwas so Großes wie der Teufel sich in etwas so Kleines wie eine Spinne verwandeln könne. Der Teufel will es ihm beweisen, verwandelt sich wieder in eine Spinne und wird von Paracelsus erneut in dem Baumspalt festgeklemmt. Diese Geschichte geht ihrerseits auf eine viel ältere um einen Zauberer namens Virgilius zurück (vgl. Bolte und Polivka, *op. cit.*).

7 Die umfassendsten Sammlungen von Märchenmotiven, auch dem des Riesen oder Geists in der Flasche, sind: Antti A. Aarne, *The Types of the Folktale*, Suomalainen Tiedeakatemia, Helsinki 1961, und Stith Thompson, *Motif Index of Folk Literature*, 6 Bände, Indiana University Press, Bloomington 1955.
In Thompsons Sammlung ist das Motiv vom Geist, der überlistet wird, sich klein macht und in die Flasche zurückschlüpft, unter D 1240, D 2177.1, R 181, K 717 und K 722 verzeichnet. Es wäre zu mühsam, diese Angaben für alle im vorliegenden Buch erwähnten Märchenmotive zu machen, insbesondere da man die Verbreitung eines bestimmten Motivs leicht in diesen zwei Nachschlagewerken feststellen kann.

8 Die Untersuchung des Mythos von Herakles und anderer griechischer Mythen stützt sich auf Gustav Schwab, *Sagen des klassischen Altertums*, herausgegeben von Dr. Ernst Wilmanns, K. Thienemanns Verlag, Stuttgart o. J.

9 Mircea Eliade, *Birth and Rebirth*, Harper and Brothers, New York 1958; *Myth and Reality*, Harper & Row, New York 1963. Vgl. auch Paul Saintyves, *Les Contes de Perrault et les récits parallèles*, Paris 1923, und Jan de Vries, ›Betrachtungen zum Märchen, besonders in

seinem Verhältnis zu Heldensage und Mythos‹, *Folklore Fellows Communications* Nr. 150, Helsinki 1954.

10 Eine Sammlung von Artikeln, die sich auf tiefenpsychologischer Grundlage mit dem Märchen befassen, findet sich in Wilhelm Laiblin, *Märchenforschung und Tiefenpsychologie*, Wissenschaftliche Buchgesellschaft, Darmstadt 1969. Diese Sammlung hat den Vorzug, daß sie die verschiedenen Schulen angemessen zu Wort kommen läßt. Das Werk enthält auch eine einigermaßen vollständige Bibliographie.

11 Eine systematische Untersuchung des Märchens vom psychoanalytischen Standpunkt aus ist noch nicht vorhanden. Freud veröffentlichte 1913 zwei kurze Artikel zu diesem Thema: ›Märchenstoffe in Träumen‹ und ›Das Motiv der Kästchenwahl‹, Sigmund Freud, *Gesammelte Werke*, London o. J., Bd. 10. Die Grimmschen Märchen ›Rotkäppchen‹ und ›Der Wolf und die sieben Geißlein‹ spielen eine wichtige Rolle in Freuds berühmter Abhandlung ›Aus der Geschichte einer infantilen Neurose‹, Sigmund Freuds, *Gesammelte Werke*, London o. J., Bd. 12, bekannt als »der Wolfmensch«.

In vielen anderen psychoanalytischen Schriften, die zu zahlreich sind, als daß sie hier aufgeführt werden könnten, wird auf Märchen Bezug genommen, aber fast immer nur kursorisch, so auch in Anna Freud, *Das Ich und die Abwehrmechanismen*, Kindler, München 1975. Von den vielen Aufsätzen, die das Märchen aus Freudscher Sicht eingehender behandeln, seien die folgenden genannt: Otto Rank, *Psychoanalytische Beiträge zur Mythenforschung*, Deuticke, Wien 1919; Alfred Winterstein, ›Die Pubertätsriten der Mädchen und ihre Spuren im Märchen‹, *Imago*, Bd. 14 (1928).

Außerdem wurden einige wenige Märchen psychoanalytisch untersucht, so Steff Bornstein, ›The Sleeping Beauty‹, *Imago*, Bd. 19 (1933); J. F. Grant Duff, ›Snow White‹, *ebda.* Bd. 20(1934); Lilla Veszy-Wagner, ›Little Red Riding Hood on the Couch‹, *The Psychoanalytic Forum*, Bd. 1 (1966); Beryl Sandford, ›Cinderella‹, *ebda.* Bd. 2 (1967). Erich Fromm, *Märchen, Mythen und Träume*, Diana, Zürich 1956, verweist mehrfach auf Märchen, insbesondere auf ›Rotkäppchen‹.

12 Viel ausführlicher werden die Märchen in den Schriften Jungs und der Analytiker Jungscher Schule behandelt. Leider ist wenig dieses ausführlichen Schrifttums ins Englische übersetzt worden. Typisch für die Jungsche Art der Analyse ist Marie Louise von Franz, *Shadow and evil in fairy tales*, Spring Publications, New York 1974. Das wahrscheinlich beste Beispiel einer Märchenanalyse aus Jungscher Sicht ist Erich Neumann, *Amor and Psyche*, Pantheon, New York 1956.

Die vollständigste Untersuchung des Märchens in Jungschem Bezugsrahmen ist Hedwig von Beit, *Symbolik des Märchens und Gegensatz und Erneuerung im Märchen*, 3 Bände, A. Francke, Bern 1952 und 1956. Eine Zwischenstellung hält Julius E. Heuscher, *A Psychiatric Study of Fairy Tales*, Charles Thomas, Springfield 1963.

13 Zu den verschiedenen Versionen von ›Die drei kleinen Schweinchen‹

vgl. Briggs, *op. cit.* Die Untersuchung dieses Märchens stützt sich auf seine früheste Veröffentlichung im Druck, in: J. O. Halliwell, *Nursery Rhymes and Nursery Tales*, London ca. 1843. (Für die Übersetzung wurde *Englische Volksmärchen, op. cit.*, herangezogen.)
Nur in einigen späteren Versionen überleben die zwei kleinen Schweinchen; die Geschichte verliert dadurch einen großen Teil ihrer Wirkung. In manchen Abwandlungen haben die Schweinchen Namen, was es dem Kind aber verwehrt, sie als Repräsentanten der drei Entwicklungsstufen zu sehen. Einige Fassungen betonen, die kleineren Schweinchen hätten aus Vergnügungssucht keine festeren und damit auch sichereren Häuser gebaut: Das kleinste Schweinchen baut sein Haus aus Schmutz, weil es sich so gern in Schmutz wälzt; das zweite verwendet Kohl, weil es so gern Kohl ißt.

14 Das Zitat über das animistische Denken stammt aus Ruth Benedicts Artikel ›Animism‹ in der *Encyclopedia of the Social Sciences*, Macmillan, New York 1948.

15 Zu den verschiedenen Stadien des animistischen Denkens beim Kind und seinem Vorherrschen bis zum Alter von zwölf Jahren vgl. Jean Piaget, *The Child's Conception of the World*, Harcourt, Brace, New York 1929, (frz. Original *La représentation du monde chez l'enfant*, Alcan, Paris 1926).

16 ›Östlich von der Sonne und westlich vom Mond‹ ist ein norwegisches Märchen. Eine deutsche Fassung ist enthalten in Friedrich von der Leyen, Hg.: *Die Märchen der Weltliteratur, Norwegische Volksmärchen*, herausgegeben und übertragen von Klara Stroebe und Reidar Th. Christiansen, Düsseldorf 1967.

17 ›La Belle et la Bête‹ ist eine sehr alte Geschichte, von der es viele verschiedene Versionen gibt. Am besten bekannt ist wohl die von Madame Leprince de Beaumont, die sich in der Sammlung von Iona und Peter Opie, *The Classic Fairy Tales*, Oxford University Press, London 1974, findet.

18 Eine Zusammenfassung von Piagets Theorien findet sich in J. H. Flavell, *The Developmental Psychology of Jean Piaget*, Van Nostrand, Princeton 1963.

19 Zur Göttin Nut vgl. Erich Neumann: *Die große Mutter, eine Phänomenologie der weiblichen Gestaltungen des Unbewußten*, 2. Aufl., Olten und Freiburg i. Br. 1974. »Als Himmelsgewölbe bedeckt sie ihre Geschöpfe auf Erden wie eine Henne ihre Küken beschützt.« Wie sie abgebildet wurde, sieht man beispielsweise auf dem Deckel des ägyptischen Sarkophags von Uresh-Nofer (XXX. Dynastie) im Metropolitan Museum in New York.

20 Michael Polanyi, *Personal Knowledge*, University of Chicago Press, Chicago 1958.

21 Sigmund Freud, ›Aus der Geschichte einer infantilen Neurose‹, Bd. 12 der *Gesammelten Werke*, London o. J.

22 Eine Untersuchung darüber, wie ablenkend Illustrationen in Märchenbüchern sind, ist mir nicht bekannt, doch für andere Lektüre ist

dies hinreichend bewiesen. Vgl. z. B. S. J. Samuels, ›Attention Process in Reading: The Effect of Pictures on the Acquisition of Reading Responses‹, *Journal of Educational Psychology*, Bd. 58 (1967), und seine Übersicht über viele andere Untersuchungen dieses Problems: ›Effects of Pictures on Learning to Read, Comprehension, and Attitude‹, in *Review of Educational Research*, Bd. 40 (1970).

23 J. R. R. Tolkien, *Tree and Leaf*, Houghton Mifflin, Boston 1965.

24 Über die Folgen des Traumentzugs gibt es eine umfangreiche Literatur, z. B. Charles Fisher ›Psychoanalytic Implications of Recent Research on Sleep and Dreaming‹. *Journal of the American Psychoanalytic Association*, Bd. 13 (1965), und Louis J. West, Herbert H. Janszen, Boyd K. Lester, Floyd S. Cornelison, Jr., ›The Psychosis of Sleep Deprivation‹, *Annals of the New York Academy of Science*, Bd. 96 (1962).

25 G. K. Chesterton, *op. cit.*, S. 80.

26 Sigmund Freud, ›Der Familienroman der Neurotiker‹, Bd. 7 der *Gesammelten Werke*, London o. J., S. 227 - 231.

27 ›Die drei Wünsche‹ war ursprünglich ein schottisches Märchen, vgl. Briggs, *op. cit.* Wie erwähnt, findet sich das Motiv mit entsprechenden Abwandlungen auf der ganzen Welt. In einem indischen Märchen beispielsweise werden einer Familie drei Wünsche gewährt. Die Frau wünscht sich große Schönheit und läßt sich von einem Prinzen entführen. Der zornige Mann wünscht ihr die Gestalt eines Schweins, und der Sohn muß sie mit dem dritten und letzten Wunsch wieder zurückverwandeln.

28 Die Folge der Ereignisse könnte man auch als symbolischen Ausdruck dafür deuten, daß die warnenden Stimmen des Ich und des Über-Ich um so weniger Einfluß auf das Es ausüben, je geringer die Gefahr des Nachgebens unter dem Druck der Es-Spannungen wird – wie es hier mit dem Rückgang der tierhaften Wildheit vom Tiger über den Wolf bis zum zahmen Rehkälbchen symbolisiert ist. Da aber Brüderchen hinsichtlich seiner Entschlossenheit, aus dem dritten Brünnlein zu trinken, zu Schwesterchen sagt: ». . . aber dann muß ich trinken, du magst sagen, was du willst; mein Durst ist gar zu groß«, scheint die Deutung im Text den tiefgründigen Sinn des Märchens eher zu treffen.

29 ›Sindbad der Seefahrer und Sindbad der Lastträger‹ aus: *Die Erzählungen aus den Tausendundein Nächten, op. cit.*

30 Zur Geschichte der Erzählungen aus Tausendundeiner Nacht und besonders zur Bedeutung der Zahl 1001 vgl. Friedrich von der Leyen, *Die Welt des Märchens*, 2 Bände, Eugen Diederichs, Düsseldorf 1953.

31 Zur Rahmenerzählung von Tausendundeiner Nacht vgl. Emmanuel Cosquin, ›Le Prologue-Cadre des Mille et Une Nuits‹ in seinen *Etudes Folkloriques*, Champion, Paris 1922.
Die Zitate aus der Rahmenerzählung sind entnommen aus: *Die Erzählungen aus den Tausendundein Nächten, op. cit.*

32 Zu der alten ägyptischen Erzählung vgl. Emanuel de Rougé, ›Notice

sur un manuscrit égyptien‹, *Revue archéologique*, Bd. 8 (1852); W. F. Petrie, *Egyptian Tales*, Bd. 2 (1895); und Bolte und Polivka, *op. cit.*

33 Die verschiedenen Fassungen des Märchens ›Die zwei Brüder‹ untersucht Kurt Ranke, ›Die zwei Brüder‹, *Folklore Fellows Communications*, Bd. 114 (1934).

34 Es ist völlig ungewöhnlich, daß ein Märchen den Ort der Handlung so genau angibt. Die Erforscher dieses Problems sind zu dem Schluß gekommen, der Erwähnung eines Orts- oder Ländernamens deute darauf hin, daß die Geschichte mit einem tatsächlichen Ereignis zusammenhängt. So könnte zum Beispiel in Hameln irgendwann einmal eine Schar Kinder entführt worden sein, und die Geschichte ›Der Rattenfänger von Hameln‹ könnte darauf zurückgehen. Sie ist allerdings eine lehrhafte Erzählung und kein Märchen, weil sie keine Lösung des Knotens bringt und nicht gut ausgeht. Eine solche Geschichte mit historischem Bezug ist aber normalerweise nur in einer Form bekannt.
Die weite Verbreitung des Motivs von ›Die drei Sprachen‹ und die vielen verschiedenen Versionen dieses Märchens sprechen gegen einen historischen Kern. Andererseits ist es durchaus verständlich, daß eine Geschichte, die in der Schweiz beginnt, deutlich hervorhebt, wie wichtig es ist, drei verschiedene Sprachen zu lernen und sie zu einer höheren Einheit zu verbinden; denn in der Schweiz werden vier Sprachen gesprochen: Deutsch, Französisch, Italienisch und Rätoromanisch. Da eine dieser Sprachen – wahrscheinlich Deutsch – die Muttersprache des Helden war, ist es einsichtig, daß er in drei verschiedene Städte geschickt wird und dort andere Sprachen lernt. Was der Schweizer Hörer des Märchens unmittelbar und an der Oberfläche als die Notwendigkeit versteht, daß die Leute verschiedene Sprachen sprechen, um eine höhere Einheit – die Schweiz – zu bilden, bezieht sich auf verborgener Ebene auch auf die Notwendigkeit, die auseinanderstrebenden inneren Tendenzen zu intregrieren.

35 Zu dem Brauch, eine Feder in die Luft zu blasen, um die einzuschlagende Richtung zu bestimmen, vgl. Bolte und Polivka, *op. cit.*, Bd. 2.

36 Tolkien, *op. cit.*

37 Vgl. z. B. die Geschichte von Joey in Bruno Bettelheim, *The Empty Fortress*, Free Press, New York 1967.

38 Jean Piaget, *Das Erwachen der Intelligenz beim Kinde*, und ders., *Der Aufbau der Wirklichkeit beim Kinde*, beide Klett, Stuttgart 1975.

39 Watty Piper, *The Little Engine That Could*, E. M. Hale, Eau Claire, Wisconsin, 1954.

40 A. A. Milnes Gedicht ›Disobedience‹ in: *When We Were Very Young*, E. P. Dutton, New York 1924.

41 Der Pferdename Falada läßt auf sehr frühe Ursprünge des Märchens schließen. Er geht zurück auf den Namen von Rolands Pferd, das im Rolandslied Valantin, Valantis, Valatin und anders benannt ist.
Noch älter ist das Motiv des sprechenden Pferdes. Tacitus berichtete, die Germanen hätten sich von ihren Pferden die Zukunft weissagen

lassen. Die skandinavischen Völker legten dem Pferd ähnliche Eigenschaften bei.

42 Zu ›Roswal and Lillian‹ vgl. Briggs, *op. cit.*
Daß die wahre Braut von einer bösen Nebenbuhlerin verdrängt wird, die zwar am Ende entlarvt und bestraft wird, aber erst, wenn die wahre Braut schwierige Prüfungen ihres Charakters bestanden hat, ist ein auf der ganzen Welt verbreitetes Motiv. Vgl. P. Arfert, *Das Motiv von der unterschobenen Braut in der internationalen Erzählungsliteratur*, Dissertation, Rostock 1897. Die Einzelheiten schwanken innerhalb eines Kulturkreises wie auch von einem Land zum andern. Dies gilt allgemein für das Märchen, denn das Grundmotiv verbindet sich mit örtlichen Merkmalen und Bräuchen.

43 Heinrich Heine: *Werke*, herausgegeben von Paul Stapf, Sonderausgabe in zwei Bänden, Löwit, Wiesbaden o. J.
Einige weitere Verse aus dem gleichen Zyklus sprechen ebenfalls von der formativen Wirkung des Märchens auf den Dichter:

Wie klingen sie lieblich, wie klingen sie süß,
Die Märchen der alten Amme!

und

Und denk ich des Liedes, so denk ich auch
Der Amme, der lieben Alten;
Ich sehe wieder ihr braunes Gesicht,
Mit allen Runzeln und Falten.

Sie war geboren im Münsterland,
Und wußte, in großer Menge,
Gespenstergeschichten, grausenhaft,
Und Märchen und Volksgesänge.

44 Zu den weiteren Versionen von ›Die Gänsemagd‹ wie auch für zusätzliche Informationen über die anderen Märchen der Brüder Grimm vgl. Bolte und Polivka, *op. cit.*

45 Tolkien, *op. cit.*

46 Mary J. Collier und Eugene L. Gaier, ›Adult Reactions to Preferred Childhood Stories‹, *Child Development*, Bd. 29 (1958).

47 G. K. Chesterton, *op. cit.*
Maurice Maeterlinck, *Der blaue Vogel*, dt. 1911.

48 Zum türkischen Märchen, besonders zur Geschichte von Iskender, vgl. August Nitschke, *Die Bedrohung*, Klett, Stuttgart 1972. In diesem Buch werden auch verschiedene andere Aspekte des Märchens untersucht, vor allem die Bedrohung als Teil des Strebens nach Selbstverwirklichung und damit nach Freiheit, und die Rolle des hilfreichen Freundes.

49 Goethe: Zahme Xenien, VI.

50 Wie Goethes Mutter ihrem Sohn Märchen erzählte, beschreibt Bettina

von Arnim in ›Goethes Briefwechsel mit einem Kinde‹, Diederichs, Jena 1906.

51 Goethe: Faust.

52 Charles Perrault, *Histoires ou Contes du temps passé, avec des Moralitez*, Paris 1697. Die erste englische Übersetzung, die im Druck erschien, war von Robert Samber, *Histories or Tales of Past Times*, London 1729. Die bekanntesten dieser Geschichten haben Iona und Peter Opie, *op. cit.*, abgedruckt. Sie finden sich außerdem in den Märchenbüchern von Andrew Lang. ›Little Red Riding Hood‹ ist zu finden in *The Blue Fairy Book*, *op. cit.*
Deutsche Ausgaben von Perraults Märchen sind erschienen in der Reihe *Arena Meistererzählungen* bei Georg Popp, Würzburg 1965, sowie im Verlag C. Ueberreuter, Wien und Heidelberg o. J.; in diesen Angaben fehlt die in Verse gesetzte Moral. Eine zweisprachige französisch-deutsche Ausgabe erschien in der Edition Langewiesche-Brandt (1962) (mit Moral).

53 Es existiert eine umfangreiche Literatur, die sich mit Perrault und seinen Märchen befaßt. Eine Arbeit, die mit der vergleichbar ist, welche Bolte und Polivka für die Märchen der Brüder Grimm geleistet haben, ist die von Marc Soriano, *Les Contes de Perrault*, Gallimard, Paris 1968.
Andrew Lang schreibt in seiner Veröffentlichung *Perrault's Popular Tales*, Clarendon Press, Oxford 1888: »Wenn Little Red Riding Hood in allen Varianten da enden würde, wo Perrault es enden läßt, könnten wir es ebenso gut mit der Bemerkung abtun, daß die *Maschinerie* der Geschichte aus der Zeit stamme, ›als die Tiere reden konnten‹, oder wo man das wenigstens von ihnen annahm. Aber bekanntlich endet ›Rotkäppchen‹ (Brüder Grimm 26) keineswegs mit dem Triumph des Wolfs. Rotkäppchen und seine Großmutter werden gerettet, und ›der Wolf ist derjenige, der sterben muß‹. Das war entweder der ursprüngliche Ausgang, den Perrault nicht gebracht hat, weil er ihn für die Kinderstube in der Zeit Ludwigs XIV. für allzu absurd hielt, oder die Kinder haben darauf bestanden, daß ›die Geschichte gut ausgehen muß‹. Jedenfalls bewahrt das deutsche Märchen eine der auf der ganzen Welt weit verbreitetsten mythischen Begebenheiten, nämlich, daß Menschen aus dem Ungeheuer, welches sie verschlungen hat, lebendig wieder auftauchen.«

54 Zwei dieser französischen Versionen von ›Rotkäppchen‹ finden sich in *Melusine*, Bd. 3 (1886/87) und Bd. 6 (1892/93).

55 *Ibid.*

56 Djuna Barnes, *Nightwood*, New Directions, New York 1937. T. S. Eliot, Einführung zu *Nightwood*, *ibid.*

57 *Fairy Tales Told Again*, illustriert von Gustave Doré, Cassel, Petter and Galpin, London 1872. Die Illustrationen haben Opie und Opie, *op. cit.* übernommen.

58 Andere Versionen von ›Rotkäppchen‹ finden sich bei Bolte und Polivka, *op. cit.*

59 Gertrude Crampton, *Tootle the Engine*, Simon and Schuster, New York 1946, ein *Little Golden Book*.

60 Über die verschiedenen Jack-Geschichten einschließlich der verschiedenen Versionen von ›Hans und die Bohnenranke‹ vgl. Briggs, *op. cit.*

61 Zu den verschiedenen Mythen, welche den Zyklus bilden, der mit Tantalus beginnt, seinen Mittelpunkt in Ödipus hat und mit den *Sieben gegen Theben* und dem Tod Antigones endet, vgl. Schwab, *op. cit.*

62 Zu den verschiedenen Versionen von ›Schneewittchen‹, vgl. Bolte und Polivka, *op. cit.*

63 Meine Diskussion von ›Schneewittchen‹ basiert auf dem Märchen der Brüder Grimm.

64 ›Der junge Sklave‹ ist die achte Geschichte des Zweiten Tages in Basiles *Pentamerone*, das erstmalig 1636 im Druck erschienen ist.

65 Eine Diskussion darüber, weshalb im Unbewußten die Zahl Drei oft für die Sexualität steht, findet sich auf Seite 254 ff.

66 Das Thema Zwerge und ihre Bedeutung in Volkssagen wird im Artikel ›Zwerge und Riesen‹ sowie in vielen anderen Artikeln in Hans Bächtold-Stäublis *Handwörterbuch des deutschen Aberglaubens*, de Gruyter, Berlin 1927/42, behandelt. Dieses Handbuch enthält auch interessante Artikel über Märchen und Märchenmotive.

67 Anne Sexton, *Transformations*, Houghton Mifflin, Boston 1971.

68 Zur ersten gedruckten Version von ›The Three Bears‹ vgl. Briggs, *op. cit.*

69 Erik H. Erikson, *Identity, Youth and Crisis*, W. W. Norton, New York 1968 (dt. *Jugend und Krise*, Klett, Stuttgart 1974).

70 Zu Perraults ›La Belle au bois dormant‹ vgl. Perrault, *op. cit.* Englische Übersetzungen des Märchens finden sich in Lang, *The Blue Fairy Book*, und in Opie und Opie, *op. cit.* Zum Grimmschen Märchen ›Dornröschen‹ vgl. Brüder Grimm, *op. cit.*

71 Basile, *op. cit.* ›Sonne, Mond und Talia‹ ist die fünfte Geschichte des Fünften Tages im *Pentamerone*.

72 Zu den Vorläufern von ›Dornröschen‹ vgl. Bolte und Polivka, *op. cit.*, und Soriano, *op. cit.*

73 Zu der Tatsache, daß ›Aschenputtel‹ das bekannteste aller Märchen ist, vgl. *Funk and Wagnalls Dictionary of Folklore*, Funk and Wagnalls, New York 1950, sowie Opie und Opie, *op. cit.* Dazu, daß es zugleich das beliebteste Märchen ist, vgl. Collier und Gaier, *op. cit.*

74 Zur ersten chinesischen Geschichte vom Aschenputtel-Typ vgl. Arthur Waley, ›Chinese Cinderella Story‹, *Folk-Lore*, Band 58 (1947).

75 Zur Geschichte der Fußbekleidungen, einschließlich Sandalen und Pantoffeln, vgl. R. T. Wilcox, *The Mode of Footwear*, New York 1948. Eine noch ausführlichere Diskussion einschließlich einer Übersetzung des Edikts des Kaisers Diokletian findet sich bei E. Jaefert, *Skomod och skotillverkning fran medeltiden vara dagar*, Stockholm 1938.

76 Zum Ursprung und der Bedeutung des Wortes »Aschenbrödel« und

zu vielen anderen Details der Geschichte vgl. Bolte und Polivka, *op. cit.*, und Anna B. Rooth, *The Cinderella Cycle*, Gleerup, Lund 1951.

77 Barnes, *op. cit.*

78 B. Rubenstein, ›The Meaning of the Cinderella Story in the Development of a Little Girl‹, *American Imago*, Band 12 (1955).

79 ›La Gatta Cenerentola‹ ist die sechste Geschichte des Ersten Tages in Basiles *Pentamerone*.

80 Der Gedanke, daß man jemand den Deckel einer Truhe aufs Genick fallen läßt, um ihn umzubringen, ist sehr selten anzutreffen, obwohl er auch im Märchen der Brüder Grimm ›Vom Machandelbaum‹ vorkommt, wo eine böse Stiefmutter auf diese Weise ihren kleinen Stiefsohn umbringt. Das Motiv dürfte historischen Ursprungs sein. Gregor von Tours berichtet in seiner Geschichte der Franken *Gesta Francorum*, hg. von B. Krusch u. W. Levison, in: Monumenta Germaniae Historica, Scriptores rerum Merovingicarum, 1, 1951, daß Königin Fredegund (die 597 starb) ihre Tochter Rigundis auf diese Weise umzubringen versuchte, daß die Tochter jedoch durch herbeieilende Diener gerettet wurde. Der Grund, weshalb Fredegund ihre eigene Tochter umzubringen versuchte, war der, daß Rigundis geäußert hatte, sie sollte eigentlich den Platz ihrer Mutter einnehmen, weil sie »besser«, das heißt, als Königstochter geboren sei, während die Mutter früher einmal Dienerin gewesen war. So führte auch hier die ödipale Anmaßung einer Tochter – »Ich passe besser zu dieser Stellung als meine Mutter« – zur ödipalen Rachsucht der Mutter, die ihre Tochter, welche sie zu verdrängen sucht, umzubringen versucht.

81 ›La Mala Matrè‹ in A. de Nino, *Usi e costumi abruzzesi*, Band 3: *Fiabe*, Florenz, 1883/87.

82 Verschiedene Märchen, in deren Mittelpunkt das Aschenputtel-Motiv steht, werden diskutiert in Marian R. Cox, *Cinderella: Three Hundred and Forty-five Variants*, David Nutt, London 1893.

83 Ein anschauliches Beispiel dafür ist ein berühmter Irrtum, der in den ersten Tagen der Psychoanalyse Freud unterlaufen ist. Er schloß aus dem, was seine Patienten in der Analyse berichteten – aus ihren Träumen, freien Assoziationen und Erinnerungen –, daß sie alle als kleine Mädchen von ihrem Vater verführt worden wären und daß ihre Neurose hierauf zurückzuführen wäre. Erst als sich Patientinnen, deren frühere Lebensgeschichte ihm genauer bekannt war, sich an ähnliche Dinge erinnerten – obwohl er wußte, daß in diesen Fällen keine derartige Verführung vorgefallen war –, sagte er sich, daß die Verführung durch den eigenen Vater nicht so häufig sein könne, wie er zunächst angenommen hatte. Er merkte jetzt – und das hat sich seither in zahllosen Fällen bestätigt –, daß sich seine Patientinnen an Dinge erinnerten, die sich nicht wirklich abgespielt hatten, sondern die sie sich gewünscht hatten. Als kleine Mädchen hatten sie sich während ihrer ödipalen Periode gewünscht, ihr Vater wäre so sehr in sie verliebt, daß er sie zur Frau oder wenigstens zur Geliebten haben wollte. Sie hatten es sich so leidenschaftlich gewünscht, daß sie sich

lebhaft vorstellten, es sei wirklich so gewesen. Als sie sich dann später an diese Phantasien erinnerten, taten sie es mit einer solchen Intensität des Gefühls, daß sie überzeugt waren, diese Dinge müßten sich unbedingt wirklich zugetragen haben. Sie selbst hatten nichts unternommen, die Verführung durch den Vater zu provozieren – so behaupteten sie und glaubten es auch. Der Vater war an allem schuld gewesen. Kurz, sie selbst waren so unschuldig gewesen wie Aschenputtel. Nachdem Freud erkannt hatte, daß diese Verführungs-Erinnerungen sich nicht auf Dinge bezogen, die sich in Wirklichkeit ereignet hatten, sondern reine Phantasie waren, und als er daher seinen Patienten behilflich war, ihr Unbewußtes tiefer zu erforschen, stellte sich heraus, daß sie nicht nur einen Wunsch für dessen Erfüllung genommen hatten, sondern daß sie auch als kleine Mädchen alles andere als »unschuldig« gewesen waren. Sie hatten sich nicht nur gewünscht, verführt zu werden, und sich vorgestellt, dies wäre auch geschehen, sondern sie hatten auch versucht, ihren Vater auf kindliche Weise zu verführen – indem sie sich zum Beispiel vor ihm entblößten oder auf viele andere Weise versuchten, seine Liebe für sich zu wecken. (Sigmund Freud, ›An Autobiographical Study‹, *New Introductory Lectures to Psychoanalysis* etc., *op. cit.*, Band 20 und 22.)

84 Zum Beispiel in ›Cap o' Rushes‹, Briggs, *op. cit.*

85 Perraults ›Cendrillon‹ ist abgedruckt bei Opie und Opie, *op. cit.* Leider sind hier wie in fast allen englischen Übersetzungen die Verse, die am Schluß die Moral der Geschichte mitteilen, nicht mit abgedruckt.

86 ›Rashin Coatie‹, Briggs, *op. cit.*

87 Stith Thompson, *Motif Index* . . . , *op. cit.*, und *The Folk Tale,* Dryden Press, New York 1946.

88 Zur rituellen Bedeutung der Asche und zur Rolle, welche die Asche bei Reinigungen und Trauer spielt, vgl. den Artikel ›Ashes‹ in James Hastings, *Encyclopedia of Religion and Ethics* Scribner, New York 1910. Zur Bedeutung und dem Gebrauch von Asche in der Volkskunde und ihrer Rolle im Märchen vgl. den Artikel ›Asche‹ in Bächtold-Stäubli, *op. cit.*

89 ›Rashin Coatie‹ oder ein sehr ähnliches Märchen wird in *Complaynt of Scotland* (1540) erwähnt (herausgegeben von Murray 1872).

90 Dieses ägyptische Märchen bringt René Basset in *Contes populaires d'Afrique,* Guilmoto, Paris 1903.

91 Erik H. Erikson, ›Identity and the Life Cycle‹ Psychological Issues, Band 1, International Universities Press, New York 1959, (dt. *Identität und Lebenszyklus,* Suhrkamp, Frankfurt).

92 In einer isländischen Aschenputtel-Geschichte erscheint die tote Mutter der mißhandelten Heldin im Traum und gibt ihr einen magischen Gegenstand, der ihr weiterhilft, bis der Prinz ihren Schuh findet usw. Jon Arnason, *Folk Tales of Iceland,* Leipzig 1862/64 und *Icelandic Folktales and Legends,* University of California Press, Berkeley 1972.

93 Zu den verschiedenen Aufgaben, welche Aschenputtel gestellt werden, vgl. Rooth, *op. cit.*

94 Soriano, *op. cit.*

95 Nachdem Perrault seine Geschichte erzählt hat, zieht er sie ins Lächerliche, und er tut das nach Soriano mit der »bitteren Ironie« seiner »anderen Moral«, welche er der Geschichte anhängt. Darin stellt er fest, es sei zwar vorteilhaft, Klugheit, Mut und andere gute Eigenschaften zu besitzen, doch nützen sie im Leben zum Vorankommen nicht viel (»ce seront choses vaines«), wenn man nicht obendrein Paten oder Patinnen habe, die einem helfen, etwas daraus zu machen.

96 Cox, *op. cit.*

97 Bruno Bettelheim, *Symbolic Wounds*, The Free Press, Glencoe 1954.

98 Die Geschichte von Rhodopis erzählt Strabo. Vgl. *Geographica*, dt. Übersetzung v. C. G. Groskurd, *Strabos Erdbescheibung*, 4 Bde. (1831-34).

99 Rooth, *op. cit.*

100 Raymond de Loy Jameson, *Three Lectures on Chinese Folklore*, Publications of the College of Chinese Studies, Peiping 1932. Aigremont, ›Fuß- und Schuh-Symbolik und Erotik‹, *Anthropopyteia*, Band 5, Leipzig 1909.

101 »Tread softly because you tread on my dreams«, aus dem Gedicht *He Wishes for the Cloths of Heaven* in William Butler Yeats, *The Collected Poems*, Macmillan, New York 1956.

102 Man könnte sich mit Recht darüber beunruhigen, wenn ein Kind bewußt merkte, daß der goldene Pantoffel ein Symbol für die Vagina ist, genau wie man sich beunruhigen könnte, wenn es bewußt den sexuellen Inhalt des bekannten englischen Kinderreims verstünde:

Cock a doodle do!
My dame has lost her shoe;
My master's lost his fiddle stick;
And they don't know what to do!

(Cock a doodle do!
Meine Herrin verlor ihren Schuh;
Mein Herr verlor seinen Fiedelbogen,
und jetzt wissen sie nicht, was tun!)

Und das, obwohl selbst Kinder die Slang-Bedeutung des Wortes *cock* inzwischen recht gut kennen. In diesem Reim hat der Schuh die gleiche symbolische Bedeutung wie im ›Aschenputtel‹. Wenn das Kind verstünde, worum es in diesem Kinderreim geht, dann wüßte es in der Tat nicht, »was tun«! Und das gleiche gälte, wenn es alle versteckten Bedeutungen im Märchen vom Aschenputtel verstünde (was kein Kind tut), von denen wir nur einige zu erklären versuchten, und auch diese nur bis zu einem gewissen Grad.

103 Erikson, ›Identity and the Life Cycle‹, *op. cit.*

104 Aschenputtel-Geschichten, bei denen ein Ring und nicht ein Schuh

zur Erkennung führt, sind (unter anderen) ›Maria Intaulata‹ und ›Maria Intauradda‹, beide zu finden im *Archivio per lo Studio delle Tradizioni Populari*, Band 2, Palermo 1882, und ›Les Souliers‹ in Auguste Dozon, *Contes Albanais*, Paris 1881.

105 ›La Belle et la Bête‹ ist heute am besten bekannt in der Version der Madame Leprince de Beaumont, zuerst ins Englische übersetzt in *The Young Misses Magazine* im Jahre 1761. Opie und Opie haben sie abgedruckt (*op. cit.*).

106 Die weite Verbreitung des Motivs vom Tierbräutigam diskutiert Lutz Röhrich in *Märchen und Wirklichkeit*, Steiner, Wiesbaden 1974.

107 Zur Kafferngeschichte vgl. *Dictionary of Folklore*, *op. cit.*, und G. M. Teal, *Kaffir*, Folk Society, London 1886.

108 *Die Märchen der Weltliteratur – Malaiische Märchen*, herausgegeben von Paul Hambruch, Diederichs, Jena 1922.

109 Leo Frobenius, *Atlantis – Volksmärchen und Volksdichtungen aus Afrika*, Diederichs, Jena 1921/28, Band 10.

110 Opie und Opie, *op. cit.*

111 ›The Well of the World's End‹, in Briggs, *op. cit.*

112 Zur ursprünglichen Version des Märchens vom Froschkönig, welche die Brüder Grimm nicht veröffentlicht haben, vgl. Joseph Lefftz, *Märchen der Brüder Grimm – Urfassung*, C. Winter, Heidelberg 1927.

113 Briggs, *op. cit.*

114 Sexton, *op. cit.*

115 Zu ›Amor und Psyche‹ vgl. Erich Neumann, *Amor and Psyche*, *op. cit.* Zu den zahlreichen Versionen der Geschichte vgl. Ernst Tegethoff, *Studien zum Märchentypus von Amor und Psyche*, Schroeder, Bonn 1922.

Bolte und Polivka, *op. cit.*, in ihrer Behandlung des Grimmschen Märchens, ›Das singende springende Löweneckerchen‹, zitieren eine ganze Reihe von Märchen mit diesem Motiv.

116 Robert Graves, *Apuleius Madaurensis, The Transformations of Lucius*, Farrar, Straus and Young, New York 1951.

117 ›The Enchanted Pig‹, in Andrew Lang, *The Red Fairy Book*, Longmans, Green, London 1890, und ›The Enchanted Pig‹ in Mite Kremnitz, *Rumänische Märchen*, Leipzig 1882.

118 ›East of the Sun and West of the Moon‹ in Andrew Lang, *The Blue Fairy Book*, *op. cit.*

119 Auch hier können wir eine Anspielung auf den Verlust des Hymen erkennen, auf das Opfer eines kleinen Teiles ihres Körpers, welches die Frau bei ihrem ersten sexuellen Erlebnis bringt.

Die Hühnerknochen sind ein so unwahrscheinliches magisches Objekt und ein so weithergeholtes Mittel, um daran hochzuklettern, daß sie uns wie eine Rückwärtsprojektion der Notwendigkeit vorkommen, den kleinen Finger zu opfern, oder wie eine Erfindung, die es glaubhafter machen soll, daß dieser als letzte Sprosse der Leiter benutzt wird. Aber – wie bereits bei der Diskussion von ›Aschenputtel‹ erwähnt – als eine der vielen symbolischen Bedeutungen der

Hochzeitszeremonie, muß die Frau, um in ihrer Ehe die vollkommene Erfüllung zu finden, den Wunsch, einen eigenen Phallus zu besitzen, aufgeben und sich mit dem ihres Mannes begnügen. Wenn sie ihren kleinen Finger abschneidet, so bedeutet das keineswegs eine Selbstkastration, sondern man könnte es als einen Hinweis darauf auffassen, welche Art Phantasien sie aufgeben muß, um auf ihre Art glücklich zu sein und um mit ihrem Mann, so wie er ist, glücklich zu sein.

120 ›La Barbe Bleue‹, Perrault, *op. cit.* Die erste englische Übersetzung haben Opie und Opie, *op. cit.*, abgedruckt.
Lange vor Perrault gab es schon Märchen, bei denen das Betreten eines verbotenen Zimmers weitreichende Folgen hatte. Dieses Motiv taucht zum Beispiel in der ›Geschichte vom dritten Kalender‹ in *Tausendundeine Nacht* und im *Pentamerone* auf, und zwar in der sechsten Geschichte des Vierten Tages.

121 ›Mr. Fox‹, in Briggs, *op. cit.*

122 Zu ›La Belle et la Bête‹ vergl. Opie und Opie, *op. cit.*

Bibliographie

Bibliographische Hinweise auf die Märchen und andere in diesem Buch erwähnte Veröffentlichungen finden sich in den Anmerkungen und werden hier *nicht* wiederholt. Es gibt so viele Märchen, daß noch niemand den Versuch unternommen hat, sie alle zu sammeln. Die befriedigenste und am leichtesten zu beschaffende Sammlung in englischer Sprache dürfte die von Andrew Lang herausgegebene in zwölf Bänden sein mit den Titeln: *The Blue, Brown, Crimson, Green, Grey, Lilac, Olive, Orange, Pink, Red, Violet, and Yellow Fairy Book.* Der ursprüngliche Herausgeber dieser Bücher war der Verlag Longmans, Green and Co. in London (1889 ff.), und eine neue Auflage hat der Verlag Dover Publications (New York 1965 ff.) herausgebracht.
Das ehrgeizigste Unternehmen dieser Art ist die deutsche Sammlung *Die Märchen der Weltliteratur*, die 1912 bei Diederichs in Jena begonnen wurde. Die Herausgeber sind Friedrich von der Leyen und Paul Zaunert. Bis jetzt sind über siebzig Bände erschienen. Mit sehr wenigen Ausnahmen ist jeder Band den Märchen einer bestimmten Sprache oder Kultur gewidmet. Daher ist jeweils nur eine sehr kleine Auswahl von Märchen jeder Kultur berücksichtigt. Um ein Beispiel zu geben, besteht die von Frobenius besorgte Sammlung *Atlantis – Volksmärchen und Volksdichtungen aus Afrika*, Forschungsinstitut für Kulturmorphologie, München 1921-28, aus zwölf Bänden und enthält trotzdem nur eine sehr begrenzte Auswahl der Märchen dieses Kontinents.
Die Literatur *über* Märchen ist fast so umfangreich wie der Abdruck *von* Märchen. Anschließend sind einige Bücher aufgeführt, die mir von allgemeinem Interesse scheinen. Hinzu kommen einige Veröffentlichungen, die mir bei der Vorbereitung dieses Buches von Nutzen waren und die ich in den Anmerkungen nicht gesondert erwähnt habe.

AARNE, ANTTI A., *The Types of the Folktale*, Suomalainen Tiedeakatemia, Helsinki 1961.

Archivio per lo Studio delle Tradizioni Populari, 28 Bde., Palermo 1890–1912.

ARNASON, JON, *Icelandic Folktales and Legends*, University of California Press, Berkeley 1972.

BÄCHTOLD-STÄUBLI, HANS, Hrsg., *Handwörterbuch des deutschen Aberglaubens*, 10 Bde., de Gruyter, Berlin 1927–42.

BASILE, GIAMBATTISTA, *The Pentamerone*, 2 Bde., John Lane the Bodley Head, London 1932. (Für die deutsche Ausgabe siehe: *Das Pentamerone*, dt. von A. Potthoff, 1954)

BASSET, RENÉ, *Contes populaires Berbères*, 2 Bde., Guilmoto, Paris 1887.

BEDIERS, JOSEPH, *Les Fabliaux*, Bouillou, Paris 1893.

BOLTE, JOHANNES, und GEORG POLIVKA, *Anmerkungen zu den Kinder- und Hausmärchen der Brüder Grimm*, 5 Bde., Olms, Hildesheim 1963.

BRIGGS, KATHERINE M., *A Dictionary of British Folk Tales*, 4 Bde., Indiana University Press, Bloomington 1970.

BURTON, RICHARD, *The Arabian Nights' Entertainments*, 13 Bde., H. S. Nichols, London 1894–97, (für die deutsche Ausgabe siehe: *Die Erzählungen aus den Tausend und ein Nächten.* Vollständige deutsche Ausgabe in sechs Bänden, zum ersten Mal nach dem arabischen Urtext der Kalkuttaer

Ausgabe aus dem Jahre 1830 übertragen von Enno Littmann, Insel-Verlag, Wiesbaden 1953).
COX, MARIAN ROALFE, *Cinderella: Three Hundred and Forty-five Variants*, The Folk-Lore Society, David Nutt, London 1893.
Folklore Fellows Communications, Ed. for the Folklore Fellows, Academia Scientiarum Fennica, 1910 ff.
Funk and Wagnalls Dictionary of Folklore, 2 Bde., Funk and Wagnalls, New York 1950.
GRIMM, DIE BRÜDER, *Grimm's Fairy Tales*, Pantheon Books, New York 1944.
–, *The Grimm's German Folk Tales*, Southern Illinois University Press, Carbondale, Ill. 1960. (Für die deutsche Ausgabe vor allem: *Kinder- und Hausmärchen der Brüder Grimm.* Vollständige Ausgabe in der Urfassung. Hrsg. von Friedrich Panzer, Emil Vollmer Verlag, Wiesbaden o. J.)
HASTINGS, JAMES, *Encyclopedia of Religion and Ethics*, 13 Bde., Scribner, New York 1910.
JACOBS, JOSEPH, *English Fairy Tales*, David Nutt, London 1890.
–, *More English Fairy Tales*, David Nutt, London 1895.
Journal of American Folklore, American Folklore Society, Boston 1888 ff.
LANG, ANDREW, Hrsg., *The Fairy Books*, 12 Bde., Longmans, Green, London 1889 ff.
–, *Perrault's Popular Tales*, At the Clarendon Press, Oxford 1888.
LEFFTZ, J., *Märchen der Brüder Grimm, Urfassung*, C. Winter, Heidelberg 1927.
LEYEN, FRIEDRICH VON DER, und PAUL ZAUNERT, Hrsg., *Die Märchen der Weltliteratur*, 70 Bde., Diederichs, Jena 1912 ff.
MACKENSEN, LUTZ, Hrsg., *Handwörterbuch des deutschen Märchens*, 2 Bde., de Gruyter, Berlin 1930–40.
Melusine, 10 Bde., Paris 1878–1901.
OPIE, IONA und PETER, *The Classic Fairy Tales*, Oxford University Press, Oxford 1974.
PERRAULT, CHARLES, *Histoires ou Contes du temps passé*, Paris 1697.
SAINTYVES, PAUL, *Les Contes de Perrault et les récits parallèles*, E. Nourry, Paris 1923.
SCHWAB, GUSTAV, *Sagen des klassischen Altertums*, hrsg. von Dr. Ernst Wilmans, K. Thienemanns Verlag, Stuttgart o. J.
SORIANO, MARC, *Les Contes de Perrault*, Gallimard, Paris 1968.
STRAPAROLA, GIOVANNI FRANCESCO, *The Facetious Nights of Straparola*, 4 Bde., Society of Bibliophiles, London 1901.
THOMPSON, STITH, *Motif Index of Folk Literature*, 6 Bde., Indiana University Press, Bloomington 1955.
–, *The Folk Tale*, Dryden Press, New York 1946.

Interpretationen

BAUSINGER, HERMANN, ›*Aschenputtel: Zum Problem der Märchen-Symbolik*‹, *Zeitschrift für Volkskunde*, Bd. 52 (1955).

BEIT, HEDWIG VON, *Symbolik des Märchens* und *Gegensatz und Erneuerung im Märchen*, A. Francke, Bern 1952 und 1956.

BILZ, JOSEPHINE, ›*Märchengeschehen und Reifungsvorgänge unter tiefenpsychologischem Gesichtspunkt*‹, in Bühler und Bilz, *Das Märchen und die Phantasie des Kindes*, Barth, München 1958.

BITTNER, GUENTHER, ›*Über die Symbolik weiblicher Reifung im Volksmärchen*‹, *Praxis der Kinderpsychologie und Kinderpsychiatrie*, Bd. 12 (1963).

BORNSTEIN, STEFF, ›*Das Märchen vom Dornröschen in psychoanalytischer Darstellung*‹, *Imago*, Bd. 19 (1933).

BÜHLER, CHARLOTTE, *Das Märchen und die Phantasie des Kindes. Beihefte zur Zeitschrift für angewandte Psychologie*, Bd. 17 (1918).

COOK, ELIZABETH, *The Ordinary and the Fabulous: An Introduction to Myths, Legends, and Fairy Tales for Teachers and Storytellers*, Cambridge University Press, New York 1969.

DIECKMANN, HANNS, *Märchen und Träume als Helfer des Menschen*, Adolf Bonz, Stuttgart 1966.

–, ›*Wert des Märchens für die seelische Entwicklung des Kindes*‹, *Praxis der Kinderpsychologie und Kinderpsychiatrie*, Bd. 15 (1966).

HANDSCHIN-NINCK, MARIANNE, ›*Ältester und Jüngster im Märchen*‹, *Praxis der Kinderpsychologie und Kinderpsychiatrie*, Bd. 5 (1956).

JOLLES ANDRÉ, *Einfache Formen*, Wissenschaftliche Buchgesellschaft, Darmstadt 1969.

KIENLE, G., ›*Das Märchen in der Psychotherapie*‹, *Zeitschrift für Psychotherapie und medizinische Psychologie*, 1959.

LAIBLIN, WILHELM, ›*Die Symbolik der Erlösung und Wiedergeburt im deutschen Volksmärchen*‹, *Zentralblatt für Psychotherapie und ihre Grenzgebiete*, 1943.

LEBER, GABRIELE, ›*Über tiefenpsychologische Aspekte von Märchenmotiven*‹, *Praxis der Kinderpsychologie und Kinderpsychiatrie*, Bd. 4 (1955).

LEYEN, FRIEDRICH VON DER, *Das Märchen*, Quelle und Meyer, Leipzig 1925.

LOEFFLER-DELACHAUX, M., *Le Symbolisme des contes de fées*, Paris 1949.

LÜTHI, MAX, *Es war einmal – Vom Wesen des Volksmärchens*, Vandenhoeck & Ruprecht, Göttingen 1962.

–, *Märchen*, Metzler, Stuttgart 1962.

–, *Volksmärchen und Volkssage*, Francke, Bern 1961.

MALLET, CARL-HEINZ, ›*Die zweite und dritte Nacht im Märchen ‚Das Gruseln'*‹, *Praxis der Kinderpsychologie und Kinderpsychiatrie*, Bd. 14 (1965).

MENDELSOHN, J., ›*Das Tiermärchen und seine Bedeutung als Ausdruck seelischer Entwicklungsstruktur*‹, *Praxis der Kinderpsychologie und Kinderpsychiatrie*, Bd. 10 (1961).

–, ›*Die Bedeutung des Volksmärchens für das seelische Wachstum des Kindes*‹, *Praxis der Kinderpsychologie und Kinderpsychiatrie*, Bd. 7 (1958).

OBENAUER, KARL JUSTUS, *Das Märchen, Dichtung und Deutung*, Klostermann, Frankfurt 1959.

SANTUCCI, LUIGI, *Das Kind – Sein Mythos und sein Märchen*, Schroedel, Hannover 1964.

TEGETHOFF, ERNST, *Studien zum Märchentypus von Amor und Psyche*, Schroeder, Bonn 1922.

ZILLINGER, G., *›Zur Frage der Angst und der Darstellung psychosexueller Reifungsstufen im Märchen vom Gruseln‹*, *Praxis der Kinderpsychologie und Kinderpsychiatrie*, Bd. 12 (1963).

Register